ACADÉMIE ROYALE

DES SCIENCES, DES LETTRES ET DES BEAUX-ARTS DE BELGIQUE.

COMMISSION ROYALE D'HISTOIRE.

MM. Le baron KERVYN DE LETTENHOVE, Président.
   GACHARD, Secrétaire et Trésorier.
   Le chanoine DE SMET.
   DU MORTIER.
   BORMANS.
   BORGNET.
   ALPHONSE WAUTERS.

COLLECTION

DES

VOYAGES DES SOUVERAINS

DES PAYS-BAS.

COLLECTION

DES

VOYAGES DES SOUVERAINS

DES PAYS-BAS

PUBLIÉE PAR

M. GACHARD

DE L'ACADÉMIE ET DE LA COMMISSION ROYALE D'HISTOIRE, DES ACADÉMIES DE VIENNE,
DE MADRID, D'AMSTERDAM, ETC.

TOME DEUXIÈME.

ITINÉRAIRE DE CHARLES-QUINT DE 1506 A 1531.
JOURNAL DES VOYAGES DE CHARLES-QUINT, DE 1514 A 1551,
PAR JEAN DE VANDENESSE.

BRUXELLES,

F. HAYEZ, IMPRIMEUR DE LA COMMISSION ROYALE D'HISTOIRE.

1874

INTRODUCTION.

I

Il y a longtemps que le dessein de publier le Journal des voyages de Charles-Quint par Vandenesse a été formé pour la première fois, et ce dessein c'est un des hommes les plus savants du XVIIe siècle, c'est le célèbre Leibnitz, qui l'avait conçu [1]. On ignore pourquoi il ne le mit pas à exécution.

Dans la seconde moitié du siècle suivant, dom Anselme Berthod [2], bénédictin de la congrégation de Saint-Vannes et qui devint en 1782 grand prieur de Luxeuil, songea à son tour à une publication qui intéressait à un haut degré les amis de l'histoire. Vandenesse était son compatriote; à la Bibliothèque de Besançon, dont la garde lui était confiée, existait un manuscrit du Journal des voyages de Charles-Quint; il l'avait lu et annoté; dans une mission littéraire dont il fut chargé aux Pays-Bas

---

[1] Reiffenberg, *Particularités inédites sur Charles-Quint et sa cour*, p. 7. (Nouveaux Mémoires de l'Académie, t. VIII, ann. 1834.)

[2] Dans la Biographie Michaud on donne erronément à dom Berthod le prénom de *Claude*. Cette erreur est d'autant plus étrange que l'article porte la signature du savant bibliothécaire de Besançon Weiss.

en 1774, il en vit deux autres que possédait le chapitre de la cathédrale de Tournai et dont l'un lui parut être « le vrai original de l'auteur [1]; » il en tira « plusieurs variantes et des suppléments importants » qui devaient, selon lui, rendre le manuscrit de Besançon « plus complet et plus précieux [2]. »

A quelques années de là Corneille-François de Nélis, devenu évêque d'Anvers, après avoir été bibliothécaire de l'université de Louvain, membre de la Commission royale des études, chanoine et vicaire général de l'évêché de Tournai, projeta de faire paraître une collection, qui n'aurait pas été de moins d'une trentaine de volumes, de chroniques, de relations, de mémoires concernant les événements arrivés dans les Pays-Bas : dom Berthod, qui était depuis longtemps en relation avec lui, non-seulement renonça en sa faveur à la publication du Journal de Vandenesse, mais encore lui envoya une copie du manuscrit de Besançon [3].

On connaît les événements qui firent avorter l'entreprise de l'illustre évêque d'Anvers au moment où il se disposait à l'exécuter [4].

---

[1] *Nous croyons cette opinion très-hasardée. Dom Berthod s'était trompé déjà en prenant pour l'original le manuscrit de Besançon, qui n'est qu'une copie médiocre; il a pu se tromper une deuxième fois. En tout cas on ignore ce qu'est devenu le manuscrit en question.*

[2] *Relation d'un voyage littéraire dans les Pays-Bas français et autrichiens lue à la séance publique de l'Académie de Besançon, le 21 décembre 1776, par D. ANSELME BERTHOD. (Messager des sciences et des arts de la Belgique, t. VI, p. 56.)*

[3] NÉLIS, *Belgicarum rerum Prodromus*, dans le tome Ier, p. cccxviii, de la *Chronique rimée de Philippe Mouskés*, publiée par DE REIFFENBERG.

[4] Nous les avons rappelés en ces termes dans le *Rapport sur les travaux de la Commission royale d'histoire depuis son établissement en 1834 jusqu'en 1872*, p. vii : « Nélis se disposait à annoncer cette
» publication dans un *Prodromus* qui en aurait fait connaître le plan et les détails, lorsque se mani-
» festèrent, en 1787, les premiers troubles auxquels donnèrent naissance les réformes inconsidérées
» de Joseph II. A deux années d'intervalle éclata la révolution qui amena la déchéance de ce
» monarque. Celles qui suivirent furent pleines d'agitations et de troubles, et la guerre avec la France
» vint mettre le comble aux maux du pays. Ce n'était pas au milieu de circonstances aussi critiques
» qu'on pouvait songer à des entreprises littéraires de quelque importance. Nélis avait, en 1790, fait
» paraître son *Prodromus* : ce fut tout le fruit que le public retira de ses longs et savants travaux. »

INTRODUCTION.

Au commencement de ce siècle, un littérateur hollandais, Jean Meerman, pensa aussi à livrer à l'impression le manuscrit du contrôleur de la maison de Charles-Quint; il en fit le sujet d'une étude approfondie. Vers le même temps le baron de Hormayr, directeur des Archives impériales, à Vienne, donna, par extraits, dans l'*Archiv für Geschichte, Statistik, Litteratur und Kunst*, qu'il venait de fonder, la plus grande partie du Journal de Vandenesse traduite en allemand [1]. Meerman mourut avant d'avoir réalisé une idée qui lui tenait pourtant au cœur [2].

Le roi des Pays-Bas Guillaume Ier avait rétabli, en 1816, l'Académie des sciences et des belles-lettres fondée à Bruxelles par l'impératrice Marie-Thérèse et que l'invasion française avait fait disparaître. Un de ses membres, M. Lesbroussart, appela l'attention de cette compagnie sur le Journal des voyages de Charles-Quint, dont il publia deux extraits concernant : l'un la réception de la reine de France, Éléonore d'Autriche, à Bruxelles, en 1544; l'autre les fêtes qui eurent lieu à Binche et à Marimont, au mois d'août 1549, à l'occasion de la venue aux Pays-Bas et de l'inauguration, comme futur souverain de ces provinces, du prince Philippe d'Espagne. Il y joignit, d'après le Journal des voyages de Philippe II, écrit aussi par Vandenesse, une description des obsèques de l'Empereur qui furent célébrées à Bruxelles les 29 et 30 décembre 1558 [3].

---

[1] Ces extraits sont insérés dans les n⁰˟ 3, 116-117, 118-119, 122-123, 129-130, 132-133, 150-151 de l'*Archiv* de 1810 et dans les n⁰˟ 11, 36-37, 39-40, 41-42, 58-59 de l'*Archiv* de 1811.

[2] Meerman mourut à la Haye le 19 août 1815, léguant sa bibliothèque et ses manuscrits à la ville. On savait qu'il avait laissé des notes et des observations sur le Journal de Vandenesse. En 1851 la Commission royale d'histoire écrivit à M. le Ministre de l'intérieur afin qu'il voulût bien en demander communication, par le moyen de la légation de Belgique près la cour des Pays-Bas. Le gouvernement néerlandais répondit que ces écrits avaient été remis, en 1827, à M. Raoul, professeur à l'université de Gand, lequel ne les avait pas restitués. (Bulletins de la Commission, 2ᵉ série, t. II, pp. 80 et 120.)

[3] *Notice et extrait d'un manuscrit du XVIᵉ siècle par Jean Vandenesse, contrôleur de Charles-Quint et de Philippe, son fils*, dans les Nouveaux Mémoires de l'Académie, t. I, pp. 251-272.

INTRODUCTION.

Un peu plus tard un autre membre de l'Académie, le baron de Reiffenberg, dans des *Particularités inédites sur Charles-Quint et sa cour* [1], fit à son tour à Vandenesse de nombreux emprunts.

Ces extraits divers n'excitaient que plus vivement, chez les amis de l'histoire nationale, le désir de voir publier le texte entier du Journal des voyages de Charles-Quint.

La Commission royale d'histoire, qui fut instituée la même année où parut le mémoire de M. de Reiffenberg, décida, dès l'une de ses premières séances [2], que le Journal de Vandenesse ferait partie des publications dont elle allait s'occuper; elle voulut bien me confier le soin de le mettre en lumière.

Près de quarante années se sont écoulées depuis lors. Est-il nécessaire de rendre compte ici des circonstances qui ont été cause que la résolution de la Commission n'ait pas reçu son exécution plus tôt? Nous ne le croyons pas : ces détails intéresseraient peu le public.

Dans cet intervalle, le Journal de Vandenesse a été mis à contribution, en Angleterre par M. William Bradford, en Allemagne par feu M. Stälin, conservateur en chef de la Bibliothèque royale de Stuttgart : l'un et l'autre ils s'en sont servis pour dresser, chacun à sa manière, l'itinéraire de Charles-Quint à partir de l'année 1519. A l'indication des lieux où l'Empereur a séjourné et des dates de ces séjours M. Bradford a ajouté des détails dont il a fait choix parmi ceux que contient le livre de Vandenesse [3]; M. Stälin s'est contenté de cette simple indication; mais il a pris à tâche de remplir les lacunes que présente çà et là le Journal du contrôleur de la

---

[1] Voy. p. 1, note 1.

M. de Reiffenberg avait lu son mémoire dans la séance du 3 mars 1832.

[2] Celle du 3 avril 1835. Voy. les Bulletins de la Commission, t. I, p. 99.

[3] *The Itinerary of the Emperor Charles V*, dans *Correspondence of the Emperor Charles V, and his ambassadors at the courts of England and France, from the original Letters in the imperial family Archives at Vienna*, etc.; Londres, 1850, in-8°, pp. 483-576.

INTRODUCTION.

maison impériale, de redresser les noms des lieux, qui y sont presque tous défigurés, et de poursuivre l'itinéraire de l'Empereur jusqu'à son entrée au monastère de Yuste [1].

Aujourd'hui le public a sous les yeux le texte original, le texte complet de Vandenesse, et nous croyons que ceux qui l'attendaient avec quelque impatience ne seront point déçus.

On ne trouve pas, à la vérité, dans le Journal des voyages de Charles-Quint, des révélations sur la vie intérieure de ce monarque, sur ses négociations avec les puissances étrangères, sur les secrets de sa politique : Vandenesse resta toujours étranger à la direction des affaires publiques; à l'égard des actions privées de son maître, il se montre d'une discrétion sans égale.

Mais son livre présente un réel intérêt par les renseignements précis qu'il fournit, non-seulement sur les lieux où a séjourné l'Empereur et les dates de ces séjours, mais encore sur une multitude de faits qui se rattachent aux événements de son règne. Les descriptions que donne Vandenesse du double couronnement de Charles-Quint à Bologne (pp. 85-94), des fêtes que les villes de Barcelone et de Valence offrirent au prince Philippe, après que les royaumes de la couronne d'Aragon l'eurent reconnu pour leur futur souverain (pp. 245-247, 249-250); de celles qui eurent lieu à Bruxelles en l'honneur de la reine Éléonore, épouse de François Ier, la première fois qu'elle y visita l'Empereur son frère (pp. 295-305); des solennités, cérémonies et festins dont le chapitre de la Toison d'or tenu à Utrecht fut l'occasion (pp. 314-329); de la réception faite par la reine douairière de Hongrie au prince Philippe dans son château de Binche et sa maison de plaisance de Marimont, lorsqu'il vint aux Pays-Bas pour y prêter serment aux états et le recevoir d'eux comme héritier unique de l'Empereur (pp. 384-389), toutes ces descriptions sont remplies de détails curieux. Vandenesse

---

[1] *Aufenthaltsorte K. Karls V*, fascicule de 25 pages.

INTRODUCTION.

a encore augmenté l'intérêt de son Journal en y intercalant quantité de documents qu'on ne trouverait pas aisément ailleurs, et parmi lesquels ceux qui concernent la diète d'Augsbourg de 1550 (pp. 399-459) forment une série aussi importante que volumineuse.

En résumé l'on peut dire que le Journal des voyages de Charles-Quint est indispensable à quiconque voudra écrire l'histoire du grand Empereur.

II

On sait jusqu'ici peu de chose sur Jean de Vandenesse et sur sa famille. Suivant Hormayr il aurait été flamand; Nélis et de Reiffenberg le font naitre au comté de Bourgogne, mais d'une famille originaire de Flandre; le dernier et Weiss lui attribuent le titre de contrôleur de la maison de Charles-Quint à partir de 1514; Hormayr le qualifie de secrétaire de l'Empereur [1]. Tous ces renseignements sont inexacts.

Comme le dit Jules Chifflet dans des notes manuscrites conservées à la Bibliothèque de Besançon [2], la famille de Vandenesse était bourguignonne.

Jean de Vandenesse, natif de Dijon, après avoir été portier de la cave dans la maison de la duchesse Marie, fille de Charles le Téméraire, devint sommelier dans celle de l'archiduc Philippe le Beau. De Claude ou Claudine Robert, de Gray, au comté de Bourgogne, il eut

1. Guillaume de Vandenesse, qui fut chapelain, puis grand aumônier

---

[1] Nélis, *Prodromus*, etc., l. c. — Hormayr, *Archiv.*, etc., ann. 1810, n° 5, 116-117. — Weiss, *Biographie universelle*, t. XLVII, p. 425; *Papiers d'État du cardinal de Granvelle*, t. I, p. xxxi. — De Reiffenberg, *Particularités inédites sur Charles-Quint*, p. 3.

[2] Ces notes de Chifflet et d'autres documents concernant Vandenesse et sa famille m'ont été communiqués, avec la plus aimable complaisance, par M. Auguste Castan, conservateur de la Bibliothèque et des Archives de la ville de Besançon. Je ne fais que remplir un devoir en reconnaissant publiquement les obligations que je lui ai.

de Charles-Quint, évêque d'Elne en Roussillon d'abord, ensuite de Coria en Estrémadure, et mourut à Gray au mois de mai 1530;

2. Jean de Vandenesse, l'auteur du Journal des voyages, sur lequel nous reviendrons;

3. Maximilien de Vandenesse, religieux de l'ordre de Citeaux;

4. Étiennette de Vandenesse, qui épousa Laurent Baudouin;

5. Louise de Vandenesse, femme de Jean de Bourgogne.

Nous avons trouvé, dans les comptes de la maison de l'archiduchesse Marguerite, duchesse douairière de Savoie et comtesse de Bourgogne [1], un autre Vandenesse, et celui-ci s'appelait *Jean* comme l'auteur du Journal des voyages de Charles-Quint. Il fut attaché à la maison de l'archiduchesse le 30 septembre 1524 en qualité de « varlet servant; » il devint « écuyer » panetier » au commencement de 1529; après la mort de Marguerite, il passa au service de l'Empereur. C'est de lui, et non de l'auteur du Journal, comme l'ont cru les éditeurs des *Papiers d'État de Granvelle* [2], qu'il est question dans la dépêche de Charles-Quint du 23 octobre 1535 à son ambassadeur en France. Ce Vandenesse appartenait-il à la famille franc-comtoise du même nom ? Nous ne saurions le dire [3].

En terminant au 6 juin 1560 le Journal des voyages de Philippe II, Jean de Vandenesse nous apprend qu'il avait alors soixante-trois ans : c'est donc à l'année 1497 que l'on peut fixer sa naissance. En un autre endroit du même Journal il dit qu'il a « suivi l'empereur Charles-Quint en tous ses

---

[1] Registres de la chambre des comptes nos 1817-1823, aux Archives du royaume.

[2] Tome II, p. 393.

[3] Une particularité des plus singulières, c'est que, dans les comptes de la maison de l'archiduchesse Marguerite, il signe les acquits des sommes qui lui ont été payées de cette manière : *Jehan de Renesse*, quelquefois *Jan van Renesse* ou *Renesse* tout court; et en tête des pages où ces sommes sont mentionnées, son nom est distinctement écrit : *Jehan Vandenesse*.

Il est à remarquer que, dans les actes où leurs noms figurent, le contrôleur de la maison de Charles-Quint et son frère Guillaume sont toujours appelés *de Vandenesse*.

» voyages, guerres et pays dès l'an 1514. » A cette dernière date il n'avait que dix-sept ans : il y a par conséquent lieu de croire que, si déjà alors il suivait la cour de l'Empereur, c'était sous les auspices de son frère ainé Guillaume, qui faisait partie de la chapelle impériale. On remarquera qu'il ne figure ni sur la liste de 1517 des officiers de la cour, ni sur celle de 1521, que nous publions (pp. 502 et 511).

Il est certain cependant que, lors du départ de Charles pour l'Espagne, Jean de Vandenesse était au nombre de ceux qui se trouvaient à sa suite. La preuve en existe dans le diplôme du 20 avril 1524 par lequel l'Empereur lui accorde, ainsi qu'à ses deux frères, des armoiries où l'aigle impériale figure en chef, diplôme que nous croyons devoir insérer ici :

CAROLUS QUINTUS, divina favente clementia, electus Romanorum imperator, semper augustus, ac rex Germaniae, Castellae, Arragoniae, etc., venerabili atque nobilibus devotis et fideli nobis dilectis Guillelmo de Vandenesse, consiliario ac eleemosynario nostro supremo, et Joanni de Vandenesse, familiari ac militi nostro aurato, et Maximiliano etiam de Vandenesse, fratribus, gratiam nostram caesaream et omne bonum. Caesareae Majestatis gloriosa sublimitas ejusque circumspecta benignitas sic merita hominum provida consideratione discernit, ut quos virtutibus et egregiis vitae moribus alios antecedere conspicit, eos singularibus prosequitur gratiis, et illos praecipue qui pro sua in nos devotionis et inconcussae fidei constantia servitiis nostris insudare de nobisque quo aliquid digne promereri possint, singulari fide, continuis obsequiis, curare non cessant. Hos enim non solum dignis virtutibus et officiis suis praeviis decorat, sed eorum merita, virtutes, fidem ac diuturna sibi servitia exhibita etiam apud posteros attestatam relinquit. Sane attendentes vestram approbatam devotionis et fidei constantiam erga nos, laudabilesque ac egregias animi dotes et claras virtutes vestras, fidelique et grata servitia quae praedecessores vestri singulari fide nostris exhibuere, et quae tu, prenominate Guillelme, eleemosynarie noster, etiam antequam ex parentis utero in hanc lucem egrederemur, nobis fideliter exhibuisti, prout adhuc, una cum fratre tuo praenominato Joanne, magnis laboribus et periculis ingentibus, terra marique, et curiam et castra nostra sequendo, tam in Hispania quam inde in Germania, quum regium diadema in caesarea civitate nostra Aquisgrani sacrique romani imperii administrationem, ad quam divino nutu et principum electorum suffragiis electi et ex

INTRODUCTION.

Hispania vocati, suscepimus, ac demum iterum ad Hispaniam pacandam reversi fuimus, exhibes. Quare non tantum nobis praemium obsequiorum rerumque bene gestarum reddere, sed et de vestris virtutibus, clariisque ac egregiis vitae moribus, benegnitatisque ac benevolentiae nostrae erga vos apud omnes testimonium perhibere dignati sumus; quare licet insignia et arma vestra satis claritate et nobilitate sint illustria, in signum tamen dignae erga vos benevolentiae nostrae, eadem sic approbanda et decoranda duximus : videlicet quod posthac vos, et tantum prenominati Joannis filii et descendentes in perpetuum, habeatis et deferatis scutum per transversum in duas partes divisum, in cujus inferiori, duas ejusdem tertias complectenti, in campo aureo sive croceo sunt quatuor rubei coloris vari seu tigna per longum ducta, ex cujus scuti basis lateribus duo tigna alba seu argentea, simul conjuncta, in acutum tendentia, exurgunt; in superiori autem ejusdem scuti parte, aquilam nostram nigram, regio diademate coronatam, alis expansis pedibusque extensis, unguibus aduncis, rostrumque in dextram scuti partem vertentem collocavimus; tuque, prenominate Joannes, tuique descendentes prefati, habeatis in gallea torneamentali sive aperta, aureis sive croceis et nigris ac rubri coloris redimita lasciviis sive induviis super contortis, eorumdem colorum fasciis, sive diademate antiquorum regum, duae alae aquilinae nigrae, in quaelibet quarum praefata tigna simul conjuncta in acutum tendentia alba sive argentea eminent, quemadmodum haec omnia melius pictoris ingenio presentium in medio cernuntur effigiata. Volentes ut vos, praenominati Guillelmus, Joannes et Maximilianus, tuique Joannis filii et descendentes, predicti, praedicta arma, tanquam veri nobiles militares, habeatis et deferatis in omnibus et singulis honestis decentibusque actibus et expeditionibus nobilium militarium, more tam joco quam serio, in torneamentis, hastiludiis, bellis, duellis et quibuscumque pugnis, vexillis, tentoriis, annulis, monumentis, aedificiis, sepulchris, clenodiis, necnon in actibus militaribus et nobilium virorum, ubivis terrarum et locorum, pro vestro cujuslibet arbitrio, deferre et gestare, ac illis uti, frui et gaudere possitis et debeatis, et ad omnes actus et dignitates militares et nobiles qualescunque, sive spirituales sive seculares sint, admitti; bona feudalia, cujuscunque generis vel speciei, vobis et cuilibet vestrum, ubilibet, tam in Imperio quam in quibuscunque regnis et provinciis nostris haereditariis, donata, legata, aut alio quovismodo, vel etiam emptionis titulo, alias legitime acquisita, in feudum suscipere, habere et tenere et ad haeredes vestros legitimos transmittere possitis et debeatis; vosque et quemlibet vestrum exemptos, liberos et immunes ab omnibus gabellis, oneribus, exactionibus, impositionibus, angariis et aliis quibuslibet cujuscunque generis gravaminibus realibus, personalibus sive mixtis, quocumque nomine nuncupentur, necnon muneribus et oneribus etiam publicis esse volumus et decernimus per presentes, nonobstantibus

INTRODUCTION.

quibuscunque constitutionibus, consuetudinibus, ordinationibus, statutis, privilegiis, presentibus et futuris, quorum omnium tenores presentibus haberi volumus pro sufficienter expressis, quae quoquo modo contra presentem nostram concessionem facere possent, etiamsi talia forent de quibus in presentibus mentio specialis fieri deberet, quibus omnibus per presentes derogamus et derogatum esse volumus. Mandantes et serio praecipientes omnibus et singulis sacri romani imperii principibus, tam ecclesiasticis quam secularibus, archiepiscopis, episcopis, ducibus, marchionibus, comitibus, baronibus, militibus, clientibus, capitaneis, vicedominis, advocatis, praefectis, procuratoribus, officialibus, quaestoribus, civium magistris, consulibus, judicibus, heraldis, armorum regibus, caduceatoribus, civibus et communitatibus, et denique omnibus nostris et sacri romani imperii et aliorum regnorum ac dominiorum nostrorum subditis et fidelibus dilectis, cujuscunque status, gradus, dignitatis et conditionis fuerint, ut vos praenominatos in supradictorum insignium et armorum fruitione nec turbent nec impediant; imo eis necnon antedictis actibus, dignitatibus, exemptionibus, libertatibus et immunitatibus uti, frui et in illis permanere tute et pacifice sinant, in quantum gratiam nostram caram habeant, et paenam quadraginta marcharum auri puri toties quoties contra factum fuerit, pro medietate fisco seu aerario nostro imperiali, et reliqua parte injuriam passorum aut passi usibus applicanda, maluerint evitare. Harum testimonio litterarum manu nostra subscriptarum et sigilli nostri appensione munitarum. Datum in civitate nostra Burgensi, die xxᵃ mensis aprilis anno Domini millesimo quingentesimo vigesimo quarto, regnorum nostrorum, romani quinto, aliorum vero omnium nono.

CAROLUS.

Ad mandatum Caesarae et Catholicae Majestatis :

LALEMAND.

Ce diplôme ne fait pas connaitre les fonctions qu'en 1524 Vandenesse remplissait dans la maison de l'Empereur.

Le premier acte que, après beaucoup de recherches faites, tant aux Archives du royaume que dans celles de l'ancienne chambre des comptes de Flandre conservées à Lille, nous ayons trouvé où ces fonctions sont spécifiées, est un mandement de l'Empereur à son secrétaire Antoine Perrenin, daté du 12 juillet 1530, à Augsbourg [1]. L'Empereur y ordonne à Perrenin

---

[1] Original, aux Archives du royaume.

INTRODUCTION.

« de despêcher lettres patentes en finances au prouffit de son bien-amé
» *varlet servant* Jehan de Vandenesse, escuier, » afin de le faire jouir d'une
pension de cent livres, de quarante gros, monnaie de Flandre, la livre,
qu'il lui accorde, « pour considération — dit-il — des bons, loyaulx et
» continuelz services que feu l'évesque de Caurie (Coria), M⁰ Guillaume
» de Vandenesse, nostre grand aulmosnier, son frère, nous a fait dois
» nostre jeune eaige jusques à présent qu'il est mort en nostre service,
» ouquel aussi ledict escuier s'est emploié. »

De « varlet servant » quand Vandenesse devint-il « contrôleur » de la maison de Charles-Quint? C'est vainement que nous avons cherché à le savoir. Une pièce que contiennent les Livres aux mémoires de la chambre des comptes de Flandre pourrait faire conjecturer que ce fut en 1535 : dans cette pièce, qui est datée du 18 avril 1550, à Bruxelles, le duc d'Albe, en sa qualité de grand maître de la maison de l'Empereur, ordonne à Vandenesse de délivrer au président de la chambre les contrôles « qui sont en » ses mains » de la dépense ordinaire et extraordinaire des maîtres d'hôtel des années 1535 à 1548 [1].

Quelles étaient les attributions, quels étaient les devoirs du contrôleur de la maison impériale? Weiss et Reiffenberg en font un surintendant; c'est lui donner trop d'autorité et de relief. On peut déjà se former quelque idée de la charge du contrôleur en parcourant l'ordonnance de Charles-Quint du 25 octobre 1515 pour le gouvernement de sa maison que nous donnons plus loin (p. 491); mais nous avons des indications plus complètes à cet égard dans un document où sont déterminées avec détail les fonctions de tous les officiers et employés de la maison de l'Empereur, depuis le grand chambellan et le grand maître jusqu'aux huissiers, aux portiers, aux garçons de cuisine, etc. [2].

---

[1] Registre aux mémoires commençant aux Pâques 1532 et finissant à 1560, fol. 156 v°, aux Archives départementales du Nord.

[2] *Relacion de la órden de servir que se tenia en la casa del emperador don Cárlos, nuestro señor, el*

Voici ce qui y est dit du contrôleur :

« Le contrôleur est chargé de voir si tout ce qui est apporté et acheté pour la table de Sa Majesté ainsi que pour l'état des maîtres d'hôtel, et ce qui est donné en argent pour les rations des offices, se distribue conformément aux ordonnances; il ne doit permettre que rien se dépense mal à propos. Il a autorité de s'opposer à toutes les choses qui lui paraissent être au préjudice de Sa Majesté; et s'il ne peut y remédier de sa main, il en doit donner avis au grand maître ou, en l'absence de celui-ci, aux autres maîtres, et, s'il en est besoin, à Sa Majesté même.

» Il doit chaque jour visiter les offices, voir les livres des officiers qui font la dépense, en effacer ce qu'il trouve dépensé en dehors de l'ordre qu'ils ont, et reprendre ceux qui l'ont fait. Il doit savoir le prix de ce qui s'achète ordinairement, afin de modérer en conséquence les comptes des officiers, s'informant de la manière dont les choses s'achètent en l'endroit. Il doit encore savoir et voir les plats qui sont ordonnés pour la table de Sa Majesté et l'état des maîtres d'hôtel. Toutes les fois qu'il le peut il doit se trouver avec l'écuyer de cuisine dans le garde-manger, pour les ordonner, et être présent quand on sert la viande.

» Il tient inventaire de tous les meubles qui servent d'ordinaire aux offices de la bouche, tels que coffres, batterie de cuisine, linge blanc, toile et autres choses de cette espèce. Quand elles sont vieilles et ne peuvent plus servir, il en achète de nouvelles, après en avoir prévenu les maîtres d'hôtel.

» Il doit veiller avec beaucoup de soin à ce que, en voyage, on ne charge les mulets de Sa Majesté que des objets de son service; qu'il en soit de même à l'égard des chariots loués pour les offices; que la charge des uns et des autres ne soit pas excessive.

año de 1545, *y la misma se guarda agora en la de Su Magestad.* (Archives du royaume, fonds de l'Audience, reg. *Maisons des souverains et des gouverneurs généraux*, t. II, fol. 79-116.)

INTRODUCTION.

» Les officiers lui obéissent, en ce qu'il leur ordonne touchant le service de Sa Majesté, comme aux maîtres d'hôtel.

» Il a, de plus, à voir tous les comptes des dépenses de la chambre et de l'écurie, bien qu'ils soient revêtus de l'approbation du grand écuyer et du sommelier de corps [1]. »

Charles-Quint avait voulu que la cour d'Espagne fût tenue, comme l'était la sienne, à l'imitation de celle des ducs de Bourgogne. Lorsque le prince Philippe se sépara de lui, à Augsbourg, pour retourner dans la Péninsule, il désira que Vandenesse, dont il avait été à même d'apprécier l'expérience,

---

[1] « El contralor tiene cargo de ver como todo lo que se trae y compra para la mesa de Su Magestad y para el estado de los mayordomos y para las raciones de los oficios, las quales agora toman todos en dineros, distribúyese conforme á la órden de los estiquettes, y no ha de consentir que ninguna cosa se gaste fuera de su lugar. Tiene auctoridad para opponerse á todas las cosas que entiende pueden redundar en desservicio de Su Magestad; y siendo de manera que no las pueda remediar de su mano, ha de avisar dello al mayordomo mayor ó á los otros mayordomos en su ausencia, y, siendo necessario, á Su Magestad mismo.

» Ha de visitar cada dia los officios y ver los libros de los officiales que gastan, y borrar dellos lo que halla gastado fuera de la órden que tienen, y reprehender al official que lo ha gastado; y ha de saber el precio de lo que se gasta de ordinario, para, conforme á él, moderar las cuentas de los officiales, informándose á como pasaban las cosas que se compraban en la plaça; y assimismo ha de saber y ver los platos que se ordenan para la mesa de Su Magestad y para el estado de los mayordomos, y todas las vezes que podrá y puede, se ha de hallar con el escuyer de cozina en el guarda-manger á ordenarlos, y hallarse presente al tiempo que se servirá la vianda.

» Tiene por inventario todos los muebles que sirven de ordinario en los officios de boca, como cofres, herrage de cozina, ropa blanca, lenzería y otras cosas desta calidad; y quando estas cosas están viejas que no pueden mas servir, se compran otras nuevas, diziéndolo primero á los mayordomos.

» Ha de tener mucha cuenta con que de camino no se cargue en las azemilas de Su Magestad sino las cosas de su servicio, y lo mismo en los carros que se alquilan para los officios, y de que no sean los cargos de peso excessivo.

» Los officiales le obedecen, en lo que les manda tocante al servicio de Su Magestad, como á los mayordomos.

» Tambien ha de ver todas las cuentas de los gastos de la cámara y cavalleriza, aunque vengan firmadas del cavallerizo mayor y sumiller de corps. »

le dévouement et l'intégrité, remplit auprès de son fils les mêmes fonctions qu'il remplissait auprès de lui depuis de longues années. Vandenesse obéit avec quelque regret à sa volonté; il n'eut toutefois pas à s'en repentir [1]. Le titre de contrôleur de la maison du prince, qui lui fut donné, ne lui fit pas perdre celui de contrôleur de la maison de l'Empereur. A partir du 25 mai 1554 il accompagna Philippe en tous les lieux où il alla jusqu'en 1560 [2]. Au mois de mai de cette année, « sa santé ne lui permettant de » plus avant travailler, » il sollicita du Roi la permission de se retirer en son pays. Philippe II la lui accorda, en lui faisant une pension qui devait lui être payée au comté de Bourgogne et en ordonnant qu'il reçût une gratification (*ayuda de costa*) de quatre cents ducats [3]. Il partit de Tolède le 6 juin et arriva chez lui, à Gray, le 26 juillet. Il mourut, selon l'opinion commune, dans un âge avancé.

Jacques de Vandenesse, son fils, né au comté de Bourgogne, en 1533 [4], entra de bonne heure dans la maison de Philippe II; on l'y trouve déjà remplissant les fonctions d'aide de chambre (*ayuda de cámara*) en 1554 [5].

---

[1] C'est ce qu'il déclare lui-même au cardinal de Granvelle dans la dédicace placée en tête du Journal des voyages de Philippe II.

[2] Reiffenberg dit, à tort (*Particularités inédites sur Charles-Quint et sa cour*, p. 4), qu'en 1554 Vandenesse fut chargé par le prince Philippe de porter à la reine Marie d'Angleterre une coupe d'or de 6,000 ducats et à milord Southwater une épée dont la garde était ornée de pierreries. Il confond ici le père avec le fils. Ce n'est pas d'ailleurs à la reine, mais au chancelier d'Angleterre, que le prince, au moment où il s'embarquait pour passer en ce royaume, fit présent d'une coupe en or. A la reine il avait envoyé, au mois de mars précédent, des bijoux d'une valeur de soixante mille écus.

[3] Archives de Simancas.

[4] Dans son interrogatoire du 9 février 1569, qui repose en original aux Archives de Simancas, *Estado*, leg. 543, Vandenesse dit qu'il était âgé de trente-six ans (*Pregunta qué edad tiene, dixo que treinta y seis años, poco mas ó menos*).

Je suis redevable de la connaissance de ce document et d'autres qui m'ont été très-utiles pour ce § de mon Introduction, à D. Francisco Diaz, directeur du dépôt national de Simancas, que je prie de recevoir ici l'expression de ma gratitude.

[5] Journal des voyages de Philippe II par Vandenesse.

et ce fut avec le même titre qu'il suivit ce monarque lorsqu'en 1559 Philippe quitta les Pays-Bas, pour n'y plus revenir. Il s'était lié dans ces provinces avec quelques-uns des principaux seigneurs, et nommément avec le prince d'Orange Guillaume le Taciturne; arrivé en Espagne, il entretint cette liaison par une correspondance suivie [1]. Il avait épousé une Belge, Philippote Grutere, d'une famille de Gand; en 1562 il obtint du Roi la permission de venir retrouver sa femme, qu'il avait laissée en cette ville; il fit le voyage en compagnie de Floris de Montmorency, seigneur de Montigny, chevalier de la Toison d'or, gouverneur et grand bailli de Tournai et Tournaisis, que la duchesse de Parme, au mois de juin de cette année, avait chargé à la cour de Madrid d'une mission de haute importance. Montigny et Vandenesse arrivèrent, le 23 décembre, à Bruxelles, où ils descendirent à l'hôtel d'Egmont. Le prince d'Orange en fut à peine informé qu'il invita à sa table l'aide de chambre du Roi. Quelques jours après, sur l'invitation du marquis de Berghes et du seigneur de Montigny, Vandenesse assista, à Malines, au baptême du fils du comte d'Hooghstracten, Antoine de Lalaing, qui fut tenu sur les fonts par le duc de Clèves. Ayant passé un mois auprès de sa femme à Gand, il prit le chemin du comté de Bourgogne, où il resta pendant une partie de l'année 1563. De là il revint aux Pays-Bas [2]. L'hiver suivant il repartit pour l'Espagne; il arriva à Barcelone, où était le Roi, le 14 février 1564 [3].

On peut bien supposer que les caresses prodiguées par les grands seigneurs des Pays-Bas à un officier subalterne de la maison de Philippe II n'étaient point désintéressées : dans la situation critique où se trouvait leur

---

[1] Dans l'interrogatoire dont j'ai parlé, Vandenesse convint qu'il avait été en commerce de lettres avec le prince d'Orange, le marquis de Berghes, les comtes de Hornes, d'Arenberg, de Meghem, le seigneur de Montigny, le duc d'Arschot et d'autres seigneurs des Pays-Bas; mais il affirma que ces lettres ne concernaient que des affaires particulières.

Quand on lui demanda ce qu'elles étaient devenues, il répondit qu'elles avaient été brûlées.

[2] Tous ces détails sont tirés de l'interrogatoire de Vandenesse.

[3] Mémoires de Granvelle, à la Bibliothèque de Besançon, t. X, fol. 61.

patrie, dans celle où eux-mêmes ils étaient à l'égard du Roi, combien ne leur importait-il pas d'être instruits de ce qui se disait, de ce qui se déterminait ou se projetait à la cour de Madrid? et Vandenesse pouvait, sous ce rapport, leur rendre de signalés services. Entra-t-il en effet dans leurs vues? Oublia-t-il ses devoirs, comme il en fut accusé, jusqu'à profiter de l'accès qu'il avait dans la chambre du Roi pour prendre connaissance de ses papiers les plus réservés et livrer au prince d'Orange les secrets de son maître [1]? En l'absence d'éléments certains d'un jugement impartial, nous ne voudrions pas nous prononcer sur ce point. Ce qui est incontestable, c'est que les chefs de l'opposition aux Pays-Bas étaient au courant de ce que la duchesse de Parme écrivait à Philippe II et du langage que lui-même il tenait; Marguerite mandait à son frère le 15 octobre 1566 : « Comme
» déjà je l'ai fait savoir à Votre Majesté, il ne s'écrit d'ici rien que ces sei-
» gneurs ne viennent à connaitre et pénétrer. En ce moment j'ai été avertie,
» par quelqu'un qui en a la certitude, que, depuis deux ans, des copies
» de lettres que j'ai adressées à Votre Majesté, et même quelques lettres
» originales, ont été envoyées ici. Je laisse à considérer à Votre Majesté de
» quel inconvénient cela peut être pour son service......... Je la supplie
» donc très-humblement d'ordonner qu'à l'avenir mes lettres soient brû-
» lées ou gardées de manière qu'on n'en puisse avoir connaissance,
» comme cela a eu lieu par le passé. Et je ne puis encore laisser de dire à
» Votre Majesté que ces seigneurs se vantent qu'elle ne profère pas une
» parole, en public ou en particulier, dont ils ne soient informés : le prince
» d'Orange a même dit au conseiller d'Assonleville que cela leur coûte,
» chaque année, une grosse somme [2]. »

---

[1] Dans une lettre de Morillon à Granvelle, écrite de Bruxelles le 14 décembre 1567, on lit : « Vandenesse s'est grandement oblié, et encore plus ceulx qui l'ont sollicité à leur découvrir le secret de Sa Majesté : qu'est une grande malice et malheurté. » (Lettres de Morillon, t. IV, fol. 528, à la Bibliothèque de Besançon.)

[2] « ..... Come ho scritto a V. M.^{tà} per altre mie, non si scrive di qui cosa che costoro non vengano a

INTRODUCTION.   XVII

Philippe II dut avoir des raisons de croire que Vandenesse était l'auteur de ces infidélités, car, le 23 septembre 1567, quatre jours après avoir reçu les dépêches du duc d'Albe qui lui annonçaient l'arrestation des comtes d'Egmont et de Hornes, il donna l'ordre que son *ayuda de cámara* fût pris et conduit à l'alcazar de Ségovie [1].

Le procès de Jacques de Vandenesse s'instruisit à Bruxelles par le conseil des troubles; sur des lettres réquisitoriales du duc d'Albe, le licencié Salazar, alcade de la maison et cour du Roi (*alcade de casa y corte*), procéda, le 9 février 1569, à l'interrogatoire du prisonnier.

Soit qu'on n'eût pas trouvé des preuves suffisantes à sa charge, soit que Philippe II, en considération des services qu'il lui avait rendus en sa chambre, et par égard pour son père, voulût user de clémence, il le fit mettre en liberté en 1571 [2], mais en l'exilant et en lui interdisant le séjour du comté de Bourgogne et des Pays-Bas [3].

---

saperla et penetrarla. Adesso so statta advertita da persona che lo sa, che le copie delle lettere che io ho scritto, et anche qualche originali, si hanno rimandato qui, di più di doi anni in qua : che lasso considerare a V. M^ta di quanto inconveniente questo sia et desservicio suo............. Per il che supplico humillissimamente a V. M^ta di qui innanzi sia servita comandare che le mie lettere siano brusciate o ven guardate in modo che non se ne possa aver noticia di esse, come si è stato per il passato. Et non posso lasciar di dire ancohra a V. M^ta come loro si vantano che non può quella dire una parola, in publico nè in privato, che non venghi a sua noticia ; et il principe de Oranges stesso disse al consiglier Assonleville che questo costava grossa soma de danari ogni anno. » (Arch. de Simancas, *Estado*, leg. 530.)

[1] Cédule adressée, de l'Escurial, le 23 septembre 1567, au comte de Chinchon, gouverneur (*alcaide*) de l'alcazar de Ségovie. (Arch. de Simancas, *Estado*, leg. 545.)

[2] « ..... Ya que, por haverme servido en la cámara y por respecto de su padre, tengo por bien de usar con él de clemencia », dit le Roi au duc d'Albe dans une dépêche du 27 janvier 1571. (Arch. de Simancas, *Estado*, leg. 547.)

[3] Dans la lettre du 27 janvier citée à la note précédente, le Roi consultait le duc d'Albe sur l'endroit de ses États où il pourrait exiler Vandenesse, afin qu'il n'y fit point de mal avec la langue ni avec la plume, car il savait, ainsi que le duc, combien il était enclin à exciter des mutineries, et il fallait lui en ôter l'occasion (*á qué parte de mis Estados se podria embiar donde no haga daño con la lengua ni con*

Nous ne savons plus rien de lui à partir de cette époque.

Jean de Vandenesse eut une fille, Charlotte, qui épousa Claude Boutechoux, conseiller et depuis président du parlement de Bourgogne.

III

Il existe, à la Bibliothèque nationale, à Madrid, un manuscrit portant pour titre : *Descripcion des voyages, faicts et victoires de l'empereur Charles, V^e de ce nom, et ce qui est advenu jusques à son retour de Argel; escript de la propre main de $mons^r$* DE HERBAYS, *de la chambre de Sadicte Majesté et chevalier de l'ordre de Sainct-Jacques, à sçavoir dès l'an mil cinq cens et quatorze jusques à l'an mil cinq cens et quarante-deux : ce qu'il a tout veu, pour y avoir esté présent et faict les mesmes voyages avecque Sadicte Majesté.*

Ce manuscrit, marqué T 215 et composé de 54 feuillets, aura, selon toute probabilité, appartenu originairement à la bibliothèque particulière des rois d'Espagne, et passé à la Bibliothèque royale, aujourd'hui nationale, lors de la création de cet établissement par Philippe V, en 1711.

Jamais je n'avais entendu parler et je n'avais nulle part vu de mention de la Description du seigneur de Herbais lorsque, dans l'hiver de 1843 à 1844, examinant, à la Bibliothèque de Madrid, les manuscrits qui se rapportaient à l'histoire de Belgique, j'en trouvai l'indication au catalogue. Je l'ouvris donc avec beaucoup de curiosité; après l'avoir parcourue, je fus frappé de la conformité qu'il y avait entre la Description de Herbais et le

---

la pluma, que, como dezis y yo lo tengo bien conocido, él es harto aparejado para amolicer, y es muy buen medio quitarle la ocasion).

Dans sa réponse en date du 25 mars, le duc indiquait les royaumes de Valence et de Catalogne ou ceux de Naples et de Sicile comme les pays entre lesquels le Roi pourrait choisir.

INTRODUCTION.

Journal de Vandenesse. Je signalai le fait à la Commission royale d'histoire dans une lettre que je lui écrivis de Simancas le 28 mars 1844, et qu'elle rendit publique, en lui donnant place dans son Bulletin [1]; j'y posais la question, à laquelle il n'a pas été répondu jusqu'ici : qui, de Vandenesse ou de Herbais, a été le plagiaire?

Plus tard le gouvernement, sur ma proposition, chargea la légation belge à Madrid de faire les démarches nécessaires afin d'obtenir une copie de la Description de Herbais.

Cette copie est conservée aux Archives du royaume. J'en ai relu le texte; j'ai comparé de nouveau, avec une attention particulière, l'une et l'autre relation, et je me suis assuré que, sauf certaines additions dont je parlerai tout à l'heure, et quelques mots insignifiants changés çà et là, elles sont absolument semblables.

Il est donc évident que l'un des deux narrateurs s'est servi de l'ouvrage de l'autre.

Mais, encore une fois, lequel est le plagiaire?

On remarquera que Herbais, en tête de sa Description, déclare « avoir » veu et escript de sa propre main » tout ce qu'il raconte des voyages, faits et victoires de l'Empereur, « pour y avoir esté présent et faict les mesmes » voyages avecque Sa Majesté. »

Vandenesse aussi, dans le titre de son Journal, dit qu'il a « suivi l'Em- » pereur en tous ses voyages, » et nous en avons la preuve, comme on l'a vu au § précédent.

Nous n'avons pas de renseignements aussi positifs sur Jacques de Herbais, à cause de la destruction, qui eut lieu en 1793 et 1794 et dont nous parlons dans ce volume [2], des états des officiers de la maison de Charles-Quint : mais, dans une « Déclaration des debtes et restes deues à plusieurs

---

[1] Tome IX, 1re série, pp. 234-318.
[2] Page 502, note 1.

» officiers et serviteurs de l'hostel de l'Empereur, à cause de leurs gaiges,
» depuis le premier jour de juillet 1520 jusques le derrenier jour de dé-
» cembre 1531 [1], » nous voyons le seigneur de Herbais figurer parmi les
« gentilshommes servans » pour une somme de 498 livres.

Le 14 juin 1531 Charles-Quint, étant à Gand, conféra à Herbais la charge d'écoutète d'Anvers et de margrave du pays de Ryen; dans la commission qu'il lui donna il le qualifie de son « écuyer tranchant » (*schiltknape ende voirsnydere*). Herbais prêta serment le 27 juin [2]. Il était à peine en fonctions de quelques mois qu'il reconnut l'impossibilité de les concilier avec les devoirs qu'il avait à remplir à la cour : au moment où l'Empereur se disposait à quitter les Pays-Bas pour aller tenir la diète à Ratisbonne, il sollicita et obtint l'autorisation de résigner sa charge d'écoutète à Guillaume vanden Werve [3]. Au commencement de 1536 il fut fait gentilhomme de la chambre [4]. L'année suivante l'Empereur l'envoya à Gand : les Gantois se refusaient à accorder les subsides que la reine Marie, régente des Pays-Bas, avait demandés aux états de ces provinces pour la défense du pays contre les Français; Herbais fut chargé de faire appel à leur patriotisme [5]. En 1539 il accompagna Charles-Quint lorsque ce monarque quitta l'Espagne pour venir, à travers la France, réprimer la désobéissance des Gantois qui avait pris le caractère d'une révolte ouverte [6]. Il figure, parmi les gentilshommes de la chambre, dans l'état, publié par Mameranus, des princes, comtes, barons, etc., qui étaient à la suite de l'Em-

---

[1] Archives du royaume, fonds de l'Audience, reg. *Maisons des souverains et des gouverneurs généraux*, t. III.

[2] Archives du royaume, reg. n° 12905 de la chambre des comptes.

[3] Lettres patentes de Charles-Quint du 20 octobre 1531. (*Ibid.*)

[4] Voy. ci-après, p. 116.

[5] *Relation des troubles de Gand sous Charles-Quint*, p. 191. (Publication de la Commission royale d'histoire.)

[6] Voy. ci-après, p. 154.

pereur dans la guerre contre les luthériens d'Allemagne en 1547 et 1548 [1]. Enfin un acte de Charles-Quint du 8 décembre 1554 constate qu'il faisait encore partie de sa chambre à cette époque [2].

Les faits que nous venons de retracer suffisent, croyons-nous, pour montrer que Herbais était, aussi bien et mieux encore que Vandenesse, en position de connaître ce qui se passait à la cour de Charles-Quint.

Comparons maintenant de plus près les deux relations.

Une observation essentielle, c'est qu'il n'y a rien dans Herbais qu'on ne trouve dans Vandenesse, et, au contraire, Vandenesse entre dans bien des détails que Herbais ne donne pas. Comment expliquer cela si le premier a copié le second?

Nous citerons quelques exemples.

Herbais, racontant l'entrée de Charles-Quint à Valladolid en 1518. dit : « Ledict Roy fist son entrée audict Valledolit le . . de novembre dudict an, » *comme l'on le treuve imprimé.* » Vandenesse, qui a eu sans doute recours à cet imprimé, décrit l'entrée avec quelques détails (p. 59).

Sur l'entrée et le couronnement de Charles-Quint à Bologne Herbais se borne à dire : « Audict Boulongne, où estoit jà arrivé le pappe Clément, Sa » Majesté fut là couronnée de deux aultres couronnes de l'Empire : l'une » par le cardinal Hinquefort, commis par le consistoire pour ceste affaire, » l'autre par ledict pappe; » et il ajoute : *Soit icy mis l'entrée et couronnement de Boulongne.* Cette lacune est remplie par Vandenesse (pp. 85-94).

Arrivé aux conférences qui eurent lieu, à Nice, entre Charles-Quint, Paul III et François Ier, Herbais renvoie, comme pour l'entrée à Valladolid et à Bologne, à un document qu'il avait probablement sous les yeux, en ces

---

[1] *Catalogus familiae totius aulae Caesareae per expeditionem adversus inobedientes, omniumque principum, comitum, baronum, statuum ordinumque Imperii, etc., anno 1547 et 1548 praesentium.* Coloniae, apud Henricum Mameranum, 1550, in-8° min., p. 21.

[2] Lettres patentes acceptant la démission définitive, donnée par Herbais, de la charge d'écoutète d'Anvers. (Reg. n° 12906 de la chambre des comptes.)

termes : *Soit icy mis tous les cardinaulx qui vindrent voir S. M. à Villefranche, la royne et seigneurs de Franche, l'arrivée du pappe audict Niche, la veue de S. M. avec ledict pappe, le refus que le duc de Savoye fit du chasteau de Niche à S. M., la conclusion de la trêve de dix ans*, etc. Vandenesse ne manque pas naturellement de raconter tout cela (pp. 140-142).

Il y a lieu de s'étonner que, sur l'entrée de l'Empereur à Paris, celui-ci soit aussi laconique que Herbais (p. 157); mais le dernier fait suivre la phrase : « Le premier jour de janvier 1540 disner à Sainct-Anthoine » des Champs, coucher à Paris, » des mots : *L'on trouve l'entrée imprimée.*

Ce que dit Vandenesse de l'insurrection des communes de Castille, de l'invasion de la Navarre, du pardon général publié à Valladolid pour les *comuneros* (pp. 62, 63, 67), manque entièrement dans Herbais.

Il en est de même de ce qu'il rapporte touchant

L'entrée des Turcs en Hongrie et la mort du roi Louis en 1526 (p. 76);

Le couronnement de Ferdinand, frère de Charles-Quint, comme roi de Bohême, en 1527 (p. 77);

La réception faite à Gênes à l'Empereur en 1529 (p. 83);

Les communications qu'il y eut, à Plaisance, au mois de septembre de la même année, entre l'Empereur et le pape Clément VII (p. 84);

L'exécution qu'Henri VIII fit faire d'Anne de Boleyn (p. 117);

Le mariage qu'il contracta avec Anne de Clèves (p. 153);

La prise de Bude par les Turcs en 1541 (p. 175);

L'envoi que Charles-Quint fit du seigneur de Granvelle au pape Paul III, au moment où il allait s'embarquer à la Spezzia pour l'expédition d'Alger, afin de le disculper ainsi que ses ministres au sujet du meurtre des agents français Fregoso et Rincon (p. 193),

Et plusieurs autres faits de moindre importance.

Nous ferons remarquer encore que Herbais ne parle pas de la nomination de Guillaume de Vandenesse comme grand aumônier de l'Empereur en 1524[1], et qu'il se tait sur sa propre promotion à l'état de gentilhomme de la chambre[2]. Ces deux différences entre la *Description* et le *Journal* nous paraissent également significatives : on ne comprendrait pas en effet pourquoi Herbais se serait abstenu de reproduire le fait relatif au frère de Jean de Vandenesse, s'il avait copié le manuscrit de celui-ci, alors que, deux pages plus haut, il nous apprend que Guillaume venait d'être pourvu de l'évêché d'Elne[3]; d'autre part, on comprend fort bien le motif pour lequel il garde le silence sur ce qui le concerne personnellement.

Une dernière observation.

Nous avons rapporté qu'en 1557 Charles-Quint envoya Herbais d'Espagne aux Pays-Bas. Or, qu'on jette les yeux sur le Journal des voyages, on verra que pour cette année-là il ne contient rien ou presque rien des faits et gestes de l'Empereur. Que faut-il en inférer, sinon que l'auteur était alors absent de la cour?

De tout ce qui précède on peut conclure, selon nous, que Vandenesse s'est approprié l'ouvrage de Herbais, en y ajoutant un certain nombre de faits et quelques descriptions.

Nous ne lui en ferions pas toutefois un reproche, s'il avait eu la loyauté de le reconnaître.

IV

Les manuscrits du Journal de Vandenesse sont nombreux. Il y en a un à la Bibliothèque nationale, à Madrid, qui provient de l'abbaye de Saint-Vaast d'Arras; il y en a deux à la Bibliothèque impériale, à Vienne, quatre à la Bibliothèque royale, à Bruxelles, trois à la Bibliothèque nationale, à

---

[1] Voy. ci-après, p. 69.
[2] *Ibid.*, p. 116.
[3] *Ibid.*, p. 67.

INTRODUCTION.

Paris, un à la Bibliothèque de l'Arsenal, un à la Bibliothèque de Besançon [1], un à la Bibliothèque de Reims. D'autres encore existent vraisemblablement dans les dépôts littéraires de France, d'Angleterre, d'Allemagne et d'Italie.

Tous les manuscrits que je viens d'indiquer sont des copies.

Ceux dont je me suis servi pour la présente édition sont :

I. Le MS. de l'Arsenal, que le ministère de l'instruction publique de France a bien voulu, à cet effet, prêter au gouvernement belge;

II. Le MS. de Reims, d'après une copie que le conseil municipal en a fait faire aux frais de la ville pour la mettre généreusement à la disposition de la Commission royale d'histoire, et qui a été exécutée sous les yeux de M. Ch. Loriquet, conservateur de la Bibliothèque, avec une fidélité scrupuleuse ;

III. Le MS. 8067 de la Bibliothèque impériale, à Vienne, dont Son Exc. le prince de Hohenlohe, grand maître de la cour, surintendant de la Bibliothèque, a, de la manière la plus gracieuse, autorisé le déplacement en faveur de la Commission ;

IV. Les MSS. 14641 et 15869 de la Bibliothèque royale de Bruxelles [2];

V. La copie du MS. de Jacques de Herbais conservé à la Bibliothèque nationale, à Madrid.

Le manuscrit de l'Arsenal, qui contient les deux Journaux de Vandenesse, précédés des deux dédicaces au cardinal de Granvelle, est un in-fol., relié en veau gaufré, de 249 feuillets dorés sur tranche, d'une écri-

---

[1] Dom Anselme Berthod, avant d'avoir vu le manuscrit du chapitre de Tournai, regardait celui de Besançon comme l'original. (*Mémoire sur quelques manuscrits de la Bibliothèque publique de l'abbaye de Saint-Vincent, lu à la séance de l'Académie le 28 novembre 1770.*) Après lui Nélis, Lesbroussart, Reiffenberg ont attribué à ce manuscrit le même caractère. Il n'est pourtant, je l'ai dit déjà, qu'une médiocre copie, comme me l'écrit M. Castan, et comme je l'avais remarqué moi-même dans une visite faite à la Bibliothèque de Besançon en 1858.

[2] Les deux autres MSS. de cette Bibliothèque, portant les n°° 11581 et 14542, sont de moins bonnes copies.

INTRODUCTION.

ture française de la fin du XVIe siècle ou des premières années du XVIIe. Il porte le n° 644 du catalogue. Il a appartenu originairement à Charles-Philippe de Croy, prince du saint-empire romain, marquis d'Havré, conseiller d'État et chef des finances de l'archiduc Albert, comme en témoignent la devise et les vers suivants qui se trouvent au 1er feuillet de garde et sont écrits de la main de ce seigneur :

JE SOUSTIENDRAY CROY,
ET
J'AYME QUI M'AYME [1].

Quy n'ayme, estant aymé, n'est pas digne d'amour,
Et aimer sans subiect c'est ung erreur extresme;
Et quy feint en aymant, à beau jeu beau retour.
Ou tout ung ou tout autre. Ainsy J'AYME QUI M'AYME.

Une autre marque de la provenance du manuscrit est celle que nous allons dire. Charles-Philippe de Croy avait épousé Diane de Dommartin, dame de Fontenoy et de Fenestrange, née en 1552. Au feuillet 196, en marge du passage où Vandenesse rapporte que, le 5 septembre 1549, à Bruxelles, l'Empereur, le prince son fils et la reine de France tinrent sur les fonts le fils de la duchesse douairière d'Arschot et lui donnèrent les noms de Charles-Philippe [2], on lit cette note : *De Croy, marquis d'Havré, mon seigneur et mari, à présent eagé de cinquante-sept ans quatre mois.* DIANE DE DOMPMARTIN. *Ce premier janvier 1607.*

Le MS. de Reims, d'après la description que M. Loriquet a eu la complaisance de m'en donner, est un in-folio, de 236 feuillets à longue ligne,

---

[1] Au-dessous de cette ligne on lit *A° 1618*, date qui aurait été écrite par une autre main si, comme le rapporte le *Nobiliaire des Pays-Bas*, 1re partie, p. 94, le marquis d'Havré mourut le 25 novembre 1613.

[2] Voy. ci-après, p. 389.

d'une écriture du milieu du XVIIe siècle. Il était conservé, avant la révolution, dans la bibliothèque du chapitre métropolitain, qui le tenait d'un chanoine du nom de Noël Caron. Comme dans celui de l'Arsenal, les deux Journaux de Vandenesse y sont à la suite l'un de l'autre. Il avait été signalé à la Commission par le savant auteur de l'*Histoire de Flandre*, Warnkönig [1], et par Émile Gachet, qui remplit avec distinction, pendant plusieurs années, les fonctions de chef du Bureau paléographique [2]. D'après M. Loriquet, il n'est qu'une copie assez négligée et fautive.

J'ai déjà ailleurs [3] décrit le MS. 8067 de la Bibliothèque de Vienne, lequel provient de J. Sambucus, historiographe et conseiller des empereurs Maximilien II et Rodolphe II; je me contenterai de rappeler ici qu'il contient seulement le Journal des voyages de Charles-Quint.

Le MS. 14641 de la Bibliothèque de Bruxelles est un in-folio, relié en veau brun, de 259 feuillets, d'une écriture allemande du XVIIe siècle. C'est une copie peu correcte du MS. de Vienne dont je viens de parler. Je n'aurais pas eu à le consulter si j'avais disposé, dès le principe, du MS. de Vienne : mais c'est seulement quand l'impression du Journal de Vandenesse était parvenue à l'année 1550 que ce manuscrit, à la demande de la Commission, lui a été envoyé [4].

Le MS. 15869 de la Bibliothèque royale est la copie que dom Anselme Berthod, ainsi que je l'ai dit dans le § Ier, envoya à Nélis vers la fin du siècle dernier; elle forme 716 pages d'écriture. Le Journal des voyages de Charles-Quint, précédé de la dédicace au cardinal de Granvelle, remplit les pages 1-613; les pages 614-716 sont consacrées au Journal des voyages de Philippe II. La Serna Santander, qui fut bibliothécaire de la

---

[1] *Bulletins*, sér. I, t. I, p. 150.

[2] *Ibid.*, sér. II, t. V, p. 47.

[3] *Notice des manuscrits concernant l'histoire de la Belgique qui existent à la Bibliothèque impériale, à Vienne;* 1864, in-8º, p. 44.

[4] Voir, à ce sujet, dans les *Bulletins*, le compte rendu de la séance du 7 juillet 1873.

INTRODUCTION.

ville de Bruxelles de 1795 à 1811, recopia, page pour page, ce manuscrit; lors de la vente de ses livres à Paris, en 1810, sa copie fut achetée par la Bibliothèque de Vienne [1].

Dans les cinq textes dont j'ai fait usage j'ai eu, comme on le verra, à constater bien des variantes. Ce qui est singulier, ce que je ne m'explique pas, c'est que le récit des actions de Charles-Quint, à partir du 1ᵉʳ janvier 1550 jusqu'au 25 mai 1551, récit que le MS. 8067 de Vienne donne avec détail, manque entièrement dans les MSS. de l'Arsenal, de Reims et de Besançon [2].

Une difficulté, la principale peut-être, que présentait l'édition de Vandenesse, était la rectification des noms des lieux d'Espagne, d'Italie, d'Allemagne et même de France si étrangement défigurés, pour la plupart, comme j'en ai déjà fait l'observation, dans le Journal du contrôleur de la maison de Charles-Quint. Je me suis appliqué, à l'aide des meilleures cartes de la Bibliothèque royale, à restituer à ces endroits divers leur nom véritable. Je ne me flatte pas pourtant d'y avoir toujours réussi, et je réclame l'indulgence pour les erreurs que j'ai pu commettre.

Des pages entières du Journal de Vandenesse sont remplies par l'itinéraire de l'Empereur; il y en a d'autres consacrées uniquement à des descriptions de fêtes, de festins, de tournois, de cérémonies; d'autres encore, en plus grand nombre, où ne se trouvent que des documents : j'ai pensé qu'on me saurait gré de dégager les faits historiques qui sont mêlés à ces choses diverses, et de les rassembler dans un Index selon l'ordre de leurs dates. Cet Index est placé à la suite du texte.

---

[1] Voy. la *Notice* ci-devant citée, p. 49.

[2] Il manque également dans le MS. 22981 du fonds français et le MS. Dupuy 560 de la Bibliothèque nationale, à Paris, mais il se trouve dans le MS. 5617 (fonds français) de la même Bibliothèque.

V

Dans le discours qu'il adressa, de sa bouche, aux états généraux des Pays-Bas, le 25 octobre 1555, en déposant le pouvoir suprême, Charles-Quint leur rappelait qu'il avait fait neuf voyages en Allemagne, six en Espagne, sept en Italie, dix dans les provinces dont ils étaient les mandataires, quatre en France, deux en Angleterre, deux en Afrique, sans compter ses visites à ses autres royaumes, pays et iles [1].

Il n'est pas besoin de montrer l'intérêt que doit offrir l'itinéraire d'un prince qui a été aussi ambulant, quand on considère surtout que ce prince fut le monarque le plus puissant de son temps et qu'il régna quarante années : cet intérêt est compris de tous ceux qui s'occupent d'études et de recherches historiques; il a été le mobile des publications de MM. Bradford et Stälin dont j'ai parlé dans le § Ier de cette Introduction.

Si l'itinéraire que l'un et l'autre de ces savants ont donné est incomplet et s'il s'y trouve quelques inexactitudes, c'est que le Journal de Vandenesse, dont M. Bradford s'est exclusivement servi et qui a fourni à M. Stälin les principaux éléments de son travail, ne donne avec quelque régularité l'indication des séjours de Charles-Quint qu'à partir de l'année 1522; qu'il s'arrête au mois de mai 1551; que des lacunes, même des erreurs qui sont peut-être le fait des copistes, y existent çà et là.

Il n'eût été possible d'établir un itinéraire du grand Empereur, à la fois complet et authentique, que si les comptes du maitre de sa chambre aux deniers étaient tous parvenus jusqu'à nous : le maitre de la chambre aux deniers, en effet, consignait, jour par jour, dans ses comptes, le lieu où son souverain s'était arrêté, avec le chiffre de la dépense faite tant pour le payement des gages des officiers de la cour que pour le service de la table.

---

[1] Voy. nos *Analectes belgiques*, 1830, in-8°. p. 87.

INTRODUCTION.

Malheureusement il ne s'est conservé, dans les archives de l'ancienne chambre des comptes de Flandre, qui forment aujourd'hui une section des Archives du département du Nord, que les comptes de 1506 à 1531. Qu'est-il advenu des comptes suivants? N'auraient-ils pas été envoyés à la chambre? ou furent-ils détruits, avec tant d'autres documents, en 1793[1]? M. l'abbé Dehaisnes, qui dirige d'une manière si distinguée l'important dépôt des Archives départementales du Nord, s'est livré, pour éclaircir ce point, à beaucoup d'investigations; il n'y est pas parvenu. Je pense, et, jusqu'à preuve contraire, j'en demeurerai convaincu, que les comptes de la maison de Charles-Quint pendant tout son règne furent remis à la chambre, car c'était elle, d'après son institution, qui devait les vérifier et les approuver[2] : il m'est démontré d'ailleurs, par des pièces qu'il y a aux Archives du royaume[3], qu'elle avait reçu au moins le compte des années 1532, 1533, 1534 et 1535.

Quoi qu'il en soit à cet égard, je n'ai point hésité à entreprendre le dépouillement des comptes de 1506 à 1531, et je fais précéder le Journal de Vandenesse de l'Itinéraire que, à l'aide de ces précieux registres, j'ai été en état de dresser. Cet Itinéraire, en quelque sorte officiel, remplira deux

---

[1] Voir la notice de M. l'abbé Dehaisnes : *Les Archives départementales du Nord pendant la révolution.*

[2] L'ordonnance de Charles-Quint pour la chambre des comptes du 5 octobre 1541 contenait même des dispositions spéciales à cet égard. Ainsi, aux termes de l'article 34, lorsque le maître de la chambre aux deniers rendait son compte, les membres de la chambre pouvaient seuls être présents, « afin, » disait l'Empereur, « que nul ne sçache nostre secret et estat, excepté ceulx qui le doivent sçavoir. » Suivant l'article 36, quand le maître de la chambre aux deniers apportait les lettres et mandements à l'appui de son compte, il devait y avoir au moins deux conseillers-maîtres et un clerc pour les recevoir.

[3] Ces pièces sont deux extraits délivrés par la chambre des comptes au XVIIme siècle, et dont l'un est intitulé : « Du compte V^e et dernier de Henry Stercke, de la chambre aux deniers, de trois ans et trois mois finis le dernier de mars xv^c xxxv », et l'autre : « Extraict du compte V^e et dernier de Henry Stercke de la chambre aux deniers et argenterie de l'empereur Charles finy le dernier de mars xv^c xxxv. » Ces pièces se trouvent dans le registre *Maisons des souverains et des gouverneurs généraux*, t. II.

objets : il suppléera aux lacunes qu'il y a dans le Journal pour les années antérieures à 1522 : il rectifiera et complétera celui-ci pour les années qui suivent.

Charles-Quint eut deux maîtres de sa chambre aux deniers de 1506 à 1531 : Pierre Boisot d'abord, qui le fut jusqu'au 30 juin 1521, et après lui Henri Stercke.

Boisot avait l'habitude de rapporter dans ses comptes certaines actions de son maître, telles que ses entrées dans les villes, les fêtes, les banquets auxquels il avait assisté, les personnages qu'il avait reçus, ceux qu'il avait invités à sa table, etc. J'ai recueilli avec soin ces particularités, qui ne doivent pas être dédaignées par l'histoire.

VI

Il ne me reste, pour terminer, qu'à dire quelques mots des documents dont sont composés les *Appendices*.

De ces documents les uns concernent l'organisation et le gouvernement de la maison de Charles-Quint ; les autres sont relatifs à la réception faite à l'Empereur dans plusieurs villes des Pays-Bas et d'Italie.

J'ai pensé que les premiers étaient un complément nécessaire du Journal tenu par le contrôleur de la maison impériale.

Il n'a pas dépendu de moi de donner, comme je l'aurais voulu, des personnes attachées à la cour de Charles-Quint et de ses ministres, des listes qui se rapportassent aux différentes époques de son règne : ainsi qu'on le verra [1], les listes de 1517 et de 1521 sont les seules qui subsistent dans les Archives de Lille.

Sur le gouvernement de sa maison je n'ai trouvé, dans ce dépôt ni aux

---

[1] Page 502, note 1.

INTRODUCTION.

Archives du royaume, d'autre ordonnance que celle du 25 octobre 1515 : je me garderai pourtant d'affirmer qu'elle n'ait pas été remplacée ou modifiée par des ordonnances postérieures.

Vandenesse, si prolixe quand il décrit certaines fêtes, est généralement sobre de détails sur les faits qui se rattachent à la première entrée de Charles-Quint dans les villes de ses États ou de l'étranger; il ne s'étend guère que sur la réception de l'Empereur à Bologne en 1529. Les honneurs qui furent rendus à Charles-Quint à Poitiers, à Orléans, à Fontainebleau, à Paris, lorsqu'il traversa la France en 1539, ont été l'objet de descriptions pompeuses publiées à cette époque même [1]. On a mis en lumière, il n'y a pas longtemps, une ample relation de l'entrée qu'il fit à Metz le 10 janvier 1541 [2]. D'autres relations de ce genre doivent avoir vu le jour en Allemagne et en Italie. Pour les dix-sept provinces je ne connais d'imprimée que *la tryumphante et solemnelle Entrée* de Bruges, ouvrage de l'historiographe Remy Dupuys [3].

Il m'a paru que l'intérêt qu'offre le Journal de Vandenesse s'accroîtrait encore si je pouvais y joindre des relations locales des cérémonies et des fêtes par lesquelles les populations des Pays-Bas célébrèrent la première visite du prince dont le règne s'ouvrait sous de si brillants auspices. Dans ce but je me suis adressé aux archivistes des principales villes de Belgique et des départements français formés des provinces qui, au XVIe siècle, faisaient partie, comme les nôtres, de l'héritage de la maison de Bourgogne.

Tous ceux de ces honorables fonctionnaires qui se sont trouvés à même de seconder mon dessein ont répondu à l'appel que je leur ai fait, avec un empressement, une obligeance dont je leur exprime ici ma vive gratitude.

J'ai reçu de M. Edmond de Busscher, membre de notre Académie, archi-

---

[1] Voy. pp. 155, note 1, et 157, note 8.

[2] Voy. *Les Chroniques de la ville de Metz, recueillies, mises en ordre et publiées pour la première fois par* J. F. Huguenin; Metz, S. Lamort, 1838, grand in-8º, pp. 840-860.

[3] Voy. p. 531, note 1.

viste de la ville de Gand, de M. l'abbé DEHAISNES, qui, avant d'être archiviste du département du Nord, l'avait été de la ville de Douai, de M. CAFFIAUX, archiviste de la ville de Valenciennes, des relations de l'inauguration de Charles-Quint dans ces trois villes importantes de la Flandre et du Hainaut. M. CAFFIAUX m'a communiqué, de plus, une notice circonstanciée de la réception faite à l'Empereur à Valenciennes, quand il y vint, au mois de janvier 1540, avec les fils de François Ier, le dauphin et le duc d'Orléans, et une autre notice, mais celle-ci fort sommaire, d'une seconde visite qu'il fit, cette année-là, à la même ville.

M. GILLIODTS-VAN SEVEREN, membre de la Commission royale pour la publication des anciennes lois et ordonnances, archiviste de la ville de Bruges, M. LACROIX, archiviste de la ville et conservateur honoraire des Archives de l'État, à Mons, M. VAN EVEN, archiviste de la ville de Louvain, m'ont envoyé, à défaut de relations du même genre, des états détaillés des dépenses que chacune de ces villes fit pour fêter son souverain à sa joyeuse entrée. Ces états sont très-curieux, parce qu'ils donnent à la fois une idée des mœurs du temps et de la somptuosité avec laquelle nos grandes cités recevaient leurs princes en de semblables occasions.

M. VANDENBROECK, conservateur des Archives de l'État et archiviste de la ville, à Tournai, m'a fait parvenir des documents divers — délibérations du magistrat, proclamations aux habitants, extraits des comptes — sur les deux visites dont Charles-Quint honora cette ville depuis qu'il l'eut conquise sur la France : l'une en 1531, l'autre en 1540.

On trouvera ces relations, ces états de dépenses, ces documents parmi les pièces qui constituent les *Appendices*.

Deux relations de l'entrée de Charles-Quint à Namur en 1515 et en 1531 y figurent aussi : je les avais publiées déjà dans les Bulletins de la Commission royale d'histoire, mais il m'a semblé que le lecteur les retrouverait volontiers à la suite du Journal de Vandenesse.

Enfin, à côté de ces souvenirs, qui se rapportent spécialement aux anciens Pays-Bas. j'ai été heureux de pouvoir donner place à des descriptions de l'entrée de Charles à Messine et à Naples lorsqu'il revint triomphant de Tunis. Ces descriptions, qui se trouvent, fortuitement sans doute. dans les archives de la ville de Courtrai, m'ont été communiquées par M. Mussely, à qui est confiée la garde de ce dépôt : elles auront été rédigées par des personnes de la suite de l'Empereur, si elles ne sont des traductions de notices publiées sur les lieux mêmes dans la langue du pays.

FIN DE L'INTRODUCTION.

TABLE DE L'INTRODUCTION.

§ I. — Les Projets de publication du Journal de Vandenesse; les Traductions et les Extraits qui en ont été donnés; Appréciation de l'ouvrage.

	Pages.
Projet conçu par Leibnitz	I
— par D. Anselme Berthod	ib.
— par Corneille-François de Nélis	II
— par Jean Moerman	ib.
Extraits du Journal donnés par Hormayr en langue allemande	III
Notice et extrait qu'en fait paraître Lesbroussart	ib.
Emprunts que lui fait le baron de Reiffenberg	IV
Résolution de la Commission royale d'histoire de le comprendre dans les publications dont elle doit s'occuper	ib.
M. Bradford et M. Stälin s'en servent pour dresser, l'un en anglais, l'autre en allemand, un Itinéraire de Charles-Quint	ib.
Appréciation du Journal de Vandenesse : ce qu'on y trouve et ce qu'on n'y trouve pas	V

§ II. — La Famille de Vandenesse.

Inexactitude des renseignements publiés jusqu'ici	VI
Généalogie des Vandenesse d'après Jules Chifflet	ib.
Jean Vandenesse, attaché à la maison de l'archiduchesse Marguerite d'abord et ensuite à celle de Charles-Quint, était-il de cette famille?	VII
Naissance de l'auteur du Journal	ib.
Il est de bonne heure attaché à la maison de Charles-Quint	VIII
Diplôme par lequel l'Empereur lui accorde, ainsi qu'à ses deux frères, des armoiries où l'aigle impériale figure en chef	ib.

TABLE DE L'INTRODUCTION.

	Pages.
Vandenesse « varlet servant » de l'Empereur; pension que Charles-Quint lui accorde.	xi
Il devient contrôleur de la maison impériale; quand?	ib.
Attributions et devoirs du contrôleur; exagérations de Weiss et de Reiffenberg.	ib.
Vandenesse est attaché à la maison du prince Philippe.	xiv
Il accompagne partout ce prince jusqu'en 1560.	ib.
Philippe II lui accorde son congé avec une pension; sa mort.	ib.
Jacques de Vandenesse, son fils, aide de chambre du Roi.	ib.
Ses liaisons avec les principaux seigneurs belges	xx
Il vient d'Espagne aux Pays-Bas, en 1562, avec le seigneur de Montigny.	ib.
Il va des Pays-Bas en Bourgogne, revient dans ces provinces et repart pour l'Espagne en 1564.	ib.
Plaintes de la duchesse de Parme à Philippe II de ce que les lettres qu'elle lui écrit parviennent à la connaissance des seigneurs des Pays-Bas.	xvi
Jacques de Vandenesse, prévenu d'être l'auteur de ces infidélités, est arrêté et conduit à l'alcazar de Ségovie.	xvii
Instruction de son procès à Bruxelles	ib.
Son interrogatoire	ib.
Philippe II le fait mettre en liberté en l'exilant	ib.
Charlotte de Vandenesse, fille de Jean	xviii

§ III. — La Description des Voyages de Charles-Quint par le Sr de Herbais.

	Pages.
Manuscrit de cette Description qui existe à la Bibliothèque de Madrid.	xviii
Sa conformité avec le Journal de Vandenesse	ib.
Lequel des deux est le plagiaire?	xix
Jacques de Herbais figure dans une liste des officiers de l'Empereur de 1520 à 1531.	xx
Il est nommé écoutète d'Anvers et margrave du pays de Ryen	ib.
Il résigne ses fonctions pour suivre la cour	ib.
Il est fait gentilhomme de la chambre	ib.
Il est envoyé par Charles-Quint à Gand.	ib.
Il accompagne l'Empereur, en 1539, en France et aux Pays-Bas	ib.
Il figure parmi les seigneurs qui suivirent ce monarque dans la guerre d'Allemagne de 1547 et 1548.	ib.
Il figure encore, en 1554, parmi les officiers de la maison de l'Empereur	xxi
Comparaison de la Relation de Herbais avec celle de Vandenesse; passages qui sont dans la seconde et ne sont pas dans la première	ib.
Différences significatives	xxiii
Conclusion	ib.

TABLE DE L'INTRODUCTION.

§ IV. — Les Manuscrits du Journal de Vandenesse.

	Pages.
Manuscrits de Madrid, Vienne, Bruxelles, Paris, Besançon, Reims.	XXIII
Indication de ceux dont l'éditeur du Journal s'est servi	XXIV
Description du MS. de l'Arsenal	ib.
— du MS. de Reims	XXV
— du MS. 8067 de Vienne	XXVI
— des MSS. 14641 et 15869 de Bruxelles	ib.
Variantes dans ces divers manuscrits	XXVII
Difficulté que présentait la rectification des noms des lieux	ib.
Raisons qui ont engagé l'éditeur à placer à la suite du Journal un Index chronologique et historique	ib.

§ V. — L'Itinéraire de Charles-Quint de 1506 a 1531.

Voyages faits par l'Empereur et dont il rappelle le nombre aux états généraux des Pays-Bas le jour de son abdication	XXVIII
Intérêt que doit offrir l'itinéraire d'un prince aussi ambulant	ib.
Lacunes qu'il y a à cet égard dans le Journal de Vandenesse et erreurs qui s'y sont glissées	ib.
Un itinéraire complet et authentique n'eût été possible qu'à l'aide de tous les comptes du maitre de la chambre aux deniers	ib.
Ceux de 1506 à 1531 sont les seuls qui se soient conservés	XXIX
Conjectures sur ce qu'il est advenu des autres	ib.
Dépouillement fait de ces comptes par l'éditeur	ib.
Particularités qu'il y a recueillies, pour les ajouter à l'Itinéraire	XXX

§ VI. — Les Appendices.

Documents concernant l'organisation et le gouvernement de la maison de Charles-Quint	XXX
Réception faite à Charles lors de sa première entrée dans les villes de ses États et de l'étranger : peu de détails que donne à ce sujet Vandenesse; descriptions publiées du passage de Charles par la France, de son entrée à Metz en 1541, de celle qu'il avait faite à Bruges en 1515.	XXXI
Intérêt que devaient offrir des relations locales des cérémonies et des fêtes par lesquelles les populations des Pays-Bas célébrèrent la première visite de ce prince.	ib.
Appel adressé aux archivistes des principales villes de Belgique et des départements français limitrophes, et auquel ils répondent avec autant d'empressement que d'obligeance.	ib.

TABLE DE L'INTRODUCTION.

	Pages.
Envoi, par MM. Edmond de Busscher, l'abbé Dehaisnes, Caffiaux, de relations de l'inauguration de Charles-Quint à Gand, à Douai, à Valenciennes.	XXXI
Envoi, par MM. Gilliodts-Van Severen, Lacroix, Van Even, d'états détaillés des dépenses faites par les villes de Bruges, de Mons, de Louvain, à l'occasion de la joyeuse entrée de Charles-Quint.	XXXII
Envoi, par M. Vandenbrouck, de documents divers sur les deux visites dont Charles-Quint honora la ville de Tournai en 1531 et 1540.	ib.
Insertion, dans les *Appendices*, de ces divers documents, ainsi que de deux relations de l'entrée de Charles-Quint à Namur en 1515 et 1531.	ib.
Description de l'entrée de Charles à Messine et à Naples après la conquête de Tunis, envoyée par M. Mussely.	XXXIII

ITINÉRAIRE

DE

CHARLES-QUINT.

ITINÉRAIRE

DE

CHARLES-QUINT.

DE 1506 A 1531 [1].

ANNÉE 1506.

1-30 septembre, à Malines.

1-31 octobre, à Malines.

1-30 novembre, à Malines.

1-31 décembre, à Malines.

---

[1] Nous avons formé cet Itinéraire à l'aide des documents suivants, lesquels sont conservés aux Archives du département du Nord, à Lille :

I. Compte premier de PIERRE BOISOT, conseiller et maître de la chambre aux deniers de monseigneur l'archiduc d'Autriche, prince d'Espagne, duc de Bourgogne, etc., des recettes et dépenses par lui faites à cause dudit office de maître de la chambre aux deniers, pour une année entière commençant le 1er septembre 1506 et finissant le dernier août 1507;

II. Compte deuxième de PIERRE BOISOT, conseiller, etc., pour une année commençant le 1er septembre 1507 et finissant le 31 août 1508;

III. Compte troisième de PIERRE BOISOT, conseiller, etc., pour une année commençant le 1er septembre 1508 et finissant le 31 août 1509;

ITINÉRAIRE

ANNÉE 1507.

1-31 janvier,   à Malines.

1-28 février,   à Malines.

1-31 mars,   à Malines.

IV. Compte quatrième de Pierre Boisot, conseiller, etc., pour une année commençant le 1er septembre 1509 et finissant le 31 août 1510;

V. Compte cinquième de Pierre Boisot, conseiller, etc., pour une année commençant le 1er septembre 1510 et finissant le 31 août 1511;

VI. Compte sixième de Pierre Boisot, conseiller, etc., pour une année commençant le 1er septembre 1511 et finissant le 31 août 1512;

VII. Compte septième de Pierre Boisot, conseiller, etc., pour une année commençant le 1er septembre 1512 et finissant le 31 août 1513;

VIII. Compte huitième de Pierre Boisot, conseiller, etc., pour une année commençant le 1er septembre 1513 et finissant le 31 août 1514;

IX. Compte neuvième de Pierre Boisot, conseiller, etc., pour dix mois, commençant le 1er septembre 1514 et finissant le 30 juin 1515;

X. Compte dixième de Pierre Boisot, conseiller et maitre de la chambre aux deniers de monseigneur le prince d'Espagne, archiduc d'Autriche, duc de Bourgogne, etc., pour douze mois commençant le 1er juillet 1515 et finissant le 30 juin 1516;

XI. Compte onzième de Pierre Boisot, conseiller et maitre de la chambre aux deniers du roi de Castille, de Léon, etc., archiduc d'Autriche, duc de Bourgogne, etc., pour douze mois commençant le 1er juillet 1516 et finissant le 30 juin 1517;

XII. Compte douzième de Pierre Boisot, conseiller, etc., pour douze mois commençant le 1er juillet 1517 et finissant le 30 juin 1518;

XIII. Compte treizième de Pierre Boisot, conseiller, etc., pour douze mois commençant le 1er juillet 1518 et finissant le 30 juin 1519;

XIV. Compte quatorzième et dernier de Pierre Boisot, conseiller, etc., pour douze mois commençant le 1er juillet 1519 et finissant le 30 juin 1520;

XV. Compte premier de Henri Stercke, conseiller et maitre de la chambre aux deniers de l'Empereur, roi des Espagnes, des Deux-Siciles, de Jérusalem, de Valence, etc., archiduc d'Autriche, duc de Bourgogne, etc., pour douze mois commençant le 1er juillet 1520 et finissant le 30 juin 1521;

XVI. Compte deuxième de Henri Stercke, conseiller, etc., pour trois ans et demi commençant le 1er juillet 1521 et finissant le 30 décembre 1524;

XVII. Compte troisième de Henri Stercke, conseiller, etc., pour deux ans et demi commençant le 1er janvier 1525 et finissant le 30 juin 1527;

XVIII. Compte quatrième de Henri Stercke, conseiller, etc., pour quatre ans et six mois commençant le 1er juillet 1527 et finissant le 31 décembre

Pierre Boisot fut nommé maitre de la chambre aux deniers de l'archiduc Charles par lettres

1-30 avril.   à Malines ¹.

1-31 mai.   à Malines.

1-30 juin,   à Malines.

1-31 juillet.   à Malines.

1-31 août.   à Malines.

1-30 septembre,   à Malines.

1-31 octobre,   à Malines.

1-30 novembre.   à Malines.

1-31 décembre.   à Malines.

ANNÉE 1508.

1-31 janvier,   à Malines.

1-29 février,   à Malines ².

1-31 mars,   à Malines.

1-30 avril,   à Malines.

patentes de Philippe le Beau données à Valladolid le 24 juillet 1506, et Charles le confirma dans ces fonctions le 11 novembre suivant.

Sur la résignation qu'il en fit au profit de Henri Stercke, Charles-Quint nomma ce dernier à sa place par lettres patentes données à Bruxelles le 1ᵉʳ juillet 1520.

¹ Le 7 avril eut lieu la procession de Malines. Il fut donné un dîner au *Fer du Molin* (?), où assistèrent monseigneur l'Archiduc, madame sa tante (l'archiduchesse Marguerite), mesdames ses sœurs, les ducs de Juliers et de Clèves et plusieurs autres seigneurs et dames.

² Le 17 février « furent les nopces de Monsʳ de Maldeghem et de Bousinghen, à la charge et despence
« du prince, et y fut présent madame de Savoie. »

ITINÉRAIRE

 1-31 mai, à Malines.

 1-30 juin, à Malines.

 1-31 juillet, à Malines.

 1-31 août, à Malines.

 1-14 septembre, à Malines.
 15 » à Lierre.
 16-22 » à Anvers.
 23-30 » à Lierre.

 1-11 octobre, à Lierre.
 12-27 » à Malines.
 28-30 » à Lierre.
 31 » à Anvers.

 1-15 novembre, à Anvers.
 16-30 » à Malines.

 1-31 décembre, à Malines.

ANNÉE 1509.

 1-14 janvier, à Malines.
 15-16 » à Vilvorde.
 17-31 » à Bruxelles [1].

 1-21 février, à Bruxelles [2].

---

[1] Le 17 janvier, après avoir dîné à Vilvorde, l'Archiduc « banequeta » à Laeken et soupa à Bruxelles.

[2] Le 6 février l'Archiduc « receut l'ordre de la Gertière (de la Jarretière), où estoit l'Empereur son « grant-père; et cedit jour furent festoyez les ambassadeurs d'Angleterre aux despens de mondit seigneur. » Le 18 l'Empereur « fist ung banequet à ses despens, et y eult ung plat de viande de crue pour « Mesdames » (les archiduchesses Léonore, Isabelle et Marie, qui étaient venues de Malines).

DE CHARLES-QUINT.

| 22 | février, | à Termonde [1]. |
| 23-28 | » | à Gand [2]. |

1	mars,	à Gand.
2-3	»	à Ertvelde [3].
4	»	à Gand [4].
5-6	»	à Termonde.
7-16	»	à Malines.
17-31	»	à Anvers.

| 1-2 | avril, | à Anvers. |
| 3-30 | » | à Malines [5]. |

1-6	mai,	à Malines.
7-11	»	à Tervueren.
12-20	»	à Bruxelles [6].
21-31	»	à Malines.

| 1-30 | juin, | à Malines. |

| 1-31 | juillet, | à Malines. |

1	août,	à Malines.
2	»	à Vilvorde.
3-11	»	à Tervueren.
12-31	»	à Bruxelles [7].

[1] L'Empereur fit ce jour-là son entrée à Termonde.
[2] Le 23 février l'Empereur fit son entrée à Gand. L'Archiduc « bancqueta et s'arma en une maison près de Gand. »
[3] En la maison de Charles de Wedergrate. Le 3 mars l'Archiduc chassa toute la journée.
[4] Il y vint d'Ertvelde pour voir les joutes, et il soupa en la maison de la ville.
[5] Le 29 avril « furent les nopces de messire Claude Carondelet et de mademoiselle de Pamele, où fut fait au soupper xu platz de crue, et y fut madame de Savoie et plusieurs autres, etc. »
[6] Le 18 mai il fut fait un service à Bruxelles pour le feu roi d'Angleterre (Henri VII).
Le 20, jour de la procession de Bruxelles, l'Archiduc dina en la maison de la ville.
[7] Le 20 août l'Archiduc alla chasser à « l'Estacquette », où il dina et avec lui madame de Savoie.

ITINÉRAIRE

1-10 septembre, à Louvain [1].
11-30   »   à Bruxelles.

1-31 octobre,   à Bruxelles.

1-30 novembre, à Bruxelles.

1-31 décembre, à Bruxelles.

ANNÉE 1510.

1-31 janvier,   à Bruxelles [2].

1-28 février,   à Bruxelles [3].

1-3 mars,   à Bruxelles.
4-31   »   à Malines.

1-30 avril,   à Malines.

1-27 mai,   à Malines.
28-31 »   à Louvain.

1-9 juin,   à Louvain [4].
10-30 »   à Bruxelles.

1-31 juillet,   à Bruxelles.

---

[1] Le 2 septembre l'Archiduc dina en la maison de la ville, où il fut pour voir la procession. Le 3 il fut à la chasse à Heverlé, où il dina. Le 5 il alla chasser à Val-Duc.

[2] Le 6 janvier, jour des trois Rois, l'Archiduc « tint au soupper son royaulme avec madame d'Aus-» trice, douhaigière de Savoye, sa tante. »

[3] Le 12 février l'Archiduc donna un banquet à l'archiduchesse sa tante et à plusieurs grands maîtres, nobles et gentilshommes, dames et « femmes. »

[4] Le 4 juin l'Archiduc dina en la forêt d'Heverlé, où il fut à la chasse.

1-31   août,   à Bruxelles.

1-29 septembre, à Bruxelles.
30   »   à Malines.

1-5   octobre,   à Malines.
6-27   »   à Anvers.
28-29   »   au château de Tamise [1].
30-31   »   à Malines.

1-12 novembre, à Malines.
13-17   »   à Bruxelles.
18-21   »   à Hal.
22-30   »   à Bruxelles [2].

1-8   décembre,   à Malines.
9-31   »   à Malines.

ANNÉE 1511.

1-31 janvier,   à Malines.

1-28 février,   à Malines.

1-31 mars,   à Malines [3].

1-30 avril,   à Malines [4].

---

[1] Le 29 octobre Roland Lefèvre, trésorier général des finances, festoya, au château de Tamise, l'Archiduc et madame sa tante.

[2] Le 30 novembre l'Archiduc tint la fête de Saint-André avec quatre chevaliers de la Toison d'or. Il dîna dans la grande salle.

[3] Madame de Savoie (Marguerite d'Autriche) soupa le 5 avec Monseigneur et les seigneur et dame de Ravenstein.

[4] Le 25 avril, jour de la procession de Malines, ceux de la ville festoyèrent Monseigneur et mesdames ses sœurs.

ITINÉRAIRE

1-31 mai,	à Malines.
1-5 juin,	à Malines.
6-30 »	à Bruxelles [1].
1-10 juillet,	à Bruxelles.
11-13 »	à Malines.
14-16 »	à Anvers.
17-31 »	à Malines.
1-31 août,	à Malines.
1-30 septembre,	à Malines.
1-31 octobre,	à Malines.
1-30 novembre,	à Malines.
1-31 décembre,	à Malines.

ANNÉE 1512.

1-31 janvier,	à Malines.
1-29 février,	à Malines.
1-31 mars,	à Malines.
1-20 avril,	à Malines [2].
21-30 »	à Bruxelles.
1-31 mai,	à Bruxelles.

[1] Le 9 juin Monseigneur assista, à Tervueren, à la *trairie* (au tir) de ceux de Louvain et de Bruxelles.
[2] Le 14 avril Monseigneur fut festoyé par ceux de Malines, à cause que ce jour-là eut lieu leur procession.

1-11 juin, à Bruxelles.
12 » à Malines.
13-16 » à Anvers.
17 » à Malines.
18 » à Vilvorde.
19-30 » à Bruxelles.

1-31 juillet, à Bruxelles.

1-24 août, à Bruxelles.
25-31 » à Malines.

1-30 septembre, à Malines.

1-5 octobre, à Malines.
6-31 » à Bruxelles.

1-3 novembre, à Bruxelles.
4-5 » à Hal.
6-15 » à Bruxelles.
16-30 » à Malines.

1-31 décembre, à Malines.

ANNÉE 1513.

1-31 janvier, à Malines.

1-28 février, à Malines.

1-31 mars, à Malines.

1-2 avril, à Malines.
3-30 » à Bruxelles.

ITINÉRAIRE

1-31 mai,		à Bruxelles.
1-30 juin,		à Bruxelles.
1-31 juillet,		à Bruxelles.
1-2 août,		à Bruxelles.
3-31	»	à Malines.
1-30 septembre,		à Malines.
1-6 octobre,		à Malines.
7	»	à Bruxelles.
8	»	à Enghien.
9	»	à Ath.
10-12	»	à Tournai [1].
13-19	»	à Lille [2].
20	»	à Courtrai.
21	»	à Peteghem lez-Deynze.
22-31	»	à Gand.
1 novembre,		à Gand.
2-4	»	à Loo [3].
5-6	»	à Eecloo.
7-23	»	à Gand.
24-25	»	à Termonde.
26-30	»	à Malines [4].
1-31 décembre,		à Malines.

[1] Le 10 et le 11 octobre Monseigneur soupa avec le roi d'Angleterre.
Le 12 plusieurs princes d'Angleterre soupèrent avec lui.

[2] Le 16 Monseigneur donna un banquet au roi d'Angleterre, à madame de Savoie et aux grands princes d'Angleterre.
Le 17 le roi d'Angleterre partit de Lille.

[3] Au logis de monsieur de Fiennes.

[4] Le 30 novembre Monseigneur tint la fête de Saint-André, à laquelle furent présents plusieurs chevaliers de la Toison d'or.

ANNÉE 1514.

1-11 janvier,		à Malines.
12-27	»	à Bruxelles.
28-30	»	à Hal.
31	»	à Bruxelles.
1-22 février,		à Bruxelles.
23-28	»	à Malines.
1-31 mars,		à Malines.
1-30 avril,		à Malines.
1-23 mai,		à Malines.
24-30	»	à Louvain [1].
31	»	à Bruxelles.
1-30 juin,		à Bruxelles [2].
1-31 juillet,		à Bruxelles.
1-31 août,		à Bruxelles.
1-30 septembre,		à Bruxelles [3].
1-31 octobre,		à Bruxelles.
1-30 novembre,		à Bruxelles.

[1] Le 25 mai Monseigneur soupa au logis de monseigneur le gouverneur (Charles de Croy, seigneur de Chièvres), à Heverlé.
Le 30 il alla à la chasse à Heverlé, où il soupa.
[2] Le 11 juin Monseigneur donna à souper aux ambassadeurs de Danemark, à madame de Savoie, à madame Isabeau, dame des noces, et à madame Éléonore.
Le 15 il donna à dîner auxdits ambassadeurs.
Le 23 il fut fait un feu en l'honneur de monsieur saint Jean-Baptiste en la manière accoutumée.
[3] Le 12 septembre l'Archiduc donna un banquet au duc de Saxe pour son départ.

ITINÉRAIRE

1-14 décembre,		à Bruxelles.
15	»	au cloître de Groenendael.
16-31	»	à Bruxelles.

ANNÉE 1515.

1-12 janvier,		à Bruxelles.
13-26	»	à Louvain [1].
27	»	à Tervueren.
28-31	»	à Bruxelles [2].
1-2 février,		à Bruxelles.
3	»	à Vilvorde.
4-6	»	à Malines [3].
7-8	»	à Berchem.
9-22	»	à Anvers [4].
23	»	à Tamise.
24	»	à Loo.
25-28	»	à Gand [5].
1-2 mars,		à Gand.
3	»	à Swynaerde (*Synaerde*).
4-31	»	à Gand [6].
1-15 avril,		à Gand [7].

[1] Le 25 janvier l'Archiduc alla après dîner à Heverlé et à Terbanc faire son entrée et y prêter serment. (Terbanc, nommé aussi *le Banc*, était un couvent près de Louvain, où les ducs de Brabant allaient prêter serment, lors de leur inauguration. Voy. C. Piot, *Histoire de Louvain*, p. 84.)

[2] Le 28 janvier Charles fit son entrée de réception à Bruxelles; le 29 il prêta serment.

[3] L'Archiduc fit son entrée le 4 février à Malines.

[4] L'Archiduc fit son entrée à Anvers le 11 février; le 19 et le 20 il donna à souper à madame de Savoie, à l'ambassadeur d'Aragon et à plusieurs grands maîtres et seigneurs.

[5] Le 25 février l'Archiduc fit son entrée à Gand.

[6] Le 18 mars ceux de la ville de Gand offrirent un banquet à l'Archiduc et à madame de Savoie.

[7] Le 15 avril Charles soupa avec les arbalétriers.

16	avril,	à Eecloo.
17	»	à Maldeghem.
18-25	»	à Bruges ¹.
26-27	»	à l'Écluse.
28-30	»	à Bruges.
1-10	mai,	à Bruges ².
11-12	»	à l'Écluse.
13	»	à Grauw (*Grouwe*).
14-15	»	à Middelbourg.
16	»	à Souburg (*Zoubourg*).
17-22	»	à Middelbourg.
23	»	à la Vère.
24-26	»	à Zierikzée ³.
27-30	»	à Berghes.
31	»	à Oudenbosch (*Vieux-Bois*).
1-3	juin,	à Dordrecht.
4	»	à Rotterdam.
5-8	»	à Delft.
9-11	»	à La Haye ⁴.
12-13	»	à Leyde.
14	»	à Harlem.
15-16	»	à Amsterdam.
17	»	à Harlem.
18	»	à Theylinghen.
19-30	»	à La Haye ⁵.

[1] Le 25 avril l'Archiduc prêta serment à Bruges.
[2] Le 9 mai le serment de l'arbalète donna à souper à l'Archiduc.
[3] Le 26 mai Charles prêta serment à Zierikzée.
[4] Le 9 juin l'Archiduc fit serment à Delft, le 14 à Leyde, le 15 à Harlem.
[5] Le 23 juin l'Archiduc alluma le feu de Saint-Jean, en la manière accoutumée.

Le 24 il alla, avec les seigneurs de Saint-Pol, de Paris, de Tournai et autres ambassadeurs du roi de France, à la messe à la grande église. Là fut jurée la paix et alliance entre les deux princes. Les ambassadeurs dînèrent avec l'Archiduc.

Le 25 il soupa, avec monsieur de Vendôme et plusieurs grands maîtres de France, au logis du comte palatin.

ITINÉRAIRE

1-9	juillet,	à La Haye.
10	»	à Rotterdam.
11	»	à Schoonhoven.
12	»	à Heusden.
13-15	»	à Bois-le-Duc.
16	»	à Loon-op-Zand (*Loonen*).
17-18	»	à Breda.
19	»	à Hooghstraeten.
20	»	à Anvers.
21-22	»	à Malines.
23-29	»	à Bruxelles.
30	»	à Neder-Ockerzeel (*Ockerzelle*).
31	»	à Heverlé.
1-9	août,	à Heverlé.
10-20	»	à Bruxelles.
21-24	»	à Tervueren.
25-31	»	à Bruxelles.
1-3	septembre,	à Bruxelles.
4-6	»	à Enghien.
7-16	»	à Bruxelles.
17	»	à Groenendael.
18-21	»	à Tervueren.
22-30	»	à Bruxelles.
1-31	octobre,	à Bruxelles.
1-6	novembre,	à Bruxelles.
7-8	»	à Sept-Fontaines.
9	»	à Nivelles.
10-18	»	à Mons.
19	»	à Binche.
20	»	à Nivelles.
21	»	au château de Ligne.

22-25 novembre, à Namur.
26   »   à Jodoigne.
27   »   à Louvain.
28-30   »   à Bruxelles.

1-31 décembre, à Bruxelles.

ANNÉE 1516.

1-31 janvier,   à Bruxelles.

1-29 février,   à Bruxelles.

1-24 mars,   à Bruxelles¹.
25-27   »   à Malines².
28-31   »   à Bruxelles.

1-6 avril,   à Bruxelles.
7   »   à Sept-Fontaines.
8   »   à Groenendael.
9-20   »   à Bruxelles.
21   »   à Tervueren.
22-30   »   à Bruxelles.

1-6 mai,   à Bruxelles³.
7-8   »   à Enghien.
9-12   »   à Mons.
13   »   à Condé.
14   »   à Lalaing.
15-16   »   à Douai.

¹ Le titre de roi de Castille est donné à l'Archiduc à partir du 14 mars.
² Le 26 mars, jour de la procession de Malines, le Roi alla la voir avec sa sœur, sa tante et plusieurs ambassadeurs et grands maîtres.
³ Le 4 mai, jour de la procession de Bruxelles, le Roi dîna à l'hôtel de ville.

ITINÉRAIRE

17-22	mai,	à Arras [1].
23	»	au château d'Épinoy.
24-26	»	à Lille [2].
27	»	à Courtrai.
28	»	à Audenarde.
29	»	à Sotteghem.
30	»	à Enghien.
31	»	à Bruxelles.
1-8	juin,	à Bruxelles.
9-16	»	à Heverlé.
17-30	»	à Bruxelles.
1-15	juillet,	à Bruxelles.
16-18	»	à Heverlé, à la chasse.
19-31	»	à Bruxelles.
1-3	août,	à Bruxelles.
4-5	»	à Tervueren.
6-7	»	à Neder-Ockerzeele.
8-31	»	à Bruxelles.
1-9	septembre,	à Bruxelles.
10-12	»	à Heverlé.
13-22	»	à Bruxelles.
23	»	au cloître de Groenendael.
24-30	»	à Bruxelles.
1-12	octobre,	à Bruxelles.
13-14	»	à Tervueren.
15-19	»	à Bruxelles.
20-21	»	au cloître de Groenendael.

[1] Le 20 mai Charles dîna avec l'évêque dans la cité.
[2] Le 25 mai le Roi dîna au logis de madame de Savoie, sur le Marché, d'où il vit passer la procession.

DE CHARLES-QUINT.

  22-31 octobre,   à Bruxelles [1].

  1-12 novembre,   à Bruxelles [2].
  13   »   au cloître des Sept-Fontaines.
  14   »   au cloître de Groenendael.
  15-30   »   à Bruxelles [3].

  1-12 décembre,   à Bruxelles.
  13   »   à Tervueren.
  14-31   »   à Bruxelles.

ANNÉE 1517.

  1-29 janvier,   à Bruxelles.
  30   »   à Malines.
  31   »   à Bruxelles.

  1-23 février,   à Bruxelles [4].
  24-25   »   à Malines.
  26-28   »   à Bruxelles.

  1-25 mars,   à Bruxelles [5].

[1] Le dimanche, 26 octobre, et les deux jours suivants, le Roi tint la fête de la Toison d'or. Il dîna avec les chevaliers de l'ordre dans la grande salle.

[2] Le 8 novembre les chevaliers de la Toison d'or dinèrent avec le Roi.
Le 9 les ambassadeurs de France dinèrent à la table du Roi, qui reçut ce jour-là l'ordre du roi de France.

[3] Le 30 novembre, jour de Saint-André, le Roi donna à dîner à tous les chevaliers de la Toison d'or.

[4] Le 1er février le Roi alla à Vilvorde vers l'Empereur.
Le 12 il alla au-devant de l'Empereur, qui fit son entrée à Bruxelles.
Le 14 l'Empereur, le Roi et les ambassadeurs allèrent à la messe à Sainte-Gudule, et y jurèrent la paix de France.
Le dimanche, 15, le grand chambellan donna à dîner aux ambassadeurs de France et de l'Empereur au nom et aux dépens du Roi. Le soir le Roi donna à souper à l'Empereur, à mesdames ses sœurs, à madame sa tante, aux ambassadeurs et aux autres grands maîtres.

[5] Le 11 mars le Roi donna à souper au duc de Bavière et au marquis de Brandebourg.
Le 25 il donna à dîner au cardinal de Gurck.

ITINÉRAIRE

26	mars,	au cloitre de Groenendael.
27	»	à Bruxelles.
28-29	»	au cloitre de Groenendael.
30-31	»	à Bruxelles.
1-8	avril,	à Bruxelles.
9-10	»	au cloitre de Groenendael.
11-13	»	à Bruxelles.
14-17	»	à Malines ¹.
18	»	à Lierre.
19	»	à Malines.
20-30	»	à Bruxelles.
1-3	mai,	à Bruxelles ².
4-8	»	à Heverlé ³.
9-12	»	à Bruxelles.
13	»	à Lierre.
14	»	à Malines.
15-18	»	à Bruxelles.
19	»	à Alost.
20-31	»	à Gand.
1-21	juin,	à Gand.
22-26	»	à Bruges.
27	»	à Winnendale.
28-30	»	à Bruges.
1-2	juillet,	à Bruges.
3	»	à l'Écluse.

[1] Le 15 avril l'Empereur, le Roi, madame sa sœur Éléonore et madame sa tante dinèrent aux dépens de ceux de la ville.

[2] Le 3 mai le marquis de Brandebourg, électeur, le duc Louis de Bavière et d'autres grands maîtres soupèrent avec le Roi.

[3] Le 5 mai le Roi assista aux noces de monsieur d'Haussy et de mademoiselle de Croy, nièce du grand chambellan, le seigneur de Chièvres.

4-27	juillet,	à Middelbourg.
28-31	»	à Westhoven.
1	août,	à Westhoven.
2-5	»	à Middelbourg.
6-8	»	à Westhoven.
9	»	à Middelbourg.
10	»	à Westhoven.
11-24	»	à Middelbourg.
25-31	»	à Westhoven.
1	septembre,	à Westhoven.
2	»	à la Vère.
3-7	»	à Middelbourg.
8-18	»	en mer [1].
19-22	»	à Villaviciosa.
23	»	à Colunga.
24-25	»	à Ribadesella (*Ribadecelia*).
26-27	»	à Llanes (*Lanes*).
28	»	à Colombres.
29-30	»	à San Vicente de la Barquéra.
1-12	octobre,	à San Vicente de la Barquéra.
13	»	à Cabuérniga (*Caboringa*).
14	»	à los Tojos (*Lestoges*).
15-21	»	à Reynosa (*Ernoze*).
22-26	»	à Aguilar de Campos.
27-28	»	à Herrera (*Arrere*).
29	»	à Aviada (*Avia*).
30	»	à Revenga (*Renviga*).
31	»	à Becerril de Campos (*Bezeril*).
1	novembre,	à Becerril de Campos.

[1] Le 7 le Roi s'embarqua devant Flessingue. Le 8, à quatre heures du matin, il mit à la voile. Le 19, vers le soir, il descendit au port de Tazones (*Stasoins*) et prit gîte à Villaviciosa.

ITINÉRAIRE

2 novembre,	à Ampudia (*Impudia*).
3 »	à Villanueva.
4-11 »	à Tordesillas (*Tortecille*).
12-13 »	à Mojados.
14-22 »	au cloître des Cordeliers à l'Abrojo (*la Broze*).
23-30 »	à Valladolid (*Vallydoly*)[1].

1-31 décembre, à Valladolid.

ANNÉE 1518.

1-15 janvier,	à Valladolid.
16-22 »	à Tordesillas.
23-31 »	à Valladolid.

1-28 février, à Valladolid [2].

1-15 mars,	à Valladolid.
16-17 »	à Tordesillas.
18-21 »	à Valladolid.
22 »	à Villabáñez (*Villevagneuse*).
23-25 »	à l'abbaye de Valbuena.
26-28 »	à San Martin.
29 »	à Ventosilla.
30-31 »	à Aranda de Duero.

| 1-4 avril. | au cloître d'Aguilera. |
| 5-19 » | à Aranda de Duero. |

---

[1] Le 26 novembre le Roi dîna à l'Abrojo, où il trouva la reine douairière d'Aragon.

Le 30 il tint la fête de Saint-André avec son frère l'infant don Ferdinand et onze chevaliers de la Toison d'or.

[2] Le 4 février le Roi fut reçu par les états d'Espagne avec la reine sa mère.

Le dimanche 7 il fit la réception de ses royaumes de Castille, et les grands maîtres, ducs et comtes lui prêtèrent serment.

Le 16 il jouta.

20	avril,	à Lánga.
21-22	»	al Búrgo de Osma (*Bourgedosme*).
23	»	à Almazán (*Almassan*).
24	»	à Monteagudo.
25	»	à Bijúesca *Boviesca*).
26-30	»	à Calatayud (*Calathau*).
1-3	mai,	à Calatayud.
4-5	»	à la Múela (*la Moille*).
6-8	»	à la Aljafería (*la Jafferie*).
9-31	»	à Saragosse.
1-19	juin,	à Saragosse.
20-23	»	à la Aljafería.
24-30	»	à Saragosse.
1-31	juillet,	à Saragosse [1].
1-31	août,	à Saragosse.
1-30	septembre,	à Saragosse.
1-4	octobre,	à Saragosse.
5-6	»	à la Muéla.
7-8	»	à la Almúnia (*la Moengne*).
9-10	»	à la Muéla [2].
11-31	»	à Saragosse.
1-30	novembre,	à Saragosse.
1-31	décembre,	à Saragosse.

[1] Le 13 juillet le Roi donna à souper à madame Éléonore et à la reine Germaine, veuve du roi Ferdinand.

Le dimanche 18 des joutes furent faites sur le Marché.

Le jeudi 29 eut lieu la solennité de la réception du royaume d'Aragon, et les princes et ducs firent serment au Roi en la grande église.

[2] Le 9 octobre, à Almunia, le Roi prit congé de madame Éléonore, qui partait pour le Portugal.

ITINÉRAIRE

ANNÉE 1519.

1-23 janvier,		à Saragosse.
24	»	à Alfajarin (*Lenfagerin*.
25	»	à Pina.
26	»	à Bujaralóz (*Bourgelaros*).
27	»	à Fraga.
28-30	»	à Lerida.
31	»	à Bellpúig (*Vellepuys*).
1-2 février,		à Cervéra (*Servere*).
3-4	»	à Igualada (*Agualade*).
5-6	»	à Notre-Dame de Monserrat.
7	»	à Martoréll (*Marturel*).
8-13	»	à Molins de Rey.
14	»	à Valdozelles lez-Barcelone (?).
15-28	»	à Barcelone [1].
1-31 mars,		à Barcelone [2].
1-18 avril,		à Barcelone.
19-26	»	au cloître de Saint-Jérôme.
27-30	»	à Barcelone.
1-8 mai,		à Barcelone.
9	»	à Molins de Rey.
10	»	à Barcelone.
11	»	à Molins de Rey.
12-31	»	à Barcelone.
1-30 juin,		à Barcelone.

[1] Le 15 février le Roi fit son entrée à Barcelone.
[2] Le dimanche, 8 mars, le Roi tint la fête de la Toison d'or, et étaient avec lui quatorze chevaliers.

1-31 juillet,   à Barcelone.

1-31 août,   à Barcelone.

1-27 septembre,   à Barcelone.
28-30   »   à Badalona.

1   octobre,   à Badalona.
2   »   à Barcelone.
3   »   à Saint-Jérôme.
4-31   »   à Molins de Rey.

1-30 novembre,   à Molins de Rey.

1-31 décembre,   à Molins de Rey.

ANNÉE 1520.

1-6   janvier,   à Molins de Rey.
7-11   »   à Valdezelles (?)
13-22   »   à Barcelone.
23-24   »   à Molins de Rey.
25-26   »   à Igualada.
27   »   à Cervéra (*Cervere*).
28   »   à Bellpúig (*Bellepuys*).
29-30   »   à Lerida.
31   »   à Fraga.

1-2   février,   à Bujaralóz (*Bourguelaros*).
3   »   à Pina.
4-6   »   à la Alfajería.
7   »   à Alagón (*Lagon*).
8   »   à Mallén (*Maillet*).
9   »   à Tudela.

10	février,	à Corella (*Coreille*).
11-12	»	à Calahorra.
13-14	»	à Logroño (*la Groynne*).
15	»	à Nágera.
16	»	à S^{to} Domingo de la Calzada (St-Dominique).
17	»	à Villerade (?).
18	»	à Miraflores (*Millefloris*).
19-27	»	à Burgos (*Bourghes*) [1].
28	»	à Torquemada.
29	»	à Dueñas (*Doingne*).
1-4	mars,	à Valladolid.
5-8	»	à Tordesillas.
9	»	à Villar de Frades (*Villefrada*).
10-11	»	à Villalpando (*Villepando*).
12-13	»	à Benavente (*Bonnevente*).
14	»	à Vaguyesa (?).
15	»	à Astorga (*Sturge*).
16	»	à Ravanal (*la Ravenelle*).
17-18	»	à Ponferrada.
19	»	à Villafranca.
20	»	à la Vega.
21	»	à Triacastéla (*Trecastilla*).
22	»	à Sarria (*Charia*).
23	»	à Porto Marin.
24	»	à Legonde (?).
25	»	à Mellid (*Melidis*).
26-31	»	à Saint-Jacques de Compostelle.
1-3	avril,	à Saint-Jacques.
4-8	»	au cloître de Saint-Laurent.
9-12	»	à Saint-Jacques.
13-30	»	à la Corogne.

[1] Le 19 février le Roi fit son entrée à Burgos.

1-19 mai,	à	la Corogne.
20-25 »	en mer [1].	
26 »	à Douvres.	
27-28 »	à Cantorbéry (*Cantorbri*) [2].	
29 »	à Sandwyck [3].	
30 »	en son navire.	
31 »	en mer.	
1 juin,	à Flessingue.	
2-5 »	à Loo.	
6-10 »	à Gand.	
11 »	à Alost.	
12-15 »	à Bruxelles.	
16-19 »	au cloitre de Groenendael.	
20-30 »	à Bruxelles [4].	
1-2 juillet,	à Bruxelles	
3 »	à Termonde.	
4 »	à Gand.	
5 »	à Oudenbourg.	
6-8 »	à Dunkerque.	
9-10 »	à Gravelines [5].	
11-13 »	à Calais [6].	

[1] Le 20 mai le roi des Romains, élu empereur (cette qualification est donnée à Charles dans le compte à partir du 2 février 1520), s'embarqua à trois heures du matin pour les Pays-Bas. Le 25, à quatre heures après midi, il fit jeter l'ancre sur la côte d'Angleterre, pour attendre quelques bateaux de sa flotte qui étaient en arrière. Il fut à l'ancre toute la nuit. Le 26 plusieurs grands maîtres d'Angleterre vinrent le visiter, et vers le soir il débarqua à Douvres.

[2] Le 27 mai le Roi reçut la visite du roi d'Angleterre (Henri VIII).

[3] Le roi d'Angleterre défraya le Roi à Douvres, à Cantorbéry et à Sandwyck.

[4] Le 27 juin l'archevêque de Cologne soupa avec le roi des Romains.

[5] Le 10 juillet l'Empereur (c'est le titre qui est dorénavant donné à Charles dans les comptes) défraya le roi d'Angleterre et tout son train.

[6] Le 11 l'Empereur dîna avec le roi d'Angleterre à Gravelines, et il en partit avec lui pour Calais, où le Roi le défraya pendant tout son séjour.

Le 14 il dîna encore avec le Roi.

ITINÉRAIRE

14-15 juillet,		à Gravelines.
16-17	»	à Saint-Omer.
18	»	à Cassel.
19-20	»	à Ypres.
21-23	»	à Winnendale.
24	»	à Maldeghem.
25-29	»	à Bruges.
30-31	»	à Gand.
1-5 août,		à Gand.
6-7	»	à l'abbaye de Baudeloo.
8	»	à Termonde.
9-18	»	à Bruxelles.
19-22	»	à Heverlé.
23-24	»	à Louvain.
25-31	»	à Bruxelles.
1-17 septembre,		à Bruxelles.
18-22	»	à Malines.
23-28	»	à Anvers.
29-30	»	à Malines.
1-8 octobre,		à Louvain.
9-10	»	à Huy [1].
11-12	»	à Liége.
13-20	»	à Maestricht.
21	»	à Witthem.
22-26	»	à Aix-la-Chapelle [2].
27	»	à Juliers.
28	»	au cloitre de Brühl (*Broille*).
29-31	»	à Cologne [3].

[1] Le 9 et le 10 octobre l'Empereur fut défrayé par l'évêque de Liége.

[2] Le 22 octobre l'Empereur fit son entrée en armes à Aix avec plusieurs grands princes et gentilshommes.
Le 23 il fut couronné empereur en l'église de Notre-Dame; ce jour-là et le suivant il donna à dîner aux électeurs.

[3] L'Empereur fit aussi son entrée en armes à Cologne.

1-15 novembre,   à Cologne.
16-17   »   à Bonn.
18   »   à Andernach.
19   »   à Coblence.
20   »   à Boppart.
21   »   à Bacharach.
22   »   à Rudesheim.
23-26   »   à Mayence [1].
27   »   à Oppenheim.
28-30   »   à Worms [2].

1-4 décembre,   à Worms.
5-7   »   à Neuschloss (*Nyeuwslot*) [3].
8-10   »   à Heidellerg.
11-31   »   à Worms.

ANNÉE 1521.

1 janvier,   à Worms.
2-3   »   à Neuschloss.
4-31   »   à Worms.

1-25 février,   à Worms [4].
26   »   à Neuschloss.
27-28   »   à Worms.

1-31 mars,   à Worms [5].

---

[1] Le 23 et le 24 novembre l'Empereur fut défrayé par l'archevêque de Mayence.

[2] Le 30 novembre l'Empereur tint la fête de Saint-André avec douze chevaliers de la Toison d'or.

[3] L'Empereur fut défrayé à Neuschloss par le comte palatin.

[4] Le 2 février, jour de la Chandeleur, l'Empereur fut à la messe à l'église de Notre-Dame, accompagné des électeurs et des grands maîtres.
Le 12, jour des Carêmeaux, il donna à dîner et à souper aux électeurs.

[5] Le 28 mars l'Empereur fit la cène.

ITINÉRAIRE

1-30 avril,		à Worms.
1-30 mai,		à Worms.
31	»	à Mayence.
1-5 juin,		à Mayence.
6	»	à Coblence.
7-9	»	à Cologne.
10	»	à Aix-la-Chapelle.
11	»	à Maestricht.
12	»	à Curange.
13	»	à Arschot.
14-30	»	à Bruxelles.
1-8 juillet,		à Bruxelles [1].
9-10	»	à Malines.
11-15	»	à Anvers [2].
16	»	à Baudeloo.
17-31	»	à Gand.
1-4 août,		à Gand.
5-6	»	à Eecloo.
7-25	»	à Bruges.
26	»	à Eecloo.
27	»	à Baudeloo.
28	»	à Termonde.
29-31	»	à Bruxelles.
1-5 septembre,		à Bruxelles.
6-7	»	au cloître de Groenendael.
8-25	»	à Bruxelles.
26	»	à Hal.

[1] Le 3 juillet l'Empereur alla au-devant du roi de Danemark. Le même jour il lui donna à souper. Le 4 il lui donna encore à souper, ainsi qu'à madame Marguerite d'Autriche.
[2] Le 15 juillet l'Empereur donna à souper à l'ambassadeur du pape.

27 septembre, à Braine-le-Comte.
28-30 » à Binche.

1-11 octobre, à Mons.
12-19 » à Valenciennes.
20-21 » à Ath.
22 » à Audenarde.
23-25 » à Courtrai.
26-31 » à Audenarde.

1-5 novembre, à Audenarde.
6-8 » à Ath.
9-30 » à Audenarde.

1-11 décembre, à Audenarde.
12 » à Ingelmunster.
13-15 » à Winnendale.
16-31 » à Gand.

ANNÉE 1522.

1-14 janvier, à Gand.
15 » à Termonde.
16-31 » à Bruxelles.

1-24 février, à Bruxelles.
25 » à Malines.
26-28 » à Bruxelles.

1-16 mars, à Bruxelles.
17-18 » au cloître de Groenendael.
19-31 » à Bruxelles.

1-14 avril, à Bruxelles.
15-20 » au cloître de Groenendael.
21-30 » à Bruxelles.

ITINÉRAIRE

1	mai,	à Bruxelles.
2	»	à Malines.
3-5	»	à Anvers.
6	»	à Baudeloo.
7-11	»	à Gand.
12	»	à Eecloo.
13-18	»	à Bruges.
19	»	à Winnendale.
20-22	»	à Bruges.
23	»	à Nieuport.
24	»	à Dunkerque.
25	»	à Calais.
26-29	»	à Douvres [1].
30	»	à Cantorbéry.
31	»	à Sittingbourne (*Settenborne*).
1	juin,	à Rochester.
2-5	»	à Greenwich (*Groenewits*).
6-8	»	à Londres [2].
9	»	à Richmond.
10	»	à Hamptoncourt.
11-20	»	à Windsor.
21-22	»	à Farnham (*Fernay*).
23	»	à Alesford (*Halsfort*).
24-25	»	à Winchester.
26-30	»	à Waltham.
1-3	juillet,	à Waltham.
4-5	»	à Southampton (*Hampton*).
6-15	»	en mer [3].
16-25	»	à Santander.
26	»	à Villasevil (*Villacevilla*).

[1] Le 27 mai le roi d'Angleterre défraya l'Empereur.
[2] Le 8 juin l'Empereur alla à l'église avec le roi d'Angleterre.
[3] L'Empereur s'embarqua le 6 juillet pour l'Espagne. Il resta sur la mer jusqu'au 16.

DE CHARLES-QUINT.

27 juillet, à Molledo.
28 » à Reynosa.
29 » à Branoséra (*Branochera*).
30-31 » à Aguilar de Cámpos.

1 août, à Herrera.
2-3 » à Melgár de Arriba.
4 » à Amusco (*Mousco*).
5-24 » à Palencia.
25 » à Cavezon (*Cavasson*).
26-31 » à Valladolid.

1-2 septembre, à Valladolid.
3 » à Tordesillas.
4-30 » à Valladolid.

1-23 octobre, à Valladolid.
24-26 » à Valbuena.
27-31 » à Valladolid.

1-30 novembre, à Valladolid[1].

1-31 décembre, à Valladolid.

ANNÉE 1523.

1-31 janvier, à Valladolid.

1-3 février, à Valladolid.
4-6 » à Portillo.
7-28 » à Valladolid.

1-20 mars, à Valladolid.
21 » à Dueñas.

---

[1] Le 30 novembre l'Empereur tint la fête de Saint-André avec dix chevaliers de la Toison d'or qui dinèrent à sa table.

22-30 mars,		à Valladolid.
31	»	à Valbuena.
1-7 avril,		à Valbuena.
8-26	»	à Valladolid.
27	»	à Villalva.
28	»	à Cigales.
29-30	»	à Valladolid.
1-9 mai,		à Valladolid.
10-14	»	à Tordesillas.
15-31	»	à Valladolid.
1-12 juin,		à Valladolid.
13	»	à Tordesillas.
14-16	»	à Medina del Cámpo.
17-21	»	à Tordesillas.
22-30	»	à Valladolid.
1-31 juillet,		à Valladolid.
1-25 août,		à Valladolid.
26	»	à Torquemada.
27	»	à Santa María del Cámpo.
28	»	à Arcos.
29-31	»	à Burgos.
1-15 septembre,		à Burgos.
16	»	à San Juan de Hortega.
17	»	à Villalordo (?).
18	»	à Santo Domingo de la Calzada.
19	»	à Nájera.
20-30	»	à Logroño.
1-8 octobre,		à Logroño.
9	»	à los Arcos.

10-11 octobre, à Estella.
12-31 » à Pampelune.

1-30 novembre, à Pampelune.

1-31 décembre, à Pampelune.

ANNÉE 1524.

1 janvier, à Pampelune.
2 » à Ugarte.
3-4 » à Salvatierra.
5-31 » à Vitoria.

1-29 février, à Vitoria.

1-6 mars, à Vitoria.
7 » à Miranda.
8 » à Briviesca (*Berviesca*).
9 » au monastère de Rodillo.
10-14 » à Burgos.
15-18 » à Lerma.
19-21 » à Burgos.
22-28 » au cloître des frères del Valle.
29-31 » à Burgos.

1-30 avril, à Burgos.

1-8 mai, à Burgos.
9-13 » à Lerma.
14-31 » à Burgos.

1-30 juin, à Burgos.

1-20 juillet, à Burgos.
21-25 » à Lerma.

26	juillet,	à Palenzuela.
27-28	»	à Torquemada.
29	»	à Dueñas.
30-31	»	à Valladolid.
1-8	août,	à Valladolid.
9-10	»	à Tordesillas.
11-31	»	à Valladolid.
1-21	septembre,	à Valladolid.
22-30	»	au cloitre d'Aniago (?).
1-2	octobre,	au cloitre d'Aniago (?).
3-31	»	à Tordesillas.
1-4	novembre,	à Tordesillas.
5	»	à Medina del Campo.
6-7	»	à Arévalo.
8	»	au cloitre de Paresel (?).
9-10	»	à l'Espinar de Ségovie.
11	»	à Monasterio (?).
12	»	à Poezuelo (?).
13-20		au Pardo (*au Parc*).
21-27	»	à Madrid.
28	»	au Pardo.
29-30	»	à Madrid.
1-10	décembre,	à Madrid.
11-14	»	au Pardo.
15-31	»	à Madrid.

ANNÉE 1525.

1	janvier,	à Madrid.
2-6	»	au Pardo.
7-31	»	à Madrid.

| 1-28 février, | à Madrid. |
| 1-31 mars, | à Madrid. |

1-4 avril,	à Madrid.
5 »	à Casa Rubuelos (*Casarobea*).
6 »	à Santa Olalla (*Saint-Tolaille*).
7 »	à Talavera de la Reyna.
8-9 »	à Puente del Arzobispo.
10 »	à Villapedrosa.
11-17 »	à Notre-Dame de Guadalupe.
18 »	à Navalvillar (*Navalbilar*).
19 »	à Valdelacasa.
20-21 »	à Oropesa.
22-23 »	à Talavera de la Reyna.
24 »	à Torrejon (*Torison*).
25-26 »	à Olias (*Olye*).
27-30 »	à Tolède.

| 1-31 mai, | à Tolède. |

| 1-30 juin, | à Tolède. |

| 1-31 juillet, | à Tolède. |

1-27 août,	à Tolède.
28-30 »	à Aranjuez (*Reynsweys*).
31 »	à Pinto.

1 septembre,	à Brunéte (*Brunet*).
2 »	à Guadarrama (*Gwaderana*).
3 »	au Bois (de Ségovie).
4 »	au Pardo.
5-6 »	au Bois.
7-14 »	à Ségovie.

ITINÉRAIRE

15 septembre,		à Lozóya.
16-17	»	à Buytrago (*Boutrago*).
18	»	à Madrid.
19	»	à Getafe (*Gytaf*).
20-30	»	à Tolède.

1-13 octobre,		à Tolède.
14-16	»	à Aranjuez.
17-31	»	à Tolède.

1-5 novembre,		à Tolède.
6-7	»	à Aranjuez.
8-30	»	à Tolède [1].

1-19 décembre,		à Tolède.
20-22	»	à Aranjuez.
23-31	»	à Tolède.

ANNÉE 1526.

1-14 janvier,		à Tolède.
15-16	»	à Talavera de la Reyna.
17-31	»	à Tolède.

1-11 février,		à Tolède.
12	»	à Illescas (*Eliesques*).
13-15	»	à Madrid [2].
16-18	»	à Torrejon (*Torison*).
19-20	»	à Illescas.
21	»	à Santa Olalla.
22	»	à Talavera de la Reyna.

[1] Le 30 l'Empereur tint la fête de Saint-André avec neuf chevaliers de la Toison d'or.
[2] Le 15 le roi de France soupa avec l'Empereur.

23-25 février,   à Oropesa.
26   »   à Valparayso.
27   »   à Almaráz.
28   »   à Cerasujero (?).

1   mars,   à Truxillo.
2   »   à Salvatierra.
3   »   à Mérida.
4   »   à Almendrálejo.
5   »   à los Santos.
6   »   à Puente de Cantos.
7   »   à Realejo.
8   »   à Almaden.
9   »   à Alcalá del Rio.
10-31   »   à Séville.

1-19 avril,   à Séville.
20   »   à Hinojos.
21-22   »   à los Palacios.
23-30   »   à Séville.

1-2 mai,   au cloître de Saint-Jérôme.
3-13   »   à Séville.
14   »   à Carmona.
15   »   à Puentes.
16-17   »   à Ecija (*Hetsisa*).
18   »   à Guadalcazar (*Valdecasa*).
19-23   »   à Cordoue.
24   »   à Castelrio.
25-27   »   à Alcaudete.
28   »   à Alcalá la Real.
29-31   »   à Santa Fé.

1-3 juin,   à Santa Fé.
4-11   »   à Grenade.

12-13 juin,		à Santa Fé.
14-30	»	à Grenade.
1-31 juillet,		à Grenade.
1-5 août,		à Grenade.
6-8	»	en la maison de Generalife.
9-19	»	à Grenade.
20-24	»	à Santa Fé.
25-31	»	à Grenade.
1-16 septembre,		à Grenade.
17-19	»	à Santa Fé.
20-25	»	à Grenade.
26	»	à Santa Fé.
27-30	»	à Grenade.
1-8 octobre,		à Grenade.
9-12	»	à Santa Fé.
13-31	»	à Grenade.
1-11 novembre,		à Grenade.
12-13	»	à Santa Fé.
14-30	»	à Grenade.
1-9 décembre,		à Grenade.
10	»	à Pinos-Puente (*Puente de Pynos*).
11	»	à Alcalá la Real.
12	»	à Martos.
13-14	»	à Jaen.
15	»	à Baeza.
16	»	à Ubeda.
17	»	à Vilches.
18	»	à la Venta de los Palacios.
19	»	à Santa Cruz.

20	décembre,	à Almagro.
21	»	à Malagón.
22	»	à Yevenes.
23-28	»	à Tolède.
29-30	»	à Aranjuez.
31	»	à Ocaña (*Ockayne*).

ANNÉE 1527.

1	janvier,	à Ocaña.
2-3	»	à Aranjuez.
4	»	à Val de Moro.
5-6	»	à Madrid.
7-9	»	au Pardo.
10	»	à San Agustín.
11-14	»	à Buytrago.
15	»	à Somosiérra (*Sombrecerra*).
16	»	à Cantaléjo.
17-21	»	à Hontalbilla.
22	»	à San Miguel de Arroyo (*Myguela*).
23	»	à Endelle (?).
24-31	»	à Valladolid.
1-5	février,	à Valladolid.
6-7	»	à Cigales.
8-13	»	à Valladolid.
14	»	à Cigales.
15	»	à Valladolid.
16	»	à Traspinedo.
17-19	»	à Buytrago (*Bougrado*).
20	»	à Peñafiel (*Penyfiet*).
21	»	à Valbuéna.
22-28	»	à Valladolid.
1-18	mars,	à Valladolid.

ITINÉRAIRE

19-20	mars,	à Cigales.
21-31	»	à Valladolid.

1-16	avril,	à Valladolid.
17-22	»	au cloître de l'Abrojo (*de la Brosa*).
23-30	»	à Valladolid.

1-8	mai,	à Valladolid.
9	»	à Cigales.
10-14	»	à Torquemada.
15-31	»	à Valladolid.

1-30 juin, à Valladolid.

1-31 juillet, à Valladolid.

1-23	août,	à Valladolid.
24	»	à San Martín.
25	»	à Zevico de la Torre.
26-28	»	à Palencia.
29	»	à Valladolid.
30-31	»	à Palencia.

1-25	septembre,	à Palencia.
26	»	à Villamediana.
27-30	»	à Palencia.

1-9	octobre,	à Palencia.
10	»	à Torquemada.
11	»	à Palenzuela.
12-16	»	à Lerma.
17-31	»	à Burgos.

1-30 novembre, à Burgos.

1-31 décembre, à Burgos.

ANNÉE 1528.

1-31 janvier,	à Burgos.	
1-19 février,	à Burgos.	
20-21 »	à Lerma.	
22-23 »	à Ventosilla.	
24-25 »	à Peñafiel.	
26-29 »	à Buytrago.	
1-5 mars,	à Buytrago.	
6 »	à San Agustín.	
7-31 »	à Madrid.	
1-7 avril,	à Madrid.	
8-11 »	au cloître de Saint-Jérôme.	
12-20 »	à Madrid.	
21 »	à Albaláte.	
22 »	à Madrid.	
23 »	à Albaláte.	
24 »	à Torrejoncillo.	
25 »	à Villar de Canas (*Vilar de Canes*).	
26 »	à Buenache.	
27 »	al Campillo.	
28 »	à la Venta de los Pájaros.	
29 »	à Requéna.	
30 »	à Buñol (*Beugnolle*).	
1 mai,	à Buñol.	
2 »	à Quarto (?).	
3-19 »	à Valence.	
20-21 »	à Murviédro (*Morbidre*).	
22 »	à Villareal.	
23 »	à Cabánes (*Cavaynne*).	

24	mai,	à San Matheo.
25	»	à Morella.
26	»	à Alcañiz.
27	»	à Caspe.
28	»	à Bujaralóz.
29	»	à Alcoléa.
30-31	»	à Monzon.
1-30	juin,	à Monzon.
1-19	juillet,	à Monzon.
20	»	à Sariñena (*Sarignane*).
21	»	à Perdiguéra.
22-26	»	à la Alfajeria.
27	»	à la Almunia (*la Mougne*).
28	»	à Calatayud.
29	»	à Ariza (*Erisa*).
30-31	»	à Medinaceli.
1	août,	à Jadráque (*Jedrack*).
2	»	à Guadalajara (*Valdelajara*).
3-21	»	à Madrid.
22	»	au Pardo.
23-31	»	à Madrid.
1-20	septembre,	à Madrid.
21	»	au Pardo.
22-24	»	à Madrid.
25	»	au Pardo.
26-30	»	à Madrid.
1-8	octobre,	à Madrid.
9-10	»	au Pardo.
11	»	à Pinto.
12-14	»	à Aranjuez.
15-31	»	à Tolède.

1-30 novembre, à Tolède.

1-23 décembre, à Tolède.
24 » à Saint-Jérôme.
25-31 » à Tolède.

ANNÉE 1529.

1-31 janvier, à Tolède.

1-28 février, à Tolède.

1-8 mars, à Tolède.
9-10 » à Aranjuez.
11 » à Alcalá de Henares.
12 » à Guadalajara.
13 » à Hita.
14 » à Jadráque.
15 » à Sigüenza.
16 » à Medinaceli.
17 » à Ariza (*Eriza*).
18 » à Brijúesca? (*Brivesca*).
19 » à Calatayud (*Callateu*).
20-21 » à la Almunia (*l'Almoyene*).
22 » à Épila (*Epilla*).
23-31 » à Saragosse.

1-19 avril, à Saragosse.
20 » à Bujaralóz (*Bourgelaros*).
21 » à Fraga.
22-23 » à Lerida.
24-25 » à Bellpúig (*Bellepouche*).
26 » à Cervéra.
27 » à Igualada.

28	avril,	à Notre-Dame de Monserrat.
29	»	à Molins de Rey.
30	»	à Barcelone.
1-18	mai,	à Barcelone.
19-20	»	à Molins de Rey.
21-31	»	à Barcelone.
1-30	juin,	à Barcelone.
1-26	juillet,	à Barcelone.
27-29	»	en sa galère.
30-31	»	à Palamos.
1-6	août,	en mer.
7-11	»	à Savone.
12-29	»	à Gênes.
30	»	au cloître de Saint-Nicolas del Bosquet.
31	»	à Borgo de Fornari (*al Bourg*).
1	septembre,	à Gavi.
2	»	à Tortona.
3-4	»	à Voghera (*Boguera*).
5	»	à Castel S. Giovanni (*Castelle*).
6-30	»	à Plaisance.
1-25	octobre,	à Plaisance.
26	»	à Borgo-San-Donnino (*Bourg Saint-Denis*).
27-30	»	à Parme.
31	»	à Reggio (*Rejas*).
1	novembre,	à Modène.
2-3	»	à Castelfranco.
4	»	aux Chartreux lez-Bologne.
5-30	»	à Bologne.
1-31	décembre,	à Bologne.

ANNÉE 1530.

1-31 janvier,		à Bologne.
1-28 février,		à Bologne [1].
1-22 mars,		à Bologne.
23	»	à Correggio (*Corejo*).
24	»	à Gonzaga (*Gaisago*).
25-31	»	à Mantoue.
1-18 avril,		à Mantoue.
19	»	à Goito.
20	»	à Peschiera (*Pisquera*).
21	»	à Dolce (*Doulce*).
22	»	à Ala (*Alles*).
23	»	à Roveredo (*Rouvre*).
24-27	»	à Trente.
28	»	à Egua (?).
29	»	à Bolzano (*Volzane*).
30	»	à Brixen.
1 mai,		à Brixen.
2	»	à Sterzingen (*Stertchinghe*).
3	»	à Steinach.
4-31	»	à Innspruck (*Ysbrock*).
1-5 juin,		à Innspruck.
6	»	à Schwaz (*Swarts*).
7	»	à Kufstein (*Copstain*).
8	»	à Rosenheim (*Roselame*).
9	»	à Menester (?).

[1] Le 24 février l'Empereur fut couronné en l'église de San Petronio (*Saint-Patron*).

10 juin,		à Menua (?).
11-13	»	à Munich (*Moenick, Meunnick*).
14	»	à Cloistre (?).
15-30	»	à Augsbourg.

1-31 juillet,	à Augsbourg.

1-31 août,	à Augsbourg.

1-30 septembre,	à Augsbourg.

1-31 octobre,	à Augsbourg.

1-23 novembre,		à Augsbourg.
24	»	à Weissenhorn (*Wissenhooren*).
25	»	à Ehingen (*Etinghem*).
26	»	à Urach (*Eurach*).
27	»	à Bebenhausen (*Bebehauze*).
28	»	à Böblingen (*Blewinghe*).
29	»	à Hohenasperg (*Hauenhausborghe*).
30	»	au cloitre de Maulbronn (*Maulbrun*).

1 décembre,		à Bruchsal (*Bruessel*) en Souabe.
2-5	»	à Spire (*Aspiers*).
6	»	à Schwetzingen (*Sutwitsinghen*).
7-9	»	à Neuschloss (*Nyeuslot*).
10	»	à Oppenheim.
11-12	»	à Mayence.
13	»	à Bacharach.
14	»	à Boppart.
15-16	»	à Bonn.
17-31	»	à Cologne.

DE CHARLES-QUINT.

ANNÉE 1531.

1-6	janvier,	à Cologne.
7	»	à Berchem.
8	»	à Juliers.
9	»	à Horrem.
10-14	»	à Aix-la-Chapelle.
15	»	à Maestricht.
16-17	»	à Liége.
18-20	»	à Huy.
21-22	»	à Namur.
23	»	à Wavre.
24-31	»	à Bruxelles.
1-13	février,	à Bruxelles.
14	»	au cloître de Groenendael.
15-28	»	à Bruxelles.
1-13	mars,	à Bruxelles.
14-16	»	à Louvain.
17-19	»	à Malines.
20-23	»	à Anvers.
24-31	»	à Gand.
1-2	avril,	à Gand.
3	»	à Termonde.
4	»	à Bruxelles.
5-12	»	au cloître de Groenendael.
13-16	»	à Louvain.
17-18	»	à Bruxelles.
19	»	à Alost.
20-30	»	à Gand.
1-31	mai,	à Gand.

1-14 juin,		à Gand.
15	»	à Termonde.
16-20	»	à Bruxelles.
21	»	au cloître de Groenendael.
22-30	»	à Bruxelles.
1-31 juillet,		à Bruxelles.
1-23 août,		à Bruxelles.
24	»	à Tervueren.
25-31	»	à Bruxelles.
1-30 septembre,		à Bruxelles.
1-31 octobre,		à Bruxelles.
1-25 novembre,		à Bruxelles.
26	»	à Enghien.
27	»	à Ath.
28-30	»	à Tournai.
1-11 décembre,		à Tournai.
12	»	à Ath.
13	»	à Enghien.
14-31	»	à Bruxelles [1].

[1] Dans cet Itinéraire les lieux indiqués sont toujours ceux où Charles-Quint a couché.

JOURNAL

DES

VOYAGES DE CHARLES-QUINT.

JOURNAL

DES

VOYAGES DE CHARLES-QUINT.

SOMMAIRE *des voyaiges faictz par* CHARLES, *cincquiesme de ce nom, tousjours auguste, empereur des Romains, roy des Espaignes, de Naples, de Cecille, de Navarre, etc., archiduc d'Austrice, duc de Bourgongne, de Brabant, de Geldres, etc., comte de Flandres, de Bourgongne, d'Arthois, etc., seigneur et dominateur en Asie et en Africque, des mers Océane et Méditerranée, etc., depuis l'an mil cincq cens et quatorze jusques le* XXVe *de may de l'an mil cincq cens cincquante-uny inclusivement; recoeuilliz et mis par escript par* JEAN DE VANDENESSE, *contrerolleur, ayant suivy Sa Majesté en tous lesdicts voyaiges.*

A RÉVÉRENDISSIME ET ILLUSTRISSIME SEIGNEUR MONSEIGNEUR LE CARDINAL
DE GRANDVELLE.

Monseigneur, ayant souvent ouy Vostre Seigneurie détester oisiveté et que c'estoit la mère de tous vices, pour éviter icelle, nonobstant les grandes et urgentes affaires dont continuellement estes empesché, tant aux affaires de Sadicte Majesté que à veoir et lire plusieurs grandes œuvres dirigées à

Vostredicte Seignorie et à aultres, composées d'hommes sçavantz, me suis advancé supplier Vostre Seignorie, pour ung petit vous divertir des haultes affaires, de, par manière de passe-temps, me faire tant de grâce que vous incliner à veoir ung petit Receuil et Mémoire, par moy mis par escript, nonobstant que ce ne soit mon gibier, des voyaiges et journées que l'empereur Charles, cincquiesme de ce nom, nostre maistre [1], a faict dèz l'an mil cincq cens quatorze jusques en l'an mil cincq cens cincquante-ung, ausquelz ay ordinairement suivy, non que le Mémoire mérite estre veu par si sublime entendement que le vostre, comme si ce fût œuvre d'aulcune aucthorité : mais, Monseigneur, congnoissant la vraye amitié que me portez, me suis ingéré de ce faire, et vous supplier le vouloir corriger et familièrement m'en dire vostre advis, afin que, par vous reveu [2], il se puisse monstrer à aulcuns de mes bons seigneurs, pour remémorer les voyaiges et chemins que ésdictes années avons faict, suyvant nostre maistre : dont serez cause que aulcuns prendront plaisir à la lecture. Priant Vostredicte Seignorie et aux lecteurs supplir [3] et excuser le mal et rude langaige et mis par escript, me remectant tousjours de la vérité à la correction de ceulx qui partout ont été présens comme moy.

[1] Ces deux mots ne sont pas dans le MS. de l'Arsenal; nous les empruntons au MS. 15869 de la Bibliothèque royale.

[2] *Veu* dans le MS. de l'Arsenal.

[3] *Supplir*, suppléer.

En l'an mil cincq cens et quatorze, stil de Rome, estant Charles, prince d'Espaigne, archiduc d'Austrice, duc de Bourgongne, de Brabant, Geldres, etc., conte de Flandres, d'Arthois, de Bourgongne, en ses pays de Brabant, pour lors en tutelle et mainbournie [1] de l'empereur Maximilian, son grand-père paternel, et, en son absence, gouverné par madame Marguerite, archiducesse, douaigière de Savoye, sa tante, avoient esté concludz deux mariaiges par ledict Empereur, l'ung de don Fernande, frère dudict Archiduc, por lors estant en Espaigne auprès du roy catholicque, leur grand-père maternel, et de la fille du roy de Hongrie, et l'aultre du prince de Hongrie et de madame Marie, troisième sœur dudict seigneur Archiduc. Pour satisfaire audict mariaige, ladicte dame Marie fut conduicte par ledict seigneur Archiduc et madame sa tante dès Malynes jusques à Louvain, et dès là menée par le seigneur et dame de Flaigy jusques en Allemaigne ès mains dudict seigneur Empereur, pour consumer le mariaige avec ledict prince d'Hongrie, quant ilz seroient en eaige.

En l'an mil cincq cens et quinze, le cincquiesme de janvier, estant ledict Archiduc en sa ville de Bruxelles, furent convocquez les estatz de tous ses pays d'embas, où, en la grande salle, estans présens madame l'archiducesse, sa tante, le duc Frédéricq, conte palatin, le conte Félix de Fuxtemberg [2], comme procureurs de l'empereur Maximilian, grand-père dudict seigneur Archiduc, son tuteur et mainbour, et présens tous les princes et députés desdicts estatz, estant ledict seigneur en eaige d'environ quinze ans, fut émancipé et mis hors de tutelle, luy remectant en ses mains sesdicts pays : que fut à tel jour, trente-huict ans après, que mourut monseigneur le duc Charles de Bourgongne, son ayeul maternel, devant Nancy ; ledict seigneur Empereur et madame sa tante deschargez, le seigneur de la Roche, pour lors chief du privé conseil, desmis, et maistre Jehan le Sauvaige faict chancelier [3]. Et dès lors ledict seigneur Archiduc alla prendre possession de sesdicts pays, de ville en aultre, où il occupa toute l'année de mil V^c et XV.

---

[1] *Mainbournie*, tutelle, administration.
[2] Werdenberg.
[3] Par lettres patentes du 17 janvier 1515 que nous avons données dans nos *Analectes historiques*, t. I, p. 50.

Audict Bruxelles fut conclud le mariaige de madame Ysabeaul, seconde sœur dudict Archiduc, avec le roy de Dannemarcke. Estant ledict seigneur en La Haye en Hollande, ladicte dame fut menée et conduicte par messire Philippe, bastard de Bourgongne, admiral de la mer, et de madame de Rennée[1], jusques à Dannemarcke. A Ladicte Haye vint le seigneur de Vandosme, ambassadeur de la part du roy de France.

1516. En l'an mil cincq cens et seize, au mesme voyaige, sur le commencement de febvrier, ledict seigneur eut nouvelles de la mort du roy catholicque, son grand-père maternel, lequel mourut le xxiie de janvier audict an[2]: par la mort duquel et depuis ledict seigneur Archiduc print le tiltre de roy catholicque. Retournant à Bruxelles ledict seigneur, à présent roy, feit célébrer les obsèques du roy deffunct à Ste-Goule[3] audict Bruxelles. Et au mesme an fut tenu l'ordre de la Thoison d'or, en ladicte église de Ste-Goule, par ledict roy catholicque pour la première fois, et fut augmenté le nombre des chevaliers de douze, et y en eust faict beaulcoup de nouveaulx. Les noms desquelz s'ensuyvent :

Françoys, roy de France;
Alphonce[4], roy de Portugal;
Loys, roy de Hongrie;
Don Fernande, infante d'Espaigne;
Frédéricq, conte palatin;
Jehan, marquis de Brandebourg;
Le conte de Mansfelt;
Félix, conte de Fusteinberg[5];
Le conte de Ribaulpière[6];
Le seigneur de Floxstain[7];

---

[1] MS. de l'Arsenal; *d'Armuye* dans le MS. 14641 de la Bibliothèque royale; *de Rennere* dans le MS. 15869.
[2] Ferdinand mourut dans la nuit du 22 au 23.
[3] Sainte-Gudule.
[4] *Lisez :* Emmanuel.
[5] Werdenberg.
[6] Guillaume, comte de Ribaupierre de Ferrette.
[7] Michel, baron de Valckenstein.

Guy de la Baulme, conte de Montrivel [1];
Laurens de Gorremond [2], gouverneur de Bresse;
Philippe de Croy, conte de Porcean;
Jacques de Gavre, seigneur de Frezin;
Anthoine de Croy, seigneur de S^t-Py [3];
Anthoine de Lallain, seigneur de Montigny;
Charles de Lannoy, seigneur de Sainct-Zèle [4], grand escuyer;
Adolf de Bourgongne, seigneur de Bèvre, admiral;
Maximilian de Hornes, seigneur de Gaesbeke;
Le conte d'Aigmont [5];
.... de Melin [6], conte d'Espinoy;
Le seigneur de Vassenare [7];
Le seigneur de Sevenberghe [8].

Au mesme lieu et au mesme temps vint, de la part du roy de France, le seigneur d'Erval [9].

En l'an mil cincq cens dix-sept, ne pouvant laisser ledict Roy catholicque ses royaulmes à luy nouvellement advenus, feit convocquer les estatz de sesdicts pays d'embas en sa ville de Gand, en la conté de Flandres; et fut remonstré par le chancelier plusieurs raisons qui mouvoient ledict Roy laisser lesdicts pays. Ayant sa confiance en madame sa tante, la laissa pour régente et gouvernante desdicts pays, et, avec semblable confiance de la fidélité en ses subjectz, print congié d'eulx et se partist, tirant son chemin

1517.

---

[1] Montrevel.
[2] Gorrevod.
[3] Sempy.
[4] Sanzelles.
[5] Jean, comte d'Egmont.
[6] François de Melun.
[7] Jean, seigneur et baron de Wassenaer.
[8] Maximilien de Berghes.
[9] D'Orval. Cet ambassadeur était porteur du collier de l'ordre de Saint-Michel, qui fut remis au Roi le 9 novembre. Voy. p. 19.

Dans sa liste Vandenesse omet deux des chevaliers nommés : Philibert de Chalon, prince d'Orange, et Jean, baron de Trazegnies. Voy. *Histoire de la Toison d'or*, par Reiffenberg, et *Historia de la insigne órden del Toyson de oro*, par D. Julian de Pinedo y Salazar, t. I.

à Middelbourg en sa conté de Zeelande, pour soy embarquer pour faire son voyaige en Espaigne. Fut accompaigné de madicte dame sa tante, madame Éliénore, sa sœur aisnée. du prince et princesse d'Orenges, lesquelz estoient arrivez à Gand, y estant ledict seigneur roy, des seigneurs et dames desdicts pays, tous jusques audict Middelbourg. Auquel lieu le vint retreuver le seigneur d'Auxy, revenant d'Angleterre, et eust nouvelles de la mort du seigneur de Fiennes, son père. Dudict Middelbourg, avant l'embarquement, se partirent ladicte princesse d'Orenges et le prince son filz, avec eulx le conte palatin Frédéricq, pour leur retour. Auquel lieu de Middelbourg fut faict cardinal l'évesque de Cambray, nommé Guillaume de Croy.

Et le 7e jour de septembre audict an de dix-sept, ledict Roy, madame Éliénore, sa sœur, avec plusieurs seigneurs et dames, laissant madame leur tante, s'embarquèrent au port de Flessinghe en Zeelande, et feirent voile, où advint que, la première nuict, par fortune, la naviere où estoit l'escurye dudict Roy et Montruchard pour chief, fut bruslée et tous ceulx quy estoient dedens; et à la reste sans inconvénient arrivèrent et prindrent port en Espaigne, à Villevicieuse [1], le vingtième jour dudict moys audict an, où ilz se désembarquèrent tous, et vindrent par leurs journées jusques à Tortesille [2], où se tenoit [3] la royne leur mère; dois là à Moyades [4], où leur vint au devant le seigneur don Fernande, archiduc, frère dudict Roy; et dès là vindrent par ensemble jusques à Vaildolid [5].

En ce mesme temps, venant le cardinal frère Francisco Chymenès [6], archevesque de Toledo, lequel avoit esté gouverneur d'Espaigne depuis la mort dudict roy catholicque, estant arrivé à Roe [7], mourut: par la mort duquel [8] fut pourveu à l'archevesché de Toledo le cardinal de Croy, avant-nommé.

Ledict Roy feit son entrée audict Valdolit le 18e de novembre audict an, et y demoura jusques en mars en l'an dix-huict.

[1] Villaviciosa.
[2] Tordesillas.
[3] MS. 14644 de la Bibliothèque royale; *se tient* dans le MS. 15869; *se tint* dans le MS. de l'Arsenal.
[4] Mojados.
[5] Valladolid.
[6] Ximenes.
[7] Roa.
[8] Arrivée le 8 novembre 1517.

Le dix-huictième de novembre, l'an dix-sept, le Roy, accompaigné de monseigneur l'archiduc, son frère, de madame Éliénor, sa sœur, de plusieurs ducz, marquis, princes, contes, seigneurs et gentilzhommes, tant de ses royaulmes d'Espaigne que de ses pays de Flandres [1], premièrement marchoient V^c piétons espaignolz; après suyvoient cincquante chevaulx à la genette, dont Cabanilles estoit chief; suyvoient l'escuirie et paiges dudict Roy; venoient après cent gentilzhommes continuz [2] de la maison du feu roy catholicque; après venoient les gentilzhommes [des grands maistres, officiers et gentilzhommes [3]] domesticques du Roy, les seigneurs de tiltres, chevaliers de l'ordre et grand nombre de trompettes, roys d'armes et massiers; après venoit le conte d'Oropesa, portant l'espée, comme de droict lui appartient en Castille; venoient après les ambassadeurs, puis le Roy seul, soubz ung poille porté par les régideurs [4] de la ville; immédiatement le suyvoient l'archiduc, son frère, madame Éliénore, sa sœur, et plusieurs dames, ausquelles suyvoient le chancelier et ceulx du conseil; et pour clore la trouppe, suyvoient les cent archiers de corps.

Sortirent au recepvoir ledict Roy les président et conseilliers de la chancellerie de Valdolit, le conseil des ordres, les religieulx et gens d'Église, les gouverneurs et eschevins de la ville, et en ceste sorte le conduyrent jusques en l'église, et dès là en son lougis. Il y avoit par les rues plusieurs eschauffaulx représentans plusieurs mistères et beaucoulp de belles dames par les fenestres.

Auquel temps fut conclud de envoyer le seigneur don Fernande, archiduc d'Austrice, ès pays d'embas, soubz la charge et conduicte des seigneurs de Reux et S^t-Py, de la maison de Croy; les cortès de Castille tenues et concluttes, et ledict Roy receu et juré pour roy de Castille, Léon, Grenade, Navarre, etc.

Et l'an mil V^c dix-huict, au moys de mars, se partirent ledict Roy, 1518. l'archiduc son frère et madame leur sœur; vindrent ensemble jusques à

---

[1] Il semble que quelque chose manque ici au texte. Les deux MSS., de l'Arsenal et 15869 de la Bibliothèque royale, sont conformes. Ce passage ne se trouve pas dans le MS. 14641.

[2] De l'espagnol *continos*. C'était un office dans la maison royale de Castille.

[3] Les mots entre crochets sont tirés du MS. 15869; ils ne sont pas dans le MS. de l'Arsenal.

[4] De l'espagnol *regidores*. Le MS. de l'Arsenal porte *résidans*.

Harande de Doëros¹ : duquel lieu se partirent en apvril ledict archiduc pour son voyaige en Flandres, ledict Roy et sa sœur pour Saragosse, auquel lieu il arriva en may.

Et au moys de septembre suyvant, se partit ladicte dame Éliénore pour aller en Portugal espouser le roy dudict Portugal, conduicte par le duc d'Albe, évesque de Badajos, la dame marquise d'Arschot et aultres seigneurs et dames. Audict Saragosse mourut le chancelier Sauvaige, et fut faict grand chancelier le président de Bourgongne, nommé Mercurin de Gastinaire².

819. Après avoir demouré audict Sarragosse, concludz et tenuz les cortès, et estre ledict Roy juré pour roy d'Arragon et ce qui en dépend de ladicte couronne, en l'an mil V° dix-neuf, en janvier, ledict Roy se partist, vint par ses journées jusques à Barcelonne. Au chemin luy vindrent les nouvelles de la mort de l'empereur Maximilian, son grand-père, que l'on dissimula jusques estre arrivé audict Barcelonne et y avoir tenu par ledict Roy l'ordre de la Thoison d'or³ pour la seconde fois, où furent créez nouveaulx les chevaliers suyvans, leur donnant l'ordre de la Thoison :

Christianus, roy de Dannemarcke ;
Sigismonde, roy de Polonie ;
Philibert de Chalon, prince d'Orenges⁴ ;
Jacques de Luxembourg, conte de Gavre, seigneur de Fiennes ;
Adrian de Croy, seigneur de Beaurain ;
Don Fréderícq de Tholedo, duc d'Alve ;
Le duc d'Escalone, de Paschieco⁵ ;
Le duc de l'Infantasco, de Mandosse⁶ ;
Le duc de Fries, connestable de Castille, de Velasco⁷ ;
Le duc de Vegere, de Suygniga⁸ ;

¹ Aranda de Duero.
² Gattinara.
³ Les 2, 3 et 4 mars 1519.
⁴ Nous avons déjà fait observer que le prince d'Orange avait été élu dans le chapitre précédent.
⁵ D. Diego Lopez Pacheco, duc d'Escalona.
⁶ D. Diego Hurtado de Mendoza, duc de l'Infantado.
⁷ D. Iñigo Fernandez de Velasco, duc de Frias.
⁸ D. Alvaro de Zúñiga y Guzman, duc d'Arévalo, Plasencia et Béjar.

Le duc de Cardonne¹;
Le conte de Modica, admiral de Castille, des Duricques²;
Le marquis d'Astorga³, des Ozorio;
Le prince de Besinan⁴, de St-Severino⁵.

Après, le Roy et toute sa cour prindrent le doeuil, et en la grande église d'icelle, nommée la Séau⁶, furent célébrez les obsèques dudict empereur Maximilian.

Dès ledict Barcelonne furent envoyez à Montpelier les seigneurs de Chièvres, grand chambellain, et grand chancelier, pour chiefz; avec eulx plusieurs aultres seigneurs et prélatz, tant d'Espaigne que des pays d'embas, pour se treuver audict lieu, avec le grand maistre de France, nommé de Boisy⁷, et aultres seigneurs envoyez de la part du roy de France, pour conclure aulcuns traictez entre lesdicts roys, pays et subjectz. Lesquels seigneurs de la part du roy catholicque estoient en nombre de quinze cens chevaulx, tous en doeuil⁸ pour la mort de l'Empereur avantnommé. Estans tous arrivez audict Montpelier, ledict grand maistre de Boisy y vint malade, dont il mourut : par quoy ne conclurent riens et s'en retourna chascun vers son maistre.

En la mesme saison le Roy catholicque envoya une armée par mer aux Gerbes, où furent plusieurs gentilzhommes de sa maison, dont estoit capitaine le seigneur de Vaulx; et fut chief de l'armée don Hugues de Moncade, laquelle ne vint à nul effect.

Au mesme lieu s'espousa Jehan, marquis de Brandebourg, à la royne Germaine, vefve du roy catholicque, dernier trespassé, laquelle estoit de la maison de Foix.

---

¹ D. Fernando Ramon Folch, duc de Cardona.
² D. Fadrique Henriquez de Cabrera, comte de Melgar et de Módica.
³ D. Alvaro Perez Osorio, marquis d'Astorga.
⁴ D. Pedro Antonio Sanseverino, prince de Bisignano.
⁵ Il y eut encore deux autres chevaliers nommés dans ce chapitre : D. Diego de Zúñiga, comte de Miranda, et D. Antonio Manrique de Lara, duc de Nájera.
⁶ *La Seo* en espagnol, c'est-à-dire l'église cathédrale.
⁷ Arthur de Gouffier, sire de Boissy.
⁸ MSS. de l'Arsenal et 14641 de la Bibliothèque royale. Dans le MS. 15869 on lit : « Lesquels seigneurs de la part du Roy catholicque estoient en nombre de quinze, leurs chevaulx tous en doeuil, etc. »

Au mesme lieu vint la dame de Chièvres, revenant de conduyre la royne[1] en Portugal, et dès là s'en alla par terre en Flandres.

Au mesme lieu vint le seigneur Prospère Colonne, néapolitain, par mer: puis retourna pour Naples.

Audict an dix-neuf, en ceste mesme saison, les électeurs de l'Empire, asscavoir les archevesques de Mayence, Colongne et Trèves, duc de Saxen, conte palatin et marquis de Brandebourg, assemblez à Neurenbergh, pour eslire ung roy des Romains et futur empereur, estans audict Neurenbergh le conte de Nassou, le seigneur de la Roche, ambassadeurs pour ledict Roy en ladicte assemblée, fut adverty par maistre Jehan de le Saulx, son secrétaire, envoyé par lesdicts ambassadeurs, comme il estoit esleu pour roy des Romains [2]. Et luy estant à Molin del Rey retiré pour la peste qui reignoit audict Barcelonne, arriva ledict conte palatin Frédéricq, envoyé par lesdicts électeurs, qui luy apporta ladicte élection : par quoy, depuis ce temps, se nomma roy des Romains, esleu empereur.

1520. Et après avoir demouré à conclure les cortès de Cataloigne dix moys, et avoir conclud, et luy estre juré et receu pour prince et conte de Cataloigne, Rossillon, etc., en l'an mil cincq cens et vingt, le roy des Romains partist le 25e jour de janvier, prenant son droict chemin, par Bourgues, Valdolit, St-Jacques en Gallice, jusques à la Colongne [3], où il arriva le quatriesme de may audict an. Auquel lieu le vint trouver le prince d'Orenges, et s'embarcqua Sa Majesté le vingtiesme de may, laissant en Castille pour viceroy le cardinal de Tortoze [4]. Pendant lequel temps, le 17e de may, la cité de Toledo se mutina contre Sadicte Majesté. Le semblable feit la cité de Sigovie, et suyvamment toutes les villes, contre les nobles : dont s'ensuyvirent plusieurs occisions d'hommes. Desquelles communaultez furent capitaines Jehan de Padille, natif de Toledo, Jehan Brave, natif dudict Sigovie, et Francisco Maldonado de Salamanca. Et ledict cardinal de Tortoze, vice-roy, dessus nommé, vint à Valdolit, duquel lieu, pour l'altération desdictes communaultez, fut contrainct se saulver et se retira à Ma-

---

[1] Éléonore, sœur de Charles-Quint.
[2] Son élection se fit le 28 juin.
[3] La Corogne.
[4] Adrien.

drit. Pendant lequel temps lesdicts capitaynes et communaultez prindrent par force Tordecilles, où se tenoyt et tient la royne, mère de Sa Majesté, laquelle ilz vouloient constraindre à signer des chapitres qu'ilz avoient conclud entre eulx : à quoy elle obvia. Et en ce mesme temps les nobles vindrent surprendre ledict Tourdecilles, deschassant lesdicts mutins. Et en l'an vingt et un, le 23ᵉ d'apvril, jour de Sainct-George, près de Villalon, fut donnée la bataille entre lesdicts nobles et communaultez, lesquelles communaultez furent défaictes, et lesdicts capitaynes depuis décapitez et escartelez.

En ce mesme temps, ledict cardinal avantnommé heut nouvelles que le seigneur d'Esperrot[1] avec l'armée avoit entré au royaulme de Navarre, tirant jusques devant la Grongne[2], tenant la assiégée. Et pour y remédier et lever le siége, ledict cardinal, les seigneurs et villes, nonobstant qu'elles avoient esté rebelles, non veuillans laisser diminuer leur royaume, se assemblèrent à Bourgues jusques au nombre de xxv mille hommes de guerre, vinrent contre la Grongne. De ce adverty, ledict seigneur d'Esperrot se retira, fut suivy jusques près de Panpelone[3], où furent deffaictz les Françoys, et d'Esperrot prins par lesdicts seigneurs d'Espaigne. Et au mesme temps et peu après, le seigneur de Lautrec print Fontarabie par composition. Pendant lequel temps ledict cardinal vint à Victoria, où luy vindrent les nouvelles que, par la mort du pape Léon, il estoit esleu pape. Demourèrent lors pour gouverneurs le connestable et admiral de Castille, estant lors en Rome ambassadeur pour Sa Majesté don Jehan Manuel.

Et le vingt-septiesme dudict moys[4], ledict Roy print terre à Douvre en Angleterre, où il se veit avec le roy dudict Angleterre, lequel estoit prest pour passer en France, pour se veoir à Ardres et Guynnes avec le roy de France : ce qu'il feit dès ledict Douvre. Le roy des Romains vint prendre terre au port de Boucault[5], en sa conté de Flandres; puis vint à Gand, où il trouva madame sa tante et l'archiduc son frère. Dès là vindrent par ensemble jusques à Bruxelles, où il fut quelque temps; puis print son

---

[1] André de Lesparre.
[2] Logroño.
[3] Pampelune.
[4] De mai 1520.
[5] Bouchaute.

chemin vers Gand, dès là à Bruges jusques à Gravelines, où vint le roy d'Angleterre, revenant de se veoir avec le roy de France. Dès là furent ensemble à Calaix Puis ledict roy des Romains s'en revint à Bruxelles.

1521. En l'an mil cincq cens vingt et un, en octobre, le roy des Romains se partist de Bruxelles, madame sa tante avec luy, laissant monseigneur l'archiduc son frère en Brabant, print son chemin par Liége jusques à Aix en Allemaigne, auquel lieu fut couronné roy de la première couronne de l'Empire, et d'icy en avant se nomme empereur. Duquel lieu, et le lendemain dudict couronnement, se partist mal content messire Robert de la Marche et sa femme, et s'en allèrent en France : dont et par son moyen s'encommença la guerre que depuis a succédé entre le Roy, à présent l'Empereur, et le roy de France. Tost après lequel couronnement Sa Majesté partist, prenant son chemin par Couloingne; vint jusques à Wormes : auquel lieu arriva la nuict Sainct-Andrey, dernier jour de novembre, audict an, où fut tenue la première diette impériale par ledict Empereur, Charles cincquiesme. Madame sa tante et aultres seigneurs et dames s'en retournarent dudict Aix en Brabant. Sa Majesté demoura audict Wormes cincq moys : durant lequel temps messire Robert de la Marche encommença la guerre, par adveu du roy de France, au quartier de Picardye. Le conte de Nassau fut faict général pour Sa Majesté en icelle guerre.

En ce mesme temps monseigneur l'archiduc, frère de Sa Majesté, vint passer par Wormes, pour aller en Austrice soy espouser avec la sœur du roy d'Hongrie. Au mesme temps fut audict Wormes Martin Luther.

Estant Sa Majesté audict Wormes, y moururent plusieurs de ses gens, entre lesquelz y mourut le cardinal de Croy, avantnommé, et le seigneur de Chièvres, grand chambellain : par la mort duquel le conte de Nassou fut faict grand chambellain.

Après laquelle diette tenue, Sa Majesté se partist, print son retour vers ses pays d'embas par le mesme chemin qu'il estoit venu. Luy estant à Bona[1], heut nouvelles de la mort de la contesse de Nassau, laquelle mourut à Diest, laissant ung filz; elle estoit sœur du prince d'Orenges. Sa Majesté vint jusques à Bruxelles : auquel lieu vint le roy de Dannemarcke, son

[1] Bonn.

beaul-frère; et venant Sa Majesté par chemin, heut nouvelles de la mort du pape Léon et de don Ramon de Cardona, vice-roy pour luy en son royaulme de Naples.

Estant Sa Majesté audict Bruxelles, vindrent nouvelles que le cardinal de Tortoze, demouré pour gouverneur en Castille, estoit esleu pape, nommé Adrian. Après quelques jours, Sa Majesté alla à Bruges, où vint le cardinal d'Yorc, angloys, lequel retourna à Calaix et fut prins pour médiateur pour appoincter les différendz entre Sadicte Majesté et le roy Françoys. Furent envoyez audict Calaix, pour cest effect, de la part de Sa Majesté, le grand chancelier, le seigneur de Berghes, l'évesque de Badajoz [1], le conte de Cariate [2], le Sr de la Roche, maistre Josse Laurens et l'audiencier [3], et pour madame l'archiducesse le seigneur de Grandvelle [4]; de la part du roy de France, son chancelier, le seigneur de la Rochepot, l'évesque de Parys, le premier président dudict Parys et le docteur Poyllot; le nunce du pape, ung ambassadeur de Hongrie et ung de Venize : lesquelz tous, après y avoir demouré troys moys et avoir heu plusieurs disputes, ne conclurent riens. Pendant lequel temps Sa Majesté revint à Bruxelles, dès là à Valenciennes, puis à Audenarde, pour estre plus près de son armée, qui tenoit assiégée Tournay, que les Françoys tenoyent en sa conté de Flandres. Sa Majesté révocqua sesdicts ambassadeurs estans audict Calaix, lesquelz arrivèrent audict Audenarde la nuict Sainct-Andrey.

En l'an mil cincq cens vingt et deux, Tournay se rendist à Sa Majesté [5]. La mesme nuict vindrent nouvelles de la prinse de Milan. Audict Audenarde estoient venues nouvelles que les Françoys avoient prins Fontarabie en Espaigne. Sa Majesté s'en revint à Bruxelles : duquel lieu se partist Maingoval [6], grand escuyer, pour Naples, estant faict vice-roy. Après et au mesme lieu furent convocquez les estaz des pays. Sa Majesté print congié d'eulx, laissant madame sa tante pour régente èsdicts pays, se partist, vint

1522.

---

[1] Les noms de ces trois ministres sont omis dans le MS. de l'Arsenal.
[2] Jean-Baptiste Spinelli, comte de Cariati.
[3] Philippe Hancton.
[4] Nicolas Perrenot.
[5] Ce fut le 1er décembre 1521 que Tournai se rendit, par capitulation, au comte de Nassau.
[6] Charles de Lannoy, seigneur de Sanzelles, de Maingoval, etc.

jusques à Calaix, passa la mer, vint trouver le roy d'Angleterre à Douvre, et par ensemble furent à Londres, de là à Wyndesore : auquel lieu, environ la Sainct-Jehan de l'an XXII, tindrent l'ordre de la Gerretière; puis vindrent ensemble en ung chasteau nommé Quynston [1] auprès de Wyncestre, où demoura ledict roy, et Sa Majesté s'en vint à Authon [2], port de mer, où il s'embarqua le 5e de juillet mil cincq cens vingt-deux [3]. Avec bonne fortune, sans inconvénient, arriva le 16e jour en ung port nommé Sainct-Andere [4], en son royaulme de Castille, où ledict jour se désembarqua et y demoura jusques au 27e dudit moys : auquel temps pape Adrian, avant-nommé, estoit en Sarragosse, prenant son chemin vers Tortoze, pour s'embarquer et faire son voyaige vers Rome. Sa Majesté y envoya le seigneur de Zevenberghe de sa part, en poste, et ledict 27e Sadicte Majesté en partist et vint coucher à Moger [5], le 28 à Renose : auquel lieu mourut Mota, évesque de Palance, grand aulmosnier.

29e à Tremeserre [6].

Pénultième et dernier à Aguilár de Campos.

Le premier jour d'aougst à Arrere [7].

2e et 3e à Vegard [8].

4e à Mosque [9].

5e à Palance jusques au 25e.

25e à Cabesson [10].

26e à Valdolit jusques au 2e de septembre. Auquel temps partist le seigneur de Reux [11] en poste par mer pour Angleterre, et dès là pour passer oultre pour parler au duc de Bourbon et parachever l'entreprinse par luy

---

[1] Kingston.

[2] Southampton.

[3] *Mil cinq cens vingt-trois* dans le MS. de l'Arsenal.

[4] Santander.

[5] Molledo.

[6] MS. de l'Arsenal; *Tresmezerre* dans le MS. 14641 de la Bibliothèque royale; *Tremessene* dans le MS. 15869 : Branoséra.

[7] Herrera.

[8] Melgár de arriba.

[9] Amusco.

[10] Cabezón.

[11] Adrien de Croy.

commencée. Auquel lieu messire Guillaume de Vandenesse fut pourveu de l'évesché d'Elne en Rossillon. Et au mesme temps mourut Glapion [1], confesseur de Sa Majesté.

Le 2ᵉ de septembre à Tourdesilles, où furent célébrez les obsèques pour le roy don Philippe, père de Sa Majesté, où estoit le corps déposité, qui depuis fut mené en Grenade; lequel mourut à Bourgues [2].

Le 4ᵉ d'octobre [3] retourna audict Valladolid jusqu'au 23ᵉ [4] : duquel lieu partirent en poste Raphaël de Médicis et Charles d'Achey pour Italye, lesquelz furent niez [5] par tormente près de Palmos [6].

Le 23ᵉ dudict moys d'octobre à Valbone [7], jusques le 26ᵉ.

Le 26ᵉ retourna à Valdolit jusques le premier jour d'apvril. Pendant lequel temps, le jour de Toussaintz, premier jour de novembre, Sa Majesté fut à Sainct-Françoys oyr la messe, et vint, sortant de ladicte messe, sur ung hour [8] qui estoit sur la place, tout le peuple assemblé, où Sadicte Majesté feit publier ung pardon général à tous les rebelles du temps des altérations et communaultez de l'an vingt, saulf à douze qui furent réservez.

En l'an mil cincq cens vingt-trois, le premier jour d'apvril, à Valbona jusques le 8ᵉ. 1523

Le 8ᵉ à Valdolit jusques au 9ᵉ de may.

Le 9ᵉ de may à Tourdesilles jusques le 16ᵉ.

Le 16ᵉ retourna à Valdolit jusques le 13ᵉ de juing.

Le 13ᵉ de juing à Tourdesilles.

Le 14ᵉ à Medyna del Cámpo jusques le 17ᵉ.

Le 17ᵉ retourna à Tourdesilles jusques le 21ᵉ.

Le 21ᵉ à Valdolit jusques le 25ᵉ d'aougst.

---

[1] Jean Glapion, de la Ferté-Bernard dans le Maine. Il a avait été, d'après Moréri, confesseur de l'empereur Maximilien.

[2] Burgos.

[3] *D'octobre* dans les trois MSS. C'est *de septembre* qu'il faut lire. Voy. l'Itinéraire, p. 33.

[4] D'octobre.

[5] *Niez*, noyés.

[6] Palamos.

[7] Valbuena.

[8] *Hour*, échafaud.

Au mesme temps et lieu revint la royne, vefve du roy de Portugal, sœur aisnée de Sa Majesté. Et en ce mesme temps fut faict confesseur de Sa Majesté frère Loayse[1], général des Jacoppins, et depuis fut évesque d'Osme.

Le 25e à Doingnes[2].
26e à Tourquemade jusques au 29e.
29e à Arcos jusques au 14e de septembre.
Le 15e de septembre à Sainct-Jehan d'Ortegua.
16e à Villorada (?).
17e à Santo Domingo de la Calsada.
18e à Nayara[3].
19e à la Grongne[4] jusques le 9e d'octobre.
Le 9e d'octobre à Los Arcos.
10e à Estreilles[5] en son royaulme de Navarre.
11e et 12e à la Ponte de la Royne[6].
13e à Pampelone jusques le 2e de janvier 1524.

Dès là fut envoié le connestable de Castille pour général devant Fontarabie; le prince d'Orenges, Philibert de Chalon, général des piétons. Auquel lieu estant, vindrent les nouvelles de la mort de pape Adrian. Audict lieu nous vint trouver le seigneur de Reux, avec luy le seigneur de Lorsy[7], venant de la part du duc de Bourbon. Au mesme lieu fut pourveu l'archevesque de Sainct-Jacques, nommé Fonseque[8], de l'archevesché de Toledo.

En l'an mil Ve vingt et quatre, le 2e de janvier, à Ogade[9].
3e à Salvatierra.

---

[1] Garcia de Loaysa, natif de Talavera, général de l'ordre de Saint-Dominique depuis 1518, fait évêque d'Osma en 1525 et cardinal en 1530.
[2] Dueñas.
[3] Nájera.
[4] Logroño.
[5] Estella.
[6] Puente la Reyna, près de Pampelune.
[7] MS. de l'Arsenal; *de Toursi* dans le MS. 14644 de la Bibliothèque royale; *de Cousisserand* dans le MS. 15869. Il s'agit du seigneur *de Lurcy*, l'un des gentilshommes du connétable de Bourbon.
[8] D. Alonso Fonseca.
[9] Ugarte.

4ᵉ à Victoria jusques le 7ᵉ de mars : auquel temps Fontarabie fut reprinse par les gens de Sa Majesté. Au mesme lieu l'évesque d'Elne fut faict grand aulmosnier, lequel estat vacquoit par la mort de l'évesque de Palance.

Le 7ᵉ de mars à Miranda.

8ᵉ à Vervesqua¹ jusques au 10ᵉ.

10ᵉ à Monasterio de Rodillas.

11ᵉ à Bourgues jusques le 21ᵉ d'apvril.

Le 21ᵉ d'apvril à Sainct-Pedro del Val jusques le trentième.

Le trentième retourna à Bourgues jusques le 9ᵉ de may. En ce temps partist dudict Bourgues le prince d'Orenges, avec luy plusieurs gentilzhommes bourgongnons, pour aller s'embarquer à Barcelonne et passer en Italye, pour trouver le duc de Bourbon, lequel estoit lieutenant de Sa Majesté. Lequel prince et gentilzhommes furent tous prins par les galères françoyses au port de Villafrancha : cuydant que ce fussent les galères de l'Empereur, entrarent audict port. Audict Bourgues se maria le comte de Nassou à la marquise de Zenette. Au mesme temps vindrent nouvelles que le cardinal de Médicis estoit esleu pape, nommé depuis Clément. Estant audict Bourgues, fut une creue d'eau, sans plouvoir, qui dura deux heures, que l'on alloit par basteaulx en d'aulcunes rues de ladicte ville.

Le 9ᵉ de may à Larme² jusques au 12ᵉ.

12ᵉ retourna à Bourgues jusques le 21ᵉ de juillet.

Le 21ᵉ à Larme.

24ᵉ à Palensole³.

25ᵉ à Torquemade.

26ᵉ et 27ᵉ à Doygnes.

28ᵉ à Valdolit jusques au dernier jour de septembre : auquel temps Sa Majesté print la fiebvre quarte, qui luy dura cincq moys. Au mesme temps vint au service de Sa Majesté le seigneur Fernande de Gonzague, frère du marquis de Mantua.

Le dernier jour de septembre à Nyago jusques le 3ᵉ d'octobre.

---

¹ Brivicsca.
² Lerma.
³ Palenzuela.

Le 5ᵉ d'octobre à Tourdesilles jusques le 4ᵉ de novembre : auquel lieu et temps fut fiancée madame Catherine, quatrième sœur de Sa Majesté, au roy de Portugal.

Le 4ᵉ de novembre à Medyna del Campo.

5ᵉ et 6ᵉ à Arévalo.

7ᵉ au monastère de Parc près Cognol (?).

8ᵉ à l'Espinar de Ségovye.

9ᵉ et 10ᵉ à Guadarasme [1].

11ᵉ au Parcq de Madrit jusques le 21ᵉ.

Le 21ᵉ à Madrit jusques le 11ᵉ de décembre.

Le 11ᵉ de décembre retourna audict Parcq jusques au 15ᵉ.

15ᵉ retourna audict Madrit jusques le 2ᵉ de janvier.

En l'an mil Vᶜ et vingt-cincq, le 2ᵉ jour de janvier, audict Parcq jusques le 7ᵉ.

Le 7ᵉ à Madrit jusques le 5ᵉ d'apvril.

Auquel temps vindrent nouvelles de la prinse du roy de France, que fut en febvrier, le 24ᵉ, audict an, par les gens de l'Empereur, en la bataille devant Pavye, estant le duc de Bourbon lieutenant de Sa Majesté, représentant sa personne, et le vice-roy de Naples capitaine général. Lequel roy de France avoit passé les mons au commencement d'octobre de l'an mil cincq cens vingt et quatre, et le 28ᵉ dudict moys assiégea Pavye.

Le 5ᵉ d'apvril à Casa Rubya [2] jusques le 8ᵉ.

Le 8ᵉ à Talavera.

9ᵉ au Pont de l'Archevesque.

10ᵉ à Pedroso [3].

12ᵉ à Nostre-Dame de Guadeloupe jusques au 19ᵉ.

19ᵉ à Manyda (?).

20ᵉ à Valdecasse [4].

21ᵉ à Oroposo [5].

[1] Guadarrama.
[2] Casa Rubuelos.
[3] Villapedrosa.
[4] Valdelacasa.
[5] Oropesa.

22e et 23e à Talavera.
24e à Torringes¹.
25e et 26e à Olyas.
27e à Toledo, jusques le premier jour de septembre, où Sa Majesté tint les cortès de Castille; et y arriva le seigneur de Brion de la part du roy de France, lors prisonnier, avec le seigneur du Reux, lequel avoit esté, dès le lieu de Madrit, en poste jusques à Pisqueton², vers ledict roy, de la part de Sadicte Majesté. Vint audict Toledo le grand maistre de Rhodes, nommé Lisladam³. Pareillement y vint le vice-roy de Naples, Mingoval, lequel avoit amené le roy de France jusques à Madrit, le laissant en garde à Alarcon. Vindrent aussy trois seigneurs d'Angleterre, ambassadeurs, dont le principal y mourut. Et pour légat apostolicque y vint le cardinal Salviatis. Vindrent des ambassadeurs de Polonie, de Portugal, de Venize, de tous les potentatz d'Italye, de Ragouse, de Fez, d'Oran, de Tremessan⁴; et de France y vindrent les archevesque d'Embrun, évesque de Terbes⁵, les seigneurs de Montmorency et de Brion, le président de Parys, le trésorier Babo et l'esleu Bayart.

Le premier de septembre à Pynte⁶.
2e à Villaverda.
3e à Guaderasme.
4e au Boys de Sigovia jusques au 8e.
8e à Sigovia jusques au 16e.
16e à Foye⁷.
17e à Boytraegue⁸.
18e à Madrit veoir le roy de France, qui estoit bien malade, comme disoient les médecins. Auquel lieu, le lendemain matin, arriva la dame d'Alenchon, sœur dudict roy, laquelle estoit venue depuis Aiguesmortes à

---

¹ Torrejon.
² Pizzighettone.
³ L'Isle-Adam.
⁴ Tlemcen.
⁵ Tarbes.
⁶ Pinto.
⁷ Lozóya.
⁸ Buytrago.

Barcelonne [en galère. et dès ledict Barcelonne]¹ par terre, à grand diligence, jusques audict Madrit, estant advertie que l'Empereur s'y debvoit trouver; lequel la receut au milieu des degrez, puis la mena vers ledict roy, qui estoit au lict, et se partist Sa Majesté la laissant là, et vint coucher à Ghetasse ².

Ung peu devant estoit mort à Valence le marquis Jehan de Brandenbourg, vice-roy de Valence et mary de la royne Germaine.

Le 20ᵉ à Iliesques ³.

Le 21ᵉ à Toledo jusques le 13ᵉ d'octobre. Auquel temps arriva audict Toledo ladicte dame d'Alenchon et avec elle plusieurs seigneurs françoys. La seconde journée que ladicte dame fut arrivée, la royne douaigière de Portugal, qui estoit audict Toledo, après avoir ouy parler ladicte dame d'Alenchon, se partist et se alla tenir à Talavera. Après que ladicte dame d'Alenchon eust demouré quelques jours à Toledo, s'en retourna par Madrit, et dès là en France, sans riens conclure.

Le 13ᵉ d'octobre à Aranchuès ⁴ jusques au 21ᵉ.

21ᵉ à Toledo jusques le 2ᵉ de febvrier ⁵. Pendant lequel temps fut conclud ung traicté de paix entre l'Empereur et le roy de France, passé à Madrit, en date du 14ᵉ de janvier 1526, et le traicté de mariaige entre le roy, d'une part, et madame Éliénore, royne douaigière de Portugal, d'aultre part, par les gens de Sa Majesté, asscavoir Charles de Lannoy, vice-roy de Naples, chevalier de l'ordre du Thoison d'or, grand escuyer, don Hugues de Moncade, chevalier de Rhodes, prieur de Messines, messire Nicolas Perrenot, seigneur de Grandvelle, maistre aux requestes, maistre Jehan Lalleman, secrétaire d'Estat, seigneur de Bouclans, commis de la part de Sa Majesté; le roy de France en personne, l'archevesque d'Embrun, l'évesque de Terbes, messire Anne de Montmoreney, seigneur de Chantilly, Philippe Chabot, seigneur de Brion, messire Jehan de Salva ⁶, premier président de Parys, et l'esleu Bayart, commis de la part de la régente et estatz du royaume de France.

---

¹ Le passage entre crochets est tiré du MS. 15869 de la Bibliothèque royale; il manque dans le MS. de l'Arsenal.
² Getafe.
³ Illescas.
⁴ Aranjuez.
⁵ *Lisez :* le 10ᵉ de febvrier.
⁶ De Selve.

Au mesme temps vint audict Toledo le duc de Bourbon; aussy y vint la royne Germayne, nouvellement vefve du marquis Johan de Brandenburg. Et après que la royne douaigière de Portugal, estant à Talavera, fut fiancée audict roy de France, revint audict Toledo, ayant osté son dœuil; au-devant de laquelle furent Sa Majesté et le duc de Bourbon.

En l'an mil cincq cens et vingt-six, le 10e de febvrier, le duc de Bourbon print congié de Sa Majesté pour son retour au duché de Milan. Ce mesme jour Sa Majesté vint coucher à Yliescas, où il demoura le 13e.

14e à Madrit jusques au 18e : auquel lieu estoit le roy de France.

18e vindrent ensemble coucher à Torrijon [1] jusques au 20e.

20e par ensemble à Yliescas, où ilz trouvarent la royne de France et la royne Germayne, accompaignée de la marquise de Zenette, comtesse de Nassou, et plusieurs aultres dames. Les furent visiter après le disner. Lesquelles dames vindrent recepvoir lesdicts Empereur et roy jusques aux degrez; et après avoir salué les dames, allarent ensemble en une salle, tous quatre assis soubz ung dosseret, ayans plusieurs divises entre eulx. Cependant les dames dansoient. Après prindrent congié desdictes dames, et s'en retournèrent coucher audict Torrijon. Et le lendemain, après disner, lesdicts Empereur et roy vindrent ensemble en une litière audict Yliescas veoir les dames, et dès là prindrent congié et s'en retournèrent coucher audict Torrijon : auquel lieu l'Empereur et le roy se séparèrent. Sa Majesté revint audict Yliescas, où le grand maistre de Rhodes print congié de Sa Majesté. Et au mesme lieu despescha le grand maistre Gorvo [2], pour aller en Bourgongne estre gouverneur, en l'absence du prince d'Orenges, du duché de Bourgongne que le roy avoit promis rendre par le traicté de Madrit ès mains de Sa Majesté ou de ses commis, remectant ledict Gorvo son estat de grand maistre ès mains de Sa Majesté : duquel estat fut pourveu le viceroy de Naples et davantaige fut faict conte d'Ast [3], et le seigneur de Reux, ung temps après, fut faict grand escuyer.

23e l'Empereur print congié de sa sœur la royne de France, la laissant

---

[1] Torrejon.
[2] Laurent de Gorrevod, gouverneur de Bresse, grand maître de la maison de l'Empereur.
[3] Asti.

audit Yliescas, et luy prenant son chemin vers Siville, pour parfaire le traicté que le seigneur de la Chaulx, envoyé depuis Madrit en Portugal pour Sa Majesté, avoit conclud le mariaige dudict seigneur Empereur et de la sœur du roy dudict Portugal, laquelle se debvoit trouver, le 9e de mars, audict Siville. Et pour la recevoir à l'entrée de Castille, furent envoyez l'archevesque de Toledo, les ducz d'Alve et de Vège [1]. Sadicte Majesté, prenant son chemin pour ledict Siville, alla coucher ce mesme jour à Sainct-Olarya [2], et ledict roy print son chemin vers France par Bourgues et Victorye [3] jusques à Fontarabie, conduict par le vice-roy de Naples. Auquel passaige de la rivière d'entre Fontarabye et France, au milieu de l'eaue, fut le roy délivré, et au mesme instant ses filz, assçavoir le daulphin et le duc d'Orléans, furent donnez pour hostaigiers, jusques avoir satisfaict au traicté de Madrit, ès mains dudict vice-roy, lequel les receut et les délivra au connestable de Castille, qui pour ce estoit commis par Sa Majesté les avoir en charge, lequel en bailla sa lettre audict vice-roy d'en rendre bon compte et en faire bonne garde.

Et ledict roy estant passé ladicte rivière, fut requis par le seigneur de Praet, lors ambassadeur pour Sa Majesté vers la régente en France, que ledict roy eust à ratiffier le traicté par luy faict à Madrit, comme à ce tenu : à quoy il feit aulcune difficulté. Que fut cause que la royne de France, que l'Empereur luy avoit accordé le debvoir suyvre incontinent, fut retardée à Victorye, et que le vice-roy de Naples alla en France requérir l'entretènement dudict traicté par luy conclud avec ledict roy : à quoy ne voulurent entendre. Ledict vice-roy revint treuver Sadicte Majesté à Grenade.

24e Sadicte Majesté vint coucher à Talavera.

25e à Oropesa, jusques au dernier jour dudict moys.

Les premier, 2e et 3e jours de mars à Truxillo [4].

4e à Madrigale [5] jusques au 8e.

---

[1] D. Alvaro de Zúñiga, duc de Vejar. Sandoval ne nomme pas le duc d'Albe parmi les seigneurs qui allèrent au-devant de la future impératrice; mais il fait précéder l'archevêque de Tolède du duc de Calabre, D. Hernando d'Aragon.

[2] Santa Olalla.

[3] Burgos et Vitoria.

[4] MS. 15869 de la Bibliothèque royale; *Tortesilles* dans le MS. de l'Arsenal; *Tour* dans le MS. 14641.

[5] Almendrálejo.

9ᵉ à Siville jusques au 13ᵉ de may : auquel lieu Sa Majesté treuva la sœur du roy de Portugal, qui estoit desjà arrivée, l'attendant en une grand' salle, accompagnée de la royne Germayne et de plusieurs dames, de l'archevesque de Toledo, des ducz d'Alve et de Vegere, du seigneur de la Chaulx, et y estoit le cardinal de Salviatis, légat, lequel, incontinent Sa Majesté arrivée, les fiança, et le seigneur de la Chaulx commença une danse, après laquelle Sa Majesté se retira pour soy aller désaccoustrer. Les dames et chascun retiré jusques à une heure après minuict, que fut le 10ᵉ de mars, l'archevesque de Toledo estant prest pour dire une basse messe, Ses Majestez vindrent en la chapelle, où par ledict archevesque furent espousez. Après la messe, s'en allarent coucher ensemble au quartier de l'impératrice.

Et venant Sa Majesté par chemin pour ledict Siville, fut adverty que l'évesque de Samora [1], qui de long temps avoit esté prisonnier à Symanques [2], pour rebelle du temps des communaultez de Castille, que furent en l'an vingt, avoit tué le capitayne dudict Simanques. Fut envoyé par Sa Majesté l'alcade Ronquille avec commission d'incontinent en faire justice; lequel le feit prendre et estrangler. De quoy Sa Majesté fut advertye le 11ᵉ jour de mars : par quoy il se abstint d'aller au service divin, et envoya à Rome pour en avoir l'absolution, laquelle vint le dernier jour dudict moys.

Et vindrent nouvelles de la mort de la royne de Dannemarke, sœur de Sadicte Majesté, laquelle décéda à Swinarde, près de Gand. Son corps fut inhumé à Sainct-Pierre audict Gand. Ses Majestez prindrent le dœuil jusques l'on eust faict les obsèques, lesquelles furent célébrées audict Siville le 12ᵉ d'apvril. Auquel temps vint l'infant don Loys de Portugal, frère de l'impératrice, accompagné de plusieurs seigneurs; et lors Sa Majesté feit des joustes réales, jeux de caignes [3] et aultres passe-temps.

Et audict Siville fut espousé le duc don Hernando d'Arragon à la royne Germayne, avantnommée, et fut faict vice-roy de Valence.

13ᵉ de may à Crémone [4].

14ᵉ à Foentes [5].

---

[1] D. Antonio de Acuña.
[2] Simancas.
[3] Jeux de cannes. C'était un divertissement fort en vogue en Espagne dans ce temps-là.
[4] Carmona.
[5] Fuentes.

15ᵉ à Essise¹.
16ᵉ à Cordoa² jusques au 24ᵉ.
24ᵉ à Caldet³ jusques au 27ᵉ.
28ᵉ à Sancta Fé jusques au 4ᵉ de juing.

Le 4ᵉ de juing à Grenade, jusques le 20ᵉ d'aougst. Auquel lieu revint le vice-roy de Naples, venant de France, lequel fut despesché par Sa Majesté pour son retour à Naples, avec luy plusieurs gentilzhommes de la maison.

Le 20ᵉ d'aougst à Sancta Fé jusques au 24ᵉ.

24ᵉ à Grenade jusques le 17ᵉ d'octobre. Et advint que, audict moys d'aougst dudict an, le Turcq Solyman ayant, les ans précédents, prins Belgrade, vint contre Bude : à quoy le roy Loys de Hongrie voulant résister avec deux mille neuf cens hommes, trouva ledict Turcq à Mogacio⁴, entre ledict Belgrade et Bude. Le 28ᵉ dudict moys ledict roy fut deffaict, et, cuydant se sauver par des maresquaiges, fut trouvé mort soubz son cheval en son jeusne eaige.

Le 17ᵉ d'octobre à Sancta Fé jusques au 20ᵉ.
20ᵉ à Grenade jusques au 10ᵉ de décembre.
Le 10ᵉ de décembre à Alcalá el Real.
11ᵉ à Marte⁵.
12ᵉ à Jayen⁶.
14ᵉ à Bayesse⁷.
15ᵉ à Wede⁸.
16ᵉ à Labisse⁹.
17ᵉ à Los Palacios.
18ᵉ à Saincte-Croix.
19ᵉ à Almagro.

---

¹ Ecija.
² Cordoue.
³ Alcaudete.
⁴ Mohacs.
⁵ Martos.
⁶ Jaen.
⁷ Baeza.
⁸ Ubeda.
⁹ Vilches.

21ᵉ à Somans¹.
22ᵉ à Toledo jusques au 30ᵉ.
30ᵉ à Aranchuès.
Le dernier à Ocaigne².

En l'an mil cincq cens ving-sept, le 1ᵉʳ et 2ᵉ de janvier à Ocaigne.   1527.
  3ᵉ à Aranchuès.
  4ᵉ à More³.
  5ᵉ à Madrit.
  6ᵉ, 7ᵉ et 8ᵉ au Parcq.
  9ᵉ à Sainct-Augustin.
  10ᵉ à Boytrago.
  12ᵉ à Sommesière⁴ jusques au 16ᵉ.
  16ᵉ à Hastelejo⁵.
  17ᵉ à Hontavilla⁶.
  18ᵉ à Nyago jusques au 23ᵉ.
  25ᵉ à Tourdesilles jusques au 7ᵉ de febvrier.
  7ᵉ de février à Sigallès.
  8ᵉ à Valdolit jusques le 24ᵉ d'aougst.

Et le 24ᵉ dudict moys de febvrier, Ferdinande, frère de Sa Majesté, archiduc d'Austrice, esleu roy de Bohême, fut couronné à Praghe; et le 25ᵉ suyvant fut couronnée la royne sa femme⁷, unicque sœur du roy de Hongrie, avantnommé. Et en apvril le grand chancelier eust congié de Sa Majesté pour aller en Italye entendre à ses affaires; partist pour Barcelonne, où il s'embarqua; venant à Saone⁸, eust nouvelles de la mort du duc

---

¹ MS. de l'Arsenal; *Somanen* dans le MS. 14641 de la Bibliothèque royale; *Consuegra* dans le MS. 15869. Le 21 Charles-Quint coucha à Malágon. Voy. p. 41.

² Ocaña.

³ Val de Moro.

⁴ Somosierra.

⁵ MS. de l'Arsenal; *Castellen* dans le MS. 14641 de la Bibliothèque royale; *Castillejo* dans le MS. 15869. C'est à *Cantalejo* que Charles-Quint coucha ce jour-là. Voy. p. 41.

⁶ Hontalbilla.

⁷ MS. 15869 de la Bibliothèque royale; *fut couronnée madame sa femme* dans le MS. de l'Arsenal; *fut couronnée sa femme* dans le MS. 14641.

⁸ Savone.

de Bourbon; passa jusques à Gênes, où il demoura quelque temps, pendant lequel le seigneur de Lautrecht et André Doria, pour lors au service de France, prindrent Gênes, et le chancelier, luy quatriéme, se saulva en ung brigantin en Corsica, dès là à Monygo[1]; vint jusques à Barcelonne, et revint trouver Sadicte Majesté audict Valdolit. Et tost après ledict Gênes fut reprins par le marquis de Pisquerre pour et au nom de Sa Majesté.

Et le 21e de may dudict an fut né audict Valdolit le prince d'Espaigne, Philippe, premier filz de l'Empereur, lequel fut baptizé à Sainct-Pol par l'archevesque de Toledo, tenu sur les fondz par le duc de Vegere et la royne de France, laquelle estoit de retour de Victorye. Il y eust plusieurs joustes et aultres passe-temps audict baptisement, et en y eust heu plus au relèvement de l'impératrice, n'eust esté les nouvelles qui survindrent de la mort du duc de Bourbon, lequel avoit esté tué le jour de la prinse de Rome, que fut le 6e dudict moys, qu'elle fut prinse par le prince d'Orenges, et furent le pape et tous les cardinaulx prins, et la ville saccaigée. Les obsèques dudict duc furent célébrées audict Valdolit à Sainct-Benedicto. Sa Majesté despescha incontinent pour Rome pour la délivrance du pape.

En ce mesme temps, estant le vice-roy de Naples à Sienne, il y mourut, et le cardinal Colonne demoura pour gouverneur de Naples. Le prince d'Orenges, après la prinse de Rome, estant adverty que le seigneur de Lautrecht et André Doria tiroient contre Naples, [chemina tant que vint audict Naples][2], où, par la mort dudict vice-roy Mingoval, fut pourveu de l'estat dudict vice-roy don Hugues de Moncade. Ledict Naples fut assiégé par mer et par terre par ledict Lautrecht et Vénétiens en nombre de septante mille hommes; et ung jour, sortant ledict don Hugues, vice-roy et général des galères de l'Empereur, avec luy plusieurs seigneurs et gentilzhommes, pour combattre les galères de France et Vénétiens, ledict don Hugues fut tué et les seigneurs Ascanio Colonne, marquis de le Gasto et plusieurs aultres, prisonniers : que fut cause practicquer d'induyre André Doria au service de Sa Majesté. Le cardinal Colonne fut faict vice-roy dudict Naples, lequel ne vesquit guerres : par la mort duquel, quelque temps après, fut pourveu dudict estat le prince d'Orenges.

---

[1] Monaco.
[2] Le passage entre crochets manque dans le MS. de l'Arsenal.

Audict temps commençarent les cartelz et deffiances d'entre l'Empereur et le roy de France, comme appert par iceulx d'ung coustel et d'aultre envoyez, tant à Palence, Bourgues que Montson, par les héraulx Angolesme, françoys, et par Richemont, anglois, et, de la part de Sa Majesté, par Bourgongne, envoyé en France. En ce temps le seigneur de Grandvelle estoit ambassadeur pour Sa Majesté en France, détenu prisonnier, lequel fut délivré et vint trouver Sa Majesté à Montson.

Le 24e d'aougst à Sainct-Martin.
25e à Villehoude [1].
26e à Palence jusques le 10e d'octobre.
Le 10e d'octobre à Palensole [2].
12e à Larme [3] jusques au 17e.
17e à Bourgues jusques au 20e de febvrier de l'an vingt-huict.

En l'an mil cincq cens vingt-huict, le 20e de febvrier, à Larme.
21e, 22e et 23e à Ventozilles [4].
24e à Pignafyel [5].
25e à la Sarrette (?) [6] jusques au 27e.
Le dernier à Castel-Novo (?).
Le premier jour de mars jusques au 8e à Butrago.
8e à Sainct-Augustin.
9e à Madrit jusques au 22e d'apvril.
Le 23e d'apvril à Maillorcque dorio (?) [7].
24e à Toursilles [8].
25e à Ville de Camylle [9].

[1] MS. de l'Arsenal; *Villehende* dans le MS. 14641 de la Bibliothèque royale; *Valverde* dans le MS. 15869. Charles-Quint coucha ce jour-là à *Zevico de la Torre*. Voy. p. 42.

[2] Palenzuela.

[3] Lerma.

[4] Ventosilla.

[5] Peñafiel.

[6] MS. de l'Arsenal; *Lazariette* dans le MS. 14641 de la Bibliothèque royale; *Ségovie* dans le MS. 15869.

[7] MSS. de l'Arsenal et 14641 de la Bibliothèque royale; *Valdemoro* dans le MS. 15869. Ce fut à *Albaláte* que Charles-Quint coucha le 23 avril. Voy. p. 42.

[8] Torrejoncillo.

[9] Villar de Canas.

26ᵉ à Bonagues ¹.
27ᵉ à la Capille ².
28ᵉ à Lupargates ³.
29ᵉ à Requesne ⁴.
Le dernier jour dudict moys d'apvril et le premier de may à Boignel ⁵.
2ᵉ à Coerte (?) ⁶.
3ᵉ à Valence la Grande, jusques au 20ᵉ : auquel lieu Sa Majesté feit son entrée, et se y firent plusieurs festins et passe-temps, où se trouvarent plusieurs belles dames fort richement accoustrées.
Le 20ᵉ à Moylverde ⁷.
22ᵉ à Ville Real.
23ᵉ à Cavaignes ⁸.
24ᵉ à Sainct-Martique ⁹.
25ᵉ à Merely ¹⁰.
26ᵉ à Halcaignot ¹¹.
27ᵉ à Caspar ¹².
28ᵉ à Boujaleros ¹³.
29ᵉ à Alcoverde ¹⁴.
Trentième à Montson jusques au 20ᵉ de juillet.
Le 20ᵉ de juillet à .... ¹⁵.
21ᵉ à la Padriguère ¹⁶.

---

¹ Buenache.
² Al Campillo.
³ La Venta de los Pájaros.
⁴ Requéna.
⁵ Buñol.
⁶ MS. de l'Arsenal; *Goerte* dans le MS. 14641 de la Bibliothèque royale; *Quart* dans le MS. 15869.
⁷ Murviédro.
⁸ Cabánes.
⁹ San Matheo.
¹⁰ Morella.
¹¹ Alcañiz.
¹² Caspe.
¹³ Bujaralóz.
¹⁴ Alcoléa.
¹⁵ Le nom est resté en blanc dans le MS. de l'Arsenal. C'est à Sariñena que Charles-Quint prit gîte ce jour-là.
¹⁶ Perdiguéra.

22e à Lalmon ¹.
24e à Saragosse jusques au 26e.
27e à La Moele ².
28e à Calathaut ³.
29e à Riche ⁴.
30e à Medynacely.
Le dernier jour à Sigoensa.
Le premier jour d'aougst à Sidrach ⁵.
2e à Gadelajar ⁶.
3e à Madrit jusques au dernier jour d'octobre.
Le dernier jour d'octobre à Toledo jusques le 8e de mars de l'an vingt-neuf.

Pendant lequel temps revint le seigneur de Montfort d'Angleterre en Flandres, et, passant avec saulf-conduict par France, vint treuver Sa Majesté audict Toledo.

Au mesme temps revint le comte de Pont-de-Vaulx ⁷ audict Toledo, lequel avoit remis l'estat de grand maistre d'hostel ès mains de Sa Majesté, comme devant est dict, en l'an vingt-six ⁸, duquel estat fut pourveu le vice-roy de Naples; et vacquant par sa mort, fut rendu audict conte de Pont-de-Vaulx.

Et au mesme temps, pour aulcungs advertissements que Sa Majesté heut par le seigneur de Montfort, et aultres causes et raisons à ce mouvans Sadicte Majesté, feit constituer prisonnier maistre Jehan Lalleman, son premier secrétaire d'Estat; et soubz la charge et garde du Sr de Sylly, mareschal des logis, fut mené à Monschon ⁹, où il demoura jusques que Sa Majesté fut en Ytalie. Lors luy fut donné Madrit pour prison, remectant son affaire en justice jusques à la vuidange de son procèz.

---

¹ La Almunia.
² La Muéla.
³ Calatayud.
⁴ Ariza.
⁵ Jadráque.
⁶ Guadalajara.
⁷ Laurent de Gorrevod.
⁸ Voy. p. 73.
⁹ Monzon.

En l'an mil cincq cens vingt-neuf, le 8ᵉ de mars, à Aranchuès.
10ᵉ à Chinchon.
11ᵉ à Alcalá.
12ᵉ à Maldegonia (?).
13ᵉ à Hitte ¹.
14ᵉ à Sydrach ².
15ᵉ à Sigoensa.
16ᵉ à Medynacely.
17ᵉ à Riche ³.
18ᵉ à Calatahut.
20ᵉ à Hispe (?).
24ᵉ à Saragosse jusques au 18ᵉ d'apvril.
Le 18ᵉ d'apvril à Bourgeleroz ⁴.
19ᵉ à Frague ⁵.
20ᵉ à Leryda.
22ᵉ à Belpouche ⁶.
24ᵉ à Servere ⁷.
25ᵉ à Ygolada ⁸.
26ᵉ à Nostre-Dame de Montserrat.
27ᵉ à Molin del Rey.

L'année que Sa Majesté se prépara pour passer en Italye, vint à Barcelonne messire André Doria avec quatorze galères bien en ordre et vingt galères que Sa Majesté avoit faict nouvelles, quatre galères de Secille, deux du seigneur de Monigo ⁹, cinquante grosses naves, trois carracques que admenarent l'archevesque de Barry et le conte don Hernaldo de Malgue (?) ¹⁰, èsquelles estoient les gens de guerre et provisions de l'armée pour

---

¹ Hita.
² Jadráque.
³ Ariza.
⁴ Bujaralóz.
⁵ Fraga.
⁶ Bellpúig.
⁷ Cervéra.
⁸ Igualada.
⁹ Monaco.
¹⁰ MS. de l'Arsenal; de *Malines* dans le MS. 15869. Le MS. 14644 ne contient pas ce passage.

ledict passaige. Et aulcuns jours précédents fut traicté la paix entre le pape et Sa Majesté, et fut envoyé le seignur de Praet vers Sa Saincteté pour ratiffier ladicte paix.

28e à Barcelonne, où l'on feit embarquer les chevaulx et muletz, jusques au nombre de deux mille cincq cens, et les provisions nécessaires en grand abondance.

Audict Barcelonne demoura le conte de Pont-de-Vaulx, grand maistre : auquel lieu il morut; et par sa mort le seigneur de Rœux fut pourveu d'estat de grand maistre, et le seigneur de Montfort grand escuyer [1].

Toutes lesquelles choses ainsy préparées et mises en ordre, Sa Majesté s'embarqua en une galère de messire André Doria et feit voile le 27e de juillet.

29e à Palamos.

Le 2e d'aougst en mer.

5e à Villafranca de Nyce en Provence.

6e et 7e à Moniguey [2].

8e à Nostre-Dame de Pitié.

9e à Saone. Duquel lieu partist le seigneur de la Chaulx, premier sommelier de corps, nommé de Poupet, pour aller en France, de la part de Sa Majesté, pour faire ratiffier la paix traictée à Cambray par madame l'archiduchesse, tante de Sa Majesté, et par madame la régente, mère du roy Françoys. Lequel seigneur de la Chaulx, ayant exécuté sa charge, retourna en sa maison ou conté de Bourgongne, où tost après il mourut.

Le 12e d'aougst Sa Majesté vint à Gênes, où elle séjourna jusques au 30e, où elle fut receue en grand triomphe du duc et seignorie de Gênes. Estant Sa Saincteté advertie de l'arrivée de Sa Majesté, luy envoya au devant jusques audict Gênes trois cardinaulx : Farnèse, doyen des cardinaulx, estoit le principal, et les aultres estoient le cardinal Saincte-Croix et Médicis. Arrivant, saluarent Sa Majesté de la part de Sa Saincteté, exposant les causes de leur légation.

Après aulcuns jours, Sa Majesté se détermina de marcher plus avant, tirant contre Plaisance.

---

[1] Cette phrase n'est pas dans le MS. de l'Arsenal ni dans le MS. 15869 de la Bibliothèque royale; elle est empruntée au MS. 14641. Elle se trouve aussi dans la *Description* du Sr de Herbais.

[2] Monaco.

Le 30e d'aougst vint Sa Majesté au Monasterio (?).
Le dernier jour al Bourgo de Fernez [1].
Le premier jour de septembre à Gavye [2].
2e à Tourtone [3].
4e à Vaugière [4].
5e à Castel-Sainct-Jehan.
6e à Plaisance jusques le 24e, où il feit son entrée et fut receu de ceulx de la cité, et feit là le premier serment, entrant ès terres de l'Église. En ce temps fut prins Pavie pour Sa Majesté. Auquel lieu vint l'admiral de France pour requérir la ratification de la paix traictée à Cambray. Vindrent aussy nouvelles que, le 16e dudict moys, le Grand-Turcq avec deux cens cinquante mil hommes avoit assiégé Vienne en Austriche. A cause de quoy, Sa Majesté, pour aller secourir le roy d'Hongrie, son frère, et deffendre la chrestienté, détermina d'envoyer supplier Sa Saincteté vouloir venir jusques à Boulongne, afin qu'ilz se puissent veoir et communicquer ensemble pour les affaires et remyde de ladicte chrestienté, restaurer nostre saincte foy et extirper les sectes luthériennes et aultres iniques et énormes opinions. A quoy Sa Saincteté, cognoissant la nécessité estre si grande, voulut obtempérer et condescendre à la requeste tant juste et raisonnable de Sadicte Majesté, et se mist en chemin pour venir à Boulongne, et Sa Majesté se partist semblablement de Plaisance.

Le 24e à Florensole [5].
Le 25e à Bourg-Sainct-Denys [6].
Le 26e à Palme [7], jusques au 28e, où le grand chancelier fut faict cardinal, nommé de Gatinaire.
Le 29e à Rhèges [8], où vint le duc de Ferrare.
Le premier et second jour de novembre à Modène.
Le 3e à Chastelfranco.

---

[1] Borgo di Fornari.
[2] Gavi.
[3] Tortona.
[4] Voghera.
[5] *Fiorensola* dans le MS. 14641.
[6] Borgo-San-Donnino.
[7] Parme.
[8] Reggio.

Le 4e aux Chartreux les-Boulongne, où luy vindrent au-devant les Colonnois avec leurs bendes; puis après les Ursins avec les barons et seigneurs de Rome et de Boulongne; puis après le régent de la chancellerie avec les officiers d'icelle; après les prélatz domesticques du pape, accompaignans son maistre d'hostel; puis après le sacré collége des cardinaulx venans tous par ordre selon leurs degrez; après les ambassadeurs résidans vers Sa Saincteté. Tous feirent la révérence, chascun à son tour. Sa Majesté se meist entre les deux cardinaulx plus anciens prebstres, fut conduict jusques aux Chartreux, où il demoura. Les aultres prindrent congié.

Le 24e d'octobre le pape estoit arrivé à Boulongne, accompaigné de vingt-cincq cardinaulx et de toute la court ecclésiasticque.

Le 5e de novembre, bien matin, Sa Majesté, déterminée de faire son entrée audict Boulongne, feit sonner la trompette, afin que chascun fût prévenu pour ladicte entrée, qui fut en l'ordre que s'ensuyt.

Premièrement entrarent les chevau-légiers; après une partie des gens de pied; puis l'artillerie et pionniers, suyvant la bande de monsieur le marquis d'Arschot; après venoit le Sr de Habart, son lieutenant, les cent archiers de corps armez; venoit après l'escuyrie, paiges et grands chevaulx de Sa Majesté; après la justice de la maison avec ses officiers; puis les gentilzhommes de la bouche, chambellains et pensionnaires; puis les trompettes; après les princes et seigneurs de tiltre, les roys d'armes et massiers; puis les maistres d'hostel, suyvant après le roy d'armes Bourgoingne seul, jectant or et argent par les rues; le suyvoient monsieur le grand maistre et grand escuyer portant l'espée nue; venoit après Sa Majesté, sur lequel se portoit ung poile de drap d'or par ceulx de la cité; derrière Sa Majesté venoient les ambassadeurs résidans en sa court, monsieur le grand chambellain, messire André Doria, les archevesques et évesques de la maison, messieurs du conseil, les gentilzhommes de la maison armez, la compaignie de monsieur le grand maistre et l'aultre partie de gens de pied, tant allemans que espaignolz. Et ainsy vint Sa Majesté jusques à la porte de la cité, où les processions des églises l'attendoient, et fut ainsy convoié jusques au Marchié, où Sa Saincteté, accompaignée des dessusdicts cardinaulx, prélatz et évesques, assiz en sa chaière papale, sur un grand eschauffault, attendoit Sa Majesté et luy feist bien bon recoeuil. Ayant faict la révérence à Sa Saincteté, Sa Majesté fut convoié par quatre cardinaulx à l'église. De là le pape s'en retourna en son lougis. Ayant fait Sa Majesté sa dévotion, vint, accompaigné desdicts cardinaulx, en son palays.

Et ainsy se passarent aulcuns jours, pendant lesquelz se traicta la paix entre Sa Majesté, le duc de Milan et les Vénétiens. Ledict duc vint à Boulongne. Aussy y vindrent des principaulx de la seignorie de Venize. En ce mesme temps survindrent nouvelles d'Allemaingne donnant presse à Sa Majesté de venir là, où estoient en grand doubte que les hérésies luthériennes et ministres d'icelle ne feissent de grands maulx, et que, si Sa Majesté dilayoit sa venue, doubtoient fort qu'il auroit bien affaire à y remédier.

1530. Ces choses considérées et les nécessitez estre tant grandes, Sa Majesté, avec grande et meure délibération de conseil, se détermina prendre ses couronnes en ladicte cité de Boulongne, et conclud avec Sa Saincteté le jour, le temps et la manière que se debvroit tenir ausdicts couronnemens, que furent telles que s'ensuyvent[1].

Le 22e de febvrier, de bien matin, Sa Majesté se disposa de prendre la couronne de Lombardie, que se dit de fer, que l'on souloit prendre à Monche[2] près de Milan, et, pour les causes prédictes, la print en cedict lieu, où vindrent les commis et députez de la ville de Monche et cité de Milan et apportarent ladicte couronne de fer, de laquelle les aultres roys de Lombardie avoient esté couronnez, la pluspart des princes, prélatz, barons, chevaliers, seigneurs et gentilzhommes commis des citez et villes dudict Lombardie convocquez et appelez à y estre présens. Sa Majesté, habillé d'une robbe de drap d'argent frizé, fourrée d'une riche fourrure de sable, saye et pourpoint à l'advenant, son bonnet accoustumé,

---

[1] Dans le MS. de l'Arsenal et dans le MS. 15869 de la Bibliothèque royale, on lit ici la phrase ou plutôt le fragment de phrase suivant, qui a été intercalé dans le texte par une erreur des copistes : « Et fut couronné Sadicte Majesté des deux aultres couronnes de l'Empire, l'une par le cardinal Hincquefort, commis par le consistoire. » Cette phrase tronquée appartient à un texte, comme celui de la Bibliothèque de Vienne et du MS. 14641 de la Bibliothèque royale de Bruxelles (qui en est une copie) où l'auteur ne donnait pas tous les détails sur le couronnement de Charles-Quint qu'il a ajoutés depuis. Le MS. 14641 porte (après la mention de l'arrivée de l'Empereur et du pape à Bologne) : « Et fut Sa Majesté couronné là des deux aultres couronnes de l'Empire : l'une par le cardinal Hincquefort, commis par le consistoire pour ceste affaire, et l'autre par le pape, qui fut le jour Sainct-Mathias en febvrier en l'an trente. »

[2] Monza.

accompagné de deux cardinaulx, du marquis de Montferrat, qui portoit la couronne, du duc Alexandre de Médicis, qui portoit le monde, du marquis d'Astorgue, qui portoit le sceptre, du duc d'Escalonne, qui portoit l'espée, de plusieurs aultres grandz princes, prélatz, seigneurs et gentilzhommes, vint vers la chappelle du palays, où estoit le cardinal Hincquefort[1], vestu de pontifical, pour célébrer la messe, assisté de douze évesques, tous revestuz en pontifical, attendans la venue de Sa Majesté. Laquelle, entrant en ladicte chappelle, se meit à genoulx et feit son oraison, puis se leva et feit la révérence audict cardinal, se assist devant luy, et les deux cardinaulx qui l'avoient accompaigné deçà et delà de luy. Le cardinal célébrant assiz, les prélatz assistans semblablement, les princes qui portoient les insignes et tous les aultres chascun en son ordre, ledict cardinal commença à faire l'exhortation comme en semblable cas est requis. Après Sa Majesté se leva et se meit à genoulx et feit le serment et confession conforme à l'ordinaire, puis se prosterna et se coucha sur ung grand drap d'or et coussins ad ce préparez; et les cardinaulx et tous les aultres prélatz à genoulx dirent les letanies, oraisons et bénédictions à ce ordonnées. Puis ledict cardinal se rassist, et Sa Majesté se leva. Vindrent vers Sadicte Majesté le marquis de Zenette, grand chambellain, le seigneur de Noircarmes, sommelier de corps : ostans à Sa Majesté sa robbe et son saye, destascharent son pourpoint et sa chemise, qui estoit ouverte au bras droict et entre deux espaules. Puis l'on apporta le sainct cresme, duquel ledict cardinal ungnit et consacra, premièrement le bras dextre, depuis la joincture de la main jusques au cousté, en faisant des croix. Puis l'évesque de Coria, grand aulmosnier, print du coton et des bendes de fine toille blanche, desquelles il essuya les places consacrées, et remist la chemise et pourpoint sur icelles, menant Sa Majesté en une retraicte ad ce ordonnée, où il fut habillé et vestu d'habbiz réaulx, d'une longue robbe de drap d'argent frizé, fourée d'hermines, avec ung grand coulet[2] rond; et ainsy vestu, accompaigné des dessusdicts princes, vint au-devant de nostre sainct-père, qui alors entroit en ladicte chappelle. Et vindrent par ensemble jusques devant l'aultel, où Sa Saincteté feit la confession de la messe, et Sa Majesté

---

[1] Guillaume Enckevoort, cardinal de la création d'Adrien VI.
[2] *Coulet*, collet.

s'en alla en son siége accoustumé et le pape au sien, et procéda la messe jusques après l'épistre et le graduel. Puis les susdicts deux cardinaulx qui avoient accompaigné Sa Majesté le vindrent conduyre et mener devant nostre sainct-père, où estant Sa Majesté, feit la révérence et se meist à genoulx devant Sa Saincteté sur ung passet et coussin ad ce ordonné. Puis Sa Saincteté donna une verge avec ung riche dyamant, la mectant au doigt de Sa Majesté, disant certaines oraisons ad ce ordonnées; puis luy donna l'espée, laquelle fut tirée et remise en la gayne; au semblable le monde et le sceptre ès mains et la couronne de Lombardie sur la teste, disant tousjours et faisant les bénedictions ad ce ordonnées. Sa Majesté, ce faict, se leva et feit la révérence. Après celle coronation, Sa Saincteté se meit en oraison et dévotion, disant : *Sta et retine locum*, et entonna *Te Deum laudamus*, que les chantres achevèrent; puis le cardinal célébrant poursuivit le reste de la messe jusques à l'offertoire, que l'Empereur alla offrir à l'aultel certayne somme d'or, laquelle luy fut donnée par le grand chambellain, que le grand aulmosnier luy avoit donné. Puis la messe poursuivit jusques à la consommation, que ledict cardinal communia Sadicte Majesté. Le tout achevé, Sa Saincteté et Sa Majesté partirent ensemble hors de la chappelle; puis chascun se retira en son quartier.

Le pouvoir donné par le pape audict cardinal Hincquefort pour célébrer la messe et consacrer Sa Majesté pour prendre la couronne de Lombardie :

« Clemens, episcopus, servus servorum Dei. Dilecto filio Guillelmo, titulo Sanctorum Johannis et Pauli presbytero cardinali, salutem et apostolicam benedictionem. Cùm die crastina, quae erit Cathedra Sancti Petri, infra missarum solemnia, insignia regalia et imperialia charissimo in Christo filio nostro Carolo, Romanorum et Hispaniarum regi catholico in imperatorem electo, concedere ac coronam ferream capite propriis manibus imponere intendamus, eapropter Circonspectioni Tue, ut ipsa die crastina, in presentia nostra, missam solemnem et divina offitia in capella palatii Bononiensis, in quo residemus, celebrare, ipsumque Carolum regem ac imperatorem electum inungere, ac omnia et singula alia quae circa personam suam in hujusmodi coronatione erunt necessaria, facienda (praeterquam insignium regalium et imperialium traditionem et corone capiti impositionem, quae nobis specialiter reservamus) facere libere et licite valeas, authoritate apostolica, tenore presentium, licentiam et facultatem concedimus atque mandamus. Nulli ergo hominum liceat paginam nostrae concessionis et mandati infringere vel ei ausu temerario contraire. Si quis autem hoc attentare presumserit, indignationem omnipotentis Dei et beatorum Petri et Pauli apostolorum ejus se norit incursurum.

» Datum Bononiae, anno incarnationis Domini millesimo quingentesimo vigesimo nono, ix kalendis martii, pontificatus nostri septimo. »

Le joeudy, 24ᵉ de febvrier, jour de Sainct-Mathias, audict an vingt-neuf, les capitaynes allemans et espaignolz ammenèrent leurs gens de pied sur la place devant le palays, et leur artillerie devant eulx mise en forme de bataille, et le seigneur Anthoine de Leve[1], leur général, auprès d'eulx, se tenant en escadron tant que Sa Majesté a esté couronné et avoir esté à la procession et retourné en son logis. Lors Sa Majesté Impériale, accoustré en habit royal d'une longue robbe de drap d'or, chaincte d'ung grand manteau de drap d'or frizé à longue queuhe et ung colèt à rebras[2] rond, le tout fouré d'ermines mouchetées, la couronne sur la teste, assis en son siége, entrarent les princes ordonnez pour porter les insignes pour la coronation impériale : le duc de Savoye, habillé en habit de duc d'une longue robbe de velour carmoisy et dessus ung manteau de mesme; sur sa teste ung chappeau ducal bien garny de riches pièreries; qui estoit pour porter la couronne impériale. Puis vint le duc Philippe de Bavière, aussy habillé en habits de duc, qui portoit le monde. Vint le duc d'Urbin, habillé, comme présul[3] romain, d'ung manteau de satin carmoisy, bien garny de brodderies et ung bonnet à l'albannoys du mesme et avec deux pendants, et portoit l'espée. Puis vint le marquis de Montferrat, habillé d'une robbe et manteau de velour carmoisy, ung chappeau de marquis fourny de force pièreries, lequel portoit le sceptre. Arrivarent les ambassadeurs, princes, seigneurs et gentilzhommes. Cependant nostre saint-père le pape fut porté, habillé en pontifical et accompagné de tous ses cardinaulx et prélatz, tous revestuz en pontifical, et sur Sa Saincteté fut porté ung poisle; vindrent par ung pont que l'on avoit faict depuis le palays jusques en l'église de Saincte-Pétronille[4], où estant arrivé Sa Saincteté et prest à célébrer, envoya deux

---

[1] Antonio de Leyva, général des troupes espagnoles en Italie.
[2] *Rebras*, repli, rebord.
[3] MS. de l'Arsenal; *préfet* dans le MS. 15869 de la Bibliothèque royale.
[4] San Petronio.

cardinaulx vers Sa Majesté, pour le conduyre et accompaigner en ladicte église. Lesquelz arrivez, l'on encommença de marcher ainsy : les gentilzhommes tant de la maison que de la bouche, chambellains, princes et seigneurs, trompettes, rois d'armes et massiers, monsieur le grand maistre, son baston eslevé, les princes portans les insignes ; puis marchoit Sa Majesté entre lesdicts deux cardinaulx, accoustré comme dessus. Monseigneur le comte de Nassou, grand chambellain, portoit la queuhe du manteau ; le suyvoient les ambassadeurs et seigneurs du conseil ; aux aisles alloient les gardes allemands et espaignolz, et pour serrer la poupe[1], les archiers de corps en trouppe. Or advint que, sur la fin que l'on fut passé, le pont rompit : de quoy aulcuns des archiers furent blessez.

Estant Sa Majesté arrivée à la porte de l'église, y avoit une chappelle nommée *Sancta Maria inter duas Turres*, où estoient les chanoines représentans ceulx de Sainct-Pierre de Rome, où Sa Majesté entra et se meist à genoulx sur ung drap d'or, où l'ung des cardinaulx qui l'accompaignoient luy feit faire le serment accoustumé ; puis les chanoynes luy vestirent ung surpeliz et luy donnarent une amus[2] de gris sur le bras, le baisant en la joue, le recepvant chanoyne dudict Sainct-Pierre, chantant une responce ; et quant Sa Majesté se fut mis à genoulx, l'aultre cardinal dict une oraison. Ce faict, Sa Majesté chemina contre la porte de l'église, où il rencontra deux autres cardinaulx qui l'admenarent dedans l'église en la chappelle Sainct-Grégoire, où il fut assiz en une chayère[3], et luy fut osté le surpeliz et amus, et par l'évesque de Coria luy furent chaussé des cendalles et soliers, luy fut mis l'amict, l'aulbe, les tunicque et chappe impériales ; puis fut mené par lesdicts cardinaulx et conduict à la roche de pourphire[4], où il se meist à genoulx, où luy fut dict par l'ung des cardinaulx une oraison ; puis fut conduict devant l'aultel Sainct-Pierre, où il se prosterna sur des coussins de drap d'or jusques les letanies et aulcunes oraisons dictes, que alors Sa Majesté se leva et fut conduict par lesdicts cardinaulx en la chappelle Sainct-Maurice, où Sa Majesté mise à genoulx quelque temps, et l'ung des cardinaulx assis en une chayère, et Sa Majesté devant luy, le bras

---

[1] MS. de l'Arsenal ; *la pompe* dans le MS. 15869 de la Bibliothèque royale.
[2] *Amus*, aumusse.
[3] *Chayère*, chaise.
[4] MS. de l'Arsenal ; *et conduit aux degrez* dans le MS. 15869 de la Bibliothèque royale.

descouvert et entre les deux espaules, comme le jour précédent, et ungct [1] et consacré la main et bras droict, et ressué [2] avec couton et linges blancqz par le grand aulmosnier, et revestu par le grand chambellain et sommelier de corps; et ainsy fut conduict par lesdicts cardinaulx devers le pape, lequel estoit assiz en son siége et préparé pour célébrer la messe; et Sa Majesté se meit à genoulx sur son siége, et le pape vint à l'aultel encommencer l'introït de la messe. La confession faicte, Sa Majesté se leva et vint baiser le pape en la joue et en la poictrine, puis se revint asseoir, et les princes portans les insignes les délivrarent au sacristain, puis se vindrent asseoir sur ung bancq plus bas que l'Empereur. Le grand chambellain estoit derrière Sa Majesté, et l'archevesque de Barry et évesque de Coria estoient au coustel de Sa Majesté, tenans les pands devant de sa chappe, et monsieur le grand maistre à son coustel senestre, son baston en la main.

Quant on eust procédé à la messe jusques au graduel, les deux cardinaulx vindrent quérir Sa Majesté, le conduirent vers le pape, auquel il feit une révérence, se mectant à genoulx. Lors le pape print l'espée impériale nue que le sacristain luy présenta, laquelle il meit en la main dextre de l'Empereur, disant : *Accipe gladium,* etc.; puis le dyacre la print de la main de l'Empereur pour la rengayner, et le pape et le cardinal dyacre la saincnirent [3] à l'Empereur, lequel se leva en pied, la desgaynant, la feit flamboyer par trois fois, puis la rengayna et se meit à genoulx; et le pape luy donna le monde en la main droicte et le sceptre en la main gauche et la couronne sur la teste, en disant quelques oraisons; puis l'Empereur baisa les piedz au pape et desceincnit [4] son espée, qu'il donna au duc d'Urbin, et s'assist en une chayère à main droicte du pape, où il demoura jusques à l'offertoire, que lors l'on luy osta la couronne, le monde, le sceptre et la chappe impériale, et en tunicque, à teste nue, vint baiser les piedz au pape et offrir quelque somme d'or que luy fut présentée par son grand chambellain.

Ce faict, Sa Saincteté lava ses mains et s'approcha de l'aultel; Sa Majesté le suyvoit, se mectant au coustel droict de l'aultel, jusques que l'on donna

---

[1] *Ungct,* oint.
[2] *Ressué,* ressuyé.
[3] *Saincnirent,* ccignirent.
[4] *Desceincnit,* déceignit.

au pape les hosties, vin et eaue pour oblation, que Sa Majesté se meit à genoulx sur son siége à ce préparé jusques à l'*Agnus Dei*, qu'il vint baiser le pape en la joue. Lors le pape alla s'asseoir en sa chayère papale, où le cardinal Céserain[1] luy apporta le sainct sacrament, Sa Majesté estant à genoulx, attendant que Sa Saincteté eust consommé et communyé les cardinaulx, dyacres et subdiacres; puis se vint mectre à genoulx devant le pape, lequel luy donna le sainct sacrament, et le cardinal dyacre la préception, de laquelle le grand aulmosnier feit la crédance; puis Sa Majesté vint baiser le pape en la joue, et fut revestu de ses habitz impériaulx, se mectant à genoulx jusques le pape eust achevé la messe et donné la bénédiction et indulgences, et, dévestu de ses habitz pontificaulx[2], prins son plumial[3] et riche mitre. Et entretant l'on se meist en ordre pour aller à la procession, comme les empereurs ont de coustume, se couronnants à Rome, aller à Sainct-Jehan de Lateran; et fut en l'ordre que s'ensuyt:

Premièrement marchoient les familiers du pape, gentilzhommes de la maison de l'Empereur, tous à cheval, ung gentilhomme portant l'eschielle[4] de quoy le pape monte à cheval. Après marchoient douze lacquetz portans douze banières aux armes de la ville de Boulongne, que sont d'argent à la croix de gueule, ung chief d'azur[5] semé de fleurs de liz d'or, ung lambeaul pendant quatre quartiers. Suyvoient quatre gentilzhommes sur chevaulx bardez, vestus de drap d'or, portans quatre banières aux armuries[6] du pape. Suyvoient après cincq seigneurs bien richement accoustrez: le premier portoit la banière du peuple; le second portoit la banière de sainct George; le baron d'Aultrey[7] portoit la banière de l'Empereur; le quatrième la banière du pape; le cinquième celle de l'Église; et puis venoit la banière de la croix. Après la banière du peuple chevauchoient les seigneurs de la ville de Boulongne, vestuz de robbes de migrane (?) fourées d'ermines.

En après chevauchoient quatre gens d'église portans quatre chappeaulx

---

[1] Alessandro Cesarini, cardinal diacre, de la création de Léon X.
[2] MS. 15869 de la Bibliothèque royale; *presbitéraulx* dans le MS. de l'Arsenal.
[3] *Plumial, plumail,* plumet.
[4] MS. de l'Arsenal; *l'estrillier* dans le MS. 15869.
[5] MS. 15869; *d'asne* dans le MS. de l'Arsenal.
[6] *Armuries,* pour *armoiries.*
[7] MS. de l'Arsenal; *de Lutrecq* dans le MS. 15869.

de cardinal sur des bastons; ausquelz suyvoient les advocatz, secrétaires et aultres practiciens et auditeurs de roole [1]; conséquamment chevauchoient les princes, ducz et seigneurs du sang, richement accoustrez, bien montez et en ordre, tant de broderies, perles que pièrcries.

Marchoient après les dyacres et subdiacres avec la croix et chappeau du pape, et deux aultres à cheval portans lanternes devant le sainct sacrament, qui estoit sur une hacquenée blanche houssée d'escarlate, et ung poisle par dessus que portoient quatre des principaulx de la cité, et douze torses blanches allumées au coustel.

Puis venoient vingt-quatre cardinaulx montez sur mules, ausquelz suyvoient les maistres d'hostel de Sa Majesté, ausquelz suyvoient les roys d'armes, héraultz et poursuyvans, puis les massiers, entre lesquelz venoit le roy d'armes Bourgongne, criant *largesse*, jectant pièces d'or et d'argent des deux coustelz; auquel suyvoit monsieur le conte de Reux, grand maistre, portant son baston en sa main; auquel suyvoient les lieutenans des électeurs de l'Empire, portans les insignes comme à la messe.

Le tout mis en ordre, le pape en son habit papal et l'Empereur en son habit impérial sortirent de l'église; et quant le pape voulut monter à cheval, l'Empereur print l'estrier pour aider à monter le pape, lequel, refusant, dict : « Je ne reçoys point ce honneur à ma personne, mais à l'honneur de » celluy que je tiens le lieu; » puis monta à cheval, et l'Empereur print la bride, voulant mener le cheval de Sa Saincteté, lequel ne le vouloit nullement souffrir et attendoit que Sa Majesté fût monté; puis par ensemble chevauchèrent : le pape à main droicte, soubz ung poisle porté par les seigneurs de la ville. Derrière Sa Saincteté venoient deux cubiculaires, ung secrétaire et ung médecin; derrière Sa Majesté venoit monsieur le grand chambellan seul, après les prélatz, ambassadeurs et gens du conseil. Et passans sur la place de Saincte-Pétronille, estoient les gens de pied et artillerie en bel ordre, et sur une aultre place plus avant estoient les compaignies des hommes d'armes de messieurs marquis d'Arschot, conte de Reulx, seigneur de Vyennes [2], bailly d'Amont et baron d'Aultrey, qui suyvoient la procession jusques en certain lieu où Sa Saincteté print congié de

---

[1] *De roole*, de rote.
[2] Viane, seigneurie appartenante à la maison de Brederode.

Sa Majesté, revenant en son palays, accompaigné de tous ses cardinaulx et gens ecclésiasticques. Sa Majesté luy faisoit une grande révérence, ayant ung poisle tout prest pour suyvre la procession jusques à Sainct-Dominicque, où il créa ung nombre de chevaliers, puis retourna en son palays, en une grande salle bien tappissée et ung buffet garni de grosse charge de vasselle d'or et d'argent doré, et ung passet hault où estoit la table pour Sa Majesté soubz ung dosseret. Lequel, assiz à table, fut servy de plusieurs metz, et au-dessoubz de ladicte table y avoit une table pour les quatre princes portans les insignes.

Sur la place de ladicte ville y avoit une fontayne qui gectoit vin blanc et vin cléret dès le matin jusques au soir; aussi y avoit ung bœuf entier rousty, farcy de plusieurs volailles : le tout mis à l'abbandon. Il y eust plusieurs platz de viande ruez[1] par les fenestres.

Le bancquet achevé, Sa Majesté se retira en sa chambre et chascun en son logis, et se feict la nuict, par la ville, grand luminaire et feuz de joye : le tout conclud avec grand silence et concorde, que semble venir par permission divine.

Audict Boulongne fut conclud faire Alexandre de Médicis duc de Florence. Et pour avoir icelle à la subjection du pape, Sa Majesté feit le prince d'Orenges, nommé Philibert de Chalon, général pour assiéger ledict Florence.

Audict lieu fut créé le seigneur de Reulx en conte, et l'évesque d'Osme, confesseur de Sa Majesté, fut faict cardinal[2]. Au mesme lieu et temps mourut le seigneur de Montmorency.

1530. En l'an mil cincq cens et trente, le 22e de mars, à Castelfranco.

23e à Correso[3].

24e à Gonzaglye[4].

25e à Mantua jusques au 20e d'apvril. Pendant lequel temps Sa Majesté érigea le marquisat de Mantua en duché. Auquel lieu mourut le seigneur de Montfort, grand escuyer. Et de là se partist l'évesque de Corya, grand

---

[1] *Ruez*, jetés.
[2] Voy. p. 68, note 1.
[3] Correggio.
[4] Gonzaga.

aulmosnier ¹, pour aller en Bourgongne, où il mourut au moys de may suyvant. Dès là se partist pour Rome le cardinal d'Osme, et fut faict confesseur de Sa Majesté le docteur Quintana ².

Le 20ᵉ d'apvril à Pisquière ³.
21ᵉ à Doulce ⁴ aux Vénétiens.
22ᵉ à Halle ⁵.
23ᵉ à Romarelle ⁶.
24ᵉ à Trente jusques au 28ᵉ.
28ᵉ à Miberictz ⁷ ?
29ᵉ à Boussan ⁸.
30ᵉ à Brixe ⁹.
Le 2ᵉ de may à Astrotyne ¹⁰.
3ᵉ à Sataryngue ¹¹.
4ᵉ à Ysbrouck ¹², où mourut le cardinal de Gatinaire, grand chancelier, et furent là délivrez les seaulx au seigneur de Grandvelle ¹³.
5ᵉ [juin] ¹⁴ à Zohasse ¹⁵ en Tyrolle, où sont les mines d'argent, et

---

[1] Guillaume de Vandenesse, frère de l'auteur.

[2] Dans un état des officiers de la maison de Charles-Quint payés par la trésorerie d'Aragon, état qui est aux Archives du royaume (il ne porte point de date; mais il parait de peu de temps antérieur à 1530), on lit sous la rubrique CAPILLA : « Mossen *Joan Quintana*, maestro en sacra teologia, natural de la villa de Carmena del reyno de Aragon. » Ce Quintana est vraisemblablement celui que l'Empereur choisit pour son confesseur; nous ne sommes pas toutefois en état de l'affirmer.

[3] Peschiera.

[4] Dolce.

[5] Ala.

[6] Roveredo.

[7] MS. de l'Arsenal; *Niberich* dans le MS. 14641 de la Bibliothèque royale; *Welischmichl* dans le MS. 15869.

[8] Bolzano.

[9] Brixen.

[10] MS. de l'Arsenal; *Ararme* dans le MS. 14641.

[11] Sterzingen.

[12] Innspruck.

[13] Nicolas Perrenot.

[14] *Juin* manque dans les trois MSS. : ce qui fait supposer que Charles-Quint ne séjourna que vingt-quatre heures à Innspruck, tandis qu'il y passa un mois. Il en résulte encore que les dates qui suivent, jusqu'à l'arrivée de l'Empereur à Augsbourg, sont erronées en tant qu'elles se rapportent au mois de mai. Voy. l'Itinéraire, p. 47.

[15] Schwaz.

où Sa Majesté trouva quatorze mille hommes de guerre, tous mineurs.

7ᵉ à Couflestain [1].
8ᵉ à Consemain [2].
9ᵉ à Ville [3].
10ᵉ à Morglye [4].
14ᵉ à Borch [5].
15ᵉ à Ausbourg.

Le roy de Hongrie, son frère, avec luy.

Auquel lieu vindrent la royne de Hongrie, femme dudict roy, et la royne Marie, douaigière de Hongrie, sœur de Sa Majesté. Aussy y vint le cardinal de Liége, et la nouvelle de la mort du prince d'Orenges devant Florence; lequel, après avoir tenu le siége neuf moys, et l'appointctement faict, fut tué d'une hacquebute [6] au moys d'aougst.

Au mesme lieu d'Ausbourg Sa Majesté tint la diette pour la seconde foys, et y demeura-l'on jusques au 23ᵉ de novembre.

Le 23ᵉ de novembre à Étigne [7].
24ᵉ à Buscot [8].
25ᵉ à Echinglye [9].
26ᵉ à Caracq [10].
27ᵉ à Belheuse [11].
28ᵉ à Bebelinghen [12].
29ᵉ à Opendem [13].

---

[1] Kufstein.
[2] MS. de l'Arsenal; *Conteman* dans le MS. 14641; *Conseing* dans le MS. 15869. *Rosenheim* dans l'Itinéraire. Voy. p. 47.
[3] MSS. de l'Arsenal et 14641; *Wale* dans le MS. 15869.
[4] MS. de l'Arsenal; *Maghe* dans le MS. 14641; *Munich* dans le MS. 15869.
[5] MS. de l'Arsenal; *Berck* dans le MS. 14641; *Bruck* dans le MS. 15869.
[6] Arquebusade.
[7] Jettingen, selon M. Stälin; *Summerhausen* dans le MS. 15869.
[8] MS. de l'Arsenal; *Burgau* dans le MS. 15869. Charles-Quint coucha ce jour-là à *Weissenhorn*. Voy. l'Itinéraire, p. 48.
[9] Ehingen.
[10] Urach.
[11] Bebenhausen.
[12] Böblingen.
[13] MS. de l'Arsenal; *Odenheim* dans le MS. 15869. Le 29 Charles-Quint coucha à *Hohenasperg*. Voy. l'Itinéraire, p. 48.

Trentième au monastère de Malbrune [1].
Le premier jour de décembre à Barguesel [2].
   2e à Spyrs [3].
   3e à Worms.
   4e à Hetsinghe [4] jusques au 7e.
   7e à Nieuslot [5].
   10e à Openan [6].
   11e à Baguevaul [7].
   14e à Poupar [8].
   15e à Boena [9] jusques au 17e.
   17e à Coulongne, où l'on heut nouvelles de la mort de madame Marguerite, archiducesse d'Austrice, duchesse douaigière de Savoye, laquelle mourut à Malynes le 30e de novembre : les obsèques de laquelle furent faictes audict Coulongne. Auquel lieu vint le conte d'Oochstrate [10].
   Au mesme lieu fut esleu par les électeurs de l'Empire, estans audict Coulongne, don Fernande, roy d'Hongrie, pour roy des Romains. Et fut Sa Majesté audict Coulongne jusques au 6e de janvier.
   Duquel lieu partist le seigneur de Boussu [11] pour aller querre [12] la royne Marie, douaigière de Hongrie, pour venir ès pays d'embas.

En l'an mil cincq cens trente-ung, le 7e de janvier, l'Empereur et le roy son frère vindrent coucher à Berçan [13].
   8e et 9e à Juylliers.

[1] Maulbronn.
[2] Bruchsal.
[3] Spire.
[4] Schwetzingen.
[5] Neuschloss.
[6] Oppenheim.
[7] Bacharach.
[8] Boppart.
[9] Bonn.
[10] Antoine de Lalaing, comte d'Hooghstraeten.
[11] Jean de Hennin.
[12] *Querre*, chercher.
[13] Berchem.

10e à Ayx jusques au 15e, où le roy de Hongrie, esleu roy des Romains, avantnommé, fut couronné roy des Romains, lequel demoura audict Ayx, et l'Empereur vint coucher ledict jour à Mastricht.

16e et 17e à Liége.

18e, 19e et 20e à Huy.

21e à Namur jusques au 24e.

24e à Wavre.

25e à Bruxelles jusques le 13e de mars.

Au moys de febvrier, audict an, mourut Mulauser, roy de Thunes[1], maure, laissant deux filz, l'aisné nommé Mule-Roset, et le moins-né Mule-Asem.

Le 13e de mars à Louvain, jusques au 16e, au-devant de ladicte royne Marie.

17e à Malynes jusques au 20e.

20e à Anvers jusques au 23e.

23e à Bauloz[2].

24e à Gand jusques au 3e d'apvril.

Le 3e d'apvril à Terremonde.

4e à Bruxelles jusques au 26e de novembre, où vint la nouvelle de la mort de la régente, mère du roy de France, nommée Loyse de Savoye; les obsèques de laquelle furent faictes en Bruxelles à Cauberghe[3].

Le 26e de novembre à Enghien.

27e à Ast[4].

28e à Tournay jusques au 12e de décembre. Auquel lieu Sa Majesté tint l'ordre de la Thoison d'or pour la troysième foys; et furent créez nouveaulx chevaliers dudict ordre les suyvans :

Le roy d'Escosse[5];

Philippe, prince d'Espaigne, filz aisné de Sa Majesté;

Le duc don Fernando d'Arragon;

Le connestable de Castille[6];

---

[1] Tunis.
[2] Baudeloo.
[3] Caudenberg.
[4] Ath.
[5] Jacques V.
[6] D. Pedro Fernandez de Velasco, duc de Frias, qui avait été capitaine général de l'Empereur contre les *comuneros*.

Le duc d'Albrocque¹, qu'est de ceulx de la Coeva;
Francisco de Soinginga², conte de Miranda;
Philippe, duc de Bavière;
Georges, duc de Saxen;
Nicolas, conte de Salme;
Georges Schinc³, gouverneur de Frize;
Alphonse⁴, marquis del Gasto;
André Doria, prince de Melphe⁵;
Fernando de Gonzaga, prince de Molpheete⁶;
Regnault, seigneur de Brederode;
Loys de Flandres, seigneur de Praet;
Jehan de Haynin⁷, seigneur de Boussu;
Philippe de Lannoy, seigneur de Molenbaix;
Charles, conte de Lallain;
Philippe de Lannoy, seigneur de Hem⁸, gouverneur de Tournay;
Anthoine, marquis de Berghes⁹;
Claude de la Baulme, mareschal du conté de Bourgongne¹⁰.

Et deux places qui demourarent à la disposition de Sa Majesté, pourveues à ceulx qui cy-après seront nommez au temps qu'elles furent pourveues.

Le 12ᵉ de décembre de retour à Ast.

13ᵉ à Enghien.

14ᵉ à Bruxelles jusques le 17ᵉ de janvier. Auquel lieu l'évesque de

---

¹ Don Beltran de la Cueva, duc d'Albuquerque.
² Zúñiga.
³ Schenck.
⁴ Alonso d'Avalos.
⁵ Melfi.
⁶ Molfetta.
⁷ Hennin.
⁸ MSS. de l'Arsenal et 14641; *de Santes* dans le MS. 15869. Philippe de Lannoy était seigneur de Santes, mais nous ne trouvons nulle part qu'il possédât la seigneurie de *Hem*.
⁹ Antoine de Berghes, seigneur de Walhain. Il fut créé marquis de Berghes seulement en 1553.
¹⁰ Reiffenberg, *Histoire de la Toison d'or*, pp. 378, 380, cite encore Louis, comte palatin du Rhin, Jean, duc de Clèves, et Joachim, marquis de Brandebourg, comme ayant été élus chevaliers dans ce chapitre. Ces trois personnages ne figurent pas dans la liste donnée par Pinedo y Salazar, *Historia de la insigne órden del Toyson de oro*, t. I, pp. 176 et suiv.

Jayen, nommé . . . . ¹, fut pourveu de l'estat de grand aulmosnier, lequel estat vacquoit par la mort de l'évesque de Coria, nommé Vandenesse ², et le seigneur de Boussu fut pourveu de l'estat de grand escuyer, lequel estat vacquoit par la mort du seigneur de Montfort ³; et le seigneur de Rye ⁴ fut faict sommelier de corps, et le seigneur de Peloux gentilhomme de la chambre.

Au mesme lieu furent convocquez les estatz de tous les pays d'embas, où, en présence de Sa Majesté, en la grand'salle de la court, leur fut remonstré la nécessité qu'il avoit de retourner en l'Empire, l'ordre qu'il laissoit en sesdicts pays, qu'estoit : la royne Marie, sa sœur, pour régente et gouvernante en général, et en particulier le conte de Hoochstrate pour gouverneur en Hollande; le conte de Gavre gouverneur en Flandres; le conte de Rœux gouverneur en Arthoys; le seigneur de Bèvre, admiral, pour Zeellande; le duc d'Arschot pour Hénault; le marquis de Berghes pour Namur; le marquis de Baude ⁵ pour Luxembourg; Georges Schinetz pour Frize; l'archevesque de Palerme chief du conseil privé; chiefz des finances lesdicts contes de Gavre, Hoochstrate et seigneur de Molembaix. Ce faict, print congié de sesdicts pays.

Au mesme lieu de Bruxelles vint maistre Jehan Lalleman, avantnommé⁶, le procès duquel avoit esté vuydé en Espaigne, en Occaigne ⁷, par les juges à ce commis. La sentence estoit, en substance, que l'on le bannissoit perpétuellement à n'approcher où seroit Sa Majesté de cincq lieues, inhabile à tenir offices réaulx. Sa Majesté luy remit ledict bannissement, saulf qu'il ne pourroit entrer en court. Et par ladicte sentence fut deschargé de ce que l'on le chargeoit d'aulcunes traihisons ou intelligences avec France. Lequel Lalleman s'en retourna en Espaigne, et depuis se retira en Bourgongne.

¹ Estéban Gabriel Merino, archevêque de Bari et évêque de Jaën. Clément VII, à la sollicitation de l'Empereur, le créa cardinal en 1533. Il mourut à Rome le 28 juillet 1535.

² Voy. p. 95, note 1.

³ Voy. p. 94.

⁴ Joachim de Rye, fils de Simon, seigneur de Rye, Balançon et Dicey, et d'Antoinette de la Baume et Montrevel.

⁵ Bade.

⁶ Voy. p. 84.

⁷ Ocaña.

En l'an mil cincq cens trente-deux, le 17ᵉ de janvier, Sa Majesté, prenant congié de sa sœur, qu'il laissoit à Bruxelles, vint coucher à Louvain.
18ᵉ à Diest.
19ᵉ à Curinghem [1].
21ᵉ à Mastricht.
23ᵉ à Ayx.
24ᵉ à Juilliers.
25ᵉ à Coulongne jusques au 29ᵉ.
29ᵉ à Boine [2].
30ᵉ à Andernac.
Le dernier jour dudict moys de janvier à Convalence [3].
Le premier jour de febvrier à Poupart [4].
3ᵉ à Berguera [5].
4ᵉ à Mayence jusques au 9ᵉ.
9ᵉ à Pygnes (?) [6].
10ᵉ à Nieuslot [7].
12ᵉ à Edelbergh.
15ᵉ à Fayeghem [8].
16ᵉ à Socart [9].
17ᵉ à Schoonedanse [10].
18ᵉ à Myns [11].
20ᵉ à Deband [12].
21ᵉ à Turbelspier [13].

---

[1] Curange.
[2] Bonn.
[3] Coblence.
[4] Boppart.
[5] Bacharach.
[6] MSS. de l'Arsenal et 14641 de la Bibliothèque royale. *Worms*, selon M. Stälin.
[7] Neuschloss.
[8] Vaihingen.
[9] Stuttgart.
[10] Schorndorf.
[11] Gemünd.
[12] Bopfingen (?).
[13] Dinkelsbühl (?).

22ᵉ à Hengeberch¹.
25ᵉ à Stame (?).
24ᵉ à Nyumarct².
26ᵉ à Sinsemborg (?).
27ᵉ à Lynefletti³.
28ᵉ à Reynsbourg⁴, jusques le 2ᵉ de septembre, où estoit le roy des Romains, lequel vint au-devant de Sadicte Majesté. Auquel temps Sa Majesté fut bien malade, à cause d'une jambe en quoy il s'estoit blessé allant à la chasse, venant par chemin. Et se tint là, pour la troisième foys, la diette impériale depuis que l'Empereur fut coronné à Ayx.

Au mesme lieu de Reynsbourg vint la royne des Romains, et au moys de juillet mourut le prince de Dannemarck, filz de la seconde sœur de Sa Majesté. Ses obsèques furent célébrées en la grande église dudict Reynsbourg. Le corps fut mené à Gand, à Sainct-Pierre, vers celluy de la royne sa mère.

Audict Reynsbourg fut faict le marquis de Villafrancha vice-roy de Naples, lequel se partist dudict lieu; et vacquoit ledict estat par la mort du prince d'Orenges.

Dudict lieu se partist le cardinal Campège, légat, et y vint le cardinal de Médicis, légat, pour le voyaige et entreprinse que fut conclud audict Reynsbourg pour aller à Vienne, en Austrice, résister contre les ennemys de la foy qui estoient jà bien avant en royaulme d'Hongrie, tenant pour certain que le Grand-Turcq en personne viendroit devant Vienne, dedans laquelle estoit le duc Philippe, palatin de Bavière; pour général, le seigneur de Rocquendolf⁵ avec seize mille⁶ combatans, attendans la venue de l'Empereur et du roy son frère, lesquelz en personne y allarent. Et le 17ᵉ de may le Grand-Turcq partist de Constantinoble avec troys cens mille combatans, pour venir mectre le siége devant Vienne. Et de ce advertie,

---

¹ Eschenbach, selon M. Stälin.
² Neumarkt.
³ Burglenfelt (?).
⁴ Ratisbonne.
⁵ Guillaume, comte de Roghendorff, seigneur de Condé en Hainaut.
⁶ Ce chiffre est en blanc dans le MS. de l'Arsenal et le MS. 15869 de la Bibliothèque royale. C'est le MS. 14641 qui nous le fournit.

Sa Majesté délibéra, avec le roy de Hongrie, son frère, à l'ayde des princes de l'Empire, y aller en personne, pour résister contre ledict Turcq.

Au mesme temps le seigneur prince Dorya, général de la mer pour Sadicte Majesté, print Coron par force.

Sa Majesté envoya requerre et sommer tous les roys et princes chrestiens pour assister à ladicte emprinse, au reboutement des ennemys de la chrestienté. Fut envoyé vers le pape le seigneur d'Andelot, vers le roy de France le seigneur de Rye, vers le roy d'Angleterre le seigneur de Montfaulconnet, et au mesme vers les aultres. Ayant responce d'eulx, et le voyaige résolu entre Sa Majesté, le roy son frère et les princes de l'Empire, Sa Majesté et le roy son frère se partirent le 2e jour de septembre et vindrent à Stroynghe[1] jusques le 9e.

9e à Ostrove[2].
10e à Passau, où il se meit sur la Danoue[3].
12e à Lynx[4], jusques au 20e.
21e à Hyspe[5].
22e à Crême[6].
23e à Vienne en Austrice, jusques le 4e d'octobre.

Auquel lieu Sa Majesté et le roy son frère, accompaigniez des princes de l'Empire et de ceulx avantnommez, demourarent attendans si le Turcq viendroit, comme l'on disoit, devant ledict Vienne, pour luy donner la bataille, non ayant regard au grand nombre de gens que ledict Turcq admenoit, que l'on tenoit de troys cens mille combatans. Lequel, sachant la venue de Sadicte Majesté, et voyant que Sa Majesté ne craignoit l'éminent et ardent péril de peste qui régnoit audict Vienne, dont plusieurs y moururent, et que Sa Majesté estoit délibéré donner la bataille, ledict Grand-Turcq et ses gens se retirarent. Ce voyant Sadicte Majesté et le roy son frère, laissant ordre audict Vienne et frontières, ledict roy et les princes se partirent pour retourner en Allemaigne, et Sa Majesté print son chemin

---

[1] Straubing.
[2] Osterhofen.
[3] Le Danube.
[4] Linz.
[5] Ips.
[6] Krems.

vers Italye, pour venir à Boulongne, où se debvoit trouver pape Clément.

Le 4ᵉ d'octobre à Barcque ¹.
  6ᵉ à Mybergue (?) ².
  7ᵉ à Myreclose (?) ³.
  8ᵉ à Eymberghe ⁴.
  9ᵉ à Lynx ⁵.
12ᵉ à Grindevers (?).
13ᵉ à Gerdebourg ⁶.
14ᵉ à Sainct-Lambert ⁷.
15ᵉ à Brisach ⁸.
16ᵉ à Saincte-Faincte ⁹.
17ᵉ à Clarefort ¹⁰.
18ᵉ à Villacq.
22ᵉ à Strabise ¹¹.
23ᵉ à Haultena (?).
24ᵉ à Vuynson ¹².
28ᵉ à Porchy ¹³.
29ᵉ à Commynien ¹⁴.
30ᵉ à Mebelone ¹⁵.
Dernier à Bassain ¹⁶.
Le 2ᵉ jour de novembre à Camisano.

¹ Baden (?).
² *Conesberg* dans le MS. 15869 de la Bibliothèque royale.
³ *Myrchoff* dans le même MS.
⁴ Hohenberg.
⁵ Leoben, selon M. Stälin.
⁶ Judenburg.
⁷ Sint Lamprecht.
⁸ Friesach.
⁹ Sint Veit.
¹⁰ Clagenfurt.
¹¹ Straffritt (?).
¹² Venzone.
¹³ Porcia.
¹⁴ Conegliano.
¹⁵ Nous trouvons dans une carte : *M. Bellono*.
¹⁶ Bassano.

3e à Montemajor ¹.
4e à la Cave ².
5e à Lystoc d'Escala ³.
6e à Mantua.
7e à Bourguefort ⁴.
8e à Gonzague.
9e à Corrence ⁵.
10e à Modène.
12e à Castel-Sainct-Joan.
13e à Boulongne la Grasse, où depuis vint pape Clément ⁶, et y demoura Sa Majesté jusques le dernier jour de febvrier.

Pendant lequel temps vinrent audict Boulongne le duc de Milan, les duc et duchesse de Savoye. Au mesme lieu fut faict cardinal l'évesque de Jayen ⁷, grand aulmosnier. Auquel lieu se faisoient journellement joustes, mascres et tournoys, et y fut conclud la lighe entre le pape, Sa Majesté et les potentatz d'Ytalie, et deffensive.

En l'an mil cincq cens trente-troys, le dernier jour de febvrier, à Modena. [1533]

Le premier et 2e de mars à Rhège ⁸.
3e à Palme ⁹.
4e à Bessel ¹⁰.
5e à Crémone.
7e à Pisqueton ¹¹.

---

¹ Montecchio Maggiore.
² Cavrara (?).
³ L'Isola della Scala.
⁴ Borgoforte.
⁵ Correggio.
⁶ L'auteur se trompe ici. Le pape avait précédé Charles-Quint à Bologne, et il le reçut à la cathédrale de San Petronio.
⁷ Voy. p. 100, note 1.
⁸ Reggio.
⁹ Parme.
¹⁰ Busseto.
¹¹ Pizzighettone.

8ᵉ à Lode ¹.
9ᵉ à Pavye.
10ᵉ à Milan.
14ᵉ à Vigevence ².
20ᵉ à Valence.
21ᵉ à Alexandrye.
26ᵉ à Gavye ³.
27ᵉ à Borgue ⁴.
28ᵉ à Gennes, jusques le 9ᵉ d'apvril, que l'Empereur s'embarqua pour passer en Espaigne, et le 10ᵉ alla treuver la duchesse de Savoye, avec elle le prince de Piedmont, son filz aisné, lesquelz s'embarquèrent à Sainct-Remo pour passer en Espaigne. Et le lendemain, que fut l'unzième, fut force remectre en terre ladicte duchesse, pour ce qu'elle estoit enchaincte et ne pouvoit endurer la mer : que fut cause qu'elle retourna en Piedmont; et le prince son filz demoura avec Sa Majesté, lequel poursuyvit son chemin jusques devant Marseille, où le comte de Tandes, gouverneur de Prouvence pour le roy de France, et le capitayne Jonas, vindrent avec deux galères visiter Sa Majesté, et, de la part du roy leur maistre, présenter à Sa Majesté de prendre terre audict Marseille et renfreschissement. Pendant lesquelz jours ledict conte de Tandes festoya dedens Marseille le marquis del Gasto, le commendador major d'Alcantara, le seigneur de la Chaulx et aultres.

Sa Majesté, voyant le vent propice, engoulfa ⁵, et, le 21ᵉ d'apvril, print terre à Rose ⁶, en sa conté de Rossillon, où se désembarqua, accompaigné seulement des duc d'Alve et conte de Bonevente ⁷ et aulcuns gentilzhommes de sa chambre, et alla en poste treuver l'impératrice à Barcelonne.

Et le 25ᵉ d'apvril toutes les galères arrivarent audict Barcelonne, où l'on demoura jusques le 10ᵉ de juing.

Le 10ᵉ de juing à Molin del Rey.

¹ Lodi.
² Vigevano.
³ Gavi.
⁴ Borgo di Fornari.
⁵ *Engoulfa*, mit à la voile.
⁶ Rosas.
⁷ Benavente.

11ᵉ à Montserrat.
13ᵉ à Ygolada ¹.
14ᵉ à Servere ².
15ᵉ à Belpouche ³.
17ᵉ à Leryda.
18ᵉ à Montçon.
19ᵉ Sa Majesté retourna en poste audict Barcelonne vers l'impératrice, qui estoit devenue malade, et revint audict Montçon le 8ᵉ de juillet, où il demoura jusques le pénultième de décembre. Pendant lequel temps pape Clément vint à Marseille, où estoit le roy de France, et feit-l'on là le mariaige du second filz de France et de la niepce dudit pape Clément, de la maison de Médicis.

Le pénultième de décembre à Alcombye ⁴.

Le dernier à Saragosse, jusques le 15ᵉ de janvier.

En l'an mil cincq cens trente-quatre, le 15ᵉ de janvier, à la Moël ⁵, vers l'impératrice.

18ᵉ à l'Almougne ⁶.
20ᵉ à Calatahut.
21ᵉ à Sigoele ⁷.
23ᵉ à Montagudo ⁸.
24ᵉ à Medynacely.
26ᵉ à Sygonce ⁹.
27ᵉ à Sydrach ¹⁰.
28ᵉ à Hytte ¹¹.

---

¹ Igualada.
² Cervéra.
³ Bellpúig.
⁴ Alcubierre.
⁵ La Muéla.
⁶ La Almúnia.
⁷ Ciguéla.
⁸ Montuenga (?).
⁹ Sigüenza.
¹⁰ Jadráque.
¹¹ Hita.

29e à Gaudelajar¹.
Le premier jour de febvrier à Alcalá.
3e au Parcq de Madrit.
6e à Valdemore.
7e à Aranchuès.
11e à Villesque ².

12e à Toledo jusques le 22e de may. Auquel temps, en la fin d'apvril, arriva à Milan la fille du roy de Dannemarck, maisnée, nommée Chrestienne, qui fut espousée à Francisco Sforcia, duc dudict Milan; et estoit niepce de Sa Majesté.

Le 22e de may à Yliescas.
25e à Madrit.
26e au Parcq.
27e à Galapagar.
28e au bois de Sygovia.
29e à Sygovia jusques au 5e de juing.
Le 5e de juing à Villecasti ³.
6e à Avila.
12e à Hontenères ⁴.
15e à Alve.
16e à Salamanca.
22e al Monasterio del Val Parizo ⁵.
23e à Samora.
26e à Torre ⁶.
28e à Villalon.
29e à Valdolit jusques au 20e de juillet.
Le 20e de juillet à Mojade ⁷.
22e à Portillo.

¹ Guadalajára.
² Villaséca.
³ Villacastin.
⁴ Hontanáres.
⁵ Val Parayso.
⁶ Toro.
⁷ Mojádos.

24ᵉ à Val Sainct-Martin.
En aougst Barberousse se feit roy de Thunes.
27ᵉ à Palence jusques le 5ᵉ d'octobre.
Le 5ᵉ d'octobre à Sygale [1].
6ᵉ à Portillo.
9ᵉ à Torrijon.
10ᵉ à Madrit jusques le 2ᵉ de mars. Auquel temps mourut pape Clément le 25ᵉ de septembre [2], et fut faict pape le cardinal Farnèze, nommé pape Paule troysième. Sa Majesté envoya en poste à Rome. Auquel temps mourut le docteur Quintana, confesseur de Sa Majesté; et fut faict confesseur le général des Dominicquins [3].

En l'an mil cinq cens trente-cincq, le 2ᵉ de mars, à Alcalá.
3ᵉ à Gaudelajar [4].
4ᵉ à Hytte [5].
5ᵉ à Sygovia.
Le 6ᵉ à Medynacely.
10ᵉ à Calatahut [6].
11ᵉ à l'Almougne [7].
12ᵉ à la Moële [8].
13ᵉ à Sarragosse, jusques au 18ᵉ, où arriva le duc Frédéricq, palatin.
19ᵉ à Pignes [9].
20ᵉ à Bourgeleroz [10].
22ᵉ à Fragues [11].

1535.

---

[1] Cigales.
[2] C'est le 26 septembre que mourut Clément VII.
[3] Il doit s'agir ici de Pedro de Soto, qui était dominicain, mais non général de son ordre, comme le dit l'auteur. Voy. Quetif et Echard, *Scriptores ordinis prædicatorum*, t. II, p. 183.
[4] Guadalajára.
[5] Hita.
[6] Catalayud.
[7] La Almúnia.
[8] La Muéla.
[9] Pina.
[10] Bujaralóz.
[11] Fraga.

23e à Leryda.
24e à Belpouche [1].
29e à Servere [2].
30e à Ygoalade [3].
Dernier à Nostre-Dame de Montserrat.
Le premier jour d'apvril à Molin del Rey.
3e à Barcelonne jusques le pénultième de may. Auquel lieu fut conclud le mariaige d'entre le duc Frédéricq, palatin, et la princesse de Dannemarck.

Sa Majesté estoit venue audict Barcelonne pour faire le voyaige de Barbarie, pour remectre le roy de Thunes en son royaulme, lequel estoit deschassé de Barberousse, roy d'Argel, lequel avoit surprins ledict Thunes par faire donner à entendre aux habitans de ladicte cité, disant qu'il admenoit avec luy le filz maisné du roy trespassé, estant prisonnier ès mains du Turcq; lequel estoit aymé et désiré des subjectz dudict royaulme de Thunes : joinct que ledict Barberousse, tenant ledict Thunes, lequel il tint l'espace d'unze moys [4], molestoit et portoit grand dommaige aux subjectz et royaulmes de Secille, Sardayne, Maillorque et Minorque, frontières d'Espaigne, appartenans à Sa Majesté, et à la chrestienté.

Ce voyant par Sadicte Majesté, désirant repulser cest ennemy de la foy, feit l'armée que s'ensuyt, et luy en personne délibéra y aller, et pour ce faire manda le prince de Melphe, Andreas Doria, son général, par mer, au lieu de Barcelonne, lequel arriva le premier jour de may avec vingt galères. Au mesme temps y arriva don Alvaro de Bassan [5], capitayne des galères d'Espaigne, qu'estoyent douze. Peu de jours après vint le marquis de Mondeget [6], vice-roy de Grenade, auquel Sa Majesté avoit mandé faire, au lieu de Malaga, les munitions et provisions pour ledict voyaige : vint avec cincquante naves. Au mesme temps arrivarent vingt-cincq caravelles avec ung galion que le roy de Portugal envoyoit à Sa Majesté, pour luy faire

[1] Bellpúig.
[2] Cervéra.
[3] Igualada.
[4] MS. de l'Arsenal; *de douze mois* dans les MSS. 14041 et 15869 de la Bibliothèque royale.
[5] Bazan.
[6] Mondejar.

service audict voyaige. Aussy y vint le seigneur infant de Portugal, don Loys, frère de l'impératrice, lequel vint en poste, pour faire compaignie à Sa Majesté en cedict voyaige. Sa Majesté voulut veoir la monstre des gentilzhommes et de tous ceulx de sa maison, laquelle fut faicte en sa présence, au nombre de quinze cens chevaulx.

Le trentième de may Sa Majesté s'embarqua; passant par son royaulme de Maillorque, arriva le 5ᵉ de juing au matin au port de Mahon, petite villette en son royaulme de Minorque, et le 10ᵉ eust une tourmente, de sorte que, l'unzième matin, les ungz ne sçavoient à parler des aultres. Et le 12ᵉ Sa Majesté et toute sa compaignie arrivarent au port de Caillara[1], cité en son royaulme de Sardaigne, où il trouva vingt-deux mille, tant Allemans, Italyens, que Espaignolz, oultre douze mille que Sadicte Majesté menoyt. Trouva là aussy six galères de Rodes avec la caracque, deux gallions du prince (?), deux caracques de Gennes, deux gallions de la Renterye, les galères de Monygo[2], corcepyns[3], gallères de Naples qui arrivarent depuis celles de Secille, six du pape et aultres, toutes payées par Sadicte Majesté.

Sa Majesté arriva, avec troys cens voyles, le 16ᵉ jour de juing, au port de Carthago en Africque, toutes les bannières desployées, et sur sa galère la bannière principale estoit le Crucefix. Ledict jour fut prins par l'avantgarde un brigantin sortant de la Goulette, où il y avoit ung qu'estoit de Diepes en Normandie, lequel disoit venir de Thunes de rachepter deux jeusnes garçons qu'il avoit après de luy, qui estoient de son pays, lesquelz, comme il disoit, avoient esté prins, l'an précédent, par les galères dudict Barberousse. Et pour quelque suspicion que l'on avoit de quelque advertissement, car, comme il disoit, estoit party de Marseille au mesme jour que Sa Majesté partoit de Barcelonne, ou peu après, pour quoy il fut détenu jusques après la prinse de Thunes; puis luy fut rendu son brigantin et toute sa cargaison[4] et renvoyé en France. Et ledict 16ᵉ Sa Majesté avec environ trente-deux ou trente-troys mille combatans se désembarqua, et meit son camp en terre de Barbarie en ung lieu tout rez sans arbres; et

---

[1] Cagliari.

[2] Monaco.

[3] *Corcepyns*, de l'espagnol *escorchapines* : bâtiments à voiles qui servaient à transporter des troupes et des provisions.

[4] MS. 18869 de la Bibliothèque royale; *tout son cas* dans le MS. de l'Arsenal et le MS. 14641.

avoit en terre environ cent pièces d'artillerye. Et le 22e Sa Majesté vint loger à la Tour du sel [1], et son camp à l'entour de luy; et le 29e le roy de Thunes deschassé, accompaigné d'environ deux cens navires, vint trouver Sa Majesté à la Tour de l'eaue. En une escarmouce le marquis de Final [2] fut blessé : dont, le remmenant, mourut en Sicille. Aussy, gardant ung bastion, par ung matin, à l'aulbe du jour, le conte de Cerne [3] fut tué.

Le 14e de juillet, dès le matin, au poinct du jour, se recommença la batterie et à canonner la Goulette, en laquelle et au pourpris y avoit quatorze mil, tant Turcqz que Maures, laquelle fut prinse par force environ les deux heures après mydy dudict jour. Et le 20e Sa Majesté partit, marchant contre Thunes, où il rencontra Barberousse, lequel présenta la bataille, accompagné de cent cincquante mil hommes, [et] fut repoussé. Et ceste nuict-là Sa Majesté logea en my-chemin.

Et le lendemain 21e, veille du jour de feste Saincte-Marie-Magdeleine, marchant vers ledict Thunes, fut adverty que ledict Barberousse, le jour précédent, cuydant entrer au chasteau, treuva les chrestiens qu'il tenoit esclaves, defferrez, luy refusans l'entrée; print son chemin, à bride avallée [4], aux montaignes, tirant par terre jusques à Bona, où il trouva neuf de ses galères, où il s'embarqua. Et advertye Sa Majesté de sa fuytte, sachant le chemin qu'il prenoyt, envoya incontinent vingt-cincq galères vers ledict Bona, pour évicter que ledict Barberousse ne se saulvast par mer. A quoy ne peurent obvyer, ains ledict Barberousse, prenant son chemin devers Argel, qui est à luy, passa par-devant Mahon, heut intelligence avec le maire de la ville, lequel, comme traihistre à Dieu et à son roy, feit de nuict ouverture audict Barberousse; laquelle ville fut prinse et saccagée par les Turcqz, et emmena tout le peuple chrestien qu'estoit dedans, tirant son chemin droict à Argel.

---

[1] Une relation espagnole de la conquête de Tunis contenue dans un manuscrit de l'Escurial et insérée au tome 1er, pp. 159 et suiv., de la *Coleccion de documentos inéditos para la historia de España*, nous apprend qu'en la rivière, entre le cap de Carthage et la Goulette, il y avait deux tours : l'une appelée la *Tour du sel*, à cause des salines qui en dépendaient, l'autre la *Tour de l'eau*, pour les puits qui en étaient proches. Il y avait un peu moins d'un mille de distance de l'une à l'autre.

[2] Il étoit colonel d'un régiment de gens de pied italiens.

[3] Sarno. Le comte de Sarno commandait aussi un régiment d'infanterie italienne.

[4] *Avallée*, abattue.

Et ce mesme jour ledict Thunes fut prins par force, et y entra Sa Majesté. Et le jour Sainct-Jacques fut ouyr la messe en ung petit monastère de Cordeliers estant aux faulbourgz dudict Thunes. Et le 28e Sa Majesté partist et vint à Rade [1], et le premier jour d'aougst à la Tour de l'eaue; et après avoir délivré vingt mille chrestiens que ledict Barberousse tenoit esclaves, et avoir traicté avec le roy de Thunes deschassé, le remectant en son royaulme, laissant garnison à la Goulette et fortz dudict royaulme, le 17e jour vint disner à la Goulette, print congié de l'infant de Portugal, son beaul-frère, despescha son armée, les ungz pour Espaigne pour conduyre ledict seigneur infant, les Allemans et Italiens à Gennes, ceulx de Rhodes à Maltha, son escuyrie et aulcuns de sa maison à Naples.

Ledict 17e Sa dicte Majesté vint coucher en sa galère, prenant son chemin vers son royaulme de Secille, feit cannoner une ville nommée Africa, pour la prendre; mais l'impétuosité du vent et la tourmente le contraignirent soy retirer et prendre la mer; arriva le 22e jour à Trappala [2] en son royaulme de Secille, et y désembarqua, et y demoura jusques le premier jour de septembre qu'il vint à Arcamont [3].

3e à Mont-Réal [4] jusques le 12e.

Le 12e à Palerme jusques le 13e d'octobre. Pendant lequel temps furent tenuz et concludz par Sa Majesté les estatz du royaulme : ausquelz estatz fut accordé à Sa Majesté, oultre l'ordinaire, cent cincquante mil ducatz à payer à troys termes. Et fut le seigneur don Fernando de Gonzaga, prince de Molphete [5], faict vice-roy dudict Secille.

Le 13e d'octobre à Termyne [6].

14e à Police [7].

15e à Négocie [8].

---

[1] *Rada*, maison de plaisance située à trois milles de la Golette. (*Coleccion de documentos*, etc., t. I, p. 163.)

[2] Trapani.

[3] Alcamo.

[4] Monreale ou Morreale.

[5] Molfetta.

[6] Termini.

[7] Polizzi.

[8] Nicosie.

16ᵉ à Trahene ¹.
18ᵉ à Rendasse ².
19ᵉ à Auremine ³.
20ᵉ au monastère de Sainct-Pol.
21ᵉ à Messina jusques le 2ᵉ de novembre.

Le 2ᵉ de novembre passa *el Faro,* qu'est ung destroict de mer; coucha à Semenaro ⁴ en Calabre.

3ᵉ à Semenaro.
4ᵉ à Montelion ⁵, où nous vint trouver le seigneur Pierre Loys, filz du pape Paule.
5ᵉ à Nieucastro ⁶.
6ᵉ à Rolenae ⁷.
7ᵉ à Cosense ⁸, où vint le seigneur Ascaigne Colone.
8ᵉ à Besignan ⁹.
10ᵉ à Sainct-Maure, maison du prince dudict Besignan.
13ᵉ à Castroville ¹⁰.
14ᵉ à Leyne ¹¹.
15ᵉ à Algomeyre (?).
16ᵉ au Monasterio de la Padole ¹².
17ᵉ à la Hollete ¹³.
18ᵉ à Hynolet (?).
19ᵉ à Salerne.
22ᵉ à Nocheyr ¹⁴.

[1] Traina.
[2] Randazzo.
[3] Taormine.
[4] Seminara.
[5] Montcleone.
[6] Nicastro.
[7] Rogliano.
[8] Cosenza.
[9] Bisignano.
[10] Castrovillari.
[11] Laino.
[12] Padula.
[13] Auletta.
[14] Nocera.

23ᵉ à la Maison de pierre blanche (?).

25ᵉ à Naples jusques le 22ᵉ de mars. Auquel lieu furent tenuz par Sa Majesté et concludz les estatz du royaulme, lesquelz accordarent, oultre l'ordinaire, trois cens mil ducatz. Ilz s'y firent plusieurs joustes et jeuz de cannes, dont Sa Majesté en fut, et journellement plusieurs festins et mascres.

Audict lieu vindrent pour légatz du pape les cardinaulx Sènes et Cesarin [1]; vindrent aussy les cardinaulx Salviati et Gady [2], pour le différent qu'ilz avoient contre le duc de Florence. Aussy y vint le cardinal Carracholi [3]; y vindrent quatre des principaulx de la seignorie de Venize: vindrent ambassadeurs du vayvode, de Ragouse et de tous les potentatz d'Italye. Aussy y vindrent les ducz de Florence, de Ferrare et d'Urbin et Andreas Doria, prince de Melphe.

Venant Sa Majesté audict Naples, eut nouvelles de la mort de Francisco Sforcya, duc de Milan, les obsèques duquel furent célébrées audict Naples.

Estant arrivé Sa Majesté audict Naples, vindrent nouvelles de la mort de la bonne royne d'Angleterre [4], tante de Sa Majesté du coustel maternel. Sadicte Majesté en porta le dœuil. Ses obsèques furent faictes à Sainct-Françoys.

Au mesme temps vindrent nouvelles que le prince de Piedmont, filz aisné du duc de Savoye, estant pour lors à Madrit, estoit mort : les obsèques duquel furent célébrées audict Naples.

En ce temps Barberousse envoya au Grand-Turcq ung lyon, une lyonesse et ung léopart, et aulcuns chrestiens qu'il avoit mis audict basteau pour donner à manger ausdictes bestes; lequel basteau fut prins par une caravelle de Portugal, laquelle, venant Barberousse au port de Mahon, combatist tout le jour contre ses neuf galères, les gardant de non pouvoir entrer audict port jusques à tant qu'il meist gens en terre et la ville trahye. Lesdictes bestes furent admenées audict Naples à Sa Majesté; le lyon et

---

[1] Giovanni Piccolomini, siennois, archevêque de Sienne, doyen du sacré collége; Alessandro Cesarini, romain, évêque d'Albano et de Pampelune.

[2] Giovanni Salviati, florentin, neveu de Léon X, évêque de Porto; Niccolò Gaddi, florentin, évêque de Ferino.

[3] Marino Caraccioli, napolitain.

[4] Catherine d'Aragon.

lyonnesse les envoya à Gand en sa conté de Flandres, et le léopart fut donné au duc de Florence.

Le dymenche gras fut espousé Philippe de Lannoy, prince de Sulmone, filz du vice-roy Mingoval, à la vefve de Loys de Gonzaga, nommée Isabelle Colone, duchesse de Trajecte [1]; et le jour des Caresmeaulx fut espousé à Capoua Alexandre de Médicis, duc de Florence, à la fille bastarde de Sa Majesté, duchesse de Parme, et en présence de Sadicte Majesté.

En l'an mil cinq cens trente-six, le 22e de mars, à Vers [2].
23e à Capoua.
24e à Sesses [3].
25e à Gayette [4] jusques au 30e.
30e passant le Garillan [5] à Fonde [6].
Dernier à Tarracque [7], première terre de l'Église, où Sa Majesté trouva, pour le recepvoir de la part du pape, ung archevesque et troys évesques. Auquel lieu les seigneurs de Flagy, d'Herbaix et don Enricque de Toledo feirent le serment ès mains de monsieur de Rye, et servirent la première foys de gentilzhommes de la chambre.

Le premier jour d'apvril, passant Sa Majesté par Bélistre [8], trouva les cardinaulx Trimoulse et Sainct-Severino [9], venans de la part du pape au-devant de Sa Majesté, laquelle vint coucher à Piedpinon [10], villaige à ung gentilhomme romain.

2e à Salmonette [11], ville appartenant au prince dudict Salmonette, lequel est de la maison des Ursins.

---

[1] Trajetto.
[2] Aversa.
[3] Sessa.
[4] Gaëte.
[5] Garigliano, rivière qui se jette dans le golfe de Gaëte.
[6] Fondi.
[7] Terracine.
[8] Velletri.
[9] Augustino Trivulzio, milanais, évêque de Bayeux, et Antonio Sanseverino, napolitain, évêque de Conversano.
[10] Piperno.
[11] Sermonetta.

3ᵉ à Maryno, maison du seigneur Ascanio Colone. Vindrent au-devant de Sa Majesté, de la part du pape, les cardinaulx Farnèse et Sancta Flore.

4ᵉ à Sainct-Paoul lez-Rome. Vindrent au-devant de Sa Majesté douze cardinaulx.

5ᵉ à Rome. Sortirent, pour recepvoir Sadicte Majesté, les consulz, seigneurs et citadins romains, toute la clergie [1], maison du pape et cardinaulx, réservez deux, lesquelz demourèrent auprès du pape, lequel attendoyt Sa Majesté sur les degrez devant l'église de Sainct-Pierre, assiz en sa chayère [2]. Les cardinaulx Campège et Capoa [3], pour estre gouteux, ne peurent sortir pour aller au-devant de Sadicte Majesté.

Et venant par chemin de Naples à Rome, Sa Majesté eust nouvelles que le roy d'Angleterre avoit faict coupper la teste à damoiselle Anne de Boulen, sa femme, pour son adultère; pour laquelle il se avoit séparé de la bonne royne, sa vraye femme. Et le mesme jour de l'exécution [4], il espousa la fille d'un seigneur angloys, dont il eust ung filz; laquelle mourut bientost après.

S'ensuyt la cérymonie que se tint le jour de Pasques de Résurrection, que le pape Paule troisième dit la messe, présent l'empereur Charles cinquième, estant à Rome, en apvril, le seizième jour, en l'an 1536.

Et fut que, le matin, environ les huict heures, Sa Saincteté partist de sa chambre, accompaigné de tous ses cardinaulx, accoustrez en leurs habitz de mitres blanches et chappes. Sa Saincteté en son habit pontifical, sa coronne papale sur son chief, fut porté jusques à l'église Sainct-Pierre, dedens la chappelle Sainct-Pierre et Sainct-Paoul, assiz en son siége, revestu et prest pour encommencer l'introït de la messe. Furent envoiez les cardinaulx Trimulse et Salviatis, dyacres, devers Sa Majesté, lequel estoit en sa chambre attendant, revestu de tous ses habitz impériaulx, saulf sa couronne et sa chappe, accompaigné de tous ses princes.

---

[1] MS. 15869 de la Bibliothèque royale; *tout le collège* dans le MS. de l'Arsenal.

[2] *Chayère*, chaise.

[3] Laurentio Campeggio, bolonais, évêque de Bologne et de Feltre; Nicolas de Schomberg, de Misnie, archevêque de Capoue.

[4] Non le même jour, mais le jour suivant. Anne de Bolen fut décapitée le 19 mai 1536; le 20 Henri VIII épousa Jeanne Seymour.

Eulx estans arrivez, Sa Majesté print sa chappe et couronne impériale, et commença-l'on à marcher vers ladicte église et chappelle de Sainct-Pierre, asscavoir : les gentilzhommes, barons, contes, marquis de la maison de Sadicte Majesté, ausquelz suyvoient trompettes, roys d'armes et massiers. Précédoient Sa Majesté les princes portans le sceptre, l'espée et le monde; et le seigneur Ascanio Colone estoit pour porter la couronne, quant Sa Majesté l'ostoit. Après venoit Sa Majesté, lequel suyvoient les duc d'Alve, prince de Salerne, de Besignan et de Sulmone portans la queuhe de sa chappe. Suyvoient plusieurs seigneurs du conseil. Les cent archiers de corps et deux cens hallebardiers de sa garde faisoient aisles à ladicte compaignye.

Et en cest ordre Sadicte Majesté, entrant par l'église, vint à la chappelle Sainct-Pierre treuver le pape en sa chayère, prest à commencer la messe. Ayant Sadicte Majesté faict la révérence à l'aultel et à Sa Saincteté, lequel le baisa, fut assiz en sa chayère à main droicte du pape, et, plus bas, à main senestre, le cardinal de Sènes, doyen des cardinaulx. La messe fut commencée procédant jusques à l'évangille. Et lors Sadicte Majesté se leva; luy fut apporté et présenté par le cardinal Césarin, servant de diacre, le livre pour chanter l'évangille. Après vint Sadicte Majesté offrir, procédant la messe jusques à la paix; Sa Majesté vint baiser Sa Saincteté à l'aultel. Après la consommation. Sa Saincteté vint asseoir en sa chayère, communya tous les cardinaulx non estans de messe et plusieurs séculiers. La messe achevée, Sa Saincteté donna la bénédiction, et vindrent par ensemble jusques au boult de l'église, se mectans à genoulx devant la saincte Véronicque, laquelle fut monstrée par les chanoines de ladicte église. Après Sa Saincteté s'en alla sur le portail de l'église donner la bénédiction générale, et Sa Majesté, accompaigné comme au venir, saulf des cardinaulx, car au retour vindrent le accompaigner les cardinaulx Sancta Flor et Caracholy; [et vint Sa Majesté][1] en cest ordre jusques en sa chambre.

S'ensuyt le parlement que Sa Majesté feit le 17ᵉ d'apvril, en présence du pape, du collége des cardinaulx, des ambassadeurs de France, Venize et

---

[1] Les mots entre crochets sont empruntés aux MSS. 14641 et 15869 de la Bibliothèque royale; ils manquent dans le MS. de l'Arsenal.

plusieurs seigneurs et prélatz, en la chambre du consistoire, en substance.

Que, jaçoit ce que Sa Majesté eust desjà aultrefoys donné quelque raison des choses passées à Sa Saincteté et aultres [1], toutesfoys luy sembloit convenir de faire plus ample déclaration et justiffication à Sadicte Saincteté, puisque Sadicte Majesté se treuvoit audict Rome, principal lieu et commung de toute la chrestienté, et avec si commode opportunité et en tant bonne et notable compaignie.

Que le partement de Sadicte Majesté d'Espaingne avoit esté pour faire ce qu'elle verroit convenir contre les infidèles, et, sans en estre plus prolix, s'en remectoit à ce qu'en estoit; et aussy pour visiter ses royaulmes de Naples et Secille. Et combien qu'il luy emportât de venir dès Affricque en sesdicts royaulmes, pour entendre au bon gouvernement, justice, police et ordre d'iceulx, en quoy selon le temps avoit faict le mieulx qu'il avoit peu, si fut sa principale fin de venir baiser les piedz de Sa Saincteté, et luy supplier la convocation du concile pour remyde des choses de la foy, et offrir de continuer, avec sa personne et toutes ses forces et possibilitez, à la deffension de la chrestienté et asseurance d'icelle à l'encontre desdicts infidèles et au reboutement d'iceulx. Et avoit desjà, à ceste fin, mesmes pour l'emprinse d'Argel, dressé les apprestes selon que Sadicte Saincteté avoit bien entendu.

Et signament avoit semblé à Sadicte Majesté, préalablement que passer plus avant d'entrer contre lesdicts infidèles, soy certiffier et esclarcir de la volunté du roy de France quant à l'observance de la paix, attendu les choses passées et termes tenuz et usez par luy, dont à bon droict Sadicte Majesté n'estoit sans grand scrupule, mais que le roy de France l'avoit relevé de ceste preuve par ce qu'il avoit desjà faict en recommenceant la guerre à l'occasion de monsieur le duc de Savoye, et que le progrès de son armée et ce qu'il avoit plainement déclaré, et ses ministres dict en plusieurs lieux, pour quoy et à quelle fin elle se faisoit, tesmoignoient et certiffioient assez son intention.

Et puisque la chose estoit venue au poinct, il vouloit (combien que ce n'estoit droictement son gibier de haranguer) déclarer, pour sa justification, et non en volenté de mesdire dudict roy de France, comme les

---

[1] MS. de l'Arsenal; *à Sa Saincteté et ailleurs* dans le MS. 14641.

choses estoient passées entre eulx, confyant que la vérité luy seroit aidante, afin qu'il ne demourast chargé des mauvaises œuvres d'aultruy.

Que Sadicte Majesté avoit toute sa vye resserché l'amityé dudict seigneur roy de France, et mesmes dès l'an quinze qu'il fut émancipé de l'empereur Maximilian, de bonne mémoyre, son ayeul paternel, et eust la maniance de ses pays d'embas, tant pour ce que son origine du coustel de sa bisayeule estoit de la couronne de France, que pour ce que ledict roy de France vint à régner au mesme temps, plus eaigé, encores qu'il fût de peu d'années, espérant que ce seroit le bien des deux; et pour la paisible voisinance d'entre ledict royaulme de France et lesdicts pays de Sa Majesté contiguz et joignnans, envoia le conte de Nassou, marquis de Zenette, devers ledict roy, pour traicter alliance et confédération avec luy, laquelle se feit comme il luy pleust et à son grand advantaige. Dont s'ensuyvit que, combien le roy Loys douzième fût esté débouté de l'Estat de Milan, pour avoir contrevenu aux conditions avec lesquelles il avoit obtenu l'investiture dudict feu seigneur empereur Maximilian, et que depuis l'Estat fût esté baillé à feu le duc Maximilian Sforcia, et ce que Sadicte Majesté eust deu du tout en tout ensuyvre, maintenir et porter ce que son grand-père avoit faict, et y avoit faict Sadicte Majesté le debvoir, surmontant tous aultres, toutesfoys se détint Sadicte Majesté, pour considération et en faveur dudict roy de France, quand il feit l'entreprinse pour conquerre ledict Estat de Milan. Et sur ce qu'il le feit requérir de n'empescher ladicte entreprinse et avoir durant icelle son royaulme pour recommandé, Sa Majesté usa de telle honnesteté que l'on sçavoit bien, et eust très-grand plaisir de la prospérité dudict seigneur et victoire qu'il obtint lors. Et depuis, à la réquisition dudict roy, feit tellement envers sondict feu grand-père, qu'il fut content de mettre Vérone ès mains de Sadicte Majesté; laquelle cité Sadicte Majesté remeit depuis audict seigneur roy, ensemble tout ce qui en deppendoyt, pour le restituer à la seignorie de Venize : ce que toutesfoys ses ministres ne feirent trop gayement.

Et encores, pour plus complaire audict seigneur roy, entièrement en tout ce que Sadicte Majesté pouvoit, elle se condescendist (après le trespas de très-heureuse mémoire le roy don Fernando, son ayeul maternel) de, à l'instance et pourchas dudict seigneur roy, faire nouveau traicté et luy assigner pension sur Naples, et avec ce s'obligea à plusieurs partyz et mariaiges d'entre Sadicte Majesté Impériale, la belle-sœur et toutes les filles dudict roy, l'une au deffault de l'aultre, si avant que de promectre mariaige, à l'appétit dudict seigneur roy, avec l'une de ses filles, lors non nubile [1], nonobstant que ledict seigneur Empereur fût desjà en eaige et luy emportoit, comme chascun pouvoit penser, d'avoir lignée, pour le bien, contentement et asseurance de ses royaulmes, pays et subjectz.

Et estoit vray que Sadicte Majesté s'estoit excusé et démeslé de non entendre à faire emprinse contre le roy d'Angleterre et son royaulme, dont ledict roy de France avoit faict poursuyvre et solliciter Sadicte Majesté, laquelle avoit considéré que ledit roy d'Angleterre estoit son affin [2] prochain et allié, et aussy elle ne vouloit contrevenir aux traictez d'entre leurs royaulmes et pays, ny mouvoir guerre en la chrestienté. Mais ledict roy de France n'en avoit ainsy faict : car, voyant que Sadicte Majesté s'apprestoit à ce que dessus, avoit practicqué et traicté en l'aultre coustel de mouvoir guerre à Sadicte Majesté, faisant partaige des royaulmes et pays d'icelle, comme si desjà ilz fussent esté en proye et gaingnez : dont toutesfoys Sa Majesté les avoit gardé. Mais par ce mesmement se dénotoyt et pouvoit comprendre que telle avoit esté la bonne volunté dudict roy de France en l'endroict de Sadicte Majesté et à l'observance de la paix, ne que icelle s'observast [3] généralement en ladicte chrestienté. Et ce nonobstant que Sadicte Majesté fût bien advertie de ce que dessus, pourtant ne voulut incliner aux grandes sollicitations et offres que luy estoient faictes du coustel de l'Italye, laquelle l'appeloit continuellement, vivant sondict feu grand-père, et encores après son trespas, pour en débouter et expulser ledict roy de France, comme il estoit assez sceu; et pouvoit-l'on considérer s'il en avoit le moyen.

En continuant le propoz, Sadicte Majesté dict que, succédant le trespas dudit seigneur empereur Maximilian et que Sadicte Majesté et le roy de France prétendoient à l'élection de l'empire, Sadicte Majesté Impériale, par courtoisye, envoia devers ledict seigneur roy l'advertir de sa poursuytte audict empire, afin qu'il n'en eust desplaisir. Lequel respondit que,

---

[1] MS. 15869 de la Bibliothèque royale; *non née* dans le MS. 14641 et le MS. de l'Arsenal.

[2] *Affin*, parent.

[3] *Conservast* dans les trois MSS. : ce qui n'a pas de sens. La *Description* du seigneur de Herbais porte : *s'observast*.

comme deux amoureux d'une dame ne viennent pourtant en ennemityé, aussy n'adviendroit-il entre eulx d'icelle prétension. Mais, ce nonobstant, ledict roy de France démonstra tout ouvertement en la practicque qu'il avoit très-grand regret, et pressa, tost après l'élection faicte, Sadicte Majesté de traicter de nouveau : dont elle s'excusa, s'arrestant aux traictez desjà faictz. Quoy voiant, ledict roy de France feit requérir audict seigneur Empereur, par son ambassadeur, le seigneur de Lanssart [1], avec paroles haultaines et insolentes, luy bailler hostaiges pour l'accomplissement des traictez, et que aultrement il les tiendroit dès lors pour rompuz : ce que toutesfois Sadicte Majesté comporta et dissimula, s'excusant, pour éviter débat avec ledict roy de France, gracieusement qu'il n'estoit tenu à ce par lesdicts traictez, et ne deffauldroit d'entièrement les observer et accomplir.

Oultre ce, venant ledict seigneur Empereur en Allemaigne pour sa coronation à Aix, ledict roy de France feit, par Le Barroys, son ambassadeur, faire practicques, à la journée de Wormes et ailleurs en la Germanie, fort vehémentes et violentes contre Sadicte Majesté et à sa grand'injure et désestime; et non content de ce, escripvit aussy ledict seigneur roy de France lettres opprobrieuses contre Sadicte Majesté. Laquelle encores coula le tout, combien que lors Sadicte Majesté fût très-fort sollicitée de ladicte entreprinse d'Italye : à quoy Sadicte Majesté ne voulsit entendre. Mais adoncques il estoit en termes de réduyre Luther, qui desjà avoit commencé ses erreurs, et l'on peult assez entendre si cela venoit à propoz pour le remédier.

Non content de ce, ledict seigneur roy tost après feit deffier Sadicte Majesté Impériale de luy mouvoir guerre par messire Robbert de la Marche, lequel fut chastié comme il le méritoit. Aussy feit ledict seigneur roy de France entrer le seigneur d'Asparrot [2], avec armée, la pluspart des propres subjectz dudict seigneur roy, au royaulme de Navarre, soubz couleur que ledict roy de France pouvoit, par les traictez d'entre Sadicte Majesté Impériale et luy, ayder le seigneur d'Albrecht à recouvrer ledict Navarre, soubz couleur aussy que Sadicte Majesté n'auroit contenté ledict seigneur d'Albrecht endéans le terme sur ce convenu : ce que toutesfoys estoit tout au

---

[1] MSS. de l'Arsenal et 15869 de la Bibliothèque royale; *de l'Escault* dans le MS. 14641.
[2] D'Esparre. Voy. p. 63, note 1.

dehors desdicts traictez, voires contrayre à iceulx, car seulement celluy de Noyon faisoit mention dudict seigneur d'Albrecht, et en somme que, s'il faisoit apparoir de son droict à Sadicte Majesté, et elle ne luy en feit la raison, que ledict roy de France le pourroit assister. De laquelle justification ledict Albrecht ne feit jamays semblant quelconque; et ce nonobstant, Sadicte Majesté, pour la seule faveur et considération dudict seigneur roy, offrit tousjours récompense audict d'Albrecht, encores que Sadicte Majesté n'y fût en riens tenue. Mais davantaige le passaige dudict seigneur d'Asparrot, de Navarre jusques à la Grongne[1] en Castille, démonstra clèrement que ladicte armée n'estoit faicte pour le cas particulier dudict seigneur d'Albrecht, et aussy les praticques que, de la part dudict seigneur roy de France, se menarent lors en Espaigne, pour y conciter et mouvoir, pendant l'absence de Sadicte Majesté, rébellion et tumultuation. Toutesfoys Dieu voulut que ledict seigneur d'Asparrot fût deffaict par les bons subjectz de Sadicte Majesté, et sesdicts royaulmes réduictz en tranquillité.

Que, tant par le moyen dudict messire Robbert que aussy dudict seigneur d'Asparrot, ledict seigneur roy de France commencea et meut la guerre, sans cause et inexcusablement, à Sadicte Majesté, laquelle fut forcée d'y entrer à son très-grand regret. Et toutesfoys ledict roy de France avoit voulu souvent desguyser et colorer que Sadicte Majesté Impériale eust commencé ladicte guerre, parce qu'elle luy avoit escript et faict dire que, en cas qu'il aydast audict messire Robbert de la Marche, Sadicte Majesté tenoit les traictez pour rompuz, sans aultre deffiance, ne que Sadicte Majesté eust riens quelconque attenté à l'encontre de luy ne de son royaulme; et avec ceste occasion occupa Fontarabye. Et que ainsy chascun pouvoit assez entendre et juger quel fondement ledict seigneur roy de France pouvoit en ce prendre, et si ledict seigneur Empereur, voyant les entreprinses dessusdictes, mesmes dudict messire Robbert, avoit heu juste cause d'escripre et faire dire audict seigneur roy ce que dessus, et si par ce debvoit ny pouvoit inférer intimation de guerre. Mais, oultre ce, ne pouvoit ledict seigneur roy se excuser d'avoir meu et commencé la guerre, pour estre la chose évidente et dont, entre aultres preuves et tesmoignaiges, il apparissoit tout ouvertement et irréfragablement par les mesmes

[1] Logroño.

lettres dudict seigneur roy de France escriptes au feu le conte de Carpy, lors estant son ambassadeur devers le feu pape Léon dixième, lesquelles lettres estoient en pouvoir de Sadicte Majesté.

Que, par ce bout et à ceste couleur, ledict roy de France, ayant desjà toutesfoys faict faire les deux entreprinses avantdictes et assez propres [1], comme tesmoingnent expressément lesdictes lettres, continua de faire dès lors ouvertement la guerre à Sadicte Majesté, le surprenant à son advantaige, sans l'avoir jamays, comme dict est, deffyé paravant ny encores lors, ny faict depuis. Aussi l'entreprinse et allée du duc d'Albanye contre Naples tesmoingnoyt davantaige l'intention dudict seigneur roy et à quoy il aspiroit et tendoit, et la fantasie qu'il avoit tousjours de soy aggrandir en ladicte Italye plus avant qu'en l'Estat de Milan; et à ceste fin, comme qu'il fût, mena ledict seigneur roy guerre à Sadicte Majesté, et la continua tousjours dès ladicte prinse de Fontarabye jusques à la bataille de Pavye, où l'armée dudict roy de France fut deffaicte, luy prins prisonnier et mené en Castille.

Et combien que ledict seigneur Empereur eust deu suyvre sa victoyre (comme mesmes luy conseilloient ses alliez et dont aulcuns d'eulx, à ceste seule occasion de non l'avoir faict, le délaissèrent), toutesfoys pensant acquérir ung bon amy et beau-frère [2], et faire le bien publicque de la chrestienté et pourveoir aux affaires et nécessitez d'icelle, traicta avec ledict seigneur roy, le meit en liberté et luy bailla en mariaige sa sœur aisnée.

Que, avant le partement et délivrance dudict seigneur roy, Sadicte Majesté luy parla franchement et ouvertement sur ce que plusieurs disoient qu'il ne tiendroit ce qu'il avoit traicté et promis et juré et en baillé sa foy : sur quoy ledict seigneur roy de France feit plusieurs grands sermens et adjurations qu'il n'y deffauldroit en riens quelconque. Quoy voyart, Sadicte Majesté luy dict que, s'il le faisoit, il y auroit perpétuelle amityé entre eulx et leurs hoirs, et pourroient faire grandes choses pour le bien de la chrestienté et bénéfice d'icelle, et le tiendroit pour prince de foy et d'honneur, et au contraire le reprocheroyt de mauvaisement aller contre sadicte foy et promesse et de tant de juremens qu'il faisoit : dont ledict seigneur roy de France dict qu'il estoit très-content. Et voyant depuis Sadicte

---

[1] *Sic* dans les trois MSS. Dans la *Description* du seigneur de Herbais nous lisons : « Et à ses propres » deniers, » ce qui doit être le véritable texte.

[2] MSS. 14641 et 15869 de la Bibliothèque royale; *et léal frère* dans le MS. de l'Arsenal.

Majesté que l'honnesteté usée envers ledict seigneur roy de France en sa délivrance, ny encores ce qu'elle avoit comporté depuis des practiques et factions dudict seigneur roy assez notoires, ne profitoient en riens, mais continuoit de mal en pis, dit en Grenade au président de Bourdeaulx, lors ambassadeur dudict seigneur roy de France devers Sa Majesté, qu'il advertist ledict seigneur roy comme il ne luy avoit gardé sa foy. Sur quoy et sur ce que Sa Majesté reprint au hérault qui le vint deffier à Bourgues[1], ledict roy de France offrit depuis le combat à Sadicte Majesté, dès Parys, plustost à la soldadesque que en termes convenables aux qualités d'eulx deux : dont toutesfoys ne s'estoit ensuivy aulcung effect. Et pouvoit-lon bien sçavoir à qui il avoit tenu, s'en remectant (pour estre la chose d'assez fresche mémoire, dont il apparissoit par escript publicque) à ce qu'en estoit, et au regard de ladicte deffiance de Bourgues, qu'elle avoit esté faicte avec l'occasion et fondement desjà assez sceu. Et après, comme le feu seigneur de Lautrecht estoit jà passé les mons, s'est bien esclarcy, et encores est tout notoire, à quelle fin fut l'allée dudict de Lautrecht, qu'estoit de non soy contenter de Milan, mais encores prétendre d'avoir Naples, et aussi ce que en succéda, et de son armée et de celle du seigneur de Saint-Pol, en Lombardye, avec laquelle corresponda son armée à la desraison de leur entreprinse[2].

Que, tout ce nonobstant, Sadicte Majesté, préférant tousjours le bien publicque à son particulier, pensant encores vaincre ledict seigneur d'honnesteté, oster la guerre de la chrestienté et entendre à la résistance contre le Turcq et au remyde de la foy par le concile, avoit voulu oblier toutes choses mal passées et entendre au traicté de Cambray, que fut faict tant favorablement pour ledict seigneur roy comme il appert par icelluy : en vertu duquel ledict seigneur roy avoit recouvert ses effans détenuz en son lieu, dont, au temps dudict traicté et encores depuis, il démonstroit avoir

---

[1] Burgos.

[2] MS. de l'Arsenal. Dans le MS. 14641 cette phrase est ainsi conçue : « Et aussi de ce que en succéda, et de son armée et de celle du seigneur de Sainct-Paul en Lombardie, avoyt correspondu son armée à la desraison de son entreprinse. » Dans le MS. 15869 on lit : « Et aussi ce qui en succéda, et de son armée et de celle du seigneur de Sainct-Pol en Lombardie, avec la correspondance et la desraison de leur entreprinse. » La *Description* du seigneur de Herbays porte : « Et aussi ce qu'en succéda, et de son armée et de celle du seigneur de Sainct-Pol en Lombardye, avoit correspondu à la desrayson de leurs entreprinses. » Ce dernier texte est celui qui paraît le plus correct.

très-grand contentement. Aussy le Sʳ de Brion, que vint à Plaisance pour, au nom et par commission de son maistre, ratiffier et jurer ledict traicté de Cambray, certiffioyt très-fort à Sadicte Majesté, voyres faisoit grands sermens, que le plus grand bien que pourroit advenir audict seigneur roy et à son royaulme estoit d'avoir renuncé à ladicte Italye et ne prétendre jamais rien en icelle, combien que, comme l'on sceut depuis, il mena dès lors practicques pour contrevenir audict traicté de Cambray. Et voyant Sadicte Majesté ceste confirmation dudict admiral avec tant de sermens, remit tant plus voluntiers le feu duc Sforcia en l'Estat de Milan, pour la quiétude de l'Italye, contentement et satisfaction des potentatz d'icelle, aussy pour purger tous scrupules et suspicions qu'on luy avoit voulu imputer, que Sadicte Majesté tâchoit se agrandir en ladicte Italye et se faire monarque : dont toutesfoys la chrestienté, et mesmes ladicte Italye, peuvent estre assez asseurées du contraire, ayans veu continuellement ses œuvres et comme Sadicte Majesté avoit passé et repassé par ladicte Italye avec grandes forces paisiblement.

Que pensant Sadicte Majesté avoir, par la provision dudict Estat de Milan et la lighe deffensive faicte à Boulongne en l'an vingt-neuf, mis en tranquillité ladicte Italye, passa en Allemaigne, et y estant, commencea d'entendre le mescontentement que ledict roy de France avoit de ladicte provision de Milan, et depuis continuellement de plus, tel et si grand[1] qu'en toutes choses occurrentes pour le bien publicque de ladicte chrestienté il avoit tousjours mis, pour préalable condition, avant que d'y entendre, le recouvrement dudict Estat de Milan.

Et, entre aultres choses, venant le Turcq dernièrement en Hongrie, Sadicte Majesté Impériale avoit envoyé requérir ledict roy de France, de sa part et au nom de tous les estatz du sainct-empire et nation germanicque, d'assister à l'encontre dudict Turcq ; ce qu'il avoit refusé et, au lieu de ce, dict qu'il passeroit en Italye, avec cincquante mil hommes de pied et trois mil hommes d'armes, pour la défense de ladicte Italye, lorsqu'il n'y avoit apparence quelconque de nécessité en ce coustel-là, mais y estoit l'armée de mer de Sadicte Majesté très-puissante, comme elle se monstra. Et peult-l'on assez entendre comme ledict offre venoit au propos du besoing,

---

[1] *Sic* dans les trois manuscrits.

et encores que ledict roy de France disoit qu'il lèveroit la pluspart desdicts piétons de ladicte Germanye, lorsqu'elle requiéroit secours d'ailleurs. Et néanmoins ledict roy de France s'estoit souvent plainct que Sadicte Majesté l'avoit requis discourtoisement pour ladicte assistance : dont l'instruction de celluy qui avoit esté envoyé devers luy et sa responce peuvent démonstrer la vérité.

Et depuis il print occasion d'inimityé contre ledict feu duc de Milan, pour avoir ledict duc faict mourir par justice ung sien subject, nommé Merveilles, prétendant à ceste cause luy pouvoir faire la guerre ; et usa de grandes menaces à l'encontre de luy, se plaingnant dudict seigneur Empereur, comme si, à ceste seule cause, il eust deu deschasser dudict Estat de Milan ledict feu duc : le tout soubz couleur que ledict Merveilles fût ambassadeur dudict seigneur roy. Et combien que ledict duc s'en feit excuser par son chancelier, envoyé expressément devers ledict roy de France, faisant apparoir, par les propres lettres dudict seigneur roy qu'il avoit escript en faveur dudict Merveilles, qu'il estoit venu audict Milan pour ses particuliers affaires seulement, et ainsy le recommandoit audict duc, toutesfoys il n'a jamais admys excuses quelconques, ains tenu la justice faicte dudict Merveilles pour cause d'extrême inimityé à l'encontre dudict duc, et encores de grandes plainctes de Sadicte Majesté, jaçoit ce que, oultre le cas commis par ledict Merveilles assez notoire, il mena practicques contre ledict duc, sa vye et son Estat.

Aussy ledict roy de France commencea et esmeut la guerre à l'encontre du duc de Savoye, son propre oncle charnel, au temps et conjoncture et avec l'occasion que chascun pouvoit considérer ; estoit passé si avant comme se pouvoit veoir et à quelle fin il tendoit, selon les propos qu'il avoit tenu et tenoit journellement, et démonstroit malcontentement de ce que ledict seigneur Empereur faisoit instance et remonstrance pour ledict duc, son beau-frère, allyé et prince vassal du sainct-empire : déclarant ouvertement ledict roy de France que, si Sadicte Majesté assistoit ledict duc, il tiendroit les traictez d'entre eulx rompuz. Et pouvoit-l'on entendre comme cela estoit bien fondé en raison.

Aussy s'estoit plainct ledict roy de France des lighes faictes par Sadicte Majesté à Boulongne avec les potentatz d'Italye pour la deffension d'icelle tant seulement, et que l'on pouvoit assez entendre quelle occasion il en avoit, puisque ledict roy de France avoit entièrement renuncé à tout ce qu'il avoit peu prétendre en ladicte Italye, et que par icelle ligue n'estoit question d'aultre chose quelconque que d'observer la commune paix, quiétude et tranquillité de ladicte Italye, et, oultre ce, que lesdictes lighues estoient publicques et sçavoient tous lesdicts potentatz quelle honnesteté quant à ce Sadicte Majesté avoit gardé à l'endroict dudict seigneur roy de France, et que Sadicte Majeste pouvoit faire plusieurs aultres grandes plainctes à l'encontre dudict seigneur roy, qu'elle ne vouloit toutes dire, mais seulement que, depuis la délivrance de sesdicts enfans, il n'avoit jamais riens satisfaict de ce qu'il avoit accordé et promys, et avoit tenu continuellement practicques en Allemaigne et Italye contre Sadicte Majesté Impériale et le roy des Romains, son frère : tout directement et ouvertement contre lesdicts traictez.

Et mesmes, délaissant plusieurs aultres particularitez, avoit avec ses propres deniers faict mouvoir guerre pour la duché de Virtenberg à l'encontre dudict seigneur roy, inexcusablement contrevenant ausdicts traictez ; qu'il avoit retiré à son service le duc de Gheldres et faict traicté avec luy, directement contre celluy de Madrit et celluy de Cambray ; ledict seigneur roy n'avoit voulu rendre les subjectz de Sadicte Majesté détenuz fourchaires[1], soubz couleur de vouloir ravoir premièrement ceulx qui estoient au pouvoir de Barberousse, envers lequel Sadicte Majesté n'avoit moyen les recouvrer, comme bien avoit[2] ledict seigneur roy, et n'estoit raisonnable de, soubz ceste couleur, refuser la restitution de ceulx de Sadicte Majesté, comme ledict roy de France, ce nonobstant, l'avoit souvent promys de faire et puis dényé ladicte promesse.

Dadvantaige, au temps que Sadicte Majesté s'armoit pour résister contre Barberousse, ledict seigneur roy aussy s'arma ; et combien qu'il luy fût certiffié, de la part de Sadicte Majesté, que les apprestes qu'elle faisoit estoient contre ledict Barberousse, et non à aultre fin quelconque, toutesfoys pourtant ne voulut-il désister, et dit que les choses estoient de sorte entre Sadicte Majesté et luy qu'il ne vouloit demourer à la discrétion d'aultruy. Et sçavoit bien Sa Saincteté ce qu'il avoit respondu touchant ses galères qu'elle avoit requis pour ladicte entreprinse.

[1] *Fourchaires,* forçats.
[2] MSS. de l'Arsenal et 14644 de la Bibliothèque royale ; *sçavoit* dans le MS. 18869.

Que, dès incontinent que le feu duc de Milan fut mort, il commencea derechief à soy armer [et avoit fait descendre lansknechts en France][1] et lever gens en son royaulme, dresser et faire l'armée qui estoit ès pays du duc de Savoye, déclarant ouvertement que c'estoit pour aller contre ledict Milan et l'avoir ou de gré ou de force; et toutesfoys il vouloit donner à entendre que Sadicte Majesté avoit commencé à soy armer le premier, combien que jamays Sadicte Majesté n'eust fait lever ung seul homme que desjà lesdicts lansknechts ne fussent entrez en France, voyres avoit très-expressément deffendu à ses ministres de non faire gens de guerre si ledict roy ne commençoit[2], comme, depuis la mort dudict duc de Milan, se vantoit vouloir faire.

Que Sadicte Majesté Impériale s'estoit voluntiers condescendu, tant à la réquisition de Sadicte Saincteté, comme elle sçavoit, que ensuyvant ce que la royne de France, sa sœur, lui avoit escript, du traicté de ladicte duché de Milan pour monsieur d'Angoulesmes, moyennant que ce fût avec le gré et du consentement des potentatz de l'Italye et asseurance d'icelle, mais que ledict roy de France, non content de ce, avoit persisté absolument d'avoir ledict Estat de Milan pour le duc d'Orléans, et encores vouloit l'usufruict ledict roy pour sa vye durant : qu'estoit chose trop extrême et en quoy ne se pouvoit trouver moyen ny asseurance convenable pour le bien publicque de la chrestienté, de Sadicte Majesté ny de ses alliez; et pouvoit-l'on assez penser si ladicte royne avoit escript dudict seigneur d'Angoulesmes sans le sceu dudict seigneur roy, puisque elle luy estoit obéyssante comme l'on sçait, et aussy luy avoit souvent escript et recommandé Sadicte Majesté que, comme qu'il fût des affaires de Sadicte Majesté et dudict seigneur roy, qu'elle compleust entièrement à sondict mary, sans aultre respect que raison et honesteté voloient.

Et nonobstant que Sa Majesté se fût mis en cestuy si grand debvoir pour parvenir à establissement de paix avec ledict roy de France, se condescendant à luy complaire, comme dict est, dudict Estat pour son filz d'Angoulesmes, toutesfoys ledict seigneur roy continuoyt de procéder par la force,

---

[1] Les mots entre crochets ne sont pas dans le MS. de l'Arsenal et le MS. de Reims; ils sont dans les deux MSS. de la Bibliothèque royale.
[2] MS. 14041 de la Bibliothèque royale; *recommençoit* dans les MSS. de l'Arsenal et de Reims et dans le MS. 15869 de la Bibliothèque.

et y continuoyt comme l'on pouvoit veoir et sçavoir, jaçoit ce que sondict ambassadeur, le Sr de Villey [1], eust très-expressément asseuré que, durant la practicque de ladicte paix, ledict seigneur roy ne procéderoit par ladicte force contre ledict duc de Savoye.

Que à Sadicte Majesté grevoit et pesoit grandement que tous debvoirs où elle s'estoit tousjours mis pour parvenir audict establissement de paix, et ce qu'elle avoit comporté dudict seigneur roy en ce que dessus et plusieurs aultres manières, n'avoit en riens peu proffiter, et que, pour éviter, à son pouvoir, les maulx et inconvéniens succédans de la guerre, comme l'expérience passée l'avoit trop monstré, elle vouloit encores faire les offres qu'elle feit lors, telles qu'elles sont contenues ès lettres que Sadicte Majesté escripvit le mesme jour au visconte Hennart [2], son ambassadeur en France, dont la substance est : que, nonobstant que ledict seigneur roy ayt faict les choses susalléguées, Sa Majesté Impériale, pour le bien de la chrestienté et quiétude d'Italye, estoit content et condescendu d'entendre au traicté de paix et de l'Estat de Milan pour le duc d'Orléans, moyennant les asseurances requises en tel cas; qu'il ne véoit les moyens, et que, depuis son arrivée audict Rome, y avoit beaulcoup pensé, et ne véoit, comme est vérité, qu'il fût possible treuver l'asseurance, en ce faisant, telle qu'il convenoit pour la quiétude générale de ladicte Italye ny pour son particulier, et aussy qu'il avoit, par son ambassadeur, faict dire ceste offre audict seigneur roy [3]; persistoit expressément de voloir avoir l'usufruict dudict Estat de Milan sa vye durant, que donnoit de soy très-scrupuleuse l'asseurance à ce requise, et pour tousjours comprouver que Sadicte Majesté estoit content de complaire audict seigneur roy dudict Estat de Milan pour son filz le seigneur d'Angolesmes, avec asseurances honnestes et raisonnables au contentement de Sa Saincteté et des potentatz d'Italye, avec la participation desquelz Sadicte Majesté se condescendra quant ad ce.

Et au cas qu'il convint retourner en guerre (que desplairoit à Sadicte Majesté) et ledict roy ne veuille venir en ce poinct de traictement de paix, pour éviter les maulx et inconvéniens qui succéderont de rentrer en guerre,

---

[1] Velly.
[2] Jean Hannart, seigneur de Liedekercke, vicomte de Lombeke.
[3] Ce qui suit est à peu près inintelligible; mais les quatre manuscrits concordent dans le texte que nous donnons.

tant à la chrestienté que aux subjectz d'ung coustel et d'aultre, Sadicte Majesté est contente que ladicte guerre se achève de sa personne et celle dudict seigneur roy avec armes et seurtez égales, soit en mer ou en terre, lesquelles seurtez seront assez faciles à treuver, si ledict roy veult estre traictable, comme sera du coustel de Sadicte Majesté.

Et si ledict seigneur roy, au deffault dudit traicté dessus nommé, a si grand'envye de recouvrer ledict Milan, Sa Majesté est content de le déposer à l'encontre du duché de Bourgongne, combien qu'il soit à Sadicte Majesté, et aultre chose que sera mise égale audict Millan, afin que le vainqueur obtienne ce que sera déposé. Et entend Sadicte Majesté Impériale que ledict seigneur roy luy responde endéans huit jours [1], soit dudict establissement de paix, ou, au deffault de ce, dudict combat. Et en cas qu'il ne le face, Sadicte Majesté entend non estre plus tenu à ceste offre, ains par ce demourer pour le bien-justiffié, et au surplus faire comme par droict et raison treuvera, etc.

Ladicte lettre [2] escripte à Rome, le 17e d'apvril, audict an.

Le 18e d'apvril Sa Majesté print congié du pape, accompaigné de tous les cardinaulx jusques hors de la cité, et dès là des cardinaulx Trimolse et Carasely [3] jusques à la dernière terre de l'Église.

Vint cedict jour coucher à Monterose [4].

Le 19e à . . . . [5].

Le 21e à Aiguependente [6].

Le 22e à Pérouse [7].

---

[1] MSS. de l'Arsenal et de la Bibliothèque royale; *quinze jours* dans le MS. de Reims; *vingt jours* dans la *Description* de Herbais. C'est *vingt jours* d'après la lettre du vicomte de Lombeke mentionnée en la note suivante.

[2] C'est-à-dire celle qui fut écrite au vicomte de Lombeke et dont il est question à la page précédente. Cette lettre, en date du 17 avril 1536, avec un P.S. du 18, a été publiée par Lanz, *Correspondenz des Kaisers Karl V*, t. II, pp. 225-229.

[3] Trivulzio et Caraccioli.

[4] Monte-Rossi.

[5] En blanc dans le MS. de l'Arsenal, le MS. de Reims et le MS. 15869 de la Bibliothèque royale. Le MS. 14641 ne parle pas de la journée du 19.

[6] Acquapendente.

[7] Perugia.

Le 23ᵉ au monastère près Sènes [1], où arriva en poste le conte de Reux, grand maistre.

24ᵉ à Sènes. Auquel lieu vint en poste le cardinal de Lorrayne de la part du roy de France; lequel partist le 27ᵉ dudict moys, pour aller à Rome. Et le mesme jour Sa Majesté alla coucher à Sainct-Casse (?).

28ᵉ à Florence, où trouvâmes en chemin les ducz Guillame de Bavière, de Brunswick et marquis de Brandenbourg, nommé. . . . .[2]. Et fûmes audict Florence jusques au 4ᵉ de may. Auquel lieu fut faict ung combat, en présence de Sa Majesté, d'ung ours contre deux lyons, lequel ours gaingna le combat.

Le 4ᵉ de may à Pistojia.

5ᵉ à Lucques, où revint le cardinal de Lorrayne.

10ᵉ à Pedro-Sancto [3].

11ᵉ à Massan [4].

12ᵉ à Frasan [5].

13ᵉ à Volan (?).

Dès là se partist ledict cardinal pour retourner en France.

14ᵉ à Pontremo [6], où vint l'évesque de Châlons en Champaigne.

15ᵉ à Bourgueville [7].

16ᵉ à Fournoue, où vint le frère du duc de Ferrare au service de Sa Majesté, nommé don Francisco d'Aest [8].

18ᵉ au Bourg Sainct-Denys [9].

19ᵉ à Pontenoire [10].

20ᵉ à Rotefris [11].

---

[1] Sienne.

[2] Ce nom est en blanc dans les quatre manuscrits. Le marquis de Brandebourg était Joachim II, qui avait succédé, en 1535, à Joachim Iᵉʳ, son père.

[3] San-Pietro.

[4] Massa.

[5] Sarsane ou Sarzane.

[6] Pontremoli.

[7] Borgo Val di Taro.

[8] D'Este.

[9] Borgo-San-Denino.

[10] Ponte Nura.

[11] Rotto-Freddo.

21ᵉ à Rène¹ sur la rivière du Pò, où trouvâmes les duchesses de Savoye et celle de Milan, vefve.

22ᵉ à Vainguyère².

23ᵉ à Tourtone³.

24ᵉ à Alexandrie.

26ᵉ à Ast⁴.

Dès là se partist le Sʳ de Vély, ambassadeur pour le roy de France, pour son retour; lequel fut conduict par une trompette jusques aux limites pour entrer en France.

Audict lieu vindrent les ducs Philippe, palatin, celluy de Savoye et de Mantua. Vint aussy le marquis de Saluce, qui jusques alors avoit esté au service du roy de France, revenant à ceste heure à son naturel seigneur.

Auquel lieu d'Ast demoura Sadicte Majesté jusques au 22ᵉ de juing.

Le 22ᵉ de juing Sa Majesté vint coucher à Alba.

Le lendemain, partant dudict Alba, passant la rivière qu'est devant la ville, se noya le sieur de Grandmont, gentilhomme de la bouche de Sadicte Majesté. Vint coucher à Savylan⁵: auquel lieu vindrent les cardinaulx Trimoulse et Caracholy, légatz de Sa Saincteté, ledict Trimoulse pour passer en France, et ledict Caracholy pour demourer vers Sadicte Majesté.

Au mesme temps revint le seigneur de Licquerque, qui avoit esté ambassadeur en France pour Sa Majesté.

Pendant lequel temps une partie des gens de Sadicte Majesté estoit devant Turin, où estoit dedans pour le roy de France le Sʳ de. . . . . .⁶; et le seigneur Anthoine de Leyva, prince d'Ascoly, général pour Sa Majesté, tenoit assiégé Foussan⁷, où estoit dedans le seigneur de Montpesar⁸ pour le roy Françoys. Voyant par ledict seigneur de Montpesar qu'il ne pouvoit

---

¹ Arena.

² Voghera.

³ Tortona.

⁴ Asti.

⁵ Savigliano.

⁶ En blanc dans les quatre manuscrits. D'après Sismondi, *Histoire des Français*, t. XI, p. 480, c'étaient les sires d'Annebaut et de Burie qui commandaient dans Turin.

⁷ *Fossano*.

⁸ Montpezat.

avoir secours de France ny de ceulx estans dedans Turin, rendit la ville et se retira en France avec ses gens.

Et en ce mesme temps fut prins des Françoys George Capucheman (?) avec trois cens chevaulx-légiers. Lequel George demoura au service de France jusques en l'an mil cincq cens trente-sept qu'il fut prins en Pycardie, devant Péronne, par les gens de Sadicte Majesté, et depuis décapité à Vilvorde.

Estant Sadicte Majesté audict Savillan, après plusieurs conseilz tenuz avec ses princes et capitaynes, résoulut entrer en France pour satisfaire à ce qu'il avoit dict à Sa Saincteté, à Rome, en présence de tout le consistoire et des ambassadeurs de France, en respondant audict roy à ce qu'il avoit dict que Sadicte Majesté parloit de loing et que les lances estoient trop courtes pour se rencontrer : à quoy Sadicte Majesté deust responde qu'il l'approcheroit de si près que ledict roy n'auroit excuse de mectre en avant que les lances fussent courtes.

Résolvant d'entrer en France, advisa qu'il yroit par le coustel de Provence en l'ordre que s'ensuyt, jusques à entrer au premier lieu tenu par ledict roy.

L'ordre estoit que le seigneur Andreas Dorya, prince de Melphe, général en mer pour Sadicte Majesté, iroit, avec ses galères et naves portant munitions, vivres et grosse artillerie, tousjours le plus près de terre qu'il seroit possible, pour à une nécessité avoir tant artillerie que aultres choses que fauldroit, et que don Pedro de la Coyva [1], capitayne général de ladicte artillerie, iroyt quant et quant [2]; le seigneur don Fernande de Gonzaga, prince de Molphete, frère du duc de Mantoua, vice-roy de Secille, général des chevaulx-légiers, avec sesdicts chevaulx-légiers, iroit au long de la coste de la mer; une journée après, [par le mesme chemin] [3] le suyvroit le conte de Bonavente, capitayne des gentilzhommes de la maison, et avec eulx les cent archiers de corps; une aultre journée après iroit le duc d'Alve, capitaine des hommes d'armes du royaulme de Naples. Après suyvroit le seigneur d'Istain [4], capitayne des hommes d'armes des pays d'embas et

[1] Cueva.
[2] *Quant et quant*, avec lui.
[3] Les mots entre crochets manquent dans le MS. de l'Arsenal et le MS. de Reims.
[4] Floris d'Egmont, seigneur d'Isselstayn.

clévois ; après huict mille chevaulx pour l'artillerie, Sa Majesté, ses princes, ceulx de sa chambre, de sa bouche et officiers de sa maison. Anthoine de Leyva, le marquis del Gasto, avec leurs piétons, les pionniers, les chevaulx et gens des princes iroient tous avec Sadicte Majesté par ung aultre chemin par dedans les montaignes. Et en cest ordre se partist chascun.

Les noms d'aulcuns princes et nombre de gens que Sa Majesté avoit audict Savylan pour ladicte entreprinse estoient : les ducz Guillame de Bavière, Philippe, palatin, de Brunswick, de Savoye, et d'Alve; marquis de Brandenbourg, de Saluce; princes de Molphete et Melphe, d'Asculi, de Salerne, de Bisignan, d'Esquillache, d'Istellano, de Sulmona; don Francisco d'Ast, frère du duc de Ferrare, conte de Bonavente, marquis d'Aguillar et plusieurs aultres contes et seigneurs; vingt-cincq mil piétons allemans, dont Anthoyne de Leyva, dessus nommé, prince d'Asculi, estoit général; dix mille piétons espaignolz et quinze mil piétons italyens soubz le marquis del Gasto; quelque nombre de Suisses et aventuriers; six mil pioniers; cent et une pièces d'artillerie, tant doubles canons, canons, demy-canons, que pièces de campaigne; trois mil chevaulx-légiers soubz le seigneur don Fernande de Gonzaga; douze cens hommes d'armes, tant du pays d'embas que clévoys, soubz le seigneur d'Istain; douze cens lances du royaume de Naples soubz le duc d'Alve; lances venues d'Allemaigne; environ sept cens chevaulx des gens de ces princes et unze cens chevaulx de ceulx de la maison de Sadicte Majesté.

Et en tel ordre et compaignie Sadicte Majesté partist dudict Savillan. Et vint la première journée coucher à une maison près Foussan, la seconde à un monastère passé Cony. Et dès là[1], par ses journées, passant devant Nyce, vint jusques à Sainct-Laurens en Provence, tenu par le roy de France, où s'assembla toute l'armée tant de mer que de terre. Auquel lieu Sadicte Majesté feit appeller tous ses princes et capitaynes, et conclurent l'ordre que l'on tiendroit dès là en avant à marcher ès pays des ennemys : que fut que le vice-roy de Secille, dessusnommé, avec ses chevaulx-légiers, le coronel Tamize avec quatre mil Allemans, marcheroient en avant-garde

---

[1] Nous suivons ici la *Description* de Herbais et le MS. 14041 de la Bibliothèque royale. Dans le MS. 15869, comme dans ceux de l'Arsenal et de Reims, on lit : « La seconde à un monastère passant par-devant..... Et dès là, etc. »

descouvrant pays; Sa Majesté, ses princes, ceulx de sa maison, le seigneur de Bossu, grand escuyer, portant l'estendart, la reste des Allemans, Italiens et gens de pied, et les hommes d'armes venuz d'Allemaigne, suyvroient ledict vice-roy. Le bagaige, que l'on treuva au nombre de vingt-cincq mille, tant chevaulx que muletz, soubz don Loys de la Cerda, debvoit marcher quant et quant. Après debvoit suyvre le duc d'Alve [avec] ses hommes d'armes de Naples l'ung des jours, et l'aultre jour le seigneur d'Istain avec ses hommes d'armes clévoys, à rechange. L'artillerye de campaigne et pionniers quant et quant Sa Majesté. Le prince de Melphe avec le prince de Salerne debvoient coustoyer, par mer, la terre le plus que leur seroit possible. Et avant que Sadicte Majesté partist dudict Sainct-Laurens, eust nouvelles que lesdicts princes Dorya et de Salerne avoyent prins Antibo.

Sadicte Majesté, partant dudict Sainct-Laurens, vint loger près dudict Antibo, et dès là à Ferjus[1]. Auquel lieu luy vindrent nouvelles que le seigneur Fernande de Gonzaga, auprès de Brugnole[2], avoit rencontré les sieurs de Montéjan et de Boisy et aultres Françoys, jusques au nombre de trois cens lances, six cens piétons italyens soubz messire Paule Rans (?), lesquelz furent tous deffaictz ou prins. Et après ledict seigneur don Fernande Gonzaga print ledict Brugnole, où le lendemain vint Sa Majesté.

Et dès là, passant par Sainct-Maximyn, vint jusques à Aix en Provence, qui estoyt entrer en pays d'ennemys cincquante-cincq lieues. Auprès de laquelle ville Sa Majesté se logea, et meit dedans la ville, pour commissaire, don Laurens Manuel. Auquel lieu Sa Majesté demoura de pied coy, attendant vingt-troys jours pour veoir si le roy de France luy viendroit donner la bataille. Cependant ledict seigneur Fernande fut courrir jusques aux portes d'Arles.

Sa Majesté, par ung matin, voulant veoir l'assiette de Marseille, fut jusques aux portes de la ville, luy troysième seulement, où luy, le seigneur d'Andelot et capitayne Milort (?) prindrent deux hommes joignant ladicte porte. Au mesme temps mourut Anthoyne de Leyva, général[3]. Et, au moys d'aougst, Cesar Frégose, gènevois[4], tenant le party des Françoys,

---

[1] Fréjus.
[2] Brignoles.
[3] Le 10 septembre, à Aix.
[4] Génois.

ayant faict gens avec le seigneur Caignyn de Gonzague et Guy Rencon [1], furent assaillir Gennes, le cuydans surprendre : furent reboutez.

Au mesme temps que Sadicte Majesté estoit en Provence, le conte de Nassau, général pour Sa Majesté ès pays d'embas, ayant prins Guyse, avoit mis le siége devant Péronne en Picardie.

Au mesme temps Sa Majesté eust nouvelles de la mort du daulphin de Viennoys, filz aisné du roy de France, lequel mourut à Tournon en Daulphiné [2] : dont Sa Majesté fut bien marry.

En ce mesme temps vindrent nouvelles à Sa Majesté que George Schinck, gouverneur de son pays de Frize, avoit gaingné une bataille contre les Gheldrois devant la ville de Groeninghe.

Voyant Sa Majesté que, estant cincquante-cincq lieues dedans le pays du roy de France, et que ledict roy ne faisoyt semblant en aulcune manière s'approcher pour donner bataille ny aultrement, et que l'hyver approchoit, Sadicte Majesté se partist dudict Aix le 12e de septembre, et le mesme jour le conte de Nassau leva le siége de devant Péronne.

Sa Majesté revint par journées au long du rivaige de la mer jusques à Gennes, où il arriva le . . . . [3]; et y demoura jusques le 15e de novembre, lequel jour il s'embarqua pour son retour en Espaigne : auquel voyaige de mer il y eust plusieurs basteaulx perduz. Et arriva à Barcelonne le 6e de décembre audict an trente-six, et vint jusques à Valdolit, où il treuva l'impératrice. Auquel lieu il demoura jusques au moys de. . . . [4] qu'il partist pour aller à Montson tenir les cortès, que fut en l'an trente-sept.

Pendant lequel temps le roy de France assiégea Hesdin, qu'il print par appoinctement. Et le conte de Buren, général pour Sa Majesté ès pays d'embas, partant d'Arras, alla à Sainct-Pol, laquelle, au bout de six jours, fut prinse par assault, où ilz moururent de ceulx de dedens quatre cens gentilzhommes de nom et d'armes; dès là vint à Montreul, laquelle se rendist par appoinctement. Partant dudict Montreul, vint assiéger Térouane.

1537.

---

[1] Guido Rangon.
[2] Le 10 août 1536.
[3] Cette date est en blanc dans les quatre MSS.
[4] En blanc dans le MS. de l'Arsenal, le MS. de Reims et le MS. 15869 de la Bibliothèque royale. Dans le MS. 14641 on lit : « jusques au moys d'apvril. »

Et ung jour cuydans les Françoys revictailler ledict Térouane, furent plusieurs prins par les gens de Sa Majesté ; et depuis ledict Térouane fut revictaillé.

Ce voyant par la royne douaigière d'Hongrie, régente et gouvernante des pays d'embas pour Sa Majesté, et sollicitée par la royne de France, sa sœur, de adviser quelque moyen de dresser quelque appoinctement entre ces deux princes, se condescenda envoier les seigneurs de Molembaix et de Liekerke¹ pour se treuver à Boni² près ledict Térouane, avec le seigneur de Saint-André³, commis pour le coustel de France, où ilz conclurent une trefve de neuf moys, dont elle advertit Sa Majesté par le bastart de Fallaix, lequel vint en poste par France avec saulf-conduit treuver Sa Majesté à Montson ; et de la part du roy de France, avec saulf-conduit de Sa Majesté, vint le Sr de Vély treuver Sadicte Majesté à Montson, où fut conclud une abstinence de guerre pour Italye de trois mois, et que Sa Majesté envoieroit les seigneurs de Grandvelle et commendador major de Léon⁴ au lieu de Saulses⁵, avec pouvoir souffisant, et le roy envoieroit le cardinal de Lorrayne et connestable de France au lieu de Locate⁶, pour se joindre ensemble aux Cavaignes (?) de Fytou⁷, qu'est lymite entre Espaigne et France, pour veoir s'ilz pourroyent moyenner quelque bonne paix entre lesdicts princes. A quoy Sa Majesté voulut satisfaire, car il despescha lesdicts seigneurs depuis ledict Montson ; lesquelz partirent bien accompaignez de gentilzhommes, jusques au nombre de trois cens chevaulx, vindrent jusques audict Saulses, et se veirent la première foys avec les Françoys audict Cavaignes le vendredy, 29ᵉ jour de décembre. Et, après plusieurs communications, feirent une trefve et abstinence de guerre par terre pour troys moys ; laquelle depuis Sa Majesté consentist par mer comme par terre : pendant lequel temps Sadicte Majesté se debvoit trouver à Villa-

---

¹ Philippe de Lannoy, seigneur de Molembais, et Jean Hannart, seigneur de Liedekercke, dont il a déjà été question.
² Bomy, village d'Artois, à cinq lieues de Saint-Omer.
³ Jean d'Albon, seigneur de Saint-André.
⁴ Francisco de los Covos.
⁵ Salses, village de Languedoc, à quatre lieues de Perpignan.
⁶ Leucate, ville de Languedoc, à neuf lieues et demie de Narbonne.
⁷ Fitou, village de Languedoc, canton de Sijean, à neuf lieues de Narbonne.

franca, qu'est à deux lieues de Nice en Provence, et pape Paule troisième, qui tenoit fort la main à cest affaire, se treuveroit audict Nice, désirant moyenner quelque paix entre lesdicts princes, et le roy se treuveroit à Villeneufve, à deux lieues dudict Nice. Ce conclud, lesdicts seigneurs s'en retournèrent vers leurs maistres. Sa Majesté partist dudict Montson. . . . . . . .¹. Auquel lieu vint la nouvelle que le duc de Florence, beau-filz de Sa Majesté, avoit esté tué, le 6ᵉ de janvier audict an, par Laurent de Médicis, son cousin.

Dudict Montson Sa Majesté alla à Valdolit, où estoit l'impératrice, et fut de retour à Barcelonne le premier jour de janvier en l'an trente-huict. Auquel lieu vindrent nouvelles de la mort de la duchesse de Savoye. 1538.

Et au moys de febvrier Sa Majesté partist de Barcelonne pour aller veoir sa conté de Rossillon. La première journée alla coucher à la Roque², la seconde à Esterlicq³, où vindrent nouvelles que l'infant don Loys de Portugal estoit arrivé en poste à Valdolit vers l'impératrice, sa sœur, et qu'il venoit oultre treuver Sadicte Majesté. Par quoy, dès ledict Esterlicq, furent renvoyez ung maistre d'hostel et des gentilzhommes audit Barcelonne, pour attendre ledict seigneur infant et le servir, attendant le retour de Sadicte Majesté.

De Esterlicq Sa Majesté fut à Gérone, dès là à Figuères, dès Figuères à Parpignan, où il demoura dix jours, fut disner ung jour à Saulses et retourna coucher audict Parpignan, et, au partir de là, fut disner à Elne et coucher à Colybre⁴. Retournant par Gérone, arriva aux quaresmeaulx à Barcelonne. Au mesme jour y arriva ledict seigneur infant, lequel ogea en court et disnoit journellement avec Sadicte Majesté, et, après y avoir demouré cincq sepmaines, s'en retourna en poste par le mesme chemin.

Pendant ledict temps vint audict Barcelonne le cardinal Jacobasse⁵, légat, sollicitant le partement de Sadicte Majesté, puis s'en retourna. Et le 25ᵉ d'apvril, estant arrivé le prince Dorya avec vingt-une galères, Sa

---

¹ En blanc dans les quatre manuscrits.
² Rocafort.
³ Hostalrich.
⁴ Collioure.
⁵ Christophe Jacobatii, romain, évêque de Cassano, cardinal du titre de Saint-Eustache.

Majesté s'embarqua pour le voyaige de Villafranca, et vint jusques devant Marseille, que fut par un dymenche, au poinct du jour, que l'on envoya douze galères pour eau fresche à Marseille la vieille. Et Sa Majesté passant oultre en ung destroict entre deux roches, nommé la Croysette, furent descouvertes aulcunes voiles, venant de vers Turquye; et voyant qu'ilz venoient ensemble jusques au nombre de douze voiles, incontinent chascun se meit en ordre; et elles approchans et portans peincte la lune en poupe, que sont les armes du Turcq, pensant qu'elle fussent turquesques, Sa Majesté, le premier, commença à canonner et print l'une desdictes galères, portant ladicte banière, et l'aultre commença aussy à canonner. Ce voyant, Sa Majesté la poursuyvit, et elle gaingna la roche; fut prinse, et les gens qui estoient dedans, aulcuns d'eux s'enfuyrent par la roche; et la galère nommée *l'Aquila* en print une aultre; et les galères qui estoient allées à l'eau, non sçachans de cest affaire, survenans audict combat, *la Victoire* du prince [Doria] et *la Victoire* d'Espaigne en prindrent chascun une, et la reste se saulvarent tant en terre que en mer.

Et venant Sa Majesté près Citad [1], petite villette en Provence, tiroient à force bouletz après Sadicte Majesté : lequel passé, voyant que lesdictes galères prinses estoient celles que le roy de France avoit envoyé en Turquye, les délivra, et rendit-l'on tout ce que l'on avoit prins; et pour ce que l'on ne peust tout recouvrer, Sa Majesté donna par galère mil escuz.

Passant Sa Majesté oultre, vint par-devant Nice à Villafranca, où il se désembarqua, et le mesme jour envoya le seigneur de Bossu, grand escuyer, accompaigné de plusieurs gentilzhommes, en brigantins, vers le pape, lequel estoit arrivé à Saone, et y allarent les galères. Et pour ce que Sa Majesté avoit promis à Sa Saincteté, soubz la promesse et parole du duc de Savoye, qu'il luy feroit délivrer le chasteau de Nice, pour estre à seurté pour pouvoir traicter entre les princes, Sa Saincteté envoya le lendemain Pierre-Loys, duc de Castro, son filz, vers Sadicte Majesté pour cest effect; lequel alla le mesme jour audict Nyce. Et comme le duc de Savoye avoit promys à Sadicte Majesté, tant par lettres que de bouche, le jour que Sadicte Majesté se désembarqua, qu'il luy délivreroit ledict chasteau en donnant seurté audict seigneur duc, Sa Majesté, le prenant à sa charge, envoya

---

[1] La Ciotat.

les Srs de Grandvelle et Peloux pour accepter ledict chasteau. A quoi il fut refusant : dont Sa Majesté fut mal content. Et de ce adverty, le pape différa de se mectre en chemin pour ledict Nice.

Ledict duc vint vers Sa Majesté faire ses excuses, disant que ses subjectz ne le vouloient consentir. Sa Majesté l'envoya vers Sa Saincteté avec deux galères, et avec luy, pour le conduire, le seigneur don Laurens Manuel, afin de s'excuser vers Sadicte Saincteté. Revint le lendemain. Et sur le soir Sa Saincteté, passant devant ledict Villafranca, s'alla désembarquer à Nice. Ne voulant entrer dedans la ville, fut loger à Sainct-Françoys, hors dudict Nice. Journellement venoient vers Sadicte Majesté plusieurs cardinaulx. Et au mesme temps le roy et royne de France estoient arrivez à Villeneufve, qu'est à deux lieues de Nice.

Sadicte Majesté envoya visiter incontinent le pape par les seigneurs de Grandvelle, commendador major de Léon et aultres seigneurs. Et le lendemain Sadicte Majesté, accompaigné de tous ses princes, ducz et gentilzhommes, fut par mer audict Sainct-Françoys visiter le pape, et y demoura environ deux heures; et l'aultre jour après, le roy de France vint près dudict Nice, en une maison où le pape l'attendoit, luy baiser les piedz; et fut conclud que, pour entendre aux affaires, se treuveroient vers Sa Saincteté, de la part de Sa Majesté, les seigneurs de Grandvelle et commendador major de Léon; de la part du roy de France, le cardinal de Lorrayne et connestable de France.

Trois jours après vindrent, de la part dudict roy de France, veoir Sadicte Majesté, aux galères de France, le cardinal de Lorrayne et connestable de France, accompaignez de plusieurs princes et seigneurs françoys. Et le mesme jour furent envoyez par mer, de la part de Sadicte Majesté, visiter ledict roy à Villeneufve, les ducz d'Albergile[1], de Nagère[2], seigneur de Grandvelle, commendador major et plusieurs contes et seigneurs d'Espaingne. Et trois jours après vint visiter Sadicte Majesté la royne de France avec toutes les galères de France, accompaignée des cardinaulx de Lorrayne et Chastillon, du connestable, du duc de Vendosme et de plusieurs

---

[1] MS. de l'Arsenal; d'*Alberch* dans le MS. 14641 de la Bibliothèque royale; d'*Albergue* dans le MS. 15869. Il doit s'agir ici du duc d'*Albuquerque*, qui, ainsi qu'on le verra plus loin, était en la compagnie de l'Empereur.

[2] Nájera.

seigneurs de France, de mesdames la daulphyne et fille du roy, des duchesses de Longeville, d'Estampes et plusieurs dames. Sa Majesté envoya au-devant d'icelle toutes ses galères et plusieurs ducz et seigneurs, et l'attendoyt sur la rive de la mer, où l'on avoit fait ung pont qu'entroit dedans la mer, pour plus facillement désembarquer les dames. Sa Majesté estant sur le pont, la royne et les dames, accompaignées des ducz de Savoye, Mantua, Camarin, Alva, Végère [1], Nagère, Albergues, les princes de Besignan, Salerne et Sulmone, la foule chargea tant que le pont rompit et tombarent tous en mer, néanmoins qu'il n'y eust nul péry ny blessé. Et sur la nuict s'en retourna ladicte royne, accompaignée comme au venir.

Estant audict Nyce Sa Saincteté, Sa Majesté fut plusieurs foys négocier vers Sadicte Saincteté en une petite maysonnette, aux vignes, environ my-chemin dudict Nice, où Sadicte Saincteté se treuvoit. Pendant lequel temps venant ung ambassadeur de Roussye vers Sa Majesté, par mer, dès Gennes, en ung brigantin, fut prins des Mores et Turcqz et mené au conte de Tandes, gouverneur pour le roy de France en Provence. Fut ledict ambassadeur par les Turcqz tout saccaigé et despouillé, et par ledict conte de Tandes amené audict Villefranca à Sa Majesté.

Et enfin fut conclud une trefve de dix ans entre Sadicte Majesté et ledict roy, pays et subjectz, laquelle fut ratiffyée par Sadicte Majesté la veille de la Feste-Dieu, que la royne de France vint audict Villafranca, accompaignée de mesdames la daulphine et fille du roy et de plusieurs princesses et dames de France, les cardinaulx de Lorrayne et Chastillon, connestable, duc de Vendosme et plusieurs aultres seigneurs. Laquelle vint disner avec Sa Majesté, y soupa et coucha audict Villafranca, et le lendemain y disna, et l'après-disner partist retournant par mer audict Villeneufve.

Et environ les quatre heures après midy, Sa Majesté s'embarqua et feit voile. Et au mesme instant arriva le pape à l'entrée du port dudict Villafranca, ès galères de France, et par ensemble vindrent juques à Gennes, où le pape se désembarqua au môle, et dès là fut porté à la grande église, et dès là alla loger à la maison du conte de Flasco [2], et Sa Majesté se désembarqua en son logis en la maison du prince Dorya.

[1] Béjar.
[2] MSS. de l'Arsenal et de Reims; *Flesco* dans le MS. 14641 de la Bibliothèque royale; *Fresco* dans le MS. 15869. Probablement *Fiesco* (Fiesque).

Estant Sa Majesté audict Gennes, se treuvant ung peu mal dispos des gouttes, Sa Saincteté le vint veoir, et demourarent ensemble quatre heures. Et le samedy suyvant Sa Majesté fut veoir Sa Saincteté et prendre congié de luy, et y demoura dès les trois heures jusques à neuf heures du soir. Auquel lieu fut conclud le mariaige du seigneur Octavio Farnèse, filz de Pierre-Loys, dont le pape estoit grand-père, et de la fille bastarde de Sa Majesté, vefve du duc de Florence.

Et le dymenche suyvant, Sa Saincteté s'embarqua ès galères de Sa Majesté, conduit par Janotin Dorya jusques à l'Espécie[1], où il se désembarqua. Et le lundy ledict Janotin revint avec sesdictes galères audict Gennes : lequel jour Sa Majesté fut veoir les fortiffications de la ville. Et le mardy matin Sa Majesté s'embarqua pour son retour.

Venant à l'endroict de Nyce, rencontra deux galères françoyses où venoient le seigneur de Villy[2] et Sceperius[3], résident pour Sa Majesté ambassadeur en France, lesquelz allarent à la galère de Sa Majesté. Et fut là conclud que Sa Majesté se verroit avec le roy au port d'Aiguesmortes. Puys ledict seigneur de Villy s'en retourna avec lesdictes galères, suyvant Sa Majesté son chemin jusques près de Thoulon. Se trouvant ung peu mal disposé, coucha en terre, soubz ung pavillon, deux nuictz. Et le troysième jour, poursuyvant son chemin jusques vers Marseille, arrivant près Nostre-Dame de la Garde, luy vindrent au devant vingt et une galères françoyses. Après avoir salué les ungz aux aultres, vindrent ensemble jusques près de Marseille. Et tirant contre Aiguesmortes, se leva une bruyne si grosse qu'il y avoit grand dangier de se rencontrer ou encailler[4] : ce que la galère de Sa Majesté feit, et fut secourue. Et celle du seigneur de Grandvelle s'encailla de sorte qu'elle se fendist par dessoubz, néantmoins sans péril de personne. Ladicte bruyne dura jusques le matin, à neuf heures.

Et environ les dix heures Sa Majesté et toute la compaignie arrivarent au port dudict Aiguesmortes, saulf la galère du seigneur de Grandvelle, qui ne peust arriver jusques au midy. Et incontinent Sa Majesté estre arrivée

---

[1] La Spezzia.
[2] Velly.
[3] Corneille Scepperus.
[4] *Encailler*. Ce mot ne se trouve dans aucun glossaire : l'auteur l'a emprunté de l'espagnol *encallar*, échouer, donner contre un banc de sable ou contre des pierres.

audict port, les princes estans en sa compaignie ès aultres galères se trouvarent devers luy; et au mesme instant vindrent le cardinal de Lorrayne et le connestable de France visiter Sa Majesté, et à l'après-disner le roy, à petite compaignie, en petites barques tappissées, vint veoir Sadicte Majesté en sa galère, où il demoura une heure, puis s'en retourna. Et le lendemain Sa Majesté, accompaigné de ses princes seulement, en petitz botkins[1], le conduysant le connestable de France, alla à ladicte ville d'Aiguesmortes, où, à la porte d'icelle, l'attendoit le roy, accompaigné de tous ses princes, et au logis la royne, la daulphine et la fille du roy avec toutes les dames de France. Et au mesme instant arrivarent, venans d'Avignon, le daulphin, duc d'Orléans, filz du roy et le seigneur d'Allebrecht.

Sa Majesté demoura ledict jour et le lendemain audict Aiguesmortes, jusques sur le soir qu'il retourna à s'embarquer, prenant congié de la royne et des dames. Le roy, le daulphin, duc d'Orléans, seigneur d'Allebrecht et aultres le vindrent accompaigner jusques dedans sa galère, où ilz demourarent environ une heure, puis prindrent congié de Sa Majesté et s'en retournarent. Et environ la minuict Sa Majesté leva l'ancre et feit voile pour son partement, et par tormente fut constrainct retourner audict port le matin. De ce advertye, la royne de France, n'estant encores partie dudict Aiguesmortes, et le roy [party][2], se vint, à l'après-disner, accompaignée seulement de cincq dames, veoir Sa Majesté en sa galère, où elle demoura jusques au soir. Prenant congié de Sa Majesté, s'en retourna, et sur la nuict Sa Majesté feit voile et vint par ses journées jusques à Barcelonne, où il arriva le 18e de juillet, et y demoura jusques le 26e.

Les seigneurs et princes estans audict Villafranca pour accompaigner Sa Majesté estoient les suyvans : les ducz de Savoye, de Mantua, d'Alva, d'Albrequerque[3], de Nagère et de Camarin, marquis del Gasto, princes de Besignan, de Salerne et de Sulmone, contes de Bonavente, de Modica, marquis de Saluce, don Francisco d'Ast[4], frère du duc de Ferrare, don Anthoine d'Arragon, filz du duc de Montalto et plusieurs aultres.

---

[1] *Botkins*, botequins, petites barques.

[2] Le mot *party* manque dans les quatre MSS. : ce qui rend la phrase inintelligible. La *Description* de Herbais dit positivement : « et le roy party. »

[3] D'Albuquerque.

[4] D'Este.

Estant Sadicte Majesté à Barcelonne, despescha Andreas Dorya, prince de Melphe, pour faire ung voyaige en Levant, accompaigné du seigneur don Fernando Gonzaga, vice-roy de Secille, à l'assistence et secours des Vénétiens contre les Turcqz, lesquelz leur avoient prins quelque ville. Ledict prince partist dudict Barcelonne, le 24e dudict moys de juillet, avec aulcungz gentilzhommes de la maison de Sa Majesté; vint jusques à Gennes, où il demoura jusques l'unzième d'aougst : lequel jour s'embarqua et vint jusques à Naples. Duquel lieu partist par ung merquedy, vint jusques à Stromoly [1], qu'est une ysle en mer que brusle tousjours, vint jusques *al cabo del Pharo*, où il treuva son galion avec aultres navires. Le lendemain matin, voulant entrer au port de Messines, luy vint au devant le conte de l'Aquila, romain, avec quatre galères qu'il tient de Sa Majesté: puis vint le seigneur Anthoine Dorya avec six galères; après vint le vice-roy de Secille avec douze galères, asscavoir : six du royaulme, deux de Monygo [2], deux du marquis de Terrenove [3] et deux de Sigales (?), que Sa Majesté entretient d'ordinaire, et quatre de la religion de Rhodes. Lequel prince avec ledict vice-roy et toutes les galères vindrent audict Messines, où il treuva l'armée de Sadicte Majesté pour ledict voyaige, de laquelle ledict prince estoit général en mer et le seigneur vice-roy général en terre. L'équipaige estoit de cincquante-cincq naves et cincquante-deux galères, y comprins six qui arrivarent avec don Garcian de Toledo, filz du vice-roy de Naples, sans galiotes, brigantins et aultres vaisseaulx de vivendiers : èsquelles naves estoient dix mille Espaignolz et six mille Italyens, y non comprins douze cens, tant gentilzhommes que aultres, estans aux galères, sans maroniers et aultres gens servans aux galères et naves. Les galères avoient cincquante canons, cent demy-coleuvrines, sans les menues pièces et les munitions servans à leur armée. Le galion avoit cent et trente-trois pièces de fonte avec toutes leurs suyttes, et les aultres naves fornies comme elles ont accoustumé quant elles vont en guerre.

Et par ung samedy, dernier jour d'aougst, lesdicts prince et vice-roy, équippez comme dessus, partirent dudict Messines pour passer *el Pharo*, et vindrent aborder en Calabre; et le dymenche, premier jour de sep-

---
[1] Stromboli.
[2] Monaco.
[3] Terranova.

tembre, tous joinctz et en ordre partirent, prenant leur chemin vers Levant. Les galères vindrent au cavo [1] Sainte-Marie en Pouylle, et les naves prindrent la mer tirant contre Courfou, et par tourmente vindrent à la Céphalonie, ysle aux Vénétiens, où eurent nouvelles que Barberousse, général pour le Turcq, estoit de l'aultre coustel de ladicte ysle : par quoy se partirent et temporisarent sur mer, s'efforceants gaingner port à Courfou, qu'est une aultre ysle appartenant ausdicts Vénétiens, attendant nouvelles dudict prince. Auquel lieu se debvoit assambler toute l'armée, comme elle feit.

Et le merquedy, 4e jour dudict moys, le prince et vice-roy prindrent port à Gallipoly audict Pouylle, et le joeudy aux caves de Sainte-Marie, où les vint trouver une galère vénétienne, leur advertissant que leur armée estoit en ordre attendant audict Courfou, et que ledict Barberousse avec son armée estoit à la Prévèze [2], terre ferme en Turcquie. Et environ la minuict ledict prince partist, et le matin descouvrit le cave de la Velone [3], qu'est terre ferme en Turquye; et le dymenche, que fut le 15e, arriva audit Courfou, où il treuva l'armée du pape et Vénétiens. Toute l'armée assemblée estoit de cent et trente galères, asscavoir : trente du pape Paule, cincquante des Vénétiens et de Sa Majesté cincquante, le gallion et la barce [4] desdicts Vénétiens, dix-sept naves pour leurs provisions, le gallion du prince et cincquante-deux naves aux fraiz de Sa Majesté, sans galliotes, fustes, brigantins que aultres petitz vaisseaulx de vivendiers.

Auquel lieu ledict prince Dorya demoura jusques le 24e, attendant ses naves. Et ledict jour, non ayant nouvelles d'elles, délibéra partir, et venant au cavo, eust nouvelles de leur arrivée. Et le 26e dudict moys, ayant donné ordre comme chascun se debvoit conduyre, se partist, vint le lendemain, que fut le joeudy 27e, à l'entrée du port de la Prévèze, qui contient de longueur environ vingt miles, dedens lequel estoit Barberousse et son armée. Lequel jour les galères des chrestiens canonnarent celles des Turcqz estans dedans ledict port. Et le vendredy matin, craignant

---

[1] Cavo, cap.
[2] Prevesa, ville d'Albanie.
[3] La Valone, ville d'Albanie.
[4] MSS. de l'Arsenal et de Reims; le balène dans le MS. 14641 de la Bibliothèque royale; la barque dans le MS. 15869.

tourmente et fortune de mer, pour ce que là où estoit l'armée desdicts chrestiens estoit plaije[1], et y avoit mauvais fond, n'y peurent arrester avec tourmente sans danger de donner à travers. Ledict prince et ses galères vint mectre ancre au cavo de Leucate, et ses naves, passans ledict cavo, tirèrent vers Lespantho[2] : le tout terre ferme de Turquye.

Et au mesme instant que les chrestiens eurent faict voile, ledict Barberousse partist avec cent et soixante galères, faignant tirer contre Courfou, descouvra l'armée des chrestiens et fut descouvert par eulx. Ledict prince feit donner signe aux naves de retourner, mectant ordre pour combatre; le mesme feit ledict Barberousse. Ce voyant, la barce des Vénétiens s'advança à force de voiles, allant abborder et canonner l'armée desdicts Turcqz; se treuvant seule, treuva moyen soy retirer vers son armée. Et voyant ledict Barberousse l'ordre que ledict prince avoit mis pour combatre, laissant les galères des chrestiens, tira contre les naves, desquelles en print deux. Ce voyant par ledict prince, cuydant que l'ordre qu'il avoit conclud, estant à Courfou, avec ses capitaines, se deust tenir, qu'estoit, le cas advenant que ledict Barberousse donnât bataille, ledict prince mèneroyt l'avant-garde, le capitayne des Vénétiens la bataille, celluy du pape l'arrière-garde, de sorte qu'en approchant les ennemys ilz fussent tous en renc égal et le mesme jour que les ennemys approchoient, ledict prince et vice-roy mandarent querre les généraulx du pape et Vénétiens et aultres capitaynes, pour avoir leur advis si l'on combatroit ou non : furent tous d'opinion de combatre. Ce voyant ledict prince, feit entremectre ses galères entre celles des Vénétiens, congnoissant que leurs galères estoient mal pourveues pour combatre, et n'avoient voulu accepter aulcungz soldatz de Sa Majesté. Après avoir faict le prince eslever l'estendart du Crucefix, et par son chappelain donner la bénédiction atout[3] la vraye croix, sonnant la trompette, le vice-roy avec luy, cuydant que les Vénétiens deussent faire comme avoit esté conclud, partist pour envestir contre les ennemys; se treuva accompaigné seulement de neuf galères; fut constrainct haulser rèmes et arrester. Par trois foys luy survint le pareil, que lesdicts Vénétiens

---

[1] *Plaije*, plage.
[2] Lépante.
[3] *Atout*, avec.

ne voulurent entendre à combatre. Ce voyant ledict prince, temporisa jusques à la nuict, que luy vint une tourmente avec vent de terre, avec lequel les naves sortirent et toute l'armée des chrestiens, tirans contre Courfou, saulf une nave biscayne dont Machin de Monguye[1] estoit capitayne des soldatz qu'estoient dedans, laquelle, les mastz abbatuz et perchée d'artillerie, soustint toute la nuict contre l'armée du Turcq, ne se voulant jamays rendre; et au bout de troys jours, l'ayant tenue pour perdue, vint audict Courfou.

Après avoir demouré ledict prince quelques jours audict Courfou, conclud venir devant Castelnovo en Dalmatie[2], terre ferme appartenant au Turcq : ce qu'il feit, et fut prinse par force en trois jours. Sachant Barberousse ladicte entreprinse, voulant venir secourir ledict Castelnovo, passant près de la Velone, par tourmente et fortune, se cuyda perdre, et fut constrainct de se retirer, y perdant six galères.

Après que ledict prince eust mis ordre audict Castelnovo, y laissant quatre mil soldatz espaignolz, Francisco Sarmiento pour leur général (lequel Castelnovo fut reprins l'an après et tous les chrestiens par ledict Barberousse), ledict prince se partist et vint à Brindes[3] en Pouylle, qu'est où anciennement les Romayns assembloyent leurs armées pour passer en Grèce, et dès là prenoient port à Dyrachio[4], aujourd'huy appelé Durazo, et l'aultre passaige estoit de Hydruntin[5], qu'est Otrante en Apolonia, à présent appellée la Velone. L'armée des Vénétiens retourna audict Venize.

Et le 26e du moys de juillet Sa Majesté partist de Barcelonne, vint par ses journées à Valdolit, où estoit l'impératrice : auquel lieu se feirent plusieurs joustes; et y demoura Sadicte Majesté jusques le 21e de septembre. Lequel jour il partist, venant le droict chemin à Toledo, où il arriva le 25e jour d'octobre, et y demoura jusques le 12e de may[6] de l'an mil cincq cens trente-neuf.

---

[1] Sandoval, liv. XXIV, § VI, l'appelle *Machin de Monguia*.

[2] MS. 15869 de la Bibliothèque royale; en *Molarquie* dans le MS. de l'Arsenal, le MS. de Reims et la *Description* de Herbais.

[3] Brindisi ou Bryndes.

[4] *Dyrrachium*.

[5] *Hydrunthum*.

[6] La date est en blanc dans le MS. de l'Arsenal, le MS. de Reims et le MS. 15869 de la Bibliothèque royale. C'est au MS. 14644 que nous l'empruntons.

Pendant lequel temps arriva audict Toledo le duc Frédéricq, palatin, avec luy la princesse de Dannemarque, sa femme.

Auquel temps Sa Majesté convocqua tous les nobles de la couronne de Castille, tous les prélatz, gens d'église et députez des villes, pour se treuver audict Toledo, ausquelz il proposa à chascun, à différent jour, ce qu'il leur vouloit demander et la volunté qu'il avoit de faire ung voyaige en Levant, pour lequel effet il avoit envoyé ès pays d'embas le seigneur de Boussu, son grand escuyer, pour faire venir une armée de naves et provisions, ce qu'il feit : demandant Sadicte Majesté aux estatz de Castille moyen, conseil et assistence pour ledict voyaige. Et après plusieurs communications entre eulx, ne conclurent riens. Aussy ne se acheva ladicte entreprinse, qu'estoit conclute pour ladicte année : pour laquelle Sadicte Majesté avoit faict grandes apprestes, pour se y treuver en personne. Mais le pape ny les Vénétiens ne fournirent à leur contingent.

Audict lieu de Toledo, au mesme temps, en apvril, estant l'impératrice enceincte de huict moys, délivra d'ung filz, lequel tost après mourut, et elle print la fiebvre, de laquelle, le premier jour de may ensuyvant, à une heure après midy, ayant faict son testament, receu tous ses sacramens avec bonne mémoyre, rendit son âme à son Créateur, en présence de Sa Majesté. Et incontinent Sadicte Majesté se retira en sa chambre, et la dame deffuncte demoura tout le jour en son lict, le visaige descouvert ; lequel lict estoit accoustré d'escarlate, environné de plusieurs dames en doeuil. Vindrent incontinent plusieurs religieulx et prebstres lire le psaultier, et tous ceulx qui vouloient venoient veoir ladicte dame deffuncte. Et le soir le corps fut, par la marquise de Lombay et Melsie de Salsedo [1], qu'estoient de ses femmes, ung médecin et ung barbier de Sa Majesté, accoustré et ensevely sans estre ouvert : car ainsy avoit-elle supplyé à Sa Majesté avant sa mort. Fut mis en ung luyseau [2] de plomb, et demoura ledict corps toute la nuict en ladicte chambre. Et le matin, environ les neuf heures, fut apporté embas dedans une salle qu'estoit toute tendue de noir, devant ung

---

[1] MSS. de l'Arsenal et de Reims; *Mensil de Salsedo* dans le MS. 14641 de la Bibliothèque royale; *Mesné de Saiseb* dans le MS. 15869.

[2] *Luyseau*, cercueil.

aultel qu'estoit là dressé, où tout le jour l'on avoit célébré messes. L'office fut faict par l'évesque de Léon, et chanté par les chantres de Sa Majesté, de requiem.

Sadicte Majesté estoit secrètement en une fenestre en hault, de laquelle pouvoit veoir sur ledict autel.

En ladicte salle estoient toutes les dames de la deffunte, accoustrées en doeuil. Et pour ce que ladicte salle n'estoit assez grande, la cour, qu'estoit en carrure, fut tendue, de quatre coustelz, de trois profondeurs de drap noir, et des deux coustelz tout le long des bancqz, où asséoyent, de l'ung des coustelz, les cardinaulx, archevesques, évesques et conseilliers, de l'aultre coustel les ducz, marquis et contes, tous en doeuil.

Vindrent toutes les religions et toutes les églises dudict Toledo, l'une après l'aultre, faire les recommandations sur ledict corps.

La messe achevée, chascun se retira jusques à troys heures après midy, que chascun s'assembla en ladicte court, et tout le clergié en une église près ladicte court. Duquel lieu partirent chascun en son ordre, marchans pas à pas contre la porte tirant à Grenade; et après les confréries et clergé marchoient plusieurs officiers et gentilzhommes de ladicte dame. Vindrent quatorze, tant ducz, marquis que contes [1], en grands manteaulx de doeuil, treuver ledict corps en ladicte salle dessusnommée, mis en une litière, couverte de velours noir, laquelle ilz prindrent sur leurs espaules et l'emportarent jusques à la porte hors de la ville. Suyvoit après ledict corps le prince d'Espaigne, filz unicque de ladicte dame, accompaigné des cardinaulx de Toledo, nonce du pape, ambassadeurs de France, Portugal, Venize et aultres, tous à pied, et si grand nombre de gentilzhommes et peuple que ledict prince fut constrainct, pour la grande chaleur qu'il faisoit et long chemin qu'il y avoit depuis ledict logis jusques à la porte, demourer en mi-chemin et soy retirer en une église.

Et en cest ordre fut conduict le corps jusques à ladicte porte, où le duc d'Escalone et l'évesque de Corya, commis ad ce pour le mener en Grenade, l'acceptarent. Aussy furent ordonnez quarante gentilzhommes de la maison de l'Empereur, douze dames de ladicte dame deffuncte et ceulx de sa

---

[1] MSS. 14644 et 15869 de la Bibliothèque royale. Dans les MSS. de l'Arsenal et de Reims on lit : « tant ducz, marquis, contes que aultres. »

maison pour accompaigner ledict corps jusques en Grenade, où par l'archevesque dudict lieu fut receu et accepté, et inhumé en la chappelle royale auprès du roy et de la royne catholicques, ses grands-père et mère, et du roy don Philippe, son beau-père.

Incontinent après Sa Majesté se retira à Sainct-Hiérosme, hors de Toledo, où il demoura jusques le 27ᵉ de juing.

Les obsèques de ladicte dame deffuncte furent célébrez audict Toledo, au couvent de Sainct-François, nommé *Sainct-Joan de los Reyes*. L'église fut tendue de noir de quatre draps de profond, par dessus tiré ung velours semé d'escussons aux armes de ladicte dame deffuncte; par dessus une lambourde de boys chargée en chierges ardants. Et le chœur fut tendu de cincq profondeurs de drap, au milieu duquel fut dressée une chappelle ardante fort richement accoustrée, croisée et recroisée en forme de couronne impériale, chargée de chierges jusques au nombre de . . . . . .[1]. sortans aux quatre cantons quatre anges tenans les quatre quartiers de ladicte dame deffuncte. Soubz laquelle chappelle estoit la représentation du corps, couvert d'ung grand drap d'or, sur lequel estoit ung carreau où estoit la couronne impériale et les armes de ladicte dame; les roys d'armes à l'entour dudict corps; à main droicte le siége du prince; au bas la place de l'ambassadeur de Portugal, représentant le roy son maistre, frère de ladicte dame deffuncte. Et après ledict ambassadeur estoient les ducz, princes, marquis, contes et gentilzhommes, chascun en grand manteau de noir et chappron embronché[2]. A main senestre de ladicte chappelle estoient les cardinal de Toledo, nunce du pape, ambassadeurs, seigneurs du conseil et des finances, et auprès du grand autel douze évesques. Les rues de Toledo furent barrées depuis la court jusques à l'église.

Et le. . . . .[3] jour, environ deux heures après midy, se assemblarent au quartier du prince les ambassadeurs, ducz, contes, seigneurs et gentilzhommes et officiers de l'Empereur, de la dame deffuncte, du prince et de mesdames les infantes, ses sœurs. Tous, meslez par ensemble, sortirent

---

[1] En blanc dans les MSS. de l'Arsenal et de Reims; *au nombre de huit cens* dans le MS. 14641 de la Bibliothèque royale; *au nombre de xx* dans le MS. 15869.

[2] *Embronché*, caché, couvert.

[3] En blanc dans les MSS. de l'Arsenal et de Reims et le MS. 15869 de la Bibliothèque royale; *le 20* dans le MS. 14641.

de ladicte court, tous en doeuil et manteaulx traynans et chapprons enbronchez. Marchoient deux à deux en l'ordre que s'ensuyt : ung roy d'armes, ceulx de l'escuyrie, les paiges, les officiers, chiefs d'office, pensionnaires, gentilzhommes de la maison, de la bouche et de la chambre, chambellains, contes, marquis et ducz, sans avoir respect au précéder, les maistres d'hostel allans et venans entre le doeuil, faisans tenir ordre. Après marchoit le prince d'Espaigne en son doeuil, auquel seul fut porté la queuhe par le commendador major de Castille, son grand chambellain : après lequel venoit l'ambassadeur de Portugal seul, représentant le roy son maistre. Et après suyvoient les ambassadeurs, chascun en son ordre. Vindrent jusques à ladicte église; et, chascun assis en son lieu, furent commencées les vigiles, et icelles achevées, chascun s'en retourna en son logis jusques au lendemain, à huit heures, que l'on revint au mesme ordre que le jour précédent, que l'on procéda à la messe jusques à l'offertoire, que le prince fut offrir. Fut faict un sermon par un évesque de l'ordre Sainct-Hiérosme. La messe achevée, chascun s'en retourna.

Audict temps arrivarent en poste audict Toledo le prince d'Orenges et le seigneur d'Istain [1].

Estant Sa Majesté retirée audict Sainct-Hiérosme, vindrent en poste, pour condouloir le doeuil, de la part du pape le cardinal Farnèze, de la part du roy de France le seigneur de Brissac, de la part de la royne de France le seigneur de la Muletière, de la part du roy des Romayns don Pedro Lasso de Castille, de la part du roy de Portugal le duc d'Avero.

Le 27e de juing Sa Majesté vint coucher à Yliesca, 28e en une maison près de Madrit, où il demoura jusques le 13e de juillet, qu'il entra dedans la ville. Pendant lequel temps le prince et mesdames ses sœurs partirent de Toledo. Ledict prince vint à Madrit, et lesdictes dames s'allarent tenir à Arévalo.

Estant Sadicte Majesté à Madrit, eust nouvelles que ceulx de Gand s'estoient mutinez : par quoy le prince d'Orenges fut despesché en poste, le conte de Reulx à grandes journées, le seigneur d'Istain en poste et le seigneur de Praet à journées, tous pour le pays d'embas. Ce faict, estant Sa Majesté instamment sollicité et requis par le roy de France, se confiant

---

[1] Floris d'Egmont, seigneur d'Isselsteyn, comme il a été dit plus haut.

en luy, délibéra de passer par le royaulme de France en poste, et à cest effect despescha le sieur de Peloux pour ledict seigneur roy de France, et le sieur don Loys d'Avila pour le pape. Et après avoir mis ordre en ses royaulmes d'Espaigne, despescha le sieur de Grandvelle, lequel partist le premier jour de novembre, allant treuver le roy de France à Loches, où il attendit Sa Majesté.

Et le 12e dudict moys, laissant Sa Majesté le prince son filz audict Madrit, don Joan Tavera, cardinal de Toledo, pour gouverneur en Castille et inquisiteur major en toute Espaigne, le cardinal de Séville président des Indes, Covos, commendador major de Léon, pour chief et superintendant des finances, le conte de Morate vice-roy de Arragon, le marquis de Cannette vice-roy de Navarre, le duc don Hernando en Valence, le marquis de Modegere[1] vice-roy en Grenade, le marquis de Lombay vice-roy en Cataloingne, l'évesque de Sygoença président du conseil réal, les frontières pourveues tant par mer que par terre, Sadicte Majesté se partist. Et estant encores audict Madrit, eust nouvelles que la sœur du duc de Clèves[2] désiroit passer par ses pays d'embas pour aller espouser le roy d'Angleterre, et que le seigneur d'Istain estoit commis de la part de Sa Majesté pour la conduyre jusques à Gravelinges, limyte du pays : laquelle fut espousée audict roy d'Angleterre, et l'an après par luy délaissée, disant qu'il avoit avant elle fiancé une aultre Angloise, qu'il espousa[3], laquelle en l'an 41[4] fut par justice exécutée pour son adultère.

Le 11e dudict moys Sa Majesté vint coucher à Galapagar.
12e au Bois de Sigovya.
13e à Sigovya.
14e à Saincte-Marie de Nyéva.
15e à Arévalo, où estoient mesdames ses filles.
18e à Medyna del Campo.
19e à Tourdesilles, où se tient la royne sa mère.
20e à Valdolit.

---

[1] Don Hurtado de Mendoza, marquis de Mondejar.
[2] Anne de Clèves.
[3] Catherine Howard.
[4] V. st. Ce fut le 13 février 1542 que Catherine Howard subit la peine de mort, à laquelle elle avait été condamnée par le parlement.

Auquel lieu il print la poste et partist accompaigné de ceulx qui s'ensuyvent : du duc d'Alve, du seigneur de Bossu, de don Pedro de la Cève[1], maistre d'hostel, du seigneur de Rye, sommelier de corps, le conte d'Egmont[2], don Enricque de Toledo, les seigneurs de la Chaulx, de Flaigny et d'Arbaix[3], gentilzhommes de sa chambre, deux secrétaires d'Estat, Bave et Ydiacques, ung médecin, ung barbier, deux aydes de chambre, deux cuisiniers, les sommeliers de la paneterie et de la cave, le maistre des postes et des courriers. Sa Majesté avoit envoié, dès longtemps avant son partement, dès le lieu de Madrit, son escuyer d'escuyrie, le seigneur d'Andelot, en France avec vingt-cinq chevaulx d'Espaigne, pour présenter au roy de France. La maison de Sa Majesté partist après elle de Valdolit par journées, conduicte par le baron de Montfaulconnet, maistre d'hostel de Sadicte Majesté.

Et le 21e dudict moys Sa Majesté vint coucher à Doignes[4].

22e à Bourgues[5].

24e à Victoria.

25e à Tousolètes[6].

26e à Sainct-Sébastian, où le vint trouver le seigneur de Sainct-Vincent, son ambassadeur en France. Et ledict jour, venant contre Fontarabye, rencontra le duc d'Orléans, filz du roy de France, venant en poste au-devant de Sa Majesté, et par ensemble vindrent coucher audict Fontarabye.

27e vindrent coucher à Bayonne. Auquel lieu luy vindrent au devant le daulphin de Viennoys, filz aisné dudict roy, le cardinal de Chastillon, le connestable[7] et plusieurs aultres princes et seigneurs de France. Et dès là vindrent tousjours ensemble.

28e disner à Sainct-Vincent et coucher à Dax.

29e disner à Tartas, coucher au Mont-de-Marsan, qu'est au seigneur d'Allebrecht.

---

[1] De la Cueva.
[2] Charles, premier de ce nom, troisième comte d'Egmont.
[3] De Flaigy et d'Herbais.
[4] Dueñas.
[5] Burgos.
[6] Tolosa.
[7] Anne de Montmorency.

Dernier jour disner à Cassefournier [1], coucher à Bassaz [2].

Le premier jour de décembre disner à Langon, où ilz montarent sur l'eau; coucher à Bourdeaulx.

3ᵉ disner à Charbon-Blanc [3], coucher à Sainct-Andrey (?).

4ᵉ disner à Cavignan [4], coucher à Monlieu.

5ᵉ disner à Barbésieul, coucher à Chasteau-Neuf en Angolmois.

6ᵉ disner à Gourville, coucher à Verteur [5].

7ᵉ disner à Chaulne [6], coucher à Couvet [7].

8ᵉ disner et coucher à Lusignan en Poictou [8].

10ᵉ disner en une maison nommée La Roche, coucher à Loches.

Où vindrent au-devant de Sa Majesté les cardinaulx de Bourbon, Lorrayne, Lyzieux, Tournon, Boulongne, Mascon, Paris, Gyenry [9] et Chastillon, tous françoys, et Gady, florentin, avec tous les princes et seigneurs de France. Le roy, qui, ne pouvant aller à cheval, attendoit à l'entrée du

---

[1] Capsio.

[2] Bazas.

[3] Carbon-Blanc-et-Bassens.

[4] Cavignac.

[5] Verteuil.

[6] Chaunay.

[7] Couhé.

[8] Il y a ici, dans les quatre manuscrits dont nous faisons usage, une lacune que nous ne saurions mettre sur le compte de l'auteur; il y manque l'indication du séjour de Charles-Quint à Poitiers. Le manuscrit de la *Description* de Herbais ne présente pas cette lacune; on y lit : « 9ᵉ disner à Lousygnan, et coucher à Poitiers. »

Dans un volume in-18 de la Bibliothèque royale portant le nº 27649 du fonds Van Hulthem, on trouve une description de l'entrée de l'Empereur à Poitiers, avec ce titre : *Triumphes d'honneur faitz, par le commandement du roy, à l'Empereur en la ville de Poictiers, où il passa, venant d'Espagne en France, le ix ͤ jour de décembre, l'an mil cincq cens XXXIX.... Imprimé à Gand, près le chasteau, par moy, Pierre Cæsar, l'an M.CCCCC.XXXIX, le xix janvier.* Cette description a 23 pages non chiffrées.

Le même volume contient encore *Les triumphantes et honorables entrées faictes, par le commandement du roy très-christien François, premier de ce nom, à la Sacrée Majesté Impériale Charles, V ͤ de ce nom, tousjours auguste, ès villes de Poictiers et Orléans, avecque la harengue faicte par le baillif d'Orléans à Sadicte Majesté Impériale et la responce de Sadicte Majesté audict baillif.* Sans date d'impression. On lit au bas du titre : « On les vent à Lille par Guillamme Hamelin, librayre, demourant sur le Marché au Blé dudict Lille. »

[9] MS. de l'Arsenal; *Bienry* dans le MS. de Reims; *Fleury* dans le MS. 15869; *Genry* dans le MS. 14641.

chasteau dudict Loches, accompaigné du seigneur d'Allebrecht[1], du duc de Some[2] et aultres, receut Sa Majesté; et au bas du degré de la salle fut receu par la royne de France, sa sœur, la dame d'Allebrecht, la daulphine, la fille du roy, les duchesses de Vandosme, Montpensier, Nevers et d'Estamples et plusieurs aultres dames, lesquelles saluées, montarent par ensemble en la salle. Puis chascun se retira en son quartier.

13º Sa Majesté, en la mesme compaignie comme il estoit venu, le roy à chariot, la royne en litière, vindrent disner en une maison nommée *le Pavillon*, coucher à Senonceaux[3].

14e coucher à Amboise. Auquel lieu, en la maison du roy, il y a une vies pour monter à cheval depuis le bas jusques au dessus, le noyau de laquelle est percé à jour, dedans lequel l'on avoit faict ung instrument, lequel se debvoit allumer peu à peu pour donner clarté aux montans et descendans. Et montant Sa Majesté quasi jusques au milieu, s'alluma partout, rendant si grand'chaleur et fumière[4], pour non avoir yssue par dessus, que Sa Majesté et tous les présents pensarent estouffer; et pour la grande multitude qui suyvoit, ne fut possible reculer : toutesfoys il n'y eust nul estouffé[5]. Duquel inconvénient le roy fut fort desplaisant, voulant faire pendre celluy qui y avoit mis le feu : à quoy Sa Majesté obvya, voyant que la chose estoit advenue par inconvénient et succédée en bien.

---

[1] Le MS. 14641 ajoute ici : « du duc Christofle de Wirtenberghe. »
[2] MSS. de l'Arsenal et 14641. Dans le MS. 15869 ce nom est en blanc.
[3] Chenonceaux.
[4] *Fumière*, fumée.
[5] Cet incident est rapporté de diverse manière par les historiens. Voici comment Charles-Quint lui-même le raconte dans une lettre écrite d'Orléans, le 21 décembre 1539, au cardinal archevêque de Tolède; nous traduisons de l'espagnol : « Le jour que nous arrivâmes à Amboise, le roi nous
» montra les chiens de sa vénerie. Après que nous eûmes chassé, comme il était presque nuit et que
» nous voulions éviter une réception, nous pressâmes le pas en petite compagnie, afin d'entrer sans
» cérémonie au château. Nous montâmes à cheval l'escalier d'une tour, lequel a été fait pour cela. On
» avait allumé en hâte les flambeaux et lumières destinés à éclairer cet escalier du bas en haut : tous
» prirent feu en même temps; il en résulta que l'escalier se remplit de flammes et de fumée, et que
» les chevaux commencèrent à s'en effrayer. Néanmoins nous continuâmes de monter, et nous par-
» vînmes en haut à une grande place, sans qu'aucun de ceux qui formaient notre suite en eût reçu
» dommage. Le roi a été très-fâché de cet accident, craignant qu'on ne l'en rendît responsable; il
» voulait faire faire une sévère justice de ceux qui en ont été cause : mais enfin nous l'avons apaisé,
» quoique avec difficulté.... » (*Relation des troubles de Gand sous Charles-Quint*, p. 642.)

16e disner à Onzain, coucher à Bury (?).
17e coucher à Blays¹.
18e disner à la chasse, coucher à Cambourg².
19e disner à la Fertey, coucher à Nostre-Dame de Cléry.
20e coucher à Orléans³.
21e disner à la Grenyer (?), coucher à Artenay.
22e disner aux champz, coucher à Plivyelles⁴.
23e disner à l'assemblée, coucher à Milly en Gastinoys.
24e disner à l'assemblée, coucher à Fontainebleau⁵.
30e disner en une maison sur la rivière de Seine et coucher à Corbeul⁶.
Dernier montarent sur la rivière. Coucher au boys de Vincennes.

Le premier jour de janvier 1540 disner à Sainct-Anthoine-des-Champz, coucher à Paris⁷.

1540.

¹ Blois.
² Chambord.
³ Voy. la note 8 à la page 155.
⁴ Pithiviers.
⁵ Sur la réception de Charles-Quint à Fontainebleau et les fêtes qui lui furent données en cette résidence royale il y a de curieux détails dans une relation espagnole que nous avons insérée pp. 653-658 de la *Relation des troubles de Gand sous Charles-Quint*.
Les descriptions de l'entrée de Charles-Quint à Poitiers et à Orléans que nous avons citées p. 155, note 8, sont suivies de *Le honorable Recueil que luy fit (à S. M. I.) ledict roy très-chrétien, à son entrée du chasteau de Fontayne Bleau, l'an M.D.XXXIX*.
⁶ Corbeil.
⁷ Félibien, *Histoire de la ville de Paris*, t. V, pp. 351-357, donne, sur l'entrée et la réception de Charles-Quint dans cette capitale, les pièces suivantes, tirées des registres du conseil de ville :
I. Communication aux échevins par le chancelier de France, du 6 novembre 1539.
II. Communication aux mêmes par le connétable et le grand maître, du 8 novembre.
III. Assemblée du conseil de ville du 10 novembre.
IV. Communication faite au chancelier touchant une question de préséance, le 11 novembre.
V. Rapport fait au prévôt des marchands, le 30 novembre, par un échevin qui avait été envoyé vers le roi afin de prendre ses ordres.
VI. Description de l'entrée de l'Empereur.
Le volume de la Bibliothèque royale où sont les descriptions citées plus haut, à la suite des *Triumphes d'honneur faitz à l'Empereur en la ville de Poictiers*, contient *L'Entrée et Triumphes faitz audict Empereur, le premier jour de l'an ensuivant, par les université, cité et ville de Paris en France*, et de plus *La magnificque et triumphante Entrée du très-illustre et sacré empereur Charles César, tousjours auguste, faicte en l'excellente ville et cité de Paris le jour de l'an en bonne estreine*. Cette dernière description a 13 ff. non chiffrés.

Ledict jour Sa Majesté fut descendre à Nostre-Dame de Paris, puis vint au palays, où il soupa en la grande salle, avec luy le roy, ses deux filz, les pers de France, les aultres princes et seigneurs de la court de parlement, chascun assis selon son degré. Sadicte Majesté coucha audict palays. Le lendemain vint coucher au Louvre, où il demoura jusques le lendemain des Roys. Auquel lieu avoit journellement joustes, tournoys et combatz; le soir festins, dances et masques. Là vint le cardinal Farnèze en poste pour légat.

7º partirent tous ensemble, vindrent disner à Madrit[1] en France et coucher à Sainct-Denys.

8º coucher à Chantilly.

10º coucher à Manthue[2].

11º à Villers-Courtray[3].

13º disner à l'assemblée, coucher à Soissons.

14º coucher à Couchy[4].

15º disner à Vergy, coucher à la Fère, maison du duc de Vandosme.

19º disner à Vandeul[5], coucher à Sainct-Quintin : auquel lieu se feit la séparation desdicts Empereur, roy et royne, lesquelz demourarent audict lieu.

Et Sa Majesté partist le mardy, 20º, accompaigné du daulphin, du duc d'Orléans, du cardinal de Chastillon, du connestable de France, des ducz de Vandosme et de Nevers et de plusieurs aultres seigneurs de France, jusques au nombre de mil chevaulx. Vindrent disner à Mont-Sainct-Martin, coucher à Cambray.

Vindrent au-devant de Sa Majesté le duc d'Arschot, qui porta la parolle, le prince d'Orenges, le conte de Rœux, grand maistre, le conte de Buren, le prince de Cymay, le conte de Foquenberghe, le conte d'Espinoy, le seigneur de Bèvre, admiral, le seigneur de Praet, le seigneur de Traisigny, le seigneur de Brederode, le séneschal de Haynnau et plusieurs aultres seigneurs et gentilzhommes des pays d'embas; le seigneur de Courières

---

[1] Maison du roi dans le bois de Boulogne.

[2] MSS. de l'Arsenal et de Reims; *Nanthem* dans le MS. 15869. Dans la *Description* de Herbais on lit : « Coucher en une maison qui est au bailly de Vitry, nommée *Nanthue*. »

[3] Villers-Cotterets.

[4] Coucy.

[5] Vendeuil.

avec les cent archiers de corps de Sa Majesté, tous accoustrez en noir, et jusques au nombre de deux mille chevaulx [1]. Sortit pareillement le duc et évesque de Cambray avec tout son clergié et tous les citoyens de la cité. Sa Majesté souppa au logis du daulphin.

Et le merquedy, 21e, vindrent coucher à Valenciennes.

Vindrent au-devant de Sa Majesté, au lieu de Hape [2], le marquis de Berghes et conte de Lallayn. Hors de la ville sortirent tous les gentilzhommes et bourgeois d'icelle pour recepvoir Sadicte Majesté, laquelle fut descendre en sa maison nommée *la Sale*, où il trouva, au bas du degré, pour le recepvoir, la royne douaigière de Hongrye, sa sœur, pour luy régente et gouvernante en ses pays d'embas, accompaignée du seigneur de Sainct-Py, son chevalier d'honneur, du seigneur de Molembaix, son grand maistre d'hostel, des évesques d'Utrecht et de Tournay, des contes d'Hoochstrate et d'Overande [3] et de plusieurs seigneurs et gentilzhommes de sa maison, de la duchesse douaigière de Milan, niepce de Sa Majesté, de la marquise de Berghes, des contesses d'Espinoy et d'Overande et de plusieurs aultres dames. Laquelle royne deffroya et festoya Sa Majesté, le daulphin, le duc d'Orléans et tous les Françoys, jusques à leur retour, que fut le 24e, qu'ilz retournarent coucher audict Cambray, reconduictz par le prince d'Orenges, duc d'Arschot et plusieurs aultres.

Et le 26e Sa Majesté, la royne avec luy, vindrent disner à Bossu [4], coucher à Mons.

28e disner à Reux, coucher à Nyvelle.

29e à Bruxelles, jusques le 9e de febvrier.

Le 9e de février à Alost.

10e à Terremonde jusques au 14e.

14e à Gand, accompagné de ladicte royne, de plusieurs seigneurs desdicts pays d'embas, des hommes d'armes ordinaires desdicts pays et de cincq mille piétons allemans. Et y demoura jusques le 12e de may. Pendant lequel temps furent prins aulcuns des mutins et décapitez, jusques

---

[1] MS. 14641 de la Bibliothèque royale. Le nombre est en blanc dans le MS. 15869, le MS. de l'Arsenal et le MS. de Reims.

[2] Haspres.

[3] D'Over-Emden.

[4] Boussu.

au nombre de treize, et le procès de tout le corps de la ville démené, la sentence donnée et l'exécution faicte. Au lieu où souloit estre l'abbaye de Sainct-Bavon fut commencé le chasteau.

Pendant lequel temps le roy des Romains vint ès pays d'embas. Allarent au-devant de luy jusques à Namur le marquis de Berghes et séneschal de Haynnault, et Sa Majesté et la royne jusques à Bruxelles. Revindrent ensemble à Gand : auquel lieu vindrent les ducz de Clèves, de Brunswick et de Savoye, la contesse palatine, princesse de Dannemarque, et le cardinal de la Baume. Au mesme temps et lieu mourut le conte d'Hoochstraten.

Le 12e de may Sa Majesté vint coucher à Baulo [1] : auquel jour fut encommencé le chasteau de Gand.

13e en Anvers jusques au 25e, où vint l'évesque de Coulongne, électeur.

25e à Lyre [2].

26e à Malynes.

29e à Louvain.

Dernier jour à la Vure.

Le premier jour de juing à Greunendale [3].

5e à Bruxelles jusques au 15e.

15e à Terremonde.

16e à Gand jusques au 19e.

19e à Ecckloo.

21e à Bruges jusques le 13e de juillet.

Le 13e de juillet disner à Nieuhavre [4], passer la mer et coucher à Flessinghe en Zeelande.

14e à Middelbourg.

16e à la Vère, maison du seigneur de Bèvre.

17e à Tergousts [5].

18e à Zériczée.

---

[1] Baudeloo.
[2] Lierre.
[3] Groenendael, prieuré de chanoines réguliers de l'ordre de Saint-Augustin, à deux lieues de Bruxelles.
[4] Nieuport.
[5] Ter Goes.

19e à Buschout¹.
20e à Nieuhavre en Zeelande.
21e à Dordrecht.
23e à Roterdam.
24e disner à Delft, coucher à la Haye en Hollande, jusques le 11e d'aougst.
Le 11e jour d'aougst à Harlem.
12e à Amsterdam.
14e à Utrecht jusques le 19e.
19e disner à Vyenne², maison de monsieur de Brederode, et coucher à Orckem³.
20e à Heusden en Brabant.
22e à Bois-le-Duc.
23e à Lone⁴
24e à Sinte-Geertuyberghe⁵.
25e à Breda, maison du prince d'Orenges.
27e à Berghes, maison du marquis de Berghes.
29e à Anvers.
30e à Malynes.
Dernier à Bruxelles, jusques au 29e d'octobre.

Auquel temps furent convocquez tous les estatz des pays d'embas⁶. Et en la grand'salle, présent Sadicte Majesté, la royne sa sœur et les députez desdicts estatz, fut par Score⁷, conseillier de Sa Majesté, exposé les raisons que Sadicte Majesté avoit se partir de sesdicts pays pour les affaires de l'Empire, et l'ordre qu'il laissoit en sesdicts pays pour le gouvernement d'iceulx, asscavoir : ladicte royne sa sœur pour régente et gouvernante en général, et en particulier, pour Hollande le prince d'Orenges; pour Frize le comte de Bueren; pour Zeelande le seigneur de Bèvre, admiral; pour Flandres, Arthoys, Lille, Douay et Orchies le comte de Reux; pour Hayn-

---

¹ MSS. de l'Arsenal et de Reims; *Binscope* dans le MS. 14641 et *Bascheur* dans le MS. 15869 de la Bibliothèque royale : vraisemblablement Brouwershaven.
² Viane.
³ Gorkum.
⁴ Loon-op-Zand.
⁵ Gertrudenberg.
⁶ Le 4 octobre 1540.
⁷ Louis Schore, conseiller d'État et maître aux requêtes au conseil privé et au grand conseil.

nault le duc d'Arschot; pour Namur et Luxembourg le marquis de Berghes; pour chiefz des finances le duc d'Arschot, seigneurs de Praet et de Molenbaix; trésorier général Ruffaut[1], et Henry Stercx pour recepveur général; pour président du privé conseil ledict Score. Et à la reste leur fut donné par escript l'ordre quant aux monnoyes et expédicions des procès. Ce faict, Sa Majesté print congié de sesdicts pays.

Au mesme temps vint à Bruxelles la fille du duc de Lorrayne[2], nouvellement mariée au prince d'Orenges.

Et au mesme moys d'octobre partit de Bruxelles pour Bourgongne le seigneur de Grandvelle, pour dès là se treuver, de la part de Sa Majesté, à Wormes, à une journée que se tenoit entre les députez des princes de l'Empire, chrestiens et luthériens. Auquel lieu arriva le 22ᵉ du moys de novembre, et fut sa proposition telle que s'ensuyt:

Qu'il ne luy a samblé besoing déclarer par amples paroles la cause de ladicte assamblée, veu que, par lettres, Sadicte Majesté, à la précédente journée tenue à Haguenau, les avoit faict assambler, où en ladicte journée avoit esté assez déclaré la substance d'icelle. Et l'occasion que avoit meu Sadicte Majesté à escripre lesdictes lettres estoit : qu'il sambloyt estre expédient et grandement nécessaire que tous ceulx qui se treuveroient à ladicte assamblée advisassent practicquer sur les discordz et différends de la saincte foy en la religion chrestienne, et adviser, le mieulx que faire se pourroit, venir en une bonne union catholicque amyablement, remectant la conclusion du tout à la prochaine journée impériale, que se tiendroit à Reynsbourg, et qu'il desplaisoit à Sadicte Majesté ne se avoir treuvé à ladicte journée de Haguenau : car, partant de ses royaulmes d'Espaigne, son intention estoit (et a toujours esté), remédiant les affaires de ses pays d'embas le plus succinctement que luy seroit possible, soy treuver ès pays d'Allemaigne, pour, par tous moyens amiables qu'il pourroit penser, entendre à une bonne union catholicque, comme requiert l'office d'ung bon prince de mectre peyne à paciffyer les différends estans en son empire et royaulmes. Et pour les grans et importans affaires qu'il a treuvé en

---

[1] Jean Ruffault, chevalier, seigneur de Neufville.

[2] Anne, fille d'Antoine, duc de Lorraine, et de Renée de Bourbon. Son mariage avec René de Chalon avait été célébré le 22 août 1540.

sesdicts pays d'embas, où a esté nécessaire remédier avec célérité, se treuvant le roy des Romains, son frère, auprès de luy, luy donna commission soy treuver à ladicte assamblée, comme il a faict. Entendant, par lettres dudict seigneur roy, son frère, comme tous ces seigneurs estans à ladicte assamblée ayent bonne affection de traicter les affaires et différends amiablement, désirants et requérants tous très-affectueusement que Sa Majesté se treuvast à la prochayne journée impériale; désirant Sadicte Majesté, de tout son pouvoir, venir à cest effect d'amyable union, nonobstant que ses affaires de ses pays d'embas ne fussent achevés, les postposant pour une aultre foys, avoit commis, député et envoyé ledict seigneur de Grandvelle, pour l'anticiper et se treuver audict lieu de Wormes, pour faire envers lesdicts seigneurs son excuse et adviser tous les meilleurs moyens à luy possibles, avec toute diligence, d'encheminer, terminer et mectre en chemin les affaires de tant saincte et bonne œuvre.

Et nonobstant que icelle charge fût, à son advis, plus grande que à luy ne convenoit, a voulu obéyr à Sa Majesté, congnoissant l'inclination que Sa Majesté avoit à luy donner cestedicte commission, avant tous aultres, pour autant que Sadicte Majesté sçavoit comme aultres foys par aulcuns princes avoit esté requis et informé que les estatz du sainct-empire avoyent ledict seigneur de Grandvelle aggréable, et qu'il duyroit bien à entendre ausdicts affaires. Et voyant la bonne volunté que lesdicts seigneurs ont envers luy, a esté content accepter ladicte charge et commission, mesmes que de sa propre nature il a tousjours désiré ladicte pacification, ayant mis et mectant toute peyne, selon sa possibilité et l'intention de Sa Majesté, tout ce que sembleroit convenir, si aulcunement faire se pourroit que les affaires fussent traictés amyablement avec toute mansuétude, afin de veoir l'Allemaigne réunie et réconciliée à nostre seigneur Jésu-Christ, la saincte et désirée paix aux chrestiens rendue, toutes rancunes, haynes et dissensions oubliées et esteinctes, et qu'il sçavoit bien qu'il estoit mieulx notoire à toute la compaignie que à luy en quel estat estoit la républicque chrestienne et en quelles perturbations estoit constituée la povre Allemaigne, ayant grande nécessité de bonne réconciliation : confiant playnement de leur bonne affection que, sans aultre admonition, de eulx-mesmes adviseroient la manière de traicter les affaires, satisfaisants à leurs charges et commissions, à quoy l'amour envers Dieu les debvroit inciter, la saincte foy, religion et charité envers la chrestienté tant désolée inflammer. Leur remonstrant le misérable estat du pays qui par discordz est par pièces; les admonestant de leur observance vers Sa Majesté et du commun amour envers leurs prochains, et, afin qu'il les peust inflammer que par commune assistance ce mal fût esteinct, et à la Germanye sa puissance en seure et ferme union restituée, les priant qu'ilz pensassent les maulx survenuz à ceste occasion en ladicte Allemaigne et en bonne partie de la chrestienté, les destructions de plusieurs lieux, la religion mise soubz les piedz, le danger des âmes journellement périssans; ces maulx non estans en ung lieu, mais journellement de plus en plus s'eslargissants; n'ayant l'esprit pouvoir dire les ténèbres[1] par la dissension chrestienne survenue, dont par ces maulx la foy tant débilitée les faict souspirer.

La républicque est venue à l'extrémité, dont les infidèles ne pouvoient souhaiter meilleure occasion ni opportunité: desquelz maulx la cause et origine est attribuée à la nation germanicque par toutes les aultres provinces, laquelle, entre toutes aultres provinces, pour la foy, religion et aultres bonnes œuvres estoit préférée. Ausquels maulx si l'on n'y mect remyde, est à craindre qu'il ne survienne nouvelles et pires incommoditez[2] (non-seulement en la religion, mais aussy en toutes les aultres) d'y remédier, non estant de merveille que par tant grandes choses, passans l'entendement de l'homme, ne soyent controversies en l'église de Dieu. Mais l'on debvroit recourir au refuge usité, qu'est que telles controversies par amiables appoinctements soyent abolies, considéré que ceulx qui ont esté assemblez pour décider les différends et doubtes, ayent traicté les affaires à bonne et sincère intention, ayans seulement Dieu devant les yeulx, de quoy il ne doubtoit qu'ilz ne fussent de la mesme intention que, selon ledict refuge, telles dissensions et différends par leurs assistances seroient appoinctez: à quoy Jésu-Christ, estendant les bras en croix, invite la Germanye, le pape de Rome affectueusement le requiert, l'Empereur et le roy des Romains le désirent, tous bons chrestiens en l'extrême calamité de la Germanye l'expectent.

[1] MSS. de l'Arsenal, de Reims et 14641 de la Bibliothèque royale; *pouvoir sur les ténèbres* dans le MS. 15869.
[2] MS. 15869; *commoditez* dans les autres manuscrits.

Par quoy ledict seigneur de Grandvelle a prié lesdicts assamblez, pour la miséricorde de Jésu-Christ et pour sa passion, et au nom et lieu de Sa Majesté, veu qu'ilz estoient pour ceste chrestienne union esleuz, voulsissent mectre peyne à diligence que la robe de Nostre-Seigneur, tant misérablement déchirée, fût resarcie, et qu'ilz considérassent tous que les yeulx et oreilles de la chrestienté sont ouverts pour veoir et ouyr ce que par eulx seroit accomply. Et si ceste abominable dissension (ce que Dieu ne veuille) ne soit par leur moyen abolie, tous les maulx que par ce surviendront à eulx seront imputez. Aussy, au contraire, leur donnant Dieu sa grâce que ceste saincte pacification de la foy et religion par leur prudence et sollicitude sorte son effect, recepvront leur guerdon[1] de Dieu, louenge immortelle en ce monde, et à eulx obligeront toute la chrestienté, et principalement la nation germanicque. Leur priant qu'ilz voulsissent user de la bonne occasion présente, ayant l'Empereur, entre ses aultres vertuz prince très-béning et vray père, qui très-affectueusement désire ceste pacification, tranquillité de la nation germanicque et l'honneur et estimation d'icelle, et qui, pour ce laissant ses aultres affaires, non espargnant son corps, s'estoit party d'Espaigne pour venir en Allemaigne, où bientost se treuveroit pour faire une fin à ses affaires. Dieu veuille que, par l'inspiration du Sainct-Esprit, ilz accomplissent le désir de Sa Majesté et de tous bons chrestiens! Et quant au résidu de la volunté et intention de Sa Majesté, qu'il la déclaireroit au progrès et traicté des affaires.

Le 27ᵉ dudict moys d'octobre, les places réservées au chapitre de l'ordre tenu à Tournay, l'an trente-ung[2], à la disposition de Sa Majesté, furent pourveues ledict jour, et donné l'ungne à Maximilian d'Aigmont, conte de Buren, et l'aultre à René de Chalon, prince d'Orenges. Et le mesme jour fut Henry Sterck faict trésorier et le secrétaire Nicolas[3] greffier dudict ordre, et Françoys[4], filz bastard du bastard Bauduin de Bourgongne, fut faict Thoison d'or[5].

29ᵉ Sa Majesté vint coucher à Alost.

[1] *Guerdon*, récompense.
[2] Voy. p. 99.
[3] Nicolas Nicolaï, secrétaire d'État.
[4] Dit le Bâtard de Falais.
[5] Voy. Reiffenberg, *Histoire de la Toison d'or*, pp. 392 et suiv.

Le dernier jour d'octobre et premier de novembre à Gand.
2e à Audenarde.
3e à Courtray.
5e à Tournay.
7e à Lille.
9e à Ypre.
13e à Cassel.
14e à Gravelines.
15e à Sainct-Omer.
18e à Ayre.
20e à Béthune.
21e à Lens en Artoys.
22e disner à Mont-Sainct-Éloy, coucher à Arras.
25e à Bapaulme.
26e à Douay.
28e disner à Bouchain, coucher à Valenciennes, jusques le 18e de décembre.
Le 18e de décembre au Quesnoy.
20e disner à Esmerye[1], coucher à Avennes.
22e disner à Sore-le-Chasteau, coucher à Beaumont.
23e disner à Han-sur-Heure, pays de Liége, coucher à Fléru[2], conté de Namur.
24e à Namur, jusques au 27e.
27e à Seney[3].
28e à Marche-en-Famine, duché de Luxembourg.
29e à la Roche.
30e à Bastogne.
Dernier à Arlon, où furent bruslez sept maisons par fortune.

1541. Le premier jour de janvier, en l'an mil cincq cens quarante-ung, audict Arlon.

---

[1] Aymeries.
[2] Fleurus.
[3] Ciney.

2e à Luxembourg, jusques au 8e. Auquel lieu vint le duc de Lorrayne et le marquis du Pont, son filz.

8e Sa Majesté print congié de la royne, sa sœur, de la duchesse de Milan, sa niepce, des seigneurs et dames des pays d'embas: vint coucher à Thionville.

10e à Metz en Lorrayne, ville impériale.

13e à Sainct-Avort [1].

14e à Salebourg [2], au conte Jehan de Nassau, en Allemaigne.

15e à Steenbrughe [3], à ung des palatins.

16e à Keyser Luther [4], au mesme.

18e à Spirs, cité impériale, jusques le 5e de febvrier. Auquel lieu arriva le seigneur de Grandvelle, revenant de la journée tenue à Wormes.

Le 5e de febvrier à Edelbergh, maison de l'électeur palatin.

8e à Synigshem [5].

9e à Gondelshem [6].

10e à Oringhem [7].

11e à Halle.

12e à Kreetshem [8].

13e à Feuchtvang.

14e à Onobergh [9].

15e à Ketelbourg [10].

16e à Neuremberg.

19e à Nieumerch [11].

22e à Heymbalbre (?) [12].

[1] Saint-Avold.
[2] Sarrebrück.
[3] Zweibrüken.
[4] Kaiserslautern.
[5] Sinzheim.
[6] Gundelsheim.
[7] Oehringen.
[8] Chreitsheim.
[9] Ohrnbau.
[10] Heilbronn?
[11] Neumarckt.
[12] MSS. de l'Arsenal et de Reims; *Hemman* dans le MS. 15869 de la Bibliothèque royale; *Haynbaere* dans la *Description* de Herbais.

23e à Reynsbourg ¹, jusques le 29e de . . . . . . ².

Où Sa Majesté demoura attendant les électeurs et princes de l'Empire, les députez des villes impériales, jusques le 5e d'apvril, sans entendre aux affaires touchant la diette.

Le duc et la duchesse de Bavière estoient arrivez audict Reynsbourg avant Sadicte Majesté. Sa Majesté fut veoir ladicte duchesse le 26e de febvrier.

Et en mars arriva audict Reynsbourg le cardinal Contarino, légat apostolicque pour ladicte diette, au-devant duquel furent, de la part de Sa Majesté, le seigneur de Praet, les évesques d'Argento ³ et d'Arras avec tous les gentilzhommes de la maison. Et le lendemain, après disner, ledict légat, accompaigné des dessusdicts, vint vers Sa Majesté, laquelle le fut recepvoir jusques à la salle.

Le 10e dudict moys arriva audict Reynsbourg le duc Frédéricq, palatin, avec luy la princesse de Dannemarque, sa femme, niepce de Sadicte Majesté, laquelle il fut veoir le 15e.

Et le 2e d'apvril arriva, à six heures du matin, le cardinal de Mayence, électeur, an-devant duquel debvoient aller, de la part de Sa Majesté, les seigneurs de Praet et évesque d'Arras. Et le mesme jour ledict électeur vint faire la révérence à Sadicte Majesté.

Estans arrivez audict Reynsbourg les électeurs, commis des absens, princes, prélatz et députez des villes impériales en nombre et avec pouvoir souffisant, Sa Majesté fut, le mardy, 5e jour d'apvril, accompaigné desdicts princes, commis des électeurs et députez desdictes villes, seigneurs et gentilzhommes de sa maison, oyr la messe en l'église cathédrale dudict Reynsbourg, où à l'entrée de l'église se treuva ledict électeur de Mayence, et au chœur le légat : Sa Majesté assis aux formes dudict chœur, et troys siéges plus bas ledict électeur de Mayence; après luy les commis des électeurs de Coulongne, de Trèves, du conte palatin et du marquis de Brandenbourg. Celluy de Saxe n'y estoit point [pour ce que Sa Majesté ne l'avoit voulu permectre] ⁴, pour ce qu'il est des protestans contre la religion chrestienne.

¹ Ratisbonne.
² *Ajouter :* juillet 1541.
³ MSS. de l'Arsenal, de Reims et 14641 de la Bibliothèque royale; *d'Argonte* dans le MS. 15869.
⁴ La phrase entre crochets n'est pas dans le MS. de l'Arsenal ni dans celui de Reims; elle est empruntée aux MSS. 14641 et 15869 de la Bibliothèque royale. Elle se trouve aussi dans la *Description* de Herbais.

Avec lesdicts commis [1] estoient en renc les ducz de Bavière, Ottenryck [2], palatin, les ducz de Brunswick et de Savoye. A l'opposite, aux aultres formes, estoient le légat, le nunce du pape et neuf évesques, princes de l'Empire. Vers l'aultel estoient tout droict les évesques d'Argento, de l'Aquila, d'Arras et de Alguer [3]. Plus bas estoient le prince de Salerne, don Francisco d'Ast [4], le seigneur de Praet, le seigneur de Boussu et aultres.

La messe fut célébrée par l'évesque dudict lieu; procéda jusques à l'offertoire; Sadicte Majesté fut offrir seul; le duc Loys de Bavière luy porta l'offrande. Après furent offrir le légat, le cardinal électeur, les commis des électeurs, les princes et prélatz entremeslez. La messe achevée, ledict légat donna la bénédiction, lequel demoura en ladicte église.

Et au mesme ordre que Sa Majesté estoit venu, retourna, et vint en la maison de la ville, où il treuva le commis de Saxe, le lantsgrave de Hessen et aultres. Sadicte Majesté assiz en son trosne, chascun en son lieu selon son degré, fut commencée la proposition de la diette par le ducq Frédéricq, palatin, lieutenant pour Sadicte Majesté en l'Empire, et achevée à lire par le conseillier Naves, en alleman, dont la substance est telle que s'ensuyt [5].

« Sa Majesté Impériale faict remonstrer à ses électeurs et estatz du sainct-empire présens et aux députez des absens comme Sadicte Majesté les tient souvenans du recès de la dernière dietie tenue par Sa Majesté l'an trente-troys, en ce lieu. Dèz lequel Sa Majesté se partist avec l'intention, qu'elle a tousjours heu et déclaira lors, de s'employer à la résistance contre le Turcq, promotion de l'indiction et célébration du concile général, deffension du sainct-empire et conservation dez authoritez et droictz d'iceluy, et au commung bien de toute la chrestienté.

» Et pour la très-urgente et instante nécessité de résister au Turcq,

---

[1] MSS. de l'Arsenal, de Reims et 15869 de la Bibliothèque royale. Dans le MS. 14641 et la *Description* de Herbais on lit : « *Après* lesdicts commis. »

[2] Othon-Henri.

[3] MSS. de l'Arsenal, de Reims et 15669 de la Bibliothèque royale, et *Description* de Herbais. Ce nom ne se trouve pas dans le MS. 14641.

[4] D'Este.

[5] La proposition de l'Empereur fut imprimée, en français, à Anvers, en la même année 1541, par M. An. des Gois. Cet imprimé (qu'on trouve dans un petit volume in-18 de la Bibliothèque royale portant le n° 27649 du fonds Van Hulthem) nous a servi à corriger quelques fautes dans le texte de Vandenesse ou de ses copistes.

entré pour lors en personne et avec très-grande puissance en Hongrie, tirant à l'encontre de ceste Germanye, s'en alla droict Sadicte Majesté à l'encontre, avec l'ayde du sainct-empire et ses propres forces si grandes et coustagieuses que chascun sçait et le bon effect que, moyennant le sainct plaisir du Créateur, s'en ensuivit de en chasser ledict Turcq, avec sa grosse perte et confusion.

» Et au mesme temps envoia Sadicte Majesté grosse armée par mer contre ledict Turcq, pour empescher et divertir ses forces, comme advint : car icelle armée passa bien avant au coustel du Levant et print aulcunes places. Dont la fureur dudict Turcq fut retenue, et sa mauvaise volunté empeschée, pour aulcung temps, d'exécuter contre la chrestienté.

» Si tost que ledict Turcq fut retiré avec son armée, Sadicte Majesté print le chemin devers le feu pape Clément, avec lequel elle feit tellement qu'il accorda l'indiction dudict concile général en dedans ung an, comme lesdicts estatz furent dès lors advertiz par Sadicte Majesté ; et feit tout ce qu'elle peust pour la quiétude et tranquillité de l'Italye et commune paix.

» Ce faict, repassa Sadicte Majesté en ses royaulmes d'Espaigne, dont elle avoit esté longtemps absente, pour bailler ordre et provision aux affaires d'iceulx royaulmes, en delibération de soy treuver en personne audict concile, comme il avoyt promis, mesmes audict feu pape Clément. Et des causes et empeschemens pour quoy ledict concile ne se tint, lesdicts estatz en sont assez advertiz.

» Depuis succéda l'emprinse du Turcq, soubz la charge de Barberousse, à l'encontre du roy de Thunes, lequel avec très-grand équipaige et puissance il deschassa de son royaulme. Et voyant et entendant Sadicte Majesté les fins et desseingz dudict Turcq à l'encontre de la chrestienté, et l'extrême dommaige et inconvénient d'icelle, et la faculté qu'il en avoit dèz ledict royaulme de Thunes, et que ledict Barberousse de chemin avoit hostilement couru au coustel de Secille, et dressoit ses desseingz en cestuy et aultres endroictz des royaulmes de Sadicte Majesté, y alla en personne, et en deschassa ledict Barberousse, à l'honneur et service de Dieu et au grand bénéfice de ladicte chrestienté, comme aussy lesdicts estatz ont entendu.

» Dès là Sa Majesté print son chemin par ses royaulmes de Naples et Secille, pour iceulx visiter et regarder en la justice, police et bonne provision et asseurance d'iceulx, et avec desseing de passer à Rome devers nostre sainct-père le pape Paule moderne, affin de faire instance dudict concile et procurer l'indiction et célébration d'icelluy, et en intention de s'approcher de ceste Germanye et entendre aux affaires d'icelle.

» Et quant audict concile, ledict sainct-père se démonstra bien enclin et l'accorda voluntiers; mais lors se esmeut la guerre contre le duc de Savoye, prince du sainct-empire, et luy fut occupé partie de son Estat : dont Sadicte Majesté, pour son debvoir audict sainct-empire, fut constrainct de rentrer en ladicte guerre en l'an 1536.

» Et venant sur l'hyver, voyant que pour lors n'y avoit apparence de la célébration dudict concile, s'en retourna en sesdicts royaulmes d'Espaigne. Et depuis se tindrent aulcunes communications de paix, dont s'ensuivit l'approchement d'entre ledict sainct-père, Sa Majesté et le roy de France au coustel de Nyce, où se feit la trefve. Après icelle passa Sadicte Majesté en Aiguesmortes, où fut l'entreveue d'elle et dudict seigneur roy [1].

» Et comme Sadicte Majesté a tousjours tenu, pour fondement et fins de tous ses travaulx et labeurs, le bien publicque de la chrestienté et la réduction de ceste Germanye en union chrestienne, et la résistance à l'encontre dudict Turcq, feit toute l'instance que luy sembloyt convenir, en l'ung et en l'aultre, tant envers ledict pape Paule que envers ledict roy.

» Et estant retourné en sesdicts royaulmes d'Espaigne, en intention de y bailler ordre et provision pour repasser le plus tost que luy seroit convenablement possible, considérant que le différend de ladicte religion s'accroissoit continuellement plus en ceste Germanye et avec dangier de très-grand inconvénient, s'il ne se treuvoit accord et pacification, mesmes attendu les difficultez, contradictions et empeschemens que se mectoient pour divers respectz en la célébration dudict concile, entreprint de venir en ceste Germanie par Italye. Néantmoins, pour complaire audict roy de France, et à sa très-instante requeste, print son chemin par ladicte France, pour tant plus estraindre l'amytié et confiance d'entre eulx deux.

» Aussy eust Sadicte Majesté regard de, avec ceste considération, visiter ses pays d'embas et pacifier quelques motions particulières y survenues, comme elle feit.

» Et pour ce que Sa Majesté fut plus longuement audict chemin qu'elle

---

[1] Cet alinéa a été omis, probablement par l'inadvertance d'un copiste, dans l'impression faite à Anvers.

n'avoit pensé, et aussy que, estant en ses pays d'embas, survindrent affaires d'importance, et doubtant que, par sa tardance de venir en ceste Germanye, le différend de la religion ne passast à pis, s'advisa de la congrégation de Haguenau, et pria le roy des Romains, son très-chier frère, de se y treuver personnellement : ce que ledict seigneur roy feit pour encheminer et endresser ce qu'il verroit convenir en ceste présente diette. Et de ce que fut besoingné audict Haguenau, et signament à Wormes, pour estre de fresche mémoire, et dont par le recès dudict Haguenau et départ dudict Wormes lesdicts estatz sont assez advertiz, ne s'en fera icy plus long récit.

» Et a esté ce que dessus pour bailler raison ausdicts estatz du debvoir et acquict de Sa Majesté, dès qu'elle partist de la diette tenue en cedict lieu, tant en ce de la foy que résistance contre ledict Turcq, et pour excuse du long temps que Sadicte Majesté a esté absente de ceste Germanye : remectant à une aultre foys de bailler plus particulier compte et raison de ce que Sa Majesté a continuellement faict, avec très-grande et incrédible despence, pour porter, soustenir et deffendre les haulteurs et droictz du sainct-empire, et par où lesdicts estatz verront et congnoistront qu'elle s'en est bien, loyaument et entièrement acquittée, et que sadicte si longue absence a esté pour ce plus que nécessaire.

» Et se délaisse aussy de plus particulièrement spécifier les armées de mer qu'il a fallu à Sadicte Majesté annuellement faire à l'encontre dudict Turcq, et le continuel entretènement de grand nombre de galères pour luy résister (comme elle a et faict encores présentement), avec si grande charge et despence que chascun peust congnoistre et entendre, oultre aultres despens extraordinaires qu'elle a supporté pour le commung bien de la chrestienté et dudict sainct-empire.

» Et pour condescendre à ce que touche ceste diette, Sadicte Majesté a faict tout ce qu'en elle a esté pour, nonobstant tous aultres empeschemens, tant de maladye qu'elle a heu sur son partement des pays d'embas que depuis en chemin, estre arrivé icy, comme lesdicts estatz sçayvent ; et aussy a tenu main devers nostre sainct-père le pape affin que, en ensuyvant le recès de Haguenau, il envoyast icy son légat exprès pour s'employer à la concorde catholicque et chrestienne : ce que ledict sainct-père a très-voluntiers accordé, et y a envoyé le cardinal Contarino pour légat, prélat qualifié comme chascun sçait et zélateur de ladicte concorde.

» Puis doncques que Sadicte Majesté, pour les raisons très-urgentes et nécessaires, maintenant en partie récitées et contenues amplement ès lettres de l'indiction, a entreprins la présente diette et soy y trouver en propre personne, et longuement attendu la venue des estatz, lesquelz sont comparuz en nombre raisonnable, dont Sa Majesté les remercye, et est, comme cy-devant est déclaré, le principal poinct pour lequel ceste diette et congrégation se faict le différend de nostre religion et saincte foy catholicque, lequel demeure jusques à présent sans décision, et de jour à aultre devient de tant plus griefve, et est à craindre qu'il en pourroit ensuyvre beaulcoup de maulx, diffidences, contrariétez, guerres et dissensions, si par bon, meur et salutaire conseil et délibération n'y soit pourveu.

» A quoy, et pour faire une si bonne œuvre, Sadicte Majesté, de zèle de bon chrestien et impériale volunté, entend s'y employer, espérant entièrement que les électeurs, princes et estatz, de leur coustel et chascun en droict soy, n'y feront pas moins, et s'y employeront et penseront, comme bons chrestiens, de tout leur povoir. Et prie et requiert Sa Majesté qu'ilz veuillent pondérer, peser et consulter cest affaire, comme ledict différend se pourroit rappaiser et réduyre à bonne et chrestienne intelligence et union; aussy comment et par quel moyen on y pourroit besoingner et entreprendre de faire, singulièrement à l'honneur de Dieu, pour le bien publicque de la nation germanicque.

» Et afin que lesdicts estatz puissent veoir et apperchevoir que Sa Majesté prent ledict affaire de la religion (comme le plus souverain et principal) au cœur, a pensé et advisé, en cas que lesdicts estatz ne sçavent aulcung meilleur ou expédient moyen, que Sa Majesté, par bon advis, députera, sans préjudice du recès d'Ausbourg, aulcuns bons personnaiges, honnorables, de bonne conscience, sçavants, traictables et paisibles, en petit et deu nombre, des estatz et nation germanicque, pour examiner les poinctz et articles estans en différend, et regarder sur la réduction d'iceulx en concorde : lesquelz feront rapport à Sa Majesté et ausdicts estatz, pour adviser sur ce que conviendra. Et a esté Sadicte Majesté esmeu de penser à ce moyen, pour ce qu'il se justifie de soy-mesmes, et qu'il a desjà esté aultrefois approuvé et cogneu ostre utile, tant à Ausbourg comme aussy dernièrement à Wormes avec la susdicte réservation.

» Secondement, et pour ce que Sadicte Majesté craint et croyt pour certain que ledict Turcq, ennemy de nostre foy catholicque, (permectant la Majesté Divine et pour pugnition de noz péchez) prend cœur et hardiesse par nozdictes dissensions, et ne laissera, comme cy-devant, de courrir sus, troubler et destruyre ladicte chrestienté, Sadicte Majesté requiert en clémence que les électeurs, princes, estatz et députez veuillent considérer la grand' et inévitable nécessité, et aussy singulièrement entreprendre adviser et délibérer de cest article.

» Semblablement consulter tout ce que pourra servir à la paix et commung droict, justice, bonne police, tranquillité et tous aultres poinctz contenuz ès lettres de l'indiction de ceste diette, que sera pour le bien du sainct-empire, nation germanicque et d'eulx les estatz en général, et en tout ce démonstrer leur bon semblant à Sadicte Majesté; aussy advancer et promouvoir iceulx dicts affaires autant que leur sera possible.

» Et au cas que les électeurs, princes et estatz en feront comme dict est (et croit Sa Majesté qu'ilz y sont très-enclins), Sadicte Majesté, comme clément et bon chrestien empereur originel, et singulier amateur de la nation germanicque, offre de riens délaisser de faire qui puisse duyre à ladicte concorde et advancement d'icelle, entretenance et conservation de ladicte paix, union, droict, justice, police et tranquillité, et que pourra estre en toute chose duysable, commode et prouffitable.

» Pour quoy doncques, et pour considération de ladicte inévitable nécessité, se voulant conformer, démonstrer et conduyre, en tout ce que dict est, selon la présente bénigne et clémente requeste de Sa Majesté très-chrestienne, si humblement et de si bonne volunté comme Sadicte Majesté espère qu'ilz y sont enclins, pour la louenge, honneur et conservation de nostre saincte foy catholicque, avec le repoz, paix, union et prospérité de Sa Majesté et de eulx tous, Sadicte Majesté le reconnoistra voluntiers envers tous, de bonne grâce et clémence. »

Ce faict, les électeurs et commis d'iceulx, les princes et prélatz et les commis des villes, chascun se retira à part, et venoient dire leur advys ausdicts électeurs; et par le cardinal de Mayence, comme chancelier de l'Empire en la Germanye, fut faicte la responce à Sa Majesté : qu'estoit qu'ilz demandoient par escript ce que Sadicte Majesté avoit faict exposer, et qu'ilz mectroient toute diligence d'amyablement concorder les différends estans pour le présent en ladicte Germanye, principalement touchant les erreurs qui régnoient en icelle touchant la religion chrestienne. Et furent commis, pour débattre et concorder amyablement les articles estans en différend, les suyvans, asscavoir : de la part des catholicques, Joannes Ecquyus, Groperius et Julius Floux [1], docteurs, et de la part des protestants, Philippus Mélanchton, Buzerius et Pistorius, lesquelz débatront les différends en présence du duc Frédéricq, palatin, et le seigneur de Grandvelle, lesquelz furent commis pour présider en cest affaire ; et avec eulx furent des commis des électeurs pour tesmoingner ce que se concluroit en ladicte dispute. Lesquelz seigneurs et députez se assembloyent journellement en une maison du conseil de la ville, sur la Place.

Et le 12e jour d'apvril arriva audict Reynsbourg le marquis de Brandenbourg, électeur [2]. Fut au-devant de luy, de la part de Sa Majesté, le seigneur de Praet et les gentilzhommes de la maison, et luy fut présenté la clef de la chambre de l'Empereur, comme grand chambellan de l'Empire. Et le 15e arriva audict lieu la marquise [3], femme dudict électeur, fille du roy de Polone. Sa Majesté la fut veoir le 20e dudict moys.

Sa Majesté fut à la chasse à Strouinghe [4] le 24e d'apvril, revint coucher aux Chartreulx le premier jour de may, où furent célébrées les vigiles pour la feue impératrice, et le lendemain la messe. Ce faict, Sadicte Majesté revint audict Reynsbourg.

Le 8e du moys de may Sa Majesté fut souper au logis du duc Frédéricq, palatin ; furent assiz à sa table la princesse de Dannemarque, la duchesse de Bavière, ledict duc Frédéricq, les ducz de Bavière, de Brunswick et le lantsgrave de Hessen ; et après souper y vindrent en masques le prince de Salerne, don Francisco d'Ast [5], don Louys d'Avyla, le seigneur de Condé [6] et le seigneur de la Chaulx.

En ce mesme temps estant mort en Hongrie le roy Jehan, nommé voyvode, la vefve d'icelluy, avec ung filz de dix-huict moys et ung moyne de l'ordre de Prémonstrés, se sont mis en Boude [7], où ilz se sont fortiffyez

---

[1] Phlug.
[2] Joachim II.
[3] Hedwige, fille de Sigismond, roi de Pologne.
[4] Stroubing.
[5] D'Este.
[6] Christophe de Roghendorff (?).
[7] Bude.

contre le roy des Romains, lequel y envoya pour chief le comte de Salme, et le seigneur de Rocquendolf avec gens, y mectre le siége. Ce voyant, ledict moyne y feit venir les Turcqz, lesquelz ont levé ledict siége et prins ledict Boude.

En ceste mesme saison s'esmeut différend entre le pape Paule troisième et le seigneur Ascanio Colonne, de sorte qu'ilz meirent gens de guerre aux champs. De ce adverty, Sa Majesté y envoia pour amyablement appoincter ledict différend : à quoy les parties n'ont voulu entendre, ains ont procédé oultre, de sorte que nouvelles sont venues, le 19ᵉ de may, que les gens du pape ont prins Paliano et toute la reste du bien que ledict Ascanio tenoit soubz le fief de l'Église.

Et le 17ᵉ de may vindrent par deux foys vers Sa Majesté les marquis de Brandenbourg, électeur, Georges et Albertus de Brandenbourg, duc d'Ottenryck [1] et Philippe, palatins, duc de Luneborcht [2], duc Georges de Saxe, prince Lannocle [3] et le lantsgrave de Hessen, supplier à Sa Majesté qu'il feit justice au duc de Brunsvick maisné contre son frère le duc, lequel l'avoit détenu prisonnier bien dix-huict ans, luy détenant son bien : auquel temps luy avoit faict faire ung traicté qui n'estoit juste ny raisonnable. A quoy Sa Majesté feit responce que, les principaulx articles widez, donneroit ordre que la justice se feroit de ce et d'aultres choses.

Le dymenche, 26ᵉ de may, jour de l'Ascension Nostre-Seigneur, Sa Majesté fut à la messe à Sainct-Benoist, où est le corps sainct Denys, accompaigné de plusieurs princes. Estant Sadicte Majesté assise en son lieu, aux formes du chœur, le cardinal de Mayence, l'électeur de Brandenbourg, les commis des électeurs de Coulongne, de Trèves et palatin assiz en leurs lieux, suyvoit le duc Fédéricq, palatin. Incontinent se meit le marquis Georges de Brandenbourg. Ce voyant par les ducz d'Ottenryck et Philippe, son frère, et le duc de Brunswick, demourarent hors des formes en pied. Lors Sa Majesté leur feit dire, par le mareschal de l'Empire, que chascun se meit en son lieu : ne feirent semblant. Lors Sadicte Majesté

---

[1] Othon-Henri.

[2] MS. de l'Arsenal; de *Lunawercht* dans le MS. de Reims; de *l'Ambrochet* dans le MS. 14641 de la Bibliothèque royale; de *Lansbroch* dans le MS. 15869.

[3] MSS. de l'Arsenal et de Reims; *prince Hanovre* dans le MS. 15869; *prince Hanolt* dans la *Description de Herbais*. Le MS. 14641 ne cite pas ce personnage. Il s'agit vraisemblablement du prince d'Anhalt.

appela les électeurs de Mayence, de Brandenbourg et le duc Frédéricq, lequel fut envoyé vers eulx sçavoir le différend. Après ilz furent parler tous ensemble à Sadicte Majesté, puis se remeirent embas desdictes formes. Et lors Sa Majesté envoia le marquis électeur vers ledict marquis Georges, pour le faire mectre plus bas : à quoy ne voulut entendre, ny permectre que ledict Ottenryck le précédast. Ce voyant Sa Majesté, après avoir heu l'advis desdicts électeurs et commis, feit commander ausdictes partyes sortir hors du chœur : ce qu'ilz feirent. Et ledict Ottenryck et sa bende sortirent les premiers, ayans touché en la main de Sadicte Majesté; après vint ledict marquis Georges et Albertus, son nepveu, toucher les mains de Sadicte Majesté, et sortirent. Puis se meirent en leur lieu tous aultres princes. A l'opposite de Sadicte Majesté estoient le légat, nunce apostolicque et prélatz de l'Empire. La messe fut célébrée par l'abbé dudict Sainct-Denys [1].

Le 28e de may les docteurs catholicques et protestants ont achevé ce qu'ilz ont peu conclure, et le dernier jour de may Sadicte Majesté leur bailla au matin audience, environ les dix heures, tous ensemble, où ilz furent environ demye-heure. Estants sortiz, Sadicte Majesté se meit en conseil avec le duc Frédéricq, palatin, les seigneurs de Praet, de Grandvelle et conseillier Naves, où il demoura bien deux heures, et, incontinent après son disner, manda venir vers luy le duc Georges de Bavière. Après luy eurent audience le marquis de Brandenbourg, électeur, les marquis Georges et Albertus de Brandenbourg, le prince Hannock [2], le duc de Lembourg [3], tous ensemble. Eulx sortiz, vindrent les duc et conte palatin : après lesquelz eust audience le cardinal de Mayence, seul; puis y vint le légat.

Et le lendemain tous les princes s'assemblarent en la maison de la ville, pour adviser sur le différend estant entre le duc d'Ottenryck et marquis Georges de Brandenbourg sur le précéder. On résolut par ensemble, pour éviter différends, que, quant Sa Majesté ira à l'église, l'ung des jours ceulx de Brandenbourg s'y treuveront et non ceulx de Bavière, et l'aultre jour ceulx de Bavière y seront et ceulx de Brandenbourg non, saulf les élec-

---

[1] *Sic* dans tous les manuscrits. Il semble que c'est *Sainct-Benoist* qu'il faudrait lire.
[2] D'Anhalt, comme ci-dessus.
[3] Lunebourg (?).

teurs, qui y seront tousjours. Ainsy ont accordé les partyes jusques que aultrement en soit déterminé par Sa Majesté.

Le 6ᵉ jour de juing, jour de la Penthecouste, Sa Majesté fut ouyr la messe en la grand'église. La messe fut célébrée par le cardinal de Mayence. Sadicte Majesté assiz en son lieu, l'électeur de Brandenbourg après; furent en renc ceulx de la maison de Bavière; à l'aultre coustel les légat et prélatz de l'Empire : où se meust aultre différend, que les électeurs ne voulurent permectre que, allant à l'offrande, le légat précédast devant eulx. Ce voyant, Sa Majesté ordonna que nul n'iroit et qu'il iroit seul, et que le marquis électeur luy porteroit l'offrande, comme il fut faict. La messe procéda jusques à la fin.

Le 8ᵉ dudict moys Sa Majesté manda venir vers luy les électeurs, commis des absens, princes, prélatz, députez des villes et généralement tous ceulx des estatz de ladicte diette. Et estans tous assemblez en court en la salle où Sadicte Majesté disne, luy estant soubz son dosseret, eulx tous présens, fut par le duc Frédéricq dit en alleman les raisons de l'assemblée, que leur fut leute par le secrétaire, qu'est en substance : que les commis, tant par Sadicte Majesté que par les estatz, pour adviser par ensemble, sur les différends de la religion chrestienne, d'accorder par voye amyable, si bonnement faire se pouvoit, avoyent résolu les articles telz qu'en présence desdits duc Frédéricq et seigneur de Grandvelle, députez pour présider, comme ilz verroient[1], desquelz ilz avoient faict relation à Sadicte Majesté, laquelle les vouloit bien consulter ausdicts estatz, pour sur ce avoir leur advys et conclure sur iceulx. Laquelle conclusion, résoulue, vouloit et entendoit estre observée.

Après avoir chascun se retiré à part et consulté entre eulx, ont faict supplier à Sa Majesté avoir par escript ce que leur avoit esté proposé : ce que leur a esté accordé, le donnant au cardinal de Mayence; leur ordonnant que, le lendemain, à la mesme heure, rendroient responce résolutive. Ce faict, se sont partiz, chascun selon son ordre.

Le 9ᵉ jour, à la mesme heure, lesdicts des estatz se trouvarent vers

---

[1] Cette phrase, qui est dans les quatre manuscrits, est obscure comme bien d'autres. Dans la *Description* de Herbais on lit : « avoient résolu les articles telz qu'ils verroient, desquelz ilz avoient faict relation à Sadicte Majesté, etc. »

Sadicte Majesté, où ilz rendirent responce touchant l'affaire du jour précédent. Ce faict, fut donné audience, en présence desdicts estatz, aux députez du pays d'Austriche. Ayans achevé, fut donné audience aux députez des estatz d'Hongrie, où par l'archevesque d'Aigryensis [1] fut remonstré l'évident péril de la perdition du royaume d'Hongrie, aulcunement occupé par le Turcq, demandant à Sadicte Majesté et au sainct-empire secours. Ce achevé, chascun se retira.

Le 10e jour lesdicts électeurs, princes, prélatz et députez furent assamblez le matin en la maison de la ville. Et l'après-disner vindrent devers Sadicte Majesté, de la part de tous les estatz, le cardinal de Mayence, archevesque de Salsbourg, évesque de Trente, ducz de Bavière et Brunswick.

Le 11e jour vindrent nouvelles à Sadicte Majesté que don Garcya de Toledo, capitayne des galéres de Naples, et aultres avoyent estez en Barbarie devant la ville de Monasterio [2], occupée des Mores, lesquelz ne se voulurent rendre, ains soustindrent huict assaulx, furent prins par force, et aultres cincq villes que se rendirent.

Le 13e le lantsgrave, par consentement de Sa Majesté, print congié et s'en alla pour mectre ordre en aulcuns siens affaires survenus à ung sien beaul-filz : Sadicte Majesté content de luy.

Le 16e, jour de la Feste-Dieu, Sadicte Majesté fut en la grand'église ouyr la messe, où le légat l'attendoit, prest à porter le corps Nostre-Seigneur à la procession. Sadicte Majesté arrivé, l'on encommença à marcher à ladicte procession, chascun selon son renc, les princes et seigneurs chascun une torse allumée en la main; et sur le corps de Nostre-Seigneur fut porté ung poisle par six contes de l'Empire commis à ce. Après suyvoit Sa Majesté, accompaigné du cardinal de Mayence, électeur, de l'ambassadeur du roy des Romains, représentant l'archiduc d'Austriche. La procession rentrée, chascun assiz en son lieu, la messe fut célébrée par l'évesque de Brixe [3].

Le 20e Sa Majesté, advertie que le roy des Romains, son frère, venoit en poste, envoya don Loys d'Avyla au-devant de luy; et le 21e, environ les

---

[1] Agriensis ou Aggria.
[2] Monastir.
[3] Brixen.

quatre heures du matin, ledict roy arriva et vint descendre en court. Après avoir donné le bonjour à Sadicte Majesté, s'en alla à son logis, et le 24ᵉ ledict roy disna avec Sa Majesté.

Le 25ᵉ au matin, à neuf heures, tous ceulx des estatz furent assemblez en court en une salle, où se trouva le roy des Romains; et, présent Sa Majesté, ledict roy requist et demanda secours audict Empire contre les Turcqz estans dedans Boude et en Hongrie : lesquelz estatz promirent s'assambler et adviser sur ce.

Le 26ᵉ Sa Majesté disna avec le roy son frère.

Le 28ᵉ les électeurs, princes et prélatz catholicques furent vers Sadicte Majesté; accordarent, pour le secours promptement contre le Turcq, quatre-vingt mil florins d'or par moys, durant troys moys, pour le service dudict roy. Et le mesme jour vint le commis du duc de Saxen et les princes protestans : accordarent, pour ledict secours, le double que les catholicques avoient accordé, offrans corps et biens au service de Sadicte Majesté; le suppliant leur donner asseurance et promesse que Sadicte Majesté ne leur demanderoit riens pour la secte qu'ilz tenoient, jusques les différends fussent vuydez et déterminez pertinemment.

Le dimenche, 3ᵉ jour de juillet, à huict heures du matin, vindrent vers Sadicte Majesté le roy son frère, les électeurs, commis des absens, prélatz, princes et députez des estatz, pour prendre résolution sur le secours contre le Turcq, promptement accordé. Et ledict jour, après disner, Sadicte Majesté feit venir devers luy les dessusnommez, ausquelz feit exposer le tort que luy faisoit le duc de Clèves de luy occuper sa duché de Gheldres. Et afin que chascun congneût le droict de Sadicte Majesté, leur donna plusieurs tiltres authenticques, leur requiérant mectre une fin et conclure sur la matière le matin débatue et aussy sur ledict affaire : car Sadicte Majesté ne veult prétendre l'aultruy, sinon recouvrer le sien.

Le 5ᵉ jour estoit faict, sur la grand'place dudict Reynsbourg, ung grand hourd [1] bien hault, dès lequel on avoit faict ung pont, en façon de galerie, jusques en une maison estant aux espaules dudict hourd, lequel hourd estoit tout autour descouvert, saulf le derrière, qui estoit tendu d'une bien riche tappisserie; au milieu un dosseret de drap d'or frizé, soubz lequel estoit une

---

[1] *Hourd*, échafaud.

chayère de mesme, de six degrez de hault, qui estoit le siége impérial pour Sadicte Majesté. Et aux deux coustelz dudict siége estoient deux bancz, de deux degrez de haulteur seulement, couvertz de drap d'or, qu'estoit la place des électeurs. Et à trois heures après midy, Sadicte Majesté vint en ladicte maison où venoit ledict pont, accompaigné de tous ses princes, pour soy accoustrer, où il y eust différend, entre le commis du duc de Saxe et le mareschal de l'Empire, sur qui porteroit l'espée, car, estant le duc présent, la doibt porter. Saulf le droit d'un chascun, le mareschal la porta. Lors les gentilzhommes, seigneurs et princes commencèrent à marcher par sur ledict pont. Suyvoit l'électeur de Brandenbourg, accoustré en son habit d'électeur, portant le sceptre. Le commis du conte palatin, électeur, portoit le monde, et le mareschal de l'Empire l'espée. Le suyvoit Sa Majesté, accoustré en sa chappe et couronne impériale; à dextre l'électeur de Mayence, accoustré en son habit d'électeur; à senestre le commis de l'électeur de Coulongne. Portoit la queuhe de la chappe impériale le second chambellain de l'Empire. Suyvoient le commis de l'électeur de Trèves et les prélatz de l'Empire. Sa Majesté assise en son siége impérial, furent assiz à main droicte l'électeur de Mayence et le commis de l'électeur palatin, et à main senestre les commis des électeurs de Coulongne et de Saxe et l'électeur de Brandenbourg en personne. Et vis-à-vis de Sadicte Majesté estoit assiz le commis de l'électeur de Trèves. Et tous les aultres princes et prélatz estoient sur le hourd à teste nue et en pied.

Incontinent entrarent en ladicte place environ cincquante chevaucheurs, accoustrez en vert, lesquelz suyvoient une banière rouge; coururent troys foys autour dudict hourd. Les suyvoit le prince Hannock[1] et le duc de Brunswick, lesquelz descendirent devant ledict hourd. Et ainsy qu'ilz vouloient monter, Sa Majesté leur manda s'arrester, pour ce que le duc Loys de Bavière s'estoit présenté devant Sadicte Majesté, requiérant audience, exposant que, au cas que le duc Guillame de Pommère[2], qui vouloit lors prendre de fief de Sadicte Majesté, allast de vie à trespas sans hoirs, ladicte duché luy appartenoit comme plus prochain. Ce voyant, le marquis de Brandenbourg, électeur, se leva et vint devant Sa Majesté, exposant qu'il

---

[1] D'Anhalt, comme ci-dessus.
[2] Poméranie.

estoit le plus prochain à succéder audict duc de Pommère, en faulte d'hoir masle. Ledict différend fut remis à vuyder, gardant à chascun son droict, par justice. Lors lesdicts de Brunswick et Hannock, envoyez par le nouveau duc[1], montarent en hault; faisant trois révérences, se meirent à genoulx devant Sadicte Majesté, exposarent leur charge. Leur fut respondu, de la part de Sadicte Majesté, par l'électeur de Mayence; puis s'en retournarent vers leur futur duc, et incontinent entrarent en ladicte place dix gentilzhommes à cheval portant dix banières des quartiers dudict duc; puis après ledict duc, accoustré en habit de duc, courut trois tours autour dudict hourd, puis descendit et, accompaigné des dessusnommez et avec ses banières, monta sur ledict hourd, feit ses trois révérences et se meit à genoulx devant Sadicte Majesté, où par l'ung des siens feit exposer sa requeste, qu'estoit qu'il supplioit à Sadicte Majesté et au sainct-empire d'estre receu en fief comme bon subject et féal de l'Empire. Après plusieurs responces et examinations faictes, Sadicte Majesté luy accorda, luy faisant jurer et faire le serment, lequel luy fut leu par le conseillier Naves et jura. Ce faict, furent présentées à Sadicte Majesté ses banières, et furent prinses par les princes là estans présens, ses plus prouchains parens du coustel que les banières venoient, et ruées[2] au peuple. Le tout achevé, remercya Sadicte Majesté et s'en retourna. Il avoit bien deux cens chevaulx de compaignye. Sadicte Majesté s'en retourna par ledict pont en l'ordre qu'il estoit venu.

Ce mesme jour les portes de la cité furent fermées, et environ mil hommes de la ville armez pour garder la place, murs et portes de ladicte cité.

Le 12e de juillet Sa Majesté manda venir vers luy les électeurs, princes, prélatz et députez des estatz, et, le roy son frère présent, leur feit dire, par le duc Frédéricq, palatin, les causes de sa venue pour la présente diette, aussy les advertissements qu'il avoit de la descente du Turcq du coustel d'Italye par mer : qu'estoit la cause qu'il estoit constrainct se partir, pour en personne résister à la venue dudict Turcq, et qu'ilz advisassent, s'ilz vouloient conclure aulcuns affaires, que Sa Majesté estoit délibérée de partir endedans le 22e jour, ou au plus tard endedans le 24e. A quoy ne feirent aulcune responce, et le duc de Savoye, là présent, supplia d'avoir

---

[1] De Poméranie.
[2] *Ruées*, jetées.

audience, laquelle luy fut accordée. Lors remonstra le tort que luy faisoit le roy de France de luy occuper injustement son pays, demandant au sainct-empire, comme vicaire d'icelluy, justice et assistance, faisant exposer son droict par ung sien conseillier en latin, et le bailla en alleman par escript aux princes. Lors lesdicts estatz respondirent qu'ilz avoient à vuyder, avant toutes choses, les différends de la religion, et que desjà ilz avoient accepté ledict duc du nombre des princes et alliez de l'Empire, et qu'ilz adviseroient sur son affaire et aultres, puisque Sa Majesté délibéroit son partement si brief.

Le 21e lesdicts électeurs, princes, furent vers Sadicte Majesté, où les commis du duc de Clèves requirent estre admis et receu en fief de Sa Majesté des duchez de Gheldres, Clèves et Juilliers : ce que par Sadicte Majesté leur a esté refusé, comme non ayant aulcung droict audict Gheldres, et rebelle audict sainct-empire. Lors lesdicts princes, tous d'ung accord, supplièrent à Sadicte Majesté avoir pitié dudict duc : à quoy Sa Majesté feit responce qu'il y avoit cincq moys qu'il estoit en ce lieu, cuydant vuyder quatre ou cincq poinctz que leur touchoient grandement, dont l'ung estoit qu'il les avoit requis adviser sur le secours et reboutement des Turcqz venans du coustel d'Hongrie, et qu'ilz n'avoient jamais riens voulu résouldre, et sur l'affaire du duc de Clèves, rebelle, ilz s'estoient résoluz, en troys jours, de demander miséricorde pour luy : à quoy Sadicte Majesté n'entendroit pour le présent.

Le 22e lesdicts princes furent vers Sa Majesté, où fut donné audience à l'ambassadeur de France, où par l'advocat dudict roy de France fut, pour et en son nom, respondu en latin à ce que le duc de Savoye avoit faict exposer, le 12e dudict moys, touchant l'expoliation que ledict roy de France luy avoit faict de ses pays; et fut répliqué par le conseillier dudict duc. Après par le mesme duc fut dict que tout ce que ledict advocat avoit dict, au nom dudict roy de France, son maistre, n'estoit point vray, et que luy et ses prédécesseurs ducz de Savoye, descenduz de bonne et grosse extraction, bien et vertueusement vivans comme princes sans reproche, doibvent faire [1]. Lors fut conclud par lesdicts estatz que l'ambassadeur

---

[1] *Sic* dans les quatre manuscrits et dans la *Description* de Herbais. Il est évident qu'il manque ici quelque chose.

bailleroit son exposé par escript, et les tiltres dont le roy se vouloit ayder, et que le tout seroit veu, pour y pourveoir par raison.

Le joeudy, 28ᵉ, cuydant Sa Majesté partir cedict jour, commanda que toute sa maison partist, saulf ceulx de sa chambre et ceulx de son conseil, pensant conclure avec lesdicts princes, lesquelz tous furent le matin vers Sadicte Majesté. Ne peult achever; fut d'advis de demourer là cedict jour.

Et le vendredy, 29ᵉ, environ neuf heures du matin, fut sur la maison de la ville, où tous les estatz estoient assamblez; et là fut conclute et résolue la diette impériale, dont les articles en substance s'ensuyvent :

Que le besoingné des théologiens touchant la religion est remis au futur concile général que le pape a par son légat offert et asseuré qu'il le feroit célébrer prestement, ou, en deffault d'icelluy, au national, et, si l'ung ny l'aultre ne se célèbre, à la prochaine diette, laquelle en ce cas est assignée endedans huict moys, à compter du jour dudict recès.

Les estatz ont persisté que ledict concile général se tienne en la Germanye, et que l'Empereur y doibge tenir main envers le pape, et que, si lesdicts conciles, général ou national, ne se tiennent, que Sa Saincteté envoye pour ladicte diette ung légat avec pouvoir souffisant.

Les luthériens, qui s'appellent protestants, observeront les articles esquelz leurs théologiens se sont accordez, sans prescher ne user au contraire, et ne attireront personne à eulx, ny recepvront en leur protection ou asseurance aulcun de ceulx de l'ancienne foy et religion.

Les prélatz entendront à la réformation de leurs églises, tant généralement que chascun en droict soy, pendant que ledict sainct-père pourvoyra touchant l'entière réformation : ce que lesdicts prélatz ont entièrement accepté et promys faire.

La paix faicte, il y a neuf ans, à Neurenbergh, s'observera, et demoureront toutes parties paisibles, et cesseront toutes violences, forces et voyes de faict, comme il est amplement spécifié audict recès, le tout à peine de *landtfridt* enfreincte.

Les églises qui sont rière les pays desdicts protestants demoureront en leur entier, sans en riens desmolir, jusques après ledict concile.

Les gens d'église joyront des biens ecclésiasticques que lesdicts protestans ont rière eulx.

L'Empereur députera commissaires pour décerner[1] les causes et procés dont il est controversé si c'est de la religion ou non.

Et quant à ceulx qui seront treuvez estre de ladicte religion, lesdicts commissaires appoincteront les parties, si faire le peuvent, ou sinon envoieront leur besoingne à Sa Majesté, pour en faire déclaration, entre cy et ladicte prochayne diette, avec lesdicts estatz.

Toutes les aultres prophanes yront à la chambre et justice souveraine impériale et aux aultres justices, selon leur qualité.

Ladicte chambre impériale se visitera par gens que Sadicte Majesté députera ; et s'il y est treuvé faulte, elle se réformera et baillera provision afin que ladicte justice s'administre droictement et sans partialité.

Tous lesdicts estatz, tant catholicques que protestants, entretiendront ladicte chambre impériale pour troys ans, si plus tost lesdicts estatz ne treuvent aultre moyen pour y furnir.

La déclaration des différeuds, ès cas que pourront concerner ledict traicté de Neurenbergh et aultres choses susdictes concernant la religion et chambre impériale, est réservée à Sadicte Majesté.

Les estatz ont accordé pour dix mil hommes de pied, deux mil chevaulx, pour ayder présentement le roy des Romains en Hongrie, et ce pour le terme de quatre moys ; et desjà l'on lieve gens.

Iceulx estatz ont en oultre accordé une ayde, durable pour troys ans, de vingt mil hommes de pied et quatre mil chevaulx, pour employer à l'encontre du Turcq pour ledict temps, à leurs fraiz. Et est remys à Sadicte Majesté Impériale de choisir le capitayne général de ladicte ayde durable, comme aussy il a faict de la hastive.

Il est deffendu très-expressément par ledict recès que nulles gens de guerre, piétons ny aultres, voysent[2] hors la Germanye servir à qui que ce soit, sans la licence de Sadicte Majesté ; et seront les contrefaisans chastiez par tous les estatz, chascun en droict soy.

L'on a aussy deffendu l'impression de tous libelles fameux et injurieux.

Tous lesdicts estatz ont très-grand contentement de cedict recès, et

---

[1] MSS. de l'Arsenal, de Reims et 14641 de la Bibliothèque royale ; *discerner* dans le MS. 15869 de la Bibliothèque royale et la *Description* de Herbais.

[2] *Voysent,* aillent.

louent jusques ès cieulx la bonne œuvre que Sadicte Majesté y a faicte, que à la vérité n'a esté sans grand'peyne et travail, continuelle sollicitude et diligence; et a délaissé ladicte Germanye et tous les estatz d'icelle en grande dévotion envers elle et bonne intelligence.

Oultre ledict recès, Sa Majesté a député gens pour paciffyer amyablement aulcuns différends particuliers estans entre les princes, prélatz et aultres desdicts estatz, tant de l'ancienne religion que protestants.

Sadicte Majesté et lesdicts estatz ont député commis pour congnoistre amyablement les différends et mastrachts [1].

En oultre s'est faict une ligue entre le pape, l'Empereur, le roy des Romains, le cardinal de Mayence, l'archevesque de Saltsbourg et aultres prélatz, les ducz de Bavière, de Brunswick et aultres princes, pour le soustènement et deffense de l'ancienne foy et religion et les deppendances d'icelle envers et contre tous ceulx qui vouldront d'oires en avant attempter, et y a bonne somme desjà consignée; et sont les capitaines généraulx, pour l'ung des coustelz de la Germanye le duc Loys de Bavière, pour l'aultre le duc de Brunsvick; et ont retenu capitaynes, conseilliers et aultres officiers en tous les deux coustelz, lesquelz seront tousjours prestz au besoing, combien que l'on tient pour certain que la paix s'observera pleinement et entièrement de tous, selon le contentement que tous ont de cestedicte paix, et que l'on a entendu la volunté des deux coustelz, et le respect qu'ilz portent à Sadicte Majesté, et ce que lesdicts estatz, oultre ledict recès, luy ont promis et asseuré, tant généralement que particulièrement.

Les pays d'embas y sont expressément et spécifficquement comprins, et aussy la conté de Bourgongne, sans qu'ilz soyent tenuz de riens contribuer en particulier.

L'Empereur a remonstré, tant de bouche que par escript, ausdicts estatz son droict touchant Gheldres et Zutphen, lesquelz tous congnoissent l'évident et inexcusable tort du duc de Clèves, lequel n'y a riens respondu en

---

[1] MSS. de l'Arsenal et 15869 de la Bibliothèque royale. Cette phrase ne se trouve ni dans le MS. 14641 ni dans celui de Reims. La *Description* de Herbais porte : « les *différends et Mastricht.* » Il faut probablement lire : « les différends (ou le différend) de Mastricht. » Il y avait en effet, au sujet de la juridiction de Maestricht, un débat entre l'Empereur, comme duc de Brabant, d'une part, la commune de Maestricht et l'évêque de Liége, de l'autre. Voy. AL. HENNE, *Histoire du règne de Charles-Quint en Belgique*, t. VIII, pp. 225 et suiv. Le mot *mastrachts* n'est ni français ni allemand.

particulier, sinon prié aux estatz vouloir intercéder que l'affaire fût congneu et appoincté, et que l'on n'entreprint riens de faict à l'encontre de luy. Et sur ce Sadicte Majesté a encores remonstré ausdicts estatz le tort dudict duc, que nul d'eulx vouldroit souffrir en son endroict, et que, si en brief il se recongnoissoit et rengeoit à la raison, il luy pardonneroit le passé et luy bailleroit le fief de Clèves et de Juilliers. Ilz n'en ont parlé plus avant pour ledict duc, ains ont la pluspart dict qu'ilz luy remonstreroient vivement sondict tort, et qu'il en feist de sorte que luy n'en vienne en plus grand inconvénient et en reçoipvent ses voisins dommaige.

Aussy monsieur de Savoye a remonstré son affaire ausdicts estatz, tant de bouche que par escript : à quoy les ambassadeurs du roy de France ont respondu. Et après lesdicts estatz ont veu les tiltres dudict duc, et ont déterminé d'en escripre affectueusement audict roy de France.

Faict en la diette impériale tenue à Reynsbourg, et accepté entièrement par tous les estatz de l'Empire, le vendredy, 29ᵉ de juillet 1541.

Ledict 29ᵉ, la diette conclute, Sadicte Majesté print congié des estatz en général; puis tous les électeurs, princes, prélatz, vindrent prendre congié en particulier. Sa Majesté partist, accompaigné du roy son frère et de plusieurs princes jusques une lieue hors de la ville, où ledict roy print congié et retourna, et Sadicte Majesté vint ce jour coucher à Vinsbourg [1], maison des ducz de Bavière. Lesdicts ducz estoient avec Sadicte Majesté et le duc d'Ottenryck, le duc Christoffle de Virtembergh et le marquis de Baude.

Le pénultième jour dudict moys, Sadicte Majesté vint coucher à Fresinghe, appartenant à l'évesque dudict lieu, qu'est des palatins.

Le dernier jour coucher à Munich, qu'est au duc de Bavière.

Le premier jour d'aougst, en l'an 1541, Sadicte Majesté demoura tout le jour audict Munich, où il fut à la chasse, et furent bien tuez cent et quinze cerfz que biches. Et le soir, Sa Majesté vint souper en ung jardin où ledict duc donnoit le bancquet. Furent assiz à la table de Sadicte Majesté les duchesses de Bavière et de Virtembergh, la fille du duc et encores une aultre dame, les ducz de Bavière et Ottenryck, le duc Christoffle et le marquis de Baude. Sadicte Majesté se retira de bonne heure et envoia de bien riches

---

[1] Abensberg.

présens ausdictes dames, comme il avoit faict à Reynsbourg à la princesse de Dannemarcque, à la marquise de Brandenbourg et à sa fille.

2ᵉ Sa Majesté vint disner à Volleschuse¹ et coucher à Bénédict in Bayere², qu'est ung monastère.

3ᵉ Coucher à Nieuval³, qu'est aux ducz de Bavière.

4ᵉ Disner à Zeveld⁴, qui est en la conté de Tyrol, où il y a ung sacrament de miracle, et fut que, estant ung gentilhomme capitayne dudict lieu, dict ung jour au curé qu'il vouloit communier d'aultre hostie et plus grand' que le laboureur : ce que ledict curé feit, et luy donna en communiant une hostie grande. Et ainsy qu'il l'eust en la bouche, se mua en pain et ne la peust consumer, et quant et quant il abismoit⁵ en terre jusques aux genoulx. Ce voyant, eust contrition du mal, et ledict prebstre reprint ladicte hostie, qu'estoit comme ung morceau de pain et est encores. Ledict gentilhomme feit pénitence et vesquit longuement après.

Cedict jour Sa Majesté vint coucher à Ysbroch⁶. Venant à une lieue de la ville, treuva le prince d'Hongrie et ung sien frère, ses nepveuz, filz du roy des Romains, qui luy venoient au devant; et vindrent par ensemble jusques en la ville descendre en court, où Sa Majesté treuva en bas six des filles dudict roy et encoires ung filz que l'on portoit en bras. Après avoir faict la révérence à Sadicte Majesté, print l'aisnée par le bras, qu'est fiancée au prince de Polonie, et fut conduit par elle jusques en sa chambre; puis se retirarent. Et sont fort beaulz princes et princesses.

Sadicte Majesté demoura audict Ysbrouch jusques au 7ᵉ.

7ᵉ à Steerzinghe.

8ᵉ à Brixe.

9ᵉ à Baech⁷.

10ᵉ à Trente, où, à une lieue de la ville, treuva le duc de Camerin⁸, qui a espouse la fille bastarde de Sadicte Majesté, et après treuva l'évesque

---

¹ Wolfratshausen.
² Benedict-Beuern.
³ Mittenwald.
⁴ Seefeld.
⁵ *Et quant et quant il abismoit*, et en même temps il s'enfonçait.
⁶ Innspruck.
⁷ MSS. de l'Arsenal et de Reims. Botzen.
⁸ Octave Farnèse, duc de Camerino.

dudict Trente. Sadicte Majesté demoura audict Trente jusques au 13e.

13e à Rovere [1].

14e disner al Bourguet [2], dernier lieu de Tyrol, appartenant au roy des Romains : auquel lieu arriva le duc de Ferrare en poste. Et demye-lieue de là Sa Majesté entra en terre des Vénétiens, où le vindrent treuver deux cens arquebousiers à cheval et cent chevaulx-légiers venans de Lombardie avec le marquis del Guasto [3]. Aussy luy vindrent au devant cincq ambassadeurs de Venize.

Sadicte Majesté vint coucher à Doulce [4], villaige appartenant aux Vénétiens, où ilz avoient force vivres, qu'ilz présentarent à Sadicte Majesté; et avoient faict faire sur la rivière ung pont fort triumphant, pour passer Sadicte Majesté.

15e à Pisquière [5], aux mesmes Vénétiens.

16e à Médolle [6], qu'est au duc de Mantua. Et en chemin le vint rencontrer le duc de Mantua, qu'est petit enfant [7], et le cardinal dudict Mantua [8].

17e à Cane [9], pareillement audict duc de Mantua.

18e à Cremona, où Sadicte Majesté feit entrée comme duc de Milan, car c'est du duché.

19e à Pisqueton [10], semblablement dudict duché de Milan.

20e à Lode [11], aussy dudict duché.

21e à Marignan.

22e disner à l'abbaye de Serreval (?), coucher à Milan, où premièrement vindrent au-devant de Sa Majesté le filz du capitayne du chasteau de Milan, accompagné de deux cens chevaulx-légiers, arquebusiers, tous armez.

[1] Roveredo.
[2] Borghetto.
[3] D. Alonso d'Avalos, marquis del Guasto ou del Vasto.
[4] Dolce.
[5] Peschiera.
[6] Medola.
[7] François II, duc de Mantoue, qui avait succédé en 1540 au duc Frédéric, son père, n'avait alors que huit ans, étant né le 10 mars 1533.
[8] Hercule de Gonzague-Mantoue, oncle du duc François II, créé cardinal par Clément VII en 1527.
[9] Canneto.
[10] Pizzighettone.
[11] Lodi.

Après vint le marquis del Guasto, gouverneur de Milan, accompagné de deux cens gentilzhommes à pied, tous accoustrez en damas blancq, deux cens gentilzhommes à cheval de sa maison, tous armez, et deux cens chevaulx-légiers. Et à l'entrée vindrent tous les gentilzhommes de fief dudict duché, accoustrez en satin cramoisy et drap d'or, à pied; puis les sénateurs à cheval, accoustrez en velour violet, et les docteurs de l'université à pied, avec leurs chapperons fourez, portant le poisle, qu'estoit de drap d'or frizé, et dedans la porte tout le clergé et religieulx. Et en cest ordre vint jusques en la grand'église, dès là à son logis, qu'est le palays; et y avoit force arcqz triumphans par la cité, les rues tendues partout, force dames par les fenestres.

Sadicte Majesté demoura audict Milan jusques au 29e dudict moys.

Le 25e arriva audict Milan le duc d'Urbin et le duc de Melfe.

Le 26e Sa Majesté fut veoir le chasteau dudict Milan.

Et le 27e, après disner, Sa Majesté, accompagné des cardinaulx Contarino et Mantua et de tous les ducz, princes et seigneurs de sa court, fut au Dom lever sur les fondz l'enfant dudict marquis del Guasto, et au retour treuva en une grand'salle la marquise del Guasto, mère dudict enfant, et toutes les dames de Milan, où fut apporté ung grand bancquet; après forces danses. Puis Sa Majesté se retira.

29e à Pavye.

30e à la playne del Cayro (?).

Le dernier jour dudict moys à Alexandrie.

Le premier jour de septembre à Gavye [1], appartenant aux Gennevoys.

Le 2e al Borgo aux mesmes Gennevoys [2].

3e à Gennes, où luy vint au devant le duc de Florence; puis treuva le prince Doria; après les cardinaulx Grymaldi et Doria; puis le duc et seigneurie de Gennes.

Le dymenche. . . . . [3] vint par mer audict Gennes le prince de Piedmont. Et le 7e jour Sa Majesté despescha le seigneur de Grandvelle pour aller à Lucques vers le pape. Partist à minuict par mer.

[1] Gavi.

[2] MS. 15869 de la Bibliothèque royale et *Description* de Herbais. Cet alinéa a été omis dans les autres MSS.

[3] La date est en blanc dans tous les manuscrits. Ce dimanche-là tombait au 4 septembre.

Le 9ᵉ le duc de Savoye et le prince de Piedmont, son filz, prindrent congié de Sa Majesté et partirent sur la nuict par mer, pour aller à Nyce.

Le samedy, 10ᵉ jour dudict moys, environ les cincq heures après midy, Sa Majesté s'embarqua, et avec dix-sept galères print son chemin vers Lucques, navigeant toute la nuict jusques le dymenche, 11ᵉ, environ les neuf heures du matin, qu'il arriva al Porto Venere [1], qu'est près de l'Espécie [2], où il print terre et alla ouyr messe et disner en ung monastère, et y demoura tout le jour jusques au soir. Et environ les cincq heures du soir, estant Sa Majesté advertie que le vice-roy de Naples venoit avec treize galères, envoya au-devant de luy sept galères avec le capitaine Jeanotin Doria, et par ensemble entrarent audict port et désembarquarent. Ledict vice-roy, accompaigné du prince de Besignan, des ducz de Monteleon, Castroville et de Melphe, et de plusieurs contes, marquis et seigneurs du royaulme de Naples, vint audict lieu treuver Sa Majesté, où tous luy vindrent baiser les mains. Et ce faict, Sadicte Majesté et toute la compaignie se rembarquarent et, environ une heure de nuict, encommençarent à naviger jusques le lundy, que fut le 12ᵉ dudict moys, au poinct du jour, que Sadicte Majesté print terre au port de Rhèges [3], qu'est aux Lucquoys. Lesquelz estoient là pour recepvoir Sadicte Majesté, et y avoient faict ung pont entrant dedans la mer, bien triumphant, où Sadicte Majesté se désembarqua environ les neuf heures du matin; et avoit-l'on faict venir bien quatre cens chevaulx pour porter tous les gens de Sa Majesté jusques à Lucques, qu'estoit bien douze miles, que sont quatre lieues.

Sa Majesté se désembarqua; l'on commença à cheminer vers ledict Lucques; luy vint au devant le duc de Ferrare auprès dudict port. Et en my-chemin, sur la montaigne, treuva Sadicte Majesté, venans de la part du pape, les cardinaulx Saincte-Croix et Farnèse, et à la porte dudict Lucques tous les cardinaulx. Et entrant Sa Majesté audict Lucques, fut descendre à la grande église, où estoit Sa Saincteté, assis en sa chayère près le grand autel. Sadicte Majesté entrée, se meit à genoulx, feit son oraison à Dieu, puis fut baiser les piedz au pape. Fut assiz en sa chayère auprès

---

[1] Port-Vendre.
[2] La Spezzia.
[3] Viareggio.

dudict pape. Après quelque peu de divises, Sa Saincteté se leva et donna la bénédiction ; puis Sa Majesté print congié et s'en vint en son palays, et l'après-disner vint vers Sa Majesté la duchesse de Camerin, sa fille bastarde.

Et le mardy, 15e, environ les quatre heures après midy, Sa Majesté, accompaigné des seigneurs et gentilzhommes de sa maison, fut vers Sa Saincteté. Il treuva en chemin les cardinaulx Farnèze et Sancta-Flor, qui luy venoient au devant. Entrant Sa Majesté en la salle au logis du pape, treuva Sa Saincteté, qui luy venoit au devant; et se tenants par les mains, entrarent en la chambre de Sa Saincteté, où ilz demourarent ensemble jusques à sept heures du soir, que Sadicte Majesté revint en son logis.

Et le merquedy suyvant[1] Sadicte Majesté fut vers le pape comme le jour précédent, et y demoura jusques à huict heures du soir.

Le joeudy matin vint vers Sa Majesté l'ambassadeur du roy de France résidant en court de Rome, et avec luy ung gentilhomme venant, le jour précédent, de France par la poste. Et le mesme jour Sa Majesté alla vers le pape, et y demoura jusques les neuf heures du soir.

Cedict jour Sadicte Majesté feit et créa Hugues de Melun, seigneur d'Anthoin, gentilhomme de sa chambre, prince d'Espinoy.

Le vendredy, 16e jour, Sa Saincteté partist de son logis en lictière, accompaigné des cardinaulx de Bourgues[2], Sainct-Jacques, de Gambere[3], Farnèze, Sancta-Flor, Sabello et Saincte-Croix, vint vers Sa Majesté, lequel le fut recepvoir jusques en la salle; et demourarent ensemble dès les troys heures jusques après huict heures, que Sa Saincteté s'en retourna en lictière, pour la grosse pluye qu'il faisoyt.

Samedy, après disner, Sa Majesté alla veoir la duchesse de Camerin; dès là vint vers le pape, où il fut jusques à neuf heures du soir.

Le dymenche, 18e jour, la duchesse de Camerin vint prendre congié de Sa Majesté devant disner. Et l'après-disner Sa Majesté fut vers Sa Saincteté prendre congié de luy en présence de tous les cardinaulx, lesquelz accompaignèrent Sadicte Majesté jusques hors de la ville. Vint Sadicte Majesté coucher cedict jour à Petro-Sancto, qu'est au duc de Florence.

---

[1] 14 septembre.
[2] Burgos.
[3] Hubert Gambara, bressan, évêque de Tortona, créé cardinal par Paul III en 1539.

19e à Massa.

21e à l'Espèce¹, qu'est aux Gennevoys, où estoient arrivez les galères de Rhodes, ausquelles Sa Majesté feit présent de six mil escuz.

Sa Majesté demoura à l'Espèce jusques au 28e. Et le dymenche, 24e², Sa Majesté despescha le seigneur de Grandvelle pour aller treuver le pape à Boulongne, et dès là à Rome, pour justiffier et descoulper Sadicte Majesté et ses ministres de la mort du sieur Rans Frégouse³ et Ryncon, que les Françoys chargeoient avoir esté faict par aulcuns ministres de Sadicte Majesté. A la vérification et approbation de ladicte discoulpe estant Sa Saincteté nommée pour juge, ledict roy de France n'y a voulu entendre.

Le 26e Sa Majesté fut veoir six mil Allemans, que l'on feit embarquer en treize naves, et le merquedy, 28e, Sa Majesté s'embarqua environ les trois heures après midy. Partant du port, arrivarent six galères d'Anthoine Doria, venants de Gennes.

Joeudy, 29e, avec grand vent et grosse mer, à sept heures du soir, avec sept galères, Sa Majesté print terre en l'isle de Corsica, appartenant aux Gennevoys, laquelle contient de tour cincq cens miles.

Et le vendredy, dernier jour, Sadicte Majesté ne bougea, pour l'indisposition du temps. Lequel jour arrivarent les galères de Rhodes, venants de Gennes.

Le samedy, premier jour d'octobre, Sa Majesté partist au poinct du jour, poursuyvant son chemin contre Ponent : ce qu'il ne peust faire, pour le vent contraire et trop grand, et fut constrainct retourner dont il estoit party, où il demoura tout le jour. Sur le minuyct, prenant son chemin contre Levant, costoyant ladicte ysle, le dymenche à voyles et le lundy, 3e, à rèmes, arriva au port de Boniface, environ midy, qu'est une petite ville en ladicte ysle, où sur le soir Sadicte Majesté se désembarqua, et y demoura jusques le joeudy, 6e, qu'il revint disner en galère. Et partist tirant contre le royaulme de Sardayne, qu'est une ysle contenant cincq cens miles de tour, passant sur la nuict un destroict qu'est en l'ysle nommée . . . . . .⁴,

---

¹ La Spezzia.
² *Sic.* C'est 25e qu'il faut lire.
³ MSS. de l'Arsenal et de Reims; *Ravis Fregoso* dans le MS. 15869 de la Bibliothèque royale. Le nom de ce capitaine génois était *César Fregoso*.
⁴ En blanc dans les MSS. de l'Arsenal et de Reims; *Genero* dans le MS. 15869 de la Bibliothèque royale; *Genere* dans le MS. 14641 et la *Description* de Herbais.

inhabitée, pleine de cerfz et sangliers. Arriva la nuict Sadicte Majesté en ladicte Sardayne, au port du Ponte, où Sa Majesté se meit en terre le vendredy matin, pour aller à la chasse, et sur le midy se rembarqua, vint à Alguer¹, cité en sondict royaulme de Sardayne, où il feit son entrée et y coucha. On y treuva ung veaul de quinze jours qui avoit deux testes.

Le samedy, 8ᵉ, Sa Majesté se rembarqua, vint audict port de Ponte, où estoyent arrivées les galères de Naples, dont est capitayne don Garcia de Toledo. Estoient pour lors quarante-trois galères.

Le dymenche, 9ᵉ, au soleil levant, Sadicte Majesté s'engoulfa tirant contre son royaume de Minorque. Ledict goulfe contient troys cens miles, lequel il passa en quarante-deux heures; arriva au port de Mahon, ville en ladicte ysle, laquelle ysle contient quatre-vingt miles de tour. Et après mynuict Sadicte Majesté partist, tirant son chemin contre son royaulme de Maillorque, qu'est une ysle contenant quatre cens miles.

Le joeudy, 13ᵉ, environ les neuf heures du matin, arriva devant la cité de Maillorque, où il treuva estre arrivé le vice-roy de Secille avec sept galères, et huict mil Espaignolz venans de Naples et de Secille en soixante naves. Aussi estoient arrivez les six mil Allemans que l'on avait embarqué à l'Espèce et six mil Italyens que l'on avoit embarqué à Lyborne².

Ledict jour Sa Majesté se désembarqua et feit son entrée. Ceulx de la ville avoient faict plusieurs arcqz triumphans et ung pont qui entroit dedans la mer. A l'aborder l'on tira force artillerie, tant de mer que de terre.

Et le lundy, 17ᵉ, ainsy que Sa Majesté estoit délibérée s'embarquer, arriva une galère d'Espaigne apportant nouvelles que l'armée d'Espaigne estoit en l'ysle de Yviça, asscavoir seize galères et soixante naves, avec les vivres, munitions et artillerie pour ladicte entreprinse, de laquelle armée le duc d'Alve venoit pour général. Sadicte Majesté renvoia incontinent ladicte galère, advisant au duc qu'il print son chemin droict à Argel, car Sa Majesté feroit le semblable.

Et le mardy, 18ᵉ, devant le jour, les galères tirarent les naves hors du port et les meirent à voiles, et, au soleil levant, Sa Majesté s'embarqua, vint à la poincte du port, que sont quinze miles, et sur le mydy traversa

---

¹ Alghero ou Alghieri.
² Livourne.

aultres quinze miles, vint à la Cabrera, qu'est une isle inhabitée. Les naves prenoient vent en haulte mer, tirans contre Barbarie.

Le merquedy, au poinct du jour, Sa Majesté s'engoulfa, navigeant tout le jour et toute la nuict jusques le joeudi matin, 20e, que l'on descouvrit terre ferme de Barbarie. Et, environ les sept heures du matin, Sadicte Majesté arriva à sept miles d'Argel, où, une heure après, arrivarent les galères venants d'Espaigne, ayans laissé leurs naves à trente miles de là. Sadicte Majesté renvoya incontinent lesdictes galères, pour aller remolquer et amener lesdictes naves.

Cedict jour les naves venants de Maillorque arrivarent quasi toutes devant ledict Argel. Sa Majesté envoia, incontinent qu'il fut arrivé, le capitayne Janotin Doria avec huict galères à veue d'Argel; et sortirent plusieurs Turcqz, chrestiens reniez et Maures, à pied et à cheval, costoyants la maryne, pour descouvrir l'armée. Après mydy Sa Majesté avec toutes ses galères vint mectre ancre à ung traict de canon près de la ville; et sur la nuict la mer et les vents encommençarent à se haulser de sorte que Sadicte Majesté fut constrainct de lever ancre, craingnant fortune de mer et estre en danger de donner à travers : car ce n'est que plaije. Se retira à quinze miles de là à une poincte nommée Mathaphus[1], où il demoura jusques le samedy, 22e, que l'on désembarqua gens pour prendre eaue fresche.

Le dymenche, 23e, au poinct du jour, Sa Majesté manda désembarquer les soldatz, et environ les neuf heures Sadicte Majesté se meit en terre et tous ceulx de sa maison : à quoy les Arabes faisoient grand' résistance, lesquels furent reboutez; et marcha le camp cedict jour environ trois miles, et la nuict vint loger soubz une montaigne, où, environ la mynuict, les Turcqz et Maures vindrent donner une alarme de dessus la montaigne, tirans leurs harquebusiers jusques au lieu où logea Sa Majesté, et pouvoient estre environ huict cens; avoient une musette et ung flageolet et menoyent grand' hurlerye. Ladicte escarmouche dura plus d'une heure, et enfin furent reboutez.

Le lundy, 24e, Sa Majesté et son camp marcharent, vindrent loger à ung mile près de la ville, Sa Majesté en des vignes, les Espaignolz sur la mon-

---

[1] Metafus ou Temendfust, petite ville avec un bon port, située, comme le dit l'auteur, à une quinzaine de milles d'Alger.

taigne, les princes, seigneurs et gentilzhommes et ceulx de la maison à l'entour de Sa Majesté, les Italyens vers ung pont contre la ville, partie des Allemans embas, et la reste en une aultre montaigne.

Sur les neuf heures du soir vint une pluye avec vent, laquelle sur le poinct du jour s'enforça, et le vent semblablement, faisant tormente en terre et plus grosse en mer, que dura le mardy tout le jour, que fut le 25e. Ce voyant, les Turcqz et Maures estans dedans la ville sortirent au poinct du jour, congnoissant, pour la grande pluye que s'augmentoit, que l'arquebuserie ne les pouvoit nuyre. Sortirent de la ville en deux bendes; vindrent donner une alarme : l'une des bendes vers le pont que les Italyens gardoyent, lesquels se meirent en fuicte, et fut tout le camp en armes. Incontinent Sa Majesté fut vers ledict pont, avec luy aulcungz seigneurs et gentilzhommes de sa maison, lesquelz donnarent cœur et feirent tenir bon ausdicts Italyens; et avec ce feit Sa Majesté approcher le surplus de ceulx de sa maison, qu'estoyent tous en armes, en bonne ordonnance, sur la descente de la montaigne, emprès la tente de Sadicte Majesté, et avec yceulx bon nombre d'Allemans : de sorte que l'on feit reculer et mectre en fuytte lesdicts Turcqz jusques dedans la ville; et les suyvants, furent tuez aulcuns chevaliers de Rhodes et aultres du camp de Sa Majesté dedans la porte de ladicte ville. Au mesme instant, près dudict pont, fut blessé le prince de Sulmone en la cuysse d'ung traict envenimé, dont depuis il guérit. En la mesme heure les Arabes et l'aultre bende qu'estoient sortis de la ville donnarent une alarme en hault en la montaigne aux Espaignolz, lesquelz tuarent bien cincq cens, que Maures que Arabes.

La pluye, la gresle et le vent, que avoient duré dès le poinct du jour, s'augmentoient tousjours; et, nonobstant ce, Sadicte Majesté, tous les princes, seigneurs, gentilzhommes et aultres estoient armez à la campaigne et y demourarent tout le jour, endurant ladicte pluye et froid; et comme Dieu permect toutes choses, au mesme jour et instant fut une telle tormente qu'il y donna à travers quatorze galères, asscavoir unze de celles du prince Doria, la capitayne de Naples, une d'Espaigne et une aultre, desquelles tous les biens, meubles et artillerie qu'estoyent dedans furent perduz, et grand nombre de gens noyez, et ceulx qui se cuydoyent sauver, venans en terre, par les Arabes tuez. Aussi donnarent à travers aulcuns grands vaisseaulx chargez de chevaulx, victuailles, artillerie et munitions, et quasi tous les petitz, de sorte que l'on estimoit avoir donné à travers cent vaisseaulx. Et voyant Sadicte Majesté ladicte perdition de tant d'âmes, lesquelz les Arabes tuoyent sans deffence quelconque, il envoia sur le vespre aulcunes compaignies d'Espaignolz et Italyens, et luy-mesme y fut en personne, pourpensant de faire désembarquer aulcuns canons des naves et galères que avoient donné à travers. Sadicte Majesté laissa la garde du pont dessusdict à d'aulcuns seigneurs et gentilzhommes de sa maison, et avec eulx bon nombre d'Allemans. Et fut cedict jour grande perte, tant de meubles, d'artillerie que de chrestiens, et tient-l'on que les chrestiens, que noyez que tuez, passoient douze cens; des Turcqz, à l'escarmouche, bien de cincq à six cens.

Le merquedi, 26e, voyant Sa Majesté qu'il n'y avoit ordre de désembarquer vivres ny artillerie, et qu'il n'en avoit nul au camp, et que la tormente de mer duroit tousjours, sans apparence de mieulx, et ladicte nécessité de son camp, Sadicte Majesté se retira sur la marine environ trois miles, cuydant tousjours avoir moyen de désembarquer vivres et artillerie : ce que ne fut possible. Se retira aultres cincq miles, passant une rivière.

Et le vendredy, 28e, chemina six miles par des maretz, passant une bien grande rivière, ayant tousjours les Maures et Arabes aux aysles et sur la queuhe escarmouchans. Lequel jour le duc d'Ave fut publié grand maistre d'hostel de la maison de Sa Majesté. Dès là vint jusques à Mataphus, que anciennement avoit esté une cité bien grande, destruitte par Scipion, romain, où les galères eschappées de la tormente estoient retirées.

Et le mardy, jour de Toussainctz, premier de novembre, voyant Sa Majesté qu'il n'y avoit ordre, ceste année, procéder à l'entreprinse plus avant, ayant faict embarquer les Italyens, Allemans et partie des Espaignolz, luy et ceulx de sa maison s'embarquarent. Et le joeudy, 3e jour dudict moys de novembre, voyant Sadicte Majesté la perte du prince Doria, luy donna treize galères estans en Barcelonne, fournies, saulf d'esclaves, et l'office de prothonotaire de Naples, que vault trois mil ducatz par an.

Voyant Sadicte Majesté la tormente qui recommençoit, se partist, ayant remolqué plusieurs naves hors la plaije dudict Argel et mis en mer, laissant cincq galères d'Espaigne pour tirer hors la reste des naves que demouroient. Sadicte Majesté avec grande tormente navigea toute la nuict;

vint, par l'ayde de Dieu, le vendredy matin, au port devant sa ville de Bougie, qu'est en Affricque terre ferme, où il désembarqua; et les naves qu'estoient parties cedict jour de devant Argel, les unes furent au royaulme de Maillorque, les aultres au royaulme de Sardayne, les aultres au royaulme de Valence, les aultres navigeans : de sorte que tous furent séparez, sans sçavoir l'ung de l'aultre; et les cincq galères demourées devant ledict Argel, voyans ne pouvoir secourir lesdictes naves, les abbandonnarent, les laissant, le samedy, à la volunté et miséricorde de Dieu, et arrivarent le dymenche matin audict Bougie. La tormente fut telle et dura tant que, au port dudict Bougie, estant une carracque sur l'ancre, fut fendue par le milieu et alla au fond, et les galères y estans en grand dangier.

Voyant Sadicte Majesté le temps estre tant contraire et la grosse nécessité qu'il y avoit de vivres, le remède principal fut recourir à la miséricorde de Dieu; et le vendredy, samedy et dymenche, que furent le 11e, 12e et 13e, se feirent processions générales, où Sadicte Majesté fut en personne, estant chascun confessé et ayant receu son Créateur, luy demandant miséricorde et le priant vouloir envoier le temps propice pour pouvoir partir dudict lieu, afin d'éviter l'évident péril et nécessité en quoy l'on pouvoit encourir audict Bougie, tant par tormente de mer que de vivres, et remédier aux chrestiens en leur nécessité.

Le lundy Sa Majesté fut ordonner ung bolvercq triangulaire pour fortiffier ledict lieu, car il est tout environné de Maures jusques aux portes. Et le mardy, 15e, Sa Majesté despescha le vice-roy de Secille avec les galères dudict Secille, celles de Monygo, de Sigales et de Rhodes. Et le merquedy, 16e, partirent au matin.

Le joeudy, 17e, estant temps cler et la mer ung peu appaisée, Sadicte Majesté s'embarqua, et, environ une heure après midy, à rèmes partist hors du port, et, estant en mer, treuva ladicte mer haulte et le vent contraire; fut constrainct retourner audict port, et environ la mynuict retourna à partir, navigeant à rèmes environ quatre-vingt miles la reste de la nuict et tout le jour jusques à mynuict du vendredy, tirant contre Maillorcque; fut constrainct retourner audict Bougie, où il arriva le samedy matin, 19e, et y demoura sans desbarquer jusques le merquedy, 23e, que, environ les dix heures du soir, Sadicte Majesté partist, tirant à rèmes contre Maillorque. Et le samedy, 26e, il arriva devant sa cité de Maillorque, où il se désembarqua environ les sept heures du soir. Et le dymenche, 27e, Sa Majesté despescha le prince Doria pour son retour à Gennes avec ses galères, celles d'Antoine Doria et du comte de l'Anguilar [1]. Ledict prince partist de nuict.

Et le lundy, 28e, Sa Majesté s'embarqua, environ les quatre heures du soir, en la galère capitayne d'Espaigne, et avec quinze galères partist, navigeant toute la nuict jusques le mardy, 29e, qu'il arriva, à une heure après midy, au port Sainct-Anthoine en l'ysle de Yvese [2], duquel lieu il partist à mynuict. Et le merquedy, dernier jour, au point du jour, descouvrit terre ferme, à sçavoir Cavo Martin, en son royaulme de Valence, navigeant tout le jour et la nuict.

Et le jœudy, premier jour de décembre, passant le matin par-devant Alicanta, arriva sur le soir au port devant la cité de Carthagena, en son royaulme de Mourcya [3], où Sadicte Majesté se désembarqua; et y demoura jusques le 5e, qu'il partist et vint coucher à Mourcya, où il feit son entrée et y demoura jusques au 9e.

Audict Carthagena mourut, le 7e jour dudict moys, le comte d'Aigmont [4], gentilhomme de la chambre de Sa Majesté.

9e Sa Majesté vint coucher à Seisa [5].
10e à Élin [6].
11e à Syncilla [7].
12e à Albasset [8].
13e à la Province [9].
15e à Hontanaza [10].

[1] Dans une dépêche de Charles-Quint au cardinal Tavera, datée du 3 novembre, qui est insérée au tome Ier de la *Coleccion de documentos inéditos para la historia de España*, p. 234, on lit : « el conde de Angeylara. »
[2] Iviça.
[3] Murcie.
[4] Charles, troisième comte d'Egmont, frère aîné de Lamoral. Il fut enterré à Murcie.
[5] Zieza.
[6] Hellin.
[7] Chinchilla.
[8] Albacete.
[9] El Provencio.
[10] MS. 15897 de la Bibliothèque royale; *Senoboirs* dans les MSS. de l'Arsenal et de Reims.

16ᵉ al Coral d'Almagier¹.
17ᵉ à Villatour².
Dymenche, 18ᵉ, à Occaigne³ jusques le 28ᵉ.
Au mesme jour arriva audict lieu d'Occaigne le prince d'Espaigne, filz unicque de Sa Majesté, accompaigné du cardinal de Toledo, lesquelz venoient au-devant de Sadicte Majesté; le treuvarent à la porte de la ville, et par ensemble vindrent descendre au logis de mesdames les infantes, filles de Sadicte Majesté, lesquelles les receurent. Ne sçay qui avoit plus grand'joye de se veoir l'ung l'aultre, ou le père, ou les enfans; et mangearent plusieurs fois ensemble.
28ᵉ à Aranchuès.
29ᵉ à Villesecque⁴.
30ᵉ et dernier à Toledo : auquel lieu Sa Majesté ordonna faire ung chasteau.

[1542] Le premier jour de janvier, l'an 1542, à Toledo.
2ᵉ à Aranchuès.
4ᵉ à Val de Maures⁵.
5ᵉ à Madrit.
Auquel lieu Sa Majesté fut adverty que le seigneur d'Albrecht, avec l'ayde des Françoys, vouloit faire quelque entreprinse sur Navarre. Sur quoy Sadicte Majesté y envoia le duc d'Alve, son grand maistre d'hostel, pour y mectre ordre et adviser sur les fortifications dudict Navarre.
12ᵉ al Pardo.
13ᵉ à Sainct-Augustin.
14ᵉ à Buytrago.
16ᵉ al Paular.
17ᵉ al Bosque.
19ᵉ à Sigovia.
20ᵉ à Saincte-Marie de Nyève.

¹ Corral de Almaguer.
² Villatobas.
³ Ocaña.
⁴ Villa Séca.
⁵ Val de Moro.

21ᵉ à Olmedo.
22ᵉ à Medyna del Campo.
23ᵉ à Tourdesilles.
26ᵉ à Valdolit.

Auquel lieu furent convocquez les estatz du royaulme de Castille, et se feit la proposition le samedy, 10ᵉ de febvrier, que fut leute par Jehan Vasquès, secrétaire pour les affaires de Castille. Laquelle finie, les procureurs de Bourgues eurent différend contre ceulx de Toledo pour respondre premier : qu'est une vielle querelle entre eux. Les procureurs desdicts estatz feirent responce à Sa Majesté, sur la proposition, qu'ilz remercyoient Sadicte Majesté de ce qu'il luy avoit pleu faire dire et déclarer les travaulx et voyaiges qu'il avoit heu et faict depuis son partement de ses royaulmes, et que le principal poinct qu'ilz avoient à supplier à Sa Majesté estoit se vouloir contenter de plus voyager et vouloir résider en sesdicts royaulmes : car, luy estant absent, ilz avoient esté en si grand' perplexité de sa personne, mesmes en ce voyaige d'Argel, qu'ilz luy vouldroient supplier leur accorder ceste requeste ne plus entreprendre telz voyaiges. A quoy Sa Majesté feit responce qu'il n'avoit pour le présent nulle volunté de soy absenter de sesdicts royaulmes, s'il ne luy estoit force, joinct que son eaige l'invitoit plus à reposer que à voyaiger. Lors lesdicts estatz se retirarent, s'assemblans journellement à Sainct-Paul, où se treuvoient, de la part de Sa Majesté, le cardinal de Toledo et commendador major de Léon, pour adviser et conclure sur ce que Sadicte Majesté avoit faict proposer.

Et le 15ᵉ dudict moys vindrent nouvelles que le seigneur de Grandvelle estoit party de Gennes, le 23ᵉ du moys passé, avec deux galères, pour son retour vers Espaigne, conduict par le capitayne Janotin Doria; et venant à Nyce, fut adverty que l'on armoit aulcunes galères à Marseille pour venir[1] sur ledict seigneur de Grandvelle. Par quoy print audict Nice une frégate pour descouvrir, et vindrent jusques aux ysles d'Yères, où séjournarent, pour le vent qu'estoit contraire et la mer haulte, ne pouvant engoulfer, par l'espace de cincq jours : pendant lequel temps y avoit gens en terre sur une montaigne pour faire le guet, et la frégate aussy, laquelle descou-

---

[1] MS. 14641 de la Bibliothèque royale; *tenir* dans le MS. 15869; *tirer* dans les MSS. de l'Arsenal et de Reims.

vrit, le pénultième de febvrier, à huit heures du soir, sept galères franchoises venant par lesdictes ysles contre eulx. Par quoy ceulx de ladicte frégate feirent signe pour advertir ledict capitayne Janotin, lequel incontinent feit voile et, à force de rèmes, print son chemin contre ledict Nyce. Et ne pust estre tant diligent que lesdictes galères franchoises ne les approchassent à ung traict de canon, et les poursuyvirent tousjours, tirant après eulx toute la nuict bien quatre-vingt miles, tant que ledict seigneur de Grandvelle se saulva a Monygo [1], et de là à Gennes.

Le 26e de mars arriva à Valdolit l'évesque de Londres, venant de la part du roy d'Angleterre pour ambassadeur vers Sa Majesté. Furent au-devant de luy, de la part de Sadicte Majesté, l'évesque de Plaisance [2] et don Laurens Manuel, maistre d'hostel, et aultres.

Le 28e de mars l'on heut nouvelles que le seigneur de Grandvelle estoit désembarqué à Roses, en la conté de Rossillon, le 22e jour, venant de Gennes avec six galères, où il s'estoit embarqué le 13e, et par deux foys avoit esté rebouté par tormente, la première foys quatre-vingt miles, et la seconde foys jusques à Villafranca; néantmoins, à la troisième foys, passa sans infortune ny rencontre d'ennemis, conduict par le capitayne Janotin Doria.

Le 2e d'apvril furent en court l'évesque de Londres et l'ambassadeur ordinaire d'Angleterre. Ledict évesque vint résider, et l'ordinaire print congié de Sa Majesté. Furent conduictz par lesdicts évesque de Plaisance et don Laurens Manuel. Treuvarent Sa Majesté accompaigné du prince son filz, des cardinaulx de Toledo et Siville, des ducz de Camerin et d'Alve et d'aultres seigneurs.

Mardy, 4e jour d'apvril, furent conclutes les cortès de Castille, et donnarent à Sa Majesté ung milion et deux cens mil ducatz.

Audict temps l'on eust nouvelles que le roy d'Angleterre avait faict morir par justice sa femme, qu'estoit la cincquième, pour adultère, comme il est dict cy-devant [3].

Et le 5e d'apvril [4] vindrent nouvelles à Sa Majesté que, en la diette tenue

---

[1] Monaco.
[2] Placencia.
[3] Page 135.
[4] MS. 14641 de la Bibliothèque royale. La date est en blanc dans le MS. 18869 et dans ceux de l'Arsenal et de Reims.

à Spyrs par le roy des Romains, frère de Sadicte Majesté, les électeurs, princes et estatz du sainct-empire, estans en icelle le conte de Montfort et le conseillier Naves, de la part de Sadicte Majesté, avec ledict roy des Romains, avoient esté concludz par les dessusnommez les articles que s'ensuyvent, au reboutement du Turcq et recouvrement des terres par luy occupées en la chrestienté au quartier d'Hongrie :

Que ceulx de l'Empire veuillent tenir 40,843 hommes de pied, 8,543 chevaulx, sans en ce comprendre le destroict et quartier d'Austrice, qu'est l'ung des dix destroictz èsquelz l'Empire est party[1]; et seront iceulx payez du quartier dont ilz sortiront : auquel quartier, pour ce faire, seront ordonnez quatre personnes principaulx pour lever les deniers venans de la contribution chéant[2] audict quartier.

Laquelle contribution sera cincq florins de mil florins de tous biens meubles et immeubles, hormis habillemens, bagues, vasselles.

Des revenuz en rentes et en héritaiges se payera de mil florins de rente cincquante par an, la rente estimée le denier vingt.

Les gens d'église payeront le dixième du revenu qu'ilz ont en bénéfices.

Et quant à argent employé à gaing, dix pour mil.

Des gaiges et pensions demy-florin pour cent, et pour ceulx qui ont en dessoubz de quinze florins ung cruchard[3] par florin.

En quoy ne sera excepté prince ny noble, povre ny riche, spirituel ne séculier, exempt ou non exempt, ains payeront également cincq pour mil, sans que les princes ou seigneurs le pourront prendre sur leurs subjectz.

Les juifz bailleront devant la main ung florin pour teste, et par an ung florin de cens.

L'on gardera les trésors des églises pour une nécessité.

Les princes et principaulx advanceront le premier payement, et se rembourseront après de la taille principale.

Cedict subside de gens en nombre que dessus doibt estre à Vienne le premier de may prouchain, et le plus prouchain à demy-apvril.

Payeront, pour ung cheval bardé, pour soulde et perte, dix-huict florins

---

[1] *Èsquelz l'Empire est party*, entre lesquels l'Empire est divisé.

[2] *Chéant*, incombant.

[3] *Cruchard*, kreutzer.

de quinze baches¹ par moys; pour aultre cheval armé, douze florins.

Dix chevaulx auront ung chariot à quatre chevaulx, à 24 florins par moys, lesquels chariotz auront provision de havetz², pesles de fer et semblables instrumens, et pour leur garde ung harquebusier et deux hallebardiers.

Le capitayne général aura charge de retenir autant de chariotz qu'il verra convenir pour la closture du camp, lesquelz se payeront par ledict Empire.

L'enseigne des piétons sera de cincq cens personnes et six cens payes, le moys compté à trente jours, quatre florins pour paye.

Ilz mectront ordre aux beuveries superflues, putayneries, blasphèmes, folles paroles, combatz, noyses, ryotes³ et aultres désordres accoustumez venir en telles assamblées.

Chascung destroict ou quartier aura ses prebstres et preschers pour entretenir les gens en dévotion et crainte de Dieu, et les animer à deffendre nostre saincte foy catholicque et la patrie : en quoy se conduiront unanimement, tant du coustel des catholicques que des protestants. Et à ce tiendront main, sans reprocher l'ung à l'aultre leur doctrine.

Chascung destroict ou quartier aura au camp ung chief-conseillier de guerre, assisté de deux aultres, pour passer les monstres des gens de son destroict, les payer, admonester de bien faire, tenir en obéyssance, faire reformer les enseignes quand il y en aura des malades ou mortz, demourant pleines pour ung besoing, et dadvantage, par la poste que sera assise, dont les lettres s'ouvriront en d'aulcungz lieux à ce députez, advertir le général de son destroict résidant au pays de toutes occurrences et de ce que luy sera besoing pour furnir aux nécessitez de son destroict. Ledict chief-conseillier du destroict ou quartier sera tenu d'obéyr, assister et conseiller au capitayne général, lequel, ensemble les neuf chiefz des neuf destroictz, d'autant que Austrice n'y est pas comprinse, telz que dessus, feront serment aux estatz de l'Empire, et, quand l'armée sera joincte, ordonneront ce que par ensemble ilz verront convenir pour la bonne conduycte d'icelle. Et cependant chascung dectroict ou quartier se mectra en

---

¹ *Baches*, basts, petite monnaie d'argent valant 4 kreutzers.
² *Havetz*, crochets, pioches.
³ *Ryotes*, bruit, tapage.

ordre, afin que, en cas que la nécessité le requière, ou advenant (que Dieu ne veuille) que ceste armée seroit batue, assiégée ou enchassée du Turcq, ilz puissent advertir de ce, ou, requis du capitayne général, incontinent secourir les aultres leurs compaignons, ou pourveoir à la garde, fortiffication et deffension des passaiges par où ledict Turcq s'advanceroit dresser son chemin : bien entendu que les plus prouchains destroictz et quartiers ne debvront en ce cas attendre la venue des plus loingtains, ains marcher incontinent et faire leur possible à l'effect que dessus. Ceste armée s'entretiendra continuellement, en la sorte que dessus, trois années.

Et seront le roy des Romains et commissaires de l'Empereur requis déclarer le capitayne général, conforme à ce que les princes en ont donné le choix dudict général à Sadicte Majesté Impériale.

Seront aussy requis tant faire envers l'Empereur que Sadicte Majesté pourvoye que guerre ou esmotion ne se face en la chrestienté, et mesmes en la Germanye, et ne permecte aux siens en user aultrement, d'autant qu'elle peust considérer que par telles dissensions et guerres intestines le Turcq auroit son succès et progrès tel que l'on l'a veu avoir jusques à présent : que n'est procédé que de mutuelles inimitiés des princes entre eulx.

Lesdicts estatz feront demander aux ambassadeurs de France estans icy s'ilz n'ont aulcune charge de promectre quelque ayde pour la présente expédition, pour selon ce dresser leur responce à leur proposé.

Pareillement seront requis ledict seigneur roy et nunce apostolicque déclarer aux estatz la résolution que nostre sainct-père le pape a prinse avec l'Empereur sur les poinctz que Sa Majesté a déclaré à Sa Saincteté dernièrement, en son passaige par Italye.

Au roy de France sera envoyé ung ambassadeur solemnel, avec charge de remonstrer audict seigneur roy la conclusion prinse par les estatz de l'Empire pour la guerre contre les Turcqz, et, puisque ses prédécesseurs et luy ont tousjours assisté à la chrestienté contre les infidèles, que ainsi il veuille aussy faire pour le présent, et envoier bon et notable nombre de gens de cheval et de pied, pour estre audict Vienne le premier jour de may prouchain. Et pour ce qu'il peult considérer, comme prince expert à la guerre, que, durant ceste expédition, est bien requis que nulle guerre se face en la chrestienté, prieront, pour le bien et tranquillité d'icelle et de la nation germanicque, il ne veuille entreprendre ne permectre par les siens estre faict aulcune guerre, pour non donner cause de moindre résistence contre ledict Turcq, et, pour ce que lesdicts estatz auront bien à faire des gens de guerre de leur nation, comme en ayant souffert perte, qu'il ne veuille plus solliciter ou pourchasser pour en tirer aulcuns de leur quartier, ains les laisser en paix et renvoier en leurs maisons ceulx que desjà il peult avoir en son royaulme.

Les Suysses seront requis d'assister aux estatz de l'Empire, non entreprendre aulcune guerre, ne permectre que de leurs gens aulcuns voisent au service de quelque prince ou potentat voulant esmouvoir guerre en la chrestienté.

Le roy de Dannemarcque, comme à demy membre de l'Empire et pour la voisinance qu'il a avec icelluy, sera pareillement requis vouloir contribuer pour ceste expédition; et ceulx du destroict de la Basse-Allemaigne auront charge de pourchasser ladicte contribution.

Ont conclud et ordonné que tous deppendans de l'Empire qui ne vouldront contribuer ny eulx conformer à l'ordonnance que dessus, seront mis au ban impérial, et que le capitayne général, avec tel nombre de gens que bon luy semblera, fera l'exécution dudict ban jusques ad ce que les rebelles auront fourny double portion de leur contingent avec tous dommages et interestz, avec plein payement des soldatz de l'armée que ledict général aura mené contre eulx, sans en ce espargner personne. Laquelle armée se tiendra cependant aux fraiz et despens du demourant de l'Empire et des aultres destroictz et quartiers obéyssants audict Empire, lesquelz seront remboursez de tous leurs despens, dommaiges et interestz par eulx soustenuz à l'entretènement de ladicte armée.

Et pour ce que ledict roy des Romains a promis entretenir cent pièces d'artillerie avec les appartenances, ilz adviseront si ledict nombre d'artillerie souffit pour cent mil testes armées qu'ilz espèrent estre au temps du premier de may que dessus, et par qui ilz pourront obtenir plus grand nombre.

Requerront aussy les ambassadeurs du duc de Lorraine tant faire devers leur maistre qu'il veuille furnir à son contingent de gens pour les terres qu'il a deppendantes de l'Empire, et, pour la bonne dévotion qu'il a à la foy chrestienne, en bailler dadvantaige, démonstrant en ce office de bon prince chrestien.

Le 23ᵉ arriva audict Valdolit le seigneur de Grandvelle: lequel jour fut treuvé, en l'église de Sainct-Paule, audict Valdolit, placqué à la porte ung billet, en forme de pasquin, disant plusieurs choses tant contre Sa Majesté, le prince, que aultres seigneurs. Les facteurs et composeurs furent, trois jours après, descouvertz et mis en arrest; et estoyent trois gentilzhommes de Toledo, nommez Lasse de la Vègue [1], lesquelz furent, le 15e de may, mis en prison publicque, et, à leur présenter la gehyne [2], sans endurer icelle, confessarent leur délict; et le 17e furent par les alcaldes, que sont les juges criminelz, condampnez à estre par justice publicquement exécutez par l'espée tant que mort inclusive s'en ensuyvist. Le mesme jour, estant le prince sollicité par plusieurs, obtint de Sa Majesté rémission desdicts délinquants, que Sa Majesté accorda à la requeste dudict prince seulement; et furent condampnez à estre en prison ferme ung an, et après banniz perpétuellement de la court, et aller servir, l'ung à Oran, l'aultre à Bougie, et l'aultre à la Goulette, six ans durant, contre les Maures.

Le dymenche, 21e de may, l'évesque d'Arras, fils de monsieur de Grandvelle, fut consacré à Valdolit, en l'église Sainct-Benoist, par le cardinal de Toledo : assistants furent les évesques de Badajoz et de Jayen.

Le 22e de may Sa Majesté, accompaigné du prince, vint coucher à Sainct-Martin [3].

24e disner à Villacque de la Torre [4], coucher à Villevuyde [5].

25e disner à Vail du Sathan (?), coucher à Palensole [6].

26e à Salade [7].

27e Sa Majesté vint disner à las Huelgas, monastère de dames lez-Bourgues [8], de l'ordre de Citeaux, où l'abbesse est fille bastarde du roy catholicque. Et le mesme jour, après vespres, Sa Majesté vint à Bourgues loger à la maison du connestable de Castille [9], lequel vint au-devant de

[1] Lasso de la Vega.
[2] *Gehyne*, torture.
[3] San Martin de Valvera.
[4] Zévico de la Torre.
[5] Villaviudas.
[6] Palenzuela.
[7] Celada.
[8] Burgos.
[9] Don Pedro Fernandez de Velasco, troisième duc de Frias et cinquième comte de Haro, dont il a été question page 98.

Sadicte Majesté avec les gouverneurs de la cité. Entrant en la maison dudict connestable, treuva la duchesse de Fryes[1], femme dudict connestable, accompagnée de la marquise de Berlanghe et plusieurs dames, lesquelles receurent Sadicte Majesté. Ledict connestable deffroya Sadicte Majesté deux jours, et festoya plusieurs seigneurs.

Sadicte Majesté demoura audict Bourgues jusques au merquedy, dernier jour de may, qu'il cuydoit partir; [mais se trouva un peu mal dispos, et ne partit][2] jusques le vendredy, 2e jour du moys de juing, qu'il vint coucher à Yanes[3].

3e disner à Villafrancq, coucher à Villehorade[4].

5e à Santo Domingo de la Calsade.

6e disner et coucher à Naigera[5], où Sa Majesté fut logé au chasteau, lequel estoit accoustré : le quartier pour Sa Majesté, la salle tendue de tapisserye, ung dosseret de toile d'or rouge; la salette tendue de tapisserye, ung dosseret de drap d'or frizé, figuré de velour cramoisy et verd; la chambre tendue de drap d'or et velour verd; l'accoustrement pour le grand lict de drap d'or frizé; la retraicte de tapisserye. Le quartier du prince du mesme : sa chambre tendue de drap d'or et velour cramoisy; sa retraicte d'une tapisserye de fil d'or et de soye fort riche. Embas, en la court, y avoit ung buffet, de huict degrez de hault, de vasselle dorée. Et fut défroyé Sadicte Majesté et toute sa court fort habondamment.

Le duc, bien accompaigné, fut au-devant de Sa Majesté, laquelle, arrivant au chasteau, treuva deux petitz filz dudict duc, la douaigière, mère dudict duc, et la duchesse sa femme, trois de ses sœurs et plusieurs aultres dames, lesquelles receurent Sadicte Majesté. Et environ les cincq heures du soir, Sa Majesté, accompaigné du prince, furent vers les dames, où ilz demourarent jusques à neuf heures.

7e à La Grongne[6], où, le 8e, que fut la Feste-Dieu, Sa Majesté fut à la messe à Sainct-Jacques, laquelle messe fut célébrée par l'évesque de Cala-

---

[1] Doña Juliana Angela de Aragon y Velasco, duchesse de Frias.

[2] Les mots entre crochets ne sont pas dans les MSS. de l'Arsenal et de Reims ni dans le MS. 15869 de la Bibliothèque royale : c'est le MS. 14641 qui nous les a fournis.

[3] Probablement Ibéas de Juárros. On lit dans le MS. 15869 : *Yucas*.

[4] Belhorado ou Belórado.

[5] Nájera.

[6] Logroño.

horre. Marchoient à la procession les gentilzhommes, seigneurs, contes et ducz; précédoient clergié, trompettes, roys d'armes et massiers, l'évesque officiant portant le corps de Nostre-Seigneur. Les évesques de Jayen, Carthagène, Arras et Orense suivoient Sa Majesté, accompaigné du prince, nunce du pape et ambassadeur de Ferrare, ausquelz suyvoient le sommelier de corps, gentilzhommes de la chambre, premier escuyer, capitaynes des gardes : les maistres d'hostel mectans ordre aux deux aysles. Les deux cens hallebardiers de la garde, les cent archiers de corps cloyoient [1] la procession.

Le 9e l'ambassadeur de Lorrayne eust audience.

10e à los Arcos en son royaulme de Navarre.

11e à Estreilles [2], où le vint recepvoir le marquis de Falses.

12e au Pont de Reyne [3], où vint au-devant de Sa Majesté le connestable de Navarre.

13e à Pampelone, où luy vindrent au devant le vice-roy dudict pays, l'évesque dudict lieu, les président et conseil du pays, les habitans et mil cinq cens soldatz.

14e Sa Majesté fut visiter le chasteau et fortifications de la ville.

Le 15e, octave de la Feste-Dieu, Sa Majesté, accompaigné du prince, fut oyr la messe à la grand'église, et sur le soir fut visiter la ville par dehors, ordonnant sur les fortifications ce que luy sembloyt estre nécessaire.

16e à Taffaille [4], villette où les roys de Navarre se soloient tenir [5]. Sa Majesté treuva, environ une lieue hors dudict Pampelone, près du lieu où le sieur d'Asperrot [6] et les Françoys furent deffaictz en l'an avantnommé, troys mil soldatz de la garnison dudict Pampelone.

17e passant Sa Majesté par Olite, descendist pour veoir la maison, qu'est belle, où les roys de Navarre souloient aulcunes fois résider; vint coucher à Tolyve [7], monastère, dernier lieu de son royaulme de Navarre.

---

[1] *Cloyoient*, fermaient.
[2] Estella.
[3] Puente la Reyna.
[4] Tafalla.
[5] *Se soloient tenir*, avaient accoutumé de se tenir.
[6] André de l'Esparre. Voy. p. 63.
[7] MSS. de l'Arsenal et de Reims; *Oliva* dans le MS. 15869 de la Bibliothèque royale; *Tolme* dans le MS. 14641.

18e à Sadava, première ville de son royaulme d'Arragon, où le gouverneur dudict royaulme vint recepvoir Sa Majesté.

19e à Arve[1].

20e à Armudevenet[2].

21e à Cesse (?).

22e à Montson, où Sa Majesté demoura jusques au 10e d'octobre.

23e Sa Majesté, accompagné du prince son filz, des ducz don Hernaldo[3] d'Alve et aultres, environ les cincq heures après midy, partist de son logis, fut à la grand'église dudict lieu, où estoient assemblez les estatz des royaulmes d'Arragon, Valence et Catalongne, asscavoir les vice-roys, prélatz, nobles et députez des villes desdicts royaulmes, ayant chascung pouvoir suffisant.

Sadicte Majesté assiz en son siége royal, le prince son filz plus bas, à main senestre, chascung en son lieu, fut par le secrétayre Clément leu les raisons de la venue de Sadicte Majesté, rendant raison auxdicts estatz des voyaiges et entreprinses que Sadicte Majesté avoit faict depuis les derniers estatz tenuz audict lieu, les fraiz et despens qu'il avoit supporté, la volunté et affection qu'il avoit à sesdicts pays, bien, tranquillité de ses subjectz, l'évident appareil de guerre que se mouvoit par les Turcqz contre la chrestienté : à quoy, moyennant l'ayde de Dieu et leur assistence, il avoit bon vouloir obvyer, mesmes à ce que touchoit ses royaulmes de par deçà deppendants de sa couronne d'Arragon : leur priant et enhortant vouloir adviser d'abbrévier les cortès le plus que leur seroit possible, afin qu'il peust mectre ordre aux affaires nécessaires au bien du pays et subjectz. Ce faict, se levarent les évesques de Oesque[4], Vicq et Gérone, où par ledict évesque de Oesque fut, de la part des estatz, remercyé Sadicte Majesté ce qu'il luy avoit pleu rendre ledict compte à ses subjectz, et, comme bons vassaulx et subjectz, mectroient peyne à abbrévier le plus succinctement que leur seroit possible. Ce dict, le seigneur de Grandvelle et vischancelier d'Arragon se tirarent vers Sadicte Majesté; et après avoir consulté avecq luy, fut par ledict vischancelier dict auxdicts estatz que

---

[1] Ayerbes.
[2] Almudevar.
[3] Don Hernando d'Aragon.
[4] Huesca.

Sadicte Majesté commectoit les seigneurs de Grandvelle, commendador major de Léon et ledict vischancelier pour journellement entendre aux affaires d'iceulx estatz. Ce achevé, Sadicte Majesté s'en retourna en son logis.

Le 20ᵉ de juillet vindrent nouvelles que, voyant le roy de France avoir failly à son entreprinse qu'il avoit meue, avec le duc de Hoolst[1], gouverneur du royaulme de Dannemarcque, et le duc de Clèves, sur les pays de Liége et Brabant, mesmes sur Anvers, se retiroit ès quartiers du Daulphiné, Languedocq et Provence, laissant le duc d'Orléans, son second filz, sur l'entreprinse de Luxembourg, pour envoyer le daulphin de Viennoys, son aisné filz, mectre le siége sur Parpignan par terre, et l'armée du Turcq, qu'il attendoit, venir par mer en son ayde, comme il avoit pourjecté invahir les pays de Sa Majesté par tous coustelz, le prenant à despourveu. Sa Majesté envoia audict Parpignan et frontières le duc d'Alve, son grand maistre, l'instituant capitayne général pour mectre ordre audict Parpignan et aultres lieux et résister à la frivole entreprinse dudict roy de France. Ledict duc partist de Montson par la poste le 22ᵉ.

Le 4ᵉ jour de juillet le prince print la fiebvre, que fut tierce et le laissa le 20ᵉ.

Le 23ᵉ arriva le matin audict Montson l'évesque de Vesmonstre[2], angloys, envoyé de la part du roy son maistre, ensemble l'ambassadeur ordinaire, et après disner eurent audience vers Sa Majesté, les attendant en sa chambre. Furent commis pour les accompagner les évesques de Jayen et d'Arras, par lesquelz furent conduictz en court et remenez en leur logis.

Le 24ᵉ, environ les quatre heures après midy, vint vers Sa Majesté le frère du roy de Congue[3], maure, qu'est ung royaulme en Affricque entre Bougie et Argel; fut conduict par le secrétaire Jean Vasquès. Après estre ouy par Sa Majesté, retourna en son logis.

Le 9ᵉ d'aougst fut despesché l'évesque de Vesmonstre dessusnommé, et print congié de Sa Majesté et du prince; et le 13ᵉ le seigneur de Cour-

---

[1] Christiern III, duc de Holstein, qui avait succédé, sur le trône de Danemark, en 1535, à Frédéric Iᵉʳ, son père.

[2] Westminster.

[3] Congo.

rières¹, capitaine des archiers de corps, fut despesché par Sa Majesté pour Angleterre; [et partist ledict jour dudict Montson]².

Le 21ᵉ Sa Majesté eust nouvelles que le roy de France, après avoir rompu les trefves, avoit faict publier en son royaulme, entre Sadicte Majesté et luy, leurs pays et subjectz, la guerre. Dont la teneur s'ensuyt :

Cry de la guerre ouverte entre le roy de France et l'Empereur, roy des Espaignes, et ce à cause des grandes, exécrables et estranges injures, cruaultez et inhumanitez desquelles ledict Empereur a usé envers ledict roy, et mesmement envers ses ambassadeurs; à cause aussi des pays qu'il luy détient et occupe indeuement et injustement.

FRANÇOYS, par la grâce de Dieu, roy de France. A nostre très-chier et très-aimé le conte de Busençoys et de Charny, admiral de France, vice-admiraulx, salut et dilection.

Il est assez congneu d'ung chascung quel tort l'Empereur, roy des Espaignes, nous tient, et les grandes offenses et injures qu'il nous a faict. Et combien que, pour le danger évident en quoy nous avons veu la chrestienté, et aussy pour monstrer clèrement que voulons préférer le bien universel d'icelle à nostre particulier intérest, ayons longuement enduré et dissimulé, sans vouloir entrer en la guerre et poursuyvre à l'espée, comme prince de la qualité que nous sumes, ce que injustement nous est détenu et occupé par ledict Empereur, espérant que finablement il se rengeroit à quelque bonne raison et auroit, pour le lieu qu'il tient, pitié de la chrestienté, néantmoins, en continuant de mal en pis, nous auroyt, ces jours passez, comm'il est jà congneu par tout le monde, faict une injure si grande, si exécrable et si estrange envers les hommes, et mesmement envers ceulx qui ont tiltres et qualitez de princes, qu'elle ne se peult aulcunement oblyer, tolérer ny souffrir : c'est que par aulcungz ses ministres ont esté traytreusement et inhumainement meurdriz et tuez nos ambassadeurs les sieurs César Frégose et Anthoine Ryncon³, allans à Venize pour noz

---

¹ Jean de Montmorency, chevalier, seigneur de Courrières.
² Les mots entre crochets ne se trouvent pas dans les MSS. de l'Arsenal et de Reims.
³ Voy. p. 195.

affaires. De laquelle injure ledict Empereur avoit promis nous faire faire telle raison et justice qu'il appartiendroit : ce que toutesfois il n'a faict, quelque instance et poursuyte que nous en ayons faict faire envers luy : mais, usant de ses dissimulations accoustumées, aggravant et multipliant telles injures, a faict tuer (chose par trop cruelle) aultres de noz subjectz et serviteurs allans pour noz affaires en aulcungz lieux; et ce a faict faire ledict Empereur contre les traictez de trefves faictes entre luy et nous : qui est cas répugnant à tous droix de guerre, humain et divin, et contre l'ancienne et mémorable coustume maintenue et gardée entre les roys, princes, potentatz et républicques depuis le commencement du monde jusques à présent. Et encores, de pis en pis, pour la grande et dissimulée inimitié qu'il nous porte et à tous nos subjectz, a puis naguerres faict crier et publier, en ses pays d'Anvers[1], et aussy en nostre conté de Sainct-Pol, lequel, comm'il est notoire, il nous détient et occupe injustement et contre la teneur de ladicte trefve, que tous noz subjectz et aultres tenans nostre party eussent à vuyder et partir incontinent, sur peyne de perdre la vye : enfreingnant par ce de nouveau ladicte trefve. Toutes lesquelles choses nous est impossible de plus souffrir, et, sans recepvoir injure perpétuelle, ne pourrions aulcunement passer telz tortz sans en poursuivre la vengeance et satisfaction. Ce que nous avons délibéré faire, et en icelle employer toute le force qu'il a pleu à Dieu nous mectre entre les mains, mesmes de nostre personne, espérant que, par sa immense bonté et clémence accoustumée (lequel sçait et congnoist toutes choses et comme à droit nous sumes constrainct mectre les mains aux armes), il nous favorisera et aydera à nostre juste querelle.

Et pour autant qu'il est requis et nécessaire que noz subjectz entendent et sachent qui sont noz ennemys, et que de leur part ilz s'employent à nous venger et aider d'avoir vengeance desdictes injures et satisfaction de ce que nous appartient, sçavoir faisons que nous avons, pour les causes et considérations dessusdictes, déclaré ledict Empereur, ses adhérens et tenans son party, ensemble les subjectz de ses pays patrimoniaulx, et non ceulx du sainct-empire, lequel nous est perpétuellement allyé, ennemiz de nous et de noz royaulme, pays, terres et seignories, et, en ce faisant,

---

[1] *Sic* dans les MSS. de l'Arsenal et de Reims et dans le MS. 15869 de la Bibliothèque royale.

permis et octroyé, permectons et octroyons et donnons congié à tous noz subjectz d'user d'armes contre les dessusdicts en guerre, par mer et par terre, ainsi que bon leur semblera, pour courir sus audict Empereur, ses adhérens et tenans son party et sesdicts subjectz des pays patrimoniaulx, les grever, endommager leurs personnes, biens et pays, faire sur eulx courses, entreprinses et tous les griefz, molestes, injures et dommaiges qu'ilz se pourront adviser, et généralement les offendre par toutes les façons et manières que leur sera possible.

Si voulons et vous mandons que nostre présente déclaration et permission faictes cryer et publier à son de trompes et criz publicques par tous les portz et havres de nostre pays de Normandie et aultres de nostre royaulme que besoing sera, à ce que noz subjectz n'en prétendent cause d'ignorance : car tel est nostre plaisir; de ce faire vous avons donné et donnons plein pouvoir, puissance et mandement espécial.

Donné à Ligny le 10e jour de juillet 1542 et de nostre règne le 28e.

Ainsi signé : Par le Roy en son conseil, BAYARD.

Vindrent nouvelles à Sa Majesté que, le jour Sainct-Loys, 25e d'aougst, le daulphin de Viennoys, filz aisné du roy de France, avec quarante mil hommes, avoit entré ès pays de Sa Majesté en sa conté de Rossillon, courant jusques devant Parpignan, bruslant et tuant, commençant une guerre cruelle.

Le dernier jour dudict moys les cortès de Montson furent conclutes, et l'accord fut de cincq cens mil ducatz et de jurer et recepvoir pour prince naturel le prince d'Espaigne, filz unicque de Sadicte Majesté, habile à tenir cortès à l'advenir aux trois royaulmes, asscavoir : Arragon, Valence, Catalongne et ce qui en deppend.

Le mesme jour les Françoys voulans recongnoistre la ville de Parpignan pour asseoir leur artillerye, fut tué d'ung coup d'artillerie l'ung des mareschaulx de France.

Le 2e jour de septembre assiégearent ladicte ville : ce que voyans ceulx de dedans, sortirent environ mil et cincq cens hommes, donnarent sur les Italyens-Françoys, lesquels prindrent la fuicte, et furent aulcungz tuez et leur enclouyt-l'on cincq pièces d'artillerie; lesquelz de dedans rentrarent sans aulcune perte.

Le 5ᵉ dudict moys vindrent nouvelles que le siége que le Sénégal ¹, gouverneur d'Argel pour Barberousse, avoyt mis devant Bougie, estoyt retiré à sa grand'perte.

Ce mesme jour Sa Majesté eust nouvelles qu'il y estoit entré dedans Parpignan une bannière d'Espaignolz à veuc des Françoys.

Le 6ᵉ jour fut amené à Sa Majesté ung Milanoys, lequel s'estoit sauvé du camp des Françoys : auquel fut donné deux cens ducatz et renvoyé au duc d'Alve, général.

Le 12ᵉ jour ² vindrent nouvelles, par ung venant de dedans la ville de Parpignan, que les Françoys avoient tenté à miner ung bastion et n'avoient riens faict, ains avoient perdu environ huict cens testes ³, tuez huict capitaynes, et plusieurs prisonniers, et environ neuf pièces d'artillerie rompues et enclouées.

Cedict jour arriva audict Montson l'ambassadeur ordinaire que Sa Majesté tenoit en France ⁴.

Le 14ᵉ ⁵ ayans ceulx des estatz de Catalongne résolu entre eulx jurer le prince d'Espaigne, etc., Sa Majesté, accompaigné dudict prince, son filz unicque, lequel estoit accoustré en damas violet cramoisy, des ducz don Hernando d'Arragon, de Ségovie ⁶, et de plusieurs aultres seigneurs et gentilzhommes de sa maison, de héraultz avec leurs cottes d'armes, ses massiers, le vice-roy d'Arragon portant l'espée, au lieu du conte de Sestege ⁷, partist Sadicte Majesté de son logis, vint en la grande église, où lesdicts estatz estoient attendant. Sa Majesté assise en son siége royal, tenant l'espée de justice en ses mains, le prince assiz plus bas, fut par le secrétaire des

---

¹ MSS. de l'Arsenal et de Reims et 15869 de la Bibliothèque royale; *le Sénéschal* dans le MS. 14641. Peut-être les quatre MSS. sont-ils également inexacts et faut-il lire : *le renégat*. Nous voyons, dans Sandoval, liv. XXV, § VIII, que lorsque Charles-Quint se présenta devant Alger, cette ville avait pour gouverneur un renégat sarde, Hassem Aga.

² MS. 14641 de la Bibliothèque royale; *le 15ᵉ* dans les MSS. de l'Arsenal, de Reims et 15869 de la Bibliothèque.

³ MSS. de l'Arsenal et de Reims; *quatre cens testes* dans le MS. 14641; *quatre cens bestes* dans le MS. 15869.

⁴ François Bonvalot, abbé de Saint-Vincent de Besançon, beau-frère de monsieur de Granvelle.

⁵ MSS. 14641 et 15869; *le quatrième* selon les MSS. de l'Arsenal et de Reims.

⁶ Sic dans les quatre MSS. Nous ne connaissons pas de duc de *Ségovie*; il s'agit probablement du duc de *Segorbe*.

⁷ Sástago.

estatz leute la résolution d'iceulx, le service qu'ilz faisoyent à Sadicte Majesté, qu'est de deux cens mil ducatz, du bon vouloir qu'ilz avoient à Sadicte Majesté. Après fut leu le serment que lesdicts estatz faisoient au prince, le recepvant et jurant pour prince et seigneur naturel, asscavoir pour prince de Catalongne, conte de Barcelonne, Rossillon et leurs deppendances : à quoy tous en général advouarent ladicte acceptation. Puis ledict prince se meit à genoulx ; luy fut apporté le missel et la vraye croix sur quoy il meit les mains, et fust leu le serment qu'il feit aux subjectz d'entretenir leurs priviléges et franchises, comme ont faict ses prédécesseurs. Ce faict, tous ceulx desdicts estatz, l'ung après l'aultre, vindrent jurer sur lesdicts missel et vraye croix, baisant la main audict prince, le recongnoissant pour leur souverain et advenir seigneur. Ce faict, alloient baiser les mains à Sa Majesté, le remercyant le bien et honneur qu'il leur faisoit. Puis ledict prince se leva et feit la révérence à Sadicte Majesté, et par le vischancelier d'Arragon fut dict à ceulx des estatz que Sa Majesté avoit grand contentement et leur sçavoit bon gré du bon vouloir en quoy ilz s'estoient mis, luy donnant à congnoistre le bon vouloir qu'ilz avoient envers luy : leur promectant qu'il leur seroit bon prince, les assisteroit et favoriseroit en tous leurs affaires, et les auroit en bonne recommendation, et quant aux requestes qu'ilz avoient données, leur feroit responce dedans quatre jours. Ce achevé, Sa Majesté se partist.

Le 17e l'on eust nouvelles que les Françoys, ayans cuydé faire quelque entreprinse vers les Yndes, faillans à icelle, en leur retournant, avoient esté prins par les Biscayens jusques au nombre de vingt-sept basteaulx, et depuis quatre.

Le 21e Sa Majesté eust nouvelles du duc d'Alve, son lieutenant général, comme, les jours précédens, le daulphin de Viennoys, tenant assiégé Parpignan, avoit envoié sommer ceulx de la ville pour eulx rendre déans huict jours : à quoy ilz feirent refuz. Oyant leur responce par ledict daulphin, se retira avec son camp environ une lieue, et feit passer son artillerie la rivière.

Le 23e Sa Majesté fut aux cortés, accompaigné du prince son filz, lequel estoit accoustré en satin cramoisy, et aultres ducz et seigneurs. Sadicte Majesté vint en la grand'église dudict Montson, où estoient assemblez les troys estatz du royaulme de Valence, où ilz feirent serment, receurent et jurarent ledict prince pour futur roy de Valence, le habilitant à tenir cortès, faisant les cérémonyes comme ceulx de Catalongne. Sa Majesté usa des mesmes propoz qu'il avoit faict aux Catalans, prenant jour au merquedy prouchain à respondre sur leurs requestes et demandes.

Le 24ᵉ Sa Majesté eust nouvelles comme le daulphin de Viennoys, avec son armée qu'il avoit amenée en la conté de Rossillon, ayant prins Sa Majesté au despourveu, cuydant de première venue emporter Parpignan, l'ont treuvé de sorte qu'ilz n'y ont peu mordre; et y ayans demouré vingt et deux jours, estans advertys du gros secours qui venoit de Castille, et par mer d'Italye; voyans que, pour toutes leurs frivoles entreprinses, du coustel d'Espaigne, ne pouvoient conquester honneur ny prouffict, après avoir perdu aulcungz de leurs gens et aulcunes pièces d'artillerie, se sont retirez une lieue et demye dudict Parpignan, sur la rivière, en une petite villette nommée Claryane[1], où ilz se fortiffyent.

Et dernièrement, au moys de juing, n'ayant le pape respect au trouble que le roy de France mectoit en la chrestienté, en encommençant la guerre à l'Empereur, tant du coustel de Flandres, Italye que Espaigne, avec bon espoir et ayant practiqué la descente du Turcq, avec l'ayde que luy faisoient le duc de Hoolst de Dannemarcque et le duc de Clèves, n'ayant aussy Sadicte Sainctelé respect à l'empeschement en quoy estoit la Germanye au recouvrement des terres perdues en la chrestienté et occupées par les Turcqz, aussi sachant la bonne et saincte voluntè que Sa Majesté avoyt, ayant mis ordre et police en ses royaulmes d'Espaigne, se treuver en ladicte Germanye, et en personne avec ses forces assister au sainct-empire et nation germanicque à poursuyvre leur bonne et saincte entreprinse contre lesdicts Turcqz et recouvrement du royaulme d'Hongrie : ce tout postposé, Sadicte Saincteté avec ses cardinaulx a despesché une bulle pour la convocation et célébration du concile général en la cité de Trente pour le prouchain moys de novembre, dont la teneur et substance d'icelle bulle, translatée en françoys, s'ensuyt. De ce adverty, Sa Majesté, avec meur et bon conseil, luy feit responce telle que après ladicte bulle se pourra veoir.

« Considérant, dès l'entrée de nostre pontificat, auquel avons (non par aulcuns noz mérites, mais par la seule bonté et clémence de nostre Créateur)

[1] Clayra (?).

esté esleu, la perturbation du temps et difficulté des affaires ésquelz avons esté appelé, et que dès lors eussions désiré remédyer aux afflictions dont la républicque estoit non-seulement troublée, mais quasi de tout oppressée, nous nous sumes apperceu que, comme aultres hommes revestuz d'infirmité humaine n'estoient souffisans [1] pour y satisfaire : car, comme voyions estre très-requis d'estre en paix pour préserver la chose publicque de tant de dangiers qui la menassoient, nous avons tout treuvé remply de haynes et dissensions, estants mesmes divisez entre eulx les princes lesquelz Dieu a faicts souverains par-dessus tous aultres. Et comme nous estimions estre nécessaire, pour conserver l'intégrité de nostre religion et confirmer en nous l'espoir de la rétribution céleste, que ne fût que ung pasteur et ung trouppeau, avons treuvé la unité du nom chrestien dissipée et desrompue par scismes, divisions et hérésies. Et comme surtout nous congnoissions [2] que la chose publicque fût asseurée des surprinses et envahissements des infidèles, avons veu que par noz deffaultes et péchez qui contre nous ont provocqué l'yre de Dieu, lesdicts infidèles nous ont prins Rhodes, occupé partie de Hongrie, et si ont conceu et entreprins d'essayer leurs forces contre Italye, Austrice et Esclavonye. Et comme nostre tant cruel ennemy ne cessoit à nul temps, et que sur noz haynes et divisions il fondoit sesdictes entreprinses et les occasions de tous ses actes et bons exploictz : par quoy, comme nous disions, estant, en telle grand' tormente de hérésies, dissensions et guerres, appellé pour régir et gouverner la naisselle [3] de sainct Pierre, et ne nous confyant pas trop sur nostre puissance, nous avons, en premier lieu, eslevé noz pensées à Dieu, pour de luy prendre nostre norriture et recepvoir instruction pour confirmer et fortiffyer le courage et donner conseil et sapience à l'âme.

» Et après nous estre souvenu que noz prédécesseurs, de merveilleuse sapience et saincteté, ont souvent, és plus grands dangiers de la chrestienne républicque, pour remède souverain, usé des sainctz conciles et faict assamblées générales des évesques, nous avons aussy applicqué nostre volunté à

[1] *Sic* dans les MSS. de l'Arsenal, de Reims et 15869 de la Bibliothèque royale; le MS. 14641 ne contient pas la bulle du pape ni la réponse de l'Empereur. Il faut évidemment lire : *n'estions souffisant.*
[2] MSS. de Reims et 15869 de la Bibliothèque royale; *convoitissions* dans le MS. de l'Arsenal.
[3] *Naisselle,* nacelle. *Vaisselle* dans le MS. 15869.

convocquer ung général concile. Et après nous estre sur ce enquis des voluntez des princes desquelz l'amitié et mutuelle intelligence en cest endroict nous sembloit estre utile et convenable, et les treuvant assez inclinez d'assister à si bonne œuvre, avons indict ung général concile en la cité de Mantua, et assamblée générale de tous évesques et aultres bons pères, à commencer l'an de Nostre-Seigneur mil cincq cens trente-sept, de nostre pontificat l'an quatrième, le dixième des kalendes de juing, si comme il est contenu en noz lettres lors sur ce despeschées : nous confiant entièrement que, quant nous serions tous assamblez, Nostre-Seigneur, si comme il nous a promis, se treuveroit au milieu de nous, et, par sa bonté et infinie miséricorde, de l'esprit de sa bouche il rebouteroit toutes tempestes et périlz dudict temps. Mais, comme l'ennemy du genre humain ne cesse de nous espier et mectre empeschement aux bonnes œuvres, premier nous a esté dényée, contre toute expectation, ladicte cité de Mantua, n'estoyt en nous submectant à aulcunes conditions estranges aux institutions de noz prédécesseurs, non convenables au temps et contraires à la dignité et liberté de nous, de ce sainct-siége et du nom ecclésiasticque : par quoy nous a esté besoing de treuver aultre lieu et choisir aultre cité, laquelle nous, ne la trouvant incontinent propre et ydoine, sumes esté constrainct prolonguer la célébration dudict concile jusques au premier jour de novembre lors suyvant.

» Cependant le cruel et perpétuel nostre ennemy le Turcq ayant avec grosse armée de mer assailly l'Italye et prins, destruict et saccaigé aulcunes villes maritimes en la Puylle[1], et emmené grand nombre de gens, nous, en ce danger et craincte d'ung chascung, avons esté empesché à pourveoir à la deffence de noz frontières de mer et assister noz voisins, et si n'avons-nous en ces entrefaictes délaissé de admonester et inciter les princes chrestiens qu'ilz nous advisassent du lieu que leur sembleroit ydoine pour ledict concile : desquelz comme les advis fussent incertains et divers et que le temps se passoit, nous, de bon couraige et, comme nous estimons, de bon et meur advis, avons choisy Vicence, ville habondante et, par la vertu, auctorité et puissance des Vénétiens, qui la nous avoient accordée, bien logeable, libre et de seur accès. Mais, comme le temps estoit jà fort advancé

---

[1] Pouille.

et estoit convenable de signiffier à tous le choix dudict aultre lieu, et que, approchant le moys de novembre, nous ostoit la faculté de faire ladicte publication, et que l'hyver estoit voisin, avons esté forcé de faire une aultre prolongation dudict concile jusques au printemps et le premier jour de may lors venant.

» Ce que estant ainsy fermement estably et décrété, et que nous feissions noz apprestes pour nous y treuver, estimant qu'il emportoit grandement à la célébration dudict concile et à toute la républicque chrestienne que les princes chrestiens fussent d'accord, nous avons prié et requis noz très-chiers filz en Jésu-Christ Charles, empereur des Romains, tousjours auguste, et le très-chrestien roy Françoys, deux principaulx piliers et secours du nom chrestien, de se joindre ensemble avec nous et venir en communication, et lesquelz nous avons souvent paravant admonestez, tant par lettres que noz nunces et légatz, du nombre de noz frères cardinaulx, afin que, délaissant les simultez[1] et questions, ilz conveinssent en confédération, alliance et ferme amitié, et qu'ilz empliassent joinctement leurs délibérations et adviz à secourir la chose chrestienne, comme bien ilz pouvoient faire, ayant regard à la puissance que Dieu leur avoit donnée, et, ne le faisant, leur en conviendroit rendre compte à Dieu bien préciz et estroict.

» Lesquelz deux princes, enfin acquiesçans à noz prières, se sont treuvez à Nyce, où nous aussi sumes allé pour Dieu et pour moyenner ladicte réconciliation, bien que le chemin fût très-long et contraire à nostre ancien eage. Et cependant n'avons délaissé, veu que le premier jour de may, ordonné pour ledict concile, approchoit, d'envoier à Vicence trois personnages de grand'vertu et auctorité, noz légatz, du nombre de nozdicts frères cardinaulx de la saincte romayne église, pour donner commencement audict concile, et recepvoir et recoeuillir les prélatz qui viendroient de toutes pars, et faire et traicter ce que leur sembleroit convenir, jusques à ce que, nous retourné de la négotiation de ladicte paix, eussions peu attendre à la direction des affaires. Et si avons-nous mis toutes peynes de encheminer ceste œuvre tant saincte et nécessaire de la paix entre lesdicts princes, et n'y avons rien obmys qui nous a semblé pouvoir servir et aider;

---

[1] *Simultez*, simulations.

Dieu nous en est tesmoing, en la clémence duquel nous confiant, nous nous estions mis au danger du chemin et de la vye; nostre conscience le nous tesmoingne; qui n'a rien dont elle nous puisse rédarguer que ayons obmis ou non cherché les occasions pour parvenir à ladicte pacification. Eulx-mesmes, lesdicts princes, le peuvent tesmoigner, lesquelz nous avons tant souvent priez, admonestez et obtestez [1] d'oster leurs simultez et convenir en société et amityé, afin que par commune intelligence ilz puissent assister la chrestienté jà conduicte jusques à l'extrême. Aussi en rendront tesmoingnaige les vigiles, soucîz, les peynes et labeurs emploiez, tant de jour que de nuit, en cest affaire; et toutesfois ne sont parvenuz les desseingz selon que les avions pourjectez. Ainsi a-il pleu à nostre seigneur Dieu, lequel toutesfois nous confions respectera quelque jour plus bénignement nostre entente : du moins n'y avons-nous rien délaissé de ce qu'estoit de nostre charge et office. Et si aulcung veult interpréter noz actions de la paix d'aultre sorte, il nous en desplaist : mais en ce desplaisir nous rendons grâces à Dieu, qui, à l'exemple et doctrine de nostre patience, voulut ses apostres estre réputez dignes de, au nom de Jésu-Christ, qui est nostre paix, souffrir injure.

» Toutesfois, en ceste assemblée de Nyce, bien que, pour noz péchez, ne s'est entre lesdicts princes peu firmer vraye et perpétuelle paix, si est-ce qu'il s'y est conclute une trefve de dix ans, par le moyen de laquelle, espérant que commodément se pourroit célébrer ledict concile et, par auctorité d'icelluy, conclure ladicte paix, avons faict instance vers lesdicts princes que eulx-mesmes en personne vinssent audict concile, et admenassent leurs prélatz présens audict lieu de Nyce, et les absens les mandassent. Et comme l'ung et l'aultre se fussent excusez, et qu'il leur estoit besoing retourner en leurs royaulmes, et que la raison vouloit que leursdicts prélatz, traveillez du grand chemin et de la grand'despence qu'ilz avoient faict, se peussent reposer et refaire, nous ont prié décerner une aultre prolongation de temps pour ledict concile : en quoy comme nous mections difficulté, receûmes lettres de noz légatz qu'estoient à Vicence, que, combien le jour auquel ledict concile avoist esté indict fut pieça passé, à peyne s'y estoient treuvez ung ou deux prélatz estrangiers. Et à ceste cause, voyant que pour lors

---

[1] *Obtestez,* suppliés, implorés.

n'y avoit apparence de l'assamblée dudict concile, nous accordasmes auxdicts princes de différer icelluy jusques à la feste de Pasques : de laquelle nostre ordonnance furent lors despeschées et publyées noz lettres en la cité de Gennes, au 4e des kalendes de juillet mil cincq cens trente-huict.

» Laquelle dilation nous avons tant plus voluntiers accordée, que chascung desdicts princes nous promeist envoier vers nous à Rome son ambassadeur, afin que le surplus de ce que restoit en difficulté pour la perfection de la paix et ne s'estoit, pour la briefveté du temps, peu résouldre audict Nyce, se peusist devant nous plus commodément et aisément capituler et traicter. Et pour ce aussy nous requirent tous deux que ceste procuration de la paix fût préférée à la célébration du concile, puisque, ycelle paix faicte, ledict concile seroit plus utile et de plus grand fruict pour la chose publicque chrestienne. Et nous, à l'espoir de ceste paix, nous sumes tousjours laissé induire et condescendre aux voluntez desdicts princes. Lequel espoir nous a esté grandement accreu par l'amiable conjuncture desdicts princes advenue tantost après nostre partement dudict Nice. Et ycelle, par nous entendue avec très-grand plaisir, nous a tellement confirmé, que nous tenions pour certain que Dieu auroit ouy noz oraisons et qu'il accompliroit noz désirs à l'endroict de ladicte paix. Et comme nous en attendions la conclusion et mesmes y donnions presse, et que non-seulement il semblast auxdicts deux princes, mais aussy à nostre très-chier filz en Jésu-Christ Ferdinand, roy des Romains, que la célébration dudict concile ne se debvoit entreprendre sinon ladicte paix faicte, et que tous contendoient, tant par lettres que par leurs ambassadeurs, de différer à aultre temps ledict concile, et que principalement l'Empereur en faisoit instance, démonstrant avoir promis aux desvoyez de nostre saincte foy qu'il se mectroit en tout debvoir envers nous pour treuver alcung moyen d'accord, ce que ne se pouvoit bonnement faire avant sa venue en la Germanye, nous, tousjours soubz la mesme espérance de paix et induict par les voluntez de tant de princes, et mesmes considéré que ny à ladicte feste de Pasques estoient comparuz aulcungz prélatz audict Vicénce, jà fuyans le nom de prolongation que si souvent frustréement avoit esté répétée, avons mieulx aymé suspendre ledict concile à nostre bon plaisir et celluy du saint-siége apostolicque : laquelle suspension nous avons notifié à chascung desdicts princes par noz lettres du dixième de juing 1538.

» Laquelle suspension par nous ainsi nécessairement faicte, comme nous attendions le temps plus propice et aulcune bonne résolution sur ladicte paix, laquelle depuis debvoit donner dignité et accroistre la congrégation d'icelluy concile, et rendre prompte et salutaire provision à la républicque chrestienne, les affaires d'icelle sont tousjours déclinez en pys. Les Hongroys, leur roy mort, ont appellé les Turcqz pour se deffendre contre ledict roy Ferdinand; partie des subjectz des Pays-Bas de l'Empereur sont esté meuz de se partir de l'obéyssance d'icelluy : pour laquelle commotion réprimer icelluy seigneur Empereur, prenant son chemin par France, amyablement et avec ouverte démonstration de syncère et parfaicte bienveuillance et mutuelle intelligence d'entre luy et le roy très-chrestien, est passé vers sesdicts pays, et dès là vers la Germanye, où il a convocqué les princes et estatz d'icelle pour traicter de la concorde, comme il avoit dict.

» Mais comme, deffaillant ladicte espérance de paix, ceste manière de traicter de concorde en telles assamblées sembloit plus convenable pour exciter plus grand discorde, susmes este induict de retourner au premier remyde du concile, lequel nous avons, par noz légatz, cardinaulx de la saincte romayne église, offert audict seigneur Empereur : ce que nous avons finablement, et mesmes à la diette de Ratisbonne, mis en avant, estant là nostre très-chier filz Gaspar, cardinal Contareno, pour nous légat, homme de très-grande intégrité et doctrine. Car, comme (ce que nous avons tousjours crainct qu'il adviendroit) nous fussions requis, par l'advis desdicts estatz, de déclarer que aulcuns articles non consentants avec l'Église se deussent tolérer jusques ilz fussent aultrement examinez et décidez par le concile général, ce que ny la chrestienne et catholicque vérité ny la dignité nostre ny du sainct-siége apostolicque ne nous permectoient, avons plustost ouvertement voulu proposer le concile général. Et si n'avons-nous jamais esté d'aultre advys ny volunté, sinon que avec la première opportunité ledict concile se célébrast : duquel nous espérons se pouvoir recepvoir la paix au peuple chrestien et l'intégrité de la chrestienne religion ; et néantmoins l'avons-nous désiré avec la volunté et bonne grâce des princes chrestiens, laquelle comme nous attendons et observons le temps abscons[1] de ton bon plaisir, ô mon Dieu! sumes enfin esté constrainct de décerner,

---

[1] *Abscons,* secret.

tout temps estant aggréable à Dieu, quand l'on consulte sur choses sainctes et appartenantes au bien publicque de nostre saincte religion. Et pour ceste cause, voyant, non sans grand'desplaisance de nostre cœur, l'affaire de la chrestienté de jour à aultre desvaller ¹ de mal en pys, la Hongrie oppressée des Turcqz, la Germanye en danger, tous les aultres affligés de craincte et desplaisir, nous avons déterminé de non plus attendre le consentement d'aulcung prince, mais avoir regard tant seulement à la volunté de Dieu et à l'utilité de la républicque chrestienne.

» Et comme nous n'eussions plus la cité de Vicence, et désirassions choisir lieu qui fût convenable au bien et salut de tous chrestiens et moins incommode à la nation germanicque, et que, ayant mis en avant aulcungz lieux, eussions apperceu que la cité de Trente se treuvoit la plus agréable, et combien qu'il nous semblast que plus commodément les affaires se fussent peu traicter en l'Italye de deçà, nous avons tousjours avec paternelle charité flescy ² nostre volunté selon leur désir et choisy la cité de Trente, pour y célébrer le concile au premier jour de novembre prochain : la tenant pour lieu ydoine, auquel de la Germanye et aultres régions voisines, aussy d'Italye, de France et d'Espaigne et pays plus loingtains les évesques et prélatz puissent facilement convenir ; et le jour a par nous esté considéré tel qu'il auroit en son temps esté souffisant pour donner congnoissance de cestuy nostre décret à toutes nations chrestiennes et faculté à tous prélatz de s'y treuver. Et ce que nous a retiré de non préfinir ung an entier au changement du lieu dudict concile, selon qu'il est ordonné par aulcunes constitutions, est que n'avons volu plus longuement différer l'espérance de remédier au mal de la républicque chrestienne affligée de tant de misères et calamitez. Et toutesfoys voyons-nous le temps et recongnoissons les difficultez, et entendons estre incertain ce que se peust espérer de nostre résolution : mais pour tant qu'il est escript : « Révèle au Seigneur ton che- » min et espère en luy et il le fera », nous avons plustost voulu confier en la clémence et miséricorde de Dieu que dessus nostre imbécillité, car souvent advient, en commençant une bonne œuvre où les consaulx humains n'ont rien valu, la divine vertu la achève.

¹ *Desvaller*, tomber.
² *Flescy*, fléchi, plié.

» De l'auctorité doncq d'icelluy Dieu tout-puissant, Père, Fils et Sainct-Esprit, et des sainctz apostres Pierre et Paul, de laquelle nous usons en terre, et par l'advis des vénérables noz frères les cardinaulx de la saincte romayne église, et de leur consentement, ostées toutes suspensions cy-dessus mentionnées, lesquelles nous ostons par ces présentes, nous indisons et annonçons, convoquons, statuons et décernons le saint et canonicque général concile en la cité de Trente, lieu commode et libre, propice à toutes nations, au premier jour de novembre, l'année présente de l'incarnation de nostre Saulveur 1542, pour lors icelluy, commencé, poursuyvre avec l'ayde du mesme Seigneur[1], à sa gloire et louenge et au salut de tout le peuple chrestien, achever et parfinir : requiérant, exhortant, admonestant tous et quelzconcques les vénérables noz frères patriarches, archevesques, évesques et noz chiers filz les abbez et aultres ausquelz est, ou par droit ou par privilége, donné faculté de se treuver audict concile général et y dire leurs oppinions, et néantmoins, sur le serment qu'ilz ont presté à nous et au sainct-siége apostolicque, et en vertu de la saincte obédience et aultres peynes que de droict et coustume l'on a accoustumé donner et proférer contre ceulx qui ne comparent à la célébration dudict concile, mandons et commandons très-expressément que eulx-mêmes en personne ou, s'ilz ont juste empeschement, duquel ilz seront tenus faire foy par leurs procureurs légitimes ou nunces, d'estre et comparoir en ycelluy concile; requérant et priant, au nom de la profunde miséricorde de Dieu et de nostre seigneur Jésu-Christ, duquel la foy, vérité et religion est et dehors et dedans griefvement oppugnée[2], lesdicts Empereur et roy très-chrestien et tous aultres roys, ducz, princes, desquelz la présence, si jamais elle a esté convenable, maintenant est très-requise et nécessaire pour le bien de la saincte foy et salut de tous chrestiens, que, s'ilz veullent saulver la républicque chrestienne et s'ilz entendent qu'ilz soient obligez et astrainctz à Dieu, pour les grandz bénéfices qu'ilz en ont receu, qu'ilz ne délaissent sa cause, et que eulx-mesmes viennent à la célébration dudict concile : en quoy leur présence et vertu donnera grand advancement à la commune utilité, à leur salut temporel et éternel et de tous aultres. Et si avant que eulx (ce que ne

---

[1] MS. 15869 de la Bibliothèque royale; *du mesme sainct* dans les MSS. de l'Arsenal et de Reims.
[2] MSS. de l'Arsenal et de Reims; *opprimée* dans le MS. 15869.

vouldrions) n'y puissent venir, à tout le moins qu'ilz y envoyent leurs ambassadeurs, gens graves et d'auctorité, qui puissent chascung représenter la personne de leur prince et faire leur relation et donner leurs opinions avec prudence et dignité, et principalement qu'ilz tiengnent soing (ce que leur sera très-facile) que incontinent et sans délay les évesques et prélatz partent de leurs royaulmes et provinces pour se treuver audict concile : ce que tant plus raisonnablement Dieu et nous debvons impétrer des prélatz et princes de la Germanye. Car comme, à leur occasion et à leur requeste, ledict concile est indict, et en la cité que eulxmesmes ont désiré, ne doibvent treuver grief de icelluy célébrer et orner par leurs présences, affin que tant mieulx et plus commodément l'on puist, par l'accord de tous et mutuelle charité, audict œcuménicque [1] et général concile, aydant Dieu et nous ouvrant le chemin de noz consultations, et instillant en noz cœurs la lumière [2] de sa sapience et vertu, consulter, traicter, parfaire et donner l'espérée yssue à ce que appartient et est nécessaire à l'intégrité et vérité de la religion chrestienne, à la réduction des bonnes meurs, amendement des mauvais, et à la paix, unité et concorde des princes et peuples chrestiens, et pour rebouter les impétuositez des barbares et infidèles.

» Et afin que noz présentes lettres et le contenu d'icelles viennent à la congnoissance de tous et nul n'en puisse prétendre excuse d'ignorance, et que d'en faire insinuation particulière ce peult estre qu'il n'y auroit partout seur accès, voulons et ordonnons que [par] les messagiers de nostre court ou par aulcungz notaires publicques elles soient ouvertement et clèrement leutes en l'église vaticane du prince des apostres et en celle de Latran, quand le peuple y sera assamblé pour ouyr l'office [3] divin, et ycelles estans leutes, soyent attachées aux portes desdictes églises et de la chancellerie apostolicque et au lieu accoustumé de Campeflore, et y soyent laissées quelque temps à la veue d'ung chascun; et quand l'on les en ostera, y soyent néantmoins laissées attachées les copies. Et si voulons que, après les lectures, publications et affictions que dessus, tous ceulx qui sont com-

---

[1] MS. 15897 de la Bibliothèque royale; *canonicque* dans les MSS. de l'Arsenal et de Reims.
[2] MSS. de l'Arsenal et de Reims; *la craincte* dans le MS. 15897 de la Bibliothèque royale.
[3] MS. 15897; *le service* dans les MSS. de l'Arsenal et de Reims.

prins en nozdictes lettres soyent, après deux moys du jour desdictes publications et affictions, tellement obligez et astreinctz comme si à eulxmesmes lesdictes lettres fussent esté leutes et intimées. Et si mandons que au transumpt d'icelles, escript ou soubscript par la main d'ung notaire publicque et scellé du seel de quelque personne ecclésiasticque constituée en dignité, soit donnée pleine et entière foy. Et pour ce ne soit loisible à aulcung homme d'enfreindre nostre présente lettre d'indiction, annonciation, convocation, statut, décret, mandement, ordonnance et requeste, ni aulcunement y contrevenir. Et si aulcung présume de y attempter, sache qu'il encourra l'indignation du Dieu tout-puissant et de ses benoitz apostres Pierre et Paule.

» Donné à Rome, au lieu de Sainct-Pierre, l'an de l'incarnation NostreSeigneur 1542, l'unzième des kalendes de juing. »

« Très-sainct père, nous avons receu, par le nunce de Vostre Saincteté, la copie de la bulle qu'elle a despeschée ès kalendes dernières de juing, contenant l'indiction du concile au lieu de Trente pour les prochaines kalendes de novembre, et louons la très-saincte intention que Vostre Saincteté démonstre audict concile, et ce qu'elle y exhorte paternellement et humainement tous les Estatz de la chrestienté, suyvant ce qu'elle s'est tousjours offerte de le vouloir célébrer, et le bon office usé pour y induyre lesdicts Estatz, et la peine et traveil qu'elle a prinse souvent pour la paix générale et celle d'entre le roy de France et nous, combien qu'il nous semble, avec deue révérence, que Vostredicte Saincteté a voulu, par ceste bulle, trop observer ce que quelquesfois a esté dict, comme elle se peust souvenir, du père de famille qui faisoit feste à l'enfant prodigue, pour le retirer et obvier à plus grand mal : car, oires qu'il luy feit grand' faveur pour sa conversion dès là toutesfois faicte, pourtant ne le meit-il à l'égal de l'aultre ayant tousjours obéy, labouré et porté le faiz de la maison, ains confessa sa bonne conduicte et loua ses mérites, comme au semblable Dieu regarda les sainctes œuvres d'Abel et rebouta celles de son frère. Et Vostredicte Saincteté, — saichant les nostres au bien publicque de la chrestienté, et ce que nous avons continuellement faict pour obvier les inconvéniens d'icelle mentionnez en ladicte bulle, et mesmes ce qu'avons traveillé pour la réduyre en catholicque concorde et quant à la célébration du concile, et tant de chemins et voyaiges avec grandes peynes, labeurs et despences, et aussi le debvoir où nous sumes tousjours mis pour ladicte paix, tant générale que particulière, et résister au Turcq et aultres ennemiz de la chrestienté, — debvoit faire différence d'entre nous et celluy que (baillant lieu à la vérité) elle sçait bien si en tout il a faict le contraire.

» Et, pour parler franchement, le narré en ladicte bulle et aulcuns passaiges d'icelle nous font doubter (combien que ne vouldrions attoucher à l'intégrité que se doibt estimer du très-sainct collége) de ce que le roy de France se vante d'estre asseuré de l'avoir à sa volunté et commandement par le moyen de la faction et particularité qu'il y a, comme il a souvent usé de ces motz, et mesmes par lettres escriptes à Vostre Saincteté, et que la plume s'est plus confiée en leurs mains et en ont usé aultrement qu'il ne convenoit. Toutesfois nous voulons demourer en ce que sumes certain de nostre conscience, et nous arrester que Vostredicte Saincteté l'a ainsi permis à bonne fin, car aultrement nous en resentirions très-fort, tant pour les causes susdictes que pour la dignité et lieu que, par la permission de Dieu, tenons : joinct que nous arrestons et reposons sur ce que Vostredicte Saincteté et généralement toute la chrestienté sçaivent des actions de l'ung et de l'aultre. Et pleust à Dieu que ceste doulceur et faveur desmesurée que Vostredicte Saincteté a usé si longuement, eust peu profficter à le retirer au bon chemin et l'induyre à l'effect dudict concile, bien publicque et réduction en union de la chrestienté et reboutement des ennemiz d'icelle! car nous tiendrions pour bien tout ce que Vostredicte Saincteté luy a compleu et comporté, et ce que y avons délaissé et voulu mectre du nostre, jusques à grever nostre aucthorité et y adventurer la personne et réputation. Mais l'essay et preuve que tant de fois s'en sont faictz, et par Vostredicte Saincteté mesmes, et aussi par nous et de nostre coustel, ont tousjours évidemment et certainement démonstré que ny admonitions, bonnes œuvres, bienfaictz, ouffres amiables, rémission et oubliance des choses mal passées, et retourner à récapituler[1] tant de fois, ny moyens advantagieulx, et vouloir délaisser et bailler libéralement et largement du nostre propre, a rien peu proufficter, ains s'en est tousjours faict plus exorbitant et insolent et plus audacieulx de remouvoir guerre, pensant et espé-

---

[1] MSS. de l'Arsenal et de Reims; *capituler* dans le MS. 15869 de la Bibliothèque royale.

rant que, oires la chose ne succède selon sa passion, que tousjours nous treuvera-il enclin à ladicte paix et surseoir les armes, pour respect du bien publicque de la chrestienté, et Vostredicte Saincteté appareillé à nous y persuader.

» Et en délaissant de remémorer le commencement et resuscitement des guerres passées et comme les maulx en sont advenuz, mesmes les mentionnez èsdictes bulles, et qui en a esté la cause et à qui l'on en peult et doibt imputer la coulpe et de l'infraction des traictez d'entre nous, jusques à nostre dernière venue à Rome, où nous en baillâmes le compte et raison véritable publicquement à Vostredicte Saincteté, nous luy supplions qu'elle veuille, avec sa grand' prudence et droicturement, considérer ce qu'est depuis succédé, et mesmes, oultre aultres choses que pourroient servir à ce propoz, avoir regard comme s'est bien observé le traité des trefves faictes à Nyce par le moyen, intervention, aucthorité, bonne direction, soigneuse dextérité et vigilance de Vostredicte Saincteté estant venue là avec grand' peyne et labeur, ny que a prouffité de nous estre adventuré d'aller en Aigues-mortes, et depuis passer par France et y séjourner si longuement, contre l'opinion générale de tous, et dont nous sumes esté diversement en la bouche des gens, et non sans grande occasion, pour l'inobservance (sans en plus dire) des choses passées, et les divers et continuelz changemens en ce coustel-là, dont ne voulons parler dadvantaige, ny de ce que, estant audict France, fut, comme l'on a sceu, en termes de nous détenir; ny aussi peu a vaillu la très-grand' offre que, dès nostre arrivée en noz pays d'embas, luy fismes faire, par-dessus de vouloir observer ce que avions capitulé avant nostre partement d'Espaigne, avec luy.

» Et pour ce que aulcungz dyent en sa faveur que fûmes nécessité audict passaige de France pour le remyde des troubles estans en nozdicts pays d'embas, ilz ne sçauroient faire servir cecy quant à ce que précédemment avions esté audict Aiguesmortes, ny aussi y a apparence que nous fussions ainsi hazardé, et en saison d'hyver, pour discord qu'estoit seulement en nostre ville de Gand par le moyen d'aulcungz de infime condition, y contrariants les gens de bien et principaulx d'icelle, et demeurants noz aultres pays d'embas fermes en leur léaulté et fidélité, et y estant la royne douaigière de Hongrie, madame nostre sœur, la providence de laquelle est bien congneue, et avec ce attendu ladicte trefve de Nyce faicte par Vostredicte

Saincteté, de laquelle nous debvions par raison confier. Et si sçait bien Vostredicte Saincteté que nostre délibération estoit de passer par la voye d'Italye, et nostre principale fin à la pacification de la Germanye et asseurance des choses d'Italye et provision de la résistance contre le Turcq, et eussions tenu ceste voye sans sa très-grande requeste et instance, dont signament il appert par lettres de sa main et de ses enfans, sieur et dame d'Allebrecht et aultres principaulx de sa court. Et estoit la prière et instance qu'il en faisoit si expresse qu'il mectoit en cas d'honneur que passassions par aultre voye et ne luy démonstrassions ceste confidence, que, comme mesmes il disoit, emportoit grandement à sa réputation, pour couvrir l'inobservance des choses passées, et à bon droict démonstra le tenir en superlative obligation, avec innumérables jurements et asseurance de parfaicte et indissoluble amitié pour tousjours, oires qu'il ne se fist jamais plus de nostre coustel pour son respect ny des siens. Et le mesme reconfirma-il aussi expressément depuis nostre arrivée en nozdicts pays d'embas, quand, comme dict est dessus, il ne voulut accepter le moyen que luy avions envoié présenter, ny entendre au parfaict de ce que avoit esté articulé entre nous, pour non faire raison au duc de Savoye, son propre oncle charnel, et retenir les Estatz qu'il luy occupe; et retourna à confirmer et asseurer qu'il vouloit observer entièrement la trefve. Et néantmoins dès lors il démonstra malcontentement de nous en tous lieux et endroictz, et mesmes que ne luy restituions Milan, comm'il disoit luy avoir esté promis de nostre part, taysant ce que avoit esté joinctement et conditionnellement capitulé touchant ledict duc, et aultres poinctz et conditions passées et promises pour le bien et remyde de la républicque chrestienne et d'entre nous respectivement : dont il appert par ses propres lettres authenticques que l'on a monstré aux ministres de Votredicte Saincteté. Et dès adoncques feit continuellement practicques, tant en Allemaigne que Italye et devers le Turcq, et avec le roy Jehan de Hongrie joinct avec ledict Turcq et ayant recongneu ledict Hongrie de luy, et pour ce excommunié par l'aucthorité apostolicque : que depuis il a continué avec sa femme et aultres tenans le party du Turcq, et les ayans mis en Boude. Et en somme il démonstroit à nous très-grand contentement et affection de l'observance de ladicte amityé et trefve et avec continuelz grandz sermens, et ailleurs partout le contraire.

» Et a bien sceu Vostredicte Saincteté de ses propres paroles dictes au mesme temps et tost après à aulcungz révérendissimes cardinaulx, légatz de Vostredicte Saincteté, et autres nunces et ministres d'icelle, et aussi les offices qu'ont faict les siens partout; et entre aultres le compreuvarent bien les œuvres d'iceulx en la Germanye, mesmes durant l'assamblée de Wormes et diette de Reynsbourgh; et toutesfois temporisa-il tousjours avec nous, asseurant continuellement et très-expressément de sadicte amityé, jusques au temps de la perdition de César Frégose et Ryncon, dont il print occasion de soy resentir. Et pour ce que pareillement Vostredicte Saincteté sçait ce qu'a esté faict en ce par nous et de nostre part, tant pour en enquérir et sçavoir la vérité que pour accepter le jugement de Vostredicte Saincteté de ceste et aultres contraventions dont nous en prétendions plusieurs, en quoy fut satisfaict, à la réquisition et instance d'icelluy, lorsque estions à Lucques et que nous délaissâmes devers elle procureurs et pouvoir pour y entendre et satisfaire, et comme depuis il faillit de son coustel, nous en remectons à Vostredicte Saincteté. Et pour abréger, nous venons à arrester que aussi peu ont prouflicté cestuy debvoir, submission et compliment que le surplus, ny aussy que le marquis du Gasto, lequel il adcoulpoit dudict cas, aye ouffert de se mectre ès mains de Vostredicte Saincteté; et s'est très-clèrement démonstré qu'il a voulsu seulement ceste couleur pour retourner à nouveau débat, troubler ladicte chrestienté et remouvoir guerre, comme il avoit très-expressément et ouvertement desjà démonstré et déclaré partout avant la perdition desdicts Frégose et Ryncon, desquelz les œuvres sont assez congneuz et mauvais offices qu'ilz ont faict pour luy, par charge et adveu de luy, tant devers le Turcq qu'en Italye, non-seulement contre ladicte trefve de Nyce, mais au préjudice et perdition de la républicque chrestienne : tellement qu'en tous advénements ilz ne pouvoient joyr de la trefve, joinct qu'ilz passarent hostilement et comme ennemys, à la desrobbée, par l'Estat de Milan, accompaignez de banniz, que, selon la loy dudict lieu, les faisoit dignes de mort. Et comme qu'il en soit, ne pouvions plus faire, pour satisfaire à l'observance de ladicte trefve, disposant que les contraventions se réparent, si aulcunes s'en treuvent, demourant ladicte trefve en son entier, ny aussi pour le contenter, que de nous submectre au jugement par luy quis [1] de Vostredicte Saincteté, et que

---

[1] *Quis*, requis, sollicité.

la personne dont il se plaindoit se offrit d'ester à droict personnellement.

» Et confiant qu'il s'en contenteroit, puisque satisfaisions à sa demande, nous partismes pour aller au voyaige d'Argel, envoyant toutesfois expressément devers luy don Francisco Manricque, personnaige de maison et à présent évesque d'Orance[1], pour le visiter et advertir de nostre voyage, et luy recommander la paix et transquillité de la chrestienté, et prier l'observance de l'amitié d'entre nous : ce que, comm'il est coustumier de prodiguement promectre, il certiffia très-expressément et amplement[2]. Et toutesfois Vostre Saincteté a veu ce que est succédé à Maran durant nostredict voyaige, et entendu les entreprinses que cependant se sont faictes en Italye, et praticques en Allemaigne, Dannemarcque et ailleurs, et l'entreprinse pour lors, comme en propre conjecture[3], se ruer sur nostre royaulme de Navarre, et comme les choses sont succédées depuis continuellement de mal en pis, mesmes par ce que signament feirent ses ambassadeurs à la diette de Spyrs, tant pour nourrir le différend de la religion par exquis moyens de démonstrer favoriser et adhérer à l'ungne et à l'aultre partie diversement, et à chascung en droict soy, que pour empescher l'entreprinse à l'encontre du Turcq, et ses aultres actes et œuvres ensuyvies de solliciter ledict Turcq et d'envoier grosse armée au Piedmont, et l'entreprinse pour surprendre noz pays d'embas à despourveu, soubz le nom de Martin Van Rossem, serviteur du duc de Clèves. Et quand il a veu que la chose estoit descouverte et qu'il ne la sceut desnyer, il a faict, sans nous dire gard, recommencer la guerre, par son filz le sieur d'Orléans, en nostre pays de Luxembourg, et adressé, avec grand'braveté et menasse de l'adhérence et assistence dudicq Turcq, ses autres forces par deçà, tant du coustel de Rossillon que dudict Navarre, faisant publier, dès le dixième du passé, la guerre à l'encontre de nous en la déshonneste et cruelle forme, et plus pirement [que] si ce fust contre les barbares, que Vostredicte Saincteté aura entendu et peu veoir, et, que pis est, sans qu'il nous en ayt faict riens sçavoir, mais au contraire ses ministres, tant au coustel d'Italye que du Rossillon, dissmuloient, à l'exemple du maistre, qu'ilz vouloient garder ladicte trefve.

[1] Orense.
[2] MSS. de l'Arsenal et de Reims; *et amicalement* dans le MS. 15869 de la Bibliothèque royale.
[3] *Sic* dans les trois manuscrits. C'est *conjoncture* qu'il faut lire.

» Et voilà enfin ce que ont prouffîcté toutes les diligences faictes par Vostre Saincteté envers luy pour asseurer l'observance de ladicte trefve, et la tolérance de la détention extrêmement injuste[1], et sans quelconque probable cause, de l'archevesque de Valence[2], si grandement opprobrieuse au sainct-siége apostolicque, aucthorité et dignité ecclésiasticque, et aussi du cruel oultraige faict par ses gens, qu'il a advoué, aux gentilzhommes espaignolz, noz subjectz, pensant estre asseurez en vostre cité d'Avignon. Et enfin nous avons esté et sumes forcé de nous armer et pourveoir à la guerre en tous les susdicts endroitz, en temps que nous debvions penser estre plus confié de luy, tant pour l'observance d'icelle trefve, et principalement pour le respect de Vostredicte Saincteté l'ayant traicté, que des innumérables promesses, juremens et asseurances qu'il a tousjours baillé à noz ministres, et mesmes à nostre ambassadeur résident devers luy, comme aussi ont faict tous les siens, de vouloir garder ladicte trefve et tousjours conserver avec nous vraye et bonne amityé, et traicter establissement de paix, pourveu que ce fût sans intervention de Vostredicte Saincteté, comme pensons elle l'aura aperceu, et l'honnesteté qu'en ce avons gardé.

» Et pour abréger, il ne nous a jamais faict entendre aultre chose pour nous garder de luy, ains a dissimulé toutes ses entreprinses, oires qu'il soit esté bien certioré et asseuré que ne tendions à aultre que de passer en la Germanye, et employer nostre personne et noz forces, avec celles du sainct-empire, à l'encontre dudict Turcq; et de cela a-il faict son prouffict pour nous surprendre à despourveu par deçà (comm'il a), combien que nous espérons qu'il gaignera enfin aussy peu en toutes ses présentes entreprinses qu'il a faict ès précédentes, avec l'ayde de Dieu, qui sçait qu'il nous desplaist plus de retourner en ladicte guerre, pour l'empeschement de son sainct service et de la réduction de nostre foy en bonne union, et au reboutement dudict Turcq et aultres infidèles, au remyde des aultres affaires publicques de la chrestienté et tranquillité d'icelle, que pour ce qu'il nous touche en particulier.

» A quoy il nous semble autant ou plus convenir de demourer en guerre

---

[1] MSS. de l'Arsenal et de Reims; *sinistre* dans le MS. 15869.

[2] Georges d'Autriche, archevêque de Valence, fils naturel de l'empereur Maximilien Ier, allant d'Espagne aux Pays-Bas par la France en 1511, avait été arrêté à Lyon par ordre du roi. (Sandoval, liv. XXV, § IV.)

ouverte avec luy, selon qu'il a tousjours usé jusques à présent, que de nous plus fier en paix, trefve ou aultre traicté quelconcque avec luy, puisqu'il en a usé comme tout le monde sçait, sans aultre respect que d'attendre son appoinct plus convenable pour rompre : continuant, soubz ceste umbre, ses damnables practicques et divisions, partialitez et troubles en la chrestienté, et de nous mectre en nécessité et empeschement pour la résistance contre les infidèles, et pour, contre tous droictz divins et humains, travailler noz royaulmes et pays. Et si voidt-l'on qu'il est après, autant qu'il peust, pour entrayner ses enfans au mesme chemin ; et aussy sa convoitise et ambition insatiable de se accroistre et aggrandir ne se peult plus encouvrir, voyant ce qu'il occupe et détient audict duc de Savoye, et l'ayant fortifié à intention de jamais ne le rendre, et ce que Vostredicte Saincteté sçait bien qu'il a recherché, quand elle l'a encores dernièrement faict persuader à l'establissement de la paix, qu'il n'a peu dissimuler qu'il vouloit avoir la reste du Piedmont, et le tenir perpétuellement uny et incorporé à sa couronne, comme desjà il a usurpé la Provence, soustraiant l'un et l'aultre de l'Empire, et aussi les aultres choses qu'il y prétendoit encores adjoindre. Et si a bien peu sçavoir Vostredicte Saincteté que par aultre voye non-seulement il vouloit Milan, mais passer plus avant et surprendre Plaisance et Palme [1], et avoir les républicques de Lucques et Siennes ; et si tenons que Vostredicte Saincteté ayt entendu que le pensement d'icelluy s'extend jusques aux terres de l'Église, pour de là passer plus à son aise à Naples et Sicille. Et les practicques et entreprinses qu'il tient en tous coustelz en Italye compreuvent assez ses desseingz, et qu'il ne gardera jamais traicté ny promesse cy-après, comme il n'a faict les aultres par cy-devant, tandis qu'il pensera pouvoir occuper où que ce soit. Et aussy tesmoigne qu'il se veuille estendre en tous coustelz ce qu'il a usurpé Astenay [2], estant en nostredict duché de Luxembourg, mouvant de nostre fief, et le détenir et fortiffier contre nostre volunté, et l'entreprinse soubz le nom dudict Martin Van Rossem, serviteur du duc de Clèves, pour occuper et usurper nosdicts pays d'embas ; et n'y a ny se peulst espérer aultre mieulx de luy que de ce que souvent il se forcompte en voulant égaler son pouvoir à son affection.

---

[1] Parme.
[2] Stenay, aujourd'hui département de la Meuse, à trois lieues environ de Montmédy.

» Et pour plus compreuver sa passionnée ambition, nous en remettons à ce que l'on sçait des practicques que ses ambassadeurs et ministres ont tenu pour esmouvoir et nourrir le différend qu'est entre nostre saincte foy et religion, mesmes en la Germanye, et cherché de mectre discordz et divisions tant là que en Italye (et ladicte Germanye s'en doibt à bon droict doubter et regarder d'y remédier, puisqu'il favorise et porte le commun ennemy des chrestiens, aussy bien contre ce coustel-là que de celluy de deçà), et dadvantaige de se joindre et confédérer avec le Turcq et l'esmouvoir à guerre contre la chrestienté, dont la notoriété en faict la foy, et ce que l'on sçait des maulx horribles qu'en sont advenuz, et le hazart où à présent elle se retreuve par les practicques deshonnestes qu'ilz ont tenu, mesmes ceste année, avec ledict Turcq, et ce qu'ilz se gloriffient de l'espérance de sa venue. Et doibt Vostredicte Saincteté considérer si cecy convient pour le réprimer ny pour réduyre la Germanye en union catholicque, ny célébrer le concile, ny si c'est le moyen que nous et les prélatz de noz royaulmes, ny encores ceulx de l'Empire, et mesmes ceulx de la Germanye, puissions comparoir, avec ce qu'elle sçait bien que ledict roy de France l'a tousjours rebouté et contredict, tant directement que indirectement. Et doibt Vostredicte Saincteté regarder s'il s'est jamais employé ny faict bien quelconcque aux affaires et nécessitez de la républicque chrestiennes. Et pleust à Dieu qu'il n'eust faict le contraire! Dont nous remectons à l'évidence et ce qu'elle en a tousjours démonstré et démonstre, joinct qu'il a expressément déterminé, et de pièça, en son coustel, d'empescher ledict concile tant qu'il pourra, comme chose convenable à ses particulières fins.

» Qu'est la cause nous ayant meu de practicquer, par aultre voye amyable, la concorde en la Germanye, pour éviter plus grand inconvénient, sans aultre respect que du service de Dieu et de nostre mère l'Église, et avec le bon plaisir de Vostre Saincteté, comme elle sçait bien, et que nous n'avons jamais riens plus désiré que la célébration dudict concile, pourveu qu'elle fût avec quelque bon effect, selon que encores le respondismes à Vostre Saincteté dois la diette de Ratisbonne, où elle l'envoia offrir; et n'avons jamais mis difficulté d'y comparoir en personne, si mestier estoit, mais l'avons tousjours offert, ne aussi quant à la comparition des prélatz de noz royaulmes, desquelz avions peu avec nous à Villafranca, et faisons ce que en nous est affin qu'ilz résident en leurs églises; et ne leur doibt ny à nous estre [mise] à charge la suspension dudict concile, ains à ceulx qui la causarent sans quelconcque probable excuse, tout bien considéré, puisqu'ilz estoient là venuz voluntairement et estoient près de leurs maisons, et principalement à celluy qui n'a voulu ny veult ledict concile, s'il n'y est constrainct.

» Et pour venir, très-sainct père, à la conclusion, si Vostredicte Saincteté veult, comme elle doibt, le remyde des inconvéniens où se retreuve ladicte chrestienté, et la réduction d'icelle en bonne union chrestienne, pacifficâtion et tranquillité, et faire ce qu'elle est obligée à son aucthorité et du sainct-siége apostolicque et sa réputation, elle se doibt déclarer ouvertement contre luy, et démonstrer vivement le sentement qu'elle a de l'inconvénient en la religion, trouble de la chrestienté et dangier du Turcq et aultres infidèles, le tout inexcusablement par son moyen, et aussy de l'offence et injure qu'il a faict au sainct-siége, aucthorité et droict de l'Église romaine et à vostre digne personne, l'infraction de la trefve et recommencement de guerre et détention dudict archevesque de Valence, et violation de la seurté de Vostredicte Saincteté, et du contempt et mesprisement que Vostredicte Saincteté sçait bien il a usé en aultres diverses manières à l'encontre d'elle. Quoy faisant et y mectant vivement la main Vostredicte Saincteté, elle correspondera à l'expectation que tous bons chrestiens en doibvent avoir et tous gens preud'hommes et d'honneur espérer, et baillera l'exemple aux aultres princes et potentatz qu'il convient; et par ce bout se célébrera ledict concile, et se fera le service de Dieu et restaurera ladicte chrestienté, que aultrement est en extrême hazard. Dont encores ceste foys je supplie Vostredicte Saincteté, laquelle peult estre asseurée que moyennant cestuy debvoir de Vostredicte Saincteté, je ne deffauldray au mien tant quant audict concile, auquel sans cela elle peult considérer comme nous ny les estatz du sainct-empire et prélatz de noz royaulmes y pourrions entendre, que tout le surplus concernant le service de Dieu, bien de l'Église et républicque chrestienne, avec l'ayde du Créateur, qui, très-sainct père, etc. [1] »

---

[1] Cette réponse de Charles-Quint, en date du 28 août, à la bulle du pape, a été publiée dans les *Papiers d'État de Granvelle*, t. II, p. 653, d'après la copie du Journal de Vandenesse conservée à la Bibliothèque de Besançon.

Et voyant le pape l'encommencement de ceste guerre tant furieuse, voulant remédier à la fureur de ces princes, despescha légatz pour envoier vers eulx, et fut commis le cardinal Contareno pour venir vers Sadicte Majesté, lequel, arrivant à Boulongne la Grasse, mourut. De ce adverty Sa Saincteté, nonobstant que Sa Majesté avoit contremandé ledict légat, fut député par Sadicte Saincteté le cardinal de Viseu, de la maison de Sylve [1], de nation portugais, et pour le roy de France fut député pour légat le cardinal Sadoleto, italyen. Et arriva ledict cardinal de Viseu à Montson, où estoit Sadicte Majesté, le merquedy, 27ᵉ, environ dix heures de nuit, venant en poste. Estoient commis, de la part de Sadicte Majesté, pour le recepvoir et aller au devant, les évesques de Jayen et d'Arras, lesquelz, ensemble aultres, le conduirent, le jeudy, 28ᵉ, matin environ dix heures, vers Sa Majesté, qui luy donna audience en sa chambre en présence du nunce apostolicque. Sadicte Majesté le vint recepvoir, accompaigné du prince d'Espaigne, son filz, et plusieurs ducz et princes, à l'entrée de la salle; et furent ensemble bien deux heures. Ledict légat présenta à Sa Majesté ung bref de Sa Saincteté dont la translation s'ensuyt [2] :

« PAULE, etc. Combien que la peyne que nous avons prins pour traicter et enhorter la paix ne l'aye jusques à maintenant peu achever, toutesfois pour ce que requiert nostre debvoir, auquel ne voulons, durant nostre vye, deffaillir, et pour le danger auquel nous voyons que la chrestienté se retreuve, et pour l'espoir que nous avons conceu de Vostre Majesté, il nous semble que, plus en ce temps icy qu'en nul aultre, nous ne deussions délaisser de persévérer en mesmes soing et bonne œuvre. Et partant, après avoir envoié le cardinal Sadolet devers le roy très-chrestien et que feu, de bonne mémoire, le cardinal Contarin, que aussi nous envoyions à Vostre Majesté, décéda en chemin, veuillant faire choix de personne qui peût, avec la diligence requise, soy treuver devers Vostredicte Majesté et entendre en une chose tant importante, nous avons esleu pour envoyer devers icelle nostre très-cher filz don Michiel, du tiltre des sainctz apostres, prebstre, cardinal de Viseu, nostre légat, lequel vous exposera noz religieuses admonitions ou, pour mieulx dire, prières que nous vous faisons pour le salut

---

[1] Michel Silva, évêque de Viseu, créé cardinal par Paul III en 1539.
[2] Ce bref est aussi dans les *Papiers d'État de Granvelle*, t. II, p. 631.

de toute la chrestienté. Et enhortons et prions Vostredicte Majesté, par les entrailles miséricordieuses de nostre seigneur Jésu-Christ, que, considérant le danger imminent à la chrestienté, et pour le bien publicque et salut de tous chrestiens, desquelz, comme advocat et très-bon prince, vous debvez avoir soing, vous laissez induyre, et que vous ouctroyez quelque chose à Dieu et à l'utilité publicque, et que, comme Vostre Majesté nous a dernièrement respondu lorsque l'enhortions à la paix, qu'elle n'estoit reboutée d'icelle, comme aussi aux conditions pour y parvenir, vous ouctroyez à Dieu et à nous de vous y rendre facile et traictable, et prenez soing de la salut publicque en ung si grand et universel danger : délaissant quelque peu de vostre propre en considération d'icelluy duquel vous avez receu tout le bien. Et Vostredicte Majesté ne pourroit faire chose à soy plus utile, plus nécessaire à la républicque chrestienne, plus digne de sa bonté et prudence, ny à nous en cecy plus agréable; et de ce nous prions icelle et requérons, comme aussi nous ne délaissons de requérir le mesmes des aultres, et pour ce aussy la prions et en Dieu exhortons qu'elle veuille bénignement ouyr nostre légat et le croyre en ce qu'il dira, luy donnant facile accès vers elle, afin qu'il puisse mieulx communicquer et déduire noz raisons à Vostredicte Majesté.

« Datée à Rome, à Sainct-Pierre, soubz l'anneau du pescheur, le 26e d'aougst mil cincq cens quarante-deux et de nostre pontificat le huictième. »

Le 29e ledict légat fut vers Sa Majesté, laquelle luy feit responce sur son exposé les jours précédens, laquelle luy fut baillée par escript, en forme de lettre addressant à Sa Saincteté, comm'il s'ensuyt[1] :

« Très-sainct père, nous avons receu le brief de Vostre Saincteté du 26e du moys d'aougst par le très-révérend cardinal de Viseu, légat d'icelle, et entendu au long ce qu'il nous a dict en conformité pour nous exhorter à la paix : en quoy il s'est très-bien acquicté, combien que nous eussions voulu qu'il n'eust prins la peyne de si long voyaige, laquelle se fust peu excuser, si Vostredicte Saincteté eust plus tost sceu nostre responce sur ce que nous avoit faict dire par son nunce icy résident sur l'envoy de légatz

---

[1] Cette lettre a été également insérée dans les *Papiers d'État de Granvelle*, t. II, p. 645; elle y porte la date du 29 septembre.

en ce coustel-icy et en France, selon aussi que dès lors escripvimes à Vostre Saincteté.

» Et quant à ceste charge dudict révérendissime de Viseu, supposant que Vostredicte Saincteté aura receu noz lettres du 28e dudict moys, ne reprendrons plus prolixement le contenu, par lesquelles avons baillé véritablement compte à Vostredicte Saincteté touchant le recommencement de la guerre, et tel que, avec ce qu'elle et tout le monde en sçait, nous tenons que la charge et coulpe en demourera entièrement (mesmes envers tous les gens de bien et preud'hommes) à celluy qui la doibt avoir; et en serons tant plus justifié que plus nous sumes esvertué et mis en plus que raison et debvoir pour l'éviter, comme Vostredicte Saincteté en peult et doibt estre, pour la vérité et exigence de son office et dignité, très-bon tesmoing et des grands et exorbitans partiz que, pour seule considération du bien publicque de la chrestienté, avons, sans aultre obligation quelconque, offert souvent de nostre propre.

» Et puisque tout cela n'a peu empescher ledict recommencement de guerre, et que sumes esté forcé d'y rentrer pour nous deffendre et noz subjectz, royaulmes, pays et Estatz, assaillyz de tous coustelz comme ilz sont, et en tant de lieux par terre et par mer, c'estoit chose bien excusable d'envoier nous persuader à nouvelle communication de paix, avec ce que Vostredicte Saincteté doibt tenir pour certain que toutes nouvelles practicques ne proufficteront que d'entretenir et accroistre l'insolence de celluy qui ne se peult saouler de guerroier et continuellement conciter et nourrir troubles en la chrestienté, et dadvantaige qu'il ne se pourroit prendre asseurance quelconque d'observer chose qu'il traictast, comm'il n'a jamais faict jusques oires, ny moins y vauldroit l'intervention et l'aucthorité de Vostredicte Saincteté, selon que démonstre l'infraction inexcusable de la trefve de Nyce, et qu'il a recommencé la guerre contre ladicte trefve, violant tout droict divin et humain et infiniz grands serments, asseurances et promesses faictes continuellement par luy, mesmes à nostre ambassadeur résidant en sa court, et de ses ministres aux nostres, en tous coustelz, voires au temps que ses armées, dressées soulz telle fraulde et dissimulation, marchoient et desjà estoient hostilement entrées sur noz terres.

» Et si a esté ledict recommencement de guerre avec occasions de soy évidemment toutes faulses, pour nous prendre à despourveu, comme il a, et en temps que nous debvions fier de ladicte trefve et asseurer en Vostredicte Saincteté de l'observance d'icelle, et lorsque, avec ceste confidence, ne tenions aultre fin, comme elle sçait bien, que d'emploier nostre personne et noz forces, tant par mer que par terre, contre le commung ennemy de tous ceulx qui de cœur et d'œuvre sont et veullent estre chrestiens.

» Et voulons délaisser d'estre plus prolixe quant au contenu de la publication, faicte audict royaulme de France, de ladicte guerre, lorsque desjà elle estoit encommencée, sans toutesfoys nous en riens faire sçavoir ny à nozdicts ministres, ains sumes esté assailli sans dire gard; aussy voulons obmectre les maulx et cruaultez dont l'on a usé sur noz pays et subjectz; et se touche cecy incidentement, afin qu'en retournant au principal propoz du contenu audict brief et charge dudict légat, Vostredicte Saincteté voye tant plus évidemment que la tolérance dont elle a usé envers l'aultre partie l'a endurcy et rendu plus audacieulx de pys faire et contempner vostredicte aucthorité, comme aussy nostre facilité et continue promptitude à practiquer ladicte paix, à la persuasion et avec l'intervention de Vostredicte Saincteté, a esté l'instrument et moyen pour nous circonvenir et mectre aux inconvéniens susdicts, et qu'il nous vault trop mieulx estre en guerre ouverte que de retourner en ladicte practicque de paix, dont ne pouvons ny debvons plus espérer nulle raisonnable ny tolérable conclusion, ny moins seurté quelconque. Et l'ayant tant et si souvent expérimenté, tousjours à nostre grand désadvantaige et dommaige des affaires publicques et nostres, nous debvroit estre imputé de tout le monde à trop grande simplicité de nous laisser plus abuser par ce bout, et tant plus les choses estans ès termes où elles sont succédées et se retreuvent de présent, et mesmes sans condigne et deue réparation et satisfaction précédente de tout ce que s'est faict et attempté, par la rompture de ladicte trefve, avant et depuis la guerre ouverte : dont aussi doibt procéder le chemin, du coustel de l'aultre partie, si nul quelconque en reste, de traicter ladicte paix, et non du nostre, que sumes circonvenu, provoqué, assailli, oultraigé, grevé, comme dessus, et dont, comme Vostredicte Saincteté doibt considérer, ne pouvons, si ne voulons estre ennemy de nous-mesmes et de noz royaulmes, pays et subjectz, délaisser de faire ce que nous sumes tenu et obligé, confiant que Dieu aidera à nostre juste et irréfragable querelle; comme aussy nous debvons et voulons encores espérer que Vostredicte Saincteté, à ceste cause et pour ce qu'elle est obligée à sa dignité, comme autheur de ladicte trefve et qui doibt estre conservateur d'icelle, et pour la propulsation de l'injure qu'elle reçoit de l'infraction d'icelle et de son jugement requis et depuis refusé, et de la détention de l'archevesque de Valence et noz subjectz détenuz en Avignon, et de la roberie de Maran et aultres contraventions, y mectra ce coup la main une bonne foys, et tant plus regardant que nous sumes esté surprins à despourveu, soubz ceste confidence, lorsque endressions noz personnes et forces contre le Turcq, par terre et par mer. Et de ce interpellons et supplions Vostre Saincteté, et d'observer ce qu'elle a souvent promis, de soy déclairer et procéder avec toute rigueur contre l'infracteur de ladicte trefve et ceulx qui adhéreront audict Turcq et aultres infidèles : dont l'évidence et notoriété est si grande qu'elle ne se peust plus encouvrir, pallyer ny desguyser. Et combien que les forces d'icelluy Turcq ne soient venues au coustel de deçà, comme il s'attendoit, l'on sçait certainement, et est tout commung, que ce n'a esté par faulte de l'en poursuyvre vifvement et avec continuelles et extrêmes diligences, et que la ferme espérance que l'on en avoit a faict entreprendre choses dont la faulte tesmoingne desjà le fourcompte[1] avec la repentance: et si ne se peult dényer l'empeschement que en cecy nous a esté baillé de nous employer contre le Turcq au coustel d'Hongrie : chose toutesfoys que emportoit tant que Vostredicte Saincteté sçait.

» Et pourtant retournons à supplier Vostredicte Saincteté de regarder que ce que nous luy requiérons est le vray et seul moyen de paciffier et asseurer ladicte chrestienté : en quoy Vostredicte Saincteté fera l'office qu'elle doibt, et y assisteront tous les Estatz d'icelle, pour ce qu'ilz sont obligez envers elle et emporte à eulx-mesmes, comme contiennent nozdictes précédentes lettres. Et pourtant nous a semblé le plus expédient que ledict sieur légat s'en retournast prestement devers Vostredicte Saincteté, non voyant que sa plus longue demeure puisse proufficter, ny de soy détenir en nouvelle practicque, dont ne se peust espérer bon effect quelconcque, sinon de donner matière et occasion à l'ennemy d'aultres circonventions, et coulorer ce qu'il verroit servir à sa passion.

[1] *Fourcompte*, mécompte.

» Et enfin avons, tout bien considéré, persisté précisément au retour dudict légat, et l'avons expédié et très-instamment requis soy partir, afin que Vostredicte Saincteté tant plus tost face l'office qu'elle doibt pour les considérations avantdictes, et comme méritent toutes noz actions, obédience et observance d'icelle et du sainct-siége apostolicque : confiant qu'elle prendra ceste nostre responce et expédition dudict légat en la meilleure part, comme elle est de soy plus que justifiée, et procédant de la sincérité que avons tousjours usé envers Vostredicte Saincteté, et du debvoir au lieu que, par divine clémence, tenons en chrestienté, et obligation au bien publicque d'icelle et à noz royaulmes, pays et Estatz, et pour non mectre, sans espoir de fruict quelconque, nostre réputation en dispute.

» Et Vostredicte Saincteté peult estre asseurée que, toutes les foys que nostredict ennemy se rengera à la raison par quelque bout que ce soit, nous ne serons moins traictable, enclin et affectionné à ladicte paix que nous avons esté le passé, pourveu qu'elle se face raisonnable, seure et convenable au service de Dieu et bien publicque de la chrestienté, lequel nous préférons tousjours à nostre particulier, comme l'avons faict et y avons esté continuellement appareillé; et pour icelluy emploierons nostre personne et le surplus. »

Le 3e jour d'octobre ledict légat, accompaigné de l'évesque d'Arras, vint prendre congié de Sa Majesté et se partist, prenant son chemin à Balbastro[1], pour aller veoir le duc de Camerin, qui y estoit malade. Et ce mesme jour, sur le soir, vindrent nouvelles que les François avoient deffaict les fortz qu'ils avoient faict à Clarience[2], et estoient sur leur retour pour soy retirer en France.

Le 5e jour vindrent nouvelles que les François estans à Clarience en Rossillon s'estoient tous retirez en France, et que le prince de Melphe, André Doria, avec quinze galères, dix naves et quatre mil Allemans, estoit arrivé à Roses en la conté de Rossillon.

Le 6e Sa Majesté fut aux cortès environ les neuf heures du soir, et y demoura jusques à unze heures, où estoient assemblez les trois estatz du royaulme d'Arragon, où, en présence de Sadicte Majesté, fut juré et receu

---

[1] Barbastro.
[2] Clayra (?), comme p. 217, note 1.

desdicts estatz le prince, fils unicque de Sadicte Majesté, pour prince et futur roy d'Arragon et ce qui en dépend.

Le 7e fut résolu que ledict prince yroit à Sarragoce faire son entrée, lequel partist le 12e, accompaigné de seigneurs, prélatz et gentilzhommes de la maison de Sa Majesté.

Le 10e Sa Majesté partist, vint coucher à Leryda, ceulx de son conseil, de sa chambre, aulcuns de la bouche, ses officiers et quarante de sa garde.

11e à Belpuche [1].

12e à Servere [2] : lequel jour le prince partit de Montson pour Sarragoce, où il feit son entrée le .. d'octobre.

13e à Eygalade [3].

14e à Nostre-Dame de Montsarrat.

15e à Sperguère [4].

16e à Barcelonne, où luy vindrent au devant, bien une lieue hors de la cité, le duc d'Alve, grand maistre d'hostel et capitayne général pour Sadicte Majesté au quartier de Rossillon, accompaigné de plusieurs gentilzhommes et cent hommes d'armes de l'ordonnance de Castille. Puis vint le duc de Cardonne; après les gouverneurs de la cité. Puis après vindrent au-devant de Sadicte Majesté les évesques de Barcelonne, Tortoze, Vic, Elne et Girone. Entrant Sadicte Majesté en la ville, les galères d'Espaigne estans là et plusieurs naves tirarent plusieurs coups d'artillerie; aussi feit la ville. Sa Majesté treuva en son logis le prince de Melphe, André Doria, son général par mer.

Sa Majesté fut, le 20e, visiter la cité, pour ordonner les fortifications. Et le dymenche fut despesché de Sadicte Majesté le prince de Melphe, André Doria, pour son retour à Gennes, lequel partist le lundy, 23e, par terre jusques à Palamos, où estoient ses galères.

Sadicte Majesté, congnoissant la nécessité qu'il avoit soy treuver en Allemaigne à une diette que se debvoit tenir à Neurenberg en novembre, et, pour les empeschemens qu'il avoit, ne luy fût possible, pour le présent an, passer ny abandonner ses royaulmes d'Espaigne, conclut y envoier le

[1] Bellpúig.
[2] Cervéra.
[3] Igualada.
[4] Esparraguéra.

seigneur de Grandvelle, lequel fut despesché le pénultième jour d'octobre; partist dudict Barcelonne, et s'embarqua le dernier jour dudict moys, estant la mer bien haulte et le vent contraire.

Sa Majesté eust nouvelles, le premier jour de novembre, de la royne, régente pour luy en ses pays d'embas, que tout le pays de Luxembourg, que les François avoient prins, estoit recouvert par les gens de Sa Majesté, saulf Yvois; et estoient les lettres de ladicte dame en date du 27ᵉ de septembre; et ledict camp marchoit contre ledict Yvois.

Le 7ᵉ de novembre le prince d'Espaigne, filz unicque de Sa Majesté, arriva près de Barcelonne, à ung traict d'arcq, fut logé en ung monastère de dames nommé Valdonzelles[1], où de coustume les princes de Catalongne, avant leur entrée, dorment une nuit; et ceste mesme nuict toute la cité fut en passe-temps de force instruments par la ville, et par toutes les murailles, clochiers des églises et maisons force luminayres et fallots par les rues. Et le soir ledict prince vint, luy cincquième, secrètement veoir l'Empereur, son père, et eust congié en ceste sorte aller veoir de nuict les passe-temps que l'on faisoit par la ville; puis s'en retourna coucher audict monastère hors de ladicte ville.

Et le merquedy, 8ᵉ dudict moys, environ les deux heures après midy, l'on encommença sortir dudict monastère pour venir contre la ville, de laquelle sortirent, pour recepvoir ledict prince, les jurez et gouverneurs de ladicte ville, clergié et tous les mestiers, chascung mestier portant une bannière. Après marchoient les gentilzhommes de la maison de Sa Majesté et ceulx dudict prince, seigneurs, contes, marquis, les ducz de Zesse, Alberquerque, de Nagère[2], admiral de Naples, duc de Somme[3], duc de Cardonne, duc de Camerin; trompettes, roys d'armes, massiers les précédoient. Ledict prince, seul soubz ung poisle qui estoit de drap d'or, porté par les régidores[4] de la cité. Le suyvoient le frère du roy de Cocque(?)[5], duc d'Alve, grand maistre d'hostel de Sa Majesté, le duc de Fryes, connestable

---

[1] Valdoncellus.

[2] Les ducs de Sessa, d'Albuquerque, de Nájera.

[3] Le duc de Somma, amiral du royaume de Naples, était de la maison catalane de Folch de Cardona.

[4] De l'espagnol *regidores*, membres de l'*ayuntamiento* ou conseil municipal.

[5] MSS. 14644 et 15809 de la Bibliothèque royale; *de Cocke* dans le MS. de l'Arsenal; *de Coche* dans le MS. de Reims. Il s'agit vraisemblablement du frère du roi de *Congo*, dont il est parlé p. 244.

de Castille, et le commendador major de Castille, grand maistre d'hostel dudict prince, les capitaines des gardes de Sadicte Majesté, les archiers et hallebardiers à pied. Entra en ladicte ville jusques devant Sainct-François, où il descendit et monta sur ung eschaffaut, où il feit le serment à ceulx de la cité, puis passa oultre tirant contre la grand' église, passa par-devant le logis de Sa Majesté, où Sadicte Majesté estoit secrètement en une fenestre, et passants les bannières avantdictes devant Sadicte Majesté, l'on les inclinoyt par troys foys jusques en terre. Estant ledict prince arrivé à ladicte église, descendit; après fut reconduict en son logis. La ville et naves tirarent force artillerie; et toute la nuict, comme le jour précédent, furent par toute la cité force luminayres, danses et masques. Ledict prince estoit accoustré en velour incarnat.

Le joeudy, 9ᵉ dudict moys, environ les trois heures après midy, ledict prince, accoustré en velour gris, accompaigné des princes, ducz, contes, seigneurs et gentilzhommes du jour précédent, sortit de son logis et alla au palays, qu'est une maison appartenant aux contes de Barcelonne, où les roys souloient loger, où il receut l'hommage et fidélité de tous les seigneurs et hommes de fief dudict pays de Catalongne et ce qu'en dépend; puis sur la nuict, environ les six heures, retourna en son logis. Cependant Sa Majesté estoit allé, luy sixième, sur le Montzuit[1], qu'est une montaigne joignant la cité, pour adviser et ordonner sur les fortifications de ladicte cité. Et cedict jour et toute la nuict furent faictz les luminayres, danses et passe-temps comme les deux jours et nuictz précédens, et ladicte nuict ledict prince fut veoir les passe-temps que l'on faisoit par la ville, luy deuxième, avec ung collet de cuyr et une cappe.

Le vendredy, 10ᵉ, Sa Majesté manda vers luy les jurez et gouverneurs de la cité, leur monstra et communicqua la manière et façon comme elle entendoit et avoit ordonné fortiffier ladicte cité, pour résister contre les ennemys, tant par mer que par terre, et eust nouvelles que cedict jour le prince Doria, avec le seigneur de Grandvelle, s'engoulfa du lieu de Colibre[2] pour passer à Gennes.

Le samedy, jour Sainct-Martin, Sa Majesté, accompaigné du prince et

---

[1] Montjuich.
[2] Collioure.

seigneurs, fut ouyr la messe à Sainct-Augustin. Ledict jour, après disner, ledict prince fut veoir les fortiffications de la cité. Et le dymenche Sadicte Majesté et le prince furent à la messe à Saincte-Catherine, couvent de Dominicques : lequel jour fut faict ung festin au logis du duc de Somme, admiral de Naples[1], où fut faict ung combat à pied et plusieurs beaulx et riches masques, où se treuvarent plusieurs dames fort richement accoustrées. Après souper Sa Majesté, luy cincquième, accoustré en damas jaulne, y fut en masque, et d'une aultre bende y fut le prince son filz, luy sixième, accoustré en velour incarnat.

Le lundy, 13e dudict mois, arriva audict Barcelonne le cardinal de Silve[2], avantnommé, légat, qui estoit party de Montson le 3e d'octobre, lequel avoit demouré par chemin, et, à l'après-disner dudict 13e, vint vers Sadicte Majesté, accompaigné de l'évesque de Jayen et Lope Hurtado de Mendoze, lesquelz y furent de la part de Sadicte Majesté, laquelle, accompaignée du prince et aultres, le vint recepvoir jusques à la salette. Et au sortir fut reconduict jusques au bas du degré par le duc d'Alve, grand maistre d'hostel.

Le mardy, 14e, après midy, le prince fut veoir la ville. Par toutes les rues estoient force bouticques de draps de soye, argenteries, espiceries et aultres marchandises de diverses sortes. Et sur les cincq heures du soir vint en la Loge[3], qu'est la maison des marchands et banquiers, que regarde sur la mer. Au mesme instant arrivarent, venans de Salo, quatorze galères d'Espaigne, lesquelles tirarent force artillerie. Puis ledict prince revint en son logis.

Le mesme soir Sadicte Majesté eust nouvelles que le prince Doria avec le seigneur de Grandvelle, après avoir engoulfé par troys foys, ne pouvant passer pour le vent contraire, estoit de retour à Roses en Rossillon.

Cedict jour ledict légat dessusnommé se partist dudict Barcelonne, pour son retour vers Rome par terre, prenant son chemin par Parpignan.

Le merquedy, 15e, environ les dix heures devant midy, le prince d'Espaigne, nonobstant que la mer fût haulte et le vent grand, voulut aller

---

[1] Voy. p. 244, note 3.
[2] Silva. Voy. p. 237.
[3] *Lonja* en espagnol.

veoir les galères, et fut dedans, et y demoura jusques à midy : que ne fut sans que luy et ceulx qui avoient esté avec luy ne fussent tous malades de la mer. Et ledict jour, environ les trois heures après midy, devant le logis dudict prince, fut ung anneau pour courir à la vergette des armes en masques, où il y avoit plusieurs prix de vaisselle d'argent, deux entrepreneurs contre tous venans, accoustrez en velour verd tout couvert de passemens d'or; et y vint plusieurs adventuriers bien richement accoustrez. Il y vint une bende de trois accoustrez en velour violet, puis aultre en satin cramoisy, puis trois, asscavoir : le prince d'Espaigne, le duc de Camerin et don Loys d'Avyla, en saye, à la turcquesque, de velour bleu, et marlottes (?) de damas incarnat. Ledict prince gaigna ung prix de deux salières qu'il envoia à une dame. Aultre bende de six en satin jaulne, et plusieurs aultres.

Le joeudy, 16e, partist le duc d'Alberquerque [1] pour Rome.

Ledict jour la contesse de Palamos feit ung bancquet où, en une grande salle en sa maison, furent assemblées plusieurs dames, tant duchesses, contesses, que aultres, jusques au nombre de soixante-dix dames, fort richement accoustrées; et environ les quatre heures après midy y vint le prince d'Espaigne, et encommença-l'on les danses jusques à sept heures du soir. Lors y fut faict en la court embas ung jeu de cannes fort bien en ordre. Après fut le bancquet et force masques, où Sa Majesté y fut, accoustré en velour violet et jaulne. Et dura la feste jusques à trois heures après mynuict.

Le vendredy, 17e, Sa Majesté, luy cincquième, fut visiter et résouldre sur les fortiffications de la ville.

Dymenche, 19e, l'on courut à l'anneau devant la court; et sur le soir Sa Majesté et le prince son filz furent lever sur les fondz l'enfant du duc de Somme, admiral de Naples; et furent commères la contesse de Palamos et doña Maria de Mendoza, femme du commendador major de Léon Covos.

Mardy, 21e, Sa Majesté et le prince son filz viendrent disner à Molin del Rey, coucher à Martorel.

22e à Villefrancque.

24e disner à la Torre, coucher à Tarragone.

[1] D'Albuquerque, comme plus haut.

25ᵉ à Cambrilz.

26ᵉ disner à Masderedons[1], où vindrent nouvelles que le vice-roy de Navarre et le capitayne de Fontarabye avoient prins Sainct-Jehan de Luz en France, neuf naves et deux savres[2].

Cedict jour coucher à Tevisse[3].

27ᵉ disner à Genestes[4], monter sur la rivière de Ebro, venir par eaue à Tortoze, où les gouverneurs de la cité vindrent au-devant de Sa Majesté en douze brigantins.

28ᵉ Sa Majesté fut à la chasse et revint coucher audict Tortoze.

29ᵉ à Oyel de Coygne[5].

Dernier à Sainct-Mathieu.

Le vendredy, premier jour de décembre, à Cavignay[6], au royaulme de Valence, où au chemin le vint rencontrer, bien accompaigné, le duc don Hernando, vice-roy pour Sadicte Majesté audict Valence.

2ᵉ à Villareal.

3ᵉ à Moilverde[7], qu'est une ville bien anticque, où il y a ung théâtre et l'effigie de Scipion l'Affricain, et plusieurs anticailles, et s'appelle en latin ladicte ville *Sagunthus*. Auquel lieu vint recepvoir Sa Majesté le duc de Ségorbe et deux des gouverneurs de Valence.

4ᵉ Sadicte Majesté vint coucher à Valence la Grande, laissant le prince son filz à demye-lieue près dudict Valence, pour le lendemain y faire son entrée. Vindrent au-devant de Sadicte Majesté les gouverneurs et plusieurs aultres de la cité. Sa Majesté fut loger en son palays hors ladicte cité, nommé *el Real*, où il treuva, au-dessus du degré, la duchesse femme du duc don Hernando, fort bien accompaignée de dames accoustrées en velour noir, laquelle receut Sadicte Majesté.

Et le mardy, 5ᵉ, environ les deux heures après midy, tous les gouverneurs, gentilzhommes, bourgeois et mestiers sortirent de ladicte cité pour

[1] Mas de Munter.
[2] *Savres*, de l'espagnol *zabra*, espèce de petite frégate dont l'on usait dans la mer de Biscaye.
[3] Tivisa.
[4] Ginestar.
[5] Ulldecona.
[6] Cabánes.
[7] Murviédro.

recepvoir le prince, lequel, bien accompaigné de ducz, contes, marquis, barons, gentilzhommes, massiers, trompettes et aultres, vint jusques à la porte de la cité, où il treuva les prélatz, tout le clergié et procession [1], lesquelz le conduirent jusques à la grande église. Luy, soubz ung dosseret de drap d'or porté par les gouverneurs de ladicte cité, vint, accompaigné dudict duc don Hernando, des ducz de Camerin, d'Alve, de Fries [2], de Ségorbe et de Gandye [3], de plusieurs marquis, contes et aultres, descendre au palays, où au-dessus du degré treuva la duchesse avantnommée. laquelle le receut, et estoit accoustrée en drap d'or frizé, ayant [plus] de cent mille ducatz de bagues dessus elle.

Joeudy, 7e, Sa Majesté fut ouyr les vespres en la chappelle de ladicte duchesse, que fut la veille de la Conception Nostre-Dame, et ce mesme soir, la duchesse accompaignée de bien soixante dames de la cité, en une grand'salle en son quartier, se feit ung festin lequel dura jusques à mynuict, et s'y treuva Sadicte Majesté et le prince. Ladicte duchesse estoit accoustrée en satin cramoisy, tout rychamé [4] d'or.

Le 8e se courut la vergette devant la court, où le prince gaingna ung prix; et sur le soir Sa Majesté fut veoir la duchesse de Ségorbe, laquelle il treuva accoustrée en drap d'or frizé, accompaignée d'environ quatre-vingts dames; et y demoura bien trois heures. Et ce mesme soir la duchesse de Calabre, accoustrée en drap d'or, traicte [5] en une lictière couverte de drap d'or frizé, douze de ses dames après elle, fut souper au logis du commendador major de Léon Covos.

Le 9e Sa Majesté fut à la chasse sur ung lacq, à une lieue près de la cité.

Audict lieu de Valence sont venues nouvelles, par lettres de marchans venant d'Anvers, comme les gens de Sa Majesté ès pays d'embas avoient gaingné le pays de Juilliers.

Le dymenche, 10e, Sa Majesté disna avec ladicte duchesse. Furent assiz à sa table Sadicte Majesté, le prince son filz, ladicte duchesse et le duc de

---

[1] MSS. de l'Arsenal et de Reims; *tout le clergié en procession et confanons* dans le MS. 14641 de la Bibliothèque royale; *tout le clergié, processions et confréries* dans le MS. 15869.

[2] *Frias.*

[3] *Gandia.*

[4] *Rychamé*, recamé.

[5] *Traicte*, tirée.

Camerin, beau-filz de Sa Majesté; et après disner furent au grand Marchet, où se feirent des joustes à la réale par les gentilzhommes de la ville fort richement accoustrez. Le duc don Hernando y jousta et plusieurs aultres. La place estoit fort pleyne de peuple, les fenestres pleynes de belles dames, la pluspart accoustrées en drap d'or et drap d'argent. La duchesse avoit une cotte de satin cramoisy toute couverte de grosses perles et d'or batu par lozenges, la robe de velour noir doublée de drap d'argent, bendée [1] d'ung quartier de blanches [2] d'or batu, tout à l'entour une ceincture de piéreries, une chaisne de grosses perles au col. La feste dura jusques à sept heures du soir; puis Sadicte Majesté et le prince reconduirent ladicte duchesse jusques devant son logis; puis prindrent congié des dames.

Le lundy, 11e, environ les trois heures après midy, Sa Majesté et le prince, tous les seigneurs et dames, se trouvarent sur la Grand'Place, où se firent des joustes à la mode de guerre, qui durarent jusques à sept heures du soir. Et au partir de là Sa Majesté fut au logis de la duchesse de Ségorbe, devant lequel logis se feit un jeu à cheval nommé *alcancie* [3], qui dura jusques à dix heures du soir. Puis Sa Majesté se meit à table, et à sa dextre estoit assise la duchesse de Ségorbe, le prince et une fille dudict duc; à main senestre de Sa Majesté une aultre fille dudict duc et plusieurs aultres dames. Et dura le bancquet jusques à une heure après mynuict. Puis encommencarent les danses, et y vindrent plusieurs masques. Et dura la feste jusques à quatre heures et demye du matin.

Le 12e se feit, au logis de la duchesse de Calabre, ung combat à pied, présent Sa Majesté et le prince, lesquels soupparent avec ladicte duchesse, et avec eulx la femme du commendador major de Léon Covos.

Le 13e, à deux heures après midy, Sa Majesté et les dames se trouvarent sur la Grand'Place, où se coururent huict *toros* [4]; et après environ quatre-vingts gentilzhommes, fort richement accoustrez en drap d'or et force

---

[1] MSS. de l'Arsenal et de Reims; *bordée* dans les deux MSS. de la Bibliothèque royale.
[2] MSS. de l'Arsenal, de Reims et 15869 de la Bibliothèque; *branches* dans le MS. 14641.
[3] En espagnol *alcancia* : boule creuse de terre, de la grosseur d'une orange, qu'on remplissait de cendres ou de fleurs et que les joueurs se lançaient en courant à cheval. On s'en défendait avec les écus, sur lesquels elle se brisait.
[4] *Toros*, taureaux. Cette version est celle du MS. 15869. Dans les MSS. de l'Arsenal et de Reims on lit : *coururent huict tours*. Le MS. 14641 ne contient pas cette phrase.

argenterie, feirent ung jeu de cannes qui dura jusques sept heures du soir.

Le 14e Sa Majesté fut prendre congié de la duchesse de Ségorbe.

15e les ducz, seigneurs et gentilzhommes du royaulme, gouverneurs et citoiens dudict Valence vindrent en général prendre congié de Sa Majesté; et sur le soir Sa Majesté print congié de la duchesse de Calabre.

16e disner à Myre el Campo [1], coucher à Bugol [2].

17e disner à . . . . [3], coucher à Requiesne [4] en Castille.

18e à Hontille (?).

19e disner à la Vente del Paillar, coucher à la Peuble [5].

20e disner à Galvandon [6], coucher à Bonesche [7].

21e disner à la Marche (?), coucher à Villar de Caignes [8].

22e disner à Celise [9], coucher à Taracon [10].

23e disner à Honcedoigne [11], coucher à Vaildesette [12].

24e disner à Pozolle [13], coucher à Alcalá jusques le samedy, pénultième, où Sadicte Majesté treuva mesdames les infantes, ses deux filles, accompagnées de la duchesse d'Alve et aultres plusieurs dames, lesquelles vindrent recepvoir Sadicte Majesté à la porte de la salle. Et le lendemain de Noël, après disner, fut déclaré le mariaige conclud et passé d'entre le prince d'Espaigne, filz unicque de Sa Majesté, et la fille du roy de Portugal, présentement régnant, et le mariaigé du prince de Portugal à madame Jehanne, fille aisnée de Sa Majesté.

Penultième disner à Torygeon [14], coucher à Madrit.

---

[1] Miralcampo.
[2] Buñol.
[3] En blanc dans les MSS. de l'Arsenal et de Reims. Dans le MS. 15869 de la Bibliothèque royale : « disner et coucher à Requena en Castille. »
[4] Requena.
[5] Puebla de S. Salvador.
[6] Gabaldon.
[7] Buenacho.
[8] Villar de Cañas.
[9] Saelíces.
[10] Tarancon.
[11] Fuentidueña.
[12] Valdaracéte.
[13] Pozuélo del Rey.
[14] Torrejon.

Dymenche, dernier jour du décembre en l'an mil cincq cens quarante-deux, audict Madrit.

En l'an mil cincq cens quarante-troys, le premier jour de janvier, le lundy, l'empereur Charles Vme estoit à Madrit en son royaulme de Toledo, et y demoura jusques le premier jour de mars audict an.

Et le lundy, 15e, vindrent nouvelles à Sadicte Majesté comme le seigneur de Grandvelle, despesché par Sa Majesté pour Allemaigne dès Barcelonne, lequel s'embarqua audict lieu le dernier jour d'octobre et par tormente et vent contraire ne peust partir de Colibre jusques le 5e de décembre [1], arriva en Gennes le 17e dudict décembre de l'an 1542.

Lors furent assamblez, en la salette devant la chambre de Sa Majesté, tous les gentilzhommes de la maison, grands et petitz, où par le duc d'Alve, grand maistre d'hostel, leur fut dict que Sa Majesté estoit adverty que le roy de France avoit, sur les frontières des pays de par deçà, aulcung nombre d'Allemans et aultres nations en armes; et afin de remédier aux inconvéniens que pourroient succéder, Sadicte Majesté estoit délibéré aller en Barcelonne. Par quoy il commandoit à tous ceulx de sa maison se y treuver déans le jour des Pasques flories, que seroit le 25e de mars, chascung monté et armé selon la qualité de leurs estatz, pour suivre Sa Majesté où il verroit estre le plus nécessaire.

Samedy, 27e, dymenche, 28e, lundy, 29e, audict Madrit. Vindrent nouvelles de la mort du roy d'Escosse [2].

Mardy, 30e, Sa Majesté fut coucher à Alcalá, et le merquedy, dernier, idem.

Jeudy, premier jour de febvrier, audict Madrit.

En cedict moys de janvier furent desmis par le conseil de Sa Majesté ceulx du conseil des Yndes, asscavoir : le cardinal de Siville, nommé Loyaise [3], comme président, l'évesque de Lugo, condamné à la somme de huict mil ducatz et se retirer en son évesché, le conte de Serno desmis, le docteur Bertrand [4] condamné en seize mil ducatz, banny, et aultres. Et depuis Sa

---

[1] Voy. pp. 245 et 246.
[2] Jacques V, père de Marie Stuart, mort le 13 décembre 1542.
[3] Voy. p. 68, note 1.
[4] MS. 14641; *Berlian* dans les MSS. de l'Arsenal et de Reims; *Berlzan* dans le MS. 15869.

Majesté feit l'évesque de Cuengne¹, qu'estoit président de la chancellerie à Valdolit, président des Yndes, et aultres conseilliers.

En febvrier, le 2ᵉ jour, Sa Majesté fut à la messe à Sainct-Françoys, et le 9ᵉ jour, que fut par ung vendredy, Sa Majesté fut à la consulte de justice, où fut le prince son filz pour la première foys, le mectant en possession pour gouverner en absence de Sadicte Majesté et signer.

Et après avoir mis ordre aux affaires de ses royaulmes d'Espaigne, laissant avec le prince d'Espaigne, son filz, le cardinal de Toledo pour gouverneur desdictes Espaignes, le duc d'Alve, son grand maistre d'hostel, pour capitayne général èsdicts royaulmes, le commendador major de Léon Covos pour chief des finances, Sadicte Majesté, accompaigné dudict prince, se partist de Madrit le joeudy, premier jour de mars, vint disner à Reges², coucher à Alcalá, où estoient mesdames ses filles, et y demoura le deuxième jour. Auquel lieu et jour vindrent nouvelles que le conte d'Alcaudet, avec huict mil hommes, avoit prins par assault la cité de Tremesen, au nom de Sadicte Majesté, qu'est ung royaulme en Affricque.

Et le 3ᵉ jour Sa Majesté, laissant le prince et mesdames ses filles, se partist et vint coucher à Gaudelajar³, où le receut, à l'entrée de son logis, le duc de l'Infantasche⁴, et aux degrez la duchesse et la contesse de Saldaigne.

4ᵉ à Sidrac⁵.
5ᵉ Sa Majesté vint coucher à Sigensa⁶.
6ᵉ à Medynaceli, où le receut le duc dudict Medynaceli et la duchesse.
7ᵉ à Érise⁷ en son royaulme d'Arragon.
8ᵉ à Calathaut⁸.
9ᵉ à l'Almoingne⁹.
10ᵉ à la Moele.
11ᵉ à Sarragoce jusques le 16ᵉ.

¹ Cuenca.
² Ribas.
³ Guadalajára.
⁴ De l'Infantazgo ou de l'Infantado.
⁵ Jadráque.
⁶ Sigüenza.
⁷ Ariza.
⁸ Calatayud.
⁹ Almunia.

17ᵉ coucher à Pigne ¹.
18ᵉ à Bougeleros ².
19ᵉ à Frague.
20ᵉ à Leryda.
21ᵉ à Belpuiges ³ jusques le lendemain de Pasques, qui fut le . . . . . ⁴.
26ᵉ à Servéra.
27ᵉ à Egolada ⁵.
28ᵉ à Nostre-Dame de Montsarrat.
29ᵉ disner à Martorelle, coucher à Molin del Rey, jusques au 10ᵉ jour d'apvril : auquel lieu vint le capitayne Janotin Doria.

11ᵉ d'apvril à Barcelonne. Et le 12ᵉ fut despesché ledict capitayne Janotin, qui partist avec une galère.

Et le dymenche, 15ᵉ, vindrent nouvelles que le prince de Melphe, Andreas Doria, estoit arrivé à Roses en Rossillon avec quarante-quatre galères. Et le merquedy, 18ᵉ, environ les cincq heures après midy, ledict prince arriva avec lesdictes galères à Barcelonne, et au mesme instant y arrivarent huict naves venant de Ponent.

Mardy, premier jour de may, environ les quatre heures après midy, Sa Majesté s'embarqua et à rèmes chemina toute la nuict. Sur la mynuict rencontra ses galères de Naples, et le lendemain arriva à Palamos, où il demoura en terre jusques le 12ᵉ. Et le 15ᵉ, jour de Penthecouste, à six heures du matin, Sa Majesté desbarqua à Roses. Et le 17ᵉ s'embarqua et vint jusques à Cadaquetz ⁶. Et le 19ᵉ du matin s'engoulfa. Et le dymenche, au poinct du jour, arriva devant Marseilles, où Sadicte Majesté séjourna jusques à deux heures après midy. Suyvant son chemin, vint aux ysles de Eres ⁷, navigeant oultre jusques le joeudy, 24ᵉ, au matin, jour du Corps de Dieu, que Sadicte Majesté désembarqua à Savona.

Et le vendredy, environ les quatre heures après midy, Sadicte Majesté,

---

¹ Pina.
² Bujáraloz.
³ Bellpúig.
⁴ En blanc dans les MSS. de l'Arsenal et de Reims. Pâques tomba, en 1543, le 25 mars.
⁵ Igualada.
⁶ Cadaqués.
⁷ D'Hyères.

avec cent quarante voiles, entre lesquelz y avoit cinquante-sept galères, arriva au port de Gennes, où il désembarqua, fut receu du duc et seignorie de Gennes, où Sadicte Majesté a séjourné jusques le samedy, 2e jour de juing 1543. Pendant lequel temps vindrent audict Gennes le duc de Castro, filz du pape, le duc de Florence, le marquis del Guasto, le prince de Molphette, le duc de Savoye, le prince de Piedmont, le cardinal Cibo et plusieurs aultres, le cardinal Grimaldi. Et le 2e de juing au matin arriva audict Gennes le cardinal Farnèze, venant de la part du pape, lequel eust audience.

Cedict jour Sa Majesté se partist et vint disner al Borgo [1].

3e jour coucher à Sereval [2].

4e jour à Tourtone [3]. Audict lieu revint ledict cardinal.

5e coucher à Vauguière [4]. Auquel lieu ledict cardinal Farnèze print congié pour son retour à Boulongne vers le pape.

Et le 6e Sa Majesté vint coucher à Pavye, où arriva le seigneur de Grandvelle, venant de la diette tenue à Neurenberg. Et treuva Sadicte Majesté audict Pavye sa fille la duchesse de Camerin, laquelle Sadicte Majesté fut visiter le 7e jour. Et le 8e elle vint vers Sadicte Majesté. Le 9e Sadicte Majesté fut vers elle.

Le mardy, 12e, Sa Majesté feit présent au duc Cosme de Médicis, duc de Florence, des chasteaulx et forteresses dudict Florence. Et le merquedy, 13e, ledict duc print congié de Sadicte Majesté, laquelle vint coucher à Codongne [5]. Duquel lieu partist le seigneur de Bossu, par la poste, pour Flandres.

Et le joeudy Sadicte Majesté arriva à Crémone, où il treuva le duc de Ferrare, lequel vint au-devant de Sa Majesté : où elle demoura jusques le merquedy, 20e. Vindrent à Crémone, de la part du pape, les cardinaulx Pariser [6] et Saincte-Croix, légatz. Sa Majesté fut les recepvoir à la grand' église ; et le joeudy matin furent vers Sadicte Majesté, et par ensemble

---

[1] Borgo di Fornari.
[2] Scraval.
[3] Tortona.
[4] Voghera.
[5] Codogno.
[6] Pietro Paolo Parisio, de Cosenza, créé par Paul III, en 1539, cardinal du titre de Sainte-Balbine.

vindrent jusques à Busset¹ disner, où estoit jà arrivé, le matin, la saincteté du pape. Arrivant Sadicte Majesté près dudict lieu de Busset, treuva treize cardinaulx qui luy venoient au devant; vint descendre au chasteau, où Sa Saincteté le vint recepvoir à l'entrée de la sale et ne permist que Sadicte Majesté luy baisàt les piedz; et par ensemble furent assiz soubz un dosseret. Puis Sadicte Majesté print congié et se retira en son quartier; et après disner Sa Majesté fut vers Sa Saincteté, et demourarent ensemble eulx deux seulz bien troys heures.

Le merquedy Sa Majesté eust nouvelles que le prince Doria, son général en mer, avoit prins par force, près de Antibo, quatre galères franchoises.

Le vendredy, 22ᵉ, Sa Saincteté et Sa Majesté furent tout le jour audict Busset, logez ensemble au chasteau; et avoient chascun, pour leur garde, cincq cens hommes de pied et deux cens chevaulx-légiers, oultre leur garde ordinaire.

Sa Saincteté estoit accompaignée des cardinaulx de Mantua, Saincte-Croix, Farnèze, Santa-Flor, Sabello, Salmoneto, la Baulme et aultres, jusques au nombre de treize, et du duc de Castro, son filz.

Sa Majesté estoit accompaigné des ducz de Brunswick, Camerino, Alberquerque et Nagère, du prince de Sulmone, conte de Feria et aultres seigneurs et gentilzhommes de sa maison.

Vendredy, 22ᵉ, Sa Majesté fut vers Sa Saincteté. Et le samedy Sa Majesté se treuva un peu mal disposé : Sa Saincteté vint vers Sa Majesté, et y demoura bien trois heures.

Le dymenche, 24ᵉ, après midy, vint vers Sa Majesté tout le collége des cardinaulx ensemble, et le mesme jour, sur le soir, vint vers Sadicte Majesté prendre congié madame la duchesse de Camerin, sa fille, accompaignée de la seignora Constance, fille du pape, de la contesse de Gambere et plusieurs dames.

Le lundy, 25ᵉ, après disner, Sa Majesté fut vers Sa Saincteté, print congié de luy, et fut conduict par Sadicte Saincteté jusques près de l'huys de la salle, et par tous les cardinaulx jusques aux champs. Vint Sadicte Majesté coucher à Crémone, où il demoura le mardy, 26ᵉ, tout le jour.

Merquedy, 27ᵉ, Sa Majesté partist dudict Crémone, vint disner à Canet²,

---
¹ Busseto.
² Canneto.

qu'est au duc de Mantua. Vindrent au-devant de Sadicte Majesté le cardinal dudict Mantua, le duc dudict Mantua [1] et le duc de Sourc, filz du duc d'Urbin [2]. Et après disner Sadicte Majesté fut veoir la duchesse douaigière dudict Mantua.

Jeudy, 28ᵉ, disner et coucher à Medola. Auquel lieu ledict cardinal print congié.

Et le vendredy, 29ᵉ, venant Sadicte Majesté pour Pisquère [3], qu'est aux Vénétiens, luy vint au devant l'ung des principaulx de la Seigneurie. Audict lieu lesdicts Vénétiens feirent plusieurs présens à Sadicte Majesté de vivres. Et venant par chemin arriva ung courrier à Sadicte Majesté, venant des pays d'embas, apportant nouvelles que le siége qu'estoit mis devant la ville de Ysenberghe [4] en Juilliers, appartenant à Sadicte Majesté, estant assiégé par le duc de Clèves, estant le prince d'Orenges général pour Sadicte Majesté pour lever ledict siége, luy, estant entré au fort des ennemys, les avoit rompus et mis en fuytte, la ville revictaillée, et gaingné l'artillerie et bagaiges dudict duc de Clèves. Et avoit esté exécuté ce faict de guerre la nuict Sainct-Jehan, 23ᵉ du moys de juing 1543.

Et le samedy, dernier jour, Sa Majesté vint disner et coucher à Dolcel [5], terre aux Vénétiens, lesquels avoient faict construyre ung pont bien triumphant sur bastcaulx pour passer Sadicte Majesté la rivière de Ada.

Dymenche, premier jour de juillet, Sa Majesté vint disner à Ale [6] et coucher à Rovère [7] en la conté de Tyrol. Luy vint au devant l'évesque de Trente.

Et le 2ᵉ vint disner et coucher à Trente, où luy vint au devant le cardinal Moron, milanoys, légat et commis de la part du pape audict Trente pour la célébration du concile convocqué audict Trente par le pape l'an précédent.

---

[1] Voy. p. 189, notes 7 et 8.

[2] Nous ne savons de qui l'auteur veut parler ici. Le duc d'Urbin était, en 1543, Guido-Ubalde II de la Rovère. Moréri et *l'Art de vérifier les dates* ne donnent à ce prince qu'un fils, François-Marie II de la Rovère, lequel naquit seulement en 1549.

[3] Peschiera.

[4] Heinsbergh.

[5] Dolce.

[6] Ala.

[7] Roveredo.

3e audict Trente.
4e audict Trente.
5e disner et coucher à Nieumarck.
6e à Bolsain [1].
Samedy, 7e, disner à Colman [2], coucher à Brize [3].
Dymenche, 8e, disner et coucher à Startsin [4].
9e disner à Matheran [5], coucher à Ysbrouck [6], où Sa Majesté treuva ung petit filz du roy des Romains et cincq de ses filles; et y demoura le 11e tout le jour.
Le 12e disner et coucher à Delphes [7].
13e disner à Delphes, et coucher à Nazaret [8].
14e disner à Lerme, et coucher à Reyten [9].
Dymenche, 15e, disner à Messelbang [10], coucher à Tremp [11].
16e disner à Cramboch [12], coucher à Menninghe [13].
17e disner à Menninghe, coucher à Disc [14].
18e disner et coucher à Olme [15].
19e et 20e audict Olme.
21e disner à Gayselinghe [16], coucher à Ghepinghe [17].
Dymenche, 22e, disner à Hesselinghe [18], coucher à Stocart [19].

[1] Bolzano.
[2] Clausen.
[3] Brixen.
[4] Sterzingen.
[5] Matray (?).
[6] Innspruck.
[7] Telfs.
[8] Nassereit.
[9] Reutte.
[10] Nesselwang.
[11] Kempten.
[12] Grönenbach.
[13] Memingen.
[14] Herdissen.
[15] Ulm.
[16] Geisling.
[17] Göppingen.
[18] Eslingen.
[19] Stuttgart.

23ᵉ disner audict Stocart, maison du duc de Wirtembergh, coucher à Fainge ¹.

24ᵉ disner à Breten, coucher à Bruxel en Zuabe ².

25ᵉ disner audict Bruxel, coucher à Speyers ³.

Le 27ᵉ vint audict Speyers le cardinal de Mayence, électeur, lequel vint vers Sa Majesté après disner, accompaigné de l'évesque d'Arras. Ce mesme jour Sa Majesté fut veoir cent pièces d'artillerie qu'il avoit faict mectre en ordre pour mener avec luy en son voyaige et armée en France.

Et le 28ᵉ fut faict la monstre de vingt mil Allemans audict lieu de Speyers pour Sadicte Majesté.

Et le premier jour d'aougst arriva audict Speyers l'évesque de Coulongne, électeur, et le conte palatin, électeur.

Le 5ᵉ d'aougst Sa Majesté vint disner à Overschem ⁴, coucher à Wormes.

6ᵉ à Openem ⁵.

7ᵉ coucher à Mayence.

Le dymenche, 12ᵉ, Sa Majesté partist dudict Mayence, se meit sur le Rhyn et avec luy soixante-dix basteaulx, arriva au giste au Convalens ⁶, où le receut l'évesque de Trèves, électeur.

Le 16ᵉ au giste à Andernach.

Le 17ᵉ au giste à Bone, où le receut l'évesque de Coulongne, électeur.

Et le lundy, 20ᵉ, Sa Majesté partist dudict Bone en armes avec quatre ou cincq mil chevaulx et trente mil hommes de pied, vint au giste à Orem ⁷, petit villaige.

Le mardy, 21ᵉ, coucher à Leitchinch ⁸.

Et le merquedy, 22ᵉ sur le soir, Sa Majesté vint mectre son camp devant Dure, ville appartenant au duc de Clèves, où Sa Majesté eust nouvelles que le prince d'Orenges avec treize mil hommes de pied et deux mil cincq cens chevaulx estoit à deux lieues dudict Dure, ayant prins d'assault, le

---

¹ Waihingen.
² Bruchsal en Souabe.
³ Spire.
⁴ Ogersheim.
⁵ Oppenheim.
⁶ Coblence.
⁷ Ahrem.
⁸ Lechenich ou Leghenich.

jour précédent, une villette nommée Montjoye, appartenant audict ducq de Clèves. Et le joeudy ledict prince d'Orenges avec ses gens arrivarent au camp devant ledict Dure, vers Sa Majesté.

Cedict jour Sadicte Majesté feit sommer ceulx de la ville à soy rendre : à quoy ne vouloient entendre ny faire responce, ains délibérans de eulx deffendre. Sadicte Majesté feit de nuict faire les approches et affûter aulcunes pièces d'artillerye.

Et le vendredy, 24e, environ les cincq heures du matin, l'on encommença à battre ladicte ville. Et sur les deux heures après midy, fut par les Espaignolz et Italyens ladicte ville assaillie : lequel assault dura jusques cincq heures après midy, que ladicte ville fut par force prinse, en laquelle il y avoit quatre mil hommes de guerre sans ceulx de la ville, lesquelz la pluspart furent tous tuez et prins, et la ville saccagée. Sadicte Majesté commanda, sur peyne de la mort, que l'on ne touchast aux églises ny que l'on tuast ny femmes ny enfans, et que les femmes fussent toutes retirées aux églises, pour conserver leur honneur.

Et le samedy, 25e, par inconvénient le feu se meist en ladicte ville environ les deux heures après midy, de sorte qu'il s'y brusla plus de six cens maisons sans y pouvoir ordre ny remyde mectre. Ce voyant par Sa Majesté, fut ordonné promptement les archevesque de Sainct-Jacques, évesque de Oesque [1], Jayen, aultres prélatz et gens d'église entrer dedans ladicte ville et prendre le sainct sacrament, chief de saincte Anne, reliques et ornemens des églises, pour les sauver du feu; et en toute révérence et dévotion furent apportez au logis de Sa Majesté, laquelle ordonna semblablement personnaiges pour tirer hors dudict danger du feu les femmes, filles, religieuses, lesquelles furent amenées et gardées en une tente près du quartier de Sa Majesté.

Et le dymenche, 26e, Sadicte Majesté entendit à mectre ordre aux affaires de ladicte ville. Et sur le soir ledict sainct sacrament, reliques et ornemens furent rapportez par les prélatz dessusdicts en la ville, et restituez à Sainct-Françoys, pour ce que l'église principale fut bruslée.

Et le lundy, 27e, Sadicte Majesté partist dudict Dure et vint coucher à Nedertziert (?).

---

[1] Huesco.

Mardy, 28e, à Cracrensich (?)¹ près Lennich.

Merquedy, 29e, la ville de Herclens², qu'est de la duché de Gheldres, se rendit à Sa Majesté, où Sadicte Majesté vint disner, et le mesme jour vint coucher à Horbeque³.

Le 30e Sadicte Majesté vint coucher devant Hermunde⁴, ville principale de la duché de Gheldres. Le mesme soir les bourgmestres et habitans dudict Hermunde vindrent devers Sadicte Majesté avec saulf-conduict pour traicter avec luy. Cedict jour se rendirent à Sa Majesté Zultre⁵ et plusieurs aultres villettes et chasteaux de la duché de Juilliers. Et le dernier jour furent accordez et traictez les articles de la rendition de ladicte ville de Hermunde.

Le premier jour de septembre, environ les six heures du matin, entrarent dans ladicte ville de Hermunde le prince d'Orenges et deux mil piétons et cent chevaulx pour et au nom de Sa Majesté; et environ les neuf heures Sadicte Majesté, accompaigné des ducz de Brunswick, Frans de Saxe, prince d'Orenges et vice-roy de Sicille, duc de Camerin, d'Alberquerque et de Nagère, princes de Sulmone, d'Espinoy, contes d'Aigmont, de Rockendoff et Hornes, gentilzhommes de sa chambre, de la bouche et de sa maison, et capitaynes, entra en ladicte ville, estant tout le peuple ensemble en la place; receut le serment de fidélité dudict peuple, puis s'en revint en son camp.

Dymenche, 2e, Sa Majesté avec son camp vint disner et coucher à Thisle⁶. Venant par chemin, se vindrent rendre troys villes : Gheldres, Vachgendonk⁷ et Stralle⁸.

Lundy, 3e, Sa Majesté alla disner à Horne vers la royne, sa sœur, régente et gouvernante pour luy en ses pays d'embas, laissant son camp pour communicquer aulcungs affaires avec elle, et revint coucher en sondict camp. Ce mesme jour se vint rendre la ville de Clèves, et ce mesme jour arriva

¹ Peut-être *Rurenzich*.
² Erckelens.
³ MSS. de l'Arsenal et de Reims; *Gelandbeck* dans le MS. 15869. Probablement *Gladbach*.
⁴ Ruremonde.
⁵ Süchteln (?).
⁶ Dillborn.
⁷ Wachtendonck.
⁸ Stralen.

vers Sa Majesté le coadjuteur de l'électeur de Coulongne, poursuyvant ung saulf-conduict pour Guillaume, duc de Clèves, afin qu'il peust venir vers Sa Majesté pour traicter aulcung appointement.

Mardy, 4e, Sa Majesté et son camp vindrent devant Vannelot [1], feit sommer la ville. Fut respondu par ceulx de la garnison qu'ilz estoient au duc de Clèves et estoient déliberez de deffendre et garder icelle.

Merquedy, 5e, devant ledict Vannelot, revint ledict coadjuteur de Coulongne, poursuyvant l'affaire dudict seigneur de Clèves. Le mesme jour fut despesché le duc de Brunswick pour rammener à seurté jusques au camp ledict duc de Clèves, lequel arriva le joeudy, 6e, et fut descendre en la tente du seigneur de Grandvelle, où il souppa et coucha. Cedict jour arriva vers Sa Majesté l'évesque de Liége.

Et le vendredy, 7e, environ les dix heures devant midy, estant Sa Majesté en sa tente assiz en son siége et accompaigné de plusieurs princes, marquis, contes et seigneurs, et de ceulx de son conseil, fut amené ledict duc de Clèves par ledict coadjuteur de Coulongne et duc de Brunswick et aultres, se mectant à genoulx devant Sa Majesté; et là par son chancelier, à haulte voix, en langue allemande, recongneut la faulte et offence que ledict duc son maistre avoit commise envers Sa Majesté; et quant aux duchez de Juilliers et Clèves et conté de Berghes, supplioit à Sa Majesté avoir pitié de luy et en faire ce que luy plairoit, ayant esté mal conseillé.

Ce dict, luy estant tousjours à genoulx, fut respondu par le conseillier Naves, vischancelier de l'Empire, que Sa Majesté avoit esté grandement offencé, et qu'elle pouvoit par raison et justice envers ledict duc user de toute rigueur, veu l'offence par luy commyse: néantmoins, véant que ledict duc se recongnoissoit, ne useroit envers luy de cruaulté, ains de toute doulceur, et qu'il se treuvast au logis dudict seigneur de Grandvelle, où ceulx de son conseil par ensemble pourroient traicter les articles touchant ledict affaire. Puis Sadicte Majesté le feit lever, en luy donnant la main, et parla à luy à part. Après ledict duc print congié et s'en retourna disner avec ledict seigneur de Grandvelle.

Et le samedy passarent les traictez [2].

[1] Venlo.
[2] Il y eut un seul traité, qui est connu sous le nom de traité de Venlo. Il porte la date du 7 septembre 1543.

Et le lundy, 10e, Sa Majesté entra en ladicte ville de Vannelot, où il fut par les habitans receu et juré.

Le mardy, 11e, arriva au camp Martin Van Rossem, avec luy des députez des villes de la duché de Gheldres et conté de Zutphen.

Et le mercredy, 12e, environ les quatre heures après midy, fut amené vers Sa Majesté ledict Martin Van Rossem. Estant Sadicte Majesté en sa chambre assiz, ledict Martin fut présenté par le duc de Brunswick, et luy, à deux genoulx, dict à Sa Majesté qu'il luy supplioit luy pardonner de ce qu'il avoit faict, et comme il avoit bien et loyalement servy son maistre et seigneur, car il estoit subject à feu monsieur de Gheldres, lequel, avant sa mort, luy feit prendre pension du roy de France, et que depuis le duc de Clèves estoit venu en ces pays, lequel avoit esté juré et receu, et que luy fut le dernier du pays qui le voulut jurer : ce faict, l'avoit bien et loyaument servy. Mais, puisque Sadicte Majesté estoit venu, comme à son vray, originel et naturel seigneur, il le serviroit bien et loyaument, réservant à luy et suppliant à Sa Majesté que, s'il y avoit personne que luy voulût cy-après dire qu'il avoit faict chose que ne fût de faire, que Sadicte Majesté fût contente qu'il puist respondre.

Sadicte Majesté sortist de sa chambre et se vint mectre en une salle de son pavillon, assiz en son siége, où tous les estatz de Gheldres et Zutphen estoient assamblez, mis à genoulx : où par le duc de Brunswick fut dict qu'ilz estoient là venuz pour faire serment à Sa Majesté, comme leur vray et originel seigneur, et recongnoissans qu'ilz estoient ses vrais, naturelz subjectz à luy et à ses hoirs. Lors par Schore[1], président au Pays-Bas, furent leuz les articles et traitez faictz entre Sadicte Majesté et lesdicts députez; et acceptez, fut par le conseillier Naves proféré le serment que lesdicts députez feirent à Sadicte Majesté et Sadicte Majesté à eulx. Ce faict, vindrent tous toucher la main de Sadicte Majesté. Lors par l'ung d'eulx fut remercyé à Sadicte Majesté. Et avant toutes choses le duc de Clèves, là présent, renunça auxdicts de Gheldres le serment de fidélité que ceulx de Gheldres luy avoient faict. Le tout achevé, chascun se retira. Et ledict jour Sa Majesté avoit despesché le prince d'Orenges, gouverneur général audict duché, lequel estoit party avec vingt-cincq bannières de piétons et

---

[1] Voy. p. 161, note 7.

trois mil chevaulx, pour aller prendre la possession du pays. Et cedict jour arrivarent vers Sadicte Majesté les ambassadeurs de Poloingne, qui présentarent, de la part du roy leur maistre, à Sa Majesté ung nyen [1] et une nyenne.

Et le 14e Sa Majesté se senta ung peu de la goutte. Ledict jour le duc de Clèves reprint de fief de Sadicte Majesté de la duché de Juilliers, de Clèves, que Sadicte Majesté luy avoit rendu, et de Ravestain reprint de fief de Sa Majesté comme duc de Brabant; puis print congié de Sadicte Majesté, laquelle vint coucher à Verdt [2], où il treuva les contesses douaigières de Bure et de Hornes; et son armée print le chemin vers France par la voye de Liége et conté de Namur.

Le 15e Sa Majesté vint coucher à Père [3], et le 16e vint coucher à Diest. Et, pour l'augmentation de la goutte, demoura audict Diest le 17e et 18e tout le jour. Et le matin y arriva la royne douaigière de Hongrie, gouvernante des pays d'embas, sœur de Sa Majesté.

Et le 19e vindrent audict Diest les députez de tous les estatz d'embas, lesquelz avoient esté appellez au 15e à Louvain, où Sa Majesté ne se peust treuver à cause de la goutte qu'il avoit prins.

Et le 22e tous lesdicts députez des estatz furent assemblez en une salle en court environ les troys heures après midy, où Sa Majesté se feit apporter. Assiz soulz ung dosseret, la royne sa sœur après de luy, fut par le président Schore déclaré ausdicts estatz la cause de leur convocation, les voyaiges que Sa Majesté avoit faict depuis son partement des pays d'embas, la peyne qu'il avoit mis à l'entretènement de la paix avec le roy de France, la cause de son retour en sesdicts pays, la volunté qu'il avoit à asseurer sesdicts pays, faire venir à la raison son ennemy, et aultres choses.

Ce faict, fut par le chancelier de Brabant, pour et en nom de tous lesdicts estatz, faicte la responce : qu'ilz rendoient grâces à Dieu de ce qu'il luy avoit pleu préserver Sadicte Majesté en tant de divers, périlleux et loingtains voyaiges qu'il avoit faict depuis son partement de par deçà, et l'avoir rammené en santé et prospérité avec si bonne victoire et conqueste que de

---

[1] *Nyen*, nain.
[2] Weerdt.
[3] Peer.

les avoir asseuré et délivré d'ung de leurs principaulx ennemys, et d'avoir conquesté sa duché de Gheldres et conté de Zutphen, que de longtemps luy avoit esté usurpée; le remercyant très-humblement qu'il avoit volu laisser ses royaulmes en dangier et messieurs ses enfans pour venir secourir ses pays de par deçà, lesquels ont esté en grand hazard, n'eust esté la diligence et vigilance de la majesté de la royne, laquelle s'y est acquictée comme appert; le suppliant très-humblement vouloir prendre de bonne part le petit service qu'ilz luy avoient faict en son absence; offrant faire de mieulx en mieulx de tout leur pouvoir à l'advenir; demourans ses très-humbles et obéyssans vassaulx et subjectz.

Lors Sa Majesté dict qu'il estoit souvenant que, aux derniers estatz, au partement de ses pays, il leur pria de deux choses : l'une estoit de vivre en paix et union ensemble, l'autre d'obéir à la royne, qu'il laissoit pour gouvernante, et qu'il leur seroit bon prince. Et cuydant vivre en paix avec le roy de France, lequel ne tient nulle foy ny promesse, ains, quand Sa Majesté cuydoit estre le plus asseuré de luy, comme par lettres luy rescripvoit et affermoit, l'est venu envahir et assaillir de tous coustelz, [tant] d'Espaigne, Italye, des Yndes, que ès pays de par deçà du coustel d'Arthois, de Haynnau et de Luxembourg, ayant attiré à sa lighe les ducz de Holst et de Clèves, les faisant entrer ès quartiers de Brabant et Hollande, ce voyant Sadicte Majesté, pourveut de sorte que le desseing dudict roy de France ès quartiers d'Espaigne, Yndes, Italye, etc., a esté frivole et en vain, par luy constrainct de retirer sesdictes forces. Et quant aux quartiers de par deçà, le bon ordre que la royne y a mis et le bon service et assistence que les subjectz y ont faict, dont il les remercie et s'en contente, est cause que lesdicts ennemys n'y ont guères peu mordre. Ce voyant Sadicte Majesté, ayant tousjours le zèle et bonne affection que bon prince doibt avoir à ses subjectz, postposant plusieurs grandz affaires en sesdicts royaulmes, estant assez adverty de la descente du Turcq, par mer ès parties d'Espaigne, et par terre ès parties de Hongrie, comme appert, par practiques et sollicitude dudict roy de France, laissant ses propres enfans, passa la mer et vint en Italye, où le pape le détint un mois. Et de là Sadicte Majesté, ayant mis ordre aux affaires d'Italye, avec quarante mil hommes de pied et quatre mil chevaulx payez des deniers de ses royaulmes, est venu à grandes journées descendre en la duché de Juilliers, où en peu de jours les duchez de

Juilliers, Clèves et Gheldres, sans grande effusion de sang, sont esté conquestées par Sadicte Majesté, et ledict duc de Clèves venu à congnoissance et se mectre en obéyssance vers Sadicte Majesté : qu'est un grand asseurement pour ses pays d'embas. Oultre ce, Sadicte Majesté, pour faire venir à la raison le roy de France, son ennemy, avoit délibéré en personne avec ses forces entrer audict royaulme de France, afin de le faire venir à la raison, ayant bon espoir que ceulx des pays d'embas assisteroient Sa Majesté de tout leur pouvoir.

Lors le pensionnaire de Bruxelles fut parler à tous ceulx des estatz. Ce faict, dict à Sa Majesté que lesdicts estatz advouoyent ce que par ledict chancelier de Brabant avoit esté dict en nom d'iceulx, offrant à Sadicte Majesté cœurs, corps et biens, comme à leur souverain originel et naturel seigneur.

Lors la royne se leva et dict à Sa Majesté : « Monseigneur, je ne puis,
» pour mon acquict et debvoir, vous laisser de dire comme voz subjectz
» de voz pays de par deçà se sont bien et deuement acquictez envers
» Vostre Majesté, m'assistant aux affaires qui sont survenus, soubz la charge
» qu'il vous a pleu me donner : car certes, monseigneur, ma diligence eust
» peu profficté sans leur assistance et l'ayde d'eulx. Par quoy, monsei-
» gneur, vous supplie bien humblement les tenir pour voz humbles sub-
» jectz, les ayant tousjours en bonne recommandation et conservation; et
» ne faiz doubte, puisqu'en vostre absence sont esté si promptz à vous
» faire service et assistance, feront beaucoulp plus en vostre présence. »

Lors fut dict par le président Schore ausdicts estatz que, pour ce que Sa Majesté se treuvoit ung peu mal de la goutte, il avoit prié la royne sa sœur vouloir prendre charge de particulièrement déclairer à ceulx desdicts estatz l'assistance que Sadicte Majesté demandoit pour ceste présente guerre, et qu'ilz le prinssent de bonne part.

Et le 23e, au matin, ladicte royne feit appeller lesdicts estatz, pour leur déclairer ce que Sa Majesté entendoit leur demander.

Et le 24e lesdicts estatz furent, chascun particulièrement, vers Sadicte Majesté.

Et le 25e Sa Majesté vint coucher à Kempt, monastère de dames, et le 26e Sadicte Majesté vint à Louvain et y demoura le 27e tout le jour.

Et le 28e Sadicte Majesté vint coucher à Ysque.

Le 29ᵉ à Nyvelles.

Le dernier jour à Bins[1], où Sadicte Majesté demoura, pour l'indisposition de sa goutte, jusques le 12ᵉ jour d'octobre.

Sa Majesté vint à Mons, où il demoura jusques le 18ᵉ, qu'il vint coucher à Bavay.

Le 19ᵉ au Quesnoy.

Le 20ᵉ Sa Majesté alla disner en son camp devant Landrecie, et vint coucher à Avenne. Et le 23ᵉ arriva audict Avenne ung gentilhomme de la chambre du roy d'Angleterre, venant en poste, de la part du roy son maistre, vers Sadicte Majesté.

Et le 27ᵉ, pour aulcune difficulté qui estoit, au camp de Sadicte Majesté devant Landrecie, entre les capitaynes, Sadicte Majesté y envoia cedict jour le seigneur de Grandvelle.

Et le 29ᵉ, estant adverty le camp de Sa Majesté, estant en deux, que les Françoys venoient avec leur puissance pour donner la bataille, se retirarent tous en ung : que fut cause que, le dernier jour d'octobre, les Françoys ravitaillarent ledict Landrecie.

Cedict jour Sa Majesté partist d'Avenne et vint coucher au Quesnoy. Et le premier jour de novembre 1543 Sa Majesté demoura audict Quesnoy.

Le vendredy, 2ᵉ jour, Sa Majesté feit déloger sondict camp et marcher, tirant à Chasteau en Cambrésiz, où l'on disoit que le roy de France estoit atout[2] son camp, se vantant qu'il donneroit la bataille à Sa Majesté, laquelle se partist du Quesnoy et vint le soir loger avec le camp près ung villaige à une lieue et demye dudict camp des Françoys.

Et le samedy, 3ᵉ, Sadicte Majesté se vint présenter en la barbe du roy de France, pour luy donner la bataille : à quoy les lesdicts Françoys ne voulurent entendre, ains se retirarent en leurs fortz. Et comme l'on sceut, par plusieurs prisonniers françoys que l'on avoit prins, il tenoit tousjours ce propoz de donner la bataille, cedict jour Sadicte Majesté logea et campa tout près dudict camp des Françoys, et y demoura le dymenche tout le jour. Et à unze heures de nuict ledict roy de France, estant dedans la ville du Chasteau-Cambrésiz, monta à cheval et feit entendre qu'il alloit donner

---

[1] Binche.
[2] *Atout*, avec.

la bataille; et sans sonner ny trompettes ny tamborins, faisant oster à tous leurs muletz leurs sonnettes, print le chemin de la fuicte contre Guise, et toute son armée.

De ce adverty le matin Sa Majesté, leur donna la chasse jusques passez les boys de Bouchain, que sont en France trois grandes lieues, où fut atteint l'arrière-garde du roy et plusieurs de ses gens occiz, et partie de leurs vivres et bagaiges prins. Ce faict, Sadicte Majesté revint coucher dedans le Chasteau en Cambrésiz, au mesme logis dont le roy estoit party la nuict précédente. Sadicte Majesté demoura audict Chasteau en Cambrésiz le 6e tout le jour.

Et le 7e Sadicte Majesté atout son camp vint loger à Ligny, qu'est villaige appartenant au conte d'Aigmont.

Et le 8e vint Sa Majesté à Crèvecœur, qu'est une villette en Cambrésiz, yssue des ducz de Bourgongne, occupée et détenue à présent par le daulphin de France, que Sadicte Majesté reprint à luy.

Et le 9e y demoura tout le jour. Et cedict jour se départist son armée, et ordonna les lieux où chascun debvoit aller tenir garnison pour cest yver.

Et le samedy, 10e, Sa Majesté en armes entra en Cambray, où il demoura le 11e tout le jour. Et le 12e Sadicte Majesté fut veoir la ville.

Et le 13e vindrent vers Sa Majesté les évesque, chanoines et bourgeois dudict Cambray, ausquelz fut exposé par le conseillier Naves, au nom de Sa Majesté et en sa présence, comme Sadicte Majesté avoit résolu faire ung chasteau audict Cambray pour conservation de sadicte cité impériale : à quoy ilz contribueroient, veu que leurs biens estoient rière et soubz Sadicte Majesté, ne voulant aucunement que les Françoys eussent à entreprendre sur l'Empire, car il treuvoit que c'estoit directement contre luy et le sainct-empire. A quoy ilz ne luy sceurent que respondre.

Et le 14e Sadicte Majesté fut encores veoir la ville, et y laissa quatorze enseignes d'Allemans et . . . . . . [1] chevaulx pour conservation d'icelle. Laissant tout le Cambrésiz furny de garnisons, se partist le 15e et vint coucher en sa ville de Valenciennes, où il treuva en son logis la royne sa sœur, accompaignée de la princesse de Gavre, contesse d'Aigmont et

---

[1] En blanc dans les MSS. de l'Arsenal, de Reims et 14641 de la Bibliothèque royale. On lit dans le MS. 15869 : « et x chevaulx. »

aultres dames, qui le receurent. Et y demoura jusques. . . . . . [1] dudict moys de novembre.

Et le 17ᵉ dudict moys vint et arriva [2] audict Valenciennes les ducz de Lorrayne et de Bar [3], au-devant desquelz furent, de la part de Sa Majesté, les duc d'Arschot, contes de Lallaing, de Hoochstrate, et aultres seigneurs et gentilzhommes. Et incontinent qu'il [4] fut arrivé, fut devers luy l'évesque d'Arras le visiter; et environ les trois heures fut conduict par ledict duc d'Arschot et aultres vers Sadicte Majesté, lequel le receut en sa chambre, et y demoura bien deux heures; puis vint au quartier de la royne, laquelle il treuva en sa chambre, accompaignée de la princesse de Gavre, contesse d'Aigmont, et plusieurs dames; puis fut reconduict par les dessusdicts en son logis.

Et le dymenche, 18ᵉ, la royne donna à disner aux ducz de Lorrayne et de Bar; et sur le soir ledict duc fut négocier vers Sa Majesté.

Et le lundy, 19ᵉ, ledict duc de Lorrayne fut vers Sadicte Majesté, et le soir fut prendre congié de Sadicte Majesté et de la royne.

Et le mardy, 20ᵉ, Sadicte Majesté vint disner à Kiévrain et coucher à Mons.

Et le merquedy, 21ᵉ, vint coucher à Brayne-le-Conte.

Le joeudy Sa Majesté fut ouyr la messe et disner à Nostre-Dame-de-Haulx [5], et coucher aux Sept-Fontaynes en la forest de Soignes.

Le vendredy, 23ᵉ, coucher à Bruxelles.

Le dymenche, 25ᵉ, mourut audict Bruxelles le seigneur de Peloux, gentilhomme de la chambre de l'Empereur.

Et demoura Sadicte Majesté audict Bruxelles jusques. . . . . . [6]. Le pénultième de novembre, veille de Sainct-Andrey, Sa Majesté fut ouyr les

---

[1] En blanc dans le MS. de l'Arsenal et le MS. 15869 de la Bibliothèque royale. Le MS. 14641 et celui de Reims portent : « jusques au 17ᵉ, » ce qui est une erreur évidente. Vandenesse lui-même nous apprend plus loin que l'Empereur ne quitta Valenciennes que le 20.

[2] Sic.

[3] Antoine, dit le Bon, duc de Lorraine, et François, son fils, duc de Bar.

[4] Le duc Antoine.

[5] Hal.

[6] Il y a ici confusion dans les MSS. de l'Arsenal, de Reims et 15869 de la Bibliothèque royale, où on lit : « Et demoura Sadicte Majesté audict Bruxelles jusques le pénultième de novembre. » Le MS. 14641 porte : « Et demoura Sadicte Majesté audict Bruxelles. Le pénultième de novembre, etc. »

vespres à Saincte-Goele¹, accompaigné des chevaliers de l'ordre cy-suyvans, asscavoir : le duc d'Arschot, le conte de Reulx, le seigneur de Sempy, le duc d'Alberquerque, le prince de Molphette, visceroy de Sicille, le seigneur de Bossu, grand escuyer, le conte de Lallaing et plusieurs aultres seigneurs et gentilzhommes. Et audict dernier jour dudict moys Sa Majesté fut à la grand'messe à ladicte église, et donna à disner aux chevaliers dudict ordre en la galerie, en une table près de la sienne. Et l'après-disner furent à vespres des mortz en la chappelle dedans² la court, où furent dictes les vigilles pour les chevaliers trespassez et le lendemain la messe.

Premier jour de décembre 1543 audict Bruxelles.

Le dymenche, dixième de décembre, se partist de Bruxelles don Fernande de Gonzaga, visceroy de Sicille, accompaigné de plusieurs gentilzhommes, pour, de la part de Sa Majesté, aller en Angleterre. Et cedict jour se feit ung combat à pied en la grand'salle, duquel furent entrepreneurs les contes d'Aigmont et de Mansfelt et seigneur de Trazegnies, et y eut plusieurs gentilzhommes aventuriers; et fut faict en présence de Sa Majesté, y estant la royne, accompaignée de la princesse de Gavre, contesses de Mèghe, de Mansfelt, de Nogherolle et de Plager (?)³, des damoiselles d'Aigmont, de Bèvres⁴, de Berghe et de plusieurs aultres. Le combat dura jusques à dix heures de nuict. Puis après y vint le duc de Camerin en masque, et aultres. Et après les danses Sa Majesté et chascun se retira.

Et le lundy au soir furent donnez les prix : celluy de la picque au duc de Camerin, celluy de l'espée à Diest (?)⁵, et celluy de la foulle au conte d'Aigmont.

Le dymenche, 23ᵉ de décembre, furent assemblez tous les députez des pays d'embas en la galerie, où, en présence de l'Empereur et la royne sa sœur, fut exposé par le président Schore comme Sadicte Majesté avoit faict convocquer une diette impériale à Spyrs, pour le bien et union de

---

¹ Sainte-Gudule.

² MSS. de l'Arsenal et de Reims; *devant* dans le MS. 15869 de la Bibliothèque royale; *en la chapelle de la court* dans le MS. 14641.

³ MSS. de l'Arsenal, de Reims et 14641 de la Bibliothèque royale. Le nom de la comtesse de Plager (?) n'est pas, non plus que celui de la comtesse de Nogherolle, dans le MS. 15869.

⁴ MSS. de l'Arsenal et de Reims; *de Buren* dans le MS. 14641. Le MS. 15869 ne contient pas ce nom.

⁵ MSS. de l'Arsenal, de Reims et 14641; *Dirst* dans le MS. 15869.

la chrestienté, au mois de novembre passé, où nécessairement il debvoit se treuver. Mais, congnoissant la nécessité qui estoit en ses pays de par deçàà mectre ordre sur les affaires d'iceulx, avoit prolongué ladicte diette jusques au prouchain mois de janvier, où Sadicte Majesté ne pouvoit nullement excuser son absence : espérant qu'en ladicte diette se prendroit aulcune bonne résolution, fructueuse pour le bien universel de la chrestienté et foy catholicque; et ne vouloit partir sans en advertir sesdicts pays, leur priant qu'ilz voulsissent croyre ce que aux premiers estatz leur seroit exposé par la royne sa sœur, régente et gouvernante pour luy en sesdicts pays, et qu'il espéroit estre de retour en sesdicts pays déans le mois de mars prouchain, avec l'ayde de Dieu. Ce dict, Sa Majesté dict luy-mesme ausdicts estatz qu'ilz considérassent les fraiz qu'ilz avoient faict et que Sadicte Majesté avoit faict, le tirant de ses aultres pays et royaulmes, les ayant mis à seurté de coustel de Gheldres, et ayant faict une ligue avec le duc de Clèves, et que Sadicte Majesté ne réspargneroit sa personne ny les biens de ses aultres royaulmes et pays à les assister et mectre en seurté du coustel des ennemys : les priant qu'ilz veuillent, aux premiers estátz qui se tiendront par la royne, diligenter et conclure sur ce qui leur sera proposé, et adviser de faire comme bons et loyaulx subjectz, telz qu'ilz sont accoustumez de faire, et Sadicte Majesté leur donnera à congnoistre qu'il leur sera bon prince. Ce dict, fut par le pensionnaire de Bruxelles, au nom desdicts estatz, remercié à Sadicte Majesté, luy offrant corps et biens entièrement.

Ce achevé, Sa Majesté et ladicte royne vindrent en la chambre de Sadicte Majesté, aux fenestres, où au milieu de la court fut faict ung combat à pied par le marquis de Berghes, le seigneur de Trazegnies et Caresmu [1], entrepreneurs, contre tous venans, lequel dura jusques à la nuict. Ce achevé, Sadicte Majesté vint en la chappelle, où furent espousez le seigneur de Arenberghe, qu'est de ceulx de la Marche [2], à madamoiselle

---

[1] MSS. de l'Arsenal et de Reims; et *Carcsvir* dans le MS. 15869 de la Bibliothèque royale. Ces trois textes doivent être également erronés. On peut supposer que l'auteur avait écrit : « par le marquis de » Berghes et le seigneur de Trazegnies, *comme* entrepreneurs, etc. » Le MS. 14644 donne ainsi ce passage : « Au milieu de la court fust faict un combat à pied par le marquis de Bergues, le seigneur » de Traizinguyen, entrepreneurs, etc. »

[2] Robert de la Marck, fils de Robert et de Walburge d'Egmont.

de Berghes. Estant espousez, Sadicte Majesté monta en hault, l'espoux après luy; la royne le suyvoit, menant l'espousée par la main, laquelle estoit vestue de drap d'or; et estant devant la table, Sadicte Majesté, pour se sentir ung peu mal disposé, print congié des dames et se retira. Et furent assiz à table la royne, l'espousée et l'espoux au coustel du hault. Furent à table les prince d'Orenges, ducz d'Alberquerque, de Nagère et d'Arschot, évesques de Trente¹, de Tournay et d'Utrecht, prince de Simay², contes de Bure, de Feria, seigneur de Bèvres, admiral, seigneurs de Trazegnies et de Brederode, les princesse de Gavre, marquise de Berghes, contesses de Meghem, de Mansfelt et de Nogherolle, madame de Bèvres, les damoiselles d'Aigmont, de Molenbaix, de Berghes et d'Arenberghe et la vicontesse de Gand, tous à une table. Le bancquet achevé, vindrent force masques et dansa-l'on; puis furent donnez les pryx du combat : celluy de la picque au jeusne Berselle, celluy de l'espée à Hannin³, et celluy de la foulle à Trazegnies. Ce faict, la royne emmena l'espousée en sa chambre, où il y avoit ung bouquet⁴. L'espousée couchée, chascun se retira.

Le dernier jour de décembre 1543 à Bruxelles.

Mardy, premier jour de janvier 1544, l'Empereur à Bruxelles.

Le 2ᵉ jour Sa Majesté, accompaigné de la royne sa sœur, régente et gouvernante des pays d'embas, partirent dudict Bruxelles et vindrent au giste à Louvain.

Copie d'une lettre, en date de ce 2ᵉ, que le marquis de Brandenbourg, électeur de l'Empire, escripvit au cardinal Farnèze, légat, responsive à une sienne.

Très-révérend seigneur, noz deues recommandations prémises, le seigneur messire Françoys Brusda (?), esleu évesque de Bary, nunce apostolicque, nous a envoyé les lettres de crédence de Sa Saincteté et l'escript de la charge que luy avez donnée, laquelle faict mention de la guerre qu'est

---

¹ MS. 14641; *de Brente* dans les MSS. de l'Arsenal, de Reims et 15869.
² MSS. de l'Arsenal et de Reims; *Chimay* dans le MS. 15869; *d'Espinoy* dans le MS. 14641.
³ Hennin.
⁴ MS. 15869; *ung bancquet* dans les MSS. de l'Arsenal, de Reims et 14641.

à présent entre l'Empereur, notre très-clément seigneur, et le roy de France; et avons le tout révéremment receu, et le tout pesé et examiné le plus prudemment qu'il a esté possible. Et jaçoit [que nous eussions plus désiré] [1] que Vostre Seigneurie Révérendissime se y fût treuvé en personne, pour ce que en personne toutes choses se treuvent plus faciles, et que, nous treuvant ensemble audictes devises, nous eussions peu prendre plus particulière congnoissance l'ung de l'aultre et donner d'autant meilleur fondement à nostre amityé, toutesfois recepvons-nous voluntiers vostre excuse fondée en causes de si grande importance.

Et puisqu'il appert avec dangier ceste guerre croist, et mesmes en ce temps où l'Église est en si grand bransle et que en la républicque chrestienne sont apparents tant de troubles, avec ce que, sans nulle doubte, c'est sans la faulte de Sa Majesté Impériale, laquelle n'a donné aulcune occasion à ceste guerre, mais le Françoys, par sa désespérée malheurté, sans y estre incité de personne ni avoir receu l'occasion, seulement pour establir la grandeur et confirmer la tirannye de son frère et confédéré le Turcq contre la chrestienté et la saincte foy [ce que tout a bien donné à cognoistre le peu de désir qu'il a pour la tranquillité chrestienne] [2], il convenoit que le pape, pour son office, chastiât premièrement ledict roy de France, comme le plus grand ennemy de la chrestienté, se faisant compaignon confédéré des Turcqz. Toutesfois ne nous desplairoit-il, mais le vouldrions bien conseiller, que toutes choses avec bons et justes moyens fussent bien appaisées, pourveu que l'observation et l'asseurance fust bien certayne et telle que l'on n'en pust nullement doubter, et que ledict Françoys, après tant de promesses, observât une foys, n'ayant du passé riens tenu de tout ce qu'il avoit capitulé et promis à Sa Majesté Impériale, et encores juré sur le sainct aultel, mais faict tousjours entièrement le contraire. Et que [3] cecy se debvroit différer pour le déterminer au concile universel, et jusques lors le suspendre, la suspension seroit de trop long temps et, à nostre advys, pleyne de dangiers et inconvéniens. Et seroit

---

[1] Les mots entre crochets manquent dans les MSS. de l'Arsenal et de Reims.

[2] Les mots entre crochets sont empruntés au MS. 14641 de la Bibliothèque royale. Cette phrase est remplacée, dans le MS. 13869, par *a funestement cogneu ses troubles*, et, dans les MSS. de l'Arsenal et de Reims, par *a furieusement cogneu ses troubles*.

[3] Le mot *que* est emprunté au MS. 14641 de la Bibliothèque royale. Il n'est pas dans les autres MSS.

nostre opinion que, incontinent et avant tout œuvre, le pape ostât le tiltre de très-chrestien au roy de France, comme frère et confédéré avec le Turcq, l'ayant, avec tant d'énormes crimes et plus que punicque desloyaulté, perdu largement, et que ledict tiltre se donnât à aultre qui avec faictz convenables se jugeroit l'avoir mérité, et que Sa Saincteté, joinctement avec Sa Majesté Impériale, roy des Romains, aultres roys et potentatz chrestiens, et aussy tous les estatz du sainct-empire, feissent incontinent tout extrême et possible, y continuant à le parachever, à ce que ledict roy de France, tant pour la confédération [1] avec le Turcq que pour l'injuste encommencement de la guerre [2], portât incontinent la peyne qu'il avoit méritée. Et en ce ouffrons-nous, de nostre coustel, voluntairement toute diligence, de laquelle nous userons sans dissimulation, quand le temps le requerra.

Et ce que dessus avons voulu respondre aux lettres de Vostre Seigneurie Révérendissime, pour non délaisser de nostre debvoir, et sumes prest et avec toute volunté faire ce que nous semblera convenir.

Donné à Dolome [3], sur la rivière de Spyrs [4], le 2e de janvier 1544.

Soubzscriptes JOACHIM, PAR LA GRACE DE DIEU, MARQUIS DE BRANDENBOURG, ÉLECTEUR.

Le 3e de janvier Sa Majesté, laissant la royne sa sœur à Louvain, vint coucher à Thillemont [5].

4e disner à Sainct-Tron, coucher à Tongre.

5e coucher à Liége.

6e, jour des Roys, Sa Majesté fut ouyr l'office à la grand'église, et fut à l'offrande, et offrit or, mir [6] et encens en trois coupes, lesquelles luy furent présentées par les contes de Buren, d'Aigmont et seigneur de Bossu : et la messe fut célébrée par l'évesque d'Arras.

---

[1] MS. 14641; *tant à la confédération* dans les trois autres.
[2] MS. 14641; *pour avoir injustement mené la guerre* dans les autres MSS.
[3] MSS. de l'Arsenal et de Reims; *Doloine* dans le MS. 15869 de la Bibliothèque royale; *Dolluvre* dans le MS. 14641.
[4] De Sprée.
[5] Tirlemont.
[6] *Mir,* myrrhe.

Le 7e tout le jour audict Liége.

8e à Herve.

9e à Aix.

10e audict Aix.

11e à Crappe [1].

12e à Coulongne.

13e, 14e audict Coulongne.

15e à Bone.

16e à Reimbach [2].

17e à Andrenach.

18e à Covelans [3].

19e à Symer [4], maison au duc Jehan de Bavière.

20e à Creusnach, où estoit arrivé le cardinal Farnèze, légat, venant par la poste de Rome et ayant passé par France. Cedict jour furent devers luy, de la part de Sa Majesté, les seigneurs de Granvelle et évesque d'Arras.

Et le 21e tout le jour Sadicte Majesté demoura audict Creusnach. Et environ trois heures après midy furent devers ledict légat, de la part de Sadicte Majesté, les évesques de Jayen, d'Arras et le conte de Feria, lesquelz l'accompaignarent vers Sadicte Majesté, où il eust audience en sa chambre.

Et le 22e Sa Majesté vint coucher à Alsen [5].

23e à Wormes.

24e audict Wormes. Cedict jour, à trois heures après midy, ledict légat fut accompaigné par les seigneurs dessusdicts vers Sa Majesté, où luy fut faict responce sur son exposé ès jours précédents, et print congié de Sa Majesté, et se partist le 26e. Lequel jour Sadicte Majesté alla coucher à Nieuslot [6], où il demoura jusques le pénultième de janvier, qu'il feit son entrée audict Spyrs.

[1] Kerpen.
[2] Remagen.
[3] Coblence.
[4] Simmern.
[5] Alsenz.
[6] Neuschloss.

Le premier jour de febvrier 1544 audict Spyrs.

2ᵉ audict lieu. Et fut Sa Majesté, accompaigné de plusieurs princes, ouyr la messe en la grande église dudict lieu.

Audict Spyrs vint la duchesse de Bar, niepce de Sa Majesté [1]; et en ce temps y vint aussy la princesse de Dannemarcque, femme du conte palatin Frédéricq, niepce de Sadicte Majesté [2]. Au mesme temps vindrent audict Spyrs le roy des Romains, de Hongrie et de Bohesme, frère de Sadicte Majesté, et les archiducz d'Austrice, ses enfans, et les six électeurs de l'Empire, assavoir : les évesques de Coulongne, Mayence et Trèves, le conte palatin, duc de Saxe et marquis de Brandenbourg, et plusieurs aultres princes, prélatz du sainct-empire.

Au mesme temps mourut le duc Loys, palatin, électeur [3], par la mort duquel vint à estre électeur le duc Frédéricq, conte palatin, mary de la princesse de Dannemarcque.

Et le 20ᵉ de febvrier Sadicte Majesté, accompaigné des électeurs, princes et prélatz, des commis des villes du sainct-empire, fut ouyr la messe à la grande église, et dès là à la maison de la ville, où, chascung assiz en son lieu, Sadicte Majesté assiz en son siége impérial, fut encommencée la proposition de la diette par le conseillier Naves, vischancelier en l'Empire, en la manière qui s'ensuyt :

« L'Empereur, nostre souverain seigneur, déclaire aux princes électeurs, princes et aultres des estatz, présens, et aux conseilliers et ambassadeurs des absens, que Sa Majesté n'a doubté que lesdicts estatz pour l'indiction de ceste diette impériale à eulx envoyée dès Gennes, ont bien entendu pour quelles urgentes et notables raisons Sa Majesté Impériale, délaissant ses royaulmes d'Espaigne, a derechief esté meu venir à la Germanye, et adviser ceste commune diette impériale.

» Si sont lesdicts estatz bien souvenans de quelle clémence et paternelle affection, depuis le commencement de son gouvernement, a tousjours heu

---

[1] Christine, fille de Christiern II, roi de Danemark, et d'Isabelle d'Autriche, sœur de Charles-Quint. Elle avait épousé François, duc de Bar, qui, le 14 juin de cette même année 1544, succéda à Antoine de Bar, duc de Lorraine, son père.

[2] Dorothée, autre fille de Christiern II et d'Isabelle d'Autriche. Elle avait épousé le comte Frédéric en 1532.

[3] Louis V, dit le Pacifique. Il mourut le 26 mars 1544. Il était né le 2 juillet 1478.

devant les yeulx et pesé les très-urgentes nécessitez de la chrestienté, principalement de la nation germanicque, et faict tout son possible et serché tous moyens et voyes convenables par lesquelles fût plantée et confirmée paix, union et concorde en l'Empire et en ladicte chrestienté, n'ayant Sa Majesté [riens] prétermis par où l'on eust peu obtenir ce que dessus : le tout principalement afin que Sa Majesté Impériale peust d'autant mieulx joindre toute la force et puissance qu'il a pleu à Dieu luy donner avec celle des estatz de l'Empire et aultres potentatz chrestiens, et iceulx seulement emploier à la deffension, pacification et seurté de ladicte chrestienté. Ce que Sa Majesté a tousjours le plus désiré, comme encores désire y mectre son possible.

» Ayant Sa Majesté Impériale de bonne heure apperceu et treuvé que le Turcq s'advançoit d'entreprendre sur le louable et chrestien royaulme de Hongrie, et comm'il continuoit en ce propoz et intention, qu'il ne fust à doubter que, après le recouvrement d'icelluy, [il ne voulsist aussy] [1] assaillir et constraindre à sa tyrannicque subjection ledict Empire et nation germanicque, comme desjà par cy-devant a plusieurs foys tasché faire, Sadicte Majesté Impériale, en la dernière diette tenue à Reynsbourg [2], a treuvé nécessaire prévenir à tel inconvénient apparent et requérir lors lesdicts estatz de l'Empire d'une ayde laquelle, en la suyvante diette icy tenue en l'an quarante-troys dernier, a esté accordée pour trois ans continuelz et modérée, selon le rédigé [3], sur une commune contribution d'argent, et y procéder si avant que l'on peust, la mesme année, les choses mectre sus et en effect [4]. Estant toutesfois ladicte expédition passée sans fruict, et ayant Sadicte Majesté Impériale, par le roy des Romains, ses commissaires et ambassadeurs à la dernière diette tenue à Neurenberg, faict requérir lesdicts estatz, pour les causes contenues audict recès, n'avoient treuvé convenable entreprendre pour ceste année-là quelque puissante expédition : différant la consultation et consommation de ces affaires jusques à l'année présente, et que cependant l'on se debvroit seulement tenir

---

[1] Les mots entre crochets sont empruntés au MS. 14641 de la Bibliothèque royale. Ils ne sont ni dans le MS. 15869 ni dans ceux de l'Arsenal et de Reims.

[2] Ratisbonne.

[3] MSS. de Reims et 14641; *selon ce rédigée* dans les MSS. de l'Arsenal et 15869.

[4] MS. 14641; dans les autres : *la mesme année a esté mis sus et en effect.*

en terme de deffense ès garnisons, lesquelles l'on payât six moys de demy accordé argent[1].

» Et combien que Sa Majesté Impériale, pour le debvoir de son estat et comme vray chrestien empereur, n'eust riens plus désiré que, les deux années précédentes, emploier toute sa puissance contre le commung ennemy de la chrestienté, pour le bien, confort et pacification d'icelle, et avec sa propre personne se pouvoir mectre au-devant de luy, toutesfoys il est manifeste ausdicts estatz et à ung chascun en quelle manière et par qui Sa Majesté a esté empeschée jusques à maintenant de sa chrestienne, impériale et nécessaire intention, et mesmes comme, par enhort, incitation, vocation, entretènement et ayde du roy de France, ledict Turcq, l'année passée, a envoié armée tant puissante sur la mer de Gennes envahir les pays du duc de Savoye, prince de l'Empire, et prins la ville de Nice, ung temps assiégée et extrêmement expugnée et battue, et, combien que lesdicts Françoys et Turcqz sont, par les gens de Sa Majesté Impériale que leur sont venuz au visaige, enfin [esté] constrainctz de se retirer à leur honte et dommaige, mectre en préjudice irréparable aultres circonvoisins pays dudict Empire, royaulmes d'Espaigne, pays de Sadicte Majesté Impériale : en quoy encores continue incessamment, ayant prins pied si avant qu'il faict fort à craindre, si avec ung unanime vouloir et ayde n'est obvyé à cestuy tant grand inconvénient, que ledict sainct-empire, nation germanicque, ne sente et despleure par trop fort son malheur, dommaige et destruction. Et quant est de Sadicte Majesté Impériale, elle a tousjours singulièrement désiré obvier de bonne heure à ces maulx et inconvéniens apparents avec provision convenable, et sont lesdicts estatz assez informez [de] ce qu'a empesché sa plus tempestive venue en l'Empire, et que le roy de France a envahy les royaulmes d'Espaigne et bas pays patrimoniaulx de Sadicte Majesté, et par ce empesché Sadicte Majesté qu'elle n'ait, conjointement avec le roy des Romains, son frère, et communs estatz de l'Empire, pu divertir ses forces en Hongrie.

» Est aussy notoire auxdicts estatz de l'Empire ce que jusques à maintenant a esmeu, induict et admonesté le Turcq, commung ennemy, d'en-

---

[1] MS. 14641; *et sur ce à l'advenant de avoir accordé l'argent pour six mois* dans le MS. 15869, *et sur ce à l'advenant du demy accordé l'argent pour six mois* dans les MSS. de l'Arsenal et de Reims.

treprendre si puissamment contre la chrestienté, sainct-empire et nation germanicque, pour iceulx mectre en sa puissance, et pourquoy que [1] les expéditions passées sont ainsi succédées sans fruict, asscavoir pour ce que ledict Turcq a par le roy de France tousjours sceu les différends de la religion et aultres très-griefz empeschemens et contrariétez que jusques à présent se sont ouffert ès négociations [2] en l'Empire et exécution d'icelles, dont ledict roy a esté tousjours informé, comme encores est journellement : treuvant au surplus ledict Turcq vers ledict roy de France tout advancement, ayde et assistance. Ce que Sa Majesté Impériale, l'an passé, a fait clèrement remonstrer et exposer auxdicts estatz, avec ce que les choses passées l'ont aussy depuis démonstré et tesmoingné souffisamment [3].

» Et combien que ces choses dommaigeables et préjudiciables eussent nécessairement requis de esteindre de bonne heure la source dont les contrariétez provenoient, et que pour ce eust bien convenu aux affaires de promptement adviser moyens contre les griefves et dommaigeables façons de faire du roy de France, toutesfois Sadicte Majesté a prins pour aggréable la responce que lesdicts estatz ont faict, contrevenant ledict roy de France, à la dernière diette impériale, et se confie ausdicts estatz qu'ilz scauront eulx-mesmes bien considérer, puisque ledict roy de France a incité et provocqué ledict commung ennemy contre la chrestienté et qu'il luy donne ayde et assistance, comme dict est, et que ce que Sadicte Majesté Impériale a esté constrainct de faire pour deffense contre ledict roy de France, ne doibt estre par raison prins aultrement que si ce fust esté faict contre le Turcq mesmes, aussy que lesdicts estatz d'ores en avant et avec bonne raison se démonstreront par œuvres et se déclaireront de sorte que Sadicte Majesté Impériale et ung chascun pourra comprendre qu'ilz ont raisonnable mescontentement sur les façons de faire dudict roy de France, et eulx exhiber avec toute ayde et possible advancement, afin que Sadicte Majesté une foys puisse estre délivré de cestuy ennemy domesticque tant dangereulx et dommaigeable, et après, toute la puissance de ses royaulmes et pays, que maintenant est nécessairement constrainct le mectre en œuvre

---

[1] MS. 14641 de la Bibliothèque royale; *pourquoi par* dans le MS. 15869 et les MSS. de l'Arsenal et de Reims.

[2] *Se sont ouffertes négociations* dans les quatre MSS.

[3] MS. 15869; *avec ce que les choses passées l'on a aussy depuis*, etc., dans les trois autres MSS.

contre luy, le convertir à l'encontre dudict Turcq, ennemy commung de la saincte foy, du sainct-empire et de la patrie.

» Et combien que Sadicte Majesté Impériale s'estoit entièrement confyé ausdicts estatz de l'Empire que sans difficulté ilz eussent satisfaict à ladicte ayde dernièrement accordée, sans que aulcung, en ceste tant nécessaire et chrestienne œuvre, eust demandé ou serché quelque excuse ou refuz, toutesfois Sadicte Majesté avoit, non sans regret, entendu que non-seulement à l'envoy de ladicte ayde [1], mais aussy par le deffault de celle de la première année [2], se sont ensuyviz beaulcoup de dangereuses et dommaigeables faultes de l'ayde susdicte, à laquelle Sadicte Majesté Impériale, aussy ledict seigneur roy, avoient tout leur espoir. Et pour les charges insupportables de Sadicte Majesté Impériale, dont lesdicts estatz sont esté souffisamment informez, se est ensuyvy la perte tant dommaigeable des notables places et fortz que ledict ennemy a, l'année passée, conquis dudict seigneur roy et de la chrestienté en Hongrie : ce que, avec l'ayde de Dieu, faict à espérer ne fust advenu, si ladicte ayde accordée fust esté de bonne heure formée [3].

» Et puisque lesdicts estatz sçayvent assez, tant pour l'avoir veu que aultrement expérimenté, de quelle extrême puissance et finesse [4] ledict Turcq use contre ladicte chrestienté, aussy que, sur tant de prospéritez qu'il a heu, ne se tiendra à repoz, ains taschera non-seulement à luy subjuguer la reste du royaulme de Hongrie, que cy-devant a esté et est encores la clef du royaulme de Germanye, lequel sans ayde estrangière ne luy peust faire résistence, mais aussy icelluy par plusieurs coustelz, le sainct-empire et nation germanicque adommaiger, réduire [5] soubz sa brute servitude, et, pour effectuer sa dommaigeable intention, n'a faict, l'année passée, petite ouverture des passaiges et chemins, pour ce requiert la dernière et

---

[1] MS. 15869 de la Bibliothèque royale; *non-seulement à l'Empire ladicte ayde* dans les MSS. de l'Arsenal et de Reims; *non-seulement de cestedicte ayde* dans le MS. 14641.

[2] MS. 14641; *en la prémise année extrême* dans les MSS. de l'Arsenal et de Reims; *en la première année extrême* dans le MS. 15869.

[3] *Sic.* L'auteur avait probablement écrit : *fournie.*

[4] MS. 14641; *de quelle funeste puissance et extrême* dans le MS. 15869; *de quelle puissance, finesse et extrême* dans les MSS. de l'Arsenal et de Reims.

[5] MS. 14641; *destruyre* dans les trois autres MSS.

extrême nécessité de nou tarder plus; que au plus tost l'on advise et pourvoye de rompre et empescher ceste dommaigeable intention dudict commung ennemy, et que les Hongrois ne soyent habandonnez, afin que par désespoir ne se rendent à luy, ains soyent conservez comme murailles et deffenses de la chrestienté, mesmes de la Germanye, et ostez des mains et servitude desdicts Turcqz, afin que ladicte Germanye peust estre de tant plus asseurée contre les oppressions des ennemys.

» Et pour ce Sa Majesté Impériale requiert très-instamment que lesdicts estatz veuillent[1] chrestiennement prendre à cœur et bien peser le mérite de cestuy affaire, tant urgent et important pour la conservation de la foy et religion chrestienne, asseurance et deffension des pays, commung peuple, femmes, enfans et biens et, à la vérité, de nostre commune patrie, adviser et conclure une commune, notable, seure, durable, chrestienne ayde offensible et deffensible contre ledict ennemy, et pour ce, avec chrestienne, continue et fidèle diligence, penser, consulter et communicquer quand et en quelle sorte ladicte ayde doibt estre dressée, obtenue et menée en exécution, et sur ce le plus tost que faire se pourra, d'autant mesmes que cestuy affaire ne souffre dilation; déclairer à Sadicte Majesté leur advis et conseil.

» Et considérant Sadicte Majesté Impériale les griefves[2] et faultes que jusques à présent se sont treuvées en toutes négociations et traictiers[3] de l'Empire, ayant empesché toutes bonnes et fructueuses yssues, que encores pourront faire, s'ilz ne sont ostez, Sadicte Majesté Impériale seroit avec toute quiétude enclin d'enfin, et en temps[4] qu'il fût possible, mener lesdicts griefz à finable et raisonnable décision.

» Et concernant l'article du différend de la religion, lesdicts commis et estatz peuvent estre bien souvenans avec quelle affection, diligence et volunté Sa Majesté a tousjours esté enclin mener à pleyn accord ceste controversie, comme n'ayant esté la moindre cause de mectre intelligences[5]; contrariétez et divisions en la Germanye et invasion du Turcq, ennemy du

---

[1] MS. 14641; *requiert très-instamment que lesdicts qui veuillent*, etc., dans les MSS. de l'Arsenal et de Reims; *que lesdicts estatz qui se veuillent*, etc., dans le MS. 15869.

[2] *Griefves*, griefs.

[3] MSS. de l'Arsenal et de Reims; *traictures* dans le MS. 15869; *traictés* dans le MS. 14641.

[4] *En temps*, pour *en tant*.

[5] *Sic* dans les quatre MSS. Il faut évidemment lire : *la moindre cause de mésintelligences*, etc.

nom et foy chrestienne, ains que lesdicts estatz, uniz en plusieurs lieux, et mesmes en la dernière diette à Reynsbourg, ont bien peu congnoistre l'intention de Sa Majesté en cest endroit. Toutesfois, puisque, après grandes et réitérées peynes et travaulx, l'on n'a peu lors parvenir à la voye de amyable accord, ains cestuy affaire par lesdicts commis des estatz a esté derechief remis à ung général ou national concile ou commune assamblée d'Empire, comme le recès de ladicte diette le tout contient, Sa Majesté Impériale, avec sa très-grande incommodité et préjudice, s'est treuvé vers nostre sainct-père le pape, et vers icelluy sollicité avec grande instance ledict concile, et, icelluy obtenu, l'a faict visiter par ses députez et ambassadeurs; et avoit Sadicte Majesté volunté de le visiter en personne, s'il n'en eust esté empesché par l'intempestive invasion du roy de France. Et comme l'affaire est depuis succédé, lesdicts estatz l'ont peu entendre par leurs députez.

» Et treuvant Sadicte Majesté Impériale aussi le différend de la religion, après tant de négociations passées, non-seulement décédé, mais aussi plus différent [1], Sadicte Majesté, pour œuvre tant nécessaire et importante, et extraction des mesmes intelligences [2] et contrariétez des estatz, désireroit singulièrement, en temps [3] que les affaires de guerre et aultres dont Sa Majesté est tant griefvement chargé le puissent comporter, s'y employer derechief et y ayder de tout son possible, confiant entièrement que lesdicts princes électeurs, princes et aultres des estatz présens, les conseilliers et ambassadeurs des absens, communicqueront et, chascun en droit soy, penseront derechief au plus hault cestuy affaire, et, après l'avoir consulté, déclaireront à Sadicte Majesté leur advis en quelle manière ledict différend de la religion pourra estre mené en commune et chrestienne union et concorde, aussi ce que se debvra faire et intenter dadvantaige, comme de ce les requiert Sa Majesté très-instamment.

» Et puisque l'administration de la justice est le principal point de la

---

[1] Cette phrase baroque est dans les MSS. de l'Arsenal et de Reims et dans le MS. 15869 de la Bibliothèque royale. Le MS. 14641 s'exprime ainsi : « Et trouvant Sadicte Majesté, après tant de négociations » passées, les choses non-seulement indécises, comme il ne pensoit, mais encores plus que auparavant » différentes, Sadicte Majesté, etc.... »

[2] Voy. la note 5 à la page 281.

[3] *En temps,* en tant.

paix commune et que, pour cause d'icelle, soient survenuz beaulcoup de griefz, Sadicte Majesté Impériale, joinctement lesdicts estatz, èsdictes chambres impériales [1], auroient advisé de faire visiter lesdictes chambres, et mesmes que ladicte visitation debvroit précéder ceste présente diette, ayant pour ce député ses commissaires, afin que lesdicts commissaires visitateurs ordonnez vuydassent tout ce que, à raison de paix et justice, pourroit empescher cette diette, et ce que lesdicts visitateurs et commissaires ne pourroient vuyder, que cela se déterminasse selon raison par Sadicte Majesté en conseil des commis des estatz; et combien que ceste visitation ayt esté commencée et que on y besoingne assez longuement, a pièça [2], par commission de Sa Majesté, aulcungs différends terminez, et plusieurs fois expressément commandé aller avant ladicte visitation, toutesfoys en icelle se sont oufffertes aultres difficultez, pour lesquelles l'on a demandé la résolution de Sa Majesté.

» Mais estant Sadicte Majesté lors sur son partement, et sur espoir d'estre bientost en ce lieu et encores entendre pleynes informations des négociations passées, elle a esté meue penser à sa résolution jusques en ce lieu. Et suyvant ce Sa Majesté veult gracieusement penser tous moyens et voyes possibles afin que sadicte visitation se continue comme appartient, et que ladicte chambre impériale soit avec bon ordre visitée, et la commune paix entre les estatz de l'Empire conservée : en quoy Sa Majesté journellement, avec l'advis et conseil desdicts estatz, veult démonstrer tout advancement possible, sans ce qu'il tienne en quelque chose de son coustel. Dadvantaige, puisque l'entretènement pour trois ans de ladicte chambre impériale, accordé en ladicte diette à Reynsbourg, doibt en brief expirer, il est nécessaire pourvoir dadvantaige audict entretènement pour l'advenir : requérant pour ce Sadicte Majesté ausdicts princes électeurs, princes et estatz aussy prendre en main cestuy point important et le peser souffisamment, et bailler à Sadicte Majesté leur advis comme, après l'entretènement de trois ans expiré, ladicte chambre debvra après dadvantaige estre entretenue.

» Et concernant la modération de la contribution, le différend des sessions d'estatz et voix, redressement de bonne monnoye, police et aultres

---

[1] MS. de l'Arsenal et de Reims; *èsdictes chambres impériales depuis célébrées* dans le MS. 15869.

[2] *A pièça*, il y a déjà du temps.

difficultez de l'Empire et nation germanicque, lesdicts estatz sont bien souvenans de ce que ès diettes passées en a esté négocié et conclud : sur quoy suyvront les recès.

» Et pour y entendre selon qu'il appartient, lesdicts estatz pourront déclairer à Sadicte Majesté Impériale leur bon advis en cest endroict; et Sadicte Majesté Impériale, joinctement avec lesdicts estatz, se ouffre moyenner, traicter et négocier en tous les principaulx articles et aultres difficultez susdictes, afin que une fois il puisse estre mené à finable décision, et avec ce terminer et vuyder tout ce que concerne l'union, bien, proufficct et commodité du sainct-empire, desdicts estatz en commung, et de ung chascun d'eulx particulièrement. Bien veult Sadicte Majesté en cestuy endroict requérir instamment lesdicts estatz que ès choses dictes ilz se veuillent entre eulx tousjours démonstrer amyables et traictables, de sorte que les principaulx poinctz pour lesquelz ceste diette est dressée ne soyent reculez ou différez, avec perdition de temps et de toutes bonnes commoditez, comme Sa Majesté s'en fye entièrement ausdicts princes électeurs, princes et estatz.

» Ouffrant dadvantaige, si lesdicts estatz, pour quelques aultres affaires, ont besoing ou qu'ilz demandent plus grande information, Sadicte Majesté leur veult sur ce donner raisonnable ou gracieuse responce.

» Ce que Sadicte Majesté Impériale, pour la nécessité présente, bonne et sincère affection, leur a bien voulu déclairer. »

La proposition achevée, lesdicts estatz ont respondu, et quelques jours après se sont déclairez entièrement amys de Sa Majesté et ennemys du roy de France, accordant à Sadicte Majesté, à leurs fraiz, pour six moys, contre ledict roy de France, vingt mil hommes de pied et quatre mil chevaulx.

Le 17e d'apvril, audict Spyrs, vint la princesse de Gavre [1], bien accompaignée.

Et le 24e eust audience publicque le duc de Brunswick devant Sa Majesté, pour respondre aux faictz dont le lantgrave l'avoit chargé les jours précédents.

Le 24e partist le cardinal de Mayence pour son retour audict Mayence.

Le premier jour de may Sa Majesté, accompaigné du roy son frère et des archiducz, ses nepveurs, fut ouïr les vigilles, et le lendemain la messe, à la Trinité, que se célébroient pour la feue impératrice.

Le 5e, environ les trois heures après midy, Sa Majesté, accompaigné des électeurs de l'Empire, des archiducz d'Austrice et des aultres princes, vint en la maison de la ville, et, par une galerie propre à ce faict, vint accoustré en son habit impérial. Les électeurs, en leurs habitz d'électeurs, par ensemble vindrent sur ung grand hour [1], lequel estoit propre ad ce. Et Sadicte Majesté assiz en son siége impérial, les électeurs en leurs places, tous les aultres en pied, vint le grand commandeur de Pruch [2], lequel fut receu en fief dudict sainct-empire. Le serment par luy faict et les cérémonies achevées, Sadicte Majesté s'en retourna se désaccoustrer comme il estoit venu; et au partir de là, vint veoir la princesse de Dannemarcque, femme de l'électeur palatin, sa niepce.

Le 8e dudict moys Sadicte Majesté et le roy son frère, accompaignez de plusieurs princes, partirent de leur lougis et meirent entre eulx le conte d'Aigmont [3], lequel ilz menarent jusques au lougis du duc Frédéric, palatin, électeur, où ilz trouvarent mademoiselle de Bavière [4], fille du duc Jehan de Bavière, accoustrée en espousée, accompaignée de la princesse de Dannemarcque, sa tante, de la princesse de Gavre, mère dudict conte d'Aigmont; et en ceste sorte furent en une sale basse, où fut menée ladicte damoiselle par les deux archiducz d'Austrice, et espousée par l'archevesque de Loude [5] audict comte. La messe achevée, vindrent en une grand'-salle où estoit dressée une table en forme de potence. Sa Majesté s'assist au coing de ladicte potence, et après luy le roy des Romains; après l'espousée, l'archiduc [6], la princesse de Gavre, l'archiduc maisné [7], la sœur de l'espou-

---

[1] *Hour*, échafaud.

[2] Prusse. Il s'agit du grand maître de l'ordre Teutonique, Wolfgang Schuzbar, dit Milchling.

[3] Lamoral, fils du comte Jean IV et de Françoise de Luxembourg.

[4] Sabine de Bavière.

[5] MSS. de l'Arsenal, de Reims et 15869 de la Bibliothèque royale; *l'archevesque de Londres* dans le MS. 14641. Dans la *Chronique des seigneurs et comtes d'Egmont*, qui est au tome IX, 2e série, des Bulletins de la Commission royale d'histoire, il y a beaucoup de détails sur le mariage du comte Lamoral avec la princesse Sabine de Bavière; mais il n'y est pas fait mention de l'archevêque qui les maria. Ce prélat était vraisemblablement l'archevêque de *Lunden* en Danemark.

[6] Maximilien.

[7] Ferdinand.

séc, madamoiselle d'Aigmont, sœur de l'espoux, la contesse de Montfort; au retour du bas bout, le frère du duc de Ferrare, le conte de Feria, l'archevesque de Loude. A l'aultre coustel de ladicte potence et tout près de Sadicte Majesté estoit assis l'espoux, auprès de luy la princesse de Dannemarcque, l'électeur de Trèves, le duc de Saxe, électeur, le marquis de Brandenbourg, électeur, le conte palatin, électeur, le landgrave de Hesse, le duc Jehan, père de la dame de nopces, le duc de Clèves, le prince de Molphette, visceroy de Sicile.

Le disner achevé, qui dura longuement, l'on dansa. Et à trois heures Sa Majesté et le roy prindrent congié des dames et s'en revindrent en leurs lougis. Et au soupper tous les dessusnommez y soupparent, saulf Sadicte Majesté et le roy son frère. Après mynuict l'on coucha l'espousée, et chascun se retira.

Et le vendredy, 9e, après disner, la princesse de Dannemarcque, accompaignée des archiducz d'Austrice, amena la nouvelle contesse d'Aigmont au lougis de la princesse de Gavre, où elle fut receue bien honnorablement; et y soupparent ladicte princesse et archiducz et plusieurs aultres. Cedict jour, au matin, ladicte mère dudict espoux avoit envoyé à sa belle-fille ung bien riche balay et ung chappeau de princesse et une couppe d'or, avec plusieurs petitz présens et riches, et renunça à son filz la principaulté de Gavre : par quoy d'icy en avant ladicte nouvelle mariée se nommera princesse de Gavre. Ledict soupper achevé et les danses, chascun se retira. Et le dymenche, 11e jour, la dame d'Aigmont donna un beau bancquet au soir, où fut Sa Majesté et le roy son frère, les électeurs et plusieurs princes.

Le premier jour de jung 1544, Sa Majesté estant à Spyrs, vindrent nouvelles comme s'estoient desbarqué à Calaix cincq mil Espaignolz; semblablement que les Françoys estans dedans Luxembourg estoient venuz à appoinctement, et que déans cinq jours debvoient sortir de la ville. Ce mesme jour Sadicte Majesté eust nouvelle comme Barbarosse, ayant saccaigé cincq navires franchoises estant au port de Toulon et désarmé les galères de France, emmenant sept galères franchoises et plusieurs chrestiens, prenoit son chemin vers Levant pour son retour vers Constantinoble.

Le 6e jour les Françoys estans dedans Luxembourg sortirent, y laissant quarante[1] grosses pièces d'artillerie et aultres, jusques au nombre de quatre-vingt pièces, avec la munition.

---

[1] MSS. 14641 et 15869 de la Bibliothèque royale; *quatre* dans les MSS. de l'Arsenal et de Reims.

Et le 9ᵉ jour fut publié que tous de la nation germanicque estans au service de France, ne retournans déans quinze jours, dès lors estoient banniz et leurs biens confisquez : deffendant à tous, sur peyne de la hart, n'aller aulcunement au service dudict roy de France ny de ses alliez.

Et le 10ᵉ jour Sa Majesté fut sur la maison de la ville, où fut leu et conclud le recés de la présente diette. Et ce mesme jour Sadicte Majesté vint coucher à Nieustadt ¹.

Et le merquedy, 11ᵉ, à Keerstuther ², où Sadicte Majesté séjourna le joeudy, feste du Corps de Dieu, tout le jour.

Et le 13ᵉ Sadicte Majesté vint coucher à Schneberg ³.

Le 14ᵉ à Zeetzberick ⁴.

Le 15ᵉ à Sainct-Alvoort ⁵.

Et le lundy, 16ᵉ, Sadicte Majesté, accompagné de trois mil hommes d'armes, cincq mil piétons, de l'archiduc d'Austrice, son nepveur ⁶, du duc Mauris de Saxe, du marquis Albert de Brandenbourg et de plusieurs aultres, entra en sa cité de Metz, où Sadicte Majesté séjourna jusques le 6ᵉ de juillet.

Et ledict 16ᵉ de juing vindrent nouvelles que ceulx qui estoient dedans Commercy, tenans le party du roy de France, s'estoient renduz à Sadicte Majesté ès mains du seigneur visceroy de Sicille, lieutenant général pour Sadicte Majesté. Aussy eust nouvelles Sadicte Majesté que le prince de Sulmone et aultres avoient deffaict en Italye neuf mil hommes dont Petro Strocy estoit chief, tenant le party des Françoys.

Le 17ᵉ vindrent nouvelles de la mort du duc de Lorrayne, lequel décéda à Bar.

Ce mesme jour le conte Picolin ⁷, subject et vassal de l'Empire, fut ammené prisonnier audict Metz, tenant le party des Françoys, contreve-

---

¹ Newstatt.

² MS. de l'Arsenal ; *Heerstuther* dans le MS. de Reims ; *Hochstett* dans le MS. 15869 de la Bibliothèque royale ; *Kaiserslautern* selon M. Stälin.

³ MS. 14641 de la Bibliothèque royale ; *Sinckunghe* dans les MSS. de l'Arsenal et de Reims. Peut-être *Schönenbury*, qui est entre Kaiserslautern et Zweibrücken.

⁴ Zweibrücken.

⁵ Saint-Avold.

⁶ Maximilien.

⁷ Pechlin.

nant aux édictz de l'Empereur : lequel fut enserré en prison et, son procès instruict par le vischancelier de l'Empire et docteur Boisot, mené jusques à la fin, fut condampné à avoir la teste trenchée publicquement sur le Marchiet. Le hourt faict, confessé et prest à le mener à la justice pour faire l'exécution, le 21e jour dudict moys, l'archiduc d'Austrice et le duc Moris de Saxe firent tant vers Sa Majesté qu'ilz obtindrent son pardon, à condition qu'il yroit servir deux ans, à ses fraiz, en Hongrie contre les Turcqz, et qu'il mectroit peine à retirer ceulx qu'il avoit distraict d'Allemaigne pour servir en France.

Le 26e vindrent audict Metz le duc de Bar [1] et l'évesque de Metz, son frère; et fut au-devant d'eulx, de la part de Sa Majesté, le prince de Gavre, conte d'Aigmont. Et l'après-disner furent vers Sadicte Majesté. Et le pénultième jour ledict duc de Bar, nouvellement duc de Lorrayne, print congié de Sadicte Majesté pour son retour à Bar.

Le dernier jour vindrent nouvelles que le conte de Ligny [2] avoit rendu la place à Sa Majesté ès mains du visceroy de Sicille, à sa volunté, leurs vies saulves; et furent prisonniers ledict conte de Ligny et Briègne, son frère [3], et le seigneur d'Eschène [4], nommé Tinteville.

Le premier jour de juillet 1544 Sa Majesté audict Metz.

Et le 4e furent ammenez audict Metz les contes dessusnommez et prisonniers; et le mesme soir furent vers Sadicte Majesté. Et le lendemain furent menez à Namur.

Le dymenche, 6e, Sadicte Majesté à bannières desployées et en armes se partist dudict Metz et vint coucher à Pont-à-Mouchon [5], et y demoura le 7e jour.

Le 8e vint coucher à Menonville.

Le merquedy à Toux [6], cité impériale.

Et le 10e à Penne-sur-Meuse [7].

---

[1] François de Lorraine, qui avait succédé, le 14 juin, à son père, Antoine le Bon.
[2] C'est-à-dire le comte de Brienne, seigneur de Ligny. Il était de la maison de Luxembourg.
[3] Ce frère du comte de Brienne s'appelait le seigneur de Roussy.
[4] D'Échenais.
[5] Pont-à-Mousson.
[6] Toul.
[7] Pagny-sur-Meuse.

Le 11e coucher à Grand-Nassaul [1] : y treuva le duc et duchesse de Lorrayne, sa niepce, que luy estoit là venu faire la révérence. Dès là passa par Ligny et vint coucher à Steeville [2].

Le dymenche, 13e, Sadicte Majesté vint treuver son camp devant Sainct-Desir [3], et vint coucher en ung petit villaige estant en sondict camp, nommé Hontrecourt(?). Et le 14e, estant l'artillerye preste pour batre et les tranchées faictes, le prince d'Orenges y estant fut atteinct d'ung coup de faulconneau en l'espaule droicte, et rapporté au logis de Sadicte Majesté. Et le 15e fut donné ung assault audict Sainct-Desir, lequel ne feit riens, ains y moururent plusieurs. Et sur le soir, environ les six heures, René de Chalon, prince d'Orenges, conte de Nassau et de Vianden, seigneur de Breda et Diest, après avoir esté confessé et administré, et en présence de Sa Majesté sa playe raccoustrée, rendict son esprit et son âme à Dieu. Et le lendemain fut emmené son corps à Bar, et dès là à Breda.

Et le 23e Sa Majesté envoya à Victric [4] le duc Mauris, le seigneur don Francisco d'Este, général de ses chevaulx-légiers, quatre canons et quatre demy-canons, deux mil chevaulx et le conte Guillaume de Fustenberg [5], lesquelz furent, le 24e, au poinct du jour, devant ledict Vitric, y treuvant le seigneur de Brissacq, général des chevaulx-légiers de France, lequel print la fuitte, et noz gens prindrent la ville et le chasteau; et y mourut environ mil cincq cens Françoys, et quatre bannières furent rapportées. Auquel affaire le conte Guillaume fut blessé et le seigneur d'Aluhin [6] aussy : dont ledict seigneur d'Aluhin, le 7e jour après, mourut.

Le vendredy, 8e du mois d'aougst, voyant ceulx de dedans ledict Sainct-Desir ne pouvoir plus tenir, ayant nul espoir de secours, feirent prier d'avoir audience pour parlementer : ce que leur fut accordé; et furent d'accord rendre la ville et artillerye à Sadicte Majesté si, déans le 17e, n'estoient secouruz par bataille que le roy Françoys donneroit à Sa Majesté et par force feroit lever le camp. Et pour seurté de ce on mit dedans la ville trois

---

[1] Nassau-le-Grand.
[2] Stainville.
[3] Saint-Dizier.
[4] Vitry.
[5] Furstemberg.
[6] De Halewin.

personnaiges qu'il a pleu à Sadicte Majesté nommer, et sont sortiz de ladicte ville et mis en hostaige six personnaiges de ceulx qui estoient dedans, telz qu'il a pleu à Sa Majesté nommer, lesquelz vindrent, le 9e jour dudict moys, au camp de Sadicte Majesté, et mis ès mains du capitayne de la garde allemande de Sadicte Majesté, lequel les a en sa garde jusques le jour sera expiré, que sera le 17e.

Le 11e sont arrivez au camp dix mil Allemans de nouveau.

Le 14e vint vers Sa Majesté le duc de Lorrayne.

Cedict jour revint de vers le roy de France le visconte de Sanseure [1], qui estoit général dedans ledict Sainct-Desir, lequel estoit allé advertir ledict roy de l'appoinctement qu'ilz avoient faict de la ville de Sainct-Desir avec le viseroy de Sicille, pour et au nom de l'Empereur, pour veoir si ledict roy avoit moyen de secourir ladicte ville et donner la bataille, où il treuva bien peu de secours, comme il semble, et rentra en ladicte ville.

Et le dymenche, 17e d'aougst, environ les sept heures du matin, ledict conte de Sanseure, capitayne en ladicte ville pour le roy de France, accompaigné de huict bannières, l'une despariée [2], de gens de pied et quatre de gens de chevaulx, sortirent de la ville, conforme à l'appoinctement qu'ilz avoient faict avec le viseroy, abbandonnant et rendant [3] ladicte ville à Sa Majesté; et furent conduicts, eulx et leurs bagues, en seurté jusques oultre Vitric.

Et le 12e furent aulcuns du camp de Sadicte Majesté courir jusques à Jenville [4], laquelle fut prinse et la ville bruslée, le chasteau non.

Ayant pourveu ledict Sainct-Desir de garnison et aultres choses, le 25e Sadicte Majesté et son camp se partist et vint ceste nuict coucher à Turpy (?) [5], et le 26e à Vitric; et y demoura le 27e tout le jour.

Le 28e à Sainct-Pierre, où Sa Majesté séjourna le 29e tout le jour.

Et estant Sa Majesté sollicité de longtemps vouloir entendre à aulcung traicté de paix, fut content donner saulf-conduict à l'admiral de France,

---

[1] Sancerre.

[2] MSS. de l'Arsenal et de Reims; *desployée* dans le MS. 15869. *Despariée*, dépareillée.

[3] MSS. 14641 et 15869; *abandonnant entièrement ladicte ville* dans les MSS. de l'Arsenal et de Reims.

[4] Joinville.

[5] *Sic* dans les quatre manuscrits.

nommé le seigneur de Hennebault[1], accompaigné de deux cens chevaulx, venir cedict jour à Sainct-Aman, qu'estoit demye-lieue plus avant que ledict Sainct-Pierre, où Sa Majesté envoya le visceroy et seigneur de Grandvelle, pour ouyr ce que les Françoys vouloient dire : lesquelz seigneurs, accompaignez de mil hacquebusiers espaignolz et mil chevaulx, furent communicquer avec les Françoys; et depuis ont continué, de deux jours l'ung, se treuver tousjours ensemble.

Le pénultième Sa Majesté vint loger à la Chaussée, et le dernier jour près de Chalon, à ung demy-traict de canon passant par-devant la ville. Et environ les dix heures de nuict Sadicte Majesté et son camp se leva et chemina toute la nuict; et au poinct du jour fut à veue du camp des Françoys, estant entre les deux campz la rivière de Marne : lesdicts Françoys ne se mouvoient de leurs fortz.

Cedict jour fut prins par les Françoys le conte Guillaume de Fustenberg; et au mesme instant fut prins par les gens de Sa Majesté le prince de la Roche-sur-Yon et son lieutenant avec environ trente hommes d'armes. Et ce mesme jour Sa Majesté et son camp passèrent oultre trois lieues et logèrent à la campagne.

Le 2ᵉ jour de septembre 1544, auprès de Terre [2].

3ᵉ à la campagne.

4ᵉ entre Hay et Esperné [3], qui sont esté bruslées.

5ᵉ auprès de Chastillon.

6ᵉ à . . . . . . [4]. Duquel lieu se partist l'évesque d'Arras, avec saulf-conduict du roy de France, pour aller vers le roy d'Angleterre.

Le 7ᵉ à Treteau-Sainct-Crepau(?) [5] Lequel jour la ville du Chasteau-Thierry fut prinse par les chevaulx-légiers de Sa Majesté.

Et le 8ᵉ Sa Majesté vint loger ès abbayes près du Chasteau-Thierry.

Le 9ᵉ en une cense demye-lieue plus avant, où demoura le 10ᵉ tout le jour.

Le 11ᵉ à Lisny(?).

---

[1] D'Annebaut.

[2] Tours-sur-Marne.

[3] Aï et Épernay.

[4] En blanc dans les quatre MSS.

[5] MS. de l'Arsenal; *Treteau* dans le MS. de Reims; *Sainct-Creppeau* dans le MS. 14641; *Cretau-*

Le 12ᵉ arriva devant Soisson, cité bien anticque, laquelle fut sommée et se rendit; et se logea Sa Majesté en une maison près la ville, nommée Olbete [1], mectant le duc Mauris de Saxe dedans la ville; et hors ladicte ville, en une abbaye, fut le conte de Rocquendolf pour conserver ladicte abbaye, où advint que, le lendemain, ung Alleman, huissier de chambre de Sadicte Majesté, et ung Alleman de sa garde, en ladicte abbaye robbarent le ciboire où reposoit le précieux corps de Dieu, et aultres relicques. De ce adverty Sadicte Majesté, commanda que incontinent ilz fussent penduz et estranglez à la porte de ladicte abbaye : ce que fut incontinent exécuté.

Le 13ᵉ Sadicte Majesté passa oultre, passant la rivière de Danne [2], et vint loger en une abbaye nommée Sainct-Merceau [3] lez-Soisson.

Le 14ᵉ, 15ᵉ, 16ᵉ audict lieu : lequel jour fut conclue et résolue la paix entre Sa Majesté et le roy de France. Et furent les commis pour icelle traicter, de la part de Sa Majesté, le seigneur don Fernando de Gonzague, prince de Molphette, visceroy de Sicille, capitayne général de Sa Majesté, et le seigneur de Grandvelle, premier conseillier d'Estat de Sa Majesté, et pour la part du roy de France, le seigneur de Hennebault, admiral de France, ung conseillier et maistre aux requestes du roy [4] et le général Bayard [5]. Et le 17ᵉ au matin vindrent lesdicts commis de France faire la révérence à Sadicte Majesté. Et ce mesme jour Sadicte Majesté et son camp vindrent coucher à Pignon [6].

Le 18ᵉ à Crespy, où arriva, revenant de vers le roy d'Angleterre, l'esvesque d'Arras. Et environ les quatre heures après midy arriva audict Crespy, venant en poste, le duc d'Orléans, filz second du roy de France, lequel fut logé au mesme logis de Sa Majesté.

Le 19ᵉ Sa Majesté demoura audict Crespy, où arriva le duc de Vendosme, et fut Sa Majesté ouyr la messe à l'église, accompaigné des archiduc

---

[1] MSS. de l'Arsenal et de Reims; *Oblette* dans le MS. 14641 de la Bibliothèque royale; *Obleto* dans le MS. 15869.

[2] De l'Aisne.

[3] Saint-Marceau.

[4] Le conseiller Charles de Neuilly.

[5] Gilbert Bayard. Il ne s'agit pas ici d'un général d'armée, mais d'un secrétaire du roi, qui était en même temps contrôleur général de la guerre.

[6] Pinon.

d'Austrice [1], ducz d'Orléans et Vendosme, où, en présence d'eulx et de l'admiral, fut présenté par l'évesque d'Arras à Sa Majesté le sainct cresme [2], sur lequel il jura entretenir la traicté de paix faict et conclud à Soisson par ses commis et députez.

Cedict jour disnarent avec Sadicte Majesté l'archiduc d'Austrice, ducz d'Orléans et Vendosme et l'admiral de France; et l'après-disner ledict de Vendosme s'en retourna à la Fère.

Le 20ᵉ Sa Majesté fut encores ouyr la messe à ladicte église; et arriva audict lieu, le matin, le duc de Guyse. Disnarent avec Sa Majesté les ducz d'Orléans et de Guyse; et l'après-disner l'admiral print congié, laissant son filz pour luy hostagier. Et cedict jour arriva le seigneur de Laval de Bretaigne, qui estoit aussi hostagier comme le duc de Guyse. Et ce mesme jour Sa Majesté vint coucher à Ribemont.

Le 21ᵉ à l'abbaye de Fernacq (?) [3], près Sainct-Quentin en Vermandoys.

Le 22ᵉ au Chasteau en Cambrésiz.

Le 23ᵉ Sa Majesté et les seigneurs dessusnommez furent disner à Cambray, où les attendoit la royne d'Hongrie, régente, laquelle les festoya. Et estoient arrivez vers elle le cardinal de Medon [4] pour hostagier, et le cardinal de Lorrayne pour se mectre au lieu du duc de Guyse, son frère, et le cardinal de Tournon pour négoces particuliers.

Le 24ᵉ, laissant Sa Majesté le duc d'Orléans et les hostagiers audict Cambray avec sa sœur, s'en revint au Chasteau en Cambrésiz pour entendre à l'expédition de son armée.

Le 25ᵉ Sa Majesté demoura audict Cambrésiz. Lequel jour le duc d'Orléans se partist de Cambray et alla coucher à Péronne, et la royne et les cardinaulx hostagiers à Valenciennes. Aussi au mesme jour les Françoys estans dedans Landrecyes sortirent, et y entra le seigneur de Licques pour et au nom de Sadicte Majesté.

Et le 26ᵉ, passant Sa Majesté par ledict Landrecyes, vint disner au Quesnoy et coucher à Valenciennes, où luy vindrent au devant les cardinaulx

---

[1] Maximilien, comme il a été dit p. 287, note 6.
[2] MS. 15869 de la Bibliothèque royale; *le sainct quesme* dans le MS. 11641; *le sainct canon* dans les MSS. de l'Arsenal et de Reims.
[3] MSS. de l'Arsenal, de Reims et 15869 de la Bibliothèque royale; *Sainct-Nac* dans le MS. 11641.
[4] Antoine Sanquin de Meudon, fait cardinal par Paul III en 1539.

et hostagiers avec le duc d'Arschot et plusieurs seigneurs, et fut receu au logis par la royne régente, sa sœur.

Et le dymenche ladicte royne donna à disner à Sadicte Majesté[1], aux trois cardinaulx et seigneurs hostagiers.

Et le lundy le duc de Guyse se partist pour retourner en France. Lequel jour Sa Majesté, la royne et les aultres vindrent coucher à Mons.

Et le dernier jour Sa Majesté vint disner à Breyne [2], où il donna à disner aux cardinal de Lorrayne, seigneur de Laval et filz de l'admiral de France, nommé le seigneur de Hénaudie [3]; et vindrent coucher à Nostre-Dame de Haulx.

Le premier jour d'octobre 1544 Sadicte Majesté fut disner aux Sept-Fontaines, qu'est ung cloistre en la forest de Soignes, où la royne sa sœur luy donna le disner et le passe-temps de la chasse; et vindrent tous coucher à Bruxelles.

En ce mesme temps Sa Majesté eust nouvelles que la royne de France, sa sœur, estoit en chemin pour le venir veoir en ce lieu de Bruxelles. Sadicte Majesté despescha incontinent les duc d'Arschot, évesque de Cambray et prince de Cimay, pour aller aux limites du pays recepvoir ladicte royne et la conduyre par le pays. Et sachant Sadicte Majesté que ladicte royne approuchoit Valenciennes, y envoia en poste le prince de Gavre, conte d'Aigmont, lequel partist le 15e de ce moys. Et le 18e Sadicte Majesté partist de Bruxelles, accompaigné des archiducz d'Austrice [4], des cardinaulx de Lorrayne, de Medon et plusieurs aultres, et vint coucher à Breyne.

Et le dymenche, 19e, Sadicte Majesté vint disner à Mons, et après disner fut au-devant de sa sœur la royne de France; lesquelz vindrent coucher audict Mons, où Sa Majesté donna le souper en son logis à ladicte royne; et furent assiz à table l'Empereur, la royne, les archiducz, le cardinal de

---

[1] MS. 15869; *et le dymenche Sadicte Majesté donna à disner aux trois cardinaux*, etc., dans les MSS. de l'Arsenal et de Reims.

[2] Braine-le-Comte.

[3] Jean d'Annebaut, seigneur de la Hunaudaye.

[4] Tandis que l'archiduc Maximilien avait accompagné l'Empereur dans son expédition en France, son frère Ferdinand était venu de Spire aux Pays-Bas, pour faire compagnie à la reine Marie. C'est ce que nous apprend l'ambassadeur vénitien Bernardo Navagero dans une dépêche du 5 juin 1544 adressée au doge; et nous voyons, dans une autre de ses dépêches, datée du 25 septembre, que

Lorrayne, la duchesse d'Estampes, la contesse de Vertu, sa sœur. Et le lundy Sa Majesté leur donna encores à disner; et lors furent assiz à sa table les dessusnommez et dadvantaige le cardinal de Medon, évesque de Reims, seigneur de Laval et Hénaudie. Et en disnant Sadicte Majesté heut nouvelles que le duc d'Orléans venoit par la poste. Sadicte Majesté envoia par la poste, au-devant de luy, le visceroy de Sicille; et après disner tous partirent ensemble et vindrent à Soignies, où ilz trouvarent la royne d'Hongrie, accompagnée de messeigneurs de Liége et Tournay, des seigneurs et contes de Lallaing, d'Hoochstrate, de Sainct-Py et plusieurs dames : laquelle receut la royne sa sœur et la retint au giste; et Sa Majesté et les cardinaulx vindrent coucher à Breyne. Et environ les neuf heures du soir arriva audict Breyne le duc d'Orléans, et fut logé au logis de Sa Majesté.

Et le mardy lesdictes roynes, passant par Breyne, prindrent Sadicte Majesté et les aultres, et vindrent disner à Nostre-Dame de Haulx, où ladicte royne régente donna le disner. Et après disner Sadicte Majesté, sa sœur la royne régente, le duc d'Orléans, laissarent la royne de France audict Haulx et s'en vindrent coucher à Bruxelles. Et fut logé le duc d'Orléans en court.

Et le mercredy, 22ᵉ, environ une heures après midy, les archiducz d'Austrice, duc d'Orléans, cardinaulx de Lorrayne et Medon et aultres princes, ducz, contes et seigneurs, et les seigneurs de la ville, sortirent de ladicte ville au-devant de la royne de France; et depuis la porte jusques en court estoient ceulx des mestiers, chascun une torse allumée en la main; et les trompettes, massiers et roys d'armes de Sa Majesté précédoient ladicte royne. En ceste sorte entra ladicte royne en sa litière, soubz ung poisle qui estoit porté par les gouverneurs d'icelle ville accoustrez en satin cramoisy. Ladicte royne estoit accompagnée de plusieurs seigneurs, de la duchesse d'Estampes, contesse de Vertu, d'Antremont et aultres en grand nombre. Vint descendre en court, où Sadicte Majesté et la royne régente l'attendoient au bas des degrez, accompaignez des seigneurs de Liége, de Tournay, des contes de Lalaing, d'Hoochstrate, des princesse de Gavre, marquise de Berghes, contesses d'Aigmont, de Rochefort, de Mansfelt et de plusieurs aultres dames et damoiselles. Par ensemble montarent en hault au quartier de la royne de France. Et Sadicte Majesté laissa les dames et se retira en son quartier. Lesdictes deux roynes soupparent ensemble au

Et le joeudy, 25ᵉ, Sa Majesté disna avec lesdictes roynes ses sœurs, et l'après-disner vindrent ensemble sur la maison de la ville, où devant iceulx furent faictes joustes fort triumphantes, dont le prince de Gavre, conte d'Aigmont, soutenoit une partye, et le duc de Camerin l'aultre : après lesquelles joustes ceulx de la ville donnarent le soupper en une grande salle, où il y avoit deux tables, chascune de cincq platz. A celle où estoit assiz Sa Majesté furent les deux roynes, la duchesse d'Estampes, la princesse de Gavre, la marquise de Berghes, les contesses d'Aigmont, de Vertu, de Rochefort et de Mansfelt, les damoiselles de Gernac, de Pontieure [1], de Marcy [2] et la contesse d'Antremont, les archiducz, le duc d'Orléans, les cardinaulx de Lorrayne, de Medon, archevesque de Reims, princes de la Roche-sur-Yon, de Salerne et de Molphette, le duc d'Arschot, les seigneurs de Laval et Meurs, de Hannebaut, conte de Feria, le frère du duc de Ferrare et le duc de Camerin, tous entremeslez. Et à l'aultre table plusieurs dames et gentilzhommes françoys. Après le festin y furent plusieurs beaulx masques et danses, qui durarent jusques à mynuict; et puis chascun se retira en son logis.

Et le dymenche, 26ᵉ, Sadicte Majesté, les roynes et seigneurs furent ensemble ouyr la messe à Saincte-Goule [3], et revindrent disner la royne de France avec Sa Majesté [4]. Et environ les deux heures après midy fut faict en la court ung combat à pied, duquel les archiducz d'Austrice furent entrepreneurs; et fut le passe-temps fort bon, lequel dura jusques à la nuict. Et environ les six heures du soir Sa Majesté, les roynes, princes, seigneurs et dames furent tous assamblez en la grand'salle, où y avoit ung buffet de huict degrez chargé de vaisselle d'or et dorée et sept licornes, et aussi y avoit trois tables, chascune de cincq platz. A celle dessoubz le dosseret estoient assiz Sadicte Majesté, les roynes et dames et seigneurs du jour précédent; à l'une des aultres, seigneurs et dames françoyses, et à l'aultre seigneurs et dames de par deçà. Le festin achevé, l'on dansa, et y eust plusieurs beaulx et riches masques, et durarent les danses jusques

---

[1] MSS. de l'Arsenal et de Reims; *de Pontines* dans le MS. 14041 de la Bibliothèque royale; *de Pontienne* dans le MS. 15869.

[2] MSS. 14041 et 15869; *de Narcy* dans les MSS. de l'Arsenal et de Reims.

[3] Sainte-Gudule.

[4] *Sic* dans les quatre MSS.

à mynuict. Puis l'on monta en hault à la salle sur la chapelle, où estoit préparé ung bien riche banquet de confictures et succades. Ce achevé, l'on se retira.

Le lundy, 27e, lesdictes roynes, duc d'Orléans, cardinal de Lorrayne, duchesse d'Estampes et contesse de Vertu disnarent avec Sadicte Majesté.

Le mardy, 28e, à neuf heures du matin, Sadicte Majesté, les roynes, seigneurs et dames montarent à cheval et furent à la chasse en une maison qu'est en la forest de Soignes, où la royne régente leur donna le disner et leur feit avoir le passe-temps de la chasse. Après laquelle y fut faict une escarmouche, de cincquante contre cincquante, fort bonne : laquelle achevée, chascun s'en revint en la ville. Laquelle nuict la royne régente print la fiebvre continue, que luy dura six jours.

Le samedy, premier jour de novembre, à Bruxelles. Sa Majesté, la royne de France et tous les princes, seigneurs et dames furent ouyr la messe à Saincte-Goule; et cedict jour ladicte royne de France et le duc d'Orléans disnarent avec Sadicte Majesté. Et après disner se feit une jouste en bas au Parcq, dont le duc de Camerin et conte d'Aigmont estoient entrepreneurs.

Et le 2e jour, à une heure après midy, Sa Majesté, la royne de France, les seigneurs et dames furent sur la maison de la ville, où se feit ung jeu de cannes fort triumphant, dont le conte de Feria fut entrepreneur. Et sur les six heures Sadicte Majesté, la royne de France, les princes, seigneurs et dames se treuvarent en la grande salle en court, où ilz soupparent ensemble comme les jours précédens; et après souper y furent de bien riches masques, lesquels dansarent longtemps. Après entrarent quatorze gentilzhommes à cheval, à selle rase, armez, la lance sur la cuisse, lesquelz coururent chascun ung coup de lance et cincq coups d'espée l'ung contre l'aultre, et après sept contre sept à la foulle. Et fut fort beau à veoir ledict combat à cheval en une salle, comme chose extraordinaire [1]. Ce achevé, chascun se retira.

Le lundy, 3e, au matin, Sa Majesté feit présent à la royne et à toutes les dames de France jusques à la valeur de cincquante mil escuz d'or, et disna

---

[1] MS. 14641 de la Bibliothèque royale. On lit dans les trois autres MSS. : « Lequel passe-temps fut « fort beau à veoir ce combat à cheval en une salle. »

cedict jour avec la royne de France sa sœur. Et environ les trois heures après midy ladicte royne et ledict duc d'Orléans partirent et allarent coucher à Haulx; et fut conduicte jusques hors de la ville par Sadicte Majesté, et par les archiducz d'Austrice, ses nepveurs, jusques à Mons, et par le duc d'Arschot jusques aux limites du pays de France.

Le mardy, 4ᵉ, arriva audict Bruxelles la duchesse de Lorrayne, niepce de Sa Majesté, laquelle fut logée en court.

Et le mercredy, 5ᵉ, elle partist et alla après la royne de France, sa tante, laquelle elle atteignist encore audict Mons[1]. Et le vendredy, 7ᵉ, revint à Bruxelles, et avec elle l'évesque de Mez, son beau-frère.

Ledict 4ᵉ furent tenuz les estatz des pays de par deçà.

Le 8ᵉ Sa Majesté fut dormir à Greunendale, et revint le lendemain audict Bruxelles.

Le 19ᵉ la duchesse de Lorrayne print congié de Sa Majesté et se partist pour son retour en Lorrayne. Sa Majesté luy donna ung collier d'or garny de dyamants et grosses perles jusques à la valeur de cincq mil escuz d'or.

Le pénultième Sadicte Majesté fut ouyr les vespres de la Sainct-André en la chappelle en court. L'office fut faict par l'évesque d'Arras, et fut Sadicte Majesté accompaigné de cincq chevaliers de l'ordre de la Thoison d'or, lesquelz disnarent en une table en la mesme chambre où Sa Majesté disnoit. Au semblable feirent les officiers dudict ordre.

Le mardy, 2ᵉ jour de décembre 1544, Sa Majesté, accompaigné de la royne sa sœur et des archiducz d'Austrice, vindrent coucher à Alost, et le mercredy, 3ᵉ, à Gand, où le vendredy, 5ᵉ, la goutte print à Sadicte Majesté, qui luy dura tout le moys de décembre.

Pour la venue de la royne de France, laquelle arriva à Bruxelles au moys d'octobre 1544.

Premièrement, Sadicte Majesté envoya au-devant d'elle, jusques ès limites de ses pays, venant par le Cambrésiz et Cambray, le duc d'Arschot, évesque de Cambray, prince de Cimay et aultres, lesquelz la receurent et conduyrent jusques à Mons en Haynnault; et Sa Majesté, adverty

---

[1] MS. 14641; *laquelle est atteint à Mons* dans les trois autres MSS.

du jour qu'elle debvoit arriver à Valenciennes, envoia au-devant d'elle, en poste, pour la visiter, le prince de Gavre, conte d'Aigmont.

Le 18ᵉ Sadicte Majesté se partist de Bruxelles et la vint recepvoir à demye-lieue de Mons en Haynnault. Par ensemble arrivarent audict Mons : auquel lieu Sadicte Majesté luy donna à soupper; et estoit la table de trois platz, laquelle fut servye : le premier plat par le maistre d'hostel de Sa Majesté et les gentilzhommes de sa bouche; le deuxième plat fut servy par ung maistre d'hostel de la royne de France et par ses paiges, et le troisième par don Joan Manricque, gentilhomme de la bouche de l'Empereur et les paiges de Sadicte Majesté. Et le lendemain le disner au mesme lieu au semblable. Et vindrent coucher ladicte royne de France à Soignies, où elle treuva la royne d'Hongrie, sa sœur, qui la deffroia à soupper; et Sa Majesté vint coucher à Breyne; et le lendemain ladicte royne d'Hongrie leur donna à disner à toute la compaignie à Nostre-Dame de Haulx, et vindrent Sadicte Majesté et la royne d'Hongrie coucher à Bruxelles. Et le lendemain arriva audict Bruxelles la royne de France, laquelle Sadicte Majesté deffroia en la manière que s'ensuyt.

Premièrement, pour sa personne, dames, damoiselles et officiers, furent logez tous en court : lequel logis estoit préparé et meublé bien richement, et luy fournissoit-l'on les platz suyvans, tant qu'elle y fut, ordinairement :

Et premiers, le plat de la royne.

Trois platz pour les dames.

Trois platz pour les filles.

Deux platz pour les maistres d'hostel.

Ung plat pour les femmes de chambre.

Quatre platz pour les femmes des dames.

Ung plat pour les femmes des filles.

Ung plat pour les varletz de chambre, maistre et varletz de la garde-robe.

Ung plat pour le trésorier de la chambre aux deniers, contrerolleur, clercqz d'office et d'argenterie.

Les gentilzhommes servans vivent de la desserte de la royne, et ont pain et vin à part.

Le confesseur a ordinaire à part.

Le médecin a ordinaire à part.

L'appoticaire a ordinaire à part.

Officiers.

Ung plat pour les officiers de la panneterie.

Ung plat pour l'escuyer de cuisine et officiers de bouche.

Deux platz pour l'escuyer et officiers de la cuisine de commung.

Les officiers de la panneterie et eschansonnerie de commung vivent de la desserte des deux platz des maistres d'hostel, et ont livrée de pain et vin à part.

Les varletz de la fourrière servent les femmes de chambre et vivent de leur desserte, et ont pain et vin à part.

Les tappissiers servent les femmes des dames et vivent de leur desserte, et ont pain et vin à part.

Le mareschal des dames et chascune dame ont serviteurs qui les servent et vivent de leur desserte, et ont pain et vin à part.

Aulcuns qui servent les femmes des filles et vivent de leur desserte, et ont pain et vin à part.

Les gens des deux maistres d'hostel ont chascun livrée à part.

Les capitaines des muletz et du chariot et le portier ont livrée du pain et vin.

Les quatre lavandières ont chascune livrée à part.

Les paiges de la royne ont deux platz deffroiez en la cuisine.

Dames qui ont train, qui ne sont deffroiées de la royne.

Madame la duchesse d'Estampes.

Madame la contesse de Vertu.

Mesdamoiselles de Pontieure et de Martigues.

Madamoiselle de Rieux.

Madamoiselle de Bressieure.

La contesse d'Antremont.

Madamoiselle de Gernac.

Madamoiselle de Marcy, madame de Lestrange et madame d'Arpejon.

Pour fournir les platz ci-dessus nommez, se livreront journellement ce qui s'ensuyt aux officiers et offices de la royne de France par les officiers de Sa Majesté :

Premièrement, par ceulx de la panneterie de l'Empereur se délivreront à ceulx de la royne de France soixante-douze douzaines de pain, à x onces. A vi den. le pain, la douzaine revient à vi s. : xxi ℔. xii s.

Vingt livres de beure fraiz, lx s.
Sel blancq, x s.
Ung quartier de permisan [1], iii ℔.
Six fromaiges de Hollande, ii ℔. vii s.
Six fromaiges de Nivelle, xii s.
Six fromaiges blancqz, xvi s.
Deux lotz d'huille d'olive, xx s.
Salades et radis, xviii s.
De toute sorte de fruitz, que poirres que pommes, iii ℔. xviii s.
Trois cens neiples [2], xxiiii s.
Deux cens pommes de coing, ii ℔. viii s.

Eschansonnerie.

Vin blancq, vin cléret, most [3], malvisée [4], vin de Sainct-Martin, environ six aimes par jour, et cervoise. Peult venir par jour le vin, à vi s. le lot : cxxx ℔.

De l'espicier.

Sucre, roisins, espices pour les cuisines, et fructerie. Par jour, xii ℔.

Du potaigier.

Herbaige, postageries. Par jour, xii ℔.

De la saulserie.

Vinaigre, verjuz, saulse. Par jour, viii ℔.

---

[1] *Permisan*, parmesan.
[2] *Neiples*, pour *nèfles*.
[3] *Most*, moût, vin nouveau.
[4] *Malvisée*, malvoisie.

Des bouchiers les jours de chair.

En boeuf, mouton, veau, cabri, volaille, lard, gibier. Par jour, ıı^c ℔.

Des poissonniers.

Le jour de poisson, tant d'eau doulce que de mer, ııı^c ℔.

Du trippier.

En saulcisses, trippes, pieds, testes et andouilles. Par jour, vııı ℔.

Du pasticier.

Pour les façons des pâtisseries, par jour, ıııı ℔.

De la fourrière.

Bois, fagotz pour les chambres, salles et offices. Par jour, vııı ℔.

Du buissier [1].

Bois et charbon pour les cuisines. Par jour, vıı ℔.

De la cérerie.

En torches, flambleaux, chandelles, de cyre blanche et de suif, par jour, xxvıı ℔., asçavoir : cent quatre livres de cyre jaulne, à v s. la livre; sept livres de cyre blanche, à ıx s. la livre; trente-cinq livres de suif, à ıı s. la livre.

Se donnoit, par jour, en la cuisine de ladicte royne, pour sa bouche, cent vingt-huict livres de boeuf, à ı s. ııı d. pièce.

Deux moutons et ung quartier, à xLıııı s. pièce.

---

[1] *Buissier*, bûcher.

Ung veau, v livres.
Deux couchons, à x s. pièce.
Deux chappons gras, à xv s. pièce.
Dix-huict pouletz, à III s. pièce.
Quatre perdris, à VII s. pièce.
Quatre bécasses, à IIII s. pièce.
Deux levraulx, à x s. pièce.
Quatre lappins, à II s. VI d. pièce.
Deux pans ou faisans, à XL s. pièce.
Deux douzaines de cailles ou de torterelles, à II s. pièce.
Oultre entrée de table, que s'entend trippes, souppes, os à moille, lard, beure, oeufz, graisse, sucre, fruict de four, gellées et blancq-mangé.
En la cuisine de commung de ladicte royne se livroit, les jours de chair :
Demy-boeuf.
Dix-huict moutons.
Trois veaux.
Douze couchons ou oysons.
Soixante chappons.
Quatre douzaines de pouletz et pingeons.
Quarante gibiers, assavoir : levraulx, lappins, perdris, bécasses et aultres manières de pâtisseries, trippes, os à moille, graisse, lard, beure, oeufz, potageries, succre, espices et fruictz de four.
Oultre tout ce, se servoit journellement pâtez de pans, faisans, gélines, dindes, butours[1], hairons[2] et cygnes.
Les jours de poisson se servoit, èsdictes cuisines, pour fournir èsdicts platz :
Saulmon fraiz, à VIII s. la livre.
Saulmon salé, à III s. la livre.
Aloze, à III s. VI d.
Elbout[3], à VI s.
Ung turbot, XXXVI s.

---

[1] *Butours, butors*, gros oiseaux de proie vivant dans les marécages.
[2] *Hairons*, hérons.
[3] *Elbout*, du flamand *heylbot*, flétau, flaiteau.

Ung cabilleau, xxx s.
Ung merlan, iii s.
Ung plays ¹ secq, vi d.
Une livre de marsouin, x s.
Ung cent d'harens, xxxii s.
Ung cent de soretz, xxxii s.
Ung stocvis, vii s.
Ung haren frès, i s.
Cent crabbes de mer, xxx s.
Cent escrevisses, xxx s.
Ung escrefin ², v s.
Ung plays frais, vi s.
Ung bouttequin (?) ³ frais, ii s. vi d.
Ung merlan, viii s.
Ung poste (?) ⁴ de mer, ii s.
Une grande soeule ⁵, xv s.
Ung rouget, xxv s.
Ung hotin (?) ⁶, ii s.
Une livre d'esturgeon frais, xx s.
Ung cent de spirincs ⁷, xx s.

Poisson d'eau doulce.

Ung lamprion ⁸, iii s.
Cent oustres ⁹, iiii ℔.
Une carpe, iii s.
Ung grand brochet, xxx s.

---

¹ *Plays*, plie.

² *Escrefin*, éclefin.

³ MSS. de l'Arsenal et de Reims; *ung bottlin* dans le MS. 14641 de la Bibliothèque royale; *uhg botte* dans le MS. 15869.

⁴ MSS. de l'Arsenal, de Reims et 15869 de la Bibliothèque royale; *ung poast* dans le MS. 14641.

⁵ *Soeule*, sole.

⁶ MSS. de l'Arsenal, de Reims et 15869; *ung trottin* dans le MS. 14641.

⁷ *Spirincs*, du flamand *spiering*, éperlan.

⁸ *Lamprion*, lamproyon, lamprillon.

⁹ *Oustres*, du flamand *oesters*, huîtres.

Ung moyen brochet, xv s.
Ung lanseron ¹, IIII s.
Une brasme ², IIII s.
Une vandoise, IIII s.
Une anguille, XII s.
Une truicte vive, VI s.
Une pinte de grondelins (?) ³, XII s.
Une gelte d'huille, XII s.
Ung pasté de truites, XX s.
Ung pasté de rougets, XXX s.
Ung pasté de marsouin, LX s.
Ung pasté d'umbre ⁴, VI s.
Ung pasté de saulmon, XXV s.
Ung pasté de soeulle, XII s.
Ung pasté d'esturgeon, V ℔.
Ung pasté de carpe, VI s.
Ung pasté de chien de mer, LX s.
Ung pasté d'anguilles, XII s.
Ung pasté de barbeaux, X s.

Les jours de poisson estoit servy, à la cuisine de ladicte royne, de tous ces poissons dessus nommez; et pouvoit monter la despence de bouche, l'ung pourtant l'aultre, à . . . . ⁵.

Laquelle dura treize jours, y non comprins les festins, que furent cincq, dont ceulx de la ville de Bruxelles en feirent ung et la royne d'Hongrie quatre. Nonobstant iceulx, l'on fournissoit tousjours lesdicts platz. Et ne sont icy comprins les despens des chevaulx, fraiz faictz hors de la court, ny fraiz de joustes, masques, tournoys, combatz, escarmouches et autres passe-temps qui se feirent durant que ladicte royne demoura audict Bruxelles et jusques qu'elle s'en retourna, conduicte par Sadicte Majesté

---

¹ *Lanseron.* On trouve dans Laveaux *lanson,* « petit poisson de mer dont les morues se nourrissent. »
² *Brasme,* brame, brême.
³ MSS. de l'Arsenal et de Reims; *une pinte des grondoles* dans le MS. 14641; *une pinte de grondelus* dans le MS. 15869.
⁴ *Umbre,* umble. On écrit souvent *ombre.*
⁵ En blanc dans les quatre MSS.

jusques hors de la ville, et par les archiducz d'Austrice, ses nepveurs, jusques à Mons, et par les duc d'Arschot, prince de Cimay et aultres jusques aux limites du pays.

Oultre tout ce, Sa Majesté feit des présens à la royne de France, sa sœur, et aux dames de France, jusques à la valeur de cincquante mil escuz d'or, tant en bagues que en pièreries.

Le 4ᵉ de novembre arriva audict Bruxelles la duchesse de Lorrayne, laquelle fut logée en court et deffroyée par Sa Majesté, asscavoir tout entièrement et son train, jusques le 19ᵉ dudict moys, qu'elle partist pour son retour en Lorrayne.

1545. Le joeudy, premier de janvier 1545, stil de Rome, Sa Majesté à Gand, ayant la goutte.

Et le 15ᵉ Sadicte Majesté partist et vint coucher à Terremonde.

Le 16ᵉ à Bruxelles.

Le dernier audict Bruxelles.

Le dymenche, premier jour de febvrier 1545, à Bruxelles, Sa Majesté ayant la goutte. Ledict jour fut faict une jouste en court de laquelle furent entrepreneurs le conte d'Aigmont et le seigneur d'Arbaix¹, voulans prendre² le dieu d'Amour, lequel fut si bien deffendu des adventuriers, qu'il ne fut perdu. Et le soir furent donnez les prix : le premier audict comte d'Aigmont, pour avoir plus rompu de lances; le second au nain de Sa Majesté, pour avoir esté le premier sur les rengz et le plus galand.

Le 10ᵉ de ce moys Sa Majesté encommença à faire la diette et prendre le bois des Yndes; et pour ce que Sadicte Majesté ne pouvoit si promptement aller à Wormes, détermina y envoier devant le seigneur de Grandvelle, pour encommencer tousjours et entamer les affaires de la diette : lequel partit de Bruxelles le 20ᵉ dudict moys.

Dymenche, premier jour de mars 1545, Sadicte Majesté à Bruxelles. Et le mardy, 15ᵉ, Sa Majesté acheva sa diette.

Le 18ᵉ le cardinal de Meudon, les seigneurs de Laval, de la Hénaudée, hostagiers françoys, disnarent avec la royne, [et l'après-diner prindrent

---

¹ D'Herbais.
² MSS. de l'Arsenal et de Reims; *pendre* dans le MS. 14641; *perdre* dans le MS. 15869.

congié de Sa Majesté et de ladite royne]¹ ; et le dymenche, 29ᵉ, jour de Pasques flories, se partirent pour leur retour en France.

Le premier jour d'apvril 1545, par ung merquedy, Sa Majesté à Bruxelles.

Le 7ᵉ Sadicte Majesté partist de Bruxelles, vint coucher à la Veuere ², qu'est en la forest de Soignes.

Le 9ᵉ coucher à Malynes, où estoient les archiducz d'Austrice dès le 7ᵉ dudict mois, dont l'aisné, nommé Maximilian, estoit malade d'une fiebvre tierce. La royne d'Hongrie vint treuver Sa Majesté en chemin près de Vilvorde, et par ensemble entrarent à Malynes.

Le 15ᵉ le cardinal de Cueba ³ vint en court, que fut la première foys depuis sa création.

Le 19ᵉ Sa Majesté et la royne partirent de Malynes et, laissant les archiducz, vindrent coucher à Anvers.

Estant Sa Majesté audict Anvers, fut adverty de la venue du duc d'Orléans; envoia le duc d'Arschot le recepvoir à Mons et le conduire à Malynes, où il fut receu par l'archiduc Fernande et vint descendre au logis de l'archiduc Maximilian, et conduict par ledict duc d'Arschot en Anvers : au-devant duquel furent, de la part de Sa Majesté, le prince de Gavre et le duc Fernandino ⁴, le comte de Bure et plusieurs aultres; et vint descendre au logis de Sa Majesté, lequel le receut au bas des degrez; et par ensemble montarent en hault. Après fut conduict au logis de la royne.

Cedict jour, sur le soir, entrarent en Anvers lesdicts archiducz. Et le lendemain Sa Majesté fut ouyr la messe à Nostre-Dame, accompaigné des archiducz d'Austrice, duc d'Orléans et aultres princes.

Et le pénultième dudict moys Sadicte Majesté, la royne, lesdicts archiducz et duc d'Orléans vindrent coucher à Lyère.

Et le dernier jour Sa Majesté et les archiducz d'Austrice vindrent coucher à Diest, et la royne et duc d'Orléans furent disner à Malynes et coucher à Bruxelles : duquel lieu ledict duc d'Orléans partist le 2ᵉ de may pour son retour en France.

---

¹ Le passage entre crochets est emprunté au MS. 15869; il n'est pas dans les MSS. de l'Arsenal et de Reims. Dans le MS. 14641 on lit : « et après disner prindrent congié de Sa Majesté. »
² Tervuren.
³ Bartolomé de la Cueva, évêque de Cordoue, fait cardinal par Paul III, l'année précédente.
⁴ Le duc de la Fernandina.

Le premier jour de may 1545 furent célébrez vigilles audict Diest, et le lendemain la messe, pour la feue impératrice. Lequel jour Sadicte Majesté vint coucher à Curinghe¹, maison à monsieur de Liége.

Et le dymenche, 3ᵉ, Sa Majesté vint coucher à Mastrich.

5ᵉ à Aix.

6ᵉ à Juilliers.

7ᵉ à Coulongne.

9ᵉ à Boena², maison à monsieur de Coulongne.

10ᵉ à Andrenach.

11ᵉ à Covelans³, maison de monsieur de Trèves.

12ᵉ à Symmere⁴, maison au duc Jehan de Bavière.

13ᵉ à Crusenach, et le 14ᵉ.

15ᵉ à Halsem⁵, maison du conte palatin, électeur, où vint le roy des Romains, frère de Sadicte Majesté.

16ᵉ par ensemble vindrent à Wormes.

Et le 17ᵉ entra audict Wormes le cardinal Farnèze, au-devant duquel estoit allé le roy des Romains, accompaigné des archiducz ses fils et plusieurs aultres. Cedict jour Sadicte Majesté avoit ouy la messe en la grande église, accompaigné du roy son frère.

Le 19ᵉ ledict cardinal vint vers Sa Majesté, conduict par l'évesque d'Arras et le seigneur de Bossu, grand escuyer.

Le 20ᵉ furent vers Sa Majesté les députez des électeurs, prélatz et estatz de l'Empire.

Et le jour de la Penthecouste Sa Majesté fut ouyr le service en la grande église, accompaigné du roy son frère, des archiducz d'Austrice, du cardinal Farnèze, des commiz, députez et estatz de l'Empire. L'office fut faict par le cardinal d'Ausbourg.

Le 27ᵉ le cardinal Farnèze fut vers Sadicte Majesté et print congié, et partit à mynuict en poste en habit dissimulé, conduict par le capitaine Madruche⁶.

---

¹ Curange.
² Bonn.
³ Coblence.
⁴ Simmern.
⁵ Alzei.
⁶ Madrutz.

Le 28ᵉ Sa Majesté fut à la chasse à Nieuslot¹, où il demoura jusques le pénultième, qu'il revint à Wormes.

Le 9ᵉ de juing le conte palatin, électeur, arriva audict Wormes, et le 10ᵉ fut vers Sa Majesté. Lequel jour les ambassadeurs du roy de France eurent audience publicque en la maison de la ville devant les commiz des estatz de l'Empire pour la diette impériale tenue cedict an et temps audict Wormes.

Le 15ᵉ, estant Sa Majesté à Nieuslot à la chasse, maison au conte palatin, électeur, à trois lieues de Wormes, eust nouvelles de la mort du duc de Lorrayne², mary de sa niepce, auparavant vefve du duc de Milan.

Le merquedy, premier jour de juillet, Sa Majesté audict Wormes.

Le 7ᵉ Sadicte Majesté eust nouvelles que sa niepce³, fille aisnée du roy des Romains et femme du prince de Polonye, estoit morte.

Le 18ᵉ arriva audict Wormes le marquis del Gasto, gouverneur pour Sa Majesté de l'Estat de Milan.

Et le dymenche, 19ᵉ, en la grande église dudict Wormes, furent dictes vigilles, et le lendemain la messe, pour la feue princesse de Polonye, où furent assistans le roy des Romains, son père, les archiducz d'Austrice, ses frères, l'Empereur, les députez des électeurs, les ambassadeurs du pape, France, Angleterre, Portugal, Polonye et Venise, et plusieurs aultres princes et prélatz. L'office fut faict par le cardinal d'Ausbourg, évesques de Wursembourg⁴ et d'Arras. A l'offertoire alla premier le roy, les archiducz, puis Sa Majesté; et luy fut porté l'offrande par le conte palatin, électeur.

Le mardy, 21ᵉ, Sa Majesté, le roy son frère et les archiducz ses nepveurs furent veoir la princesse de Dannemarcque, femme de l'électeur palatin et niepce de Sadicte Majesté. Estant là, arriva ung gentilhomme, nommé Ruy Gomès, venant en poste d'Espaigne, lequel vint descendre au logis de ladicte princesse, apportant nouvelles à Sa Majesté comme la princesse d'Espaigne, belle-fille de Sadicte Majesté⁵, estoit accouchée d'ung filz le 7ᵉ dudict

---

¹ Newschloss.
² François, 1ᵉʳ du nom, mort à Remiremont le 12 juin 1545.
³ Élisabeth d'Autriche, qui avait épousé, en 1543, Sigismond, prince de Pologne.
⁴ Wurzbourg.
⁵ Marie de Portugal.

moys¹ : dont Sadicte Majesté fut fort joyeulx, et en feit-l'on la nuict des feuz de joye. Et le lendemain l'on chanta en court, en la chappelle, *Te Deum laudamus* et une messe de la Trinité, à laquelle furent présens le roy des Romains, les archiducz, le cardinal d'Ausbourg et plusieurs aultres.

Le joeudy, 23ᵉ dudict moys, entra audict Wormes le prince de Piedmont², filz unicque du duc de Savoye, nepveur de la feue impératrice, au-devant duquel furent, de la part de Sa Majesté, le seigneur de Bossu, grand escuyer, le prince de Gavre, conte d'Aigmont, le maistre d'hostel de Sa Majesté don Joan Manricque et plusieurs ducz, marquis, seigneurs et gentilzhommes ; et vint descendre en court faire la révérence à Sadicte Majesté; puis après fut vers le roy des Romains, et, ce faict, s'en retourna en son logis.

Cedict jour le conte palatin, électeur, feit ung bancquet en son logis, où furent Sa Majesté, le roy des Romains, les archiducz d'Austrice, le prince de Piedmont, le marquis del Gasto, le duc de Fernandin et plusieurs aultres, la princesse de Dannemarcque, femme dudict électeur, madamoiselle de Bavière et aultres dames.

Le joeudy, pénultième dudict moys, se partist le roy des Romains dudict Wormes, avec luy l'archiduc d'Austrice, son aisné filz, pour leur retour en Bohême.

Et le joeudy, 30ᵉ, Sa Majesté eust nouvelles comme la princesse d'Espaigne, sa belle-fille, quatre jours après avoir enfanté, rendit son âme à Dieu.

Le vendredy, 7ᵉ jour du moys d'aoust 1545, Sa Majesté se partist de Wormes, accompaigné de l'archiduc d'Austrice³, du prince de Piedmont, ses nepveurs, et plusieurs aultres, et vindrent disner et coucher à Alse⁴. Cedict jour partirent dudict Wormes les députez des estatz de l'Empire, et le marquis del Gasto pour Italye.

Le 8ᵉ Sa Majesté vint coucher à Bignes⁵.

Le 9ᵉ Sa Majesté se meit sur la rivière le Rhin, et vint coucher à Cou-

---

¹ Ce fut le 8 juillet, à minuit, que la princesse accoucha. Voy. *Don Carlos et Philippe II*, 2ᵉ édition, p. 2.

² Emmanuel-Philibert.

³ Ferdinand.

⁴ Alzei, comme il est dit plus haut.

⁵ Bingen.

longne, que font vingt-deux lieues d'Allemaigne : où il demoura jusques au 17ᵉ.

Le 12ᵉ vint audict Coulongne le duc de Clèves.

Le 15ᵉ Sa Majesté fut ouyr la messe à la grande église dudict lieu. Et l'après-disner vint vers Sadicte Majesté l'évesque dudict Coulongne, électeur, estant, pour ce temps présent, des protestans, lequel heut audience, puis s'en retourna coucher à Boene par eau.

Le lundy, 17ᵉ dudict moys, Sadicte Majesté vint disner à Hissendurs [1], coucher à Juilliers.

Le 18ᵉ disner à Herffogheraert [2], coucher à Mastrich.

Le 19ᵉ disner à Tongres, coucher à Sentron [3].

Le 20ᵉ disner à Tilmont [4], coucher à Louvain, où il treuva la royne régente des pays d'embas, sa sœur, accompaignée du duc d'Arschot, des princes d'Orenges, de Cimay, contes du Reux et de Lallaing, admiral de Flandres, marquis de Berghes et plusieurs aultres seigneurs du Pays-Bas, de la princesse d'Orenges et plusieurs dames.

Le 21ᵉ tout le jour à Louvain.

Le 22ᵉ Ses Majestez vindrent par ensemble à la Vure, où ilz sont demourez jusques au 25ᵉ, qu'ilz sont arrivez à Bruxelles.

Le 26ᵉ, environ les quatre heures après disner, Sa Majesté, accoustré en robbe de doeuil, le chapperon sur l'espaule, accompaigné de l'archiduc d'Austrice, prince de Piedmont, duc d'Arschot, princes de Gavre et de Cimay, contes de Bure, de Reux et de Lallaing et plusieurs aultres seigneurs, est venu à Saincte-Goele, où l'on a dict vigilles pour l'âme de la feue princesse d'Espaigne, belle-fille de Sadicte Majesté, et le lendemain les messes. Ladicte église estoit tendue toute de noir de quatre pourfondeurs de drap, ung velour tiré par dessus, chargé d'escussons aux armes de ladicte dame deffunte, et par dessus une lambourde de bois toute chargée de chierges. Au chœur d'icelle église estoit la chappelle ardente bien triumphante, et aux quatres coings les armes des quartiers de ladicte dame deffuncte, que sont Portugal, Arragon et Castille.

[1] Dusseldorf.
[2] Herzogenrath.
[3] Saint-Trond.
[4] Tirlemont.

Le 8ᵉ du mois de septembre, estant Sa Majesté à Bruxelles, eust nouvelles comme la duchesse de Camerin, sa fille, estoit accouchée à Rome de deux filz [1].

Le 9ᵉ dudict moys la royne régente donna à disner à Sa Majesté à l'Estackette, qu'est en la forest de Soignes, et à toute la compaignie, avec le passe-temps de la chasse; et puis revindrent coucher audict Bruxelles.

Le 11ᵉ Sa Majesté fut adverty, par son ambassadeur estant vers le roy de France, que le duc d'Orléans, ayant prins la fiebvre, estoit mort, le 9ᵉ jour de cedict moys, de peste, ayant esté malade sept jours. Et le 25ᵉ Sa Majesté feit faire les vigilles, et le 26ᵉ la messe, pour ledict duc d'Orléans, en l'église de Saincte-Goele, où Sadicte Majesté fut en personne, accompaigné de plusieurs princes, ducz et seigneurs, et accoustré en longue robbe de doeuil, le chapperon sur l'espaulle. Ladicte église fut toute tendue de trois pourfondeurs de drap et le chœur de quatre, ung velour noir par dessus, chargé de blasons aux armes de France, avec les lambeaux [2] et le chapperon de duc dessus; la chappelle ardente fut triumphante. Sur la représentation du corps estoit la cotte d'armes, l'espée et chappeau de duc, et au pied d'icelle chappelle le heaulme et escu en ung rattelier, et les quatre quartiers, que sont d'Angoulesme, France, Savoye et Bretaigne, aux quatre cantons d'icelle chappelle.

Le dernier jour, estant Sa Majesté à la chasse, vindrent nouvelles de la mort du cardinal de Mayence, électeur, qui estoit de ceulx de Brandenbourg [3].

Le joeudy, premier jour d'octobre 1545, Sa Majesté à Bruxelles.

Le joeudy, 15ᵉ, à la Vure.

Le samedy, 17ᵉ, à Malynes, jusques le joeudy.

Le 22ᵉ à Terremonde.

Le 28ᵉ à Gand jusques le 2ᵉ de novembre.

Le lundy, 2ᵉ jour de novembre, Sa Majesté à Escloz [4].

Le 3ᵉ à Bruges, où estoit arrivé l'évesque de Vinnprestre [5], anglois, pour

---

[1] L'un de ces jumeaux fut le célèbre Alexandre Farnèse. L'autre vécut peu de temps.

[2] *Lambeaux*, lambels.

[3] Albert IV de Brandebourg, mort le 24 septembre 1545.

[4] Eecloo.

[5] Winchester.

estre, de la part du roy son maistre, à traicter avec les Françoys, dont Sa Majesté estoit médiateur.

Et le samedy, 7e, arrivèrent audict Bruges l'admiral[1] et chancelier de France[2], pour entendre, de la part du roy de France, leur maistre, audict traité. Furent commis, de la part de Sa Majesté, pour ouyr les parties, débatre leurs différends et en faire rapport à Sadicte Majesté, les seigneurs de Grandvelle, Praet et président Schore, lesquels se treuvoient journellement en court, en une chambre où venoient les ambassadeurs de France, et après ceulx d'Angleterre; et le soir lesdicts seigneurs faisoient rapport à Sadicte Majesté. Et dura leur communication jusques le lundy, 16e, que Sa Majesté partist de Bruges, vint coucher à Eescloz.

Le 17e à Baulo[3].

Le 18e à Anvers. Et vindrent lesdicts seigneurs ambassadeurs et commiz desdicts roys, continuant leur communication journellement jusques le 24e, que les ambassadeurs de France furent prendre congié de Sadicte Majesté, et se partirent le 25e, sans riens conclure, pour leur retour en France.

Le mardy, premier jour de décembre 1545, Sa Majesté partist d'Anvers, vint coucher à Masle[4].

Le 2e coucher à Turnault[5], la royne avec luy.

Le 3e Sa Majesté vint coucher à Becke[6].

Le 4e à Boisleduc, où le print la goutte; et y demoura jusques le 28e.

Et le 15e dudict décembre Sa Majesté eut nouvelles que la trefve estoit accordée entre luy et le Turcq pour ung an; et, au cas que Sadicte Majesté la voulsist accepter en la sorte qu'elle estoit articulée, elle estoit pour sept ans.

La royne et les chevaliers de l'ordre, qui avoient prins leur chemin par aultre coustel, estoient arrivez à Utrecht, où Sadicte Majesté avoit prins jour pour tenir l'ordre de la Thoison d'or et chapitre général pour

[1] D'Annebaut.
[2] Olivier.
[3] A l'abbaye de Baudeloo.
[4] Oost ou West-Malle.
[5] Turnhout.
[6] Welde.

pourvoir les places qui estoient vacantes et créer nouveaulx chevaliers dudict ordre. Auquel jour Sadicte Majesté n'y peust estre pour son indisposition de la goutte, et fut prolongué jusques au 3ᵉ de janvier ensuyvant, en l'an 1546, stil de Rome.

Le 28ᵉ de décembre Sa Majesté partist de Boisleduc, vint coucher à Bommel, première ville de la duché de Gheldres; et le vint recevoir, au passaige de la Meuse, qu'est limite d'entre la duché de Brabant et celle de Gheldres, le conte d'Hoochstrate, gouverneur dudict pays de Gheldres pour Sadicte Majesté, et, à demye-lieue de la ville, les habitans d'icelle en armes.

Le 29ᵉ Sa Majesté passa la rivière de Valle[1] et vint disner à Bure, où le conte de Bure le festoya et toute la compaignie fort bien. [C'est une bien belle et forte maison et bien équippée de artillerie, meubles et munitions autant que maisons de seigneurs du pays de par deçà, et a, tout le temps passé, tenu tousjours bon contre les Gheldroys, lors ennemis de la maison de Bourgongne, estant assise au milieu du pays de Gheldres, et voyant, à l'entour de ladicte maison, à une lieue à la ronde de la dôme du chasteaul, cincquante clochiers, tous ennemys du temps des guerres[2].]

Après disner Sadicte Majesté vint coucher à Vict[3], passé le Rhin, qu'est au pays d'Utrecht.

Le 30ᵉ à Utrecht, et le dernier jour dudict mois, où il tint conseil avec les chevaliers de l'ordre, et résolut de tenir l'ordre et chapitre de la Thoison d'or, et commencer le samedy, 2ᵉ jour de janvier.

Mémoire de ce qu'il semble se debvoir faire pour le service de la Thoison d'or.

Premièrement, ce que touche l'église se remectra à l'aulmosnier quant à la chappelle, et luy sera déclairé le jour que le service commencera ; quant à la reste, des aornemens et accoustremens de l'église, se remectra aux officiers de l'ordre, comme chancelier, trésorier, Thoison d'or et greffier

[1] Wahal.
[2] Le passage entre crochets est tiré des MSS. de l'Arsenal et 15869. Il n'est pas dans le MS. de Reims. Le MS. 14641 en contient une partie seulement.
[3] Wyk by Duurstede.

dudict ordre, lesquels seront assistez des officiers de la maison de Sa Majesté, s'ilz en ont besoing.

Le disner se fera en la grand'salle, où que la table se couvrira comm'il est de coutume.

Le plat de Sa Majesté sera servy par monsieur le duc d'Alve, grand maistre d'hostel, et messieurs les maistres; et porteront la viande les gentilzhommes de la bouche.

Assisteront audict service héraulx, massiers et trompettes : de quoy sera advisé le grand escuyer, pour leur dire et commander de ce faire.

Semblablement au grand aulmosnier, pour avoir les chantres, afin qu'ilz se treuvent en ladicte salle durant le disner

Le mesme se fera de tous aultres instrumens que icy se pourront treuver.

La reste des platz des chevaliers de l'ordre seront serviz, le jour de la Thoison, par leurs mesmes maistres d'hostel et leurs gens, pour ayder au service, ausquelz il sera signiffié, pour y remédier en cas qu'ilz en eussent faulte.

Les chevaliers auront aussi chascun ung de leurs gentilzhommes pour leur donner à boire, et treuveront couppes et verres au buffet.

Les officiers ordinaires de Sa Majesté auront charge de servir ce jour-là, chascun conforme à leur office.

La panneterie, de couvrir les tables et avoir regard qu'ilz soyent pourveuz de linges, pain, fruict, oblies, biscuyt et aultres choses deppendantes du service de leur office.

Les aultres offices semblablement, et pour ce jour-là leur est consentu de prendre gens pour les assister en ce qu'ilz auront de besoing.

Le plat des prélatz, qui sera en une aultre salle, se servira par aulcung gentilhomme de Sa Majesté qui sera advisé.

Le plat des officiers de l'ordre, qui sera en la mesme salle de Sa Majesté, se servira par l'escuyer de cuisine, lequel prendra gens pour l'assister ainsi que bon luy semblera.

L'on a regardé place où que mangeront les gentilzhommes et aultres qui auront servy lesdicts chevaliers.

Semblablement s'est ordonné la manière pour retirer la viande et de garder la vaisselle.

Il sera signiffié aux capitaynes et lieutenans des gardes se treuver en personne ledict jour, tant en l'église que aultre part, faire que ceulx des gardes gardent les portes, et prendre garde tant sur la vaisselle que aultres choses, afin que rien ne se perde. Et ordonneront lesdicts capitaynes et lieutenans aux compaignons de leur garde d'obéyr à ce que leur sera commandé, à cause de ladicte feste, pendant lesdicts trois jours, et leur dire que nul d'eux ne se mecte dedans le chœur de l'église ny dedans les salles, pour non y donner empeschement.

Il sera ordonné à tous gentilzhommes, officiers et aultres de la maison de Sa Majesté, de la part de monsieur le grand maistre, de non entrevenir à donner empeschement, tant à l'église que au service du disner ny aultre part.

L'on advertira les ambassadeurs de se treuver en l'église; et treuveront leurs places prestes, où ilz seront conduictz avant que Sa Majesté entre.

Le jour de la Thoison et le lendemain, le seigneur de Tyan, le seigneur de Martigny donneront à laver aux chevaliers de l'ordre; le seigneur de Beaufort, le seigneur d'Oignies donneront la serviette.

Et après les gentilzhommes dessusnommez porteront à chascun trensoir[1], cousteau et pain conforme que lesdicts chevaliers seront assiz; et le mesme feront-ilz lundy, second jour, que les chevaliers disneront à une table à part.

Sera servy le premier plat desdicts chevaliers de l'ordre par ung gentilhomme de la maison, ayant huict coustiliers pour porter la viande, qui se nommeront par monsieur le grand maistre;

Le second plat par ung gentilhomme de la maison avec huict paiges de Sa Majesté;

Le troisième idem.

Le plat des officiers de l'ordre se servira comme le jour précédent.

Le plat des prélatz se servira par ung gentilhomme de la maison, et pourra prendre pour l'assister huict lacquetz ou huict archiers de Sa Majesté.

Les gentilzhommes qui auront servy lesdicts chevaliers pourront estre servyz par ung officier qui sera nommé et aultres qu'il prendra pour l'assister.

---

[1] *Trensoir,* tranchoir.

Pour le premier plat, le jour de la Thoison.

Bœuf et mouton.
Jambon et langues.
La souppe.
Teste de veaul.
Venoison aux naveaux [1].
Des poix passez.
Veaul routty.
Cigne chauld.
Oison.
Poulle d'Inde.
Pasté de veaul.
Pasté de térine [2] et des entremectz.

Le second plat.

Poictrine de veaul.
Saulcisses rousties.
Trippes.
Costelettes.
Venoison en pottaige.
Pasté de venoison chauld.
Faisan rousty.
Chappon rousty.
Plouviers.
Hairon.
Pasté de perdris.
Poussins roustiz.
Pingeons et des entremectz.

Le troisième plat.

Pan.
Perdris.

---

[1] Venaison aux navets.
[2] MS. de l'Arsenal; *de retine* dans le MS. de Reims; *de destins* dans le MS. 14644 de la Bibliothèque royale; *de letine* dans le MS. 15869.

Sarcelles.
Vulpes [1].
Gelées de couchon.
Pasté de pingeons chauld.
Pasté de hairon froid.
Blancq-mangé.
Gelée clère.
Connins roustiz.
Cannars roustiz.
Pièce de mouton et des entremectz.

Le quatrième plat.

Pasté de poullet d'Inde froid.
Pasté de venoison froid.
Pasté de lièvre.
Pasté de perdris.
Pasté de hairon.
Hure de sanglier.
Cigne froid.
Buterde [2].
Grue.
Pasté de connin.
Pan.
Faisan.

Le cincquième plat.

Trois manières de gelée.
Trois manières de fruict de paste [3].
Trois manières de confictures.
Ung castelinck (?) [4].
Ung flang.

---

[1] *Vulpes*, renard (?), du latin *vulpes*.
[2] *Buterde*, outarde.
[3] *Paste*, pâte.
[4] MSS. de l'Arsenal et de Reims; *ung castellin* dans le MS. 14641; *ung castrelin* dans le MS. 15869.

Une tartre.
Pommes, poires, crues et cuictes.
Annis.
Nepples[1].
Chastaignes.
Froumaige.

Après le tout levé, saulf les nappes.

Oublyes et biscuitz, ypocras blancq et cléret.

A l'entrée de table.

Rousties sèches et malvisée.

Le bancquet de la Thoison d'or tenu à Utrecht le 3e de janvier 1546, stil de Rome.

Ce qu'il fault pour le disner.

Premièrement une pièce de bœuf, pesante seize livres.
Demy-mouton.
Ung quartier de veaul.
Ung couchon.
Une poulle d'Inde.
Ung pan.
Ung faisan.
Ung hairon.
Ung chappon boully avec les os à moile pour la souppe.
Ung chappon rousty.
Deux gelines pour le blancq-mangé.
Quatre poussins.
Quatre pingeons.
Quatre perdris.

---

[1] *Nepples,* nèfles.

Quatre bécasses.
Quatre sarcelles.
Six plouviers.
Douze bégassettes.
Ung lièvre.
Deux connins.
Quatre lappins.
Quatre douzaines d'oiseletz.
Ung pasté de veaul.
Quatre poussins en pasté.
Ung pasté de langue.
Venoison en pottaige.
Ung pasté de cigne.
Moille de bœuf.
Lard.
OEufz.
Bure.
De toutes sortes de potaigeries.
Oranges.
Limons.
Cappes [1].
Olives.
De toutes manières de saulses.

Friambre (?).

Ung jambon.
Deux langues salées.
Une hure.
Ung cigne.
Ung faisan.
Ung pan.
Ung hairon.
Une buterde.

[1] *Cappes*, câpres.

Une grue.
Pasté de lièvre.
Pasté de poulle d'Inde.
Pasté de connin.
Ung pasté de venoison. Le tout froid.
De trois sortes de gelée.
De trois sortes de fritures.
De trois sortes de confictures.
Ung castelinck (?).
Une tartre.
Ung flanq.
Brides à veaul.
Pommes, poires, cuyctes et crues.
Nepples.
Chastaignes.
Froumaige.
Annis.
Biscuyt.
Oblies.
Ypocras blancq et cléret.

Qu'est ung plat; et monte, sans pain et vin, soixante-six livres pour ung plat. Et en fault autant qu'il y a de chevaliers de l'ordre pour le premier jour, ung pour les prélatz et ung pour les officiers dudict ordre.

Et le lendemain lesdicts chevaliers disnent à part, que l'on faict de trois ou quatre platz, selon qu'ilz sont.

Les noms des chevaliers de l'ordre dont les armes sont aux formes du chœur en ce présent chapitre tenu à Utrecht l'an 1546.

En entrant audict chœur, à main droicte, de front, les armes de Sa Majesté.
Puis de flancq suyvoient les armes de
Henry, roy d'Angleterre.
Ferdinande, roy des Romains.

Chrestien, roy de Dannemarcque.
La place du roy Jehan de Portugal.
Frédéricq, conte palatin, électeur.
Philippe de Croy, duc d'Arschot.
Antoine de Croy, seigneur de Sainct-Py.
Don Fernande de Remontfolc [1], duc de Cardonne, trespassé.
Guillaume, seigneur de Rybaulpierre.
Jehan, baron de Traisigny.
François de Melung, conte d'Espinoy.
Don Philippe d'Austrice, prince d'Espaigne.
Don Pedro Hernando de Velasco, duc de Fries, connestable de Castille.
George, duc de Saxe, trespassé.
Regnault, seigneur de Brederode.
Nicolas, conte de Salme.
Jehan de Hainin, seigneur de Bossu.
Charles, conte de Lallaing.
George Schenck, baron de Tautembourg, trespassé.
Andrea Dorya, prince de Melphe.
Don Alonzo d'Avalos, marquis del Guasto.
Maximilian d'Aigmont, conte de Bure.

Et à main gaulche, entrant au chœur, estoit de front ung grand tableau de la divise de Sa Majesté, qu'est *Plus oultre;* et au flancq estoit le premier au reng les armes de

François, roy de France.
Sigismond, roy de Poloingne.
Jacques, roy d'Escosse, trespassé.
Floris d'Aigmont, conte de Bure, trespassé.
Don Joan Manuel, trespassé.
Jacques de Gavre, seigneur de Fresinghes [2], trespassé.
Anthoine de Lallaing, conte d'Hoochstrate, trespassé.
Adolf de Bourgongne, seigneur de Bèvres, admiral, trespassé.
Don Anthoine Manricque de Lara, trespassé.

[1] Don Fernando Ramon Folch.
[2] Fresin.

Pedro Anthonio de Sanceverino, duc de Saint-Marcq, prince de Besignan.
Maximilian de Hornes, seigneur de Gaesbeke, trespassé.
Don Frédéric Henriquez de Cabrera, conte de Módica, trespassé [1].
Jacques de Luxembourg, conte de Gavre, trespassé.
Adrian de Croy, conte de Reux.
Le duc don Fernando d'Arragon.
Philippe, duc de Bavière.
Don Bertrand de la Cuève, duc d'Alberquerque.
Fernande de Gonzague, duc d'Ariano, prince de Molphette.
Claude de la Baulme, seigneur de Sainct-Servin, trespassé.
Anthoine, marquis de Berghes, trespassé.
Loys de Flandres, seigneur de Praet.
Philippe de Lannoy, seigneur de Sainctes, trespassé.
Philippe de Lannoy, seigneur de Molenbaix, trespassé.
Don Francisco de Sunigha, conte de Miranda, trespassé.
René de Chalon, prince d'Orenges, conte de Nassou, trespassé.
Que sont les cincquante chevaliers, desquelz en y a de mortz vingt-deux, lesquelles places seront pourveues en ce présent chapitre.

Vendredy, premier jour de janvier 1546, stil de Rome, Sa Majesté estant en sa cité d'Utrecht, ayant, les ans précédens, nommé et esleu ce lieu pour tenir et célébrer le chapitre général de l'ordre de la Thoison d'or, convocquez tous les chevaliers confrères pour soy y treuver; ayant prins jour certain avec les présens pour commencer icelluy ordre, et ayant receu pouvoir et procuration des absens, fut déterminé que les premières vespres se commenceroient le samedy, 2ᵉ jour dudict moys, où, environ les trois heures après midy, lesdicts chevaliers furent assemblez en court en une chambre ad ce députée, et avec eulx les quatre officiers dudict ordre, asscavoir : chancelier, trésorier, greffier et Thoison d'or, où ilz s'acoustrarent en robbes longues de satin ou de damas rouge, et par-dessus icelles de grandz manteaulx de velour cramoisy doublez de satin blancq, brodez de broderies d'or d'ung pied de large, et ung borlet de chapperon en teste de mesmes, et lesdicts chevaliers leurs grands colliers d'or, y pendant

1546.

---

[1] Ce nom manque dans les MSS. de l'Arsenal et de Reims.

ledict ordre, par-dessus lesdicts manteaulx. Et ainsi accoustrez, vindrent en une salette devant la chambre de Sadicte Majesté, où, eulx arrivez avec lesdicts officiers, sortist incontinent Sadicte Majesté, accoustré comme eulx : où ilz demourarent jusques l'évesque dudict Utrecht, accompaigné des évesques de Cambray, Tournay, Nice, suffragans et huict abbez mitrez, tous revestuz en pontifical, les croix, confanons de toutes les églises et clergé d'icelles furent arrivez en ladicte court. Lors l'on commença à marcher vers l'église cathédrale, tous à pied. Les premiers estoient les prélatz et clergié en procession comme ils estoient venuz. Après suyvoyent tous les gentilzhommes, seigneurs, barons, contes, marquis, princes, tous à pied. Puis suyvoient à cheval les trompettes, héraulx, roys d'armes avec leurs cottes et massiers portant les masses, ausquelz suyvoient Thoison d'or et le greffier dudict ordre, le trésorier et chancelier d'icelluy ordre, accoustrez en leurs manteaux, comme les chevaliers, deux à deux, selon qu'ilz estoient les derniers venuz d'icelluy ordre ; et marchoient les plus nouveaulx les premiers deux à deux, asscavoir : Maximilian d'Aigmont, conte de Bure, et Charles, conte de Lallaing, François de Melung, conte d'Espinoy, et Regnault, seigneur de Brederode, Jehan de Hainin, seigneur de Bossu, et Adrian de Croy, conte de Reux, Jean, seigneur et baron de Traisigny, et Philippe de Croy, duc d'Arschot, tous à cheval. Ausquelz suivoit seul, comme chief et souverain dudict ordre, Sa Majesté ; et à l'entour d'icelle et devant marchoient à pied les maistres d'hostel, capitaynes des gardes et gentilzhommes de la chambre de Sa Majesté ; et derrière venoient à cheval les archiduc d'Austrice [1], prince de Piedmont et duc d'Alve, grand maistre d'hostel ; et les gardes alloient aux aisles ; les archiers de corps derrière en trouppe. Et en ceste sorte cheminarent jusques en ladicte église, laquelle estoit toute tendue de riche tappisserye de l'histoire de Gédéon, qu'estoit toute de fil d'or, de soye et d'argent, et les formes du chœur, le hault de satin cramoisy et le bas de damas cramoisy, et sur icelles les armes de tous les chevaliers, qui sont en nombre de cincquante, et Sa Majesté faict le cincquante et ungnième. Les formes des roys estoient accoustrées avec une queuhe en drap d'or, et la place de Sa Majesté estoit partout, hault et bas, accoustrée de drap d'or frizé, et ung dosseret

[1] Ferdinand.

bien riche sur icelle. Et estoit Sadicte Majesté, entrant au chœur, à main droicte, aux formes de fond.

Et ainsi entrez, et chascun ayant faict une grande révérence à l'aultel et une à Sa Majesté, chascun se meist soubz ses armes en la fourme, et nul aultre. Au-dessus des fourmes estoient, d'ung coustel, la place où estoient les ambassadeurs du pape, France, Angleterre, Portugal, Poloingne et Venize, et à l'aultre coustel, à l'endroict d'eulx [1], estoient les prélatz, chascun assiz selon son degré; et au-dessus de l'entrée du chœur, sur le jubé, estoit la royne régente, accompaignée de l'archiduc d'Austrice, du prince de Piedmont, des princesse de Gavre, contesses d'Hoochstraten, d'Aremberghe et plusieurs aultres dames, pour veoir; et les officiers dudict ordre ès formes basses, devant Sadicte Majesté; et les seigneurs et gentilz-hommes debout au bas du chœur. Et ainsi, chascun chevalier mis en son lieu, furent encommencez les vespres par l'évesque d'Utrecht, et chantées par les chantres de Sadicte Majesté : lesquelles achevées, l'on revint au mesme ordre que l'on estoit allé, saulf le clergié, que demoura à ladicte église.

Le dymenche, 3e dudict moys, environ les neuf heures devant midy, Sa Majesté, accompaigné comme le jour précédent, saulf des prélatz, qui l'attendoient à la porte de l'église, et aux mesmes accoustremens et ordre, vint à ladicte église. Sadicte Majesté et chascun mis en sa place, fut encommencée la messe, et procéda-l'on jusques à l'offrande. Lors tous les chevaliers de l'ordre descendirent de leurs formes et vindrent vers Sa Majesté. Lors par Thoison d'or fut profféré à haulte voix : *Charles, par la divine clémence, tousjours auguste, empereur des Romains, roy des Espaignes, archiduc d'Austrice, duc de Bourgongne, etc., chef et souverain de la Thoison d'or, venez à l'offrande de par Dieu.* Lors Sa Majesté descendist de son siége, et, les chevaliers marchans devant luy vers le grand aultel, vint entre eulx se mectre à genoulx sur ung coussin de drap d'or que luy fut mis par le duc d'Alve, son grand maistre d'hostel, et offrit son offrande, laquelle luy fut présentée par l'archiduc d'Austrice. Ce faict, se vint remectre en son siége, et chascun chevalier en sa forme. Lors par ledict Thoison d'or fut devant chascun chevalier, ou ses armes, appelé par

---

[1] MSS. de l'Arsenal, de Reims et 15869 de la Bibliothèque royale; *vis-à-vis d'eulx* dans le MS. 14641.

nom et surnom, qu'il eust à venir à l'offrande; et en la place de l'absent, se mectoit celuy des présens qui estoit nommé en la procuration; et ayant faict une grande révérence à Sa Majesté, suyvoit ledict Thoison et alloit offrir, puis revenoit se mectre en sa place. Et ainsi, ung après l'autre, fut procédé jusques au dernier, réserve à ceulx qui estoient décédez depuis le dernier chapitre, que nul n'alloit offrir pour eulx. Et l'offrande achevée, qui dura longtemps, fut faict ung sermon par le chancelier dudict ordre, qui est homme d'église [1]. Lequel sermon achevé, la messe procéda jusques à la fin; et puis l'on revint, au mesme ordre que l'on estoit allé, au logis de Sa Majesté, où, en une grand'salle tendue de tappisserie et bien en ordre, y avoit ung grand passet couvert de tappiz turquoys, sur lequel y avoit une grande table de neuf platz, sur le milieu de laquelle y avoit un riche dosseret de drap d'or frizé, et à ung boult d'icelle salle ung buffet pour Sa Majesté, et à l'aultre bout ung buffet pour les chevaliers, et auprès d'icelluy une table d'ung plat pour les officiers dudict ordre. Ladicte grande table fut couverte de deux bien riches nappes de damas. Et estant Sadicte Majesté arrivé, fut assiz dessoubz ledict dosseret, qu'estoit le milieu de la table, et fut servy son plat par le duc d'Alve, grand maistre d'hostel, le baron de Montfaulconnet, don Johan Manricque de Lara, maistres d'hostel, et les gentilzhommes de la bouche, ausquelz, venans à la viande, précédoient les roys d'armes, trompettes et massiers de Sadicte Majesté. Et Sa Majesté assiz, à main droicte d'icelle et environ cincq piedz de distance, fut assiz le duc d'Arschot. Après, du mesme coustel, furent assiz les conte d'Aigmont [2], seigneur de Brederode et conte de Lallaing. A main gaulche de Sa Majesté furent assiz les seigneur de Traisigny, conte de Reux, seigneur de Bossu et conte de Buren, lesquelz furent serviz de leurs platz, chascun à part, par leurs gentilzhommes. Le service fut, à chascune assiète, de treize platz sans les entremectz, et furent servyz, à l'entrée de table, de malvisée et rousties, quatre fois de chair, une fois fritures, une fois gelées et confictures, après d'ypocras et oblies. La table des officiers dudict ordre fut servye de mesme par aulcuns officiers de Sadicte Majesté. En une aultre

---

[1] Philippe Nigri, archidiacre de Térouane, prévôt de Sainte-Pharaïlde à Gand et de Saint-Sauveur à Haerlebeck, doyen de Sainte-Gudule à Bruxelles.

[2] MSS. de l'Arsenal et de Reims; *d'Espinoy* dans les MSS. 14641 et 15869 de la Bibliothèque royale.

sale y avoit une table de deux platz, servye de mesmes par aulcuns gentilzhommes de Sadicte Majesté, pour les prélatz. Et durant ledict disner y avoit force musicque et instrumens. Et fault entendre que Sa Majesté et les chevaliers disnarent accoustrez comme ilz avoient esté à l'église.

Ledict festin achevé, Sadicte Majesté se retira en sa chambre, accompaigné desdicts chevaliers, lesquelz après se retirarent en leurs chambres. Et le duc d'Alve mena disner avec luy tous les princes et seigneurs ayans esté présens au festin. Et les maistres d'hostel et gentilzhommes de la bouche furent disner en leur estat. Et en hault y avoit deux tables pour asseoir deux cens personnes, où disnarent les gentilzhommes et aultres qui avoient servy audict festin.

Et ce mesme jour, environ les quatre heures après midy, les chevaliers, accoustrez en grandz manteaulz de dœuil, les chapperons et bourletz de mesmes, se treuvarent en la sallette devant la chambre de Sa Majesté, où Sadicte Majesté, accoustré comme eulx, sortit; et ainsi que le jour précédent, et au mesme ordre, saulf les trompettes, marchèrent vers l'église, où estans arrivez, chascun mis en sa forme, furent encommencées les vigilles par l'évesque de Tournay pour les âmes des chevaliers deffunctz, et furent les formes, hault et bas, tendues de noir; et devant chascune des armes des chevaliers deffunctz y pendoit ung lambeau [1] de velour noir, et par-devant celles du roy d'Escosse ung lambeau de drap d'or noir. Les vigilles achevées, l'on revint au mesme ordre que l'on estoit allé.

Et le lundy, 4e, environ les neuf heures du matin, Sadicte Majesté, accoustré et accompaigné comme le jour précédent, partit de son logis et vint en l'église, où, chascun mis en sa place, fut encommencée la messe et procéda jusques à l'offertoire. Lors les chevaliers accompaignarent Sadicte Majesté à l'offertoire, comme le jour précédent, et puis furent tous offrir, chascun ung cierge de cyre blanche en la main, et pour les deffunctz offroit Thoison d'or, esteindant leurs cierges. L'offrande achevée, fut par le greffier [2] faict ung sermon, en forme de harangue, ramentevant l'institution dudict ordre, le fondateur d'icelluy, et la raison pour quoy et à quelle fin il fut institué, nommant, par nom et surnom, tous les chiefz et chevaliers

---

[1] *Lambeau*, lambel.
[2] Nicolas Nicolaï.

qui sont esté d'icelluy ordre dès l'institution jusques à présent, et ceulx qui en avoient esté déboutez et pourquoy. Ce achevé, l'on procéda au parachèvement de la messe; puis l'on revint en une salle au logis de Sa Majesté. Fut mise sa table dessoubz un dosseret, et dessoubz un passet pour luy seul, et devant ycelluy son passet fut mise une table de trois platz pour les chevaliers, qui furent assiz tous d'ung reng, et celle des officiers et prélatz comme le jour précédent. Sadicte Majesté, assiz en son accoustrement de dœuil, fut servy par son maistre d'hostel et gentilzhommes de la bouche, et les chevaliers par aulcuns gentilzhommes et paiges de Sadicte Majesté; les aultres comme le jour précédent. Et fut le service, à chascune assiette, de quatorze platz, à trois fois de chair et deux de fritures, gelées, confictures et fruicts, la malvisée au commencement, l'ypocras en la fin.

Le disner achevé, Sadicte Majesté se retira en conseil avec lesdicts chevaliers jusques à quatre heures après midy. Lors, accoustrez en longues robbes de damas blancq, les chapperons et bourletz de velour cramoisy, sortirent comme les jours précédens et au mesme ordre, les trompettes sonnans devant. Vindrent en l'église, où, chascun mis en sa place, furent encommencées les vespres par l'évesque de Nice : lesquelles achevées, l'on revint au logis jusques le lendemain, environ les neuf heures devant midy, que l'on marcha comme les jours précédens et aux mesmes accoustremens. Arrivez en ladicte église, la messe fut encommencée, et procéda jusques à l'offertoire. Lors Sadicte Majesté fut offrir comme les jours précédens. saulf que les chevaliers n'offrirent point. La messe achevée, Sa Majesté feit plusieurs chevaliers, et retourna en son logis, où il disna seul, et le duc d'Arschot, comme estant le plus vieulx chevalier présent, donna à disner aux aultres chevaliers. Et l'après-disner Sadicte Majesté et lesdicts chevaliers furent en conseil jusques à huict heures du soir.

Et le 6ᵉ dudict mois, que fut le jour des Roys, Sa Majesté, se sentant de la goutte, ne peust aller à l'église, ains l'archiduc d'Austrice offrit à la messe les trois couppes pour Sadicte Majesté; et l'après-disner Sadicte Majesté fut en conseil avec les chevaliers de l'ordre jusques à neuf heures du soir.

Le 7ᵉ et 8ᵉ pareillement; et, pour l'augmentation de sa goutte, fut remis l'élection et publication des nouveaux chevaliers de l'ordre jusques le 17ᵉ, que les vingt-deux places vacantes depuis le dernier chapitre tenu par

Sadicte Majesté à Tournay, en l'an 1531, sont esté en ce présent chapitre pourveues et déclairées, asscavoir ceulx qui estoient présens, que l'on a donné le colier et ordre de la Thoison d'or.

Premiers, à don Hernande de Tolède, duc d'Alve, grand maistre d'hostel de Sa Majesté.

A Lamoral, conte d'Aigmont, prince de Gavre.

A Joachim, seigneur de Rye.

A Philippe de Lannoy, prince de Sulmone.

A Antoine de Lallaing, conte d'Hoochstrate.

A Pontus de Lallaing, seigneur de Bugnicourt.

A Maximilian de Bourgogne, seigneur de Bèvres, admiral.

A Pierre-Ernest, conte de Mansfelt.

A Jacques, conte de Focquenberg [1].

A Jehan de Ligne, seigneur de Barbanson.

Et fut envoyé à Jehan de Lannoy, seigneur de Molembaix, qui estoit malade à Bruxelles.

Aussy fut envoyé, par ung roy d'armes, en Espaigne, à don Iñigo Lopez de Mendoza, duc de l'Imphantasco [2], à don Manricque de Lara, duc de Nájarra [3], et à don . . . . [4], conte de Feria.

Les aultres absens sont esté nommez en ce présent chapitre et donnez selon qu'il a pleu à Sa Majesté, asscavoir :

A Maximilian, archiduc d'Austrice, prince d'Hongrie et de Bohême.

A Philibert de Savoye, prince de Piedmont.

A Albert, duc de Bavière.

Au séneschal de Haynnault [5].

A Frédéricq, conte de Fustenbourg [6].

A Anthoine, seigneur de Vergy.

A Octavio Farnèze, duc de Castro.

A Cosme de Médicis, duc de Florence.

---

[1] Jacques de Ligne, comte de Fauquemberghe.
[2] De l'Infantazgo ou de l'Infantado, comme il a été dit déjà.
[3] Nájera.
[4] Don Pedro Fernandez de Córdoba y Figueroa.
[5] Pierre, seigneur de Werchin, Jeumont et Roubaix.
[6] Furstemberg.

Que sont vingt-deux.

Lundy, premier jour de febvrier 1546, Sadicte Majesté estant à Utrecht. Et le 3e alla coucher à Vaghmundghe[1], qu'est une villette en sa duché de Gheldres.

Le 4e à Ernen[2], l'une des quatre villes principales de Gheldres; et souloit[3] en icelle faire sa résidence ordinaire Charles d'Aigmont, dernier duc de Gheldres, et y est inhumé. Ladicte ville est assise sur le Rhin.

7e Sa Majesté fut coucher à Zutphen, principale ville de la conté de Zutphen, assise sur la rivière de Dissele[4].

8e de retour à Ernen.

9e passer les rivières du Rin et de Valle[5] et venir coucher à Nymèghe, qu'est assise sur ladicte Valle et est l'aultre principale ville de Gheldres.

Le 15e à Geneppe[6].

16e disner à Vueel[7], coucher à Vannelot[8].

17e coucher à Ermunde[9].

18e passer la Meuse et venir coucher à Stercken[10], maison à monsieur de Liége.

19e à Mastrich.

Et le 20e, se treuvant le séneschal de Haynnault, ayant esté nommé à Utrecht au chapitre, luy fut donné l'ordre de la Thoison d'or.

Et ayant Sa Majesté mis ordre aux affaires de ses pays d'embas, laissant la royne sa sœur, prindrent congié l'ung de l'aultre.

Mardy, 2e de mars 1546, Sa Majesté vint coucher à Liége.

Le 3e à la Chappelle[11] en sa duché de Lembourg.

4e à Bonnal[12].

---

[1] Wageningen.
[2] Arnhem.
[3] *Souloit*, avoit coutume de.
[4] La rivière d'Yssel.
[5] Wahal.
[6] Gennep.
[7] Well.
[8] Venlo.
[9] Ruremonde.
[10] Stockem.
[11] Henri-Chapelle.
[12] Bomal.

5ᵉ disner à Soye, coucher à La Roche.
6ᵉ à Bastongne en Ardenne, et le 7ᵉ tout le jour.
8ᵉ à Arlon, en sa duché de Luxembourg.
9ᵉ disner à Menonville (?), coucher à Yvoix.
10ᵉ disner à Dampvillers, coucher à Momery (?).
11ᵉ à Halency.
12ᵉ à Luxembourg, jusques le 18ᵉ, que Sa Majesté vint coucher à Sicricq[1], villette appartenant au duc de Lorrayne.
19ᵉ à Valderfinghe[2], où il treuva la duchesse douaigière de Lorrayne, sa niepce.
20ᵉ à Styrsbrughe[3], aux contes de Nassau.
21ᵉ à Suebrughe[4], au duc Vuolfisgan[5] de Bavière, des palatins.
Le 22ᵉ à Kiestather[6], à l'électeur palatin.
23ᵉ à Neustat au mesme.
Le 24ᵉ à Spyrs.
Le 25ᵉ vint vers Sa Majesté l'évesque de Mayence, électeur.
Le 26ᵉ vindrent audict Spyrs vers Sadicte Majesté le conte palatin, électeur, et sa femme, qu'est niepce de Sadicte Majesté.
Le 29ᵉ vint audict Spyrs faire la révérence à Sa Majesté le lantsgrave de Hessen.
Le pénultième de mars Sa Majesté vint coucher à Sinse[7], à l'électeur palatin.
Dernier à Hornec, au maistre de Prusche.
Le premier jour d'apvril 1546 coucher à Nieustat.
2ᵉ à Caissen[8].
3ᵉ à Tinckelspiel[9], ville impériale.

---

[1] Sierck.
[2] Waldrevange.
[3] MS. de Reims; *Steysbrughe* dans le MS. de l'Arsenal; *Stierbrug* dans le MS. 14641. Saarbruck.
[4] Zweybrücken.
[5] Wolfgang.
[6] MS. de l'Arsenal et de Reims; *Kaiserslautern* dans les MSS. 14641 et 15869.
[7] Sinsheim.
[8] Crailsheim.
[9] Dinkelsbühl.

4ᵉ à Tinckelspiel.

5ᵉ à Othingue¹.

6ᵉ à Tonneverdt², ville impériale.

7ᵉ à Nieubourg, au duc Ottenryck³, palatin.

8ᵉ à Inglestadt⁴, au duc de Bavière.

9ᵉ à Kelme⁵, au mesme.

10ᵉ à Reynsbourg⁶, cité impériale, où Sa Majesté a demouré les moys de may, juing et juillet, jusques au 4ᵉ d'aoust, tenant la diette.

Pendant lequel temps est venu audict Reynsbourg le roy et la royne des Romains, accompaignez de l'archiduc d'Austrice Maximilian, leur aisné filz, et de cincq de leurs filles. Aussy sont venuz audict lieu les duc et duchesse de Bavière, leur filz unicque et leur fille.

Estant Sa Majesté audict lieu et sachant aulcuns princes de l'Empire luy estre désobéyssans (le duc Jehan de Saxe, lors électeur, et le lantsgrave de Hessen estoient iceulx, et se armoient pour résister contre les édictz et mandemens de Sadicte Majesté, soubstrahans les villes impériales et aulcuns princes à leur cordelle et hors de la dévotion et obéyssance de Sadicte Majesté), ne pouvant Sa Majesté plus souffrir telles opprobres et injures luy estre faictes, délibéra de donner à congnoistre aulcunement à la Germanye ses forces pour chastier les dessusdicts et leurs adhérens; feit une armée de vingt-cincq mil piétons allemans, dont Madruche⁷ fut coronel de . . . . . . .⁸, le marquis de Marignan, oultre ce qu'il estoit capitaine de l'artillerie, fut coronel de . . . . . .⁹, et George de Reyns-

---

¹ Oettingen.

² Donauwerth.

³ Othon-Henri, comme il a été dit déjà.

⁴ Ingolstadt.

⁵ Kelheim.

⁶ Ratisbonne, comme il a été dit ci-devant.

⁷ Alisprand, baron de Madrutz ou Madruce, frère du cardinal de Trente.

⁸ En blanc dans les MSS. de l'Arsenal, de Reims et 15869 de la Bibliothèque royale. C'est *coronel de lansquenets* qu'il faut lire. Le MS. 14641 fait Madrutz colonel des 25,000 Allemands, tandis qu'il n'en commandait que 4,000.

⁹ En blanc dans les MSS. de l'Arsenal et de Reims; aussi *coronel général des Allemans* dans le MS. 14641; *coronel de . . . . Allemands* dans le MS. 15869. Marignan avait été chargé par l'Empereur d'enrôler 4,000 lansquenets, comme Madrutz, Georges de Ratisbonne et Georges de Schauwembourg.

bourg; et l'archiduc d'Austrice Maximilian eust mil chevaulx, le marquis Jehan de Brandenbourg mil chevaulx, le marquis Albert de Brandenbourg mil chevaulx, le grand maître de Prusche mil chevaulx. Sa Majesté feit général de l'armée le duc d'Alve, et feit venir le conte de Bure des Pays-Bas, qui ammena douze mil piétons bas-allemans et quatre mil chevaulx clévois et gheldrois. Aussi feit Sa Majesté venir, tant d'Italye, de Naples que de Hongrie, neuf mil piétons espaignolz et mil chevaulx-légiers soubz la charge du prince de Sulmone; aussi feit venir de Naples, soubz la charge du duc de Castroville, mil chevaulx; et vindrent, soubz la charge du conte de Saint-Flor [1], dix mil piétons italyens, et mil chevaulx-légiers soubz la charge du duc de Castro.

Audict Reynsbourg vint le seigneur de Vergy, qui avoit esté nommé au chapitre de l'ordre tenu à Utrecht; luy fut donné l'ordre de la Thoison d'or.

Le 3ᵉ du mois de juillet 1546 Sadicte Majesté donna l'ordre de la Thoison d'or à Maximilian, archiduc d'Austrice, à Philibert de Savoye, prince de Piedmont, à Albert, filz unicque du duc de Bavière, et à Frédéricq, conte de Fustembourg, lesquelz avoient esté nommez au chapitre tenu à Utrecht; et fut envoié par ung roy d'armes, dèz cedict lieu, à Cosme de Médicis, duc de Florence.

Et ledict 3ᵉ, en la maison de la ville, fut espousé, par le cardinal d'Ausbourg, le filz unicque du duc de Bavière à la aisnée fille [2] du roy des Romains. Ledict espousé estoit mené par le roy et marquis de Brandenbourg Albert, et l'espousée fut menée par l'Empereur et duc de Bavière. Le soupper fut audict lieu, où à une table estoit assiz au bout Sa Majesté, et de l'ung reng la dame des nopces [3], et après le sire des nopces, la royne, le cardinal d'Ausbourg, la duchesse de Bavière, l'archiduc Maximilian, deux de ses sœurs, le prince de Piedmont, deux aultres filles du roy, le duc d'Alve, trois évesques, princes de l'Empire, le filz du duc de Melchebourg [4], le filz du duc de Brunswick; à l'aultre reng le roy, la duchesse de Melche-

---

[1] Santa Fior.

[2] L'archiduchesse Anne.

[3] MS. 14641; *ceux du reng suyvoit la dame des nopces* dans les trois autres MSS.: ce qui est inintelligible.

[4] Mecklembourg.

bourg, le duc de Bavière, sa fille, le marquis Albert de Brandenbourg, le duc Erick de Brunswick; et en une aultre salle une table où estoient Fernande, archiduc d'Austrice, second filz du roy, et plusieurs seigneurs et prélatz. Après soupper l'on dansa longtemps, et puis l'on se retira.

Le 10ᵉ dudict moys arriva audict lieu l'évesque de Mayence [1], lequel feit, le 12ᵉ, à Sa Majesté le serment et hommaige de fidélité comme évesque de Mayence et électeur de l'Empire : à quoy il fut receu par Sadicte Majesté et mis en reng du lieu d'électeur.

Le 17ᵉ arriva audict Reynsbourg le duc de Clèves, et le 18ᵉ fut espousé à la seconde fille du roy [2]; et feit-l'on comme aux nopces précédentes.

Le 20ᵉ Sa Majesté print congié du roy son frère et de la royne, lesquelz partirent le 21ᵉ pour aller en Bohême. Lequel jour, à trois heures du matin, les deux nouvelles mariées furent prendre congié de la royne leur mère sur le basteau : que ne fut sans plorer. Le roy et la royne prindrent leur chemin à bas de la rivière de la Duno [3] contre Linxe [4]. Et le lendemain partirent les duc et duchesse de Bavière, emmenant leur belle-fille. Et le 23ᵉ partirent les duc et duchesse de Clèves.

Lequel jour fut faict le recès de la diette, remectant le tout à la prouchaine diette.

Audict Reynsbourg avoit esté le duc Mauris de Saxe, auquel Sa Majesté avoit faict don de l'élection de l'Empire au lieu du duc Jehan, et luy avoit donné une partie du pays dudict Jehan, ce que deppend de l'élection.

Et estant Sadicte Majesté assez adverty comme les duc Jehan et lantsgrave de Hessen estoient aux champs avec grande armée, marchant envers ledict Reynsbourg, et plusieurs villes et princes de l'Empire conféderez avec eulx, nonobstant que Sadicte Majesté n'avoit son armée encores preste, délibéra sortir en campaigne, et partit en armes.

Le 3ᵉ d'aoust partit dudict Reynsbourg et vint loger à Nieufort [5].

4ᵉ Auprès de Lanssot [6], ville au duc de Bavière, où arriva le duc de

---

[1] Sébastien de Heusenstam, élu le 20 octobre 1545.
[2] L'archiduchesse Marie.
[3] Danube.
[4] Linz.
[5] Neufarn.
[6] Landshut.

Castro, le 14ᵉ, avec les piétons et chevaulx-légiers italyens : auquel fut donné l'ordre de Thoison d'or, car il avoit esté nommé au chapitre tenu à Utrecht.

Le 15ᵉ partist Sa Majesté et vint coucher audict Nieufort.

16ᵉ à Schiedelinghe [1].

Le 17ᵉ devant Reynsbourg jusques le 21ᵉ, qu'il vint coucher à Langhevuil [2].

22ᵉ à . . . . [3].

23ᵉ devant Nieustadt.

24ᵉ passer la Duno, loger à la campaigne.

25ᵉ idem, où arrivarent le cardinal Farnèze et le prince de Sulmona.

26ᵉ près d'Inglestadt.

27ᵉ, 28ᵉ, 29ᵉ et 30ᵉ idem.

Le dernier d'aougst les duc Jehan de Saxe et lantsgrave de Hessen avec leurs adhérens et armée vindrent tout près des trenchées du camp de Sa Majesté, affûtant force canons et bombardant tout le jour entièrement par dedans le camp et tentes de Sa Majesté : que dura quasi jusques à la nuict. Le mesme feit l'artillerie et canons de Sa Majesté contre les ennemys.

Le premier jour de septembre 1546, que fut le merquedy, le 2ᵉ et 3ᵉ, ledict lantsgrave continua à tirer à force : à quoy luy fut respondu, et y eust plusieurs escarmouches. Et voyant ledict lantsgrave qu'il ne pouvoit nuyre à Sa Majesté comme il pensoit, n'osant assaillir le fort ou trenchées de Sadicte Majesté, le 4ᵉ dudict moys se retira et print son chemin vers Nieubourg; et le 7ᵉ ont passé audict Nieubourg la Duno. Sadicte Majesté demoura près dudict Inglestadt, où est arrivé, le 15ᵉ, le conte de Bure et son armée.

Le 17ᵉ, ayant Sa Majesté son armée entière, se partist et passa la Duno et vint coucher en la campaigne, tirant contre Nieubourg, où du soir vindrent les bourgeois dudict Nieubourg pour soy rendre; et le soir se rendirent ès mains du duc d'Alve, général, et les soldatz qui estoient dedans du lantsgrave renduz à la volunté. Et le 19ᵉ Sa Majesté vint loger près dudict

---

[1] Schierling.

[2] Langwaid.

[3] En blanc dans les quatre MSS.; à *Abensberg* selon M. Stälin.

Nieubourg, et fut mis dedans la ville des gens de Madruche. Et le 21e Sadicte Majesté entra dedans, où les habitans luy feirent serment comme à leur naturel et souverain seigneur, et revint coucher à sa tente.

Le 23e partit loger à la campaigne.

24e à Mirsem [1] jusques le 2e d'octobre.

Le 2e d'octobre Sa Majesté vint loger près de Monen [2], villette de la seignorie de Nieubourg.

4e à Vestenhem [3], village de la conté d'Ottinghe.

Ledict jour le lantsgrave et son camp cheminarent toute la nuict, partant d'auprès Tonneverdt, et vindrent passer, entre des montaignes, à veue du camp de Sa Majesté, et allarent loger près de Merlinghe [4].

5e Sa Majesté partist et vint camper à veue du camp dudict lantsgrave, où journellement se faisoient plusieurs escarmouches.

9e Sa Majesté envoya le duc de Castro et Chambourg [5] à Tonneverdt, lequel se rendit, et les gens du lantsgrave prindrent la fuitte : l'on en print environ soixante.

11e Sa Majesté vint loger à Rielinghe (?) [6], près dudict Tonneverdt.

12e auprès de Thillinghe [7], qui se rendit.

Et le 15e au matin se rendit Lahinghe [8]. Les soldatz du lantsgrave et Schettel [9] estans dedans prindrent la fuitte et furent suiviz, et laissarent soixante personnes et trois pièces d'artillerie.

Cedict jour Sadicte Majesté vint disner près de Lahinghe et alla loger la nuict à Sonthain [10], où le lendemain le lantsgrave et son camp vindrent loger à une lieue près Alicourdeginche [11]. Et demourarent lesdicts camps, faisans plusieurs escarmouches, jusques le dernier jour du mois, que Sa

---

[1] Marxheim.
[2] Monheim.
[3] Fessenheim.
[4] Nördlingen.
[5] Schauwembourg.
[6] MSS. de l'Arsenal, de Reims et 15869 de la Bibliothèque royale.
[7] Dillingen.
[8] Lauingen.
[9] Sébastien Schertlin, capitaine général d'Augsbourg.
[10] Sontheim-un-der-Brenz.
[11] Giengen.

Majesté vint camper entre Lahinghe et Thillinghe, où Sadicte Majesté a demouré jusques le 13ᵉ de novembre.

Le 13ᵉ de novembre 1546 Sadicte Majesté et son camp sont venuz loger près d'ung bois, à une demye-lieue des ennemys. Et le 14ᵉ la ville de Merlinghe et quatre aultres villettes se vindrent rendre.

Le 22ᵉ, voyant le duc Jehan de Saxe que le duc Mauris de Saxe et les gens du roy des Romains avoient envahy et prins la plus grande partie de son pays, et que luy ny le lantsgrave n'avoient plus moyen entretenir leur camp, et estant en différend, se retirarent et partirent de nuict, cheminant toute la nuict. De ce adverty Sa Majesté, le suyvit, et fut toute la nuict à cheval; et le lendemain, que fut le 23ᵉ, revint coucher en son camp. Et le 25ᵉ, voyant ses ennemys se retirer et leur armée aller en routture, Sadicte Majesté partist et vint coucher en ung monastère près de Ezeem [1], petite villette au conté d'Ottinghe.

Le 26ᵉ à Pofinghe [2], villette impériale, et le 27ᵉ.

Le 28ᵉ à Dinglespiel [3], laquelle se rendit, voyant le camp à la porte.

Et le dernier jour dudict moys la ville de Fingvuan [4] fut par le conte de Bure prinse d'assault et saccagée.

Le merquedy, premier jour de décembre 1546, Sa Majesté vint disner en icelle et coucher à . . . . [5].

Le 2ᵉ jour à Oudervuest (?) [6].

3ᵉ Sadicte Majesté vint coucher et faire son entrée en la ville impériale de Rotembourg, qui s'estoit venu rendre le jour précédent, et y demoura jusques le 15ᵉ : pendant lequel temps s'est venu rendre la ville impériale de Halle en Zuave [7].

Ledict 15ᵉ Sadicte Majesté vint coucher à Quiesbourg [8].

---

[1] Ezelheim.
[2] Bopfingen.
[3] Dinkelsbühl.
[4] Feuchtwang.
[5] En blanc dans les MSS. de l'Arsenal, de Reims et 15869 de la Bibliothèque royale. Le MS. 14641 fait dîner et coucher l'Empereur à Feuchtwang.
[6] MSS. de l'Arsenal, de Reims et 15869; *Auderwest* dans le MS. 14641.
[7] Souabe.
[8] Kirchberg.

Le 16ᵉ à Halle, où Sa Majesté demoura jusques le 23ᵉ. Et le 17ᵉ arriva audict Halle le conte palatin, électeur, que se vint reconfédérer avec Sa Majesté, se mectant à miséricorde, délaissant toutes aultres ligues qu'il a heu faictes avec les ennemis. Aussy vindrent à Halle les députez de la ville de Olme[1], se mectant tous à la volunté de Sa Majesté; et le 23ᵉ heurent audience, et furent à genoulx devant Sadicte Majesté, demandant pardon. Cedict jour vint Sadicte Majesté coucher à Eringhe[2].

Le 24ᵉ feit son entrée à Helbron, ville impériale, où il a demouré jusques le 18ᵉ de janvier[3]. Audict Helbron sont arrivez, le 27ᵉ, les commiz du duc de Wirtemberg, pour supplier Sa Majesté avoir pitié de luy et de ses subjectz.

Le 29ᵉ Sa Majesté a heu nouvelles que ceulx de Francquefort s'estoient renduz au seigneur de Bure, au nom de Sa Majesté, à volunté, et y estoit dedans. Et le dernier jour l'appointement du duc de Wirtemberg fut accordé par Sa Majesté, qu'estoit que Sa Majesté auroit les places fortes en ses mains et y mectroit gens à sa volunté, et payeroit deux cens mil escuz, renunçant à toute ligue qu'il a avec aultres, et demourant luy et son filz au service de Sadicte Majesté.

1547. Le samedy, premier jour de janvier 1547, stil de Rome, Sa Majesté estoit en la ville impériale de Helbron et une partie de son armée en la duché de Wirtemberg soubz le duc d'Alve, son général et grand maistre d'hostel, et une aultre partie soubz le conte de Bure au pays de Castelenborch[4], appartenant au lantsgrave de Hessen, et en Francquefort.

Et le 8ᵉ eurent audience publicque les commiz du duc de Wirtemberg. Sa Majesté assiz, en présence du conte palatin, électeur, et de tous, eulx estans à genoulx, les deux[5] les testes inclinées contre terre, fut pronuncé par le chancelier comme ilz venoient, de la part du duc leur maistre, con-

---

[1] Ulm.
[2] Öhringen.
[3] MSS. 15869 de la Bibliothèque royale; *jusques le 29ᵉ* dans le MS. de Reims; en blanc dans le MS. de l'Arsenal. Le MS. 14041 ne contient pas cette phrase. La suite fait voir que la date du *18 janvier* est la véritable.
[4] Catzenelnbogen.
[5] Les commis du duc étaient au nombre de trois.

fesser qu'il avoit grandement offensé et mesprins contre Sa Majesté, son souverain seigneur, et que eulx, en son nom, venoient demander miséricorde à Sadicte Majesté, le suppliant d'avoir pitié dudict duc et de ses subjectz; se mectant, luy et les siens, à la volunté et grâce de Sadicte Majesté; le recongnoissant leur vray, naturel et souverain seigneur; offrant et jurant le tenir à tousjours pour tel et ne jamais aller contre luy ny les siens. A quoy fut respondu par le vischancelier de l'Empire que Sa Majesté adviseroit sur l'affaire exposé, et qu'il traicteroit ledict duc humainement et amiablement, comme bon prince doibt faire à ses bons subjectz.

Ce achevé, vindrent les députez de la ville impériale de Francquefort, et eulx mis à genoulx, les testes inclinées contre terre, feirent en substance les mesmes propos des précédens, adjoustant qu'ilz avoient esté déceuz et trompez par le lantsgrave de Hessen. A quoy fut respondu comme aux aultres.

Ce achevé, Sadicte Majesté se retira en sa chambre.

Le 18e Sadicte Majesté fut à Helbron sur la maison de la ville, où le peuple le jura; et se partit ledict jour et vint coucher à Malpach [1], villette au duc de Wirtemberg, et le 19e à Esselinghe, ville impériale.

Le 20e à Gheppinghe [2], ville audict duc.

21e à Geisselinghe, ville appartenant à ceulx de Olme, où il demoura jusque le 25e, qu'il arriva à Olme.

Le 27e ceulx d'Ausbourg eurent audience. Et estant Sadicte Majesté assiz en son siége impérial en sa salle, eulx à genoulx, fut par l'ung d'eulx dict comme, pour et au nom du corps de la ville, ilz confessoient avoir grievement offensé contre Sa Majesté, leur naturel seigneur, le recognoissant pour tel; se mectant de tout à sa miséricorde et clémence; se rendant à luy corps et biens; le tenant pour leur vray, naturel seigneur et empereur; luy demandant pardon. A quoy leur fut respondu par le vischancelier de l'Empire en substance comme aux aultres villes.

Le dernier dudict mois ceulx de la ville de Olme vindrent vers Sadicte Majesté faire le serment de fidélité, renunçans à toutes ligues et promesses faictes à aultres; jurans ne jamais traicter chose, en publicque ny en secret,

---

[1] Marbach.
[2] Göppingen.

que soit directement ou indirectement contre Sa Majesté ou contre le roy son frère ou les siens.

Mardy, premier jour de febvrier 1547, Sa Majesté audict Olme.

Le 2ᵉ vindrent nouvelles que la royne des Romains estoit accouchée d'une fille le 24ᵉ du mois passé; et le 3ᵉ vindrent nouvelles comme elle estoit trespassée le 27ᵉ dudict mois. Sadicte Majesté print le doeuil et feit faire ses obsèques audict Olme, en l'église des Jacoppins, le 25ᵉ de febvrier, bien triumphantes, où assisterent Sadicte Majesté, l'archiduc d'Austrice, filz aisné de ladicte dame, le prince de Piedmont et plusieurs aultres.

Et le 6ᵉ dudict mois, l'archiduc d'Austrice Maximilian ayant, les jours précédens, esté adverty que le roy des Romains son père se debvoit treuver en campagne pour donner la bataille au duc Jehan de Saxe, qui tenoit assiégé la ville de Tresene (?)¹, appartenant au duc Mauris de Saxe, ledict archiduc, soy désirant treuver avec sondict père, et craignant que l'Empereur son oncle ne luy donneroit congié pour soy y treuver, détermina y aller; et le 6ᵉ, environ la mynuict, se leva de son lict secrètement en chemise, print son espée et ses chausses et pourpoint, et sortit de sa chambre sans que personne des siens en ouyrent riens, et vint embas; treuva ung gentilhomme à qui il avoit déclaré son affaire, lequel luy donna ung varlet, et luy avec ledict varlet sortit du logis; et montarent à cheval de poste, et partirent d'Olme, faindant que c'estoit ung courrier qu'il avoit despesché au roy son père; et s'en vad tant que cheval peust courir. Et environ les trois heures, le seigneur de Champtonnay², son sommelier de corps, se resveilla et apperceut que ledict prince n'estoit en son lict. Incontinent feit appeller le conte Frédéricq de Fustenberg et advertit Sa Majesté de l'absence dudict prince, et monta à cheval. A la première poste furent advertyz du chemin que ledict prince prenoit, et ledict seigneur de Champtonnay le rattint à la seconde poste, et l'ont rammené ceste mesme nuict à Olme en son logis.

Cedict jour ceulx de Indove (?)³, qu'est ville impériale, se sont venuz rendre à la volunté de Sa Majesté et à sa miséricorde.

¹ MSS. de l'Arsenal et de Reims; *Trèves* dans le MS. 14641; *Dessau* dans le MS. 15869.

² Thomas Perrenot, seigneur de Chantonay, le second des fils de monsieur de Granvelle.

³ *Indone* ou *Indove* dans les MSS. de l'Arsenal, de Reims et 15869 de la Bibliothèque royale; *Jondome* dans le MS. 14641.

Et le 11e dudict moys Sadicte Majesté eust nouvelles que le roy d'Angleterre estoit mort le . . . . [1].

Le mardy, premier jour de mars 1547, Sa Majesté à Olme.

Le vendredy, 4e, vint vers Sadicte Majesté le duc de Wirtemberg demander pardon à Sa Majesté, conforme à ce qu'avoit esté traicté, à Helbron, par ses commiz avec les seigneurs de Grandvelle, d'Arras et vischancelier de l'Empire; et, pour ce que ledict duc estoit goutteux, Sa Majesté permist qu'il demourast assiz en sa chayère que l'on le pourtoit. Après luy avoir donné audience, Sa Majesté partist et ordonna à monseigneur d'Arras se treuver vers ledict duc pour, de sa part, négocier avec luy et ses gens; et Sadicte Majesté vint coucher à Ginghe [2].

Le 5e à Merlinghe [3], où il a demouré, à cause de la goutte qui le print, jusques le 21e, que Sadicte Majesté partist et vint coucher à Ottinghe [4]. Auquel lieu [5] ceulx de Strasbourg, ayans traicté avec les commis de Sa Majesté, eurent audience vers icelle, où, à genoulx, demandarent pardon, recongnoissant de malice avoir offensé Sadicte Majesté; se mectant du tout à sa miséricorde.

Le 22e à Gostsenhause [6].

23e à Zuabach [7].

24e à Neurenberg. Auquel lieu vindrent des ambassadeurs du roy Crestien de Dannemarcque vers Sa Majesté, priant icelle avoir pitié du duc Jehan de Saxe : lesquelz furent remys à Egre [8], qu'est en Bohême, où Sadicte Majesté alloit.

Le 29e Sa Majesté, à bannières desployées, partist dudict Neurenberg et vint coucher à Hiespurg [9].

30e à Vilseck, et le dernier idem.

---

[1] En blanc dans les quatre MSS. Henri VIII était mort dans la nuit du 28 au 29 janvier 1547.
[2] Giengen.
[3] Nördlingen.
[4] Oettingen.
[5] C'est-à-dire à Nördlingen.
[6] Gunzenhausen.
[7] Schwabach.
[8] Egra.
[9] Hersbruck.

Le vendredy, premier jour d'apvril 1547, coucher à Wiede [1].
2e à Thierschriet [2].
3e et 4e idem.
5e le roy des Romains vint treuver Sa Majesté audict lieu, où il demoura. Et Sa Majesté vint coucher à Egre, ville impériale en Bohême; et ledict roy y vint le lendemain, où Leurs Majestez demourarent jusques le 14e.

Et le 6e jour Sa Majesté eust nouvelles de son ambassadeur résident en France que, le pénultième de mars dernier passé, le roy de France [3] estoit mort. Ledict jour arriva audict Egre le duc de Clèves.

Le 14e Ses Majestez vindrent coucher à Plauss [4].
15e à Riequevac [5].
16e à Weerdt [6].
17e en ung villaige près de Glau [7].
18e à Gondestain [8].
19e à Swertbach [9].
20e à Liesemeck (?) [10].
21e à Seelhove (?) [11].
22e et 23e idem.

Le 24e Ses Majestez partirent avec leurs armées et laissarent leurs gens de pied venir après; vindrent à trot avec leurs gens de cheval à la rivière d'Albis [12], où il y avoit trois lieues, où estoit le duc Jehan-Frédéricq de Saxe en une villette nommée . . . . [13], de l'aultre coustel de ladicte rivière. Ledict duc et son armée, qui estoient de l'aultre coustel de ladicte

---

[1] Weiden.
[2] Tirschenreuth.
[3] François Ier. Il était mort, non le pénultième, mais le 31 mars, selon *l'Art de vérifier les dates*.
[4] Plauen.
[5] Reichenbach.
[6] Werdau.
[7] Glauchau.
[8] Gnandstein.
[9] Schwarzbach.
[10] MSS. de l'Arsenal et de Reims; *Liesseneck* dans le MS. 14641 de la Bibliothèque royale; *Leissnig* dans le MS. 15869.
[11] MSS. de l'Arsenal et de Reims; *Selkorn* dans le MS. 14641; *Seelhous* dans le MS. 15869.
[12] D'Elbe.
[13] En blanc dans les MSS. de l'Arsenal et de Reims. Mühlberg.

rivière, marchoient à grands pas. Sesdictes Majestez passarent ladicte rivière Albis au guet, à demy nageans, et suyvirent leurs ennemys deux lieues d'Allemaigne, tant qu'ilz les atteindirent au coing d'ung bois où ilz estoient rengez pour attendre la bataille : laquelle leur fut donnée par Sesdictes Majestez et leurs gens tellement que ledict duc de Saxe fut prins et son armée toute desconficte, et mortz jusques au nombre de deux mil; les aultres prins et blessez et aulcuns fuitz; et furent suyviz les fuyans jusques près de Wittenberghe. Et Sesdictes Majestez revindrent passer la rivière et coucher à Scheersmecs [1].

Le 25e et 26e idem.

27e à Diebles (?) [2].

28e à Nyede [3].

29e à Verblas [4].

Le dernier jour d'apvril à Kierbol (?) [5].

Dymenche, premier jour de may, à Melfmeck (?) [6], à ung mille de Wittenberghe, principale ville du duc de Saxe.

Le 2e et 3e idem.

4e passer la rivière d'Albis au-dessoubz de Wittenberghe, et vint loger Sa Majesté en ung petit villaige nommé Pollorstorfz (?) [7], à ung quart de lieue dudict Wittenberghe, et son camp à l'entour, où il a demouré jusques le 2e jour de juing.

5e arriva audict camp le marquis électeur de Brandenbourg, lequel avec plusieurs aultres ont sollicité Sa Majesté avoir pitié dudict duc Jehan et luy pardonner son offense, congnoissant qu'il recongnoissoit son délict avoir mérité la mort, se soubmectant à tout ce qu'il plairoit à Sa Majesté, sa vye saulve. Et après plusieurs communications et conseilz tenuz sur cest affaire,

---

[1] Schirmitz.

[2] MSS. de l'Arsenal, de Reims et 14641 de la Bibliothèque royale; *Düben* dans le MS. 15869.

[3] Neiden.

[4] Werblitz.

[5] MSS. de l'Arsenal et de Reims; *Kuerbol* dans le MS. 15869; *Niclfinck* dans le MS. 14641.

[6] MSS. de l'Arsenal et de Reims; *Melzwig* dans le MS. 15869. Ce lieu n'est pas mentionné dans le MS. 14641.

[7] MS. de l'Arsenal; *Pollorstrofz* dans le MS. de Reims; *Pollerstorf* dans le MS. 14641; *Polnedorf* dans le MS. 15869.

Sadicte Majesté a esté content soy condescendre à traicter avec ledict duc, et, usant de sa clémence accoustumée, à pardonner audict duc aux conditions contenues au traicté sur ce passé le 18e de may.

Et le 19e sortirent de la ville le frère et second filz dudict duc, et vindrent vers luy passer et signer les articles dudict traicté, et puis s'en retournarent en ladicte ville, pour communicquer ledict traicté à la duchesse et gens de la ville, et pour donner ordre de faire sortir les gens de guerre de ladicte ville, lesquelz sortirent en trouppe le 23e de may, et furent conduictz par les chevaulx-légiers de Sa Majesté hors du camp trois lieues; et y entra dedans la ville le coronnel Madruche avec cincq bannières de soldatz allemans pour et au nom de Sa Majesté.

Le 24e la duchesse de Saxe eust congié de Sa Majesté venir vers luy. Pour ce faire furent en ladicte ville le marquis de Brandenbourg, électeur, et les archiducz d'Austrice, pour conduire et accompaigner ladicte duchesse à venir vers Sadicte Majesté : laquelle, accoustrée en doeuil, en ung chariot, accompaignée de son maisné filz, du frère de son mary, de la femme dudict frère et quatre chariotz plains de dames, toutes accoustrées en doeuil, vint treuver Sa Majesté en sa tente, accompaigné du roy son frère, des ducz Mauris de Saxe, d'Alve, de Camerin, de plusieurs princes et seigneurs. Elle arrivée, se jecta à genoulx devant Sa Majesté, lequel la print par la main et la feit relever par le roy; et lors par ung sien conseillier fut exposé ce qu'elle supplioit, et en somme que son seigneur et mary ne fût mené hors du pays, ains qu'il demourast prisonnier où il plairoit à Sa Majesté dedans le pays. A quoy fut respondu que, pour le présent, Sa Majesté n'entendoit en ces affaires-là. Et après se remeist à genoulx et supplia à Sadicte Majesté avoir pitié d'elle et de ses enfans; et fut par le duc d'Alve conduicte où ledict duc son mary estoit prisonnier, où après avoir esté ensemble demye-heure, fut reconduicte en la ville. Et le lendemain Sadicte Majesté fut veoir ladicte ville, et par dedans et par dehors, et fut au chasteau visiter ladicte duchesse.

Cedict jour le roy se partist du camp avec ses gens pour son retour en Bohême. Et le 26e dudict moys Sa Majesté permist audict duc Jehan de Saxe, prisonnier, estre mené dedans ladicte ville de Wittenberghe, au chasteau où estoit sa femme, pour y demourer le temps que Sadicte Majesté demoureroit icy, pour entendre à ses affaires et y mectre ordre, soubz la garde de cincq cens harquebusiers espaignolz qu'estoient soubz la charge d'Alonzo Vivo [1].

Le joeudy, 2e jour de juing 1547, Sa Majesté deslogea et son camp, et repassa la rivière d'Albis, et vint loger demy-mille oultre ladicte rivière.

Le 3e le duc Jehan de Saxe, prisonnier, sortit de la ville, prenant congié de sa femme, enfans et habitans de la ville de Wittenberghe, et vint au camp de Sa Majesté. Et cedict jour son second filz vint conduyre son père jusques au camp, et puis vint faire la révérence à Sa Majesté, faisant ses excuses qu'il n'estoit plus tost venu sa maladie en estre cause, et suppliant Sadicte Majesté avoir son père pour recommandé, sa mère et eulx.

Le 4e Sa Majesté, publicquement, en présence de l'électeur de Brandenbourg, de l'archiduc d'Austrice et plusieurs princes et seigneurs, feit exposer au duc Mauris de Saxe, présent, comme Jehan-Frédéricq, prisonnier, duc de Saxe, pour ses démérites, avoit commis crime de lèze-Majesté et fourfaict l'élection et tiltre d'électeur de l'Empire, et que, depuis son emprisonnement, par traicté faict, s'estoit entièrement désisté de ladicte élection, la remectant ès mains de Sadicte Majesté avec la ville de Wittenberghe et ce qu'en deppend. Sadicte Majesté, pour plusieurs considérations, faisoit don du tiltre d'électeur de l'Empire, ville et seignorie de Wittenberghe et de tout ce que deppend de ladicte élection audict duc Mauris de Saxe, présent, avec l'honneur, prééminence et droicture d'électeur, le mectant au reng et lieu d'électeur au lieu dudict Jehan-Frédéricq, prisonnier, à condition que, à la première diette, ledict duc Mauris reprendroit de fief, ainsi que l'on a accoustumé. A quoy fut respondu, de la part dudict duc Mauris, qu'il acceptoit le don par Sadicte Majesté à luy faict, le remercyant bien humblement, et qu'il n'avoit jamais esté contre le prisonnier sur intention d'aspirer à l'élection, sinon pour faire service à Sa Majesté, pour autant que ledict prisonnier estoit rebelle et désobéyssant à Sadicte Majesté et au roy son frère, et qu'il auroit respect aux enfans dudict prisonnier : remercyant Sa Majesté de l'honneur qu'il faisoit à la maison de Saxe laisser l'élection en icelle, et qu'il avoit usé envers ledict duc, prisonnier, de miséricorde, de ne luy avoir faict trancher la teste, par luy

[1] Vives.

bien mérité. Et incontinent Sadicte Majesté luy donna la main, et fut mis par le marquis de Brandenbourg, électeur, en son reng d'électeur; et le lendemain entra avec ses gens dedans ladicte ville de Wittenberghe, de laquelle la duchesse, femme du prisonnier, estoit sortie le matin au poinct du jour.

Le 7e Sa Majesté vint loger à Heynich [1].

8e à Pitrevelt [2], où Sa Majesté demoura le 9e tout le jour, que fut le jour du Sainct-Sacrement.

Et le 10e vint loger à Halle en Saxe, sur la rivière de Salla [3], que souloit estre à l'évesque de Magdebourg, et depuis neuf ans occupée par le duc Jehan de Saxe, et à présent rendue à Sa Majesté, où il demoura jusques le 23e dudict moys.

Le 18e dudict mois les électeurs de Saxe et de Brandenbourg, ayans, les jours précédens, fort sollicité Sa Majesté avoir pitié du lantsgrave de Hessen, et ayans accordé et capitulé les articles, ammenarent, ledict 18e, audict Halle ledict lantsgrave avec eulx; et le 19e, environ quatre heures après midy, l'ammenarent en court, en une grande galerie où estoit Sa Majesté, assiz en son siége impérial soubz ung dosseret de drap d'or frizé, accompaigné de plusieurs princes et seigneurs, où, estans lesdicts seigneurs électeurs arrivez devant Sa Majesté environ de huict piedz, ledict lantsgrave se meit à genoulx les mains joinctes, la teste baissée contre terre : où par son chancelier, estant aussy à genoulx, fut exposé l'offense par luy commise contre Sadicte Majesté, se venant mectre en ses mains et en sa miséricorde, à grâce et disgrâce à sa volunté. Ladicte harangue achevée, lesdicts électeurs auprès de luy tous debout, fut par le conseiller Schoelt [4] respondu que Sa Majesté, pour considération et ayant respect aux seigneurs électeurs qui pour luy ont supplyé Sadicte Majesté, luy pardonnoit la mort par luy méritée et la prison perpétuelle, conforme aux articles du traicté. Ce faict, ledict lantsgrave fut délivré au duc d'Alve, capitaine général, lequel le mena au chasteau dudict Halle, et luy donna à soupper et aux princes

---

[1] Gräfenhainchen (?).
[2] Bitterfelt.
[3] Saale.
[4] Georges-Sigismond Seldt, qui avait succédé à de Naves dans la charge de vice-chancelier de l'Empire.

électeurs; et après fut mis en une chambre soubz la garde de don Johan de Grevarre[1] et deux bannières d'Espaignolz.

Cedict jour furent prins prisonniers le conte d'Overstain[2] et deux aultres ses compaignons, pour avoir mesprins en la charge qu'ilz avoient heu au quartier devers Brême.

Le 18e arriva audict Halle le duc de Brunswick et son filz aisné que le lantsgrave avoit tenus prisonniers cincq ans. Aussy y sont arrivez des ambassadeurs de Dannemarcque; et se sont rendues les villes de Lubeck et Lunenbourgh.

Les 19e, 20e, 21e, 22e et 23e, les ducz Mauris de Saxe et de Brandenbourg, électeurs, sollicitans fort vers Sa Majesté, disans que le lantsgrave de Hessen se plaignoit que l'on le détînt prisonnier, et enfin, après plusieurs divises et parlemens heus sur ce différend, Sa Majesté feit venir devant luy lesdicts électeurs et lire le traicté et articles faictz, passez et signez avec ledit lantsgrave et Sa Majesté, qu'estoit qu'il se venoit rendre ès mains de Sadicte Majesté à sa volunté et miséricorde, et que Sadicte Majesté, par considération desdicts princes électeurs et en leur faveur, pardonnoit audict lantsgrave la mort par luy méritée, luy rendant son bien mis au ban de l'Empire, et davantaige luy pardonnoit et remectoit la prison perpétuelle : que donnoit assez à entendre qu'il debvoit estre prisonnier à la volunté de Sa Majesté. Eulx, voyans leur tort, supplìarent Sa Majesté leur pardonner ce qu'ilz en avoient parlé et que la faulte venoit d'eulx; que Sadicte Majesté satisfaisoit à ce qu'estoit traicté, et qu'ilz le maintiendroient contre tous ceulx qui vouldroient dire au contraire. Lors Sa Majesté feit entrer le duc de Brunswick, nouvellement délivré des prisons du lantsgrave, auquel Sa Majesté feit remonstrer le tort qu'il avoit heu d'escripre et parler de Sadicte Majesté, demandant secours au roy de France, et aultres choses qu'il avoit dictes contre Sadicte Majesté; et nonobstant tout ce, Sa Majesté luy pardonnoit le tout, le remectant en son entier, bien et Estat.

Le 22e le duc d'Alve partit et emmena le duc de Saxe et le lantsgrave. Sa Majesté partist le joeudy 23e et vint coucher à Laustat[3].

---

[1] Don Juan de Guevarra.
[2] D'Eberstain.
[3] Lauchstädt.

24e à Neubourg [1].
25e à Glaux (?) [2].
26e à Clat [3].
27e à Salvelt [4].
28e et 29e à Grevetal [5].
Dernier jour à Judenpach [6].
Vendredy, premier jour de juillet 1547, Sa Majesté à Neustat.
2e à Coburg.
3e et 4e à Bamberghe.
5e à . . . . [7].
6e à Neurenberg jusques le 18e. Et le 14e ceulx d'Embourg [8] se vindrent rendre à Sa Majesté à grâce et disgrâce.
18e coucher à Rot.
19e à Wieseburg [9].
20e à Monau [10].
21e à Tonneverdt [11].
22e à Wastendolff [12].
23e à Ausbourg.
Le 25e vint audict Ausbourg le duc de Bavière et Albert, son filz, veoir Sa Majesté. Aussy y arriva le duc Jehan-Frédéricq de Saxe, prisonnier, avec quatre cens arquebusiers espaignolz pour sa garde. Et le reste des soldatz espaignolz sont en garnison à Tonneverdt, où ilz ont en garde le lantsgrave de Hessen, prisonnier.

[1] Naumbourg.
[2] MSS. de l'Arsenal, de Reims et 15869 de la Bibliothèque royale; *Ghein* dans le MS. 14641.
[3] Kabla.
[4] Saalfeld.
[5] Gräfenthal.
[6] Judembach.
[7] En blanc dans les quatre MSS.
[8] Hambourg.
[9] Weissembourg.
[10] Monheim.
[11] Donauwerth.
[12] MSS. de l'Arsenal et de Reims; *Westendorff* dans le MS. 14641 de la Bibliothèque royale; *Wesendorff* dans le MS. 15869; *Westendorf* selon M. Stälin.

Le dernier jour du moys de juillet Sa Majesté, se cuidant mectre en la diette du bois des Yndes, se treuvant malade de la jaulnice, différa sadicte diette.

Joeudy, premier jour d'aougst 1547, Sa Majesté à Ausbourg. Durant lequel moys pensoit prendre ledict bois; mais la jaulnice dont il fut bien malade l'en garda.

Le 23e [1] les soldatz de cincq bannières, qu'estoient ceulx qui estoient esté en Saxe avec le marquis Albert et deffaictz à sa prinse, voulans estre payez de tout le temps qu'ilz avoient esté là jusques ils furent revenuz soubz bannières, vindrent devant le logis de Sa Majesté crier *ghelt, ghelt*, c'est-à-dire *argent, argent*, et altérant le peuple qu'ilz se mutinassent. Mais en une demie-heure furent appaisez, leur disant, de la part de Sa Majesté, qu'ilz seroient payez : ce qu'ilz ont esté, et après par le coronnel pugniz comme ilz méritoient.

Joeudy, premier jour de septembre 1547, Sa Majesté à Ausbourg, où estoit convocquée la diette impériale. Et y estans arrivez l'électeur de Mayence et les commiz des aultres, Sa Majesté, se sentant encores mal de la jaulnice, ne pouvant sortir, commeist l'archiduc d'Austrice Maximilian, son nepveur, lequel fut à la grande église, accompaigné dudict électeur et les commiz des absens et aulcuns princes et prélatz de sainct-empire, ouyr la messe du Sainct-Esprit, qui fut célébrée par le cardinal d'Ausbourg. Laquelle achevée, revint en court en une grande salle à ce préparée pour la proposition de la diette, où au mesme instant arriva le duc Mauris de Saxe, électeur, au-devant duquel fut jusques en ladicte salle le duc d'Alve, grand maistre, le conduisant vers Sadicte Majesté, laquelle le vint recepvoir en ung poisle plus avant que sa chambre, comme, de coustume, quand ung électeur nouveau vient la première fois vers l'Empereur, ledict Empereur luy doibt aller au devant.

Incontinent Sa Majesté sortit en la salle; et se mectant en son siége impérial, estant auprès de luy le siége du roy des Romains, les électeurs et commiz des absens chascun assiz en son lieu, l'Empereur appella l'archiduc; et ayant parlé à lui, ledict archiduc, faisant une révérence à Sa Majesté, et comme commiz et lieutenant de Sadicte Majesté, encommença la proposi-

---

[1] MSS. de l'Arsenal et de Reims; *le 14e* dans le MS. 14041; *le 27e* dans le MS. 15869.

tion de la diette, et fut achevée par le conseillier Scheelt [1]. Après la responce faicte par monsieur de Mayence, ledict archiduc feit encores une petite réplicque et puis s'assit, comme président en ladicte diette. Après Sa Majesté se retira en sa chambre, et chascun en son logis.

Le samedy, 3e, arriva audict Ausbourg l'électeur de Trèves, lequel vint faire la révérence à l'Empereur le dymenche après disner, conduict par l'évesque d'Arras. Sa Majesté le receut en une chambre devant la sienne.

Le 5e arriva audict Ausbourg l'électeur de Coulongne et l'électeur palatin. Lequel de Coulongne vint le 6e vers Sa Majesté, conduict par l'évesque d'Arras, et le palatin y vint le mesme jour, conduict par le duc d'Alve.

Et le 23e Sa Majesté eust nouvelles de son lieutenant et gouverneur en sa duché de Milan que ceulx de Plaisance s'estoient rebellez contre le seigneur Pierre-Loys [2], filz du pape, et l'avoient tué, et qu'ilz s'estoient renduz à Sa Majesté, mectans dedans la ville le seigneur Fernando Gonzaga, gouverneur de la duché de Milan pour Sa Majesté.

Et le 18e Sa Majesté fut ouyr la messe à la grande église, accompaigné des électeurs et princes de l'Empire.

Et le 19e fut à la chasse en Bavière, où il demoura treize jours. Et revint le dernier jour audict Ausbourg.

Samedy, premier jour d'octobre 1547, Sa Majesté à Ausbourg.

Le 6e vint vers Sa Majesté le cardinal de Trente.

Le . . . . [3] les estatz feirent responce à Sa Majesté; et le 18e Sa Majesté donna par escript ce qu'il avoit advisé sur leur responce.

Le 21e au matin arriva le roy des Romains audict Ausbourg, et le marquis électeur de Brandenbourg y arriva le 28e avec sa femme.

Mardy, premier jour de novembre 1547, Sadicte Majesté à Ausbourg.

Et le 2e ledict marquis électeur vint vers icelle.

Et le 21e l'archiduc d'Austrice fut au-devant de la royne Marie, douaigière d'Hongrie, sa tante, laquelle arriva audict Ausbourg le 23e dudict moys, accompaignée du conte de Bure, du seigneur de Bossu, grand escuyer de Sa Majesté, de l'évesque de Metz, de la duchesse douaigière de

---

[1] Seldt, comme il a été dit déjà.
[2] Pierre-Louis Farnèse.
[3] En blanc dans les MSS. de l'Arsenal, de Reims et 15869; *le 8e* dans le MS. 14641.

Lorrayne, de la princesse d'Orenges et de plusieurs dames et seigneurs; et furent au-devant d'elle le roy des Romains, son frère, le cardinal d'Ausbourg, les électeurs de Coulongne, de Saxe et de Brandenbourg, le duc Erick de Brunswick, le prince de Piedmont et plusieurs princes de l'Empire; et le duc d'Alve, grand maistre d'hostel, et les gentilzhommes de la bouche et de la maison de Sa Majesté, y furent de la part d'icelle, laquelle n'y peust aller pour l'indisposition de sa goutte. Elle vint descendre au logis de Sadicte Majesté, où elle fut logée et toutes ses dames, et treuva au bas de la porte la contesse palatine, sa niepce, et les duchesses de Bavière, qui la reçurent, et au-dessus du premier degré l'Empereur. Et pour sa goutte ne peust monter en hault, ains se retira en son quartier, et le roy au sien, emmenant les duchesses de Bavière, la royne, la contesse palatine, la duchesse de Lorrayne, princesse d'Orenges et leurs dames; montarent en hault en leur quartier, et soupparent ceste nuict-là avec le roy en son logis.

Et le 29e, veille de Sainct-André, Sa Majesté, accompaigné du roy son frère, du conte palatin, électeur, du duc Philippe de Bavière, du seigneur de Bossu, du conte de Bure, du duc d'Alve de l'archiduc d'Austrice, du duc Albert de Bavière, du prince de Piedmont et du seigneur de Rye, tous chevaliers du Thoison d'or, fut ouyr les vespres en la chappelle en court, et le lendemain la messe : Ses Majestez assiz soubz un dosseret de drap d'or; au mesme reng les chevaliers dudict ordre, ainsy que cy-dessus sont nommez, sur ung bancq accoustré en velour cramoisy, et devant eulx ung bancq de mesme; en front de Sa Majesté le légat; ung peu plus bas le cardinal d'Ausbourg; et après le lieu pour les ambassadeurs, auprès de l'aultel estoit, à main droicte, ung bancq accoustré en velour cramoisy pour les électeurs, où estoit l'électeur de Brandenbourg, et à main gaulche les prélatz. L'office fut faict par l'évesque d'Arras, procédant jusques à l'offertoire, que Sa Majesté fut offrir, puis le roy et tous les chevaliers de l'ordre. Ce achevé, fut faict le sermon; et la messe achevée, fut donnée la bénédiction par le légat. Ce faict, Ses Majestez, accompaignez des dessusdicts, vindrent en une salle où soubz ung bien riche dosseret fut dressée une table à travers de ladicte salle, et une en forme de potence touchant ladicte table, tirant du long de ladicte salle, de trois platz : à laquelle table, soubz ledict dosseret, estoient assiz l'Empereur et le roy des Romains, et au retour de ladicte potence touchant ladicte table estoit assiz le premier en reng le conte palatin, électeur, et en ensuyvant les aultres, comme dessus est dict, tous d'ung coustel. La table de Sa Majesté fut servye par les maistres d'hostel et gentilzhommes de la bouche de Sadicte Majesté, et les aultres trois platz par trois gentilzhommes de la maison et paiges de Sadicte Majesté. Aussi fut donné à laver par des gentilzhommes de la maison ausdicts chevaliers, et furent servyz en commencement de malvisée et rousties, et après de deux fois de chair chaulde et une fois de friambre, et une fois de tartres et fritures, après ypocras et oblies. Ce achevé, Sesdictes Majestez et chevaliers furent vers la royne, et, environ trois heures, furent à vespres et vigilles, où le tout estoit accoustré de velour noir.

Le premier jour de décembre 1547 furent à la messe de requiem que fut célébrée pour les chevaliers confrères décédez, et furent à l'offrande chascun ung chierge en la main.

Le 4ᵉ dudict moys, environ les trois heures après midy, estant Sa Majesté assiz en son siége impérial en la sallette où il disne, accompaigné de plusieurs princes, ducz et seigneurs, furent receuz en fief l'archevesque de Coulongne [1] le premier et celluy de Trèves [2] après, électeurs, lesquelz feirent le serment accoustumé, et après eulx les trois filz du duc de Melguebourg [3], comme héritiers de leur feu père, et feirent ès mains de Sa Majesté le serment de fidélité, et furent receuz.

Le 25ᵉ dudict moys Sa Majesté fut ouyr la grand'messe en la grande église, accompaigné du roy son frère, des électeurs de Mayence, Trèves et Brandenbourg, des commiz des absens et de plusieurs princes, le légat présent. La messe fut dicte par le cardinal d'Ausbourg. Sa Majesté fut à l'offrande, laquelle luy fut portée par le marquis électeur de Brandenbourg; puis furent offrir le roy, les électeurs et commiz des absens, les prélatz et princes de l'Empire.

Le 29ᵉ, estant Sa Majesté assiz en la sallette où il disne, vindrent les commiz de la cité et ville impériale de Brunswick; se mectans à genoulx, confessarent l'offense qu'ilz avoient faict à Sa Majesté, et obtindrent leur

---

[1] Adolphe de Schauwembourg.
[2] Jean d'Isembourg.
[3] Albert le Bel, duc de Mecklembourg, décédé le 10 janvier 1547.

pardon aux conditions qu'il pleut à Sa Majesté ordonner, et comme aux aultres villes qui se sont venues rendre.

La cité de Maidebourg[1] a esté déclairée et publiée au ban de l'Empire, et placqué le ban par les quarefours d'Ausbourg.

Le dernier jour Sa Majesté à Ausbourg.

Dymenche, premier jour de janvier 1548, stil de Rome, Sa Majesté en la cité impériale d'Ausbourg. Fut ce jour à la messe en la chappelle en court.

Le joeudy, veille des Roys, arriva audict Ausbourg le cardinal de Trente, venant par la poste de Rome.

Le 6e Sa Majesté fut ouyr la messe en la chappelle en court, accompaigné du roy des Romains, son frère, des électeurs de Mayence, Coulongne, conte palatin et marquis de Brandenbourg, de l'archiduc d'Austrice, prince de Piedmont, ducz Philippe de Bavière, de Brunswick, d'Alve, marquis Albert de Brandenbourg et de plusieurs aultres, de la royne douaigière, sa sœur, de la contesse palatine, duchesses de Bavière, de Lorrayne, princesse d'Orenges et de plusieurs aultres dames. La messe fut dicte par l'évesque d'Arras. Sa Majesté fut offrir trois couppes, èsquelles y avoit or, mir et encens, lesquelles luy furent portées par le conte palatin, électeur, le marquis de Brandenbourg, électeur, et l'archiduc d'Austrice; et après furent offrir le roy, les électeurs et princes. La messe achevée, Sadicte Majesté et la royne sa sœur furent disner avec le roy leur frère.

Le 14e dudict moys Sa Majesté et le roy son frère assiz soubz ung dosseret en ung siége impérial et royal, les électeurs, prélatz et princes de l'Empire chascun en son lieu, fut par l'archiduc d'Austrice, pour et au nom de Sa Majesté, faict une harengue exposant ausdicts estatz l'occasion pour quoy Sadicte Majesté les avoit faict assambler. Puis le cardinal de Trente encommença exposer la légation qu'il avoit faict, de par Sa Majesté, vers nostre sainct-père; et après furent leues ses instructions par le secrétaire Obremburg[2]. Ce achevé, fut dict par ledict archiduc que Sadicte Majesté, requérant le bien et union de la chrestienté, avoit faict supplier le pape de la continuation du concile à Trente, à quoy toute la Germanye avoit con-

---

[1] Magdebourg.
[2] Obernberger.

descendu, et qu'il treuvoit Sa Saincteté d'aultre opinion, ayant prins quarante jours pour y respondre : ce voyant Sadicte Majesté, avoit déterminé, déans lesdicts quarante jours, soy résouldre la manière comment l'on debvoit vivre, et que cependant, si le pape respondroit conforme à ce, en bonne heure; aultrement, qu'il regarderoit de vivre avec ses royaulmes en paix et union. Ce achevé, les électeurs se sont retirez à part, et les princes, prélatz et députez des villes, et en substance ont supplié Sa Majesté avoir copie de ce qu'avoit esté exposé. Ce dict, ledict archiduc s'est retiré vers Sesdictes Majestez, et après a accordé ladicte copie, et chascun s'est retiré.

Le vendredy, 20e, partist le duc d'Alve par la poste pour Gennes, et dès là passer par mer en Espaigne.

Merquedy, premier jour de febvrier 1548, stil de Rome, Sa Majesté en Ausbourg. Fut cedict jour à vespres en sa court en la chappelle, accompaigné du roy son frère et la royne sa sœur, tous trois en l'oratoire; derrière eulx la contesse palatine, femme de l'électeur, les duchesses de Bavière et Lorrayne, princesse d'Orenges et plusieurs dames; auprès de l'aultel, à main droicte, l'électeur de Brandenbourg, archiduc d'Austrice, prince de Piedmont et duc de Clèves; à main gaulche les évesques de Saltzbourg et aultres.

Le 2e Sa Majesté fut ouyr la messe à la grande église. Le service fut faict par le cardinal d'Ausbourg, Sa Majesté assiz en son siége impérial, aux formes du chœur; à main droite, après luy, fut assiz le roy son frère; après les électeurs de Mayence, Coulongne, Trèves, conte palatin, duc Mauris de Saxe et marquis de Brandenbourg; après estoient assiz le marquis Albert de Brandenbourg, ducz de Brunswick, de Clèves et Erick de Brunswick[1] : à l'opposite de Sa Majesté, hors des formes, estoient assiz les légat et cardinal de Trente, et embas les ambassadeurs; ès formes, à main gaulche, estoient assiz l'archiduc d'Austrice, évesques et prélatz de l'Empire; et furent à la procession et à l'offrande tous, saulf les légat et ambassadeurs. L'office faict, Sa Majesté revint en son logis, accompaigné de tous, saulf desdicts légat, cardinaulx et ambassadeurs, qui demourarent en l'église, car ilz n'ont nul reng où se treuvent les électeurs.

Le 16e partist la duchesse de Lorrayne pour son retour en son pays:

---

[1] Le MS. 14641 mentionne aussi les ducs de Mecklembourg.

Sa Majesté luy feit présent d'une bague qui valoit six mil escuz. Elle fut accompaignée trois lieues de l'archiduc d'Austrice, du prince de Piedmont et plusieurs seigneurs, de la contesse palatine, sa sœur aisnée, et de la princesse d'Orenges.

Le 18e ceulx de ladicte ville [1] vindrent demander pardon à Sa Majesté, se mectant à sa volunté entièrement.

Le 24e de febvrier, environ trois heures après midy, Sa Majesté sortit de son logis, accompaigné des électeurs de Mayence, Coulongne, Trèves, palatin et Brandenbourg, de l'archiduc d'Austrice, duc de Clèves, prince de Piedmont et plusieurs aultres, vint sur ung hourt qui estoit dressé sur la Place, hault, tendu d'ung dosseret de drap d'or frizé, soubz lequel estoit préparé le siége impérial, et aux deux coustelz des bancqz couvertz de drap d'or pour les électeurs. Sadicte Majesté entra dedans une maison de la ville où se accoustra de son habit impérial, et les électeurs en leurs habitz d'électeurs, asscavoir les ecclésiasticques de grands manteaulx d'escarlate fourez d'ermines et grandz coletz, les bonnetz de mesmes, le rebras [2] fouré; les séculiers leurs manteaulx et bonnetz de velour cramoisy fouré d'ermines. Sa Majesté se vint asseoir, en son habit impérial, en son siége; les électeurs de Mayence et palatin assiz sur ung bancq à main droicte; les électeurs de Coulongne et Brandenbourg à main gaulche, et celluy de Trèves assiz en une chaire couverte de drap d'or vis-à-vis de Sa Majesté, et tous les aultres princes et prélatz à teste nue en pied. Estans ainsi, vindrent du bout de la place environ soixante gentilzhommes dont l'ung portoit ung guidon rouge, qui coururent trois tours autour dudict hourt où Sadicte Majesté estoit assiz. Ce faict, vindrent les ducz de Bavière, de Brunswick et des Deux-Pontz, envoiez de la part du duc Mauris de Saxe, nouveaul électeur en la place et lieu de Jehan-Frédéricq de Saxe, lequel avoit fourfaict ladicte élection, pour avoir esté rebelle contre Sa Majesté l'année précédente et prins par Sadicte Majesté en bataille : lesquelz ducz, ainsi arrivez devant ledict hourt, descendirent et montarent à pied sur ledict hourt; ayant faict trois révérences, se meirent à genoulx devant

---

[1] MS. 14641; *ceulx de la cité de Illichs* dans les MSS. de l'Arsenal et de Reims; *de la cité d'Illinck* dans le MS. 15869 de la Bibliothèque royale. Les copistes des trois derniers manuscrits auront probablement fait, de *illecques*, c'est-à-dire de là, d'Augsbourg, *Illichs* et *Illinck*.

[2] *Rebras*, repli, rebord.

Sa Majesté et exposarent la cause de leur venue, suppliant à Sadicte Majesté vouloir recepvoir ledict duc Mauris, nouveaul électeur, en fief et hommaige comme électeur du sainct-empire. Après ce dict, lesdicts électeurs se levarent à teste nue, vindrent vers Sadicte Majesté, où furent ung petit en conseil; puis, eulx estans assis, fut par l'évesque de Mayence respondu ausdicts ambassadeurs; puis s'en retournarent vers ledict duc Mauris, lesquelz l'accompaignarent et environ deux cens chevaulx et neuf contes qui portoient neuf bannières des quartiers dudict duc, lequel estoit habillé en habit d'électeur. Et arrivez devant ledict hourt, meirent pied à terre, et montarent premiers ceulx qui portoient les bannières, puis ledict électeur entre les dessusdicts ducz; et ayant faict ses trois révérences, se meirent à genoulx devant Sadicte Majesté, où par l'évesque de Mayence leur fut dict aulcunes choses. Puis il s'approcha de Sadicte Majesté à genoulx, et par lesdicts électeurs fut présenté à Sa Majesté le missel ouvert, sur lequel ledict électeur meit ses deux mains, et là feit le serment accoustumé; et après Sa Majesté luy meit l'espée en ses mains. Et furent par l'électeur de Brandenbourg présentez toutes les bannières, l'une après l'aultre, et puis délivrées aux roys d'armes et ruées sur le peuple. Et y avoit sur ladicte Place deux bannières de gens de guerre, et le reste aux portes de la ville. Et se leva ledict électeur et fut mis en son reng, qu'est entre l'évesque électeur de Mayence et de Brandenbourg. Lors l'évesque de Brême se meit à genoulx et eust audience publicque pour aulcung affaire particulier. Ce faict, Sa Majesté se retira pour soy desaccoustrer; et ledict nouveaul électeur en son habit, accompaigné de tous ses gens, s'en alla en son logis. Et Sadicte Majesté, accompaigné des aultres électeurs, princes et prélatz du sainct-empire, revint en son logis, saluant les dames qui estoient aux fenestres, asscavoir la royne sa sœur, les contesse palatine, marquise de Brandenbourg, duchesses de Bavière, de Brunswick [1], princesse d'Orenges, femme du lantsgrave et plusieurs aultres dames.

Le 28ᵉ furent faictz gentilzhommes de la chambre les seigneurs de Noircarmes, Hubermont [2] et don Hernando de la Cerda, filz du duc de Medinaceli.

---

[1] Le MS. 15869 nomme, de plus, la duchesse des Deux-Ponts.

[2] Floris de Montmorency, depuis seigneur de Montigny.

Le dernier jour dudict moys Sa Majesté à Ausbourg.

Joeudy, premier jour de mars 1548, stil de Rome, Sa Majesté, à Ausbourg, encommença la diette du bois des Yndes.

13e de mars la royne douaigière de Hongrie, ayant achevé ses affaires, print congié de l'Empereur son frère, et se partist pour son retour au Pays-Bas. Fut accompaignée jusques à une lieue hors de la ville du roy des Romains, son frère, de l'archiduc d'Austrice, son nepveur, des électeurs, des ducs de Bavière et de Brunswick, prince de Piedmont et plusieurs aultres, et jusques au Pays-Bas du prince d'Orenges et conte de Bure. Elle print son chemin à passer par Nancy.

Le dernier jour de mars Sadicte Majesté à Ausbourg.

Dymenche, premier jour d'apvril 1548, Sadicte Majesté à Ausbourg.

Le dymenche, 8e dudict mois, fut sacré en la grande église dudict Ausbourg l'archevesque de Coulongne, électeur, par le cardinal dudict Ausbourg, en présence de l'Empereur, du roy, des électeurs de l'Empire, de l'archiduc d'Austrice, ducz de Brunswick et Bavière, marquis de Brandenbourg, prélatz et plusieurs aultres.

Le dernier jour dudict moys audict Ausbourg.

Mardy, premier jour de may, Sa Majesté audict Ausbourg.

Le 6e jour furent célébrées les vigilles et le lundy, 7e, la messe pour les obsèques du roy de Poloingne, en la grande église dudict Ausbourg, où assistarent Sadicte Majesté, le roy son frère, les électeurs et princes de l'Empire.

Le 8e arriva audict Ausbourg le roy de Thunes, more, vassal et tributaire de Sadicte Majesté.

Le jour de l'Assention, Sa Majesté fut ouyr la messe en la grande église, accompaigné du roy son frère, des électeurs, de l'archiduc d'Austrice, des prélatz et princes de l'Empire, et fut dicte la messe par l'évesque de Mayence, électeur.

Le 15e Sa Majesté feict appeller les électeurs, princes et prélatz de l'Empire, députez des villes et aultres, et, tous assamblez en une grand'salle en court, Sadicte Majesté assiz en son siége impérial, le roy son frère auprès de luy, chascun en son lieu, fut exposé par le conseiller Scheelt [1], de la part

---

[1] Seldt, comme il a été dit plus haut.

de Sa Majesté, comme il y avoit longtemps qu'il régnoit, audict Empire, mesmes ès Allemaignes, plusieurs erreurs et diverses sectes contraires aux articles de la foy et de l'Église, et que Sadicte Majesté avoit serché, par touz moyens, y remédier, et n'avoit peu trouver les moyens ; et à présent il avoit advisé une manière comment l'on debvroit vivre jusques toutes erreurs et difficultez fussent vuydées et décidées par le sainct concile, priant à tous et ordonnant qu'ilz voulsissent entretenir lesdictes ordonnances, sans y contrevenir, prescher ny escripre au contraire, jusques la diffinition dudict sainct concile. Ce achevé, lesdicts électeurs et princes se retirarent, et, après avoir communicqué ensemble, fut par l'électeur de Mayence, pour et au nom de tout l'Empire, respondu que uniement ilz estoient tous prestz d'obéyr à Sadicte Majesté, comme à leur vray, originel, naturel et souverain seigneur et empereur, le suppliant leur donner par escript ce qu'il avoit faict exposer de la manière comment l'on debvroit vivre, pour entre eulx le communicquer, et en brief feroient responce à Sadicte Majesté de sorte qu'ilz espéroient que Sa Majesté en auroit contentement. A quoy fut respondu par Sadicte Majesté qu'il leur accordoit, et que l'on le leur donneroit en latin et en allemand.

Ce faict, se retira en sa chambre, où il treuva le légat apostolicque et ung nunce qui estoit nouvellement venu de Rome de la part du pape, ausquelz il donna audience. Et les électeurs et princes se retirarent chascun en son logis.

Le 19ᵉ Sa Majesté assambla ceulx des estatz en la sallette où il disne, où, à trois heures après midy, il se treuva. Le roy son frère présent, feit exposer ausdicts estatz qu'ilz sçaivent comme, les années précédentes, ilz avoient veu que, à l'appétit de deux rebelles contre l'Empire, ilz avoient esté troublez et empeschez, et qu'il sembloit à Sa Majesté qu'il seroit convenable que entre eulx ilz advisassent de soy tailler en quelque bonne quantité de deniers, lesquelz fussent mis ès mains de quelque prince ou marchant, afin que, s'il succédoit aulcung que voulsist rebeller, comme avoient faict les dessusdicts, l'on eust argent prest pour promptement avoir gens et contrevenir aux contrarians aux édictz et commandements de Sa Majesté et du sainct-empire. Lesdicts des estatz ont demandé jour pour rendre responce, qui leur a esté accordé. Ce achevé, Sesdictes Majestez vindrent ouyr les vespres en la chappelle en court. Et le lendemain, que fut jour de la Penthecouste, furent ouyr la messe en la grande église, où l'office fut faict par l'archevesque de Coulongne, électeur.

Le 25ᵉ partist pour son retour en Saxe le duc Mauris de Saxe, électeur.

Le dernier jour de may, jour du Sacrament, 1548, Sa Majesté, le roy son frère et les électeurs et princes de l'Empire furent en la grande église, et fut faict l'office et porté le corps de Dieu par le cardinal d'Ausbourg, lequel fut adextré du conte palatin, électeur, et asenestré du marquis de Brandenbourg; et Ses Majestez portoient des torses, et tous les princes, seigneurs et gentilzhommes; et fut porté ung poisle sur le sainct-sacrament par l'archiduc d'Austrice, les deux ducz de Bavière, grand maistre de Pruche, duc de Brunswick et duc Christoffle de Wirtemberg.

Vendredy, premier jour de juing. Sa Majesté audict Ausbourg.

Et le 11ᵉ, environ les trois heures du matin, se partist dudict Ausbourg Maximilian, archiduc d'Austrice, filz aisné du roy des Romains, prince de Bohême et de Hongrie, pour son voyage en Espaigne, pour aller espouser la fille aysnée de l'Empereur et demourer pour gouverneur audict Espaigne en absence du prince. Ledict archiduc avoit prins, le jour précédent, congié de l'Empereur et du roy son père.

Ledict jour les électeurs, princes, prélatz et députez de l'Empire déclairèrent les articles suyvans :

« Illustrissime, très-puissant et victorieux Empereur, les princes et estatz présens et ambassadeurs des absens ont très-voluntiers entendu la demande de Vostre Majesté, par laquelle ilz ont clairement congneu l'affection plus que paternelle à eulx, tant à ceste heure que par cy-devant, par bons enseignemens déclarée : de laquelle bénévolence ilz remercient grandement Vostre Majesté, confessant debvoir à icelle toute obéyssance, service et office de bons subjectz. Et combien qu'ilz estoient bien résoluz de faire leur responce plus tost, et ne point tenir Vostre Majesté si longuement suspense, toutesfois, pour aulcuns grands empeschemens depuis survenuz, sont esté constrainctz différer leurdicte responce plus longuement qu'ilz ne pensoient ny vouloient, priant humblement Vostredicte Majesté leur pardonner le long délay et prendre leur excuse de bonne part.

» Et premièrement, quant aux débatz et différends sur la religion, il est plus que notoire que ce mal tant contagieux ne se contient tant seulement aux limites de la Germanye, mais s'extend si avant que bien près toute la chrestienté en est infectée, et par ainsi touche cest article en général : de manière que ne treuvons moien meilleur, pour appaiser et décider les différends, que le moien tousjours usité par ci-devant en semblables différends, qu'est ung concile général, lequel moyen les estatz en plusieurs diettes ont mis en délibération et en ont faict requeste à Vostre Majesté, de manière que, après plusieurs empeschemens et grands travaulx de Vostredicte Majesté, l'a obtenu. Par quoy, après avoir heu regard à tout, et ne treuvant expédient plus honneste que de différer[1] et rapporter lesdicts différends à ung chrestien et général concile, supplions que Vostre Majesté, usant d'office de bon et chrestien empereur, veuille prendre ce moyen de concile tellement à cœur et faire tant que le bon concile jà encommencé à Trente ne soit interrompu, et qu'il soit de sorte que tous les princes chrestiens s'y veuillent treuver, principalement archevesques et évesques d'Allemaigne, aux provinces et dyocèses desquelz lesdicts différends se sont premièrement eslevez, afin que eulx s'y treuvent en personne, ou à tout le moins y ayent à envoyer gens sçavants et à ce ydoines, avec plain pouvoir absolu. D'aultre part, qu'il plaise aussy à Vostredicte Majesté y laisser venir avec asseurance et libre retour ceulx qui soustiennent la confession augustane, et les deuement et souffisamment escouter en leurs raisons, et après ayant ceulx de ladicte confession augustane à se submectre à Vostre Majesté et aultres estatz, et attendre ce que illec sera décidé et décrété, pour sans contredict aulcung y obéyr. Et si, par aventure, l'on avoit conclud aulcung article audict concile de Trente, dont n'en sçavons riens de vray, que cela puisse estre retraict et mis de nouveau en délibération, où les protestants seront ouyz en leurs raisons lesquelles ilz veuillent alléguer, afin que l'occasion de quereller, [en ce que] ilz pourroient dire que l'on se seroit trop hasté, ou que la chose soit précipitée, soit tollue[2].

» Et si cela se faict, ne faisons doubte aulcun que le tout-puissant Dieu nous regardera de ses yeulx de clémence et réduyra à une vraye, salutaire doctrine et foy ferme et infaillible. Mais, pour ce qu'il faict bien à considérer que tous affaires de si grande importance ne se pourront vuyder si

---

[1] *Différer*, pour *déférer*.
[2] *Tollue*, ôtée.

tost, supplions aultre fois à Vostre Majesté qu'elle veuille, ce temps pendant, treuver quelque manière et moyen selon lequel l'on se puisse reigler et conduyre jusques à ce que par l'aucthorité dudict concile en soit conclud et ordonné, afin que tous les estatz et subjectz du sainct-empire puissent tant plus quiètement et pacifficquement vivre en paix et union par ensemble.

» Secondement, Vostre Majesté, faisant son debvoir (de quoy la remercyons), a remiz à nous de regarder les statutz et ordonnances de la paix et union, afin que, s'il y avoit à corriger, adjouster ou diminuer, que par nous cela se feisse. Mais, pour ce que ce poinct est de grande importance, nous sembleroit meilleur que cela se feisse par Vostre Majesté avec les électeurs, ou que l'on députasse aulcungz pour congnoistre cedict poinct, afin que, s'il est nécessaire de y corriger ou changer quelque chose, que le tout soit rapporté à Vostre Majesté.

» Tiercement, fault traicter du *camerghericht* et de la présentation d'assesseurs. Lequel poinct avons examiné et débattu avec grande diligence et sollicitude; et semble que cela vient au grand dommaige et pour anéantir les droictz et previléges concédez aux estatz, ou, à tout le moins, pour les diminuer. Et oires que les estatz n'en soient pas si fort préjudiciez, toutesfois treuvons audict poinct grande difficulté, pour ce que [par] toutes ordonnances anciennes et nouvelles du sainct-empire pour la souveraine justice, comme est celle-là, la présentation des assesseurs a esté attribuée aux électeurs et à aulcunes provinces et quartiers de l'Empire, comme (passé longtemps y a) avons observé et présentement observons encores : joinct aussi que telz assesseurs doibvent estre gens non pas seulement sçavants, mais aussi gens expertz, et principalement aux affaires de la Germanye, congnoissans les usances et coustumes d'icelle et les droictz munitiaulx (?)[1] de chascune province, et sachant tout ce que l'on est accoustumé user en icelle; et fault aussi qu'ilz congnoissent tout ce qui est propre et appartenant à chascun prince et aultres estatz; et pour treuver telz personnaiges comme dessus, n'avons espargné peyne, labeur ni diligence. Par quoy ne semble que Vostre Majesté aye aulcune chose pour le nous vouloir oster et demander que ladicte présentation soit laissée à

---

[1] MSS. de l'Arsenal, de Reims et 15869 de la Bibliothèque royale. Ce membre de phrase n'est pas dans le MS. 14641.

Vostre Majesté, considéré que les estatz en ce poinct touchant ladicte présentation ayent bien peu faillir.

» Mais, afin que Vostre Majesté congnoisse nostre inclination et promptitude d'obéyr à Vostredicte Majesté, et mesmes que par ce elle puisse congnoistre et entendre que ne désirons chose en ce monde tant que une paix et union et que la justice puisse avoir son train, avons très-voluntiers obéy à Vostre Majesté, permectant présentement à icelle instituer librement tous telz assesseurs que bon luy semblera; suppliant seulement qu'il plaise à Vostre Majesté, en instituant iceulx, ensuyvre la manière et ordonnance que s'ensuyt :

» Premièrement, que l'on preigne, au nom et par la permission des estatz, gens bien graves et ydoines en Allemaigne, instruictz aux droictz et coustumes d'icelle, lesquelz se obligeront par serment ausdicts estatz de l'Empire, selon la coustume d'iceluy et ordonnances du *camerghericht* [1].

» Secondement, que Vostre Majesté les eslise hors de telles provinces et quartiers de l'Empire que l'on est accoustumé, et quant et quant incontinent dénomme et ordonne chascune province ses assesseurs, afin que, après leur mort ou qu'ilz laissent aultrement l'estat d'assesseur, l'on puisse tant plus facilement sçavoir ce que l'on ayt à faire.

» Et ultimement, que Vostre Majesté fasse bien expressément mectre aux actes de ceste diette, avec toute diligence, que ceste nostre concession voluntaire, par laquelle les estatz ont permis voluntairement à Vostre Majesté la présentation des assesseurs, ne soit tirée après en conséquence, et que ceste concession ne doibt par cy-après nuyre ausdicts estatz, ny aulcunement préjudicier aux prérogatives et previléges desdicts estatz, comme Vostre Majesté a expressément promis et asseuré en sa proposition.

» Prions aussi à Vostre Majesté qu'elle y veuille ordonner ung président, homme grave et expert, né en Allemaigne, qui sache présider et entendre à graves et difficiles matières.

» Aussi, pour ce qu'il y a desjà grand espace que beaulcoup de causes et la justice a du tout cessé [2], et aussi à cause de ce que beaulcoup de procès

---

[1] MSS. de l'Arsenal et de Reims; *selon la coustume, dicts et ordonnances du camerghericht* dans les MS. 15869. Dans le MS. 14641 cette phrase est ainsi conçue : « lesquelz s'obligeront par serment » ausdicts estatz l'ancienne consuétude et ordonnances dudict *camerghericht*. »

[2] *Sic* dans les quatre MSS.

sont demeurez à vuyder, et afin que les parties n'ayent cause d'eulx plaindre pour la prolixité et tardance de la vuydange de leurs procès, sumes très-contens que Vostre Majesté preigne, oultre le nombre des assesseurs accoustumez, aultres dix extraordinaires, gens de bien, lettrez et expertz, lesquelz n'auront congnoissance sinon des vielles causes encommencées avant la cessation de la justice; et sumes contens aussi, pour deux ans ou trois, s'il est besoing, payer le salaire d'iceulx.

» Si d'adventure il survenoit tant de causes et procès qu'il fût nécessaire d'adjouster deux personnes, oultre le nombre accoustumé, pour nouvelles causes qui sordroient [1], nous mectons tout cela à la discrétion du président, afin qu'il en preigne une partie des dix, et tous, s'il est de nécessité, moyennant que cela ne fasse donner pied aux aultres assesseurs ordinaires de faire moindre debvoir qu'ilz ne sont accoustumez.

» Seroit aussi chose fort utile si en ceste diette les coustumes et ordonnances de ceste justice de *camerghericht* fussent reveues et visitées par gens saiges et soy entendans en semblables affaires, afin que, si d'adventure l'on y treuve chose qui mérite estre amendée ou réformée, que tout incontinent soit remédié, afin que la Germanye soit remise en paix ferme et vray train de justice.

» Item, pour ce que Vostre Majesté, comme empereur des Romains, ne doibt estre aulcunement grevé ny chargé des fraiz et despens qu'il convient faire à cause dudict *camerghericht*, et afin que Vostre Majesté congnoisse aussi nostre bonne et prompte volunté, ordonnons et mandons que les estatz debvront prendre le soing et charge de ladicte despence jusques à ce que l'on aura treuvé moyen par lequel Vostre Majesté et les estatz seront exemptz de ceste contribution : ce que toutesfois jusques à l'heure n'a esté usé ny obtenu desdicts estatz.

» Et en oultre semble estre expédient que les pensions et portions concédées, et toutesfois point payées, des trois années dernières soient comptées et mises avec les despens qu'il conviendra porter cy-après.

» Et de ce que Vostre Majesté s'est clémentement offert pour estre arbitre des différends qui pourront sordre à cause des biens aliénez, tant ecclésiasticques que aultres, et jurisdictions usurpées, la remercyons très-hum-

---

[1] *Sordroient*, surgiraient.

blement, priant à icelle Vostre Majesté très-instamment qu'il luy plaise en personne ou par commiz despescher ceste difficulté, et en cas que l'on ne puisse amiablement appoincter lesdicts différends, que lors les parties intéressées ayent leur refuge au remède ordinaire de droict.

» Item sont résouluz lesdicts estatz attendre la résolution de Vostre Majesté sur la discipline et manière de vivre de la police[1], mesmes ceulx qui sont en débatz de leur lieu et session : remectant ce différend ès mains de Vostredicte Majesté. Et s'y conduyront selon l'exigence des affaires.

» Et finablement avons bien voulu notiffier à Vostre Majesté que, incontinent après avoir entendu la proposition et voulunté de Vostre Majesté, avons faict toute diligence et debvoir pour y obéyr, ayant députer et commiz gens pour entendre aux moyens pour parvenir à une paix publicque, au *camerghericht*, à la contribution des estatz, au faict de la monnoye, au faict des anciennes ordonnances. Et pour ce qu'avons treuvé que le mesme ne s'est jamais faict sans prouffict et utilité, avons faict toute instance vers les électeurs affin qu'ilz eussent faict le mesme, leur remonstrant les anciennes coustumes et observations ; priant que délaissent tout ce que pourroit prolonguer et trayner lesdicts affaires : mais jusques à ceste heure n'avons riens sceu faire by persuader. Hors desquelles choses souloit sordre, non point seulement envie et dissimulations, mais aussi inimitiés secrètes et haynes ; et mesmes ne doubtons que Vostre Majesté n'entende bien combien d'incommoditez et d'inconvéniens en vindrent à Vostre Majesté et à tous les estatz. Par quoy supplions Vostre Majesté qu'elle veuille, pour son debvoir, retirer lesdicts électeurs de ceste tant déterminée opinion, et qu'ilz ne veuillent attempter nulles nouvellitez, mais, ensuivant les anciennes coustumes, ilz veuillent parfaire ledict affaire par culx ou leurs commiz. Quant à nostre part, espérons tellement faire qu'ilz n'auront nulle occasion de mescontentement, aussi bien quant à observer les anciennes coustumes que d'entretenir paix et amour avec tous les aultres estatz. »

« L'Empereur, ayant entendu et ouy la responce des princes présens et ambassadeurs des absens et électeurs, comprinse en deux escriptz, sur sa demande et proposition, n'a voulsu à messieurs les électeurs et aultres

---

[1] *Sic* dans les quatre MSS.

estatz couvrir sa bonne volunté et affection, ains veult ouvertement donner à congnoistre son opinion et ce qu'il luy semble desdicts deux susdicts escriptz, afin qu'ung chascun puisse entendre que tout son traveil, peyne et intention ne tâche que à la conservation de la Germanye, afin qu'elle soit pourveue de bon, honneste et salutaire conseil.

» Et premièrement, puisque l'intention de Sa Majesté estoit, au premier et principal article, touchant la religion, de congnoistre l'oppinion et intention desdicts estatz, comme apert par plusieurs articles et passaiges de sa proposition, a Sadicte Majesté très-voluntiers entendu, par les responces escriptes tant des princes électeurs que aultres des estatz, qu'ilz estoient d'advis que les différends de la religion se debvoient rapporter au général, libre et catholicque concile légitimement convocqué et jà encommencé à Trente; que illecq le tout se deusse décider : ce que a esté tousjours l'oppinion de Sa Majesté, tenant ceste voye plus pertinente et seure que nulle aultre pour vuyder cedict différend, et sommation du lieu bien accommodé aux Allemans, sans l'incommodité de aulcune nation ou province.

» Par quoy Sa Majesté a conceu entière confidence que lesdicts estatz se submectront, avec toute obédience, soulz l'aucthorité dudict concile, attendant la détermination d'icelluy pour reigler leur voye selon les ordonnances et décretz que illecq seront déterminez, et que lesdicts estatz entretiendront et observeront les très-louables anciennes coustumes que leurs prédécesseurs ont de tout temps usé et ensuivy : c'est qu'en semblables différends de la religion leur extrême refuge a tousjours esté ung général et catholicque concile, observant entièrement, avec toute révérence et submission, tout ce qu'en semblable concile estoit ordonné, comme le disciple se reigleroit selon les commandemens et ordonnances de son maistre d'eschole.

» Et afin que l'on puisse, délaissant tous incidens, du propos plustost venir à l'effect là où nous prétendons, et que ledict concile aye tant plus d'auctorité, et que ung chascun soit plus libre et asseuré de sa personne, Sa Majesté se ordonne avocat de nostre mère saincte Église et protecteur des conciles; et aussi, pour se accommoder à la requeste desdicts estatz, est délibéré de faire tout ce qu'il semblera à Sa Majesté estre prouffictable et nécessaire à l'advancement et promotion dudict concile, comme d'admonester, requérir, commander avec la plus grande diligence que possible sera. Et surtout, afin que ledict concile ne soit frustré de son effect, Sa

Majesté ordonne que l'on convocque légitimement tous les aultres princes chrestiens estrangiers, et principalement tous les archevesques, évesques et prélatz de la Germanye, comme estans de la province là où cedict différend de la religion a prins source et commencement, et en cas que lesdicts ayent empeschement et excuse légitime, que à tout le moins ilz ayent à envoyer leurs ambassadeurs, gens de bien, lettrez, qualifiiez, avec plain pouvoir de agir, transiger, selon que besoing sera, absolutement et sans aulcune limitation; en oultre, que ceulx qui confessent ¹ la confession augustane puissent venir et y demourer tant librement, à seurté de leurs personnes, et que l'on les oye ² aussi selon l'exigence des affaires, afin que le tout se fasse catholicquement et comme à chrestiens appartient, sans nulle affection, rancune ou perturbation, et que l'on ordonne, selon les escriptz des saincts pères, une utile et catholicque réformation et censure, tant pour les ecclésiasticques que séculiers; enfin que toutes oppinions faulses et inutiles soient totalement ostées et abolies, et tous les maulx et abuz, comm'il appartient, soient corrigez et entièrement expulsez.

» Et combien que Sa Majesté treuve à la responce des électeurs aulcunes conditions mises touchant l'institution du concile, ne se pense point pourtant Sa Majesté [que les aultres empesche ou tellement] ³ que pour cela ilz laisseroient à remectre lesdicts affaires ès mains de Sadicte Majesté, pourveu que desjà l'on aye commencé et procédé audict concile, et aussi que Sa Majesté ne obmectra riens de tout ce que se treuvera estre expédient et bon [ce que mieulx procède, et y concerne l'honneste, catholicque et bien ordonné ⁴] : en quoy Sa Majesté requiert que lesdicts estatz le veuillent croyre et luy laisser l'entier soing de ce poinct.

¹ *Sic.*

² *Oye*, entende.

³ Les mots entre crochets sont empruntés au MS. 15869; au lieu de ces mots on trouve dans le MS. de l'Arsenal : *que les aultres empeschez ou tellement commiz*, et dans le MS. de Reims : *que les aultres ont pesché et tellement commiz*. Voici la version du MS. 14641 : « Et combien que Sa Majesté treuve à
» la responce des électeurs aulcunes conditions mises touchant l'institution dudict concile, si est-ce
» que Sa Majesté ne pense point pourtant que les aultres empeschez ou leurs commis laisseront pour
» cela de remectre ses affaires ès mains de Sadicte Majesté, pourveu que l'on a desjà commencé
» à procéder audict concile. »

⁴ Les mots entre crochets sont dans les MSS. de l'Arsenal, de Reims et 15869. Le MS. 14641 donne ainsi ce passage : « Et aussi que Sa Majesté n'obmectra riens de tout ce que se treuvera estre expédient
» et bon, et ce que au mieulx procure et conserve l'honnesteté catholicque et bon ordre. »

» En oultre demandent les électeurs et aultres estatz que l'on fasse quelque ordonnance et manière de vivre bonne et honneste, pieuse et catholicque, afin qu'ilz se puissent selon icelle reigler, gouverner et vivre en paix ce temps pendant que l'on attendra la décision dudict concile. Et pour ce que c'est une fort nécessaire chose, requise, et mesmes de grande importance, Sa Majesté se veult consulter et délibérer sur ledict point, et, après avoir prins meure délibération, promect aux estatz leur déclairer son advis et oppinion.

» Secondement, quant à la restauration du *camerghericht*, Sa Majesté congnoist en cest endroict la bénévolence et affection des estatz envers luy, pour autant que voluntairement ont remiz le tout à la disposition de Sa Majesté, cédant à icelle leur droict : ce que a esté fort aggréable à Sadicte Majesté, tant pour leur bon gré et affection que pour le grand tesmoingnaige d'obédience que par-là lesdicts estatz ont monstré ; et aura de ce Sadicte Majesté tousjours mémoire, pour le recongnoistre en temps et lieu. Et luy plaisent aussi les conditions que lesdicts estatz ont proposé pour observer à la restauration de ladicte concession [1], et, en les ensuyvant, le plustost qu'il pourra ordonnera les assesseurs et aultres dix extraordinaires, tous gens de bien, afin que d'oires en avant n'y aye aulcune faulte audict *camerghericht*.

» Et treuve Sadicte Majesté bon ce que lesdicts estatz avoient adjousté de ces assesseurs extraordinaires et les retenir pour deux ans, ou, si le terme de deux ans n'est souffisant pour vuyder les procès, que l'on prolongue le terme [2], et que l'on les laisse vacquer principalement pour vuyder les causes vielles et suspendues.

» Item a esté fort aggréable à Sa Majesté ce que les estatz ont respondu pour la conservation dudict *camerghericht*, touchant la despence pour l'advenir, espérant que les princes électeurs, tant pour l'honneur de Sa Majesté que afin que l'on soit plus asseuré de bon ordre dudict *camerghericht*, et mesmes que l'on puisse tant mieulx [choisir] les plus gens de bien, s'en vouldront voluntiers resentir pour leur contingent, et prendront avec

---

[1] MSS. de l'Arsenal, de Reims et 15869 ; *pour observer à la restauration de ladicte cession voluntaire* dans le MS. 14641.

[2] On lit de plus ici dans le MS. 15869 : « et que l'on fasse la despence pour trois ans. »

les aultres estatz une partie de la despence à leur charge, jusques à ce que lesdicts électeurs et aultres estatz auront treuvé quelque moyen et manière pour subvenir à ceste nécessité [1] sans la contribution et despence desdicts estatz : à quoy Sa Majesté fera aussy en son endroict tel debvoir que possible sera.

» Enfin, pour ce que Sa Majesté est adverti qu'il y a aulcungz qui ont payé ce qu'ilz debvoient donner pour leur contingent pour les trois années délibérées, [commandera][2] à son procureur fiscal, ensuyvant le désir des estatz, de procéder, selon le droict et ordonnances sur ce faictes, contre les refusans de contribuer, ses coutumaces[3], et que le tout viendra au prouffict, utilité et soulagement desdicts estatz.

» Veult aussi Sa Majesté, comme il s'est précédemment offert et faict encores, mectre ordre, par ses députez et commissaires, sur les jurisdictions et biens ecclésiasticques aliénez, afin que par eulx puissent estre amiablement assoupiz et accordez les différends qui, à cause de ladicte aliénation, pourront estre survenuz. Et en cas que par telz moyens il ne se pourroit faire, Sadicte Majesté treuvera moyen et ordonnance pour les vuyder par voye de justice, tellement que d'oires en avant ceulx qui sont esté grevez et qui ont perdu leur jurisdiction ne seront plus molestez.

» Et quant aux statutz, stil et ordonnances faisans pour la paix publicque, observées audict *camerghericht*, item touchant l'argent, Sadicte Majesté a pensé jusques oyres que tous les différends sur ce émuz, selon l'ancienne coustume, seroient débatuz par gens de bien et sçavans, par forme d'arbitraige, pour ce que, en procédant de telle sorte, l'on gaingneroit avec grand fruict beaulcoup de temps. Mais voiant Sa Majesté, par la responce des électeurs, que eulx-mesmes se sont aulcunement occupez sur ce poinct et ont exhibé aux aultres estatz de l'Empire leur oppinion, avec leur advis sur les ordonnances de la paix publicque; item qu'ilz traictent aussi l'affaire de la monnoye et ont procédé si avant qu'ilz sont desjà prestz pour exhiber

---

[1] MS. 14641; *recouvrer à ceste nécessité* dans les MSS. de l'Arsenal et de Reims; *recouvrir* dans le MS. 15869.

[2] *Pour les trois années délibérées, commandant Sa Majesté à son procureur fiscal*, dans les MSS. de l'Arsenal, de Reims et 14641; *pour les trois années délibérées, comme aussi à son procureur fiscal*, dans le MS. 15869.

[3] *Sic* dans les MSS. de l'Arsenal, de Reims et 15869. Ces deux mots ne sont pas dans le MS. 14641.

leur besoingné ausdicts estatz, Sa Majesté requiert aux aultres princes présens et députez des absens qu'ilz veuillent avoir regard audict besoingné desdicts électeurs, ou que eulx ou gens par eulx députez, s'ilz ne peuvent y vacquer en personne, entrent en communication, et, selon l'ancienne coustume, fassent par ensemble unanimement [après] qu'ilz auront conformé leurs oppinions, rapport à Sa Majesté de ce qu'ilz auront treuvé expédient.

» Item, pour ce qu'il semble estre plus que nécessaire, pour la restauration de la souveraine justice, de remectre en usance les anciennes ordonnances et coustumes, ne treuve Sa Majesté meilleur moyen, sinon par gens expertz par les estatz députez; et pourtant requiert bien Sadicte Majesté que lesdictes coustumes, ordonnances et observations soient recueillies instamment[1], et que les électeurs et aultres princes et estatz de l'Empire veuillent députer gens sçavans, ayans congnoissance des anciennes coustumes de justice et estat d'icelle et de la manière de procéder, et qu'ilz treuveront assez plus capables [que Sa Majesté ne feroit][2], afin qu'ilz regardent le stil et ordonnance solemnel de la justice, et en fassent tel receuil. Et quand ilz auront par ensemble unanimement parachevé, sera exhibé ledict receuil à Sadicte Majesté, pour estre veu et conformé : car Sadicte Majesté entend de tout se mectre en debvoir pour donner ordre à la justice le plus tost qu'il pourra, mesmes en ceste diette.

» Finablement, touchant ce que les estatz ont conceu quant à la police, Sa Majesté entend le reveoir, examiner et décider, le plus tost que faire pourra, comme il sera des sessions et aultres différends, selon les allégations[3] des parties, et du bon droict d'ung chascun.

» Et est ce que Sadicte Majesté a voulu donner à entendre aux estatz, afin que par-là puissent congnoistre son bon zèle et affection paternelle : les requérant, en toute clémence et bénignité, ilz le veuillent prendre de bonne part et se ranger à l'obédience; en oultre, pour la conservation de l'amitié et paix[4], chascun en son endroict regarde de se accommoder en la union et concorde et haste les affaires, afin qu'ilz ne tiègnent plus lon-

---

[1] *Sic* dans les quatre MSS. N'est-ce pas *incessamment* qu'il faudrait lire ?
[2] Les mots entre crochets sont empruntés au MS. 14641; ils ne sont pas dans les autres MSS.
[3] MSS. de l'Arsenal et 14641; *obligations* dans les MSS. de Reims et 15869.
[4] MS. 14641; *de l'amitié privée* dans les autres MSS.

guement Sadicte Majesté et eulx-mesmes ainsi distraictz de leurs affaires propres, et surtout ilz ayent pour recommandé le salut commun de la patrie, ayant tousjours regard à la nécessité et péril d'icelle, afin que par-là Sa Majesté puisse congnoistre leur affection et bénévolence réciprocque entre eulx et aussi vers Sadicte Majesté. »

Ceste responce fut faicte par les électeurs et aultres princes et estatz de l'Empire présens et ambassadeurs des absens, de bouche et non par escript :

« Les électeurs et aultres princes et estatz de l'Empire remercyent Sa Majesté de sa bénigne responce faicte à leur demande, et se sont bien apperceuz, par ladicte responce, de sa clémence et plus que paternelle affection vers la Germanye : de laquelle aussi le remercyent, promectant d'en avoir mémoire perpétuelle, et congnoissent assez y estre bien obligez. D'aultre part, quant est des articles et affaires principaulx de ceste diette, ilz entendent bien et confessent que Sa Majesté les a très-diligemment et de poinct en poinct pondéré et paternellement, pieusement et chrestiennement débatu et examiné : dont le remercyent, et avec toute humilité et obédience ratiffient et advouent ce que Sa Majesté y a faict, acceptant le tout unanimement. Et quant aux aultres poinctz et controverses, ilz en attendront en toute humilité l'advis et sentence de Sadicte Majesté, se soubmectant à icelle, comme à leur clémentissime seigneur et empereur; offrant aussi à icelle tout service et obédience; remectant sur ce tous différends ès mains de Sa Majesté. Priant en oultre les électeurs et aultres princes de la Germanye qu'il plaise à Sa Majesté continuer ce bon veuil et paternelle affection vers eulx, et qu'il les veuille prendre, avec le sainct-empire, en sa garde et protection, et avoir tousjours bon soin et conservation à les deffendre. »

Le samedy, dernier jour de juing, arriva audict Ausbourg ung ambassadeur du roy de Poloingne, qui rapportoit à Sa Majesté le collier de l'ordre de la Thoison d'or que le feu roy son père avoit; et fut vers Sa Majesté, le matin, conduict par don Joan Manricque, maistre d'hostel.

Et ledict jour, environ les deux heures après midy, Sadicte Majesté, accompaigné du roy son frère, des électeurs et princes de l'Empire, fut sur la maison de la ville, où il treuva son siége préparé. Luy mis en son siége impérial, le roy son frère en son siége royal, les électeurs chascun en leurs places, et les princes et prélatz assiz, fut par le cardinal d'Ausbourg, tenant le lieu du président au lieu de l'archiduc d'Austriche [1], encommencé la proposition du recès et conclusion de la diette, laquelle fut leute par ung secrétaire de l'Empire; puis se leva ledict cardinal et feit encore une petite harengue. Et fut conclute et finie ladicte diette en Ausbourg, le dernier jour de juing, en l'an mil cincq cens quarante-huict, qui avoit esté encommencée le premier jour de septembre en l'an quarante-sept.

Ce faict, Sa Majesté revint en son logis, accompaigné comme il avoit esté y allant.

La substance des principaulx pointz du recès de la diette tenue en Ausbourg, publié le dernier jour de juing 1548.

Premièrement, tous les estatz universellement ont remis tous les différends et controverses de la religion au concile général convocqué et appelé en Trente, et ont accepté la forme et manière de vivre que leur a esté proposée par Sa Majesté, conforme au préambule imprimé et mis au commencement de l'intérim; et est ce jusques à la diffinition dudict concile général. Pareillement ont accepté ceulx de l'Église la réformation sur eulx qui leur a esté donnée par escript avant la publication dudict recès : suppliant tous lesdicts estatz à Sadicte Majesté, et le remectant à luy, que, tant en son nom que au nom d'eulx, il veuille procurer, envers Sa Saincteté, le colliége des cardinaulx et envers tous aultres, tout ce que, à son jugement, conviendra et sera nécessaire pour l'effect et observance des choses susdictes.

Aussi lesdicts estatz ont remis entièrement à Sa Majesté l'institution de la chambre impériale; qu'il nomme les personnes pour juger et vuyder toutes causes et procès : se soubmectants à l'observance de leurs jugemens et sentences, et d'obéyr à icelles comme chose diffinitive; se obligeants à l'entretènement de la chambre et traictement des gaiges [2] à leurs fraiz.

Aussi ont mis en meilleure forme les constitutions de la paix publicque entre eulx.

Aussi les ordonnances de la police et plusieurs aultres poincts concernant

---

[1] Maximilien.
[2] *Sic*, probablement pour *juges*.

l'utilité de l'Empire et nation germanicque, que à plusieurs diettes n'avoient peu accorder, en ceste présente diette ont esté accordez et diffiniz entièrement, prenant résolution en iceulx, les mectant en forme, statutz et loix.

Lesdicts des estatz ont accordé une contribution générale de vingt-quatre mil hommes de pied et quatre mil chevaulx payez pour six moys, et pour plus s'il est de besoing, pour employer contre tous ceulx qui sont hors de l'Empire ou dedans, qui vouldroient innover et encommencer guerre contre Sa Majesté ou ledict Empire, ou princes, ou membres ou alliez d'icelluy : dont les deniers seront incontinent déposilez en deux lieux, pour promptement s'en pouvoir aider, le cas advenant, pour tenir bride à tous ceulx qui vouldroient innover ou intenter aulcunes choses contre Sadicte Majesté.

Oultre ce, lesdicts estatz ont accordé au roy des Romains, pour l'entretènement des garnisons et fortiffications en son royaume d'Hongrie, durant la trefve de cincq ans faicte avec le Turcq, la somme de cincquante mil escuz [1] par an. En cas que ladicte trefve [ne] se continue plus avant d'iceulx cincq ans, ont accordé le dixième denier pour la conservation de la Germanye que eulx nomment le *denier commung*, que pourra monter à la somme de deux millions de florins, de quinze batzes [2] pièce.

Pareillement, Sa Majesté a traicté confédération perpétuelle d'entre les Estatz de l'Empire et tous les Pays-Bas et conté de Bourgongne appartenants à Sadicte Majesté, pour la sustentation et deffense desdicts pays, comme si fussent membres de l'Empire. Et s'entend que Sa Majesté promect contribuer aux fraiz de l'Empire, comme les aultres estatz, deux fois autant qu'ung électeur, que Sa Majesté et ses successeurs, princes et seigneurs desdicts pays, payeront à tousjours, sans qu'ilz soient subjectz audict Empire en aultres choses, ains vivront et demoureront en la mesme liberté et franchise qu'ilz ont esté jusques à présent.

Dymenche, premier jour de juillet, Sa Majesté à Ausbourg.

Le 2ᵉ se partist le roy des Romains pour son retour en Hongrie. Aussi se partist le marquis de Brandenbourg, électeur, et sa femme. Lequel jour

---

[1] MS. 14641 ; *cincq cens mil escuz* dans les MSS. de l'Arsenal, de Reims et 15869. Le MS. de Vandenesse et les Mémoires de Granvelle qui sont à la Bibliothèque de Besançon portent : *cinquante mille*. (V. *Papiers d'État de Granvelle*, t. III, p. 332.)

[2] Voy. p. 204, note 1.

eurent audience le légat pour prendre congié et ung nunce pour venir résider en court de Sa Majesté. Et les électeurs de Trèves et Mayence prindrent congié de Sa Majesté et se partirent. Aussi feit le conte palatin, électeur.

Le 5ᵉ print congié l'électeur de Coulongne et partist.

Le 12ᵉ Sa Majesté alla coucher à Nyhof [1].

13ᵉ à Gaisinghe [2], maison de plaisance appartenant au duc de Bavière auprès de la forest, et le 14ᵉ tout le jour.

Le 15ᵉ coucher à Munich, maison dudict duc, où il treuva les duchesses de Bavière, et souppa cedict jour avec elles. Et furent assiz à la table de Sa Majesté les duc et duchesses de Bavière et le prince de Piedmont. Et le 16ᵉ furent tous ensemble à la chasse et revindrent coucher audict Munich.

Le 17ᵉ Sa Majesté fut à la chasse et revint souper avec les dames.

Le 18ᵉ idem.

Le 19ᵉ Sa Majesté, ayant prins congié des dames et faict plusieurs présens, vint coucher à Varetsberg (?) [3].

Le 28ᵉ à Broeck [4].

21ᵉ idem.

22ᵉ idem.

23ᵉ coucher à Ausbourg.

Le premier jour d'aougst 1548 Sa Majesté en Ausbourg.

2ᵉ ceulx d'Ausbourg restituarent toutes les églises à leur évesque, qui avoient esté occupées du temps de leur ligue qu'ilz estoient protestans.

3ᵉ Sa Majesté manda venir en court les bourgmaistres, conseil et habitans dudict Ausbourg, jusques au nombre de trois cens personnes, et environ les dix heures devant midy, tous assemblez en une grand'salle, vint Sadicte Majesté. Luy assiz en son siège impérial, feit remonstrer ausdicts habitans le gouvernement de leur ville, et en substance leur feit dire l'ordre que dès là en avant il vouloit que se tint au gouvernement de ladicte ville, réduisant lesdicts trois cens en trente personnes qu'il feit nommer par nom et surnom; démectant les aultres; ordonnant, sur peine de confiscation de

---

[1] Neuhof.
[2] Geisering.
[3] MSS. de l'Arsenal et de Reims; *Welsperg* dans le MS. 11464; *Ottemberg* dans le MS. 15869.
[4] Pruck.

corps et de biens, que l'on tînt et observast ce que par eulx leur seroit commandé; leur rendant compte des deniers que les précédens avoient heu en mains des biens de la ville, et que l'intérim fût entièrement observé, sans en faillir ung point.

Et l'après-disner, Sa Majesté assiz en son siége impérial, publicquement feit pronuncer la sentence du procès que de longtemps avoit pendu entre le lantsgrave de Hessen et le conte Guillaume de Nassau sur la conté de Casselenenborch [1]. Ladicte sentence fut au prouffict dudict conte de Nassau.

Et le lundy 13e Sa Majesté vint coucher à Quinsbourg [2].

14e à Olme.

15e Sa Majesté fut ouyr la messe en la grand'église dudict Olme, en laquelle l'on n'avoit dict messe il y avoit plus de dix-huict ans. Ladicte messe fut célébrée par l'évesque d'Arras.

20e Sa Majesté vint coucher à Ghyselinghe [3], villette à ceulx de Olme.

21e à Gaypinghe [4], villette au duc de Wirtemberg.

22e à Esselinghe, ville impériale.

23e, passant entre Stockard et Camstadt [5], vint Sa Majesté disner à Assebertinge (?) [6] et coucher à Fraynghe [7] au duc de Wirtemberg.

24e à Brette au duc électeur palatin.

25e à Bruhel [8] à l'évesque de Spyrs.

26e à Cramesan [9] à l'électeur palatin.

27e et 28e idem.

Samedy, premier jour de septembre 1548, à Spyrs.

3e à Volme [10].

4e à Opnem [11].

[1] Catzenelnbogen.
[2] Gunzburg.
[3] Geislingen.
[4] Göppingen.
[5] Stuttgart et Cannstadt.
[6] MSS. de l'Arsenal et de Reims; *Asserbrug* dans le MS. 14641; *Asseberinghe* dans le MS. 15869.
[7] Waibingen.
[8] Bruchsal.
[9] Germersheim.
[10] Worms.
[11] Oppenheim.

5ᵉ à Mayence, où Sa Majesté s'embarqua le 6ᵉ sur le Rhin, et le 7ᵉ vint coucher à Bonna.

8ᵉ à Coulongne.
9ᵉ à idem.
10ᵉ à Julliers.
11ᵉ à Bercam¹.
12ᵉ à Mastrich.
13ᵉ à Sainct-Tron.
14ᵉ à Tilmont.
15ᵉ à Louvain.
17ᵉ à la Vuere.
19ᵉ à Grunendaele.
22ᵉ disner à Rougecloistre et coucher à Bruxelles la reste du moys.

Lundy, premier jour d'octobre 1548, audict Bruxelles.

Le 9ᵉ dudict mois arriva Bruxelles le duc Adolf de Holstain, frère du roy à présent régnant en Dannemarcque, venant se tenir au service de Sa Majesté; et le 11ᵉ fut conduict par le conte de Bure vers Sadicte Majesté, pour luy faire la révérence et soy présenter à icelle. Sa Majesté le receut en sa chambre et luy feit bon recoeuil.

Le 25ᵉ furent assemblez les estatz de tous les pays de par deçà en la gallerie, où estoit présent Sa Majesté et la royne sa sœur. Par le chancelier de l'ordre Nigri fut faicte la proposition, et la responce par le pensionnaire de Bruxelles.

Joeudy, premier jour de novembre 1548, Sa Majesté à Bruxelles, ayant la goutte.

Le 6ᵉ partist la royne pour aller à Cambray au-devant de la royne de France, laquelle estoit partie le mesme jour de Paris pour venir par deçà. Ladicte royne d'Hongrie estoit accompaignée du marquis de Berghes, des contes de Mansfelt, Arenberghe, de leurs femmes, des contes de Lallaing, Hoochstrate et plusieurs aultres seigneurs.

Le 8ᵉ partit de ce lieu le duc d'Arschot pour aller à Spyrs au-devant le prince d'Espaigne, accompaigné de plusieurs gentilzhommes et des bendes de par deçà, jusques au nombre de mil chevaulx en armes. Sa Majesté

---

¹ Berchem.

eut nouvelles que, l'unzième dudict mois, le prince passoit devant Aigues-mortes.

Le premier jour de décembre 1548 Sa Majesté à Bruxelles.

Le 2e Sa Majesté eust nouvelles du seigneur don Fernando Gonzaga, gouverneur du duché de Milan, que le 23e de novembre le prince estoit arrivé à Savone, et que le 25e debvoit faire son entrée à Gennes.

Le 5e arriva à Bruxelles la royne douaigière de France, accompaignée de la royne douaigière d'Hongrie, sa sœur, laquelle l'avoit esté recepvoir à Cambray. Le prince de Piedmont fut au-devant d'elle hors de Bruxelles de la part de Sa Majesté, lequel, pour l'indisposition de sa goutte, ne peust aller, ains la receut en sa chambre.

Et le 6e arriva à Bruxelles le maistre des postes d'Espaigne, apportant nouvelles que le prince, filz unicque de l'Empereur, avoit faict son entrée à Gennes le 25e du mois passé.

Et le 23e dudict mois de décembre, audict an, mourut à Bruxelles, de maladie, Maximilian d'Egmont, conte de Bure : dont ce fut grand dommaige.

Le 27e arrivèrent audict Bruxelles les nunces du pape apportant le pouvoir pour confirmer et approuver l'intérim et ordre qui estoit mis en la Germanye par Sa Majesté.

Le dernier jour Sa Majesté à Bruxelles.

Mardy, premier jour de janvier 1549, stil de Rome, l'Empereur à Bruxelles.

Le 5e les nunces apostolicques qui estoient arrivez aulcuns jours précédens heurent audience vers Sa Majesté, exposant en substance que Sa Saincteté les envoioit vers Sadicte Majesté comme nommez par le consistoire, apportant la confirmation de l'intérim et ordre que Sadicte Majesté avoit mis en la Germanye, que l'on debvoit tenir jusques à la détermination du concile général. Sa Majesté leur feit responce qu'ilz estoient les bienvenuz, se plaignant fort de Sa Saincteté, qui avoit esté sy long à se résouldre sur cest affaire, congnoissant ce qu'il emportoit au bien de la religion, et encores eulx, après estre despeschez, se soient si longuement détenuz au chemin par l'Allemaigne : mais le remède qu'il y véoit estoit donner ordre que l'on entendist à l'exécution de leur commission avec toute diligence.

Le 6ᵉ fut faict ung passe-temps par don Alonzo d'Arragon, gentilhomme de la bouche, et don Garcia Dayelle [1], entrepreneurs, contre tous venans, courir à la vergette en masques, où vindrent plusieurs montez sur beaulx chevaulx d'Espaigne bien en ordre et richement accoustrez.

Ledict 6ᵉ le conseillier Viglius fut faict président du privé conseil de l'Empereur résident ès pays d'embas, et le seigneur de Sainct-Mauris, conseillier, président du conseil d'Estat résident ès pays d'embas.

Le 23ᵉ, environ une heure après midy, fut encommencé en la court de Bruxelles ung combat à pied pour le service des dames, duquel estoient entrepreneurs le prince de Piedmont, don Hernando de Cerda, don Alonzo d'Arragon et don Alonzo Pimentel. Il y eust plusieurs adventuriers, et dura le passe-temps jusques à cincq heures, estant Sa Majesté et les roynes douaigières de France et d'Hongrie, ses sœurs, aux fenestres, et plusieurs dames. Et environ les cincq heures le seigneur de Vauldemont, filz second de Lorrayne, fut conduict par le duc d'Arschot en la chappelle, et madamoiselle d'Aigmont, habillée en espousée, fort richement, de drap d'or et force pièreries et perles, fut menée par lesdictes roynes en l'oratoire, où ouyrent les vespres : lesquelles achevées, revindrent en la salette. Ledict seigneur de Vauldemont fut mené par l'Empereur, et ladicte damoiselle par les roynes, y estant plusieurs princes, dames et seigneurs, où en ladicte chappelle furent espousez Nicolas de Lorrayne à Marguerite d'Aigmont. Puis l'on monta en hault, et fut le soupper prest que la royne d'Hongrie faisoit. Et furent assiz à table, qu'estoit de trois platz, l'espoux et l'espousée, les deux roynes, la contesse d'Aigmont, mère de l'espousée, duchesse d'Arschot, sœur de l'espoux, la princesse de Gavre, belle-sœur de l'espousée, les contesses de Mansfelt, Lallaing, d'Antremont et de Nozerel [2], le prince de Piedmont, les ducz de Holst [3], de Brunswick et d'Arschot, les princes d'Orenges, de Cymay et de Gavre, les contes de Mansfelt, de Lallaing et d'Arenberg et plusieurs aultres chevaliers de l'ordre et seigneurs. Le soupper faict, y vindrent beaulcoup de beaulx et riches masques, et puis les prix furent donnez : l'ung au duc de Holst, pour avoir le mieulx combatu à l'espée à la foulle; l'aultre au prince de Piedmont, pour avoir plus

---

[1] D'Ayala.
[2] Nogarole.
[3] Holstein.

et mieulx rompu de picques; le 3e à Ascanio Cafarelle, pour avoir mieulx combatu à l'espée; le quatrième à don Alonzo Pimentel, pour avoir esté le plus gallant et mieulx en ordre; et furent les juges le seigneur de Bossu, grand escuyer, le seigneur don Joan Manricque, maistre d'hostel, don Francès de Beaulmont, capitaine de la garde espaignole, et le conte d'Amptemont (?)[1]. Ce achevé, la dame des nopces fut menée par la royne d'Hongrie embas, où en une salle se treuva le bancquet prest de confictures et succades, et après en une chambre tendue de drap d'or et velour cramoisy et bien riche lict du mesme; et fut menée coucher ladicte espousée. Et le lendemain, environ les dix heures, accoustrée en drap d'argent frizé figuré de velour vert, fut amenée en la chappelle pour ouyr la messe; et disnarent avec ladicte royne; et après disner l'on dansa jusques à cincq heures. Lors fut menée par ladicte royne au logis de la contesse d'Aigmont, sa mère, laquelle donna à la compaignie ung riche bancquet. Et le troisième jour le duc d'Arschot donna le bancquet.

Le dernier jour dudict mois Sa Majesté à Bruxelles.

Le vendredy, premier jour de febvrier 1549, Sa Majesté à Bruxelles, où, le second jour, que fut le jour de la Purification, furent bénitz les chandelles, en la chappelle en court de Sa Majesté, par l'évesque d'Arras, et faict la procession embas par la court, où assistoient le marquis Albert de Brandenbourg, le prince de Piedmont, duc de Holst, lantsgrave de Lichteveelt[2], maistres d'hostel et gentilzhommes de la maison de Sadicte Majesté et des roynes douaigières de France et de Hongrie. Sadicte Majesté n'y peult aller, mais fut à la messe.

Et le 24e Sa Majesté fut à la messe à Sainct-Dominicque, accompaigné des ducz de Holst et de Brunswick, prince de Piedmont et plusieurs aultres, et fut à l'offrande, laquelle luy fut présentée par le prince de Piedmont, que furent cincquante pièces d'or, pour ce que c'estoit le jour de sa nativité.

Le dernier jour Sa Majesté audict Bruxelles.

Vendredy, premier de mars 1549, stil de Rome, Sa Majesté à Bruxelles; et encommença de prendre la diette du boys le 17e dudict mois jusques le . . . .[3]

---

[1] MSS. de l'Arsenal et de Reims; d'*Aultremont* dans le MS. 14641; d'*Aupremont* dans le MS. 15869.
[2] Leuchtenberg (?).
[3] En blanc dans les quatre MSS.

Le 28e arriva audict Bruxelles la duchesse de Lorrayne, au-devant de laquelle fut le seigneur de Bossu, grand escuyer, de la part de Sa Majesté, et plusieurs autres seigneurs; et fut logée en court.

Et le 29e Sa Majesté, adverty que le prince son filz arrivoit ce jour-là à Namur, envoia en poste le visiter les princes de Piedmont et de Gavre, le conte de Mèghe et aultres. Et reviendrent le pénultième coucher à Bruxelles. Et le dernier ledict prince vint coucher à Wavre, où y fut, de la part de Sadicte Majesté, l'évesque d'Arras et aultres seigneurs. Lequel jour la royne douaigière d'Hongrie, accompaignée des duchesses de Lorrayne, d'Arschot, des princesses de Gavre, d'Espinoy, des contesses d'Arenberg, de Lallaing, d'Antremont, de Rochefort, de Mansfelt et plusieurs aultres dames, furent coucher à la Vure, ensemble de l'évesque de Liége, marquis Albert de Brandenbourg, duc de Holstain, des princes de Piedmont, d'Orenges, d'Espinoy, de Gavre, de Cymay, contes d'Arenberg, Lallaing, Hoochstrate, Horne, Mèghe, Fockenberghe, Reux, Antremont, Nogerole et seigneur de Berghes, et plusieurs chevaliers de l'ordre, pour là recepvoir ledict prince, lequel y debvoit venir disner le premier jour d'apvril. Ladicte royne douaigière deffroya toute la compaignie.

Le dernier jour Sadicte Majesté à Bruxelles.

Lundy, premier jour d'apvril 1549, Sa Majesté à Bruxelles encores en la diette du boys.

Lequel jour le prince d'Espaigne, filz unicque de Sa Majesté, vint disner à la Vure, où la royne douaigière de Hongrie le receut et donna le disner. Et après disner vindrent ensemble aux champs, à demye-lieue dudict Bruxelles, sur une galerie qui estoit là dressée, où eulx estans arrivez, se feit une escarmouche fort bien en ordre, avec force artillerie, chevaulx-légiers, hommes d'armes, houssars et piétons; et fut le passe-temps fort bon. Lequel achevé, ladicte royne et les dames s'en reviendrent, et ledict prince print son chemin vers la ville, accompaigné du cardinal de Trente, du marquis Albert de Brandenbourg, duc de Holst, prince de Piedmont, duc d'Alve, princes d'Orenges, de Cimay, de Gavre, d'Espinoy, d'Ascoly, duc de Cesse[1], marquis de Pescara, d'Asturgue[2] et admiral de Castille et de plu-

---

[1] Sessa.
[2] D'Astorga.

sieurs aultres seigneurs, et fut receu des seigneurs de la ville, lesquelz estoient accoustrez en velour et satin cramoisy, jusques au nombre de mil et six cens chevaulx. Vint descendre en court, où il fut receu par les roynes douaigières de France et de Hongrie, ses tantes, des duchesses de Lorrayne, d'Arschot, des princesses de Gavre et Vauldemont et plusieurs dames, lesquelles le conduisirent jusques vers Sa Majesté, lequel l'attendoit en sa chambre, où ledict prince entra, se mectant à genoulx devant son père. Lors fut la joie bien grande entre le père et le filz, et tous les y présens. Puis Sadicte Majesté et le prince se retirarent, et les dames prindrent congié. Une heure après ledict prince print congié et se retira en son quartier.

Le 2e jour mourut soubdainement Philippe de Croy, duc d'Arschot.

Le dernier jour dudict mois d'apvril Sa Majesté à Bruxelles.

Le merquedy, premier jour de may 1549, Sadicte Majesté à Bruxelles. Et furent faictes les obsèques de la feue impératrice en la chappelle en court, y estans Sadicte Majesté, le prince son filz et plusieurs princes et seigneurs.

Le dymenche, 5e, Sa Majesté audict Bruxelles.

Le 12e Sa Majesté, accompaigné des roynes de France et Hongrie, du prince d'Espaigne et aultres, vint sur le Marchet de Bruxelles, où furent faictes joustes, dont estoient entrepreneurs les contes de Mansfelt, de Hornes, d'Arenberg et seigneur d'Hubermont, et y vindrent plusieurs adventuriers, entre lesquelz y furent le prince d'Espaigne, filz unicque de Sa Majesté, le prince de Piedmont, le prince de Gavre et don Joan Manricque de Lara. Les joustes achevées, fut faict ung bancquet par ceulx de la ville, dont en une salle y avoit une table de quatre platz où estoient assiz Sa Majesté, les deux roynes, le prince, la duchesse de Lorrayne, le prince de Piedmont, le duc de Bavière, la contesse d'Arenberg, l'évesque de Liége, les contesses de Lallaing, Vauldemont, la contesse d'Antremont, admiral de Castille, contesse de Nogherol; de l'aultre coustel de la royne d'Hongrie, le cardinal de Trente, contesse de Mansfelt, marquis Albert de Brandenbourg, contesse de Rochefort, duc de Holstain, princesse de Marcedonne (?), duc de Meghelburg [1], contesse d'Hoochstrate. Et fut servie

---

[1] Mecklembourg.

ladicte table : le premier plat par le maistre d'hostel et gentilzhommes de la bouche de l'Empereur; le second par le maistre d'hostel et gentilzhommes de la royne de France; le troisième par le maistre d'hostel et gentilzhommes de la royne d'Hongrie, et le quatrième par le maistre d'hostel et gentilzhommes du prince. En la mesme sale y avoit une table de trois platz, servie par ceulx de la ville; et en une aultre y avoit deux tables, l'une de trois et l'autre de deux platz, servie par ceulx de la ville. Le bancquet achevé, y vindrent plusieurs riches masques, et furent donnez les prix : le prix du plus gallant au prince d'Espaigne, celluy de la foulle au prince de Gavre, seigneur d'Aigmont; celluy des trois lances à Lambert[1].

Le dernier jour de may Sa Majesté à Bruxelles.

Le samedy, premier jour de juing 1549, Sa Majesté à Bruxelles.

Le 2e Sa Majesté, accompagné des deux roynes ses sœurs, du prince son filz et plusieurs princes, dames et seigneurs, vint sur la maison de ville pour veoir passer la procession. Ceulx de la ville donnarent le disner à Sadicte Majesté, où en une salle, sur ung passet, fut dressé une table de trois platz soubz ung dosseret, à laquelle fut assiz Sadicte Majesté; à sa main droicte la royne de France, le prince, la contesse douaigière d'Aigmont, le prince de Piedmont, et à main gaulche de Sadicte Majesté la royne d'Hongrie, l'électeur de Coulongne, la contesse de Mansfelt, le duc de Holst, la contesse d'Antremont; au retour de la table, le duc de Meghelburg et la contesse de Nogherol. Et fut servy le premier plat par le maistre d'hostel et gentilzhommes de Sa Majesté; les deux aultres par les maistres d'hostel et gentilzhommes des roynes : deux fois de chair, une fois de friambres, et puis les confictures et fruicts. Ce achevé, Sa Majesté et toute la compaignie retourna en court.

Le jour de l'Assention Sa Majesté fut ouyr la messe à Nostre-Dame du Sablon, où luy et le prince son filz furent en l'oratoire, les gordinnes[2] ouvertes, et l'évesque de Coulongne fut aux formes du chœur touchant ledict oratoire, et fut Sa Majesté offrir. L'offrande luy fut portée par ledict prince son filz, et puis ledict prince fut offrir; l'électeur après, auquel

---

[1] Sic dans les MSS. de l'Arsenal, 14041 et 15869 de la Bibliothèque royale. Calvete (*El felicissimo viaje del principe don Phelipe*, etc., le nomme *Francisco de Lambert*.)

[2] *Gordinnes, gourdines*, rideaux.

suivoient les ducz de Holst et de Meghelbourg, et nul autre. Et le jour de la Penthecouste Sa Majesté ouyt la messe à la grande église, où furent assiz comme le jour précédent.

Le jour de la Feste-Dieu, en juing 1549, Sa Majesté ouyt la messe en la chappelle en court et fut à la procession : l'évesque de Lerida feit l'office, et fut porté le poisle par le prince d'Espaigne, le duc de Holst, le duc de Mechelbourg à main droite, à main gaulche le prince de Piedmont, l'admiral de Castille, le marquis de Pescaire. Sadicte Majesté portoit une torse, et le suyvoient les roynes douaigières de France et d'Hongrie et plusieurs dames. Sa Majesté fut à l'offrande, laquelle luy fut portée par le prince son filz; et après furent offrir les deux roynes, et leur fut portée l'offrande par la princesse de Gavre, douaigière d'Egmont. Après fut offrir ledict prince, et luy fut portée l'offrande par le duc d'Alve, grand maistre d'hostel. La messe achevée, Sa Majesté, les roynes ses sœurs et le prince vindrent par ensemble disner en une galerie au quartier de Sadicte Majesté, et furent assiz : la royne douaigière de France au boult de la table; Sa Majesté, la royne d'Hongrie et le prince d'ung coustel, et avoient ung pannetier, trois escuyers trenchans et quatre eschansons. Furent serviz par le maistre d'hostel et gentilzhommes de la bouche de Sa Majesté Impériale trois fois de chair, une de friambres et une de fruictz; et, le disner achevé, se retirarent en la chambre de Sadicte Majesté.

Le dernier jour de juing Sa Majesté à Bruxelles.

Lundy, premier jour de juillet 1549, Sa Majesté à Bruxelles.

4e disner à la Vure, coucher à Hèvre lez-Louvain. Lequel jour le prince d'Espaigne, filz unicque de Sa Majesté, feit son entrée à Louvain, et le 5e fut juré comme duc de Brabant par les estatz en général du pays, après la mort de son père.

Le mesme jour Sadicte Majesté vint coucher audict Louvain.

Le 8e Sa Majesté revint coucher à Bruxelles. Lequel jour ledict prince feit son entrée audict Bruxelles, et fut juré par les habitans comme duc de Brabant après la mort de son père.

Le 14e Sa Majesté disna et coucha à Alost, et les roynes à Terremonde, et le prince à Gand.

Le 15e Sa Majesté et les roynes à Gand.

Le 16e, 17e et 18e idem.

Lequel jour se feit en la place ung jeu de cannes fort triumphant en présence de Sadicte Majesté et des roynes, et en furent le prince et plusieurs aultres seigneurs. Lequel achevé, vindrent par ensemble sur la maison de la ville, où ceulx de ladicte ville donnarent ung bancquet à Sesdictes Majestez; et furent assiz en une table, en une grande et belle salle, Sa Majesté, les roynes, le prince, le prince de Piedmont et duc de Holst; et furent serviz par les maistres d'hostel de Sa Majesté, de la royne de France et du prince, et de leurs gentilzhommes. En une aultre salle y avoit trois tables : en l'une des contesses, et aux aultres les dames de France et d'Hongrie. Le bancquet achevé, y vindrent de bien riches masques. L'on dansa jusques à onze heures, et puis on se retira.

Le 19ᵉ Sa Majesté fut ouyr la messe à Sainct-Jehan, et après disner partist par eau et avec luy les roynes et le prince son filz, et vindrent jusques près de la mer par une rivière neufve que ceulx de Gand ont faict [1], et vint coucher à Love [2].

Le 20ᵉ coucher à Escloz [3].

21ᵉ à Maldeghem. Lequel jour le prince feit son entrée à Bruges.

22ᵉ Sa Majesté et les roynes à Bruges.

23ᵉ le prince fut coucher à l'Escluse.

25ᵉ, jour de Sainct-Jacques, Sadicte Majesté fut à la messe à Nostre-Dame, et au retour fut aux espousailles de deux dames de la royne de France, que furent espousées en court; et y disna. Furent assiz à sa table les deux dames des nopces, les deux roynes, le prince, les ducz de Holst, de Meghelburg, le prince de Piedmont et le marquis de Pescaire. Et le mesme au souper.

Le 26ᵉ Sa Majesté coucher à Winnendale.

27ᵉ à Langhemarck.

28ᵉ à Ypre.

29ᵉ disner à Roesbrughe, coucher à Berghes-Sainct-Vinocque.

Le 30ᵉ disner à Dunckerke, coucher à Gravelinghes. Le dernier jour disner à Bourbourg, coucher à Sainct-Omer.

---

[1] Calvete, que nous avons déjà cité, rapporte (fol. 112) que les Gantois avaient supplié l'Empereur de prendre son chemin par ce canal, afin d'obtenir de lui qu'ils le pussent continuer jusqu'à la mer.

[2] Loo.

[3] Eecloo.

Joeudy, premier jour d'aougst 1549, à Sainct-Omer.

2e à Ayre.

3e à Béthune.

4e disner à Furnes, coucher à Lille.

7e disner à Tournay, où ledict prince feit son entrée.

9e disner à Orchies, coucher à Douay.

10e à Arras, où le prince feit son entrée. Et le 11e ledict prince feit son entrée en la cité.

Le 12e Sa Majesté fut ouyr la messe en la cité.

13e vint coucher à Balpames [1].

14e à Cambray.

15e Sadicte Majesté et le prince furent veoir la citadelle de Cambray.

16e disner à Bouchain, coucher à Valenciennes.

17e ledict prince fut juré, et vindrent coucher au Quesnoy.

18e à Avennes.

19e à Chimay.

20e à Mariebourg.

21e à Beaulmont.

22e à Binst [2], où ilz furent receuz des roynes douaigières de France et celle d'Hongrie, à qui ledict Binst appartient, où elle logea Sadicte Majesté, la royne de France, sa sœur, et le prince d'Espaigne, son nepveur. Sa Majesté avoit pour son quartier une grand'salle haulte, bien belle, tendue d'une bien riche tappisserie de fil d'or et de soye, où au bout de ladicte salle avoit ung dosseret de drap d'or faict de broderie bien riche, et y avoit quatre torsiers [3] en quatre chandeliers d'argent. Après suyvoit une salette richement tendue d'une tapisserie toute de fil d'or et d'argent, ung dosseret de drap d'argent de mesmes; puis la chambre de l'Empereur, laquelle estoit toute tendue d'une tappisserie d'or et d'argent faicte et ouvrée par ladicte royne et ses dames, et broderies; le ciel et dosseret de mesmes, et tout passementé d'or; le lict où Sa Majesté couchoit, de mesmes; les matras [4] de satin cramoisy violet; la chambre tappissée par embas de tappiz tur-

---

[1] Bapaume.

[2] Binche.

[3] *Torsiers*, grosses chandelles de cire.

[4] *Matras*, matelas.

quois de soye et de velour. Il y avoit deux chayères grandes d'argent, ouvrées à l'anticque et massifves [1]. Après y avoit une aultre chambre tendue de velour violet et drap d'or; le dosseret de mesmes. Il y avoit aussy une petite retraicte tendue de velour et drap d'argent et ung petit cabinet tendu de satin cramoisy couvert d'ouvraige de rèze [2] de fil d'or; ung aultre cabinet à mectre la chayère percée, tendu de velour cramoisy, et deux chambres pour le sommelier de corps, une pour la garderobbe, et deux pour les varletz de chambre, toutes tendues de bien riches et fines tappisseries, et les litz de camp de velour de soye.

Au bout d'icelle grande salle, du hault, avoit la royne de France son quartier : sa salette tendue de riche tappisserie de fil d'or et de soye, sa chambre de drap d'or noir et de velour noir, sa garderobbe et les chambres de ses dames aussi fort en ordre et tendues.

Ladicte royne avoit son quartier dessus la porte en hault, fort bien en ordre et tappissé.

Le prince avoit son quartier embas soubz celluy de la royne de France, lequel estoit accoustré : la salle tendue d'une tappisserie bien fine, et la salette et chambre tendue d'une tappisserie de soye de la bataille de Pavie et prinse du roy de France, avec de bien riches dosseretz de drap d'or, et le lict pour ledict prince bien riche; une chambre après, tendue de drap d'or et velour cramoisy, pour sa retraicte; la chambre de son sommelier de corps bien richement tendue.

Le logis du duc d'Alve, grand maistre d'hostel, la chambre du seigneur de Bossu, grand escuyer, celle du grand escuyer du prince, toutes fort bien en ordre et fort bien tendues.

Ladicte royne estoit accompaignée de tous les seigneurs de par deçà, de dames, assçavoir : marquise de Berghes, princesse d'Espinoy, contesses de Mansfelt, de Rochefort, du Reux, d'Antremont, de Gonderdorff (?), de Nogerol, des dames de Molembaix, de Bailleu (?), de Bossu et plusieurs dames et damoiselles en grand nombre et belle compaignie.

Le samedy, 24e, se feit ung combat à pied, au milieu de la court, dont furent entrepreneurs le marquis de Berghes, le seigneur de Terlon [3], les

---

[1] MS. 14641; *et massie* dans les autres MSS.
[2] *Rèze*, réseau.
[3] Baudouin de Bloys, seigneur de Trélon.

trois Treizignies[1] et . . . . . .[2], asscavoir : le combat estoit à la picque, à l'espée et à la javelyne, à l'espée à deux mains et à la hache.

Le passe-temps achevé, se feit le festin en la salle d'en hault, et furent à la table de deux platz Sa Majesté, les deux roynes et le prince, et nulz aultres. A une aultre table de cincq platz en potence furent assiz, entremeslez, les prince de Piedmont, duc de Holst, marquis de Berghes, prince d'Ascoli, marquis de Pescaire, prince d'Orenges, duc d'Arschot, conte d'Aigmont, prince d'Espinoy, seigneur de Bèvres, admiral, contes d'Hoochstrate, de Lallaing, de Foquenberghe, d'Arenberg, seigneurs de Praet. de Brederode et Molembaix, conte de Mansfelt, seigneur de Bugnicourt et aultres. Les dames estoient la marquise de Berghes, la princesse d'Espinoy. les contesses de Mansfelt, de Lalaing. d'Antremont, de Reux, de Rochefort. de Nogerol, les dames de Molembaix, de Croisilles, les dames de la royne de France et aultres. Après le festin furent donnez par les dames les prix : celluy de la picque à Jehan Quixade; celluy de l'espée à Bieren (?)[3]; celluy de l'espée à deux mains à Marc; celluy de la javelyne[4] . . . .; celluy de la lance à Mingoval; celluy de la hache au conte d'Aigmont; celluy de la foulle au prince.

Ladicte royne avoit préparé hors de la ville ung passe-temps des chevaliers errans serchans leurs adventures, et avoit faict trois pas gardés par trois chevaliers avant que pouvoir venir au perron où estoit l'espée enchantée. près du chasteau où estoit le chevalier nommé Norabroc, enchanté; et tous les chevaliers qui ne pouvoient passer ou vaincre les trois chevaliers gardans les trois passaiges alloient en prison, au chasteau ténébreux. attendant que le chevalier fortuné vint gaigner ladicte espée et les délivrer. Le premier pas étoit ung coup de lance; le second estoit ung coup de lance et trois coups d'espée; le troisième estoit combatre à pied à l'espee tant que l'ung des deux fusse vaincu. Et estoient les trois gardans les pas : le pre-

[1] Charles, Robert et Jean.
[2] En blanc dans les MSS. de l'Arsenal et 15869 de la Bibliothèque royale; *et aultres* dans le MS. 14644. Calvete (fol. 186 v°) nomme le personnage : c'était Charles de Bernimicourt.
[3] MS. de l'Arsenal; *Kiévraim* dans le MS. 14644 ; *Brieren* dans le MS. 15869.
[4] Quelque chose manque ici. Les détails que donne l'auteur ne sont pas d'accord d'ailleurs avec ceux qu'on trouve dans Calvete. D'après celui-ci le prix de l'épée fut donné à Juan Quixada ; le prix de la pique à Daniel de Marck ; le prix de la javeline à Gaspar de Robles ; le prix de l'épée à deux mains à Carmain, etc.

mier le conte d'Arenberg, le second le conte d'Hoochstrate, le troisième le conte d'Aigmont. Et commençarent lesdicts chevaliers errans à chercher leurs adventures le dymenche et le lundy tout le jour. Et après plusieurs avoir soy espreuvé et ne pouvoir riens exécuter, y ayant plusieurs prisonniers, y vint le prince d'Espaigne, filz unicque de l'Empereur, qui vaincquist les trois chevaliers gardans les trois pas, et passa l'eau et vint au perron et tira hors l'espée, qui estoit en valeur de quatre mil escuz; puis fut conduict par sur le pont à la porte du chasteau ténébreux, où il falloit combatre contre trois chevaliers armez qui gardoient la porte, et, eulx vaincuz, entra dedans le chasteau, où il rompit une lampe de verre qui pendoit sur la porte. Et incontinent l'enchantement fut achevé, et délivra les chevaliers prisonniers, et emmena ledict Norabroc; et la feste fut achevée, et se vindrent tous les du jour précédent [1] mectre à table. Et estant assiz à table chascun comme le jour précédent, la royne d'Hongrie et le prince se levarent et s'en allarent asseoir à la table de cincq platz. Ce voyant Sa Majesté et la royne de France, feirent le semblable. Le festin achevé, l'on dansa jusques à minuict.

Le mardy l'on se reposa, pour ce qu'il y en avoit plusieurs de blessez.

Ladicte royne feit présent à l'Empereur de tous les meubles qui estoient en son quartier, qui estoient estimez à soixante mil escuz.

Le mardy chascun se reposa. Et le merquedy Sa Majesté et le prince furent à la chasse, et leur donna la royne à disner à Mariemont, qu'est une maison de plaisance qu'elle a faict au coing d'ung boys, où elle tient ses vaches et bestial de mesnaige et son jardin qui est fort grand; et le soir retournarent à Binst, où en la grand'salle les chevaliers errans ravirent des dames qui furent emmenées ce mesme soir en des chariotz à Mariemont, où ladicte royne avoit faict dresser ung bastillon, en forme d'ung chasteau à quatre tours, le devant de bricques et le dedans remparé de vingt-cinq piedz espais de terre, où estoient dedans plusieurs gens de guerre et le conte de Lallaing pour chief, furny de munitions et artillerie, et par dehors estoient affûtez seize doubles canons, et force gens de pied et cheval pour batre et assaillir ladicte place et la prendre par force, comm'il fut faict.

---

[1] MS. de l'Arsenal; *tous . . . . . du jour précédent* dans le MS. 15869. Cette phrase manque dans le MS. 14641.

Et feirent ceulx de dedans fort bon debvoir à eulx deffendre, et ceulx de dehors fort grand effort à le prendre, comm'ilz feirent, ayans esté par deux fois reboutez, nonobstant grand bresse[1] que l'artillerie leur avoit faict. De sorte que, le joeudy matin, l'Empereur, les roynes, le prince, seigneurs et dames partirent dudict Binst, et arrivez audict Mariemont, sur une galerie qui estoit dressée devant la maison, Sa Majesté et les roynes disnarent et furent serviz, en lieu de gentilzhommes, de vingt-quatre dames accoustrées en nymphes, déesses et pastorelles, avec tant piereries et perles que l'on pouvoit estimer que la richesse du monde estoit sur les vingt-quatre dames. Le disner faict et le chasteau prins, les quatre dames ravies le jour précédent furent délivrées de prison. Et s'en revint Sa Majesté, les nymphes et dames en chariotz triumphans en la ville, où il y eust après soupper des danses.

Le vendredy suivant, pénultième jour dudict mois d'aougst, environ les deux heures après midy, Sa Majesté, les roynes et toute la compaignie estans assemblez ès galeries sur le Marchet, vindrent de cincq à cincq hommes d'armes courrir l'ung contre l'aultre, jusques au nombre de cincquante contre cincquante, chascun ung coup de lance jusques à sept fois. Le premier qui courut fut le prince, et puis tous ensemble à la foulle à coups d'espée. Le tournoy fut beau, nonobstant que la pluye les occupoit beaulcoup, et y en eust aulcuns de blessez et des chevaulx mortz en la place. Ce achevé, l'on revint en court, et fut le festin du soupper comme les jours précédens. Après l'on dansa assez longuement; et puis l'Empereur et roynes, le prince et les dames, pour mectre fin à la feste, vindrent embas en une salle laquelle estoit bien tappissée, et le dessus faict de toille paincte comme des nuées, y pendant plusieurs petites lampes d'argent en forme d'estoilles ardens d'huille d'aspic. A l'ung coustel y avoit une roche fort bien faicte dont sortoient des fontaines d'ypocras blancq et cléret, eau de senteur et eau fresche. La compaignie estre arrivée en ung coing de ladicte salle, y avoit une petite tour en hault, dont sortoit force esclatz de feug et force tonnoire[2], et estoit la fumée toute parfum, et gresloit à force dragées. Puis incontinent descendoit d'en hault, entre quatre piliers, une table

---

[1] *Bresse*, brèche.
[2] *Tonnoire*, tonnerre.

chargée de toutes sortes de confictures et succades, en platz de porcelaines, laquelle fut incontinent desgarnie par les y présens. Puis ladicte table descendit jusques en terre. Puis recommençoient le tonnoire, esclatz et gresle. Puis descendoit une aultre table chargée de toutes sortes de dragées, marchepains[1] en platz et tasses de christal, laquelle fut deschargée comme la première, recommençant le tonnoire, esclatz et gresle plus que les aultres foys. Descendit la troisième table chargée de trois lauriers aux feuilles desquelz estoient les armes de Sa Majesté et de plusieurs seigneurs; et estoit chargée ladicte table de coppes[2] d'or de toutes sortes de vyandes de chair que l'on pourroit penser : le tout faict de sucre. Qu'estoit ung bancquet le plus riche de quoy l'on peust ouyr deviser.

Ce achevé, l'on se retira, et fut prins fin aux grands festins, joustes, tournoyz et combatz que ladicte royne avoit continué, neuf jours durans, pour la bienvenue du prince son nepveur, festoier l'Empereur son frère et la royne de France sa sœur. Et se peust bien escripre à la vérité que c'est le paragon[3] des dames en honnestetez, vertuz, inventions et diligences de ladicte royne, oultre les aultres vertuz qui sont en elle.

Le samedy, dernier jour d'aougst, Sa Majesté, les roynes et le prince vindrent coucher à Mons. Ledict prince fut juré audict Mons le premier jour de septembre 1549, comme chief-ville de la conté de Haynault.

Dymenche, premier jour de septembre 1549, l'Empereur tout le jour à Mons en sa conté de Haynault.

Le 2ᵉ disner audict Mons, coucher à Mariemont seul, sa court à Félu[4]; le prince cedict jour disner à Bossu, coucher audict Mons.

Le 3ᵉ Sa Majesté disner audict Mariemont, et coucher à Genappe.

4ᵉ coucher à Breyne-la-Leue[5] à monsieur de Beersele.

5ᵉ à Bruxelles. Lequel jour Sa Majesté, le prince son filz et la royne de France levarent sur fondz le filz de la duchesse d'Arschot, vefve; et fut baptizé en la chappelle en court par l'évesque d'Arras, et eust nom Charles-Philippe.

[1] *Marchepains*, massepains.
[2] *Coppes*, coupes.
[3] *Paragon*, parangon, modèle.
[4] Feluy.
[5] Braine-l'Alleud.

Le 6ᵉ disner à Grunendale, coucher à la Vure. Lequel jour le prince feit son entrée à Malines.

7ᵉ disner et coucher à Malines.

8ᵉ idem.

9ᵉ disner à Rypelmonde ¹, et retourner coucher audict Malines.

10ᵉ idem.

Le merquedy, 11ᵉ, coucher en Anvers. Auquel jour le prince y feit son entrée, qu'estoit la plus riche et belle que s'estoit faicte par deçà. Et le 12ᵉ il fut juré. Lequel jour, du soir, furent espousez en court par l'évesque d'Arras le seigneur de Chantonnay ², frère dudict évesque, à madamoiselle de Brederode, nommée Hélienne ³, laquelle demouroit en court avec la royne d'Hongrie, laquelle donna le soupper; et fut mené le sire des nopces par le prince et la dame des nopces par les deux roynes de France et d'Hongrie, l'Empereur l'accompaignant; et estoit accoustrée en velour blancq pourfilé d'or. Et furent assiz à une table la royne de France, l'Empereur, l'espousée, le prince, la royne d'Hongrie, le duc de Holst, la marquise de Berghes, le duc Erick de Brunswick, la contesse de Mansfelt, l'évesque d'Arras; à l'aultre bout, après la royne de France, le prince de Piedmont, l'admiral, le seigneur de Brederode, le duc d'Arschot, le conte de Mansfelt, le seigneur de Bossu et l'espoux. Après soupper l'on dansa, et puis l'on mena coucher l'espousée. Et le lendemain Sa Majesté fut à la messe avec eulx, et disna-l'on comme le soir; et sur les cincq heures les deux roynes, le prince et plusieurs seigneurs et dames furent mener la nouvelle mariée au logis de son mary, que fut au logis de l'évesque d'Arras, lequel donna à toute la compaignie à soupper. Et en allant, passant sur une place, y avoit une escarmouche de douze contre douze et cincquante harquebusiers à pied : que fut fort bon passe-temps. Et après soupper y furent plusieurs masques. Les danses achevées, chascun se retira en son logis.

Le samedy, sur le grand Marchiet, y eust ung combat à pied, en présence de Ses Majestez, dont furent entrepreneurs le marquis de Berghes et quatre aultres.

¹ Ruppelmonde.
² Voy. p. 340, note 2.
³ Hélène.

Et le dymenche, 15ᵉ, fut faicte une jouste de quinze contre quinze. dont le conte de Hornes estoit conducteur de l'une des bendes, et le prince de Piedmont de l'aultre. Et après les joustes achevées, ceulx de la ville donnarent le soupper et bancquet fort triumphant à Sa Majesté en une grande salle faicte toute à poste [1], tendue de tapisserie, et y avoit force chandelles et torches de cire blanche. La table de Sa Majesté fut servie de trois platz par son maistre d'hostel, celluy de la royne de France et celluy du prince; et furent assiz à ladicte table l'Empereur, les roynes de France et d'Hongrie, le prince, le duc de Holst, la mère du duc Mauris, électeur, la duchesse femme du duc Erick de Brunswick, la marquise de Berghes, les contesses de Mansfelt, d'Antremont et de Chalan; en une aultre table de six platz plusieurs seigneurs et dames. Le soupper et danses achevées, chascun se retira en son logis.

Le lundy, 16ᵉ. Sa Majesté audict Anvers.

Le 17ᵉ Sa Majesté de retour à Malynes, et les roynes et le prince demourarent en Anvers. Ledict prince avec la royne d'Hongrie feit son voiaige en Hollande, Zeelande et Gheldres.

Le reste de l'année Sa Majesté a demouré à Bruxelles, tant en sa diette que ayant les gouttes.

Mardy, dernier jour de décembre 1549, Sa Majesté audict Bruxelles.

1550 [2].

Janvier. Ce moys entier Sa Majesté à Bruxelles, tourmenté de sa goutte.

Février. Le 17ᵉ Sa Majesté encores audict Bruxelles, où elle eut nouvelles que le cardinal de Monte, florentin, fut esleu pape et appellé Julius tertius, asscavoir le 7ᵉ de ce moys; et estoit son prédécesseur pape Paul tertius, de la noble maison romaine de Fernèse, qui décéda le 10ᵉ de novembre 1549 dernier passé.

Cedict jour fut baptisé à la court un filz du conte de Mansfelt, qui fust tenu sur les fons par le prince et la royne de France, et luy donna-l'on le nom de Philippe selon celluy dudict prince.

---

[1] *Toute à poste*, tout exprès.
[2] Tout ce qui suit est tiré du MS. 8067 de la Bibliothèque impériale, à Vienne.

Le 18ᵉ fut maintenu une jouste en court par don Alonso Pimentel contre tous venans pour pendre le dieu d'Amours, ayant le conte d'Aigmont pour son ayde. Enfin ledict dieu d'Amours fut pendu [1]. Encores ce mesme jour, le prince donna un bancquet aux dames des roynes de France et d'Hongarie en la grande salle, où après ledict repas vindrent des masques habillez en cordelliers, portans ledict dieu d'Amours en une bière ou tombe; puis fust ressuscité, et dansa-on jusques à minuict avant que de s'en aller coucher.

Et le 23ᵉ, qui fut le premier dimenche du caresme, fust en court faict une aultre jouste, en laquelle le prince, Anthoine de Toledo, son grand escuyer, et Cygonnes de Sylve [2], son sommelier de corps, furent entrepreneurs contre tous venans. Et après les danses du soir furent distribuez les prix d'icelle jouste, asscavoir : celluy pour avoir esté le mieulx en ordre à don Diégotte Cauravral [3], celluy pour avoir le mieulx couru à la lance des dames [4], et le prix de la foulle au seigneur de Herbays.

Sadicte Majesté dépescha le commandeur major d'Alcantara don Loys de Fuinga [5], gentilhomme de la chambre de Sa Majesté, pour de sa part aller à Rome baiser les pieds audict pape nouveau; et partist en poste avec douze chevaulx le dernier jour de ce moys de febvrier.

Mars. Le premier dudict arriva aussi en poste, envoyé dudict nouveau pape Jules tiers vers Sa Majesté, asscavoir don Piedro de Toledo.

Cedict jour Sadicte Majesté eust nouvelles de la mort du duc de Mantue [6], lequel fut noyé par un cheval qui saulta avec luy du pont dans les fossez d'icelle ville de Mantue; et avoit espousé, l'année précédente, au moys de novembre, la quatrième fille du roy des Romains, niepce de Sa Majesté. Et estant vefve, tost après fust mariée au roy de Pollogne, qui, ès premières espousailles, comme dessus dict est [7], avoict eu une aultre sœur de ceste sa femme-icy.

---

[1] Calvete, fol. 321 v°-323, donne beaucoup de détails sur cette jouste.

[2] *Sic.* Lisez : *Ruy Gomez de Silva.*

[3] *Sic.* C'est *D. Luis de Carvajal* qu'il faut lire. Voy. Calvete, fol. 325 v°.

[4] Le copiste a oublié quelque chose ici. Le prix de la lance des dames fut donné au prince de Piémont Emmanuel-Philibert.

[5] D. Luis de Avila y Çúñiga.

[6] François de Gonzague. Ce fut le 24 février 1550 qu'il se noya.

[7] Voy. p. 309.

Le 13° Sa Majesté envoya le conte de Mègue [1], capitaine de ses archiers de corps, en Lorrayne, pour de sa part tenir sur les fons la fille du duc de Vauldemont [2], et en Frize envoya le seigneur de Mousseaulx [3] pour semblablement tenir de sa part sur les fons, asçavoir le filz du conte d'Arenberg, qui estoit gouverneur dudict pays de Frize pour et au nom de Sadicte Majesté.

Cedict jour fut publié que une aultre diette impériale se tiendroit en Auguste pour la encommencer le 25° de juing prochain.

La substance des lettres dépeschées à Bruxelles par Sa Majesté aux électeurs et estatz de l'Empire pour la convocation de ladicte diette.

Contenantes que Sa Majesté, à son dernier partement de la Germanye, donna, par ses lettres d'avertissement, à cognoistre les causes qui la forçoyent de faire un tour en ses Pays-Bas, après s'estre longtemps séjourné en icelle Allemaigne, et signamment pour introduire èsdicts pays le prince, son filz unicque, Philippe, qu'il avoit faict expressément venir des Espaignes, pour le faire jurer, recepvoir et investir desdicts bas pays comme son droicturier et unicque successeur légitime, et que Sa Majesté pensa pour lors, sur la fin de l'hyver ou au plus tard au printemps ensuivant, estre de retour en ladicte Germanye, pour entendre comme toutes choses y passoient et tenir main à l'accomplissement et réalle observation de ce que avoict esté résolu et conclud par Sa Majesté et estatz en la dernière diette tenue en ladicte ville d'Auguste, et ce pour satisfaire à la paternelle et cordialle affection que Sa Majesté a tousjours porté au sainct-empire et à l'Allemaigne, comme à sa propre patrye, mais qu'elle Sa Majesté, pour les voyaiges de mer, qui sont incertains, et par terre très-longz depuis l'Espaigne, qui a tant retardé ledict prince son filz, ne s'est point peu mectre en chemin, comme elle pensa faire, au moys d'octobre 1549, estant détenue du tourment de sa goutte. Et tost après luy vint nouvelles de la mort du pape, dont l'élection du nouveau s'est aussi traînée assez longtemps, pour

---

[1] Charles de Brimeu, comte de Meghem.
[2] Nicolas de Lorraine, non pas *duc*, mais *comte* de Vaudemont. Il avait épousé Marguerite d'Egmont. Voir p. 377.
[3] Probablement Philippe de Hamal, seigneur de Monceau, gentilhomme de la maison de l'Empereur.

laquelle Sa Majesté jugeoit estre requis, pour l'exigence des affaires, d'attendre à pied coy l'issue d'icelle élection. Par quoy Sadicte Majesté s'est cependant entretenue en sesdicts Pays-Bas jusques à présent, que le pape nouvellement esleu l'a adverty non-seulement de son élection, mais aussi qu'il a très-grand désir de sincèrement, et sans respect d'aulcuns respects particuliers, en tout ce que convient, pourvoir et remédier aux négoces de la religion, et principallement de ladicte Allemaigne, et que, ce considéré, Sa Majesté juge estre tant plus requis à tenir l'œil pour non laisser perdre ceste bonne opportunité, pour establir, avec la correspondance que Sa Saincteté promect, meilleure union et confirmeté[1] en ce cas de ladicte foy, et ce en plus grand repos des consciences d'ung chascun. Qui est la principale affaire qui de présent s'offre en ladicte Germanye, dont Dieu nous veuille donner bon commencement d'en traicter en ladicte délibérée diette augustaine, et aussi de regarder pour treuver moyen d'appaiser ce que pourroit encores donner occasion, en icelle Allemaigne, de troubles et esmotions, et adviser aussi ce qu'on pourroit faire quant à ceulx lesquelz, se séparans de l'obéissance des aultres estatz, veullent demourer obstinez en leur rébellion.

Et puisqu'il y a passé, comme dessus dict est, depuis la dernière diette, plus de temps que Sa Majesté n'avoit projecté, et que les affaires germanicques sont en tel terme que icelle Sadicte Majesté désire bien fort y entendre, avec la participation des estatz dudict Empire, qui a mû Sadicte Majesté de reconvocquer une aultre diette qu'elle entend estre encommencée en Auguste, asscavoir le 25e de juing 1550 prochainement venant, en laquelle l'on entendera aussi aux affaires qui demourèrent en la dernière diette irrésolues et indécises; et y sera aussi pourveu à ce que convient à l'entier establissement du repos et bonne administration dudict sainct-empire. Et délibère Sa Majesté, Dieu aydant, de se treuver en personne en icelle diette, sans regarder à son traveil et que ses affaires particulières requéreroient bien sa présence, et nommément celles de ces Pays-Bas icy. Par quoy prie très-instamment les électeurs et aultres des estatz de s'y treuver aussi sans faulte en personne, et que les villes et aultres membres impériaulx y envoyent personnages raisonnables, prudens, résolus et dési-

---

[1] *Sic.*

reux du bien publicque, et qu'ilz y soyent sans aultre respect pour procurer icelluy, venans pourveus de pouvoirs souffisans pour entendre aux affaires sans aulcun renvoy.

Le 3e dudict moys arriva audict Bruxelles le roy de Vales[1], more, venant d'Affricque, tributaire de Sa Majesté, déchassé de son royaulme par Cherisphy, au-devant duquel fust envoyé le seigneur don Jehan Manricque de Lara, maistre d'hostel de Sa Majesté, et de la part du prince y fust envoyé le conte del Marca (?), aussi son maistre d'hostel, lesquelz furent accompaignez de plusieurs aultres gentilzhommes; et fust entretenu et défroyé icelluy roy par Sa Majesté tout le temps qu'il fut à la court. Lequel roy, le 16e dudict, le duc d'Alba, accompaigné de tous les gentilzhommes de bouche de Sa Majesté et ceulx du prince, alla quérir, le conduisant vers Sadicte Majesté, qui le receut en sa chambre, présens le prince, le prince de Piedmont et des chevaliers de l'ordre avec aultres beaucoup des gentilzhommes de la chambre. Et y estant ledict roy arrivé, vollut baiser les pieds de Sa Majesté, laquelle l'embrassa et se rassit, faisant aussi donner une chayère audict roy; et un peu plus loing fust assiz le prince. Et après aulcunes devises, ledict roy print congé, ayant faict les révérences audict Empereur et son filz le prince d'Espaigne, lequel l'embrassa à la sortye. Et fut reconduict en son logis par le mesme duc d'Alba et compaignie.

Ce mesme jour eut Sa Majesté nouvelles du décès du duc Loys de Bavière.

Et le pénultième de cedict moys de mars, jour des Pasques floryes, Sa Majesté ouyt l'office de la messe en court, où furent à la procession le prince et tous les seigneurs.

Avril. Sa Majesté alla de Bruxelles le premier de ce moys disner et cou-

---

[1] Velez. Dans le compte de la recette générale des finances de 1550 on lit l'article suivant : « Au roy de Velez, affricain, expolié et deschassé par le chiériff et venu ou réfugié vers l'Empereur pour secours, ayde et assistence, la somme de onze cens xl livres, du prix de xl gros, que, par ordonnance de la royne régente, Me Wolff Haller, trésorier et maistre d'hostel de Sa Majesté, a délivré comptant et présenté au nom de l'Empereur, tant pour l'ayder et entretenir que pour furnir aux despens de ses voyages. »

Ce roi détrôné de Velez s'appelait Ald-el-Bekir. C'était son frère Ahmed qui l'avait dépouillé et chassé de ses États.

cher à Grunnenthal[1], qui est un cloistre en la forest de Soingni, s'y arrestant jusques à la veille de Pasques, qu'elle s'en revint à Bruxelles, où elle Sa Majesté demoura jusques au dernier jour de ce moys, qu'elle retourna avec le prince audict Grunnenthal, lieu fort plaisant et sallubre.

May. Jeudy, premier jour de may, furent audict cloistre célébrées, Sa Majesté présent, les vigilles et le lendemain l'obsèque annuel de la feue impératrice, femme de Sa Majesté, laquelle revint sur le soir coucher à Bruxelles.

Le 19e dudict Sa Majesté fist convocquer tous les chevaliers de l'ordre et officiers qui furent pour lors présents, jusques à nombre de seize, et fust donné la Thoison à un nommé Brisot, au lieu du bastard François de Vallois du roy de France, lequel, pour certaines raisons, avoit remis l'estat et collier dudict ordre entre les mains de Sa Majesté[2]. Laquelle, pour son voyaige en Allemaigne, print, le dernier jour de ce moys de may, congé de ses deux sœurs les roynes; et estant à cheval sur le Marché, se tourna vers le peuple et print aussi congé d'icelluy : qui ne fut sans grand regret et lamentation dudict peuple. Et ainsi vint avec le prince coucher à Louvain.

Juing. Dimenche, premier jour dudict moys, Sa Majesté encores audict Louvain, où l'après-disner ledict prince, accompaigné d'aulcuns des siens, retourna en poste à Bruxelles veoir lesdictes roynes ses tantes jusques le lendemain matin qu'il revint, allant avec Sa Majesté disner à Tillemont et coucher à Sainctron.

Le 3e à Tongres, où l'évesque de Liége vint faire la révérence à Sa Majesté, prenant congé d'icelle et de son filz le prince.

Le 4e disner et coucher à Mastricht, où le prince fut juré et receu, lequel sur le soir partist en poste pour aller treuver les dames à Tournault[3].

---

[1] Groenendael.

[2] Ce passage doit avoir été étrangement altéré par les copistes : ni dans l'*Histoire de la Toison d'or* de Reiffenberg, ni dans la *Historia de la órden del Toyson de oro* de Pinedo y Salazar, il n'est fait mention d'un *Brisot* qui aurait été décoré de cet ordre, non plus que d'un *bâtard François de Valois du roi de France* qui en aurait renvoyé le collier. Probablement l'auteur a voulu parler du fait que nous allons rapporter. *François*, dit le *bâtard de Falais*, fils naturel de Baudouin, bâtard de Bourgogne, avait été nommé Toison d'or le 27 octobre 1540; ayant donné sa démission, il fut remplacé, le 29 novembre 1549, par *Antoine de Beaulincourt*, qui, le 29 mai 1550, fut mis en possession de cet emploi.

[3] Turnhout.

Le 7e, de Mastricht disner et coucher en la ville impériale d'Aix, où se retreuva ledict prince.

Le 8e à Julliers.

Le 9e disner à Bergues [1] et coucher à Coulongne, dont l'évesque luy vint au devant; et y appoincta Sa Majesté le différent entre ledict évesque et les habitans dudict Coulongne.

Le 14e Sa Majesté sur le Rhin, coucher à Bonnonna [2].

15e à Andernack.

Le 16e à Covelens, où elle fut receue par l'électeur de Trèves.

Le 17e Sa Majesté coucher à Pouppart [3].

Le 18e à Bacherach.

Le 19e à Mayence, où elle fut receue par l'évesque électeur.

Le 21e à Oppenhaim, où vindrent nouvelles que la duchesse de Clèves, niepce de Sa Majesté et fille du roy des Romains [4] : par quoy envoya la visiter, d'autant qu'elle estoit accouchée, asscavoir d'une fille. Et eust aussi poste que le prince André Doria, général de la mer de Sa Majesté, avoit avec son armée sur le Turcq prins un lieu nommé Monesterio [5], et de là alloit sur Affricque.

Le 22e à Wormes.

23e à Spires, où le 24e vint vers Sa Majesté, asscavoir l'évesque de Strasbourg. Et sur le soir y arriva aussi le conte Frédéric, palatin, avec sa femme la princesse de Dannemarcque, niepce de Sa Majesté, lesquelz furent conduicts par le prince de Gavre et receuz par icelle Sa Majesté en sa chambre.

Le 25e Sa Majesté à la chasse, retournant coucher audict Spyrs. Lequel jour ledict prince fust disner avec ledict palatin, et furent assiz à la table seullement cinq personnes, asscavoir ledict prince, l'électeur, sa consorte, le duc d'Alba et l'évesque dudict Strasbourg.

Le 27e Sa Majesté passa le Rhin, venant coucher à Brette.

---

[1] Berchem.
[2] Bonn.
[3] Boppart.
[4] Sic. La phrase n'a pas été achevée par le copiste.
[5] Monastir.

Le 28e à Fungueville¹ au duc de Wirtenberg, lequel y eut audience de Sa Majesté.

Le 29e à Esslingen, ville impériale.

Et le dernier dudict moys à Göppinghen, appertenante audict de Wirtenberg.

Juillet. Mardy, premier jour, à Geislingen.

2e à Ulm.

Le 4e disner à Sompten (?) et coucher à Guienghe². Là luy vint le cardinal d'Ausbourg faire la révérence.

Le 5e disner à Tissingen (?) et coucher à Nerlingen³.

6e à Tonnawert⁴.

7e à Wesendorf (?).

8e à Ausbourg, où estoit arrivé le roy des Romains, son frère, lequel luy vint au devant. Et entra ainsi Sadicte Majesté audict Ausbourg, accompaigné de son frère, de son fils Philippe, dudict roy de Vélis⁵, du cardinal d'Auguste et de plusieurs aultres ducs, princes et seigneurs, pour y tenir, le 13e de ce moys, journée et diette.

Le 11e y arriva l'électeur de Mayence⁶, qui le lendemain visita le prince.

Le 19e Sa Majesté eust nouvelles que son armée de mer avoit assiégé par mer et par terre la ville d'Affricque, et que, le 12e de ce moys, ilz avoient desjà commencé à la canoner avec unze pièces et abbatu bonne pièce des murailles, tenant ceulx de dedens en grand destroict⁷ : espérans, Dieu aydant, de l'emporter de brief, nonobstant que les infidelles la deffendoient fort vaillamment.

Ledict jour y arriva l'évesque électeur de Trèves⁸, qui le lendemain fut vers Sa Majesté. Et cest après-disner fut aussi vers elle son frère le roy des Romains. Et environ les cincq heures du soir alla le prince voir ledict électeur de Trèves.

---

¹ *Fahinghe* (Waehingen) dans les MSS. de l'Arsenal et de Reims.
² Giengen.
³ Nördlingen.
⁴ Donauwerth.
⁵ Voy. p. 395, note 1.
⁶ Voy. p. 534, note 1.
⁷ *Destroict*, détresse.
⁸ Voy. p. 552, note 2.

Le 26ᵉ Sa Majesté, accompaigné du roy son frère, des électeurs de Mayence et Trèves et commiz des absens estatz, ensemble du prince et aultres, fut ouyr la messe en la grand'église, où Sa Majesté fut assise aux formes du chœur, le roy et les électeurs auprès de luy; et à l'opposite du premier électeur fut assiz le prince comme archiduc d'Austrice, et après luy le seigneur de Bossu[1] comme procureur des Pays-Bas et de Bourgoigne, qui, comme dict est[2], avoient esté annexés en la dernière diette soubz la deffension et paix de l'Empire; puis furent assiz les prélatz. Sadicte Majesté fut à l'offrande, laquelle luy fust apportée par ledict prince son filz; et la messe, qui fut dicte par le cardinal d'Auguste, achevée, Sa Majesté et tous vindrent sur la maison de la ville, où, elle assise en son siége impérial, le roy et chascun au sien, fut par le cardinal dudict Ausbourg encommencé la proposition de la diette, laquelle fut conclue le 14ᵉ du mois de febvrier 1551. Dont le contenu d'icelle proposition, qui fut leue par le secrétaire, comme il s'ensuit :

« Premièrement, que Sa Majesté, à la dernière diette, feist toute diligence que tous les poinctz et articles qui touchent la conservation et establissement du sainct-empire fussent avec meur et délibéré conseil résolus et dépeschez : en quoy Sa Majesté eut toute assistance et debvoir desdicts estatz. Et, nonobstant que aulcuns desdicts articles ayent et soyent sortis à plain effect et exécution, néantmoins il en y a aulcuns où se sont treuvez des empeschemens, tout au contraire de l'espoir que Sa Majesté en prétendoit et avoit, sans sa coulpe toutesfoys : par quoy semble luy estre digne de considérer que une chose tant salutaire une foys résolue en diette publicque ne se doibt divertir ne changer pour occasion légière, perdant du tout le traveil et peine qu'on y a employé en la journée précédente.

» Le désir que Sa Majesté avoict communicqué aux estatz de se treuver plus tost par deçà et pourveoir aux affaires de l'Empire, ne luy a esté possible de l'accomplir jusques à maintenant, et ce à raison des urgentes négoces à luy succédées en ses pays patrimoniaulx, et aussi pour l'indisposition de sa personne, comme lesdicts estatz ont bien peu entendre par les lettres de l'indiction de ceste présente diette. Laquelle ayant esté deuement

---

[1] Jean de Hennin, seigneur de Boussu.
[2] Voy. p. 372.

convocquée, et jà le terme de l'assignation d'icelle passé, se treuvant Sa Majesté présent, ne reste doncques sinon de mectre la main à l'œuvre, ad ce que tout ce que concerne l'utilité et paix publicque de la chrestienneté et nation germanicque soict meurement résolu et mis à entière exécution : pour lequel effect Sa Majesté veult, comme elle a tousjours faict, l'advis desdicts estatz suivre.

» Et premièrement, touchant le principal article, qui est la religion, n'a Sa Majesté peu imaginer ny treuver meilleur et certain moyen que un concile général et universel, lequel les estatz, en la dernière diette tenue en ce mesme lieu, unanimement accordèrent, se soubmectans du tout à la détermination d'icelluy, estant jà encommencé en la ville de Trente : le tout selon le recès de ladicte dernière diette. Pendant lequel temps Sa Majesté n'a cessé faire faire toutes dilligences à Rome afin que ledict concile feust deuement pourveu et démené : ce qu'il sollicitoit encores du vivant du feu pape Paule tiers, et continue vers le pape Jules à présent, qui a promis faire continuer ledict concile, qui se consommera, avec l'ayde de Dieu, conforme au désir de Sa Majesté et des estatz, ensemble de toute la chrestienneté : pour lequel effect il a promis envoyer un nunce apostolicque, lequel Sa Majesté attend d'heure en heure. Par quoy luy semble ne rester que de tenir main et solliciter une si belle et bonne offre que Sa Saincteté en cest endroict a faicte : à quoy faire Sa Majesté ne fauldra faire de son costé tout son possible.

» Lesdicts estatz n'ignorent aussi que en ladicte dernière diette Sa Majesté, par leur consentement, ordonna et déclaira une forme et manière qu'elle entendoit estre observée pour cependant vivre catholicquement ensemble, lequel moyen sembloit à Sa Majesté le plus convenable de tous, non-seulement pour réfréner tant de diverses opinions, mais aussi afin que ceste manière de vivre leur préparast ce chemin pour se tant plus aysément régler aux décrets dudict concile. Mais Sa Majesté a entendu, avec grandissime regret, que non-seulement ceulx qui n'ont accepté ledict intérim ou manière de vivre ne l'observent, ains aussi ceulx qui jà l'avoient receu ne font compte, ou au moins bien peu, de l'ensuivre et observer. Ce considéré par Sa Majesté, qui estime fort important et convenable à la religion que les membres de l'Église, et mesmes les ecclésiasticques, prinssent aulcune forme de réduction à la vraye et ancienne religion, afin que tant aux cérémonies que mesmes en la doctrine il y eût raison certaine de vivre jusques à la détermination dudict concile, par quoy Sa Majesté mist en avant ladicte manière de réformation, qui fut approuvée par lesdicts ecclésiasticques : dont par quelques-uns de ces prélatz a esté dilligemment et sainctement travaillé à l'effect de ladicte réformation. Et luy desplaist, que de une telle véhémente sollicitation est suyvy si peu d'exécution, ains au contraire, soubz coulleur de dilater l'affaire, est par aulcuns non-seulement traveillé au prolongement d'icelle, mais de faict taschent du tout à deffaire un tel bon œuvre et pollice : de sorte qu'il semble à Sa Majesté cela tourner au grand mespris de son aucthorité impériale, que ceulx mesmes qui ont accepté, concludé et accordé par voix de tous estatz, et mesmes en une journée publicque, ce que dessus, vont au contraire de leur promesse tant authenticque. Par quoy demande conseil ausdicts estatz comme on pourroict user afin de réduire ladicte affaire à meilleure observation. »

C'est la sommaire proposition de ce que concerne l'article de ladicte religion.

S'ensuit l'article de l'universelle union et paix de la Germanye et sainct-empire, commençant :

« Pour ce que, en plusieurs diettes, et mesmes en la dernière, ceste ordonnance de vivre et concile a esté si meurement de tout conclue, pense Sa Majesté n'estre aulcunement nécessaire d'y riens innover, mais reste seulement punir quelques inobédiens de Sa Majesté et de l'Empire, lesquelz, non encores réconcilliez, demourans pertinax, vèxent et molestent journellement, par diverses violences, roberies et détroussemens, les subjectz et obédiens de Sa Majesté et dudict Empire, mesprisans en ce la clémence de Sadicte Majesté, de laquelle elle a usé envers les autres qui en ce mesme cas avoient justement encouru l'indignation et rigeur d'icelle Sadicte Majesté. Par quoy véritablement seroit grand inconvénient et peu honnorable réputation à Sa Majesté et audict sainct-empire, si plus avant estoit donné lieu et enduré à telles insolences et voluntez désordonnées desdicts rebelles. Et y a danger que, si ne leur est couppé chemin, que en brief pourroient aller plus oultre, faisans dommaige ausdicts obédiens; davantaige, qui leur seroit donner maulvais exemple et par adventure occasion de faire le semblable. Par quoy demande encore, pour ad ce remédier, conseil desdicts estatz.

» En ce que touche l'article de l'administration de justice de la chambre impériale, lesdicts des estatz auront assez entendu, par les lettres que Sa Majesté a naguères escriptes aux électeurs, à chascun particulièrement, et aux aultres membres impériaulx ensemblement, à qui et combien compète la présentation d'icelle chambre. Par quoy Sa Majesté y a pourveu par et en vertu du contenu du recès de ladicte dernière diette, ne faisant doubte qu'ilz ne se tiennent satisfaicts de sa dilligence en cest endroict. Et est le nombre des assesseurs ordinaires augmenté pour, deux ou trois ans, assister au nombre accoustumé, pour vuyder des affaires pour le présent à succéder à Sadicte Majesté, pour lesquelles luy semble estre persuadé et convaincu que lesdicts extraordinaires demourassent et fussent du tout conjoincts ausdicts ordinaires, et ceulx-là mesmes qui de présent y ont esté nommez et admis, comme lesdicts estatz pourront entendre. Et en cas que iceulx estatz soient d'advis que l'on doibve retenir lesdicts extraordinaires pour ordinaires, Sa Majesté pense que facilement l'on pourra ordonner à ce que touche la présentation. Sur quoy elle désire aussi conseil desdicts estatz. Et comme, par vertu de l'ordonnance sur ce faicte, l'on a ces jours passez visité ladicte chambre et justice d'icelle, Sa Majesté aura plaisir que l'on en ouye la relation des commiz, afin que iceulx estatz cognoissent clèrement que ladicte chambre est restituée avec raisonnables loix et statuts, méritant très-bien en ceste sorte estre entretenue, supportée, favorisée et obéye de tous.

» Et touchant la spoliation des biens ecclésiasticques, Sa Majesté a procuré qu'il s'en est faict en plusieurs lieulx restitution, au consentement des partyes, amiablement; et tiendra main qu'il soict faict le semblable quant au reste : le tout selon le dernier recès.

» Touchant les monnoyes, n'est besoin d'en faire icy long récit : car en la journée de Spyrs se traicta cest affaire assés dilligemment. Seulement est demouré à vuyder la difficulté sur la calance (?) de l'or au regard de la monnoye : de quoy sont sans doubte lesdicts estatz assez informez. Pour quoy ne reste que leur propre résolution là-dessus et la mectre à exécution.

» Concernant la modération de la taxe et contingence de chascun quartier de l'Empire, Sa Majesté pensoit que les estatz, en la dernière assamblée de Wormes, eussent procédé selon le recès d'icelle, et est bien vray que quelques membres de l'Empire ont envoyé copies des lettres où sont contenus les griefz de ladicte taxe à Sa Majesté, laquelle ne pouvoit remédier à ces plainctes sans la présence d'iceulx estatz. Par quoy a esté force en apporter les escriptures en ceste diette, pour y besoingner.

» Quant à la police, ne reste sinon que lesdicts estatz soient admonestez que l'on observe entièrement l'ordonnance sur ceste faicte.

» Et en ce que touche la cession de la présentation de justice impériale, de quoy a aultre foys aussi traicté la dernière diette, et veult bien Sa Majesté que en ceste présente il soit prins quelque deue et bonne résolution : en quoy se monstrera Sa Majesté, d'aultant qu'il touche sa dignité impériale, comme en tous les aultres articles, de sorte que lesdicts des estatz auront toute occasion de contentement. »

Fin de la proposition de ceste présente diette augustane.

Ce faict, Sa Majesté vint au logis, qui fut en celluy du puissant et riche Anthoine Foucquer; et fut créé, présent Sadicte Majesté et tous les aultres, président de ceste encommencée diette, asscavoir l'archevesque de Mayence, qui est un des troys spirituels électeurs impériaulx.

Le mardy, 29e dudict juillet, Sa Majesté avec son frère et le prince alla d'Ausbóurg disner à Nudelschlut (?) et coucher à Brouc [1].

Le dernier disner à Bestbere près de Gattingue (?), et coucher à Muniken, où Sa Majesté fut receu par la vielle duchesse de Bavière [2] et de celle à présent, fille du roy des Romains.

Aoust. Le 2e Sa Majesté à la chasse disner à Persingue (?) et recoucher audict Munik.

Le 3e, après disner, print Sa Majesté congé des dames et vint coucher à Westberge (?), où le soir ledict duc de Bavière donna un bancquet au jardin, allant le prince, après soupper, coucher à Gautingue.

Le 4e Sa Majesté et le prince son filz vindrent coucher à Starembourg, aiant disné à Wanguen, et vint aussi audict giste le roy des Romains, le duc de Bavière, seigneur dudict lieu, ensemble les ducs de Holstein, d'Alba et le prince de Piedmont.

Le 5e tout le jour audict lieu à la chasse, et le 6e après disner coucher à Bruck.

---

[1] Bruck ou Pruck.
[2] Marie-Jacqueline de Bade.

Le 7ᵉ après disner coucher à Merling (?).

Le 8ᵉ tous ensemble revindrent coucher à Ausbourg, où, le 11ᵉ, le nonce venu du pape eut audience environ sur les cincq heures du soir, estant vers Sa Majesté mené par l'évesque d'Arras.

Le 12ᵉ eut Sa Majesté nouvelles que ses armées de mer et de terre qui tenoient assiégé Affricque avoient envoyé deux compaignies de gens de pied avec aulcunes gallères pour coupper du boys, et estant de ce adverty Goutyerais[1], coursaire turcquois, sortit sur lesdicts chrestiens, tenant grand escarmouche avec iceulx. Quoy sçachant don Jehan[2], vice-roy de Secille et général de l'armée de Sadicte Majesté, laissant le camp devant ladicte ville d'Affricque bien pourveu, print une partye des gendarmes, et entre aultres le vaillant seigneur Loys Perez de Vergas, capitaine de la Goullette, allant secourir lesdicts chrestiens coupans du boys, donnant tellement dedens que ledict coursaire fut constraint, avec sa courte honte et grand dommaige des siens, se retirer, n'estant demouré que neuf ou dix chrestiens, entre lesquelz y eut aussi (dont on eut grandissime regret) ledict preux castellan[3] de la Goulette. En mesme instant sortirent aussi les assiégez : mais estans rebouttez, demoura mort leur capitaine, qui fut tué, voullans charger sus ceulx qui allèrent audict secours.

Responce que firent les estatz de l'Empire, le 18ᵉ d'aoust, au roy des Romains, en l'absence de Sa Majesté pour son indisposition, sur ce que icy-devant a esté proposé par Sadicte Majesté, commençant :

Ayans les électeurs et les estatz de l'Empire, tant présens que les députez des absens, entendu avec toute humilité ce que par Sa Majesté leur a esté proposé en ceste présente diette, et l'ayant consulté et communicqué dilligemment par ensemble, disent et respondent là-dessus [ce] que s'ensuit :

Et premièrement, qu'ilz ont fresche mémoire avec quelle amour et

---

[1] Dragut Raïs. Voir Sandoval, liv. XXX, § XXXIX.
[2] Don Juan de Vega.
[3] *Castellan*, châtelain.

affection paternelle Sa Majesté a tousjours, et dès son advénement à ce sainct-empire, avec grandissime traveil, pourchassé l'honneur d'icelluy sainct-empire, et signamment quant est de la nation germanicque. Et oultre ce Sa Majesté a déclairé ausdicts estatz qu'elle n'avoit délibéré tant dilater et traicter avec iceulx de quelle sorte se pourroient mectre à exécution les articles jà accordez et concludz ès dernières diettes, mais que les empeschemens qu'elle a eu de tant d'aultres affaires, et aussi l'indisposition de sa personne, l'en ont gardé; et leur a fort despleu sadicte débileté, prians Dieu luy donner, en prospère et long gouvernement, bonne vye. Et n'estoict jà besoing que Sa Majesté s'excusast en cest endroict, cognoissans Sa Majesté jamais avoir esté las et, comme espèrent, ne sera de procurer incessament le seul bien de l'Empire : de quoy ilz le remercyent très-humblement, offrans leur possibilité.

Et en ce que touche le poinct de la religion, comme la principale matière de ceste présente diette, les estatz acceptent humblement et avec grand désir le clément ordre de Sa Majesté, se conformans à icelluy conseil et opinion, le supplians y conclure et en ce mectre en effect son sainct propos, et qu'elle, au nom de tous, sollicite envers Sa Saincteté afin que ledict général, libre, chrestien et universel concile se continue et expédie, le mectant à exécution en vertu du dernier recès augustain. En ce faisant, sans doubte Sa Majesté faira chose agréable à Dieu et une bonne œuvre plus que nécessaire à la chrestienneté : dont en sera Sa Majesté à jamais prisé et justement glorifié.

Et quant à ce que touche l'intérim ou ordonnance de vivre jusques à la détermination dudict concile, laquelle manière fut pareillement résolue en ladicte dernière diette, et que, pour le mieulx faire observer, Sa Majesté demande conseil et advis desdicts estatz : lesquelz sont d'opinion (toutesfoys soubz correction) que de l'accoustumée bénignité de Sa Majesté il se face informations; que l'on entende mieulx, de ceulx ayans approuvé et accepté lesdicts articles, quelz empeschemens ilz ont eus pour s'excuser de n'observer entièrement leurdict accord; et plaise à Sa Majesté, iceulx que à présent sont en ce esté refusans, que l'on les face venir (si faire se peult, après ladicte information particulière d'un chascun en ce suspect) à amiable observance d'icelle réformation de la religion et manière de vivre : le tout pour entretenir paix en l'Empire.

Et concernant l'article de la paix publicque et des rebelles à icelle, à laquelle semble à Sa Majesté n'estre aulcunement besoing y riens changer, en ce lesdicts estatz consentent humblement avec Sadicte Majesté, avec advis que la forme d'icelle conclue en ladicte dernière diette doibt ainsi demourer. Seulement considèrent et demandent comme se doibt entendre ce que, quant en ladicte dernière diette, Sa Majesté fist corriger icelle manière de paix publicque, à la seule occasion qu'elle vouloit y estre aussi comprins le Pays-Bas et la Bourgoigne, ses patrimoines : en quoy ne fust faict nulle mention ny pourveu ad ce que seroit de faire si les gouverneurs ou présidens desdictes provinces héréditaires attentyssent quelque chose inconvenable, fût de parolles ou de faict, contre un ou plusieurs desdicts Estatz impériaulx, ou contre le contenu de ladicte paix. De quoy toutesfoys iceulx estatz se confient assez bien que Sa Majesté ne vouldroit faire que telz accidens ne surviendront pas : mais, afin d'éviter à tout et que ladicte paix soict mieulx nourrie de tous costez, supplient lesdicts estatz à Sa Majesté que à icelle plaise déclairer, en ceste diette, quant audict traicté, que, au cas que icelle paix fust aulcunement fractionnée[1] par quelqu'un desdicts gouverneurs, qu'ilz soient subjectz et obligez respondre de leur faict devant la chambre impériale, ou qu'elle soit aultrement bénévolent de traicter l'affaire sans délay avec lesdicts des estatz, lesquelz supplient Sa Majesté ne voulloir prendre en mauvaise part s'ilz procurent, selon droict, raison et justice, le bien de l'Empire.

En ce que touche le faict des rebelles de Sa Majesté et de l'Empire, et afin que les obéissans soient moings préjudiciez, supplient et sont d'advis en ce lesdicts estatz qu'il plaise à Sa Majesté permectre encores l'amiable composition, ad ce que iceulx désobéissans se réduisent à deue satisfaction et obéissance, s'offrans vers Sa Majesté lesdicts estatz en ce n'espargner aulcun debvoir; et en cas que telz rebelles vinssent à joug, que aux articles de leur réconciliation soit annexé tout ce que concerne les aultres de l'Empire; oultre ce, qu'ilz ayent à rendre contens tous ceulx qui par eulx ont esté intéressez en manière et si peu qu'il puisse avoir esté. Mais, si ceste bénignité ne servist à l'endroict d'iceulx rebelles, lesdicts estatz se monstreront tant obédiens à Sa Majesté, luy donnant tel conseil et res-

---

[1] *Fractionnée*, enfreinte.

ponce, que l'on pourra aysément comprendre qu'ilz ne désirent au monde chose plus fervemment que l'obéissance, tranquillité et paix publicque en l'Empire et à Sa Majesté.

Quant à la paternelle dilligence que Sa Majesté, selon le contenu de sa proposition, a monstré à l'Empire, qu'elle dict avoir pourveu la chambre impériale des personnaiges ydoines, les estatz luy en rendent grâces immortelles. Mais, en ce que concerne les dix assesseurs extraordinaires qui, d'un commun accord, furent accordez à la dernière diette, mais seulement pour un, deux ou trois ans, si besoing estoit, dont Sadicte Majesté dict avoir esté meu, pour certains bons respectz, que lesdicts extraordinaires doibvent estre retenus à tousjours, ou au moings ceulx qui jà y sont leur vye durant, et que les visitateurs de ladicte chambre eussent à faire rapport des nouvelles ordonnances que Sa Majesté dict avoir introduites en icelle : à quoy respondent lesdicts estatz qu'ilz ne font doubte que Sa Majesté ne soit persuadée à juste cause que l'on doibve retenir lesdicts extraordinaires, comme doncques en sa proposition en allègue quelques raisons ad ce mouvantes. Mais il peut bien souvenir à Sadicte Majesté avec quelle difficulté, en ladicte dernière diette, lesdicts estatz accordèrent les dix assesseurs, seulement pour deux ans : combien se sentiroient-ilz doncques à présent, s'il failloit à tousjours entretenir lesdicts dix personnes assesseurs, estans iceulx estatz et leurs subjectz, comme Sa Majesté est assez informé, oppressez de tant aultres grandes charges et contributions, leur venant à grande foulle et oppression, s'il leur les falloit sallairier et entretenir plus que lesdicts deux ou trois ans accordez? Considéré aussi que quand la chambre fut premièrement instituée, n'y avoit que jusques au nombre de vingt-quatre assesseurs, par lesquelz estoient promptement dépeschez les procès et causes, sans qu'on se plaignât de maulvaise ny trop longue justice; et combien que depuis l'on en ait adjousté huict aultres, si est-ce pourtant que l'on ne treuve plus expéditive vuydange desdictes causes, ains est notoire que, pour l'abondance, l'un empeschoit l'aultre au faict des rapports desdicts procès; et nonobstant qu'elle soict fort occupée des causes fiscalles, si en peuvent-ilz expédier beaucoup en peu de temps : préméditant que plusieurs des estatz et particuliers procèdent tant par previléges que aultrement, qui faict qu'ilz s'exemptent et passent bien de ladicte chambre, de sorte que les causes se diminuent journellement. Et leur est d'advis, mais que[1] lesdicts vingt-quatre assesseurs useront de l'obligée dilligence et entendront aux affaires de ladicte chambre comme faire on soulloit, nonobstant que, pour l'entremission de ladicte chambre, les causes d'icelle sont aulcunement accomblées, que Sadicte Majesté doibt et debvroit avec contentement considérer la prompte volunté et obédience en ce qu'ilz ont accepté le payement d'icelle chambre pour ledict temps arresté en la dernière diette, et ne prendre en mauvaise part Sa Majesté cest advis desdicts estatz, lesquelz, pour complaire à icelle, offrent très-voluntiers voir et ouyr le rapport des commiz visitateurs de ladicte chambre. Et si l'on treuve estre nécessaire que lesdicts dix assesseurs extraordinaires doibvent estre continuez pour la troysième année, oultre les accordées, ilz ne veulent qu'à leur occasion cela se laisse de faire ou s'empesche aulcunement; et qui plus est, si, à l'aultre visitation qui se pourra faire, se treuve expédient la continuation desdicts dix personnaiges encore pour la quatrième année, ilz seront promptz à l'accorder, à condition toutesfoys que, si un desdicts vint à estre des ordinaires, ou que aultrement par mort ou volunté il s'en allist dudict estat, n'entendent iceulx estatz nullement que l'on en mecte un aultre au lieu.

Touchant l'article de la restitution des jurisdictions et biens ecclésiasticques, les estatz acceptent en ce la clémente offre de Sa Majesté, moyennant que icelle n'en consulte plus avant, car il leur semble qu'on se doibt tenir à ce que dernièrement en fut concluct : ne faisans doute que chascun à qui cest article touche aura considération de ce qu'il en aura à faire; supplians toutesfoys Sa Majesté qu'elle ayde à ceulx qui sont privez du leur.

Sa Majesté en sa proposition dict, touchant l'article de la monnoye, que Sa Majesté est tellement réduict et accordé en termes entre lesdicts estatz qu'il n'est resté que le poinct de la dévaluation de l'or et de l'argent en quoy il y avoit encores quelque petite difficulté, mais, estant lors l'affaire en tel terme, que Sadicte Majesté espéroit que en brief s'en accorderoient, et que en ce n'y avoit aultre que consulter, sinon à mectre en exécution et effect ce que en est à ceste heure accordé et accepté. Dict toutesfoys Sadicte Majesté que, ès diettes tenues à Spyrs sur ceste mesme affaire des monnoyes, les

---

[1] *Mais que*, pourvu que.

conseilliers des électeurs, pour paix nourrir et afin que en ce s'observasse une foys une juste et bonne ordonnance, consentèrent que le marcq d'argent, poix de Coulongne, se alloueroit pour 10 florins et ⅓ florin, qui sont 12 kreyzers ou 3 pazen [1] et encore un demy-kreyzer. Sur quoy ont incontinent mys en avant que partout et en tous payemens un florin d'or de Rhin ne vauldroit de la nouvelle forge que 72 kreyzers, qui font un florin et 12 kreyzers : ce que ne semble aux électeurs justement ny honnestement esvalué, parce que ceulx qui, d'ancienne coustume ou par vertu de particulières obligations, contractz, achapt de marchandises ou aultrement, eussent à payer en or, l'on eust à recepvoir monnoye ; voyans clèrement que cecy redonderoit au grand préjudice et totale ruyne des vassaulx subjectz à l'Empire et nation germanicque, et mesmes des princes et seigneurs d'icelluy Empire : à raison de quoy n'ont peu ny vollu consentir en telz payemens, sinon acceptans les poincts susdicts. De sorte que cest article des monnoyes jusques à présent ne s'est résolu, nonobstant que aulcuns vouldroient penser que l'accord de l'or et argent se trouveroit èsdicts 72 kreyzers, selon que longtemps ont mys en avant les commissaires de Sadicte Majesté ; et par ce moyen l'on rabat de plus de charge que monte la monnoye d'or, mais le florin d'or de Rhin, au regard de la nouvelle monnoye d'argent, est extimé tant peu que les seigneurs, vassaulx et subjectz recepvront non peu de dommaige en leurs biens, usufruicts, rentes et au sort principal [2] ; et pareillement toutes choses nécessaires pour l'entretènement de l'homme monteront à plus hault prix à cause dudict abaissement des monnoyes : en quoy n'y a nulle comparaison pour l'équivaleur avec le juste et vray florin duquel l'Allemaigne est de tous temps usée et accoustumée, et se peult treuver que le marcq d'or, au respect de celluy d'argent de cestedicte nouvelle monnoye, se extime plus qu'un marcq d'argent en son endroict. De laquelle grande inégalité s'en ensuiveroit que beaucoup d'argent se distrairoit du pays ès lieux estrangers où plus il vault : ce que seroit un dommaige irrécupérable, car tousjours voluntiers les marchans mennent leurs marchandises là où il y a plus de gains et d'acquêt. Mais, si on voulloict faire une entière, juste et droicte

---

[1] *Pazen*, batzen. Voy. p. 204, note 1.
[2] *Au sort principal.* Voy. p. 414, lig. 25.

esvaluation tant en l'or que argent, lors seroit nécessaire que le marcq d'argent se forgeast en monnoye pour moins de florins ou kreyzers, selon que les électeurs doncques désirent, pour éviter toutes superfluitez de charge sur ladicte monnoye de l'or et argent, laissant en toute équité à chascun le sien.

Les électeurs requièrent humblement à Sa Majesté, puisque la constitution des payemens, en lieu des florins d'or du Rhin payer 72 kreyzers, ne touche l'ordonnance de la monnoye qui se pourra, selon l'accord de l'Empire, doresnavant publier, il plaise doncques à Sadicte Majesté, avec paternelle affection, laisser à part dès en avant les questions desdictes monnoyes meues par ses commissaires; que si le débiteur debvoit florins d'or en or, que le créditeur fût constraint se contenter en recepvant les 72 kreyzers pour pièce, et non l'espèce d'or à luy deue et obligée : en quoy Sa Majesté debvroict avoir singulier respect. Et au surplus elle doibt procurer que ladicte affaire de la monnoye s'exécute en la ville de Nuremberg, à jour certain et compétent, aussitost que le recès de ceste présente diette sera conclut, et veuille aussi tenir la main aux aultres poincts accordez, que jà l'on debvroict avoir publiez et exploictez.

Et au contraire les princes présens et conseilliers des absens persistent en leurs opinions qu'ilz eurent, comme est allégué, ès dernières diettes de Spyrs, touchant ladicte esvaluation des monnoyes par eulx conclue pour justes, honnestes et raisonnables causes, lesquelles l'on exhiba lors par escripts estans envoyez à Sadicte Majesté, et acceptez par icelle par deux foys. Sur quoy cela fut treuvé convénient qu'il s'accordist; et ne peult estre treuvé par les expérimentez en la monnoye et conseilliers de Sa Majesté et en la conscience d'icelle mesme [1], sauf les deux points dessusdicts, que au surplus l'on payeroit, pour un desdicts florins d'or du Rhin, 72 kreyzers de la nouvelle monnoye de l'Empire, de pièces la moindre de troys kreyzers et au dessus, qui est la droicte esvaluation dudict florin, et qu'il soit en la volunté du débiteur payer en or ou monnoye audict prix, nonobstant que par traicté ou obligation il soit tenu en florins d'or en espèces, considéré qu'il n'y a aultre moyen pour conserver justement l'équivalence de l'or et

---

[1] Tout ceci est peu compréhensible; mais, dans ce passage comme dans tous les autres, nous copions littéralement le texte.

de l'argent, et au contraire éviter entre les personnes de toutes conditions qu'ilz n'ayent à chercher frais et interrestz.

Premièrement lesdicts estatz accordent que l'advis des princes juge entièrement que ladicte concordance de la nouvelle institution ne récompense l'argent l'or, en comptant 72 kreyzers pour un d'iceulx florins, et ne pourroit avoir durée ny observation : à quelle raison les princes présens et députez des absens de nouveau conseillent humblement à Sa Majesté qu'elle ne laisse la dessusdicte concordance et accord faict et accepté conforme à ladicte nouvelle ordonnance. Sur lequel point supplient que Sa Majesté, à l'équipolence de sa promesse par luy faicte au dernier recès, il luy plaise procurer avec ses propres pays et provinces que, quand leurs députez auront ainsi diffinitivement conclu, avec nous de l'Empire, sur ladicte affaire de monnoyes, ilz en acceptent et observent l'ordonnance authenticque d'icelle, comme ceulx dudict Empire.

Touchant à la contribution universelle de l'Empire et modération d'icelle, nonobstant que les commiz pour modérer l'affaire de chascun membre ayent faict sçavoir à Sa Majesté, par lettres, que cest affaire se debvoit conclure présens tous les estatz, lesquelz peulent bien considérer que ung affaire de telle importance requiert plus de temps; que ceste diette-cy, ad ce qu'il semble, ne sera de trop longue durée, et ne sçauroient les estatz sur cela donner plus expédient advis, sinon que Sa Majesté remecte à la première diette qu'il se tiendra, qu'on aict à donner par escript les plainctes de ce que l'on se treuve trop chargé desdictes contributions, comme doncques avoit aussi esté ordonné par le dernier recès : ce que plusieurs n'ont faict, qui cause que le temps s'est passé en vain; et leur soit signiffyé pour certain, si, endedans ledict temps, ilz n'exhibent deuement par escript leursdictes raisons des griefz, ilz soyent du tout forclos ausdictes plainctes, leur imposant en ce silence perpétuel. Et pour ce que entre aulcuns princes des quartiers de l'Empire y a quelques différends pour la prééminence de la convocation des diettes, il plaise à Sa Majesté appoincter, en ceste présente diette, ces controverses et ordonner comme ilz doibvent estre appellés par ordre, ad ce que nul s'ait à plaindre d'injure. Item, que Sa Majesté veuille ordonner que les commiz à moyenner la contribution, conforme au dernier recès, s'assamblent en temps et lieu qu'il sera ordonné, et qu'ilz procèdent et parachèvent, comme jà ilz debvoyent avoir faict à l'assamblée des membres de l'Empire dernièrement tenue en la ville impériale de Wormes, où fut mys en doubte touchant l'affaire de ladicte contribution et partement ¹ d'icelle, asseavoir si l'on procéderoit selon qu'il en fut conclut en ce mesme lieu 1545; ou si on approuveroit plustost ce qu'en fut arresté en l'assamblée faicte en ce mesme lieu de Wormes 1521, afin que, à la prochaine journée qui se fera sur ces affaires, lesdicts commiz à cela puissent estre résoluz à en traicter. Et déclairent lesdicts estatz que icelle modération se doibt faire conforme à l'existimation résolue audict an 1521 : sur lequel advis ilz demourèrent aussi en la dernière diette de ceste ville d'Auguste. De sorte que lesdicts commiz de ceste modération ne peuvent avec bon tiltre mectre ny treuver aulcune occasion de délay à cesdicts affaires de la contribution, qu'ilz ne l'expédient. Et est aussi à doubter qu'il y pourroit avoir entre les députez desdicts membres impérials en ce différence; que, par adventure, les ungz voulsissent préférer plustost la dernière que première desdictes deux conclusions de Wormes : qui seroit encore autant de prolongement sur cestedicte négoce de modération. Supplians humblement en ce Sa Majesté vouloir ordonner comment en ce se doibvent accorder, et procéder par ordre à icelle modération, nonobstant que lesdicts estatz ayent bon espoir que d'icy en avant lesdicts commiz ne se détiendront en une chose de si peu d'importance, veu qu'ilz ont esté nommez avec une grande confidence par lesdicts estatz, et à tout le moings espèrent qu'ilz s'accorderont amiablement entre eulx. Néantmoings, si différend y survenoit, jugent lesdicts estatz que en ce cas iceulx commiz demanderont à Sadicte Majesté l'ordre et manière qu'ilz y auront à tenir, ayans en tout leur recours à Sadicte Majesté, s'il est en Allemaigne, et en son absence au roy des Romains, son frère, lequel plaira à Sadicte Majesté commectre. Et supplient lesdicts estatz à Sadicte Majesté ne prendre en maulvaise part leurs longues remonstrances sur ces affaires, pour respect des différentes considérations desquelles en advenoient encore en ladicte dernière assamblée de Wormes, afin que ladicte modération ne se dilate ou différe. Et quant à ce que touche à la finale résolution de cesdictes modérations, jà fut ordonné et donné par escript ausdicts commiz, en la dernière diette tenue en ce lieu-icy, les moyens et conditions comme ilz

---

¹ *Partement*, répartition.

debvoient amiablement conclure et résouldre ladicte modération, esgalant les affaires, ayant respect aux circonstances d'icelles, et, si aulcun se trouvoit trop intéressé, à qu'ilz debvroient avoir recours pour y remédier : c'est à la chambre impérialle, comme doncques se doibt encores observer d'icy en avant.

Item, que la pollice et manière de vivre estant résolue en la dernière diette [soit] renouvellée avec bon ordre et myse par escript et publyée. Par quoy, selon cest article en la proposition, il semble à Sa Majesté que en cest endroict n'y a de présent que changer. Lesdicts estatz se conforment en ce avec icelle Sadicte Majesté. Toutesfoys Sadicte Majesté dict que en l'observance de ladicte ordonnance y a faulte : par quoy elle Sa Majesté commande estroictement à tous les princes, seigneurs et membres de l'Empire que chascun en sa jurisdiction et seigneurie ayt à faire observer et mectre à exécution lesdictes ordonnances sur ce faictes. Lesdicts estatz font sur cela sçavoir à Sa Majesté qu'ilz ont esté inclins à accomplir et observer entièrement l'effect d'icelle ordonnance, mais ont treuvé tant difficile la mectre si promptement en sondict effet, et ce principallement entre le commung peuple des villes et citez. Mais, afin que avec meilleur fruict et commodité ceste bonne considération et ordonnance sorte doresnavant son plein et entier effect, ilz supplient à Sa Majesté qu'il luy plaise faire publier de nouveau, sur grosses encoursions d'indignation et griefves peines, que on aict expressément à observer et garder, de poinct en poinct, lesdictes ordonnances. Et afin que cela se puisse faire avec tant moings d'empeschement ou contrairieté, seroit bon et nécessaire que Sa Majesté, de son pouvoir absolut à nul descognu, meist entièrement à néant toutes coustumes, ordonnances ou constitutions faictes et observées ès villes et citez de tout l'Empire, tant générales que particullières, et spécialement celles qu'on treuvera contrevenir à cesdictes ordonnances dont est question; et y en mectra Sa Majesté d'aultres que les officiers et gouverneurs feront observer, singulièrement aux monnoyers, journalliers, hostelliers et taverniers, et que au reste chascun seigneur regarde qu'il se puisse amiablement accorder avec leurs voisins, au moings une ou deux lieues en la ronde. Et combien que ladicte nouvelle ordonnance contient que en avant puisse personne de l'Empire plus vendre de draps mouillez ou estuvez [1],

---

[1] N'est-ce pas *estirez* qu'il faut lire?

soit devant estre tondus ou après, sur peine d'estre confisquez, sur cela les estatz remonstrent qu'il n'est possible observer cest article, mesmes en gros draps : car là où ilz ne fussent mouillez et tirez, l'on ne s'en pourroit servir aulcunement. Par quoy est d'advis ausdicts estatz que ce point fust principalement exempt quant auxdicts gros draps, ad ce que, pour l'us du commung peuple, ilz se puissent raisonnablement mouiller et extenner [1], mais quant aux aultres draps, que ladicte pollice en demoure en son entière force et vigeur; et touchant la vendition ou achapt desdicts draps, les gouverneurs des villes deffendant de les vendre, lors en distrayent les marchans qu'ilz les vont vendre hors des limites impérialles, où sans contredict ilz en peullent faire leur prouffict : ce que redonde à grand détriment aux subjectz dudit Empire et nation germanicque. Par quoy supplient les estatz à Sadicte Majesté que lesdicts draps ne se puissent non plus vendre en ses pays patrimoniaulx ny en ceulx de son frère le roy des Romains, et que en cest endroict ladicte pollice y aict mesme vigeur comme Sa Majesté veult qu'elle ait seulement par l'Empire; et là où quelcun eust previlége particulier de pouvoir vendre desdicts draps, soit hors ou dedans ledict Empire, que le tout soit révocqué, et que, en manière qu'il soit, ne s'en octroye plus d'icy en avant : ce que tournera à évidente utilité de tous les subjectz de cedict sainct-empire.

Et combien que par la susdicte ordonnance soient aussi deffendus tous contraicts usuriers, néantmoings les estatz ont treuvé que les juifz en usent encores quotidiannement, mectans l'usure ou interrest avec le sort principal : par quoy sont les estatz d'advis qu'il soict ordonné que lesdicts juifz ne pourront d'icy en avant passer contraicts que en présence des magistratz et gouverneurs des villes, ou aultrement les obligations qui seront passées en aultre sorte n'auront nulle force ny vigeur pour pouvoir exécuter les débiteurs.

Item, lesdicts estatz ont entendu que en divers lieux du sainct-empire il y [a] force annebatistes, gendarmes n'estans à gaige de personne et Égyptiens pauvres et vacabons, lesquelz pourroient faire du mal aux villaiges et biens du plat pays : à raison de quoy lesdicts sont déterminez consulter et adviser sur ce poinct, et après en dire leur conseil à Sadicte Majesté.

---

[1] *Extenner*, étendre (?).

Finablement, en ce que touche que Sa Majesté offre que, si lesdicts estatz avoient aulcune résolution pour le différend de la cession ou prééminence de quelques-ungz de l'Empire, que en cela Sa Majesté donneroit à cognoistre la paternelle affection qu'elle a à la concorde, voulant faire ce que son office d'empereur requiert : sur quoy les estatz ont encores de présent riens résolu, sinon que ceulx ou celluy qui prétent différence en ladicte cession aict à bailler par escript à Sa Majesté ou commiz les raisons pour quoy il prétent en ce procéder, ou s'il veult attendre l'amiable appointement que Sa Majesté y fera, ou bien la sentence que par icelle sera sur cela pronuncée, laquelle Sa Majesté fera garder, sans y contrevenir.

Et en ce que touche la clémente offre de Sadicte Majesté et dont les estatz luy donnent et rendent grâces immortelles, lesdicts estatz le supplient vouloir continuer sa paternelle affection et volunté vers eulx, lesdicts estatz et Empire, et les garder et deffendre, et recepvoir ceste leur responce en bonne part.

Le mercredy, 21ᵉ jour dudict moys d'aoust, ayant esté le seigneur de Granvelle [1], le premier et plus secret conseillier de Sa Majesté, malade longtemps, et se sentant pressé de la mort, receut les sacremens de l'Église environ les six heures du matin, et demy-heure après midy rendit son esperit à Dieu. Et le lendemain son corps, embasmé, fut tout le jour mys tout vestu en une salle, et le vendredy fut emmené secrètement à Besanson en Bourgoigne, sa patrye. Et le samedy les seigneurs évesque d'Arras et monsieur de Champaigny [2], enffans du seigneur trespassé, accoustrez en longues robbes, le chapperon sur les espaulles, ledict évesque conduict par le cardinal de Trente, et l'aultre par le duc d'Holstein, et le seigneur de Vergon [3], beau-fils, par le duc d'Albe, et accompaignez de plusieurs princes et seigneurs, vindrent en l'église, où treuvèrent les électeurs et princes de l'Empire. Et fut ainsi faict le service pour l'âme dudict deffunct. Ce achevé, furent lesdicts portans le doeuil reconduicts en leurs logis comme au venir.

[1] Nicolas Perrenot.
[2] Jérôme Perrenot, seigneur de Champagney, troisième fils de monsieur de Granvelle.
[3] Claude de Chalans, baron de Verjon, qui avait épousé Laurence, la plus jeune des filles de Nicolas Perrenot et de Nicole Bonvalot.

Septembre. Le 7ᵉ dudict moys Sa Majesté en Ausbourg, accompaigné du roy, et les estatz de l'Empire tous assamblez en la sallette où Sa Majesté disne en court, environ les quatre heures après midy, chascun mis en son lieu, fut, de la part de Sa Majesté, réplicqué ausdicts estatz sur la précédente responce qu'ilz avoient donnée audict roy des Romains, en l'absence de Sa Majesté pour son indisposition, sur la proposition à eulx faicte par Sa Majesté :

« Premièrement, à ce que touche à la célébration du concile et religion chrestienne, Sa Majesté a eu merveilleux contentement d'ouyr que en ce lesdicts estatz sont de mesme advis, et supplient que Sa Majesté veuille tenir la main vers Sa Saincteté afin qu'en brief se termine. Sur quoy Sa Majesté ne veult laisser de donner à cognoistre le grand contentement qu'elle a heu pour avoir esté certicré, par le nouveau nonce, que Sa Saincteté entend et veult que ledict concile jà encommencé à Trente voyse et chemine avant : de quoy Sa Majesté rend grâces à Dieu, ayant treuvé si bonne affection vers Sadicte Saincteté, que sans aulcun respect elle veult remédyer aux choses de la religion. Comme à présent on traicte icy avec ledict nonce pour se résouldre du temps que l'on pourra encommencer à entendre ausdicts affaires, et moyennant que ceulx qui se doibvent treuver à la tractation desdictes choses puissent avoir loysir pour s'apprester à venir audict lieu du concile, Sa Majesté espère qu'en brief l'on cognoistra bon fruict et résolution de si saincte œuvre.

» Touchant l'article de la déclaration de l'intérim et réformation, Sa Majesté est de leur advis; meismes qu'il soit selon son contenu observé. Et pour ce que lesdicts estatz demandent que Sadicte Majesté traicte encores amiablement avec ceulx qui ont accepté ladicte manière de vivre et ne l'observent, et aussi avec ceulx qui encore à présent s'opposent à la réception dudict intérim, le tout pour nourrir tranquillité : sur quoy Sa Majesté répond que lesdicts estatz ne croyent les dilligences que en ce Sa Majesté a faictes; et oultre le contenu de ce au dernier recès, n'a depuis laissé de traicter particulièrement quasi avec tous les estatz, tant ecclésiasticques que séculiers, tant par parolles que escriptz et ambassadeurs, selon qu'elle a veu la matière et nécessité ès personnes, y procédant par clémence ou aucthorité, les admonestant et exhortant que nul ne différast de faire à chascun ce que touche son estat et qualité. De sorte que lesdicts des estatz pourront bien cognoistre estre faict ce qu'ilz ont en ce requis à Sadicte Majesté, et avec sincère paternellité, comme plusieurs desdicts estatz pourront rendre bon tesmoignaige. Et ont quasi tous ceulx qui ont accepté lesdictes déclairations de la réformation dict et donné entendre à Sa Majesté qu'ilz en avoient desjà le tout mys en effect, ou au moings estoient après pour le faire, nonobstant que en plusieurs lieux appert le contraire. Dont procède que Sa Majesté ne peult estre bien informé à quoy il tient qu'il y a aulcuns empeschemens, comme les estatz font mention, si ce n'est que Sadicte Majesté a entendu qu'il y a aulcuns qui se vantent que, oultre les générales résolutions prinses par Sadicte Majesté et lesdicts estatz, conclues audict dernier recès, avoir obtenu que Sadicte Majesté a mitigé et séparé dudict recès ce que faisoit contre eulx, lesdicts contrevenans de l'intérim. Sur quoy Sa Majesté respond jà n'avoir jamais esté son vouloir que la moindre chose si résolûment conclue en la dernière diette fust séparée du recès d'icelle; aussi que la quiétude universelle et le bien publicque ne le souffriroient pas, mais veult au contraire que toutes choses se exécutent selon et en la forme que généralement a esté conclue et acceptée; et n'apperrera chose aulcune qui ait esté décrétée au contraire par Sadicte Majesté. Ce que Sa Majesté a bien volu estre ainsi sommairement donné à entendre ausdicts estatz, afin qu'ilz ne fussent et ne soient abusés par faulx rapportz. Et pense Sa Majesté que, si en ce y ait eu aultres empeschemens, qu'il ne peult estre à âme plus manifeste que aux estatz et leurs députez mesmes icy présens. Par quoy requiert derechef Sa Majesté, avec clémence et paternelle affection, que lesdicts des estatz, comme hommes constans et désirans le bien publicque, communicquent entre eulx amiablement et de vray ce que touche les poinctz desdicts empeschemens, et de quelle sorte l'on les pourra annichiller commodément, afin que, ayant eu leur advis, Sa Majesté puisse mieulx ordonner comment et par quel chemin il se pourra remédyer à ces difficultez-là.

» Et touchant l'article de la paix publicque, où les estatz en leur responce ont faict mention des Pays-Bas patrimoniaulx de Sa Majesté : sur quoy elle dict que jamais ne advint aulcune violence de la part d'iceulx ses pays contre la paix publicque de l'Empire; et là où aulcuns se volussent ingérer faire au contraire, Sa Majesté ne l'endureroit en nulle sorte, comme celluy qui n'a oncques désiré que amiable voysinaige. Et quand, au dernier recès, lesdicts pays furent concordez touchant ladicte paix, entre aultres articles estoit expressément dict et comprins que lesdicts pays patrimoniaulx seront entièrement exemptz de la juridiction de l'Empire, tant en la première que seconde instance, saulf en ce que touche la contribution : de sorte que la chambre impérialle n'a pouvoir de décerner mandemens citatoires ny procéder aulcunement contre lesdicts pays ou subjectz d'iceulx, selon qu'il se contient bien amplement aux lettres de ladicte concordance. Par quoy semble à Sa Majesté que les choses doibvent demourer en leur entier, sans aultre dispute ny difficulté : car Sa Majesté, comme seigneur desdictes provinces, est obligé de les conserver en leurs droicts, prérogatives, franchises et libertés; mesmement, par les anciens previléges, n'est mémoire que, en telle accordance desdicts Pays-Bas et Empire, il n'a jamais esté comprins qu'il eust faillu que lesdicts pays se submeissent aultrement à ladicte chambre impérialle, et en a Sa Majesté envoyé la forme authenticque à l'archevesque de Mayence, électeur et archichancellier de l'Empire. Et ores qu'il y eust à faire aulcun changement (ce que ne semble à Sa Majesté), il ne se pourroit ny debvroit faire sans le consentement des estatz de sesdicts Pays-Bas. Par quoy Sadicte Majesté ne voyt nulle raison de mectre à ceste heure en avant ces doubtes, n'estant nulluy qui avec raison se puisse plaindre avoir esté offensé ou préjudicyé par lesdicts pays contrevenans à la paix publicque. Et en cas qu'il y eût aulcunes plainctes, Sa Majesté est prest pour y remédyer convenablement : car Sa Majesté, de la part desdicts ses propres pays, a bon voulloir de entretenir et observer entièrement une ferme, stable et perpétuelle paix d'entre le sainct-empire et ses pays patrimoniaulx, espérant que ses successeurs auront le mesme désir; promectant encores une foys que, si les subjectz des sesdicts pays ou gouverneurs d'iceulx volussent attempter aulcune chose contre ladicte paix publicque, Sa Majesté s'offre dès maintenant, venant la plaincte à sa cognoissance, comme seigneur et souverain desdicts pays, administrer et chastier en telle rigeur et expédition les délincquans, que les molestez debvront avoir contentement, oultre ce que la pluspart a traicté avec ses voisins comme chascun se doibt conduyre en cas que aulcun différend se mouveroit entre eulx. Et présuppose Sa Majesté que lesdicts estatz se contenteront de ceste tant juste offre que en ce elle faict, et que de leur costé chascun pourvoira que ledict contract soict observé et gardé par tout l'Empire et les subjectz d'icelluy, avec amiable correspondance desdicts Estatz et patrimoniaulx de Sadicte Majesté.

» Et en ce que touche l'article des rebelles, Sa Majesté déclaire aux estatz, pour plus ample information, que entre aultres desdicts rebelles qui grandement ont offensé Sadicte Majesté, sans avoir obtenu grâce ny réconciliation, sont les principaulx ceulx de Magdebourg et de Bresme, lesquelz de Magdebourg, nonobstant qu'ilz ont veu que toutes les aultres cités tachées de ladicte rébellion se sont venues jecter aux pieds de Sa Majesté, pour obtenir grâce de leur forfaict, mais eulx, admirablement obstinez, n'ont jusques à présent envoyé personne ny monstré aulcun signe de humilité. Par quoy a Sa Majesté esté méritoirement meu déclairer et mectre ladicte ville au ban de l'Empire, comme téméraires et mescognoissans; et non contens des faultes passées, continuent en leur rébellion, procurans de travailler les subjectz des Estatz obéyssans, leurs voysins. Et quant à ceulx de Bresme, nonobstant que, en la dernière diette, envoyèrent leurs députez les principaulx de la ville, avec lesquelz Sa Majesté procéda jusques à la conclusion d'aulcuns articles de leur réconciliation, et toutesfoys, estans lesdicts principaulx retournez en leurdicte ville de Bresme, ne sçaict Sa Majesté pourquoy ilz n'ont vollu ratiffier lesdicts articles de réconciliation, persévérans en leur rébellion. Et néantmoings que jà, quelque temps a, aulcunes villes maritimes ont procuré vers Sa Majesté pour lesdicts rebelles de Magdebourg et de Bresme, si est-ce que Sadicte Majesté ne peult croire qu'ilz ayent eu charge desdicts rebelles. Ce considéré, Sadicte Majesté auroit, pour si longue et obstinée rébellion, juste cause d'user à l'encontre d'iceulx de toute austérité et rigeur, et faire que leur chastier fust exemple aux aultres, toutesfoys Sa Majesté remect cela pour l'advis et prières desdicts estatz, et aussi pour le respect du dommaige qu'en recepveroient les obédiens leursdicts voysins. De sorte que, si lesdicts estatz pensent chever[1] amiablement avec lesdicts rebelles et les réduire à convenable obéissance, Sa Majesté est bien content consentir non-seulement qu'ilz traictent des moyens, mais que promptement mectent la main à l'œuvre. Et semble certes à Sa Majesté que, par ce moyen, elle pourvoit assez justement que satisfaction soit faicte à ceux qui, jusques

---

[1] *Sic*, pour *achever*.

à présent, ont esté offensez par lesdicts rebelles, et aussi à eulx, lesdicts rebelles mesmes, se montre-elle plus béning qu'elle ne debvroit. Et requiert derechef Sa Majesté que l'on advise promptement, en cas que lesdicts rebelles ne volussent obéyr à ceulx qui leur conseilleront ce que se treuvera raisonnable, par quelz moyens l'on les pourra réduire à l'obéissance et pourveoir à la tranquillité publique : ce que sera facile résouldre ausdicts estatz, ayans présentement esté de tout informez par Sadicte Majesté; et ne se dilateront pour ces consultations les aultres affaires, ains qu'il soit pourveu de sorte que, si lesdicts rebelles ne succèdent[1] au premier moyen d'amityé, il soit incontinent prest la détermination avec laquelle on les réduise à l'intention de Sa Majesté et desdicts estatz. Et est ce que touche lesdictes deux villes rebelles seulement, et non les aultres, pour estre celles les principalles et contre lesquelles, pour les maulx qu'ilz font et pourront faire, se doibt tenir la première détermination, pour prévenir à leursdictes insolences.

» Et touchant le faict de la chambre impérialle, Sa Majesté a entendu l'advis desdicts estatz sur la continuation de dix assesseurs extraordinaires, et pour quelle raison ilz ne veullent à icelle condescendre. A ce Sa Majesté pense toutesfoys n'avoir sinon justes causes, par lesquelles l'on ne pourroit, à bon tiltre, déroguer ce que, en ce cas, Sadicte Majesté avoit faict mectre en avant par sadicte proposition. Sa Majesté désire accélérer, le plus qu'il luy sera possible, les affaires de ceste diette : par quoy il ne vouldroit entrer en disputes superflues avec lesdicts estatz, ausquelz il porte singulière affection. Par quoy Sadicte Majesté accepte, pour ceste foys, ce moyen que lesdicts assesseurs soient retenus à ladicte chambre selon la volunté d'iceulx estatz. Mais de mectre poinct d'aultre, quand quelque lieu d'ung desdicts dix vacqueroit, cela causeroit que ladicte chambre deviendroit du tout indigne et insuffisante d'entendre aux affaires et causes d'icelle; et se vouldroient, par ce moyen tant préjudiciable, lesdicts estatz eulx descharger de ceste contribution et entretènement desdicts assesseurs. Et néantmoings soit d'icy en avant en la liberté aux estatz et membres à qui doncques appertient la présentation des ordinaires assesseurs, si leur semble bon, de présenter aux places qui vacqueront aulcuns desdicts dix

---

[1] *Sic*, probablement pour *n'accèdent*.

extraordinaires ou aultres, comme ilz vouldront, conforme à l'ordonnance faicte, pour contenter tous les membres impérials. Et requiert Sa Majesté que, au surplus, ilz facent aussi qu'il ne semble qu'ilz se séparent de la prompte volunté des principaulx poinctz, considéré que tout ce que Sa Majesté mect icy en avant ne vient de nulle affection particulière ny pour désir de pourveoir les personnes, mais pour l'administration de la justice impérialle seulement, laquelle véritablement doibt estre fort estimée et supportée par tous lesdicts estatz.

» Et en ce que touche l'article des jurisdictions et restitutions des biens ecclésiasticques, Sa Majesté, à la requeste des estatz, promect user en cela de telles dilligences afin que chacun ait le sien.

» Et touchant la monnoye, Sa Majesté ne pensoit pas que l'équivalence de l'or et argent portast tant de différence, et lequel esgaler estiment tous tant nécessaire : de sorte qu'il semble à Sa Majesté, puisque quasi s'accordent la pluspart à l'ordonnance par Sa Majesté une foys sur ce faicte, qu'ilz laissent un peu à part leur différence de l'or, et se résolvent entièrement à icelle ordonnance, et procurent que la conclusion sur ce déterminée se exécute, et assignent jour pour contracter l'esvaluation que l'on debvra faire à Nuremberg; et s'il y aura à considérer sur cela aultre chose, qu'ilz le communicquent amiablement ensemble. Et treuveront Sa Majesté prest de sur ce visiter les escriptures présentées ou à présenter de chascune partye; et pour mectre fin à ceste affaire, ordonnera telz statutz des monnoyes qu'il semblera reisonnable à l'égalité; et en veult pareillement traicter avec ses Pays-Bas, qu'il ne faict doubte qu'ilz ne facent une ordonnance conforme en tout ce qu'il leur [sera] possible sans grande apparence du détriment de leurs pays et subjectz.

» Touchant l'article de la modération de la taxe ou contribution, il plaist à Sa Majesté tout ce que par les estatz en a esté prudemment considéré; et selon que Sadicte Majesté entend par leur responce, ne reste aultre chose sinon que l'on ordonne des termes dedens lesquelz doibvent ceulx qui en ce se sentent trop chargez exhiber leurs plainctes : auquel temps les commissaires de cestedicte modération se treuveront ensemble. Et consent Sadicte Majesté ausdicts estatz qu'ilz délibèrent plus avant sur ceste affaire; et y mectra Sa Majesté son décret : de sorte que tous pourront cognoistre qu'il ne tiendra à luy que le tout ne s'achève quant à ce que touche cest article. Et pour ce qu'il semble à Sadicte Majesté venir à propos, pour éviter toutes matières de contention, que on résolve en ceste diette deuement et promptement les doubtes et difficultez que, à cause d'icelle modération, pourroient survenir, toutesfoys si à l'advenir seroit en cela quelque différend non prémédité, Sadicte Majesté est prest, à la requeste desdicts estatz, prendre sur soy la détermination d'iceulx différendz, moyennant qu'ilz soyent conformes à la justice et équité : les remectant, en son absence, à son frère le roy des Romains, son lieutenant en l'Empire.

» Touchant l'article de la pollice, Sa Majesté se conforme en ce avec eulx, offrant dépescher, selon leur advis, les déclarations et mandemens, avec clause de dérogation, tant généralement que particulièrement, des draps extendus, marchez et contractz des juyfz : le tout qu'il semblera aux estatz convenable. Toutesfois, en cest article particulier des draps extendus et tirez, Sa Majesté n'a mémoire avoir octroyé aulcun previlége de les pouvoir vendre, contre l'article contenu en la pollice : bien est vray que depuis, s'ayant meu aulcune doubte en cest article en présence de Sadicte Majesté, elle accorda lors aux supplians une déclaration qu'il sembloit estre raisonnable, de laquelle il se présenta lors copye ausdicts estatz, authenticque de mot en mot, comme se contient l'original, pour mieulx les informer; et n'attendist jamais Sa Majesté que personne en deust mal user ny abuser, ains si Sadicte Majesté sceût que, soubz coulleur de ladicte déclaration, l'on contrevint à l'ordonnance de la pollice, Sa Majesté vouldroit, selon l'advis desdicts estatz, chercher les moyens d'y remédier de telle sorte que l'on peût cognoistre que Sa Majesté désire préférer le bien publicque avant tous aultres particuliers, observant les ordonnances de justice tant en ces marchandises comme en toutes aultres choses. Et ce que cedict article touche ses pays propres, Sa Majesté y fera le mesme, comme elle a aussi promis faire quant à l'article des monnoyes; et a desjà Sa Majesté practicqué avec son frère des ministres que à l'observance de ce l'on pourra commectre, comme doncques lesdicts estatz entendront dudict roy des Romains, tant pour ses pays particuliers que de l'Empire.

» Item Sa Majesté entend ce que les estatz ont allégué contre les annabaptistes, souldars et Égyptiens vagabonds et autres, et approuve leur advis sur ce donné.

» Finablement, à ce que touche l'article de la cession, Sa Majesté ne refuse que on luy présente la justification de chascun, afin que ces différendz s'appoinctent amiablement et avec consentement des partyes, ou au moings qu'il se termine par Sa Majesté conforme justice, selon que les estatz l'ont requis. Et ne sembleroit pas mal à Sadicte Majesté que aulcuns desdicts estatz qui ne sont en aulcun différend de cession tâchassent trouver moyen d'appoincter ledict différend des aultres non accordez : ce que Sa Majesté remect à plus meure délibération desdicts estatz, se offrant employer à tout ce que semblera convenable au prouffict, honneur et augmentation desdicts estatz et de tout l'Empire. »

Et le 10e dudict moys de septembre 1550, estant Sa Majesté adverty que la royne Marie, sa sœur et régente de ses Pays-Bas, debvoit arriver ce jour audict Ausbourg, le matin le roy son frère et le prince d'Espaigne, son nepveur, allèrent au-devant d'elle; et entrèrent ainsi ensemble audict Ausbourg environ sur les quatre heures après midy; et descenda en court, où elle fut logée, et treuva l'Empereur son frère en sa chambre, accompaigné de l'archiduc Charles, le plus jeusne fils dudict roy des Romains, et d'aultres. Et après l'avoir receue, la conduict Sa Majesté au quartier où elle debvoit demourer. Et chascun se retira.

Le 24e dudict septembre Sa Majesté eut nouvelles que son armée estant devant la ville d'Affricque la bastoit de deux costez, et entendit aussi, par mesme moyen, que le secours qu'il y avoit envoyé estoit arrivé le 15e du moys passé.

Et le 25e de ce moys eut Sa Majesté aultres lettres contenantes comme, le 10e du présent, les siens avoient prins d'assault ladicte ville d'Affricque, avec grand occision des infidèles qui estoient dedens.

Le 26e partist la royne Marie pour son retour au Pays-Bas, estant convoyée à deux lieues hors de la ville par le roy, prince et aultres.

Le 27e, environ les quatre heures après midy, fut le duc Albert, comme successeur de son feu père Loys, duc de Bavière, receu solemnellement par Sa Majesté comme vray prince et fief de l'Empire.

Cedict jour eut Sa Majesté nouvelles que le duc de Brunswick avoit cassé partye de sa gendarmerye avec laquelle il avoit deffendu sa ville de Brunswick, et que le duc George de Mechelbourg l'avoit acceptée et retenue contre ceulx de Magdebourg, rebelles de Sa Majesté et à l'Empire; et voullant passer avec trois ou quatre mille fort devant ladicte ville, les ennemys saillirent hors, pensant coupper chemin audict duc, mais furent deffaictz, encores qu'ilz eussent beaucoup plus de gens de leur costé qui furent conduictz par le conte Hernes[1] de Mansfeldt, qui avoit aultresfoys esté gentilhomme de bouche de Sa Majesté Impériale.

Le dernier jour dudict moys de septembre arriva en cestedicte ville d'Auguste la duchesse douaigière de Lorrayne, niepce de Sa Majesté; et fut accompagnée de la duchesse d'Arschot et du prince du Vauldemont. Et la voyant le roy des Romains et prince d'Espaigne, qui estoient allez pourmener aux champs, venir de loing, allèrent au-devant d'elle, la conduysant ledict prince jusques à la court de Sa Majesté, où elle fut logée.

Octobre. Mercredy, premier jour dudict moys, Sa Majesté, ayant les gouttes, encores audict Ausbourg, où, le 3ᵉ après, elle eut nouvelles que le prince Doria, qui naguères avoit prins la ville d'Affricque avec le viceroy de Secille, et ayant de ce esté adverty ceulx de Guelbres[2], qu'est une province et isle en Barbarie qui emporte beaucoup, envoyèrent vers ledict prince Doria le 17ᵉ du passé, l'advertissant qu'il vint avec son armée vers ladicte isle, car ilz estoient délibérez raccepter les vielles capitulations qu'ilz avoient eues avec Sa Majesté, luy voullant payer le tribut et arriéraiges du temps passé, et qu'ilz ne donneroient assistence au Dragout, coursaire tourquois, qui avoit esté capitaine général en ladicte Affricque, lequel estoit en grande nécessité, et que, si ledict prince se vouloit haster, qu'il trouveroit l'armée dudict Dragout audict Gelbres, et feroient eulx toute assistence d'ayder prendre les vaisseaulx d'icelluy Dragout. Sur quoy partist ledict prince le 18ᵉ dudict, allant vers ladicte isle.

Le 17ᵉ dudict présent mois eut Sa Majesté nouvelles que, le 25ᵉ du passé, estoient arrivez en Séville en son royaulme de Castille dix-sept naves luy apportans troys millions d'or et troys aultres millions à des personnes particulières, desquelz elle a aussi, pour son droit royal, le cinquième denier.

Ledict jour ceulx des estatz de l'Empire supplyèrent avoir audience pour réplicquer à la réplicque de Sadicte Majesté : ce que leur fut accordé, commençans :

---

[1] Ernest.
[2] Les Gerbes, île d'Afrique, au royaume de Tunis.

« Premièrement, touchant l'affaire de la religion, ilz sont merveilleusement resjouis de la promesse du concile que Sa Majesté a eue du pape, dont ilz le remercyent grandement de sa bonne sollicitation, le suppliant y voulloir tenir [la main] que ledict concile soit de brief expédyé. Et quant est d'eulx, ilz ne désirent que à obéyr entièrement à la détermination d'icelluy, le tout selon le contenu du dernier recès, et que pour ceulx qui, pour causes éminentes, ne pussent comparoir audict concile, que les briefves diffinitions ne se retardent pour cella, ny pour longues disputes et superflus mauvais entendemens et propos curieux ne servant que d'empeschemens.

» Quant est de l'intérim ou réformation, disent que eulx et leurs supérieurs, depuis l'arrest de la dernière diette, ont faict toutes dilligences que icelle se mist en exécution : laquelle n'estant encores achevée, mais afin que Sa Majesté cogneût la prompte obédyence de ceulx ausquelz ledict intérim a esté déclairé, disent que, incontinent après le dernier recès, ilz feirent, chascun endroict soy, assamblées de leurs éveschez et provinces, y faisant des ordonnances expresses par lesquelles l'on eût à obéyr ausdictes réformations, et desjà ont procédé par voye de justice, entendant encores ce faire contre les désobéissans : par quoy leur semble avoir assez satisfaict en plusieurs articles de ladicte réformation de Sa Majesté. Mais, pour ce qu'il y a plusieurs empeschemens de non pouvoir exécuter ledict intérim, et mesmes à raison d'exemptions, previléges, dispenses et aultres intelligences qui ne permectent l'effect d'icelle réformation, et quand on commect aulcuns visitateurs, se treuve ès éveschez et prélatures plusieurs empeschemens, soubz la protection de la déclaration dudict intérim, avec beaucoup d'aultres obstacles; et combien que aulcuns ne nyent que la collation des prescheurs appartient à l'ordonnance[1] pour les mectre et démectre, et nonobstant ce, en aulcuns lieux où ledict intérim a esté accepté, l'on ne mect aultres catholicques, attendu que non-seulement ladicte déclaration permect ce, mais pour aultre cause craindant inconvénient, de là s'ensuit que les prédicans sont demourez jusques à présent comme ilz estoient. Mais les aultres des estatz à qui touche ce poinct de la déclaration en la religion ont eu entre eulx information, et peullent bien

---

[1] *Sic.* Il faut évidemment lire *l'ordinaire?*

certiffier Sa Majesté qu'ilz ont, comme dessus jà est allégué, faict en ce cas toute telle dilligence qu'il possible leur a esté, et le feront encores en ce que reste à ladicte exécution. Et si icelle n'a jusques à présent [esté] si bien mise en effect comme l'intérim de poinct en poinct le contient, lesdicts estatz font aussi sçavoir à Sadicte Majesté qu'il vient aussi de cela que ceulx de la nouvelle religion sont, pour les continuelles presches, chansons et lectures de l'Escripture depuis trente ans, tellement enracinez en leur doctrine que on ne les en peult si promptement desvyer et retirer, mais les en fault avec le temps distraire par meilleures instructions : car d'y aller par précipitation y auroit dangier de commotion. Et advient d'aulcune foys, en aulcunes provinces, que les subjectz s'opposent entièrement, estans instruicts de sorte qu'il leur semble que la pluspart des articles dudict intérim ne sont aulcunement conformes à l'Escripture saincte, et que iceulx articles ne sont réduisibles en effect sans le concile général, tellement que, si les supérieurs s'efforçoyent user de sévérité et constraindre leurs subjectz, contre leur volunté et conscience, n'y auroit chose plus certaine que tumultes et doubles rébellions. Et si on essayoit constraindre les prédicans qu'ilz eussent à laisser leur doctrine et enseigner celle dudict intérim, c'est chose absolute qu'ilz abandonneroient plustost leurs églises, d'aultant qu'il est expressément contenu audict intérim qu'on ait du tout à observer la vielle ou romaine religion, et spécialement, quant à la communion du sacrement de l'aultel et mariaiges des prebstres ou ministres, qu'il soit permis. Et ne se treuvent spirituelz assez qui fussent souffisans estre mis au lieu des opposans, pour enseigner et faire le contenu de ladicte déclaration : de sorte qui absolutivement vouldroit extirper ladicte nouvelle religion de toutes les provinces impérialles, seroit nécessaire qu'elles fussent toutes privées de leurs ministres et de toute catholicque religion : quoy faisant, viendroit à faillir la foy chrestienne. qui se debvroit craindre, pour non tomber en infidélité.

» Item, lesdicts estatz, communicquant par ensemble, treuvent encores de surplus les difficultez et empeschemens qui s'ensuivent, à raison desquelles ladicte déclaration de l'intérim n'a jusques à présent esté acceptée ou au moings du tout observée :

« Premièrement, que, à cause que, aux universités, estudes et escolles privées, ne s'est encores faict nulle dilligence que la jeunesse eût été instruicte à observer ce qu'est commandé par ladicte déclaration, ains sont instruicts au contraire : dont suit que le contenu dudict intérim est en mespris. Et quant à la communion *sub utraque specie* et tollérance du mariaige des prebstres, lesquelz deux points bien vray est que ladicte déclaration les consent, mais n'ont encores jusques à présent par les indultes que le pape a concédées esté consentys, ny mesmement que les prebstres catholicques peussent communier à leurs paroissiens *sub utraque :* de quoy s'ensuit que les aultres ne le peuvent entendre, remectant entièrement ladicte déclairation. Et si l'on doibt icelle observer, est nécessaire que les prebstres feussent duement qualiffiez à l'administration des sacremens, prédications et examinations des subjectz envoyez et approuvez par les supérieurs des provinces, ou leurs curez. Et est aussi cause du retardement de cestedicte exécution, que les magistratz et supérieurs, tant aux grands que petits Estatz, ont assez petitement mys dilligence ny faveur à icelle, et moings ont donné bon exemple de ce faire à leurs subjectz; plus est, que les commungz peuples mesprisent et contredisent à icelle déclairation, pour la scandaleuse et dissolue vye d'aulcuns ecclésiasticques qui obéyssent si mal à ladicte réformation de Sa Majesté. Et finablement y a aultres inconvéniens, que partout se treuve des escriptz publicques et libelles contredisans audict intérim, et mesprisans sans correction l'ordonnance de Sa Majesté, pour animer les cœurs du commung contre icelle déclaration : de sorte qu'il y a tant grands empeschemens, si bien en la réformation que déclairation. Considérant le danger qui en pourroit survenir, lesdicts estatz ne voyent, pour le présent, plus seur moyen pour oster ceste controverse de la religion, que, comme aultre foys a esté dict aux diettes précédentes, sinon la détermination d'un concile général, à l'expédition duquel Sa Majesté veuille, selon sa promesse, tenir la main, et que cependant elle pourra encore faire toute dilligence, par mandemens exprès ou par voye amiable, de mectre en exécution ledict intérim. Supplians lesdicts estatz que Sa Majesté, avec une paternelle affection et prudence que Dieu luy a donnée, pose [1] une foys à requoy [2] cesdictes affaires et circonstances.

» Quant à l'article de la paix publicque, les estatz se résolvent selon que Sa Majesté en a ordonné.

[1] *Sic*, pour *poise*, pèse.
[2] *A requoy*, à tête reposée.

» Et en ce que touche les provinces et pays patrimoniaulx de Sa Majesté, les estatz ont entendu ce que icelle en a offert faire, se confians en sa clémence, ne doubtans aulcunement que, durant son règne, s'entretiendra entièrement ladicte paix universelle en l'Empire et voysins d'icelluy. Mais les électeurs remonstrent que, si le temps, les affaires et personnes demouroient à tousjours en l'estat comme à présent ilz sont, dont ilz prient le Créateur qu'il soit longtemps à l'endroict de Sa Majesté, lors il seroit superflu et moings que nécessaire (comme ilz ont bien entendu en demandant la déclaration qu'ilz ont requis) d'en parler, en cas qu'il succédast ce dont ilz ont faict mention : mais si le temps et qualitez se venoient à changer et qu'ilz survinssent à l'improviste les poinctz par eulx alléguez, se doibt pour lors considérer ce que sera utille pour la continuation et observance de ladicte paix, repos et tranquillité entre lesdicts pays patrimoniaulx et l'Empire, afin que, comme les supérieurs, régens, présidens et conseilliers desdicts pays héréditaires ont voye de justice contre les estatz de l'Empire, ainsi réciproquement désirent lesdicts estatz sçavoir où et à qui ilz doibvent avoir recours pour l'administration de prompte et bonne justice aux causes dépendantes de ladicte paix publicque, advenant qu'elle fût enfreinte contre ledict sainct-empire et nation germanicque (dont Dieu veuille garder l'une part et l'autre), et nonobstant que les provinces ont, avec leurs voysins ou avec la grande part, spécialle concorde quant à la détermination des controverses qui pourroient succéder. Mais telles conventions ne se relièvent des paix enfreinctes ou violées, et ne peuvent faire instance à telz juges spéciallement ordonnez et arbitres, pour obtenir d'eulx mandemens en procès nécessaires sur ladicte paix publicque, conformes à la contingence du cas et nécessitez occurrentes, veu que lesdicts juges n'ont pouvoir de concéder aulcuns mandemens contrevenans à la susdicte paix ny contre la rompture d'icelle, ce que requerreroit prompt remède de justice, à quoy lesdicts arbitres de la concorde spécialle ne pourront suppléer, si à cela ne sont nommez expressément et estre certioré de leur suffisance : ce que sembleroit tenir aulcune passion et dont pourront succéder facilement controverses. Et afin que, pour les successeurs de Sadicte Majesté et desdictes provinces, y soict nourry meilleure concorde avec iceulx estatz impériaulx, a semblé par ce nécessaire aux électeurs voulans obvyer à telz inconvéniens de discorde, qu'il se feist de bonne heure provision des juges entendus en ce cas : supplians Sa Majesté y tenir main, et ne prendre en maulvaise part ces leurs remonstrances, mais plustost considérer que nécessité l'a ainsi requis.

» Quant aux citez rebelles de Magdebourg et de Bresme, disent qu'il n'y a guères que, par consentement et sauf-conduict de Sa Majesté, ilz ont esté citez par les estatz pour comparoir icy et traicter amiablement de eulx se réconcilier avec Sadicte Majesté. Et d'autant que icelle donna dernièrement charge aux estatz de traicter de ladicte réconciliation, ilz le supplient maintenant leur déclairer de quelle sorte il entend se debvoir gouverner audict traictement : à quoy se dilligenteront iceulx estatz et procureront tant, par voye amiable, que lesdicts rebelles se réduiront à l'obéissance de Sa Majesté. Mais, au cas qu'il ne fust possible les avoir par amityé, lesdicts sont aussi prestz d'adviser et mectre en avant à Sa Majesté le moyen que leur semblera se debvoir tenir allencontre d'iceulx rebelles.

» Quant à l'article de la chambre impérialle, les estatz disent que, quant à ce que touche le retirement ou rédemption des dix assesseurs extraordinaires, ilz sont assez enclins en ce complaire à Sa Majesté, cognoissans clairement que cela n'est tant pour la conservation de ladicte chambre et justice que pour affection particulière. Mais ilz ont esté informez, depuis peu de temps en çà, et par ceulx mesmes qui en ont faict la visitation, que plusieurs et quasi toutes les vielles causes sont vuydées et se vuyderont aysément dedens le temps de la rétention desdicts assesseurs extraordinaires, et que les causes futures se pourront facillement vuyder par les juges ou assesseurs ordinaires : par quoy semble èsdicts estatz, pour les relever de frais excessifs, qu'il se pourra justement excuser la rédemption desdicts extraordinaires, et qu'il soit à la première visitation sceu s'il sera besoing les entretenir les quatre ans durans jà accordez par le dernier recès. Et en ce que les estatz ont communicqué ensemble touchant les rapports des commiz à visiter ladicte chambre, Sa Majesté en verra leur résolution par escript faict à part.

» Touchant l'article de la spoliation des biens ecclésiasticques, les estatz s'en remectent à leur première requeste, ne faisans doubte que Sa Majesté ne procurera que chascun aict le sien, conforme à raison et justice.

» Touchant l'article des monnoyes, que l'on voye l'escripture que s'en est donnée.

» Quant à la modération de la contribution, les estatz se contentent que cela se dépesche à la première assemblée qui se fera pour les quartiers de l'Empire à Wormes, estans d'advis lesdicts estatz que ceulx qui n'ont encores exhibé leurs griefz ès mains de ceulx qui ont puissance de convocquer à ladicte modération, qu'il leur soit baillé terme de troys moys pour ce faire, commençant au jour du recès de ceste présente diette, et que, dedens deux moys après, lesdicts députez se treuvent audict Wormes, procédans à la détermination de ladicte modération.

» Item, les estatz et princes sont prestz s'accorder, saulf le droict du tiers, sur le différend qu'ilz ont de la convocation desdicts membres de l'Empire, et, en cas qu'ilz ne peuvent amiablement accorder, le remecteront à Sa Majesté, la suppliant vouloir entendre à la détermination d'icelluy différend.

» Quant à la cession et sallaires des commiz, semble aux estatz que en la prochaine congrégation se doibt procéder comme anciennement l'on a soulé[1] faire. Et s'il succédoit en ce aultres difficultez, ilz supplient à Sa Majesté les vouloir prendre en mains pour les déterminer, ou, en son absence, en laisser la charge à son frère le roy des Romains.

» Item, comme au dernier recès fut conclut que, si les estatz se treuvoient foullez de la composition par eulx accordée, ilz pourront, dedens ung an après, remectre l'affaire à la chambre impérialle, et là en attendre la décision, afin qu'ilz soient informez comme de là en avant l'on se debvra conduire : sur quoy semble ausdicts estatz que l'on n'y pourroit procéder selon la qualité de l'affaire, sinon ayans les commiz faict leur rapport que aulcuns se sentent foullez, et avec leur déclairation exhibent le tout à ladicte chambre avec une requeste sommaire de l'affaire et en attendent la diffinitive : laquelle chambre, si elle voyt qu'il est besoing, pourra avoir facillement, par compulsoire, pleinière information dudict affaire.

» Quant à l'article de la pollice, les estatz remercient Sa Majesté qu'elle a offert le renouvellement des mandemens, qui est tant nécessaire : pour lequel effect ilz présentent à Sa Majesté un escript contenant les articles comme il leur semble que lesdicts mandemens se doibvent publier, toutesfoys soubz la correction de Sa Majesté. Et mesmement, [en] ce que touche les draps tirez, les estatz, pour meilleure déclaration à la première res-

---

[1] *Soulé, solé,* accoutumé.

ponce, certifient à Sa Majesté que les draps de Londres, depuis quelques années en çà, ont esté meilleurs qu'ilz ne sont, contre l'utilité d'ung chascun, et s'en treuvent les achepteurs fraudez, non-seulement en la mesure, mais sont les draps gastez, y treuvans plusieurs deschirures et trous, lesquelz sont si artificiellement cousus et rageancés que on ne les peult cognoistre jusques à ce que l'on en faict des habillemens; lors se découvre la faulte. Les draps qui se font en Allemaigne se visitent par les jurez à ce commiz, lesquelz sellent ceulx qui sont entiers et loyallement bien faicts, et les trouez ou aultrement mal faicts point, par quoy, en les distribuant ou vendant, l'achepteur ne peult estre trompé : ayant regard à ce que aux draps d'Angleterre est du contraire, car il n'y a ordre aux visitations ny à la taxe, ains les vendent telz quelz, selon leur discrétion et volunté. Et si les draps d'Allemaigne ne se mouillent et estendent, il ne s'en pourra point faire des accoustremens, à cause de leur grosseur : car il fault que chascun drap ait sa certaine largeur. De sorte qui leur semble que au mandement de ce se doibt déclairer que tous les draps qui se tisseront et feront en Allemaigne (exceptans ceulx de Londres lesquelz se taindent à Anvers et Coulongne) soient mouillez et estendus, et que les marchans ne les puissent vendre aultrement en la Germanye, conforme à l'ordonnance de la pollice, et si aulcuns les mouillassent après estre tondus, qu'ilz ayent à encourrir l'amende contenue en ladicte pollice.

» Touchant l'article des offices mécanicques, les estatz disent qu'il est succédé aulcune difficulté à cause de quoy ne l'ont peu mectre à exécution. Nonobstant que aulcunes villes ayent vollu suyvre ledict article et ordonnance, les officiers s'y sont opposez, abandonnant le lieu, et vont résider aultre part : ce que redonde au dommaige de maistres. A ceste cause, si toutes les villes impérialles n'observent particulièrement ladicte ordonnance d'une mesme esgalité, il n'est possible de la mectre à exécution. Par quoy seroit besoing que Sa Majesté ordonnast à tous généralement que, incontinent le recès de la présente diette fait, les gouverneurs des villes et jurisdictions eussent à faire venir devant eulx les magistratz des mestiers et officiers mécanicques, et leur déclairent ledict article avoir esté conclut et ordonné par Sa Majesté et les estatz, mandant et commandant ainsi l'observer et accomplir; condempnant à grosses peines les y contrevenans. Et s'il advenoit que aulcuns de ces mécanicques se vinssent mocquer ou injurier quelque autre voulant observer icelle ordonnance, le juge face comparoir le deffaillant, le chastiant par emprisonnement ou aultre moyen comme il treuvera de raison, et le faisant, après l'avoir relasché, jurer solemnellement d'entretenir ladicte ordonnance.

» Touchant l'article des usuriers, est venu à la cognoissance des estatz que les juifz prétendent vendre les actions qu'ilz ont contre les chrestiens, et pareillement les chrestiens, qui viendroit à grand foulle de plusieurs : par quoy semble se debvoyr ordonner que nul chrestien n'acheptast aulcune debte usurière desdicts juyfz laquelle ilz pourroient avoir sur les chrestiens, sur peine de perdre la somme, et que nul notaire reçoipve de ce aulcun contract, sur peine de punition selon le cas, et que nul juge, sur peine de privation de son office, n'ait à donner sentence ou mandemens exécutoires de telz affaires.

» Item, ont les estatz entendu que au saffran de la Marche et d'Arragon se faict plusieurs fraudes, et mesmes au saffran de la Marche, lequel on mouille et corrumpt, et celluy de Provence et Arragon est engressé pour plus peser : ce que vient au grand dommaige de l'achepteur, car il n'est raison que l'on vende de la gresse ou beure en lieu de saffran. Par quoy sont d'advis que par cest article en la pollice fût ordonné que en chascun membre de l'Empire il y ait des personnes en ce cognoissans, qui ayent regard aux espéceryes, afin que le commung n'y soit fraudé et abusé, et que les délincquans en soient chastiés. Et espèrent lesdicts estatz que Sa Majesté pourverra au mesmes en ses pays et provinces patrimonialles.

» Touchant l'article des annebaptistes, les estatz donnent par escript, et leur semble, soubz correction de Sa Majesté, que le mandement sur ce doibt contenir ce qu'ilz déclairent par ledict leur escript.

» Touchant l'article des cessions, les estatz acceptent l'offre sur ce faicte par Sa Majesté, leur semblant que c'est le meilleur moyen pour abolir ces différendz : supplians Sa Majesté vouloir par luy et ses commiz essayer les appoincter amiablement, ou les dompter par justice.

» Touchant l'article de la monnoye, les estatz sont prestz prendre en main ce qu'en a esté traicté a Spyrs, et conclure, dépescher et seller par moyens raisonnables ce que desjà a esté accordé, et prendront aussi résolution du terme dans lequel l'on debvra déclarer l'esvaluation desdictes monnoyes à Nuremberg : espérans les électeurs que Sa Majesté, usant de sa clémence accoustumée, ne souffrira que à la difficulté des payemens de l'or à la monnoye se innove aulcune chose contre l'usance en ce jà de longtemps observée, sans premièrement l'avoir consulté et communicqué ausdicts électeurs : dont ils supplient humblement. Les princes supplient Sa Majesté déterminer promptement ladicte affaire et difficulté, et les estatz supplient aussi que Sa Majesté mande à ses subjectz et pays héréditaires que ladicte ordonnance des monnoyes soit aussi bien observée comme en l'Empire, mesmes considéré que en l'assamblée de Spyrs s'est treuvé aulcuns conseilliers desdictes provinces, ayant oppiné sur cestedicte affaire des monnoyes : ce faisant, redondera à l'utilité et prouffict de l'Empire et desdictes provinces. Les députez des villes considèrent ceste affaire et treuvent grande différence de l'or à l'argent, si l'on adhère à l'advis des princes, et, contre l'opinion des électeurs, treuvent que la différence est de si très-grand préjudice, non-seulement au particulier, mais généralement à toute la Germanye : car il est manifeste, de cinquante, soixante, septante, quatre-vingtz ans et depuis mémoire d'homme, qu'on a tousjours esté accoustumé payer, pour un marck d'or pur, douze ou treize marckz d'argent pur, et lors le florin d'or en monnoye contenoit plus d'argent que ne montent à présent septante-un kreyzers de la monnoye d'à ceste heure, ou soixante-neuf kreyzers de la nouvelle que on doibt forger : ce que l'on peult clairement cognoistre par l'ancienne valeur de l'argent, que le marck de Nuremberg, argent pur, ne se vendoit que sept et demi florins trois quarts ou huit florins aulcune foys, ce que monte le marck de Coulongne sept florins sept sols et sept hallers [1] ou au plus sept florins douze sols sept hallers, à dix-sept sols pour florin, et aussi comme l'on voit par la vielle monnoye d'Austrice, Saxonne, Bambergue, Weissembourg et aultres nations estranges, que l'on exhibera, si besoing est : de sorte que l'on ne peult dire que l'on ait augmenté l'esvaluation du florin d'or de Rhin. Dont s'ensuit que anciennement le florin de monnoye avoit plus d'argent que pour septante kreyzers de nostre moderne monnoye, et se diminue ainsi la valeur du florin de Rhin, et est de moindre prix qu'il n'estoit auparavant. De cela a succédé que, ayant forgé des nouvelles monnoyes, comme pazen [2] et d'aultres sortes, tout l'or s'est trans-

---

[1] *Hallers*, hellers. Le heller était une monnaie de cuivre revenant à environ 1 denier ⅕ de France.
[2] Voy. p. 204, note 1.

porté ès pays estranges, et la monnoye d'argent s'est augmentée, la corrumpant journellement. Jà le florin d'or est monté pour douze et quatorze kreyzers plus que la raison; et celle d'argent, maintenant tant corrompue, estoit anciennement si bien esvaluée qu'il n'y avoit différence entre la monnoye d'or et d'argent, asscavoir comptant douze ou treize marcks d'argent pur pour un marck d'or pur. Y avoit tant d'or en Allemaigne, pour le bien commung, que l'on faisoit tous les payemens d'or. Et si, à la nouvelle institution des monnoyes, l'on veult que le marck de Coulongne vaille dix florins douze et demi kreyzers, et que l'on deust payer pour un florin d'or septante-deux kreyzers, lors le marck d'or pur ne se pourra distribuer que pour dix marcks quatorze quintes d'argent pur. Mais anciennement l'on acheptoit rente à rachapt par or, ou sa valeur en monnoye, ce que estoit une grande iniquité, pour non leur rendre or pour or : car tous les négociateurs, pour distraire l'or de l'Allemaigne, reçoipvent les florins d'or pour septante-quatre kreyzers de la nouvelle monnoye, et les portent puis après en aultres lieux. De sorte que le florin vauldroit moings cincq kreyzers qu'il n'a cours à présent : qui les faict porter ausdicts pays estranges, et se tire tant d'or d'Allemaigne que pour un marck d'or se paye onze marcks et dix onces d'argent pur, à raison desdicts septante-quatre kreyzers pour florin d'or. L'on tirera encores plus quand il conviendra payer du marck d'or dix marcks quatorze onces et trois quintes d'argent; et procureront les Angloys, Françoys et plusieurs aultres provinces par tous moyens non-seullement retenir leur or, mais attirer à eulx celluy des aultres nations, comme ilz ont desjà faict en l'Allemaigne; et depuis la dernière assamblée de Spyrs, le roy de France a monté un sol sur l'escu, et a non-seullement intention de conserver son or, mais pour attirer celluy du Rhin et aultres lieux : ce que vouldront aussi faire les aultres princes et potentatz. De sorte que, si ceste nouvelle inicque estimation de l'or à l'argent va avant, non-seullement le peu d'or qui est resté, mais celluy qui viendroit des forges et mines et des aultres provinces, se tirera hors de la Germanye : que ne sera seullement mesprys et mocquerye, mais grandissime diminution de l'honneur et réputation du pays, s'il estoit treuvé ainsi desfourny de son or. Par quoy les députez des villes ne peuvent penser que les commiz à l'esvaluation de l'or et de l'argent puissent treuver que ce soict le proufict de la Germanye, ains jugent les villes, pour les causes dessus alléguées, que c'est diminuer leur aucthorité et fort préjudiciable : laissant d'alléguer icy les droits et coustumes par escript par lesquelz est décis qu'ilz se observent et entretiennent les contractz et paye selon iceulx en la mesme espèce, soit en or ou en argent. »

Sommaire de la duplicque des villes impérialles.

Touchant l'affaire de la religion, quant au concile, se conforment avec les électeurs, ne doubtans qu'il ne soit conforme à ce que Sa Majesté leur a promis à la dernière [diette] tenue en ceste ville mesme, et procurera, de paternelle affection, que les affaires se traictent promptement et chrestiennement sans nulle passion, et esmeus[1] eux articles dont aultrefoys a esté différend concernant la religion, soyent revenus à ouyr toutes partyes se terminent[2], afin qu'il se puisse accorder une ferme paix en la foy chrestienne et nation germanicque.

Second article touchant la déclaration et réformation. Nonobstant qu'ilz ayent désiré de la mectre à exécution, mais principalement la déclaration, est fort difficile de le pouvoir faire si promptement, pour ce qu'ilz sont enracinez et nourriz depuis trente ans en çà en ceste doctrine; item aussi parce qu'il ne se treuve assez des personnes souffisantes ou ydoines, prebstres, entre les catholicques. Pour quoy ilz espèrent que Sa Majesté aura aussi respect pour le peu de temps qu'ilz ont eu de mectre à entière exécution ladicte déclaration, mesmement pour l'espoir du brief concile, où par voye ordinaire se pourront diffinir les controverses et réduyre le tout à bonne unyon et concorde chrestienne. Et leur semble qu'il n'y a aultre expédient plus utile, pour gaigner les cœurs des hommes (jugeant de ceste sorte) que ledict concile universel et chrestien, que y pourverra pour restablissement et tranquillité faire plus ferme que si, avant, ladicte déclaration de Sa Majesté fusse esté mise à entière exécution de tous ses poincts, [et] que si le peuple rude et ignorant eust esté constrainct croire par ladicte déclaration chose contre leur conscience. Et eulx, comme bons et obéyssans

---

[1] *Sic.* Il faut probablement lire : « et mesmes. »
[2] *Sic.* Nous croyons qu'il faut lire ainsi ce passage : « soyent reveus et, ouyes toutes partyes, se terminent (se déterminent). »

subjectz, désirent se conformer en tout à la volunté de Sa Majesté. Leur semble mectre [1] hors de propos que cependant Sa Majesté avec grande instance tienne main avec les estatz que ceulx qui jusques à présent n'ont exécuté ni institué ladicte déclaration et réformation soient admonestez avec toutes forces afin qu'ilz le remectent à deue exécution avec clémence, pour non tomber en commotion ou sédition de l'Empire, non empeschant ny retardant le général et libre concile.

En l'article de la paix publicque, sont-ilz de mesme advis que les électeurs et princes.

Et en ce que touche les assesseurs extraordinaires, se conforment à l'advis de Sa Majesté : néantmoings, s'il semble à Sa Majesté que l'advis des électeurs soit meilleur, se conforment à icelluy, pour se descharger des fraiz.

En ce que touche la visitation de la chambre impérialle, ilz y suyvent l'advis des aultres estatz.

En l'affaire de restitution des biens ecclésiasticques, ilz approuvent en cela la résolution de Sa Majesté.

En l'affaire de la monnoye, sont de mesme advis des électeurs et princes. Mais en l'esvaluation de l'or et de l'argent se accordent à l'advis des électeurs pour plusieurs causes raisonnables, mesmes à l'escript joinct avec ceste, se confians qu'il sera bien et deuement considéré : leur semblant non-seullement seroit grande iniquité, mais l'on s'appercevroit qu'il y en succédera grand dommaige en l'Empire.

En ce que touche la modération des contributions, consentent avec les électeurs et aultres estatz : en la dernière diette furent de leur advis, que les commissaires eussent à y procéder conforme à raison. Et pour ce que au dernier recès estoit obmys ceste diction, *solia* [2], par lequel se pouroit entendre au revers par lesdicts commiz, leur semble que on leur doibt ordonner qu'ilz doibvent reparier [3] conforme justice et raison.

Et finablement, en ce que touche aux ordonnances de la pollice, se conforment avec les aultres estatz, approuvans la résolution de Sa Majesté quant aux cessions.

---

[1] *Sic.* Lisez : « n'estre. »
[2] *Sic.*
[3] *Sic.*

Le 16ᵉ dudict octobre 1550 se fit icy en Auguste une jouste devant le palais de Sa Majesté pour le service des dames, et six gentilzhommes contre aultres autant, à rompre trois lances : le conte de Mègue ¹ menoit l'une des bendes, et le seigneur de Hubermont ² l'aultre, et estoit le prince d'Espaigne de l'une des bendes. Sa Majesté, accompaignée des duchesses de Lorrayne et d'Arschot, estoit aux fenestres à veoir le passe-temps, qui fut fort beau. Les juges de ce furent les contes de Vauldemont, d'Aigmont et de Bossu, aussi celluy de Reulx ³, avec Jehan-Baptista Castaldo, mareschal de Iode ⁴; et furent les prys donnés audict seigneur de Hubermont et Charles de Sanghe (?).

Le 17ᵉ le cardinal de Trente partist d'Ausbourg pour aller à Gennes recepvoir, de la part de Sa Majesté, Maximilian d'Austrice, roy de Bohesme, son gendre, qui venoit d'Espaigne sans sa femme et enffans.

Cedict moys Sa Majesté envoya à Nancy Thoison d'or quérir le corps de feu Charles, duc de Bourgoigne, ayeul de Sa Majesté, pour le mener à Luxembourg auprès de celluy du roy Jehan de Bohesme, jusques à ce que aultrement en seroit ordonné.

Le 19ᵉ se fit une aultre jouste pour le service des dames de la court dont ledict seigneur de Hubermont, gentilhomme de la chambre de l'Empereur, et Ruy Gomès de Sylve, second sommelier du corps du prince, furent entrepreneurs contre tous venans; et furent juges seigneurs de l'ordre, comme de Bossu, de Rye et don Jehan Manricque; et eust le prince l'un des prys, et ledict seigneur de Hubermont eut celluy de la foulle.

Le 24ᵉ la duchesse de Lorrayne print congé de l'Empereur et du roy des Romains, ses oncles, et se partist pour son retour en Lorrayne; et fut conduicte par le prince d'Espaigne et plusieurs aultres seigneurs jusques à une demye-lieue hors de la ville.

Novembre. Le 3ᵉ de ce moys eut Sa Majesté nouvelles que le prince Doria estoit de retour à Naples, n'ayant treuvé de l'argent à Gelbres, et par tourment de mer il avoit perdu une gallère et deux navieres, mais que les gens et artilleries avoient esté saulfez.

---

¹ Voy. p. 393, note 1.
² Floris de Montmorency, seigneur d'Hubermont, et depuis de Montigny et de Leuze.
³ Adrien de Croy, comte du Rœulx.
⁴ *Sic.* Il faut lire : « mareschal de l'ost », c'est-à-dire du camp.

Le 11ᵉ de ce moys Sa Majesté dépescha le seigneur d'Andelot en poste, pour aller visiter la duchesse de Castro, fille bastarde de Sa Majesté, laquelle estoit à Parme bien malade.

Et ce mesme jour vindrent aussi nouvelles que le duc Velrick [1] de Wiertenberg estoit trespassé le 7ᵉ dudict moys.

Sommaire de la responce faicte par Sa Majesté, le 12ᵉ de novembre, aux estatz de l'Empire, sur la duplicque par eulx donnée le 9ᵉ d'octobre.

Présupposant les cérémonyes et coustumes, dictes que entre Sa Majesté et estatz, au dernier recès, n'avoir aultre remède pour diffinir les controverses de la religion, sinon par un universel et général concile, auquel tous les estatz se sont submys. Par quoy n'est besoing, en ceste présente diette, traicter d'aultre changement quant à ce poinct, ains entend Sa Majesté que le dernier recès et résolution y prinse demoure inviolable; et pour cest effect Sadicte Majesté a procuré à toute instance vers pape Paul la continuation dudict concile audict lieu de Trente, afin qu'il y peût venir la congrégation des prélatz : ce qu'il ne peut obtenir dudict pape deffunct, et a tant sollicité vers le pape moderne, que Sa Saincteté a promis libéralement et certainement pourvoir à tout ce que appartient pour la congrégation dudict concile audict lieu, pour accorder et diffinir les différendz de la religion, sans aulcune passion, au service de Dieu et pacification de la chresttenté. Sadicte Majesté a négocié avec le nonce de sorte qu'il espère que Sa Saincteté déclairera en brief le jour que les prélatz se doibvent treuver audict Trente, et sera, comme il pense, environ le demy-caresme, ayant Sadicte Saincteté signiffié à l'ambassadeur de Sa Majesté que la bulle pour communicquer [2] lesdicts prélatz estoit desjà accordée et dépeschée, et l'envoyera en brief.

Touchant l'article de la réformation et intérim, plaist à Sa Majesté la dilligence que les estatz ont mys à l'exécution de ce que Sa Majesté leur auroit proposé, asscavoir : les moyens et raisons par lesquelles l'on pourroit mectre en effect une si saincte et bonne œuvre. Mais il se donne mer-

---

[1] Ulric.
[2] *Sic.* Il faut lire « convocquer. »

veille que aulcungz usent, à l'appétit d'aulcungz ydiots jugemens démonstrans particulières affections, de desvyer ce que par Sa Majesté, lesdicts estatz, et par l'advis de plusieurs bons personnaiges et docteurs, a esté résolu et accepté; et sembleroit qu'il y eust, oyant leurs difficultez, quelque chose contre la Saincte Escripture. Sa Majesté entend que ce que audict dernier recès a esté par luy et les estatz meurement conclut et accepté demoure en sa vigeur et force inviolablement, demandant ausdicts estatz pour quelle raison ledict intérim n'avoit esté mys à entière exécution, et, s'ilz en avoient aulcune raison, qu'ilz la déclairassent à Sa Majesté, pour sçavoir si avec raison pourroient dire et décréter contre ledict dernier recès; alléguant aussi les difficultez qu'ilz y treuvent, pour y remédier. Et pour ce qu'ilz mectent en avant diverses difficultez, que sur la réformation, que l'intérim et chascune personne et ville particulièrement [1], est cause qu'ilz ne se sont résolus du remède général, selon que la nécessité le requiert, Sa Majesté, suyvant comme plus particulièrement est en l'escripture des estatz, prent sur soy ceste charge, pour aultant qu'elle appartient à son office impérial, tant commodément qu'il pourra : quelz empeschemens peuvent causer ausdicts estatz de non observer l'accorder et accepter [2]. Il procurera vuyder les difficultez le plus commodément qu'il pourra, avec le remède plus conforme que la nécessité requerra, pour mectre à effect une si saincte et tant nécessaire concorde de la nation germanicque, afin qu'ilz ayent moyen de patiemment attendre la diffinition du concile général, et que les esperitz, par ce préparat de l'intérim, soient plus promptz et induicts d'observer le décret d'icelluy concile.

Touchant l'article de la paix publicque, où l'on faict mention des provinces de Flandres, Sa Majesté se contente de ce que les estatz ont accepté l'offre sur ce par luy faicte. Mais, pour ce que les électeurs requièrent aulcune particularité, Sa Majesté désire qu'ilz voyent la première responce, par laquelle cognoistront ce qu'il a traicté avec les estatz de l'Empire, par le consentement de tous les estatz unys et congrégez ensemble de sesdicts Pays-Bas, ayant esté dépesché d'un costé et d'aultre les provisions ad ce nécessaires; et par sesdictes provinces patrimoniales acceptées, ne s'y pour-

---

[1] Ce passage paraît avoir été dénaturé dans le manuscrit.
[2] *Sic.* Il faut probablement lire : « l'accordé et accepté. »

roit riens innover sans les joindre et assembler de nouveau. Et s'il semble qu'on a obmis aulcune chose qui les offende, Sa Majesté désire que cela soict remys à luy particulièrement, pour le communicquer à sesdicts estatz de Flandres; et il procurera de faire de sorte que les électeurs n'auront juste cause de se plaindre : espérant que ses successeurs feront le mesme, desquelz lesdicts électeurs ne doibvent avoir aulcune desconfidence, ayans veu par expérience tant de bonté en Sa Majesté et en ses prédécesseurs, n'ayans cause de présumer moings de ses successeurs.

Touchant ceulx de Magdebourg et Bresme, Sa Majesté se remect à ce qu'il a baillé par escript ausdicts estatz depuis peu de jours en çà.

Touchant l'article de la justice et chambre impérialle, combien que Sa Majesté fût d'aultre d'advis en ce que touche les assesseurs extraordinaires, nonobstant ce, pour satisfaire ausdicts estatz, n'y persiste plus avant, ains le remect à leur discrétion qu'ilz regardent et advisent les voyes et moyens pour pourvoir et conserver la justice en l'Empire. Mais touchant la visitation de ladicte chambre, Sa Majesté a ordonné d'en mectre par escript son advis, lequel il exhibe aux estatz, pour le consulter ensemble.

Touchant l'article de la monnoye, principalement en ce que concerne le différend des payemens d'or et monnoye, Sa Majesté n'a jamais eu intention d'en résoudre aulcune chose sans l'advis et conseil desdicts estatz, singulièrement en ce que pourroit redonder à l'incommodité de ceste nation d'Allemaigne, ayant ordonné que les partyes fussent ouyes; et il fera, en la détermination de cela, de sorte qu'ilz cognoistront que en ceste et toutes aultres affaires Sa Majesté ne tend à aultre bout [1], sinon à procurer ce que convient pour le bien et utilité de l'Empire. Quant à la publication et ordonnance de la monnoye, Sa Majesté n'entend ny a prétendu que la publication soit conclute de l'esvaluation : qu'est son advis, et pour les raisons qui luy sont mises en avant par lesdicts estatz.

Quant aux articles de la taxe, de la pollice, de la restitution et jurisdictions et de la cession, Sa Majesté se conforme en ce entièrement selon l'estat [2] et advis desdicts estatz. Et si, en tous ces poincts susdicts, Sa Majesté y peult faire aulcune chose à cause de son office, ilz le treuveront prompt à y entendre.

---

[1] *Sic*, pour *but*.
[2] *Sic :* probablement *l'escript*.

Le 15ᵉ dudict moys de novembre Sa Majesté eut nouvelles comme Sa Saincteté avoit proposé en consistoire la continuation du concile général en la cité de Trente : ce que fut accordé par tous les cardinaulx génerallement sans aulcune contradiction, et que sur ce dépescheroit la bulle pour notiffier à tous les roys, princes et prélatz de la chrestienté, pour s'y treuver ou envoyer au premier jour du moys de may 1551, pour encommencer, le 8ᵉ dudict moys de may, ledict concile.

Cedict jour Sadicte Majesté eut nouvelles que le roy de Bohesme, son beau-filz, estoit party de Valitoled[1], le pénultième du moys passé, par poste, pour venir à Sroses[2] en Roussillon, pour s'embarquer et passer en Ytalye, et venir en ce lieu d'Ausbourg.

Le 27ᵉ Sa Majesté eut nouvelles que, le 17ᵉ dudict moys passé, ledict roy passa par poste pour venir audict Sroses en Roussillon, pour prendre son chemin vers Gennes.

Et le pénultième les estatz furent appellez en la sallette où Sa Majesté disne ; et, l'Empereur et le roy son frère présens, fut par Sa Majesté remonstré le mescontentement qu'elle avoit desdicts estatz d'estre si longs à eulx résouldre sur le chastiement des rebelles, principalement sur ceulx de Magdebourg, et que Sa Majesté vouloit et entendoit que promptement l'on print, de l'argent contribué, cent mille florins, pour faire gens de pied et cheval pour aller contre ledict Magdebourg, et que l'on feist incontinent un ject[3] pour en lever ladicte somme, et que l'on eust fournir par moys soixante mille florins pour entretenir le siége devant ladicte ville. Sur laquelle remonstrance ont supplié lesdicts estatz[4] pour y respondre : ce que leur fut accordé.

Le dernier jour dudict moys de novembre arriva devant le jour un courrier apportant nouvelles que ledict roy de Bohesme estoit arrivé à Gennes, et qu'il venoit en poste vers Sa Majesté. Et ce mesme jour elle, accompaignée du roy son frère, du prince son filz, des seigneurs de Bossu, ducz d'Albe, de Bavière, prince de Piedmont, seigneur de Rye et le comte de Furstenberg, tous chevaliers de l'ordre de la Thoyson d'or, et de plusieurs aultres,

---

[1] Valladolid.
[2] Rosas.
[3] *Un ject*, une répartition.
[4] Le mot *délay* ou autre équivalent manque ici.

vint ouyr les vespres de la Sainct-André en la chappelle de la court où Sa Majesté estoit logée, estant sur le Marché au vin.

Décembre. Lundy, premier jour de ce moys, Sa Majesté avec les susdicts fut à la messe en court et fut en l'offrande. L'office (qui fut faict par l'évesque d'Arras et le sermon par un docteur espaignol nommé Constantin) achevé, Sa Majesté vint en une petite salle, où luy et sondict frère furent assiz à une table soubz le dosseret, et à une autre table faisant potence et joignant à celle de Sadicte Majesté furent assiz le prince, le seigneur de Bossu, le duc d'Alve, celluy de Bavière, le prince de Piedmont, le conte Frédéric de Furstenberg et le seigneur de Rye, et furent servis : le plat de Sa Majesté par ses maistres d'hostel et gentilzhommes de bouche, et les platz des chevaliers par deux gentilzhommes de Sa Majesté, estans les viandes portées par les paiges d'icelle; et y eut au commencement de la malvoysie et rosties, deux foys de la chair chaulde, une de friambre et une foys de fruicts, gellées, confitures, et puis ypocras, oblyes. Et après disner fut-on aux vigiles annuelles pour les âmes des chevaliers trespassez, et le lendemain à la messe obséqualle. Et furent chascun offrir, une chandelle de cyre jaulne ardante en main.

Et le 10e, environ les six heures du matin, arriva en poste ledict roy de Bohesme, lequel fut descendre au logis où il estoit fouré [1], où le fut aussitost veoir le prince son beau-frère, l'admenant vers Sa Majesté, qui le receupt en sa chambre. Puis furent disner les deux beaux-frères avec le roy des Romains, père de celuy de Bohesme.

Et le 14e arriva, environ les cincq heures de soir, l'archiduc d'Austrice Ferdinand, second filz dudict roy des Romains, venant en poste de Prague, ville capitale du royaulme de Bohesme; et fut encores ce mesme soir faire la révérence à Sa Majesté, son oncle.

Le 16e Sa Majesté receut une lettre de Sa Saincteté par laquelle concédoit et auctorisoit à Sadicte Majesté et au prince son filz qu'ilz pouvoient, eulx et tous leurs serviteurs domesticques et leurs familliers courtisans qui les suivent, gaigner et obtenir les pardons et indulgences de la bulle, à peine et à coulpe, comme s'ilz eussent esté à Rome, estans repentans, contricts et confessans aux peschez, et visitans quatre églises que par Sa Ma-

---

[1] *Où il estoit fouré,* où le fourrier de la cour avait marqué son logement.

jesté seroient nommées, dix jours devant[1], en disant en chascune d'icelles cincq *Pater* et aultant d'*Ave Maria*, prians pour la rémission de leurs peschez et pour l'augmentation de la foy catholicque, et que Sa Majesté et le prince pouvoient gaigner lesdicts pardons en allant seullement visiter une église une foys.

Le 24ᵉ, veille de Noël, Sa Majesté, pour son indisposition, fut ouyr les vespres en court, accompaignée du roy son frère, du roy de Bohesme, son beau-filz, des électeurs de l'Empire, du prince d'Espaigne, son filz, de l'archiduc Ferdinand, son nepveur, ensemble de plusieurs autres ducz, princes et seigneurs. L'office fut faict par le cardinal de ceste ville d'Auguste; et furent assiz Sa Majesté et le roy dedens l'oratoire du chœur. Au dehors furent assiz les électeurs de Mayence, de Trèves, le roy de Bohesme, commyz des électeurs de Coulongne, palatin, Saxe et Brandenbourg, et vis-à-vis du premier électeur estoit assiz le prince d'Espaigne, comme archiduc d'Austrice, le suivant son cousin germain Ferdinand, archiduc d'Austrice, et les prélatz de l'Empire.

Et le lendemain, qui fut le jour de Noël, au mesme lieu; et furent lesdicts à la messe, laquelle fut continuée jusques à l'offertoire, que Sa Majesté fut offrir, à qui l'offrande fut portée par le prince son filz; puis fut offrir le roy des Romains, l'offrande duquel fust portée par sondict second filz, Ferdinand. En après furent aussi offrir tous les aultres selon l'ordre.

Le dernier jour de ce moys de décembre Sa Majesté eut nouvelles que le duc de Mechlbourg, estant au siège devant Magdebourg, avoit esté prins par la guarnison de ladicte ville estant sayllie[2]. Et fut, ce mesme jour, comme veille du nouvel an, Sa Majesté aux vespres en court, accompaignée comme le jour de Noël.

1551.

Janvier. Jeudy, premier jour de cest an, fut Sa Majesté ouyr la messe en la mesme compaignie de hier.

Et ce jour, environ les cincq heures après midy, arriva, venant descendre en court, la royne Marie, sœur de Sa Majesté, venant des Pays-Bas

---

[1] N'est-ce pas *durant* qu'il faudrait lire?

[2] *Sayllie*, sortie.

dont elle est gouvernante, accompaignée seulement de l'évesque et duc de Cambray et trois dames, n'estans en tout que vingt chevaulx; et estoit venue en douze jours depuis Bins jusques audict Ausbourg, qui sont environ cent grandes lieues d'Allemaigne.

Le 5e de cedict moys de janvier, veille des Roys, [Sa Majesté] fut ouyr les vespres en court en mesme compaignie et ordre comme audict jour de Noël, et fut l'office faict par l'évesque d'Orance[1], espaignol.

Et le lendemain, jour des Roys, fut à la grand'messe, et fut offrir troys couppes, lesquelles luy furent portées par le prince son filz. Et l'office achevé, Sa Majesté vint disner en une sallette, où furent à table, au hault bout, la royne sa sœur; après, soubz le dosseret, estoient assiz Sa Majesté, le roy des Romains, les électeurs de Mayence, Trèves, le roy de Bohesme, et à l'opposite de celluy de Mayence estoit le prince et puis l'archiduc Ferdinand; et furent servis : deux foys de la chair chaulde, une fois de friambre, une foys du fruict, confitures et fromaiges; et alloient à la vyande le duc d'Alve, grand maistre d'hostel, et les aultres maistres, les précédans les trompettes, massiers et roys d'armes de Sa Majesté.

Les estatz de l'Empire réplicquent icy, après la quatrième foys, à ce que leur fut respondu sur leur troisième réplicque.

Sommaire de la quatrième réplicque des estatz, faicte le 5e de ce moys de janvier.

Premièrement, sur l'affaire du concile, les estatz en commun supplient Sa Majesté d'y pourvoir selon sa promesse et contenu du dernier recès, afin qu'il se puisse célébrer et exécuter librement, chrestiennement, en union et par ordonnance; que tous les potentatz chrestiens à qui l'affaire touche soyent deuement citez et appellez; item, que Sa Majesté pourvoye que tous puissent aller, demourer et retourner librement et seurement, ou à tout le moings en l'Empire. Afin que la paix universelle se conserve, aulcuns des estatz supplient à Sa Majesté qu'elle pourvoye aussi que ceulx des estatz de la confession d'Ausbourg puissent seurement se treuver audict concile, et les laisser proposer et mectre en avant ce qu'ilz vouldront,

---

[1] Orense.

et que les choses décisées audict Trente en leur absence soient reveues, et sur icelles puissent estre ouys et aussi sur aultres poinctz qu'ilz vouldroient alléguer, et s'ilz prouvent et vériffient par raison leursdicts poinctz, qu'ilz soient exécutez de sorte que le malentendu soit adnullé, afin qu'il se n'engendre parolles ou disputes qui pourroient perturber ou empescher une si bonne et saincte œuvre, tant nécessaire et de si long temps désirée, et que tous soient plus induicts à comparoir audict concile. Et en ceste opinion sont conformes toutes les villes.

En l'affaire de l'intérim ou réformation, les estatz acceptent l'offre de Sa Majesté, mais supplians à icelle de le mectre à exécution par voye amiable, conservant la paix et tranquillité en la Germanye, afin que la détermination dudict concile ait tant meilleur accès.

En l'article de la paix publicque en ce que touche les provinces de Flandre, les électeurs ne font doubte que, durant la vye et gouvernement de Sa Majesté, elle ne monstrera que toute clémence, le suppliant qu'il ne pense que cela ait esté mys en avant, sinon pour le bien et utilité tant de sesdicts pays patrimoniaulx que du sainct-empire, et, pour ce que les électeurs désirent que la paix et amityé soient mutuelles, tant d'un costé que d'aultre, comme ceux des Pays-Bas ont leur refuge contre ceulx de l'Empire en la chambre impérialle, que les impérialistes puissent contre eulx le semblable avoir : espérans que Sadicte Majesté s'emploiera et considérera ceste affaire de sorte que au cas dessusdict se puisse faire et entretenir convéniente concorde et amityé. Et puisque ceste affaire ne touche poinct aux estatz ou vassaulx desdictes provinces, mais seulement à Sa Majesté comme prince, ou aux régens desdicts pays, n'est besoin convocation d'estatz. Ilz peuvent bien conclurre, disposer et traicter ladicte affaire, mesmement qu'ilz ne changent nulz poinctz de la concorde, mais seulement pourvoyent aux choses non pourpensées, pour les inconvéniens qui en pourroient survenir et toucher particulièrement à Sa Majesté. Et en cas qu'il requist convocation d'estatz ou ratification des subjectz, Sa Majesté y pourra traicter, comme supérieur, avec espérance de ratification, comme il a esté fait au dernier recès : concluant mesmement ladicte concorde sans changer, et demoura en sa force et vigueur[1]. Et combien

---

[1] *Sic.*

que Sa Majesté ait promis, le cas advenant de plaincte, d'administrer bonne et briefve justice, néantmoings lesdicts électeurs espèrent que Sa Majesté, par sa clémence, déclairera et se consultera avec lesdicts estatz où, en quel lieu et devant qui l'on se debvra adresser pour avoir ceste briefve expédition de justice, afin que lesdicts estatz n'ayent point occasion de dire qu'ilz soient remys à des partiaulx ou appassionnez, encores, comme dict est, qu'ilz ne font doubte que, du vivant et régiment de Sa Majesté, ladicte paix publicque se corrumpe ou viole en aulcune sorte : mais seroit bien faict de s'en pourvoir pour l'advenir. Et pour ce que l'intention de Sa Majesté a esté que la mutuelle amityé et concorde fût entre l'Empire et ses patrimoniaulx pays, pour excuser toutes violences qui pourroient survenir, supplient les estatz ce que dessus. Les princes condescendent, en cest article, à ce que Sa Majesté en a offert.

Touchant l'article de ceulx de Magdebourg et de Bresme, les estatz se rapportent à ce qu'ilz en ont donné par escript particulièrement.

Touchant l'article de la chambre impérialle, les estatz sont d'advis que ceste justice ne se pourra mieulx entretenir que en contribuant obédyement aux frais et entretènement d'icelle, comme donc que ilz ont promis et encores promectent faire; quant aux assesseurs extraordinaires, qu'ilz pourvoient en ce présent recès à l'entérinement de la quatriesme année, selon l'advis des visitateurs : contribuans aussi lesdicts estatz aux cousts d'iceulx dix extraordinaires, par vertu et sur la peine des mandemens décrétez par cy-devant. Semble aussi ausdicts estatz, pour la commodité d'aulcuns d'iceulx estatz qui n'ont la langue allemande, que les ordonnances de l'Empire fussent traduictes en latin, les commectant à Fico ou Bruno, translateurs d'icelles langues. Et quant au rapport des visitateurs de la chambre impérialle, les estatz en présentent leur advis par escript.

En l'article de la monnoye, les estatz acceptent les faictz par Sa Majesté, nonobstant qu'ilz sont discordans en ce que touche la publication de l'ordonnance de la monnoye, pour ce que les électeurs sont d'advis, pour l'honneur de Sa Majesté et utilité de l'Empire, se doibve incontinent faire ladicte publication, ayant respect que plusieurs desdicts estatz usent mal des previléges qu'ilz ont de forger monnoye, sans estre approuvée ny visitée, cherchant leur prouffict particulier : qui est à craindre qu'il n'en succède plus grande confusion au temps advenir, par ce que beaucoup ont accensé et vendu à aultres le droict qu'ilz ont de forger mounoye, lesquelz en font par grande quantité, au grand détriment de tous les estatz, de manière qu'il est plus que nécessaire que ladicte ordonnance se publye de brief. Et nonobstant que aultre foys a esté ordonné que ceulx qui n'ont des mynères[1] n'eussent à forger monnoye, à quoy n'a esté obéy ny les transgresseurs chasticz, et afin que Sa Majesté voye que ladicte ordonnance se peult publyer devant le jour de l'esvaluation, iceulx électeurs présentent deux escriptz èsquelz se faict relation de l'ordonnance avant la conclusion et du recès de Spyrs, par lesquelz se peult cognoistre et entendre, pour le bien publicque et excuser les fraudes, [ce que] l'on peult publyer incontinent avant le jour de ladicte esvaluation, aussi ce qu'il se doibt différer jusques audict jour. Et se mectera au recès de ceste diette, nonobstant que l'on craint confusion qui pourroit souldre entre l'ancienne et nouvelle monnoye, pour ce que l'on debvra supporter aulcuns poinctz de la vielle monnoye après le jour de l'esvaluation qui s'approche. Ceulx qui ayment le bien de la républicque ne doibvent chercher ces scripules; et cependant qu'il ne se forge pas tant de meschante monnoye et en grande quantité, la distribuant partout : qui viendra au dommaige et intérest de l'universel.

Les princes demourent en leurs premières opinions, craindant que, si se mesle l'ancienne et nouvelle monnoye avec les estrangiers, y aura grand fraude, principallement entre les plèbes, lesquelz ne peuvent cognoistre les différences d'icelles, et se couvreroit[2] le chemin pour faire lesdictes fraudes et difficultez. Et pourroit estre que les plus riches chercheroient d'amasser et accumuller les bonnes monnoyes et distribuer les meschantes aux pouvres, lesquelz après auroient à supporter la perte pour l'esvaluation, et aux estrangiers de tirer la bonne monnoye hors de l'Allemaigne et y apporter de la meschante. Aussi seroit fort à supporter aux seigneurs ayans mynères qu'ilz fussent constraincts forger leurs monnoyes selon ladicte esvaluation et en recepvoir moindre prys : à raison de quoy disent que l'on doibt avoir plus de regard et respect à ce que touche à l'utilité générale que aulcuns particuliers. Et laissant à part toutes les

---

[1] *Mynères*, minières, mines.
[2] Ne faut-il pas lire *se ouvreroit* ?

raisons dessus alléguées, l'on ne doibt tant promptement déterminer sur le prochain recès que l'on fera à Spyrs, sans avoir en divers lieulx veu et examiné sur l'esvaluation. Supplient les princes que le jour de l'esvaluation s'abrévye et soit mis, s'il est possible, à Nuremberg pour le dimanche *Reminiscere* prochain expressément, et que cependant l'on prépare ce que est nécessaire par vertu dudict recès.

Les électeurs sont d'advis que Sa Majesté approuve les opinions des princes en ce que les mandemens par cy-devant faicts se renouvellent touchans ladicte monnoye, adjoustant que, s'il y a aulcuns qui d'icy en avant vouldront forger monnoye, qu'ilz ne le peussent faire que le marck d'argent ne vienne à dix florins douze et demi kreyzers de forte monnoye, reboutant les frais de la forge d'icelle. D'aultre sorte auroit danger que, comme à ceste heure les tallers se forgent à soixante-huit kreyzers, lesquelz par l'ordonnance de la nouvelle monnoye ne viennent à raison de soixante-six kreyzers, et pour ce qu'ilz ont seulement respect à leur prouffict particulier, forgeroient desdicts tallers en grand abondance, gaignant sur chascun deux kreyzers : qui ne seroit la raison. Pour ceste seulle raison se debvroit abrévier ladicte publication, ou remédier par toutes voyes à ce commung destriment. Ilz supplient pour cela à Sa Majesté de pourvoir au jour de l'esvaluation, et que, nonobstant quelque empeschement que ce soit, se mecte à effect sans aulcune dilation. Et afin qu'il se face plus commodément, sont lesdicts électeurs d'advis qu'il se ordonne que, sans intermission, ce qu'en fut conclut en l'assemblée de Spyrs, qui est que [par] tous les membres de l'Empire se députeroient conseillers et députez, leur assignant leurs sallaires [1], et que l'on face l'espreuve, de sorte que, le jour de l'esvaluation, il ne survienne aulcun empeschement : ordonnant nommément la grand' partye procède à l'affaire de l'esvaluation, afin que l'on publye ladicte ordonnance de ladicte monnoye et que elle [ait] son cours.

Quant à ce que touche les provinces de Flandre, désirent sçavoir la dernière résolution de Sa Majesté qu'elle prent sur la relation des monnoyes pour sesdicts pays patrimoniaulx, le supplyant pourvoir qu'ilz obéissent aussi ausdictes ordonnances; et en cas que Sa Majesté le feist, seroit nécessaire leur commander qu'ilz n'eussent à transporter l'argent qu'ilz tireroient de la Germanye ès aultres nations estranges.

---

[1] Nous avouons ne pas comprendre ce passage, mais nous le donnons littéralement.

Quant à l'article de la restitution des biens ecclésiasticques, de la modération de la taxe ou contribution, de la pollice et des cessions, les estatz en commung se condescendent à ce que desjà par cy-devant avoient résolu, supplians à Sa Majesté que en ceste présente diette il y donne fin. Mais les citez désirent, touchant à la modération de la taxe, qu'elle ne se dilate sur les deux poinctz dont, au prochain recès, se doibt faire mention, ains qu'il s'entende sur toutes causes relevantes ausquelles fault avoir respect, tant par les modérations que par chambre impérialle.

Et finablement lesdictes citez impérialles se plaignent, quand les aultres estatz sont en différentes opinions, ne déclairent en leurs escriptz à quel costé elles se conforment : suppliant Sa Majesté pourvoir. Que seroit le relever de voir tant d'escriptures.

Sommaire de la responce que Sa Majesté a faicte ausdicts estatz à leur réplicque précédente.

Premièrement, quant au concile, Sa Majesté les veult bien advertir que, suivant leurs submissions et instances qu'ilz ont faict à icelle, à ce qu'elle volust solliciter vers le pape la célébration d'icelluy, et ce que Sa Majesté s'en étoit enchargé, et l'espoir qu'elle leur en donna dernièrement du bon fruict de sa sollicitation, fondé sur la bonne volunté qu'elle treuvoit en Sa Saincteté, la chose est jà venue si avant que Sadicte Saincteté a desjà dépesché la bulle par laquelle elle commande que derechef les prélatz comparent à Trente, pour vacquer audict concile, offrant, par tout ce qu'elle négocye sur ce poinct, d'en vouloir faire procéder sincèrement et cannonicquement, sans aultres respects ny fins quelzconcques que du service de Dieu, bien et repos de la chrestienté. Et s'arrestera Sadicte Majesté au dernier recès et office qu'elle fit lors aux estatz, et tiendra la main que le tout passe audict concile comme il convient, et assure tous ceulx qui y vouldront comparoir de son aucthorité impérialle, soient ceulx de la confession augustane ou aultres, afin que ung chascun y puisse librement venir et proposer ce que bon leur semblera pour le repos de leurs consciences, et s'en revenir sûrement de ladicte convocation générale, comme on verra en ladicte bulle, par toutes les provinces de la chrestienté. Et espère Sa Majesté que tous princes se souviendront de leur debvoir pour faire obéyr à ladicte assamblée générale, et pourvoir, par tous moyens à eulx convenables, à ceste si bonne et saincte œuvre. Et requiert Sa Majesté à tous princes ecclésiasticques du sainct-empire et aultres qui de droict ont accoustumé et sont tenus d'y comparoir, se tenir prestz pour se mectre en chemin par temps, afin d'arriver audict concile devant le terme, qui est le premier jour de may, selon qu'ilz verront par ladicte bulle, à ce qu'ilz soyent des premiers, pour monstrer bon exemple aux aultres et satisfaire à leur debvoir, tenant plus regard à ce que ceste nation a plus besoing dudict concile, pour les diversitez que à présent s'y treuvent en la religion. Et offre Sa Majesté se tenir en l'Empire, ou près d'icelluy, le plus qu'il luy sera possible, pour donner chaleur audict concile et procurer le bon effect d'icelluy.

Et afin que cependant l'on procède à l'observance de la réformation et intérim, Sadicte Majesté, suivant son offre et l'acceptation des estatz, s'informera particulièrement des empeschemens d'ung chascun, pour parvenir à faire iceulx cesser et procurer l'observance le plus convenablement que faire se pourra.

Quant à la paix publicque, et mesmes au poinct concernant ses Pays-Bas, elle accepte la responce des princes et aultres estatz, et prie les électeurs vouloir encores mieulx considérer les précédentes ses réplicques, puisque Sa Majesté ne peult aultrement pour maintenant, attendu que le traicté passé est confirmé par les deux conseilz : en quoy, sans participation des estatz desdicts pays, il ne luy conviendroit intenter chose qui peult porter changement ou altération quelconcque audict traicté; et, comme Sadicte Majesté leur a faict jà entendre que ses prédécesseurs et luy se sont conduicts envers l'Empire, que l'on feroit tort aux successeurs, sans occasion, suspectionner pys de eulx; et si quelcun se prétend grevé particulièrement, qu'il propose son grief et on luy satisfera : requerrant encores lesdicts électeurs qu'ilz se veulent contenter de la raison.

Quant à l'opinion des princes touchant la monnoye, qui est de non faire la publication du recès conclut à Spyrs jusques que l'on ait prins résolution sur l'esvaluation desdictes monnoyes, Sa Majesté, pour se conformer aux deux partyes, condescend à la seconde opinion des électeurs, et que les mandemens se renouvellent avec les additions par eulx mises en avant. Sa Majesté désire que l'on donne toute haste et presse possible à faire ladicte esvaluation, remectant aux estatz d'aviser tous les moyens que à ce jugeront convenables. Et fera Sadicte Majesté traicter avec sesdicts pays patrimoniaulx afin qu'ilz s'accommodent, en ce de la monnoye, le plus qu'ilz pourront, aux ordonnances que sur icelle se font en l'Empire.

Réplicque des estatz donnée à Sa Majesté le 9ᵉ de janvier audict an 1551.

Sur l'article touchant la religion et célébration du concile, remercyent Sa Majesté, espérant qu'elle l'encheminera, mesme la célébration d'icelluy, conforme à la résolution prinse en la dernière diette. Et quant à y comparoir, comme Sa Majesté désire, les estatz en feront comme il conviendra.

En l'article de la réformation et intérim, lesdicts estatz ont bon espoir que Sa Majesté usera, en l'exécution, comme il a offert, par voye amyable et de sorte que les estatz et l'Allemaigne demoureront en paix et tranquillité, et que le concile, lequel ilz espèrent, se puisse poursuyvre par voye ordinaire : que sera le remède pour oster toutes scrupules qui se treuvent en la religion, lequel sera l'utilité universelle.

En l'article qui touche la paix publicque, les électeurs avoient espérance que Sa Majesté auroit ordonné ou pensé la forme qui se pourroit tenir entre l'Empire et Pays-Bas pour une continuelle paix et esgalle justice, le cas le requerrant. Mais, puisque Sa Majesté, pour les causes alléguées, ne veult riens innover ou changer au traicté qui en a esté passé, ilz supplyent que promptement il veuille adviser à sesdicts Pays-Bas et y pourvoir de sorte que, le cas advenant, qu'on puisse estre garny de remède et justice réciprocque. Et pour ce que Sa Majesté dict, s'il y a aulcun particulier se sentant grevé ou intéressé d'aulcuns de sesdictes provinces patrimonialles, soit en général ou particulier, ilz s'ayent à déclairer à Sa Majesté, qui pourverra à tout par bonne et briefve justice, les électeurs supplient encores que Sa Majesté, jusques à ce que la forme de la justice soit déclairée, nomme juge qui ne soit partial, afin que ceulx de l'Empire, estans molestez ou foulez, puissent avoir recours conforme à justice et raison, tant pour eulx que pour ceulx de ladicte province de Flandre, et que Sa Majesté entende que les humbles requestes et remonstrances sur ce par lesdicts électeurs faictes ne tendent à aultre fin que pour nourrir paix et intelligence perpétuelle entre ledict sainct-empire et Pays-Bas.

Quant à l'article de la justice de la chambre impérialle, les estatz se condescendent à la résolution de Sa Majesté.

Touchant l'article des monnoyes, les électeurs présentent une forme de mandement, supplians que Sa Majesté la face incontinent publier par l'Empire, et sont d'advis que le jour de l'esvaluation de la monnoye jusques au dimenche *Quasimodo* soit prolongé, ordonnant que les députez qui se treuveront présens procèdent en leur besoigné nonobstant l'absence d'aulcuns : supplians à Sadicte Majesté que les Pays-Bas se conforment et obéyssent au mandement qui se publiera en l'Empire touchant lesdictes monnoyes, comme mesmement elle consentist de le communicquer à sesdicts subjectz, leur le faisant accepter, et comme doncques à cest effect se treuvèrent procureurs et députez souffisans à l'assemblée de Spyrs, ayans lesdicts du Pays-Bas signé et consulté avec les estatz de l'Empire ce que lors fut conclut sur le faict de ladicte monnoye. Par quoy ne font doubte que Sa Majesté ne les induyse facillement à son obéyssance, supplians qu'il traicte avec le roy son frère que tous ses royaulmes et pays se conforment en ladicte ordonnance.

Et finablement, résolus les articles dessusdicts selon la proposition faicte par Sa Majesté, le supplient mectre dilligence au recès et conclusion de ceste présente diette.

Sadicte Majesté fut, tout ledict moys de janvier, audict Ausbourg, estant tourmenté de sa goutte.

Responce de Sa Majesté sur la réplicque précédente desdicts estatz impériaulx.

Premièrement, en ce que touche le concile, réformation et intérim, suyvant son offre et l'acceptation d'icelle, fera tout le bon debvoir qu'elle pourra, tenant regard au besoing du sainct-empire et pour procurer le bien, repos, union et tranquillité d'icelluy.

Quant à ce que les électeurs réplicquent au poinct de la paix publicque en ce que concerne les Pays-Bas, Sa Majesté requiert encores de se voulloir accorder à l'opinion des princes acceptée par Sa Majesté, fondée sur ses véritables remonstrances, puisque, comme dict jà a esté, elle ne peult, pour le présent, faire changement, ny sçauroit nommer aultre remède, pour vuyder les difficultez qui pourroient, comme dict est en leur escript, advenir, sinon soy-mesme : ayant rendu par le passé, et elle et ses prédécesseurs, si bon debvoir, que nul des estatz dudict Empire a cause de s'en pouvoir plaindre avec vérité; les requerrant de se vouloir contenter de ce, et encores mieulx peser les remonstrances faictes par ses précédens escriptz, postposant toute affection particulière.

Quant à la monnoye, Sa Majesté se conforme à leur dernier escript, et fera dépescher les mandemens suyvant la mynute, et advertira de tout ce qui est passé sur ce poinct de la monnoye les estatz de ses pays patrimoniaulx, et mesmes de ce que contient le dernier escript des estatz impériaulx, et, suyvant l'offre du précédent donné par Sadicte Majesté, procurera qu'ilz s'accommodent à ladicte ordonnance le plus que leur sera possible, et traictera avec le roy afin que ses royaulmes et pays s'accommodent : en quoy elle espère n'y aura difficulté.

Et désire Sadicte Majesté que, le plus tost qu'il sera possible, ceste présente diette s'achève, pour non détenir lesdicts estatz plus longuement, et que l'on vienne à concepvoir le recès.

Febvrier. Dimenche, premier jour de ce moys, Sa Majesté audict Ausbourg. Lequel jour se firent des joustes devant la court. Don Pietro Sarmento estoit entrepreneur, et furent achevées le lundy ensuyvant; et furent au soir donnez les prys, asscavoir : le premier, pour avoir mieulx couru les quatre coups de lance, audict don Pietro; celluy de la foulle à un gentilhomme grec, et celluy pour estre venu le plus brave et gallant sur les rencz, au conte de Gelbes (?).

Et sur le soir le prince se sentit de la fiebvre, mais ne luy dura que quatre jours.

Le dimenche, 8e, environ les deux heures après midy, estant le roy des Romains et sa sœur la royne de Hongarie, avec aultres princes, seigneurs et dames, aux fenestres, viendrent en la place devant la court l'archiduc Ferdinand et le prince de Piedmont, comme entrepreneurs contre tous venans à soustenir troys coups de picques et sept coups d'espée, et y entrèrent aussi fort bien accompaignez, comme du roy de Bohesme, du prince de Gavre, du conte de Sainte-Flor et plusieurs aultres chevaliers et gentilzhommes, tous accoustrés en velour rouge et blanc. Les premiers de survenans furent le prince d'Orange, le conte de Mègue et le seigneur de Norquermes [1], et y vint plusieurs, tant que le passe-temps dura jusques à six heures du soir; et sur la fin le prince d'Espaigne et le seigneur don Loys de Cinighe [2] vindrent aussi combattre. Et ce achevé, furent, en présence dudict roy et de sa sœur, donnez les prys : celluy de la picque à un gentilhomme espaignol nommé don Diego de Monstroso (?); celluy de l'espée à un gentilhomme namouroys nommé Brandemberg [3], et, pour avoir esté le plus gallant, au prince d'Orange; et celluy de la picque à la foulle fut donné à l'archiduc Ferdinand, et le prys de l'espée à la foulle fut donné au prince d'Espaigne. Puis l'on dansa assez longuement. Ce faict, chascun se retira.

Le 13ᵉ les électeurs supplièrent à Sa Majesté qu'elle volust entendre à prendre jour pour la conclusion et recès de la présente [diette] : ce que leur fut accordé.

Et le 14ᵉ fut Sa Majesté, environ les quatre heures après midy, assiz en son siége impérial en la salle en court, le roy son frère en son siége royal, les électeurs, princes et estatz chascun en son lieu, où fut par le cardinal d'Ausbourg encommencé le recès et conclusion de la présente diette, et parachevé à lire par le secrétaire de l'Empire durant deux heures.

Et fut ainsi achevée cestedicte diette, qui fut encommencée le 26ᵉ de juillet 1550. Dont la substance s'ensuyt :

« Premièrement, les différences de la religion sont, par commung consentement et accord des princes et aultres estatz impériaulx, remises au concile général de Trente, auquel tant protestans comme catholicques s'y sont submys; et a esté traicté avec Sa Saincteté et d'icelle impétré que ledict concile se commencera le premier jour de may prouchainement venant, tous roys, princes, seigneurs, prélatz et aultres chrestiens y avoir esté convocquez. Promect Sa Majesté aux protestans seureté pour pouvoir

---

[1] Philippe de Sainte-Aldegonde, seigneur de Noircarmes.
[2] D. Luis de Zúñiga.
[3] Brandebourg. Ce nom était celui d'une des principales familles de la province de Namur.

demourer et estre ouys audict concile et retourner en leurs maisons, afin que cy-après on ne puisse estre occasionné dire ne leur avoir esté permis d'y venir et estre ouys : promectant Sa Majesté, durant ledict concile, se tenir en l'Empire, ou au moings terres prochaines à icelluy.

» La réformation des ecclésiasticques et déclaration de l'intérim furent, à la dernière diette tenue en ce mesme lieu d'Auguste 1548, par commung consentement des estatz, instituée et acceptée afin que, attendant la diffinition dudict concile, fût entre tant de diverses opinions mise règle comme l'on debvroit vivre pour entretenir tranquillité. Sur quoy Sadicte Majesté se plainct de la négligence qu'on a usée à l'exécution de ladicte déclaration ; et fut respondu par lesdicts estatz que, pour plusieurs causes et inconvéniens, l'on n'y a peu entièrement entendre. Par quoy Sa Majesté, voyant ces difficultez, prent à sa charge faire observer ledict intérim le mieulx qu'il pourra, requerrant de surplus à tous que chascun en droict soy procurasse que tant saincte ordonnance fût exécutée.

» Fut remonstré que en la dernière diette avoit esté amplement ordonné sur la paix commune, chose fort nécessaire pour le repos d'Allemaigne, et est besoing que les transgresseurs d'icelle soient deuement chastiez, desquelz les principaulx sont ceulx de Magdebourg. Ayant Sa Majesté, en la guerre passée, vaincu et resubjugué toute la Germanye, eulx seuls sont demourez obstinez, sans jamais venir ou envoyer devers Sa Majesté demander grâce et miséricorde ; et voyant ladicte pertinacité, Sa Majesté a eu raison de les déclairer ennemys de luy et de l'Empire : néantmoings, pour son accoustumée clémence, a esté contrainct [1], et aux requestes des princes et estatz de l'Empire, qu'ilz envoyassent vers lesdicts de Magdebourg pour venir, soubz saulf-conduict de Sa Majesté, en ce lieu d'Ausbourg, pour obtenir pardon et miséricorde. Et quand iceulx ont contemné la bonté et clémence de Sa Majesté et aucthorité des estatz, et vivans contre la religion catholicque, les cognoissans si obstinez, a esté, par commun accord des estatz, déclairé la guerre contre lesdicts rebelles, et a esté accordé par lesdicts estatz soixante mille florins, tous les mois, pour l'entretènement d'icelle guerre si longuement que on les aura réduicts à obéissance. Et afin que l'affaire promptement fût mise en effect, fut ordonné que l'on print aussi-

---

[1] *Sic.* C'est *content* qu'il faut lire.

tost cent mille florins desdicts deniers accordez par les membres impériaulx en la dernière diette, pour faire gens de guerre contre lesdicts rebelles, et que, pour remectre lesdicts cent mille florins au lieu où on les aura prins, nonobstant toutes les difficultez et charges que alléguèrent lesdicts des estatz, fut ordonné que, à la première assamblée qui se fera à Nuremberg par les députez et commissaires des électeurs qui sont nommez, asscavoir : pour les ecclésiasticques l'archevesque de Salzbourg, le grand commandeur de Prusse et l'évesque de Munster, pour les princes et évesques séculliers Albert, duc de Bavière, Henry, duc de Brunswick, et Guillaume, duc de Julliers, en lieu desquelz sont substituez, de la part des électeurs ecclésiasticques, l'abbé de Weingarten, de la part des princes et électeurs séculiers le conte Frédéric de Furstenberg, et de la part des villes ceulx d'Ausbourg, lesquelz par ensemble ordonneront où la somme desdicts cent mille florins pourra estre prinse, pour les remectre au thrésor qui a esté faict et se faict annuellement pour soustenir la guerre contre ceulx qui vouldroient attempter ou innover aulcune chose contre le sainct-empire. Permectant Sa Majesté à tous bourgermaisters des citez et villes impérialles qu'ilz puissent, selon leur puissance, imposer leurs bourgeois et manans en leurs jurisdictions, pour la recouvrance de ladicte somme, tant sur ecclésiasticques que séculiers, previlégez ou non previlégez; et accorde que, si aulcuns de l'Empire ou de la Germanye donnent assistence ou faveur à aulcuns ennemys de l'Empire ou de Sa Majesté, soustiendront les fraiz et despens par commung jusques au reboutement et chastiement desdicts ennemys.

» Sur les assesseurs extraordinaires accordez à la dernière diette pour la chambre impérialle, est conclut que, s'il semble à ceulx qui visiteront ladicte chambre qu'il soit nécessaire les retenir encores troys ou quatre ans, (à condition que, si par mort ou aultrement venoit vacquer une de leurs places ou plusieurs, ne soit pourvu de nouveau) seront continuez; et ordonne Sa Majesté que les gaiges desdicts extraordinaires soient consignez sans aultre ordonnance.

» Sa Majesté prent à sa charge d'amiablement appoincter quant à la restitution des biens ecclésiasticques expolliez; et si ainsi faire ne se peult, il s'en remectra en la chambre impérialle.

» Touchant la monnoye, les commiz de l'Empereur et les estatz en ont souffisament traicté à l'assamblée à Spyrs. Reste la difficulté de l'esvaluation de l'or et de l'argent, laquelle se déterminera, comme dict est, à Nuremberg, et lors se publiera l'esvaluation de ladicte monnoye : deffendant à tous que nul ne porte argent non monnoyé hors de la Germanye, ou apporte en icelle monnoye fausse, et que iceulx qui ont droict de pouvoir faire battre ou forger monnoye ne pourront vendre leur droict à aultruy, ains que eulx-mesmes en usent, faisant revenir le poix du marck de Coulongne à dix florins douze kreyzers et demy, excluant toutes fraudes et difficultez que en ce se pourra treuver ; promectant Sadicte Majesté procurer que ses Pays-Bas obéyssent à ladicte ordonnance, moyennant que ce puisse estre sans leur grand détriment. Semblablement le roy des Romains consent non-seulement que les subjectz de son royaulme de Bohesme y obéyssent, ains veult que aussi son royaulme d'Hongarie et tous aultres ses pays observent ladicte ordonnance de la monnoye.

» Sur les plainctes des contributions que les estatz impériaulx font, est ordonné que, dedens troys moys après la publication de ceste présente diette, ilz exhibent, sur peine d'estre forclos, leurs griefz : ordonnant aux commiz députez à la prochaine assamblée à Wormes en décidant et déterminant [1] selon forme et raison.

» La pollice et gouvernement des villes a esté, en la dernière diette, deuement ordonnée, commandant à grandes peines de l'observer et garder; ordonnant aux gouverneurs et juges des villes frontières communicquer leurs ordonnances à leurs voysins, afin que les subjectz ne soient foullez.

» L'article concernant draps et laynes s'entend que les draps d'Allemaigne tirez, tendus et visitez ne se pourront vendre si premièrement n'ayent esté mouillez et tondus; et celluy qui, après avoir esté mouillé, tondu, tiré et extendu, se vent par aulne, que tel marchant sera puny comme contrevenant à l'ordonnance politicque. Les draps de Londres et aultres quelzconques de semblable ne se pourront extendre, comme en la diette précédente a esté plus déclaré. Déclairant tous previléges faicts et à faire pour cest effect nulz et de nulle valeur; promectant Sa Majesté que ses pays patrimoniaulx de Flandre obéyront à cest article de la constitution politicque.

---

[1] *Sic.* Il faut lire : « en décider et déterminer. »

» Et combien que tous contractz usuriers soient deffendus, néantmoings les juyfz ont commis secrètement plusieurs usures. Sur quoy ordonné que nulz juyfz ne puissent contracter, sinon doresnavant par-devant bourgermaistres ou juges ordinaires : aultrement les obligations et contractz sont déclairez nulz. Permectant ausdicts juyfz touts contractz légitimes aux foyres et marchez; deffendant que un chrestien vende l'action d'un chrestien à un juyf, ny que un juyf, comme créditeur, transporte quelque manière de contract à aulcun chrestien.

» Nulz bourgermaistres ou justiciers ne soustiendront bannys ou espyes[1], nonobstant qu'ilz ayent saulf-conduict de Sa Majesté : car dès maintenant on le révocque et abolit. Le semblable s'entend contre ceulx qui apportent en Allemaigne du faulx saffran et espéceryes.

» Le mandement contre les annebaptistes faict l'an vingt-neuf se renouvellera, à cause que leur fureur journellement s'augmente contre la tranquillité de la républicque : car, contemnans tous légitimes potestatz, ne veullent jurer ou faire serment à leurs princes et supérieurs. Par quoy est constitué que contre ceulx qui, par coutumace, ne veullent faire serment à leurs supérieurs, et aussi contre tous enseigneurs de la secte de hérésie perverse sans espoir de rémission ou inquisition ecclésiasticque, est ordonné que ceulx qui, contrictz et dolens, soient repentans et présentent de faire pénitence, puissent obtenir et grâce et miséricorde; et ceulx qui, si comme le baptesme ne fust de nulle valleur, ne laissent baptiser leurs enfans, seront tenus pour annebaptistes.

» Il est deffendu que nulluy, tant dedens l'Empire que dehors, ose, sans congé de l'Empereur ou du roy des Romains, son frère, donner secours ou assistence de guerre à nul membre ny à aultre contre Leurs Majestez ou membres de l'Empire, et nulz soldartz cassez ne demourent sur les villaiges et plat pays, faisans dommaige aux laboureurs. Ordonnant à tous supérieurs et justiciers qu'ilz prennent garde de conserver et deffendre leurs subjectz de toutes foulles et injures.

» A esté remonstré par le roy des Romains que, nonobstant les trefves de cincq ans, les Turcqz ont occupez plusieurs chasteaulx en la Transilvanye. A esté accordé par les estatz que, si nécessité de guerre survenoit, que la

---

[1] *Espyes*, espions.

moictyé de la contribution contre les Turcqz accordée à Spyrs se payera au premier jour d'aoust de l'an ensuyvant; et ne sera personne exempt de contribuer, tant soit électeur, prince ou aultre : ordonnant au fiscal impérial poursuivre son droict contre les contrevenans et non veuillans obéyr à ladicte ordonnance. Ceulx qui, en la diette passée, ont institué le trésorier des guerres, procureront que ce que sera tiré de la contribution y soit remys.

» La différence des cessions s'exhibera és mains de Sa Majesté ou de ses commiz, pour les amyablement appoincter, ou par raison et justice le diffinir.

» Tous les dessusdicts articles Sa Majesté entend et veult estre observez et entretenus sans contrediction aulcune. »

Mars. Le 7ᵉ de ce moys de mars, estant Sa Majesté audict Ausbourg, assise en son siége impérial, accompaignée de plusieurs princes, seigneurs et prélatz et ceulx de son conseil, vindrent le prince de Gavre, conte d'Aigmont, et le conte de Horne, lesquelz estans à genoulx devant le passet [1] de Sa Majesté, fut par ledict prince de Gavre exposé, en latin, comment ilz estoient là envoyez de la part de son filz Phelippe, prince d'Espaigne, archiduc d'Austrice, duc de Bourgoigne, de Brabant et de Gheldres, lequel supplioit à Sadicte Majesté estre receu en fief de l'Empire, et luy octroier l'investiture des pays que Sa Majesté, son père, tient en fief dudict sainct-empire en général, sans spécifier en particulier aulcuns desdicts pays, estant prest d'en faire son debvoir et serment de fidélité envers Sa Majesté et le sainct-empire. Les ayant ouy, Sadicte Majesté appella l'évesque d'Arras et le docteur Seeld [2]. Et après fut respondu, au nom de Sadicte Majesté, ausdicts contes ambassadeurs, que Sa Majesté estoit prest de recepvoir ledict prince, lequel fut lors ammené par lesdicts seigneurs; et estant entré, fit trois révérences, se mectant à genoulx sur le bord du passet de Sa Majesté, et les deux derrière luy, où par ledict d'Aigmont fut derechef exposé plus amplement ce que ledict prince requerroit. A quoy fut de Sa Majesté respondu par ledict Seeld; puis le prince se leva et, approchant de Sadicte Majesté, se mist encores à genoulx, tenant les deux

---

[1] *Passet*, petit banc sur lequel l'Empereur appuyait ses pieds.
[2] Voy. p. 346, note 4.

mains sur le missal ouvert, prononçant les parolles qui luy furent prédictes et leues par icelluy Seeld, qui estoit le serment accoustumé, qu'il fit à Sa Majesté; puis print icelle l'espée impérialle en ses mains, que le mareschal impérial tenoit, faisant baiser audict prince le pommeau d'icelle. En après se leva et se fut remectre à genoulx sur ledict passet, où par le dessusnommé prince de Gavre fut faict un beau remerciement. Ce achevé, chascun se retira.

Le 10e dudict moys la douaigière d'Hongarie donna à disner au roy des Romains, son frère, au roy de Bohesme et aux archiducz, ses nepveuz; et après se partit ledict roy pour son retour en Hongarie, ayans prins résolution sur tous leurs affaires [1], et iceulx concluds et mys par escript, et pour lesquelz ladicte royne estoit venue par deçà; et fut ledict roy accompaigné de son nepveur le prince d'Espaigne et plusieurs aultres jusques à une lieue hors de la ville. Et le roy de Bohesme, ayant le soir prins congé de Sa Majesté, son beau-père, et de ladicte royne, se partist le lendemain matin en poste, suyvant le roy des Romains, son père.

Le 17e le duc Christofle de Wirtemberg eust audience vers Sa Majesté, suppliant que le procès d'entre le roy des Romains et luy se appoinctast par voye amyable, et non par sentence diffinitive.

En ce mesme temps Sa Majesté eust nouvelles comme le duc Octave Fernez [2], son beau-fils et chevalier de son ordre de la Thoyson d'or, avoit abandonné le party de Sa Majesté et accepté celluy des Françoys. Néantmoings, le 21e de ce moys, arriva l'évesque de Feria [3], venant de la part du pape pour traicter avec Sa Majesté touchant l'affaire de Parme, lequel évesque fut en chemin détenu de la goutte, et, arrivé à Trente, fut adverty du bruict qui couroit du changement dudict duc. Pour quoy icelluy évesque dépescha son frère vers ledict duc, pour sçavoir s'il estoit vray qu'il eust prins le party desdicts Françoys; en ce cas n'estoit besoing qu'il passât plus oultre: lequel duc luy rescripvist, le priant passer oultre vers Sa Majesté et parfaire son voyaige, et user selon les instructions qu'il avoit de Sa Saincteté et de luy.

---

[1] Les affaires dont il est question ici étaient les arrangements que Charles-Quint et le prince son fils avaient faits avec le roi Ferdinand pour que Philippe succédât à celui-ci en l'Empire.

[2] Farnèse.

[3] *Sic.* Il s'agit de l'évêque de *Fano.* Voy. de Thou, liv. VIII.

Le 29ᵉ Sa Majesté audict Ausbourg.

Et le pénultième la royne de Hongarie et le prince partirent, allans à Mynick ¹ lever des fons le premier enfant, qui estoit une fille, de la duchesse fille du roy des Romains. Et le duc estoit venu expressément audict Ausbourg pour les prier qu'ilz y allassent.

Ledict jour fut conclut et résolu le mariage de Henry, fils du conte Guillaume de Nassau, prince d'Orange ², avec madamoiselle d'Aigmont, fille et héritière unicque du conte de Bure, décédé, par le vouloir et consentement de l'Empereur. Sadicte Majesté . . . . . ³.

Apvril. Le 3ᵉ dudict ladicte royne et prince reviendrent de Mynick icy audict Ausbourg.

Cedict moys eust Sa Majesté nouvelles de son ambassadeur résident en France que l'on avoyt envoyé au roy de France une paincture d'ung dragon que l'on avoit veu ès ysles d'Ere ⁴, merveilleux.

Le 7ᵉ, ayant ladicte royne achevé ses affaires, partit pour son retour ès Pays-Bas, où elle est régente, estant accompaignée du prince d'Espaigne, son nepveur, et de plusieurs aultres jusques à une lieue hors de ladicte ville d'Ausbourg.

Le 12ᵉ Sa Majesté eust nouvelles que la royne de Bohesme, sa fille, estoit accouchée d'ung filz à Valitoledo ⁵, le 28ᵉ du moys passé.

Le 13ᵉ furent mys placquars par les portes des églises et aultres lieux, signez de l'Empereur et seelez, en date du 23ᵉ dudict moys passé de mars, par lesquelz Sa Majesté faisoit sçavoir aux protestans principallement et à tous aultres que Sa Majesté a eu nouvelles que les légatz du pape estoient partys de Rome pour venir à Trente, où il [ne] mectoit doubte que les prélatz de l'Empire et d'aultres lieux ne se trouveroient au jour nommé,

---

¹ Munich.
² Il y a ici erreur et confusion. Ce fut Guillaume de Nassau, devenu prince d'Orange en vertu du testament de son cousin René, qui épousa Anne d'Egmont, fille du comte de Buren. Guillaume, qu'on a surnommé *le Taciturne*, était le fils aîné de Guillaume le Vieux, comte de Nassau-Dillenbourg, et de la comtesse Julienne de Stolberg. Ses noces furent célébrées au château de Buren le 8 juillet 1550. (La Pise, *Histoire des princes d'Orange*, p. 266.)
³ *Sic.*
⁴ D'Hyères.
⁵ Valladolid.

qui estoit le premier de may suivant le présent moys d'apvril : par quoy leur faisoit sçavoir, afin de s'y trouver. Auquel lieu ilz pouvoient franchement, librement, aller, y demourer et retourner en leurs pays et provinces; et seroyent ouys en leurs raisons. Et au cas qu'ilz ne se trouvassent en temps et lieu, et que l'on conclût aulcuns articles contre leurs opinions, ilz ne puissent en après alléguer que on auroit besoigné aux affaires sans qu'ilz y eussent esté ouys et alléguez ou appellez : car Sa Majesté les asseure de l'aller, retourner et demourer, entendant que ce que audict concile sera déterminé soit tenu, observé et mys à entière exécution.

Le dernier jour dudict moys d'apvril eust Sa Majesté nouvelles de son vice-roy de Secille que le prince Doria avoit enserré Gottier Raiz, turcq, coursaire, avec vingt voylles, en un canal près d'une petite villette aux Gelbes, et ne pouvoit sortir ny entrer audict canal que une galère à la foys; et pour les nuyre par terre, ledict prince avoit envoyé demander gens à la Goullette en Affricque et à Naples.

May. Vendredy, premier jour de ce moys de may, Sa Majesté encores audict Ausbourg, où il fut, accompagné de son filz le prince, en court ouyr les vigilles annuelles pour sa femme, la feue impératrice, et le lendemain la messe, qui fut chantée par l'évesque d'Elbe [1].

Sadicte Majesté aussi eust nouvelles que le pape avoit faict sommer le susdict duc Octave Fernez, tenant Parme, qui est fief de l'Église, à comparoir, le 19e de ce moys, à Rome, en présence de Sa Saincteté, et estre obédyent au sainct-siége apostolicque; et, en cas de deffault et désobéissance, procéderoit contre luy par censures, invocqueroit le bras séculier, qui est l'Empereur, pour luy donner ayde, le soustenir et deffendre.

Sadicte Majesté eust aussi nouvelles, le 27e du moys dernièrement passé, que Sa Saincteté avoit faict faire à Rome, par troys jours ensuivans, processions générales, donnant à tous confiez [2] pardon, et luy-mesme en personne portoit le sainct sacrement, pour prier Dieu que le sainct et général concile se puisse bonnement encommencer, déterminer et décider, à la gloire de Dieu, augmentation de sa saincte foy, extirpation des erreurs, saulfvement des âmes, réformation de l'Église et union de la paix chrestienne :

---

[1] *Sic.* Probablement *Elne*, évéché dans le Roussillon.
[2] *Confiez*, confessés.

lesquelles indulgences générales furent aussi envoyées, le 12e dudict moys, en ceste court. Et en jeusnant le mercredy, vendredy et samedy, communiant le dimenche, Sa Saincteté absouloit des peines et coulpes de tous cas, bien qu'ilz fussent réservez à luy, moyennant de confession et repentance des péchez.

Le 11e eust nouvelles venantes de Secille que le susdict coursaire tourcquois Gouttieres estoit eschappé, ayant à force de bras faict caver un canal et traîner ses vaisseaulx par-dessus l'isle, et s'estoit saulfvé, et, en se retirant, rencontra une gallère venant de Secille et ung basteau chargé de biscuyt, qu'il print.

Et le 17e dudict de may, ayant Sa Majesté résolu, de longtemps paravant, de renvoyer le prince son filz en Espaigne, après avoir conclut tous leurs affaires, cuydant partir le lundy, 18e, sur la mynuict luy print ung mal de costé avec une fiebvre, dont, grâces à Dieu, fut dilligemment secourru; et ainsi retardé son partement jusques au 25e.

Le 21e Sa Majesté, qui n'avoit sorty depuis l'unziesme de janvier, fut à la chasse à une lieue d'Ausbourg, y revenant coucher.

Et le 25e, nonobstant que la séparation du père et du filz fût dure à tollérer, toutesfoys ledict seigneur prince, ayant prins de sondict père Sa Majesté congé, vint coucher à Landsberg, et Sa Majesté coucher à Meringue (?), pour aller à Municken, et de là revint audict Ausbourg, où il demoura tout ledict moys de may et jusques . . . .[1].

---

[1] C'est ainsi que finissent le manuscrit de la Bibliothèque impériale, à Vienne, et la copie qui en existe à la Bibliothèque royale, à Bruxelles.

Tout ce que nous avons imprimé, d'après ces manuscrits, à partir du commencement de l'année 1550 (p. 591), est remplacé, dans le MS. de la Bibliothèque de l'Arsenal, dans celui de la Bibliothèque de Reims et dans le MS. 15869 de notre Bibliothèque royale, par ce qui suit :

- « Mercredy, premier jour de janvier 1550, stil de Rome, Sa Majesté à Bruxelles, jusques le dernier jour de may, qu'il vint coucher à Louvain.
- » 2e coucher à Thielmont.
- » 3e à Tongre.
- » 4e à Mastricht.
- » 7e à Aix.
- » 9e à Juilliers.
- » 10e à Coulongne.
- » 14e sur le Rhin; coucher à Bona.
- » 15e à Andrenach.

» 16e à Covalence.
» 17e à Poupart.
» 18e à Bacherach.
» 19e à Mayence.
» 20e idem.
» 21e par terre à Openem.
» 22e à Wormes.
» 25e à Spyrs.
» 27e à Brecht.
» 28e à Fahinghe.
» 29e à Esselinghe.
» 30e à Gheppinghe.
» Mardy, premier jour de juillet, à Gaizelinghe.
» 2e à Olme.
» 4e à Ginghe.
» 5e à Merlinghe.
» 6e à Tonnevert.
» 7e à Wysendorf.
» 8e à Ausbourg, et toute la reste de l'année 1550.
» Et le 25e de may 1551 Sa Majesté audit Ausbourg, que me partiz, par son ordonnance, pour aller avec le prince son filz en Espaigne. A cause de quoy cesse ceste œuvre. »

FIN DU JOURNAL DES VOYAGES DE CHARLES-QUINT.

INDEX

CHRONOLOGIQUE ET HISTORIQUE.

1515.

Assemblée des états généraux des Pays-Bas; émancipation de Charles, p. 55.
Nomination de Jean le Sauvage comme grand chancelier, *ib.*
Mariage de madame Isabelle d'Autriche avec le roi de Danemark, p. 56.

1516.

Mort de Ferdinand le Catholique; Charles prend le titre de roi, p. 56.
Chapitre de la Toison d'or à Bruxelles; nomination de nouveaux chevaliers, *ib.*

1517.

Assemblée des états généraux des Pays-Bas à Gand, p. 57.
Départ de Charles pour l'Espagne, p. 58.
Il débarque à Villaviciosa et va trouver la reine sa mère à Tordesillas, *ib.*
L'archiduc Ferdinand vient au-devant de lui, *ib.*

Mort du cardinal Ximenes; Guillaume de Croy est fait archevêque de Tolède, p. 58.

Entrée solennelle de Charles à Valladolid, p. 59.

Envoi de l'archiduc Ferdinand aux Pays-Bas, *ib.*

Réception de Charles par les cortès de Castille, *ib.*

1518.

Départ de Charles pour Saragosse, p. 60.

Mariage de madame Éléonore d'Autriche avec le roi de Portugal, *ib.*

Mort du grand chancelier le Sauvage; il est remplacé par Mercurino di Gattinara, *ib.*

1519.

Départ de Charles pour Barcelone, p. 60.

Mort de l'empereur Maximilien, *ib.*

Chapitre de la Toison d'or, *ib.*

Envoi d'une ambassade à Montpellier, pour traiter avec le grand maître de France, p. 61.

Mariage de la reine Germaine de Foix avec le marquis Jean de Brandebourg, *ib.*

Élection de Charles à l'empire, p. 62.

1520.

Départ de Charles-Quint pour la Galice; il s'embarque à la Corogne, p. 62.

Soulèvement de Tolède, de Ségovie et des autres villes de Castille, et ses suites, *ib.*

Invasion de la Navarre par les Français, qui sont battus et forcés de se retirer, p. 63.

Élection d'Adrien à la papauté, *ib.*

Charles débarque à Douvres et a une entrevue avec le roi d'Angleterre, *ib.*

Il arrive en Flandre, *ib.*

1521.

Départ de Charles-Quint pour l'Allemagne, p. 64.
Il est couronné à Aix, *ib*.
Il tient la diète de l'Empire à Worms, *ib*.
Mort du cardinal de Croy et du seigneur de Chièvres, *ib*.
Le comte de Nassau remplace ce dernier dans la charge de grand chambellan, *ib*.
Retour de Charles aux Pays-Bas, *ib*.
Entrevue de Charles avec le cardinal Wolsey à Bruges, p. 65.
Conférence de Calais, *ib*.

1522.

Prise de Tournai et de Milan, p. 65.
Charles de Lannoy fait vice-roi de Naples, *ib*.
Assemblée des états généraux des Pays-Bas à Bruxelles; Charles-Quint prend congé d'eux, *ib*.
Il va trouver à Douvres le roi d'Angleterre, avec lequel il passe plusieurs jours, p. 66.
Il s'embarque pour l'Espagne et prend port à Santander, *ib*.
Mort du grand aumônier Mota, évêque de Palencia, *ib*.
Envoi du seigneur du Rœulx au connétable de Bourbon, *ib*.
Nomination de Guillaume de Vandenesse à l'évêché d'Elne, p. 67.
Mort du confesseur de l'Empereur Glapion, *ib*.
Obsèques célébrées à Tordesillas pour le roi Philippe, *ib*.
Publication, à Valladolid, d'un pardon général pour les *comuneros*, *ib*.

1523.

Retour en Castille de madame Éléonore, veuve du roi de Portugal, p. 68.
Nomination de fray Garcia de Loaysa comme confesseur de l'Empereur, *ib*.
Et de D. Alonso Fonseca comme archevêque de Tolède, *ib*.

1524.

Reprise de Fontarabie, p. 69.
Nomination de Guillaume de Vandenesse comme grand aumônier, *ib.*
Départ du prince d'Orange pour l'Italie; il est pris par les Français, *ib.*
Mariage du comte de Nassau avec la marquise de Zenette, *ib.*
Inondation extraordinaire à Burgos, *ib.*
Charles-Quint prend la fièvre à Valladolid; elle lui dure cinq mois, *ib.*
D. Ferrante Gonzaga vient à son service, *ib.*
Fiançailles de madame Catherine d'Autriche avec le roi de Portugal, p. 70.

1525.

Prise de François Ier à Pavie, p. 70.
Charles-Quint tient les cortès de Castille à Tolède, p. 71.
Arrivée en cette ville du grand maître de Rhodes, de Charles de Lannoy, d'ambassadeurs d'Angleterre, du cardinal Salviati, légat du pape, d'ambassadeurs français chargés de négocier la délivrance du roi et d'envoyés de différentes puissances, *ib.*
Charles va visiter à Madrid le roi de France malade, *ib.*
Il y reçoit madame d'Alençon, p. 72.
Mort du marquis Jean de Brandebourg, mari de la reine Germaine, *ib.*
Madame d'Alençon va trouver l'Empereur à Tolède, *ib.*
Traité de Madrid entre l'Empereur et le roi de France, *ib.*
Arrivée à Tolède du connétable de Bourbon et de la reine Germaine, p. 73.

1526.

Retour du connétable de Bourbon en Italie, p. 73.
Entrevues de Charles-Quint avec François Ier et de celui-ci avec la reine Éléonore, *ib.*
Laurent de Gorrevod est chargé d'aller prendre possession du duché de Bourgogne, *ib.*
Charles de Lannoy est nommé grand maître de la maison de l'Empereur, *ib.*

Le seigneur du Rœulx est nommé grand écuyer, p. 73.
Départ de Charles-Quint pour Séville, p. 74.
Délivrance de François Ier, qui se refuse à ratifier le traité de Madrid, *ib.*
Mariage de Charles avec la princesse Isabelle de Portugal, p. 75.
Meurtre du capitaine de Simancas par l'évêque de Zamora; supplice infligé à l'évêque, *ib.*
Mort de la reine de Danemark, Isabelle d'Autriche; obsèques célébrées pour elle à Séville, *ib.*
Arrivée de l'infant D. Luis de Portugal, *ib.*
Mariage de la reine Germaine avec D. Hernando d'Aragon, qui est fait vice-roi de Valence, *ib.*
Charles de Lannoy est renvoyé à Naples, p. 76.
Défaite et mort du roi Louis de Hongrie, *ib.*

1527.

Couronnement de l'archiduc Ferdinand comme roi de Bohême, p. 77.
Voyage du grand chancelier Gattinara en Italie, *ib.*
Naissance du prince Philippe; fêtes qui ont lieu, à cette occasion, à Valladolid, p. 78.
Prise de Rome et mort du connétable de Bourbon, *ib.*
Mort de Charles de Lannoy, *ib.*
Siége de Naples par les Français et les Vénitiens, *ib.*
Mort de D. Hugo de Moncada, qui avait remplacé Lannoy dans la vice-royauté de Naples, *ib.*
Mort du cardinal Colonna, son successeur, *ib.*
Le prince d'Orange est fait vice-roi de Naples, *ib.*
Défi entre Charles-Quint et François Ier, p. 79.

1528.

Entrée de l'Empereur à Valence, p. 80.
Rétablissement de Laurent de Gorrevod dans la charge de grand maître d'hôtel, p. 81.
Arrestation de Jean Lallemand, premier secrétaire d'État, *ib.*

1529.

Rassemblement, dans le port de Barcelone, de la flotte destinée à transporter l'Empereur en Italie, p. 82.

Conclusion de la paix avec le pape, p. 83.

Mort du comte de Pont-de-Vaux (Laurent de Gorrevod), *ib.*

Le seigneur du Rœulx fait grand maître et le seigneur de Montfort grand écuyer. *ib.*

Charles-Quint s'embarque pour l'Italie, *ib.*

Il envoie de Savone en France le seigneur de la Chaulx, pour ratifier, en son nom, le traité de Cambrai, *ib.*

Il entre à Gênes; trois cardinaux l'y complimentent de la part du pape, *ib.*

Sa réception à Plaisance, où l'amiral de France vient le requérir de ratifier le traité de Cambrai, p. 84.

Les nouvelles du siége de Vienne par les Turcs l'engagent à demander au pape qu'ils s'entrevoient à Bologne; Clément VII y consent, *ib.*

Le grand chancelier Gattinara est fait cardinal, *ib.*

Entrée solennelle de Charles-Quint à Bologne; sa réception par le pape, p. 85.

Conclusion de la paix entre l'Empereur, le duc de Milan et les Vénitiens, p. 86.

1530.

Couronnement de Charles-Quint comme roi de Lombardie, pp. 86-88.

Pouvoir donné, à cette occasion, par le pape au cardinal Enckevoort, p. 88.

Couronnement de Charles-Quint comme empereur, pp. 89-94.

Le prince d'Orange nommé général de l'armée destinée à assiéger Florence, p. 94.

Le seigneur du Rœulx fait comte et l'évêque d'Osma cardinal, *ib.*

Érection du marquisat de Mantoue en duché, *ib.*

Mort du seigneur de Montfort, *ib.*

Et du grand aumônier, Guillaume de Vandenesse, p. 95.

Le docteur Quintana choisi pour confesseur de l'Empereur au lieu du cardinal d'Osma, *ib.*

Mort du grand chancelier Gattinara, p. 95.
Le seigneur de Granvelle fait garde des sceaux, *ib.*
Arrivée de Charles-Quint à Augsbourg, où il tient la diète, p. 96.
Mort du prince d'Orange devant Florence, *ib.*
Mort de Marguerite d'Autriche, régente des Pays-Bas, p. 97.

1531.

Élection de Ferdinand comme roi des Romains, p. 97.
Couronnement de Ferdinand à Aix-la-Chapelle, p. 98.
Arrivée de Charles-Quint à Bruxelles, *ib.*
Mort de Muley-Hassem, roi de Tunis, *ib.*
Mort de Louise de Savoie, mère du roi de France, *ib.*
Chapitre de la Toison d'or à Tournai, *ib.*
L'archevêque de Bari Merino fait grand aumônier; les seigneurs de Boussu, de Rye, de Peloux, faits respectivement grand écuyer, sommelier de corps et gentilhomme de la chambre, p. 100.
Assemblée des états généraux des Pays-Bas à Bruxelles, *ib.*
Sentence rendue contre le secrétaire Lallemand, *ib.*

1532.

Départ de Charles-Quint pour l'Allemagne, p. 101.
Il arrive à Ratisbonne, où il tient la diète de l'Empire, p. 102.
Il y est malade, *ib.*
Mort du prince de Danemark, neveu de l'Empereur, *ib.*
Le marquis de Villafranca (D. Pedro de Tolède) est fait vice-roi de Naples, *ib.*
Résolution de l'Empereur de marcher au secours de Vienne, *ib.*
Prise de Coron par Andrea Doria, p. 103.
Charles-Quint requiert les princes chrétiens de l'aider contre les Turcs, *ib.*
Il arrive à Vienne avec le roi son frère; les Turcs battent en retraite, *ib.*
Il prend le chemin de l'Italie, p. 104.

Il arrive à Bologne, où il est reçu par le pape, p. 105.
Conclusion d'une ligue entre l'Empereur, le pape et les potentats d'Italie, *ib.*

1533.

Charles-Quint s'embarque à Gênes pour l'Espagne, p. 106.
Il prend terre à Rosas et va trouver l'impératrice à Barcelone, *ib.*
Il tient les cortès d'Aragon à Monzon, p. 107.
Entrevue de Clément VII et de François Ier à Marseille, *ib.*

1534.

Départ de Charles-Quint pour la Castille, p. 107.
Mariage de Chrétienne de Danemark avec le duc de Milan Francesco Sforza, p. 108.
Mort de Clément VII, en remplacement duquel est élu le cardinal Farnèse, p. 109.
Mort du docteur Quintana; Pedro de Soto lui succède comme confesseur de l'Empereur, *ib.*

1535.

Arrivée de Charles-Quint à Barcelone, p. 110.
Mariage du comte palatin Frédéric avec la princesse de Danemark, *ib.*
Préparatifs de l'expédition contre Tunis, *ib.*
Embarquement de l'Empereur, p. 111.
Il rallie à Cagliari toute son armée de terre et de mer, *ib.*
Il arrive à Carthage, *ib.*
Il débarque sur la rive africaine, *ib.*
Le roi de Tunis expulsé par Barberousse vient l'y trouver, p. 112.
Attaque et prise de la Goulette, *ib.*
Défaite et fuite de Barberousse, *ib.*
Entrée de Charles-Quint dans Tunis, p. 113
Il licencie son armée, *ib.*
Il s'embarque pour la Sicile, *ib.*

Il tient les états de ce royaume à Palerme, p. 113.
Il fait vice-roi de Sicile D. Ferrante Gonzaga, *ib.*
Il arrive à Naples et y assemble les états du royaume, p. 115.
Personnages qui viennent l'y visiter, *ib.*
Mort du duc Francesco Sforza, de la reine Catherine d'Angleterre, du prince de Piémont, *ib.*
Prise d'un bateau de Barberousse sur lequel étaient un lion et une lionne que Charles-Quint envoie à Gand, *ib.*
Mariage de Philippe de Lannoy, prince de Sulmone, avec la veuve de Louis de Gonzague, et d'Alexandre de Médicis avec Marguerite, fille naturelle de l'Empereur, p. 116.

1536.

Départ de Charles-Quint pour Rome, p. 116.
Les seigneurs de Flagy, d'Herbais et D. Enrique de Tolède faits gentilshommes de la chambre, *ib.*
Entrée de Charles à Rome, p. 117.
Il assiste, à Saint-Pierre, le jour de Pâques, à la messe célébrée par Paul III, *ib.*
Discours qu'il prononce en présence du pape, des cardinaux, des ambassadeurs et d'autres personnages, sur ses relations avec le roi de France et les motifs de plainte qu'il a contre celui-ci, pp. 118-131.
Il prend congé du saint-père, p. 131.
Il renvoie l'ambassadeur de France, p. 133.
Le marquis de Saluces passe à son service, *ib.*
Prise de Fossano par Antonio de Leyva, *ib.*
Résolution de Charles-Quint d'entrer en France, p. 134.
Dispositions militaires pour cette entreprise, *ib.*
Dénombrement de l'armée impériale, p. 135.
Elle pénètre en Provence, *ib.*
Ordre que prescrit l'Empereur pour la marche en avant, *ib.*
Prise d'Antibes, de Fréjus, de Brignoles, d'Aix, p. 136.
Charles va reconnaitre Marseille, *ib.*
Mort d'Antonio de Leyva, *ib.*

Prise de Guise par le comte de Nassau, p. 137.
Mort du dauphin de Viennois, *ib.*
Victoire remportée sur les Gueldrois par Georges Schenck, *ib.*
Charles-Quint retourne en Italie, *ib.*
Il s'embarque à Gênes et arrive à Barcelone, *ib.*

1537.

Charles tient les cortès d'Aragon à Monzon, p. 137.
Prise de Hesdin par le roi de France, *ib.*
Prise de Saint-Pol et de Montreuil par le comte de Buren, *ib.*
Trêve de Bomy, p. 138.
Trêve pour l'Italie, *ib.*
Assassinat d'Alexandre de Médicis à Florence, p. 139.

1538.

Charles-Quint visite le Roussillon, p. 139.
Arrivée de l'infant D. Luis de Portugal à Barcelone, *ib.*
Départ de Charles pour Villefranche; incidents de sa traversée, p. 140.
Refus du duc de Savoie de remettre le château de Nice au pape, p. 141.
Excuses du duc, *ib.*
Arrivée du pape à Nice, du roi et de la reine de France à Villanova, *ib.*
Visites de l'Empereur et du roi au pape, *ib.*
Personnages choisis par eux pour négocier avec le saint-père, *ib.*
Visites réciproques que se font, par ambassadeurs, l'Empereur et le roi, *ib.*
Visite de la reine de France à l'Empereur, *ib.*
Négociations directes de l'Empereur avec le pape, p. 142.
Venue d'un ambassadeur de Russie vers l'Empereur, *ib.*
Conclusion d'une trêve de dix ans, *ib.*
La reine de France vient une seconde fois voir son frère, *ib.*
Départ de l'Empereur et du pape pour Gênes, *ib.*
Conclusion du mariage de Marguerite, veuve d'Alexandre de Médicis, avec Octave Farnèse, p. 143.

Charles-Quint et Paul III se séparent, 143.
Entrevue de Charles et de François Ier à Aigues-mortes, ib.
Arrivée de Charles à Barcelone, p. 144.
Noms des princes et des seigneurs qui l'avaient accompagné à Villefranche, ib.
Expédition d'Andrea Doria dans le Levant, p. 145.
Charles-Quint va en Castille, p. 148.
Assemblée des cortès à Tolède, p. 149.

1539.

Mort et obsèques de l'impératrice, p. 149.
Ambassadeurs envoyés à Charles-Quint pour lui faire des compliments de condoléance, p. 152.
Insurrection des Gantois; Charles, à cette occasion, fait partir pour les Pays-Bas plusieurs seigneurs belges, ib.
Il se résout à s'y rendre lui-même, et par la France, p. 153.
Mesures qu'il prend pour le gouvernement de l'Espagne pendant son absence, ib.
Mariage de Henri VIII avec Anne de Clèves, ib.
Personnages qui accompagnent l'Empereur dans son voyage, p. 154.
Réception qui lui est faite à Bayonne, à Loches, à Amboise, pp. 154-157.

1540.

Réception de Charles-Quint à Paris, p. 158.
Son arrivée à Cambrai et à Valenciennes, pp. 158-159.
Son entrée à Gand, p. 159.
Il reçoit la visite du roi Ferdinand et celle de plusieurs princes, p. 160.
Il se rend en Zélande et en Hollande, ib.
Il assemble les états généraux des Pays-Bas à Bruxelles, leur dit l'ordre qu'il a établi pour le gouvernement de ces provinces, et leur annonce son départ pour l'Allemagne, p. 161.
Départ pour la Bourgogne de M. de Granvelle, qui de là va à la diète de Worms, p. 162.

Proposition qu'il fait à cette assemblée, pp. 162-165.
Nominations dans l'ordre de la Toison d'or, p. 165.
Charles-Quint parcourt la Flandre, l'Artois, le Hainaut, les pays de Namur et de Luxembourg, p. 166.

1541.

Charles-Quint part pour l'Allemagne, p. 167.
Son arrivée à Ratisbonne, p. 168.
Il fait l'ouverture de la diète, *ib.*
Proposition qu'il lui adresse, pp. 169-174.
Réponse qu'elle fait par la bouche du cardinal de Mayence, p. 174.
Docteurs commis pour débattre les questions religieuses, p. 175.
Différend entre Paul III et Ascanio Colonna, p. 176.
Plaintes faites à l'Empereur contre le duc de Brunswick, *ib.*
Contestation, pour la préséance à l'église, entre le marquis Georges de Brandebourg et le comte Othon-Henri de Bavière, *ib.*
Conseil tenu sur ce sujet par l'Empereur, p. 177.
Comment la question est résolue par les princes de l'Empire, *ib.*
Conflit entre les électeurs et le légat, p. 178.
L'Empereur consulte la diète sur les articles conçus par les docteurs auxquels a été envoyé l'examen des questions religieuses, *ib.*
Réponse de la diète, *ib.*
Audience donnée aux députés du pays d'Autriche et à ceux des états de Hongrie, p. 179.
Prise de Monastir en Barbarie par D. Garcia de Tolède, *ib.*
Procession de la Fête-Dieu, *ib.*
Arrivée à Ratisbonne du roi Ferdinand, p. 180.
Secours accordé par la diète contre le Turc, *ib.*
L'Empereur la requiert de prononcer sur le droit qu'il a au duché de Gueldre, *ib.*
Investiture solennelle du duc Guillaume de Poméranie [1], pp. 180-182.

---

[1] Nous suivons ici notre auteur; mais nous devons déclarer que nous ne trouvons, ni dans *l'Art de vérifier les dates*, ni dans Moréri, de duc de Poméranie, du nom de Guillaume, à cette époque.

L'Empereur, ayant fixé le jour de son départ, invite la diète à hâter ses délibérations, p. 182.

Remontrance du duc de Savoie contre l'occupation de son pays par le roi de France; réponse que la diète lui fait, p. 183.

Requête des commis du duc de Clèves pour que ce prince soit investi des duchés de Clèves, de Gueldre et de Juliers; refus de l'Empereur; paroles sévères qu'il adresse aux princes de l'Empire, *ib.*

Réponse des ambassadeurs de France à l'exposé du duc de Savoie, et réplique du duc, *ib.*

Recez de la diète, pp. 184-187.

Départ de Charles-Quint pour l'Italie, p. 187.

Fête qui lui est donnée à Munich, *ib.*

Il trouve à Inspruck les princes et les princesses de Hongrie, ses neveux et nièces, p. 188.

Son entrée à Milan, p. 189.

Il y tient sur les fonts l'enfant du marquis del Gasto, p. 190.

A Port-Venere il reçoit la visite du vice-roi de Naples, accompagné d'une foule de seigneurs napolitains, p. 191.

Il arrive à Lucques, où il a plusieurs entrevues avec Paul III, *ib.*

Il y trouve la duchesse de Camerino, sa fille naturelle, p. 192.

Il y crée Hugues de Melun prince d'Épinoy, *ib.*

Il prend congé du pape, à qui il envoie, de la Spezzia, M. de Granvelle, pour se disculper du meurtre des agents français Fregoso et Rincon, p. 193.

Après une navigation contrariée par le temps, il arrive à Majorque, où il fait son entrée, p. 194.

Il s'embarque pour l'expédition d'Alger, *ib.*

Il jette l'ancre près de cette ville et descend à terre avec sa maison et son armée, p. 195.

Malheureuse issue de cette entreprise, pp. 195-197.

Charles-Quint se rembarque à Metafus pour retourner en Espagne, p. 197.

Les mauvais temps le retiennent pendant vingt jours à Bougie, p. 198.

Il arrive enfin à Carthagène, p. 199.

A Ocaña il trouve le prince son fils et les infantes ses filles, p. 200.

1542.

Charles-Quint envoie le duc d'Albe en Navarre, pour s'opposer aux entreprises des Français, p. 200.

Il tient les cortès de Castille à Valladolid, p. 201.

Cette assemblée lui demande de ne plus entreprendre de voyage et de résider en Espagne; réponse qu'il lui fait, *ib*.

Danger que court sur mer M. de Granvelle, *ib*.

Arrivée à Valladolid de l'évêque de Londres comme ambassadeur de Henri VIII, *ib*.

Arrivée de M. de Granvelle à Rosas, *ib*.

Conclusion des cortès de Castille, *ib*.

Résolutions prises pour la guerre contre le Turc par la diète assemblée à Spire, pp. 203-206.

Pasquinade affichée à Valladolid contre l'Empereur, p. 207.

Les auteurs en sont découverts et punis, *ib*.

Consécration, à Valladolid, de l'évêque d'Arras, fils de M. de Granvelle, *ib*.

Charles-Quint est festoyé à Burgos par le connétable de Castille et à Nájera par le duc, p. 208.

Il assiste, à Logroño, à la procession, p. 209.

Il visite la Navarre, *ib*.

Il assemble à Monzon les cortès d'Aragon, de Valence et de Catalogne, p. 210.

Proposition qu'il leur fait, *ib*.

Projet des Français d'attaquer Perpignan; le duc d'Albe y est envoyé pour leur résister, p. 211.

Publication faite par le roi de France contre l'Empereur, pp. 212-214.

Conclusion des cortès d'Aragon, qui accordent à l'Empereur cinq cent mille ducats, et consentent à recevoir le prince Philippe pour leur prince naturel, p. 214.

Siége de Perpignan par les Français, *ib*.

Réception du prince Philippe par les cortès de Catalogne, p. 215.

Et par les cortès de Valence, p. 216.

Les Français lèvent le siége de Perpignan, p. 217.

INDEX CHRONOLOGIQUE ET HISTORIQUE.

Bulle de Paul III pour la convocation d'un concile général à Trente, pp. 217-227.

Réponse de Charles-Quint à cette bulle, pp. 227-236.

Envoi par le pape du cardinal de Viseu, comme son légat, à l'Empereur, p. 237.

Bref dont est porteur le cardinal, *ib.*

Réponse de l'Empereur à ce bref et aux communications du légat, pp. 238-242.

Retraite des Français qui avaient envahi le Roussillon, p. 242.

Réception du prince Philippe par les cortès d'Aragon, *ib.*

Arrivée de l'Empereur à Barcelone, p. 243.

Envoi de M. de Granvelle à la diète de Nuremberg, *ib.*

Entrée solennelle du prince Philippe à Barcelone, p. 244.

Fêtes données à cette occasion, pp. 245-247.

L'Empereur tient sur les fonts l'enfant du duc de Somma, p. 247.

Il arrive à Valence, p. 248.

Entrée solennelle du prince Philippe dans cette capitale et fêtes dont elle est suivie, pp. 249-250.

Charles-Quint à Alcala, p. 251.

Déclaration du mariage du prince Philippe avec la fille du roi de Portugal et du prince de Portugal avec l'infante doña Juana, *ib.*

1543.

Ordre donné, à Madrid, à tous les gentilshommes de la maison de l'Empereur de se trouver, pour les Pâques, montés et équipés, à Barcelone, p. 252.

Destitution des membres du conseil des Indes, *ib.*

Départ de Charles-Quint pour Barcelone, après avoir pourvu aux affaires de ses royaumes d'Espagne, p. 253.

Son embarquement à Barcelone et son arrivée à Gênes, p. 254.

Princes, seigneurs, cardinaux qui viennent l'y visiter, p. 255.

Il remet à Côme de Médicis les châteaux et forteresses de Florence, *ib.*

Il s'entrevoit, à Busseto, avec Paul III, p. 256.

Il est complimenté à Canneto par le duc et le cardinal de Mantoue, p. 257.

Honneurs que lui rendent les Vénitiens à son passage par leur territoire, p. 257.

Son arrivée à Spire, puis à Bonn, qu'il avait choisi pour lieu de rassemblement de son armée, p. 259.

Il met le siége devant Duren, qui est prise d'assaut, *ib.*

Incendie de cette ville, p. 260.

Reddition d'Erckelens, de Ruremonde, Gueldre, Wachtendonck, Stralen, Clèves, p. 261.

Entrevue de Charles-Quint et de la reine Marie à Hornes, *ib.*

Le duc de Clèves vient s'humilier devant l'Empereur, p. 262.

Charles entre dans Venlo, p. 263.

Martin Van Rossem lui demande pardon, *ib.*

Les états de Gueldre lui prêtent serment et il le leur prête à son tour, *ib.*

Les ambassadeurs de Pologne lui présentent un nain, p. 264.

Il investit le duc Guillaume des duchés de Clèves et de Juliers, *ib.*

Assemblée des états généraux des Pays-Bas à Diest; proposition du président Schore; remercîments des états; discours de l'Empereur et de la reine Marie, pp. 264-266.

Charles se met à la tête de son armée, p. 267.

Il présente la bataille au roi de France, qui se retire, *ib.*

Il répartit ses troupes dans les garnisons, p. 268.

Il ordonne la construction d'une citadelle à Cambrai, *ib.*

Il reçoit la visite du duc de Lorraine et de son fils, p. 269.

Célébration de la fête de la Toison d'or à Bruxelles, p. 270.

Tournoi, *ib.*

Assemblée des états généraux; proposition du président Schore; discours de l'Empereur; remercîments des états, *ib.*

Tournoi, p. 271.

Mariage de Robert de la Marck avec mademoiselle d'Egmont, p. 272.

1544.

Lettre du marquis de Brandebourg au cadinal Farnèse, pp. 272-274.

Départ de Charles-Quint pour l'Allemagne, p. 274.

Conférences qu'il a, à Kreuznach et à Worms, avec le cardinal Farnèse, p. 275.

Il ouvre la diète à Spire, p. 276.

Proposition qu'il fait à cette assemblée, pp. 276-284.

La diète se déclare contre le roi de France, p. 284.

Investiture donnée par l'Empereur au grand maître de l'ordre Teutonique, p. 285.

Mariage du comte Lamoral d'Egmont avec Sabine de Bavière, *ib.*

Les Français sortent de Luxembourg, p. 286.

Recez de la diète, p. 287.

Entrée de Charles-Quint à Metz, *ib.*

Reddition de Commercy, *ib.*

Clémence de Charles envers le comte Pechlin, p. 288.

Reddition de Ligny, *ib.*

Charles entre en France, p. 289.

Mort de René de Chalon, prince d'Orange, devant Saint-Dizier, *ib.*

Défaite des Français à Vitry, *ib.*

Reddition de Saint-Dizier, *ib.*

Charles marche en avant, p. 290.

Pourparlers de paix, *ib.*

Le comte de Furstemberg fait prisonnier par les Français et le prince de la Roche-sur-Yon par les impériaux, p. 291.

Reddition de Château-Thierry, *ib.*

Et de Soissons, p. 292.

Exécution de deux Allemands qui avaient volé des reliques, *ib.*

Conclusion de la paix à Crépy, *ib.*

Charles jure l'observation du traité, p. 293.

Il licencie son armée, *ib.*

Il revient à Bruxelles, p. 294.

Il va au-devant de la reine de France jusqu'au delà de Mons, *ib.*

Il fait recevoir à la frontière le duc d'Orléans, p. 295.

Entrée de la reine de France à Bruxelles, *ib.*

Fêtes données en son honneur, pp. 296-297.

Elle retourne en France avec le duc d'Orléans, p. 298.

Charles-Quint est atteint de la goutte à Gand, *ib.*

Relation détaillée de tout ce qui fut fait pour le défrai de la reine de France et de sa suite, pp. 298-305.

1545.

Retour de Charles-Quint à Bruxelles avec la goutte, p. 306.
Joute à la cour, *ib.*
Envoi de M. de Granvelle à la diète de Worms, *ib.*
Départ des otages français, *ib.*
Visite du duc d'Orléans à l'Empereur à Anvers, p. 307
Départ de l'Empereur pour l'Allemagne, p. 308.
Son arrivée à Worms, *ib.*
Audience donnée par la diète aux ambassadeurs de France, p. 309.
Mort du duc de Lorraine et de l'archiduchesse Élisabeth, femme du prince de Pologne, *ib.*
Obsèques de cette princesse, *ib.*
Naissance d'un fils au prince d'Espagne, *ib.*
Mort de la princesse d'Espagne, p. 310.
Charles-Quint part de Worms, *ib.*
Il arrive à Louvain, où il trouve la reine Marie, p. 311.
Célébration, à Bruxelles, des obsèques de la princesse d'Espagne, *ib.*
La duchesse de Camerino accouche de deux jumeaux, p. 312.
Mort du duc d'Orléans; l'Empereur assiste à ses obsèques célébrées à Sainte-Gudule, *ib.*
Mort de l'électeur de Mayence, *ib.*
Conférences, à Bruges et à Anvers, entre des ambassadeurs de France et d'Angleterre, sous la médiation de l'Empereur, p. 313.
Départ de Charles-Quint pour Utrecht, où il avait résolu de tenir un chapitre de la Toison d'or, *ib.*
Son arrivée en cette ville, p. 314.
Mémoire de ce qu'il semble se debvoir faire pour le service de la Thoison d'or, pp. 314-319.
Le banquet de la Thoison d'or tenu à Utrecht le 3ᵉ de janvier 1546, pp. 319-321.
Les noms des chevaliers de l'ordre dont les armes sont aux formes du chœur en ce présent chapitre tenu à Utrecht l'an 1546, pp. 321-323.

INDEX CHRONOLOGIQUE ET HISTORIQUE.

1546.

Célébration du chapitre de la Toison d'or : offices religieux, banquets, service pour les chevaliers défunts, élection aux places vacantes, pp. 323-329.

Départ de Charles-Quint pour la diète de Ratisbonne, p. 330.

Son arrivée en cette ville, p. 332.

Dispositions militaires qu'il prend pour mettre à la raison le duc Jean-Frédéric de Saxe, le landgrave de Hesse et leurs adhérents, *ib.*

Investiture de la Toison d'or au seigneur de Vergy, à l'archiduc Maximilien, au prince Emmanuel-Philibert de Savoie, au duc Albert de Bavière et au comte de Furstemberg, p. 333.

Mariage du duc Albert de Bavière avec l'archiduchesse Anne, *ib.*

Et du duc de Clèves avec l'archiduchesse Marie, p. 334.

L'archevêque de Mayence fait foi et hommage à l'Empereur, *ib.*

Recez de la diète, *ib.*

Charles-Quint donne au duc Maurice de Saxe une partie des États du duc Jean-Frédéric avec les prérogatives d'électeur dont jouissait celui-ci, *ib.*

Il se porte à Landshut, où il est joint par le duc de Castro, *ib.*

Affaire d'Ingolstadt, p. 335.

Arrivée du comte de Buren avec son armée, *ib.*

Charles-Quint entre dans Neubourg, p. 336.

Reddition de Donauwerth, de Dillingen, de Lauingen, de Nördlingen, *ib.*

Retraite des confédérés, p. 337.

Prise de Feuchtwang; reddition de Dinkelsbühl, de Rothembourg et de Halle, *ib.*

Le comte palatin vient demander grâce à l'Empereur et s'allie de nouveau avec lui, p. 338.

Des députés d'Ulm sollicitent, à genoux, le pardon de cette ville, *ib.*

Entrée de Charles-Quint à Helbron, *ib.*

Reddition de Francfort au comte de Buren, *ib.*

Appointement avec le duc de Wurtemberg, *ib.*

1547.

Charles-Quint donne successivement audience à des députés du duc de Wurtemberg, de la ville de Francfort et de la ville d'Augsbourg, qui, à genoux, implorent sa miséricorde au nom de leurs maîtres, pp. 338-339.

Il entre dans Ulm, p. 340.

Accouchement et mort de la reine des Romains; célébration de ses obsèques, *ib.*

L'archiduc Maximilien quitte secrètement Ulm; le seigneur de Chantonay, son sommelier de corps, le ratteint et le ramène, *ib.*

Le duc de Wurtemberg vient demander pardon à l'Empereur, ainsi que des députés de la ville de Strasbourg, p. 341.

Charles-Quint arrive à Egra, où il est joint par le roi des Romains, p. 342.

Mort de François Ier, *ib.*

Charles et Ferdinand marchent contre le duc Jean-Frédéric; ils le battent à Mühlberg et le font prisonnier, *ib.*

Sollicitations en faveur de ce prince, p. 343.

Charles consent à traiter avec lui, p. 344.

Ses troupes évacuent Wittenberg, *ib.*

Visite de la duchesse sa femme à l'Empereur, *ib.*

Il obtient la permission d'aller passer quelques jours avec elle, *ib.*

Charles déclare le duc Maurice électeur de Saxe au lieu du duc Jean-Frédéric; paroles de Maurice, p. 345.

Traité avec le landgrave de Hesse, que le duc Maurice et l'électeur de Brandebourg amènent à Halle, p. 346.

Le landgrave, à genoux, se soumet à la volonté de l'Empereur; ce qui lui est répondu, *ib.*

Il est retenu prisonnier par le duc d'Albe, *ib.*

Arrestation du comte d'Eberstain, p. 347.

Reddition de Lubeck et de Lunebourg, *ib.*

Réclamations du duc Maurice et de l'électeur de Brandebourg contre la détention du landgrave; l'Empereur les fait venir; ils reconnaissent qu'elles ne sont pas fondées, *ib.*

Reproches de Charles-Quint au duc de Brunswick, *ib.*

Arrivée de Charles à Augsbourg, p. 348.

Il y a la jaunisse, p. 349.

Mutinerie de soldats allemands, *ib.*

Ouverture de la diète de l'Empire, *ib.*

Meurtre de Pierre-Louis Farnèse; entrée de D. Ferrante Gonzaga dans Plaisance, p. 350.

Arrivée de la reine Marie de Hongrie à Augsbourg, *ib.*

Célébration de la fête de la Toison d'or, p. 351.

Prestation de foi et hommage à l'Empereur par les archevêques de Cologne et de Trèves et les fils du duc de Mecklembourg, p. 352.

Les députés de la ville de Brunswick sollicitent leur pardon, qu'ils obtiennent, *ib.*

Mise au ban de l'Empire de la ville de Magdebourg, p. 353.

1548.

Assemblée de la diète : exposé de la négociation du cardinal de Trente à Rome; déclaration de l'Empereur sur la réponse du pape, p. 353.

Les bourgeois d'Augsbourg demandent pardon à l'Empereur et se soumettent à sa volonté, p. 354.

Charles donne au duc Maurice l'investiture de l'électorat de Saxe, *ib.*

Il fait gentilshommes de sa chambre les seigneurs de Noircarmes et d'Hubermont et D. Hernando de la Cerda, p. 356.

Retour de la reine Marie aux Pays-Bas, p. 357.

Consécration de l'archevêque de Cologne, *ib.*

Célébration des obsèques du roi de Pologne (Sigismond Ier), *ib.*

Assemblée de la diète; Charles lui propose l'intérim, *ib.*

Autre assemblée, où il demande que les états forment une caisse pour parer aux événements imprévus, p. 358.

Départ de l'archiduc Maximilien pour l'Espagne, p. 359.

Réponse de la diète à l'Empereur sur les articles touchant la religion, les ordonnances de la paix publique. le *camerghericht* et la nomination des assesseurs, les biens aliénés, les juridictions usurpées, la police, pp. 359-364.

Déclaration de l'Empereur sur cette réponse, pp. 364-370.

La diète l'en remercie, accepte unanimement ce qu'il a fait, se soumet d'avance à sa décision sur les points encore controversés, et lui offre tout service et obéissance, p. 370.

Arrivée à Augsbourg d'un ambassadeur de Pologne, *ib.*

Conclusion de la diète, *ib.*

La substance des principaulx pointz du recès de la diette tenue en Ausbourg, publié le dernier jour de juing 1548, p. 371.

Départ du roi des Romains, de l'électeur et de l'électrice de Brandebourg, p. 372.

Audience donnée par l'Empereur au légat et à un nonce du pape, p. 373.

Départ des électeurs de Trèves, de Mayence, de Cologne et du comte palatin, *ib.*

Visite de l'Empereur au duc et aux duchesses de Bavière, à Munich, *ib.*

Restitution des églises d'Augsbourg à l'évêque, *ib.*

L'Empereur fait venir en sa présence les bourgmestres et les principaux d'Augsbourg, et leur déclare l'ordre qu'il a résolu d'établir dans le gouvernement de cette ville, *ib.*

Il prononce sa sentence dans le procès entre le landgrave de Hesse et le comte Guillaume de Nassau touchant le comté de Catzenelnbogen, p. 374.

Il quitte Augsbourg, *ib.*

Il arrive à Bruxelles, p. 375.

Le duc Adolphe de Holstein vient se mettre à son service, *ib.*

Assemblée des états généraux des Pays-Bas, *ib.*

La reine Marie va au-devant de la reine douairière de France, *ib.*

Le duc d'Arschot est envoyé à Spire pour y rencontrer le prince d'Espagne, *ib.*

Arrivée à Bruxelles de la reine Éléonore, p. 376.

Mort de Maximilien d'Egmont, comte de Buren, *ib.*

Audience donnée par l'Empereur aux nonces porteurs de la confirmation de l'intérim, *ib.*

Nomination de Viglius comme président du conseil privé et du sieur de Saint-Mauris comme président du conseil d'État, p. 377.

Tournoi à la cour, *ib.*

Mariage de Nicolas de Lorraine, comte de Vaudemont, avec mademoiselle d'Egmont; fêtes qui ont lieu à cette occasion, *ib.*

Arrivée à Bruxelles de la duchesse de Lorraine, p. 379.

Arrivée du prince d'Espagne à Namur, à Wavre, à Tervueren, p. 379.

Son entrée à Bruxelles, *ib*.

Mort de Philippe de Croy, duc d'Arschot, p. 380.

Joutes sur le Marché de Bruxelles; banquet à l'hôtel de ville, *ib*.

L'Empereur vient à cet hôtel pour voir passer la procession; le magistrat lui donne à dîner, p. 381.

Entrée et inauguration du prince d'Espagne à Louvain, à Bruxelles, à Gand, p. 382.

Banquet donné, à l'hôtel de ville de Gand, à l'Empereur et au prince, p. 383.

Entrée du prince à Bruges, *ib*.

A Tournai, à Arras, à Valenciennes, p. 384.

Réception de l'Empereur et du prince à Binche par la reine Marie; fêtes données à cette occasion, pp. 384-389.

Entrée et inauguration du prince à Mons, p. 389.

Baptême de Charles-Philippe de Croy, *ib*.

Entrée du prince à Malines et à Anvers, p. 390.

Mariage du seigneur de Chantonay avec mademoiselle de Brederode, *ib*.

Tournoi sur le grand Marché d'Anvers, *ib*.

Joutes sur le même Marché, suivies d'un banquet donné à l'Empereur à l'hôtel de ville, p. 391.

Le prince part pour la Hollande, la Zélande et la Gueldre; l'Empereur revient à Bruxelles, *ib*.

1550.

Élection à la papauté du cardinal del Monte, p. 391.

Baptême de Philippe de Mansfelt, *ib*.

Joute à la cour et banquet donné par le prince d'Espagne, p. 392.

Autre joute à la cour, *ib*.

Envoi par l'Empereur du grand commandeur D. Luis de Zúñiga à Rome, pour baiser les pieds au nouveau pape, *ib*.

Arrivée à Bruxelles de don Pedro de Tolède, envoyé par ce pontife à l'Empereur, *ib*.

Mort du duc de Mantoue, François de Gonzague, *ib*.

Sa veuve épouse le roi de Pologne, *ib*.

Gentilshommes envoyés par l'Empereur pour tenir sur les fonts la fille du comte de Vaudemont et le fils du comte d'Arenberg, p. 393.
Publication d'une diète impériale à tenir à Augsbourg, *ib.*
La substance des lettres dépeschées à Bruxelles par Sa Majesté aux électeurs et estatz de l'Empire pour la convocation de ladite diette, ib.
Arrivée à Bruxelles et réception par l'Empereur du roi détrôné de Velez, p. 395.
Mort du duc Louis de Bavière, *ib.*
Assemblée des chevaliers de la Toison d'or, p. 396.
Départ de l'Empereur et du prince d'Espagne pour l'Allemagne, *ib.*
Réception et inauguration du prince à Maestricht, *ib.*
L'Empereur est reçu, à Cologne, à Coblence, à Mayence, par les trois archevêques électeurs, p. 397.
Il arrange, à Cologne, un différend entre l'archevêque et les habitants, *ib.*
Prise de Monastir par André Doria, *ib.*
L'évêque de Strasbourg, le comte palatin et sa femme viennent vers l'Empereur à Spire, *ib.*
Il donne audience au duc de Wurtemberg à Waehingen, p. 398.
Il entre, le 8 juillet, à Augsbourg, où il trouve le roi des Romains, *ib.*
Arrivée en cette ville des électeurs de Mayence et de Trèves, *ib.*
Siége de la ville d'Afrique par l'armée impériale, *ib.*
Ouverture de la diète, 26 juillet, p. 399.
Proposition faite à la diète par l'Empereur, pp. 399-403.
Il nomme président de la diète l'archevêque de Mayence, p. 403.
Visite à la famille ducale de Bavière, à Munich, *ib.*
Audience donnée au nonce du pape, p. 404.
Escarmouche devant la ville d'Afrique, *ib.*
Responce que firent les estatz de l'Empire, le 18ᵉ d'aoust, au roy des Romains, en l'absence de Sa Majesté pour son indisposition, sur ce que cy-devant a esté proposé par Sa Majesté, pp. 404-415.
Mort du seigneur de Granvelle; service célébré pour lui, p. 415.
Réplique de l'Empereur sur la réponse des états, pp. 416-423.
Arrivée de la reine Marie à Augsbourg, p. 423.
Prise d'assaut de la ville d'Afrique, *ib.*
Retour de la reine Marie aux Pays-Bas, *ib.*

INDEX CHRONOLOGIQUE ET HISTORIQUE. 489

Investiture du duc Albert de Bavière, p. 423.
Défaite de ceux de Magdebourg par le duc de Mecklembourg, *ib.*
Arrivée à Augsbourg de la duchesse douairière de Lorraine, p. 424.
Le prince Doria se dirige vers les Gerbes, à la requête des habitants, *ib.*
Arrivée à Séville de galions chargés d'or, *ib.*
Réplique des états de l'Empire à la réplique de l'Empereur, pp. 425-435.
Sommaire de la duplicque des villes impérialles, pp. 435-436.
Joute à Augsbourg pour le service des dames, p. 437.
Le cardinal de Trente va au-devant du roi de Bohème à Gènes, *ib.*
Envoi de Toison d'or à Nancy pour réclamer le corps du duc Charles de Bourgogne, *ib.*
Autre joute à Augsbourg, *ib.*
Retour de la duchesse douairière de Lorraine dans son pays, *ib.*
Mauvais succès de l'expédition du prince Doria, *ib.*
Envoi par l'Empereur du seigneur d'Andelot à Parme, p. 438.
Mort du duc Ulric de Wurtemberg, *ib.*
Sommaire de la responce faicte par Sa Majesté, le 12e de novembre, aux estatz de l'Empire, sur la duplicque par eux donnée le 9e d'octobre, pp. 438-440.
Proposition du pape au consistoire pour la continuation du concile général à Trente, p. 441.
Nouvelles du voyage du roi de Bohème, *ib.*
Vive remontrance de l'Empereur à la diète pour le châtiment des rebelles de Magdebourg, *ib.*
Célébration de la fête de Saint-André, *ib.*
Arrivée à Augsbourg du roi de Bohème et de l'archiduc Ferdinand, p. 442.
Bref du pape pour faire jouir l'Empereur, le prince son fils et les personnes de leurs cours des indulgences de la bulle, *ib.*
Prise du duc de Mecklembourg par ceux de Magdebourg, p. 443.

1551.

Arrivée de la reine Marie à Augsbourg, p. 443.
Sommaire de la quatrième réplicque des estatz faicte le 5e du moys de janvier, pp. 444-449.

Sommaire de la responce que Sa Majesté a faicte ausdicts estatz à leur réplicque précédente, pp. 449-451.

Réplicque des estatz donnée à Sa Majesté le 9° de janvier audict an 1551, pp. 451-452.

Responce de Sa Majesté sur la réplicque précédente desdicts estatz impériaulx, pp. 452-453.

Joutes à Augsbourg, p. 453.

Conclusion et recès de la diète, pp. 454-459.

Investiture des Pays-Bas donnée par l'Empereur au prince son fils, p. 459.

Départ du roi Ferdinand et de l'archiduc Maximilien, p. 460.

Le duc Christophe de Wurtemberg demande que les différends existants entre lui et le roi des Romains se terminent par voie amiable, *ib.*

Octave Farnèse embrasse le parti du roi de France, *ib.*

Envoi, par le pape, de l'évêque de Fano à l'Empereur pour l'affaire de Parme, *ib.*

La reine douairière de Hongrie et le prince d'Espagne lèvent sur les fonts une fille du duc de Bavière, p. 461.

Mariage du comte Guillaume de Nassau avec Anne d'Egmont, *ib.*

Départ de la reine douairière de Hongrie pour les Pays-Bas, *ib.*

La reine de Bohême accouche d'un fils à Valladolid, *ib.*

Placards invitant les protestants à assister au concile de Trente, *ib.*

Expédition du prince Doria contre le corsaire Guttier Raiz, p. 462.

Sommation faite par le pape à Octave Farnèse, *ib.*

Processions à Rome pour le succès du prochain concile; indulgences accordées par le pape à cette occasion, *ib.*

Le corsaire Guttier Raiz échappe à Doria, p. 463.

Fièvre survenue au prince Philippe, *ib.*

L'Empereur, qui n'était pas sorti depuis cinq mois, va à la chasse, *ib.*

Le prince Philippe prend congé de lui, pour retourner en Espagne, *ib.*

L'Empereur va à Munich, *ib.*

FIN DE L'INDEX.

APPENDICES.

I

Ordonnance de Charles, prince d'Espagne, archiduc d'Autriche, duc de Bourgogne, etc., pour le gouvernement de sa maison.

Bruxelles, 25 octobre 1515.

Charles, par la grâce de Dieu, prince d'Espaigne, des Deux-Cicilles, de Jhérusalem, etc., archiduc d'Austrice, duc de Bourgongne, de Lothier, de Brabant, de Stiere, de Carinte, de Carniole, de Lembourg, de Luxembourg et de Gueldres, conte de Flandre, de Habsbourg, de Tirol, d'Artois, de Bourgongne, palatin, et d'Haynau, lantgrave d'Elsate, prince de Zwave, marquis de Burgauw et du Sainct-Empire, de Hollande, de Zeelande, de Ferrette, de Kibourg, de Namur et de Zutphen conte, seigneur de Frize, des marches d'Esclavonie, de Portenauw, de Salins et de Malines. Sçavoir faisons à tous présens et à venir.

Comme, depuis nostre émancipation, joyeuse entrée et réception à la seigneurie et gouvernement de noz pays de par deçà, nous ayons continuellement tâché et eu singulier désir et affection de mettre bon ordre, rigle et police en tous noz affaires, et pourveoir au désordre qui y a esté le temps passé, tant à cause des guerres et divisions qui y ont régné, que aultrement, et mesmement au faict et conduite de l'estat de nostre maison, dont dépend principalement le bien, honneur et tranquillité de nous, noz serviteurs, pays et subjectz, et afin que soyons d'ores en avant honnorablement servy et accompaigné, après plusieurs communications sur ce tenues par aulcuns de noz principaulx serviteurs, nous, par l'advis des seigneurs de nostre sang, chancellier, chevaliers de nostre ordre et gens de nostre privé conseil et des finances estans lez-nous, avons faict, ordonné et conclu, faisons, ordonnons et concluons, par ces présentes, l'estat de nostre hostel des personnes et soubz les ordonnances, modifications et conditions cy-après spécifiées et déclairées : lequel estat et ordonnance commencera et entrera le premier jour de janvier prochain venant, que lors les chambellans, gentilzhommes, officiers et serviteurs dénommez et inscripts en icelle ordonnance tousjours comptez, et ceulx qui seront ordonnez pour servir le premier terme de demy-an, commenceront à servir et continueront jusques au dernier jour de juing ensuyvant, que lors ceulx du second terme entreront en service et continueront aussi jusques au dernier de décembre l'an quinze cens et seize, et ainsi de terme en terme chascun an, selon la forme et teneur de cestedicte ordonnance.

Premiers, avons ordonné et ordonnons que nostre grande chapelle, laquelle avons instituée et instituons en l'honneur et louange de Dieu, nostre Créateur, et pour l'augmentation et exaltation de son sainct service, sera d'ores en avant desservie, régie et gouvernée par les personnes selon et par la manière que s'ensuyt, assavoir :

Que nous aurons en nostredicte grande chapelle deux premiers chapellains comptez, etc. [1].

Conseil.

Messire Jehan le Sauvaige, chevalier, seigneur d'Escaubecque, etc., chancellier, à la pension à luy ordonnée.

Maistre Adrien d'Utrecht, prévost d'Omunstre [2] et doyen de Louvain, conseillier du privé conseil, à la pension à luy ordonnée.

Messire Philibert Naturel, domprévost d'Utrecht, chancellier de l'ordre, à sa pension accoustumée.

Messire Jehan Carondelet, doyen de Besançon, premier maistre des requestes, tousjours compté à xxviii sols par jour.

Maistre Gérard de Plaine, seigneur de la Roche, aussi maistre des requestes, tousjours compté à xxxvi sols par jour.

Aultres deux maistres des requestes [3], aussi tousjours comptez à xxviii sols par jour.

Maistre Jehan Caulier.
Maistre Jehan Jonglet.
Maistre Josse Laurens.
Maistre Loys Maranches.

Encores deux aultres maistres des requestes comptez par demy-an à xxviii sols par jour.

Maistre Hughes Marmier.
Maistre Dismas de Berghes.

---

[1] *Sic* dans la copie qui est aux Archives du royaume et qui, on le voit, est incomplète.
[2] Oudemunster.
[3] Il y en a quatre. On ne s'explique pas cette contradiction.

Aultres deux conseilliers et maistres des requestes à telz pensions et traictement que leur est ou sera cy-après ordonné.

Maistre George de Themseke, prévost de Cassel.
Maistre Anthoine de Matinée, seigneur de Marque.

Encores aultres deux conseilliers, aussi aux pensions à eulx ordonnées.

Maistre Anthoine de Waudripont.
Messire Andrieu Andries, chevalier, seigneur de Wackene.

Un aultre conseillier tousjours compté à xii sols par jour.

Maistre Loys Vaca.

SECRÉTAIRES.

Maistre Philippe Haneton, premier secrétaire et audiencier, seul signant en noz finances, tousjours compté, présent et absent, à xviii sols par jour.
Maistre Richard Contault, contrerolleur de l'audience, tousjours compté à xv sols par jour.

Trois secrétaires tousjours comptez à xv sols par jour.

Maistre Laurens du Blioul.
Maistre Gilles vanden Damme.
Maistre Charles de la Verde Rue.

Aultres deux secrétaires comptez par demy-an à xii sols par jour.

Maistre Jehan de le Sauch [1], le premier terme.
Maistre Jehan van Borrem, le second terme.

Un aultre secrétaire toujours compté à xii sols par jour.

Maistre Jehan Marnix.

Aultres huyt secrétaires, comptez par demy-an quatre à la fois, à xii sols par jour.

Maistre Olivier de Kesele [2], le premier terme.

---

[1] On lit en marge :
« Le roy de Castille, par ses lettres patentes en date du iiie d'avril XVe et XVI après Pasques, a retenu ledict maistre Jehan de le Sauch en l'estat de secrétaire compté par demy-an, à xii sols par jour, à l'encontre maistre Jehan van Borrem, que serviront eux deux au lieu de feu maistre Gilles vanden Damme, et a ordonné de l'inscripre en ces présentes ordonnances : que faict a esté cejourd'huy, viiie jour d'avril audict an mil cincq cens et seize après Pasques. Moy présent, STERCKE. »

[2] On lit en marge :
« Le Roy, par ses lettres patentes du ixe de juing XVe et XVI, a ordonné icy inscripre maistre Philippe du Mont, au lieu de feu maistre Olivier de Kesele. Faict en la ville de Bruxelles, le xxviiie dudict mois de juing audict an XVe XVI. Moy présent, STERCKE. »

Maistre Jehan de Rogierville, le premier terme.
Barmone, *id.*
Maistre Jehan Hannart, *id.* [1].
Maistre Jacques Lauwerin, le second terme.
Maistre Richard Barradot, *id.*
Maistre Loys Barangier, *id.*
Maistre Anthoine de Villèghes, *id.*

Aultres deux secrétaires espaignolz comptez par demy-an, à xvi sols par jour.

Maistre Pierre Ximenes.
Gonsalo de Segovia.

Deux aultres secrétaires comptez par demy-an, à viii sols par jour.

Maistre Remacle d'Ardenne.
Maistre Jehan de le Leen, espaignol.
Et ne seront les lieux desdicts secrétaires impétrables jusques à ce qu'ilz soyent réduitz au nombre de six tousjours comptez.

Un chapellain dudict conseil tousjours compté à iii sols par jour.

Maistre Pierre Barbier.

Quatre huyssiers dudict conseil comptez par demy-an, deux à la fois, à vii sols par jour.

Adolff Daleman, le premier terme.
Jehan Gauthier [2], *id.*
Robert aux Truyes, le second terme.
Nicolas Desmares, *id.*
Hans Hoen sera tousjours compté à ix sols par jour, et ne sera son lieu impétrable.
Anthoine le Géant sera aussi tousjours compté à vi sols par jour.

---

[1] On lit en marge :

« Monseigneur, par ses lettres patentes données en sa ville de Bruxelles, le vi^e de décembre XV^c et XV, a retenu maistre Anthoine le Flameng secrétaire, aux gaiges de xii sols par jour, compté par demy-an, à sçavoir les mois de janvier, febvrier, mars, avril, may, juing, oultre et par-dessus le nombre cy-déclairé, et a ordonné de l'inscripre en ces présentes ordonnances : ce que a esté faict le premier jour de janvier audict an XV^c et XV. Moy présent, STERCKE. »

[2] On lit en marge :

« Le Roy, par ses lettres patentes données en sa ville de Bruxelles, le xviiie jour de mars XV^c et XV (1516, n. st.), a retenu Michiel de Lens en l'estat de huyssier de son conseil, eu la résignation (de Jehan Gauthier) aggréable, et l'a ordonné icy inscripre : ce que a esté faict le xixe jour dudict mois de mars audict an quinze cens et quinze. Moy présent, STERCKE. »

Statutz et Ordonnances sur le faict de nostre grande Chapelle.

Premièrement, ordonnons et statuons que les chapellains, chantres et aultres suppostz d'icelle chapelle soyent obéyssans à nosdicts premiers chapellains, leur portent honneur et révérence comme à leurs chefz, obtempèrent à leurs commandemens et ordonnances, mesmement touchant le faict et estat de ladicte chapelle. Et s'aulcuns estoyent rebelles et désobéyssans, ilz seront suspenduz de leurs gaiges pour aultant de jours qu'il semblera en bonne raison et équité que la rébellion et désobéyssance exigera, pour lesquelz jours lesdicts rebelles et désobéyssans perderont leursdicts gaiges.

Item que, chascun jour de l'an, à heure compétente, sera dicte et célébrée en nostre chapelle, par iceulx chapellains, chantres, clercqz et aultres servans en icelle chapelle, une haulte messe ordinaire, à chant et deschant, de tel sainct ou saincte dont la feste écherra à icelluy jour; et si feste n'y eschiet, ladicte messe sera du férial selon l'office dominical de la sepmaine.

Item, semblablement à heure compétente de vespres, seront dictes et chantées vespres et complies de tel office que aura esté celuy de la messe, si avant que le lendemain ne soit jour de feste double ou solennelle : auquel cas les vespres seront de la solemnité séquente selon l'ordinaire en ce observé de tout temps, et que les secondes vespres de toutes festes soyent aussi solennelles en cérémonie, paremens et aultres choses, que les premières.

Item, aux festes et jours cy-après désignez seront dictes et célébrées matines, ensemble toutes les heures du jour jusques aux vespres exclusivement, lesquelles heures, à sçavoir prime, tierce, mydy et none, se diront incontinent après matines, sans faire aucune intermission depuis lesdictes matines jusques à none inclusivement, excepté au jour de Noël après les matines : duquel jour, pour ce que l'office est long, aura intervalle compétent jusques à prime, à la discrétion de nostre premier chapellain lors servant. Et au regard des vespres d'iceulx jours, elles seront dictes à l'heure ordonnée cy-dessus en l'article précédent.

S'ensuyvent les festes et jours dessus mentionnez : premièrement, la Nativité, Circomcision de Nostre-Seigneur, l'Apparition, la Purification de Nostre-Dame, l'Annonciation, la Visitation, l'Assumption, la Nativité et la Conception d'icelle, les festes de Pasques, l'Assension de Nostre-Seigneur, la veille et le jour de Pentecouste, la feste de la Trinité, celle du Sainct-Sacrement, la Nativité sainct Jehan-Baptiste, la feste de Sainct-Pierre en juing, la feste de Toussaincts, la Commémoration des trespassez, les festes de Saincte-Catherine, Sainct-Andrieu et de Saincte-Barbe, et chascun jour de quaresme et de l'advent.

Item, que lesdicts chapellains, chantres et suppostz de nostredicte chapelle seront tenuz de faire, en tout honneur et révérence, le service divin au lieu où nous serons ou ailleurs où il nous plaira, ayans et portans habitz cléricaux, bonnetz ronds, supplis en toutes veilles et festes, et en triples et grands doubles, la barbe rèse, à paine d'estre royez par chascun jour qu'ilz seroient trouvez en faulte.

Item, que lesdicts chapellains, chantres et suppostz, quand ilz entreront et vuideront ladicte chapelle, se mettront à genoulx et salueront le Sauveur, la vierge Marie et le patron de ladicte chapelle.

Item, que en faisant l'office ilz se tiennent droictz ; et en chantant l'introït de la messe, les

Kirië, *Gloria*, l'Évangile, le *Credo Sanctus*, *Pater Noster*, l'*Agnus Dei* et semblablement l'introït des vespres et complies, aux capitaux *Magnificat* et *Nunc dimittis*, aux preces et oraisons, lesdicts chapellains, chantres et suppostz ayent les testes descouvertes. Et ès advents et quaresme, ès offices fériaulx, seront tenuz eulx agenouiller aux *preces*, ainsi qu'il est accoustumé de tous temps.

Item que, durant l'office, ilz facent silence et se abstiennent de ris, devises et aultres manières déshonestes, à paine d'estre corrigez par suspension de leurs gaiges ou aultrement, selon que le cas le requerra.

Item, que lesdicts chapellains, chantres et suppostz, et chascun d'eulx en son endroict, s'employent et acquictent diligemment et soigneusement à faire en l'office ce qu'ilz doibvent et sont tenuz de faire, et se tienne continuellement le premier chapellain servant au pulpitre, pour avoir le regard sur tout, et mesmement si toutes choses se font et conduysent deuement et ainsi qu'il appartient.

Item, que lesdicts chapellains, chantres et suppostz se assemblent et tiennent chapitre toutes les sepmaines une fois pour le moins, afin de capituler et corriger ceulx qui auront mesprins et mésusé, et que les paines par eulx commises se lièvent et exécutent, à l'utilité de la communaulté de ladicte chapelle : desquelz mésuz, paines et délicts le premier chapellain servant aura la charge et cognoissance.

Item, que si ledict premier chapellain estoit négligent ou deffaillant de faire les punitions et corrections desdicts chapellains, chantres et suppostz mésusans, selon leurs faultes et démérites, en ce cas nostre confesseur fera lesdictes punitions, aussi bien contre lesdicts chapellains, chantres et suppostz ayans mésusé et délinqué comme contre ledict premier chapellain deffaillant de les faire punir selon l'exigence des cas.

Item, que ledict premier chapellain sera tenu de faire signifier, par l'huyssier ou fourier de ladicte chapelle, chascun jour, au bureau des maistres d'hostel, ceulx desdicts chapellains, chantres et suppostz qui serviront, afin de faire compter les présens et royer les absens à chascune heure qu'ilz seront deffaillans. Et si ledict premier chapellain estoit négligent ou en faulte de ce faire, il sera mesmes royé de ses gaiges toutes et quantes fois que le cas y écherra.

ORDONNANCES POUR LES CHAMBELLANS ET CEULX DE LA CHAMBRE.

Premiers, nous voulons et ordonnons que tous noz chambellans et aultres qui ont à respondre à nostre grand et premier chambellan en toutes choses concernans leurs estatz, offices et le service qu'ilz nous doibvent à cause d'iceulx, obéyssent audict grand chambellan et au second ou aultre servant en leur absence, et se règlent, quant à leurs estatz et services, selon que par eulx leur sera ordonné.

Item, que les quatre escuyers de chambre serviront continuellement et ne se pourront absenter de la chambre qu'il n'y en demeure tousjours l'un ou les deux pour le moings. Et aura l'un d'eux, par tour, charge de garder l'huys de nostre chambre sans l'eslonger [1].

---

[1] *Sans l'eslonger*, sans s'en éloigner.

Item, que lesdicts escuyers ne aultres, quelz qu'ilz soyent, ne pourront entrer en nostre chambre de retraicte, quand nous serons sur la selle, s'ilz ny sont appellez par nous ou par le grand ou second chambellan, ou le sommelier de corps servant.

Item que, en faisant nostre lict, nostre premier sommelier de corps tiendra en sa main une petite torche ou un filet allumé, pour veoir faire ledict lict et prendre garde qu'il soit mis à poinct comme il appartient, sans en bouger qu'il ne soit parfaict. Et quand ledict premier sommelier sera absent et l'aultre servira, sera tenu d'appeller un des chambellans qui seront ordonnez en ladicte chambre, pour tenir ladicte torche ou filet; et ne pourra nul approcher ledict lict après qu'il sera faict.

Item que, à nostre coucher et lever, nul des officiers servans en nostre chambre, comme barbier, garde-robbe, chaussettier, taillandier, cordewannier, foureur de robes, ne aultres semblables, ne pourront entrer en la chambre, pour faire leur office ne aultre chose, jusques à ce qu'ilz y seront appellez par le sommelier servant.

Item, quant aux serfz d'eau [1], ilz ne pourront aussi entrer en la chambre jusques à ce qu'en serons party pour aller à la messe, ne au soir tant que serons couché; et si ne pourront entrer en la chambre de retraicte ou ailleurs devers nous, s'ilz ny sont appellez : le tout à paine d'estre royez et pugniz à la discrétion de nostre grand ou second chambellan, ou du premier sommelier du corps ou aultre servant en son absence.

Item, voulons et ordonnons que ordre soit tenu d'ores en avant ès entrées de noz chambres, tant de pensionnaires, chambellans, maistres d'hostel, que des gentilzhommes, asscavoir : qu'il y aura une chambre devant celle où nous coucherons, en laquelle chambre seront les huyssiers qui gardent l'huys de nostre chambre, et en icelle entreront lesdicts pensionnaires, chambellans, maistres d'hostel et gentilzhommes. Et se, au lieu où nous serons, avoit deux chambres devant celle où nous coucherons, en ce cas les gentilzhommes se tiendront à la première, et les pensionnaires, chambellans et maistres d'hostel en l'aultre chambre prochaine à la nostre. Et s'il ny avoit qu'une chambre, ilz entreront et demeureront en ladicte chambre, sans entrer en la nostre jusques à ce qu'ilz y soyent appellez par nous ou par le premier ou second chambellan ou aultre servant en leur absence, sur et à paine d'encourir nostre indignation et d'estre royez de leurs gaiges, saulff que les grands maistres, chancellier et chevaliers de nostre ordre pourront entrer en nostredicte chambre quand bon leur semblera.

Item, que les enfans d'honneur ne pourront aller et venir en nostre chambre, sinon deux ou trois d'eulx telz que par ledict grand chambellan seront chascun jour à ce ordonnez et mandez par l'huyssier de chambre, lequel huyssier sera tenu de demourer continuellement à l'huys de ladicte chambre, sans y laisser entrer personne, sinon ceulx qui sont ordonnez de y entrer, se ce n'est par le congé dudict grand ou second chambellan.

Item, que deux des chambellans et maistres d'hostel à leur tour se treuvent d'ores en avant, du matin avant nostre lever, devant la chambre, pour nous mener à la messe, et y retourner à nostre disner et soupper, sans en partir jusques à ce que ledict premier chambellan ou le

---

[1] *Serfz d'eau*, les serviteurs chargés de porter l'eau.

second sera venu devers nous, que lors ilz pourront aller disner, et après retourner en la chambre, comme l'on a faict par cy-devant.

Item, que d'ores en avant, quand nous serons à table, nul ne s'avance de venir derrière nous pour parler à nous, si ce n'est que le faisons appeler ou le consentons, saulfz les princes et grands maistres seullement, sur et à paine d'estre royé pour le jour celluy ou ceulx qui auront faict le contraire.

Item deffendons aussi que nulz gentilzhommes et aultres, quelz qu'ilz soyent, s'advancent de parler ne deviser à nous, estant à table ou aultre part, sinon de bonnes, honnestes et louables devises servans à tous bons et honnestes propos, et par bonne manière, et que, durant nostre repas, chascun face silence en ladicte chambre, sans faire grand bruyt ne user de langages déshonnestes.

Ordonnances pour les Gentilzhommes et Officiers en général.

Premiers, que tous gentilzhommes et officiers obéyssent aux grand et premier maistre d'hostel et aultres maistres d'hostel servans en toutes choses concernantes leursdicts estatz, offices et service, et se règlent, au faict de leurdict service, aussi selon que par lesdicts maistres d'hostel leur sera ordonné, à paine d'estre cassez et royez de leursdicts estatz et offices.

Seront aussi tenuz lesdicts chambellans et gentilzhommes, et chascun d'eulx en son endroict, d'estre d'ores en avant montez, assavoir : les chambellans comptez à xxxvi sols par jour de six bons chevaulx, ceulx comptez à xxx sols de cincq chevaulx, ceulx de xxxiii sols de quatre chevaulx, et tous les gentilzhommes chascun de trois chevaulx, pour le moins, et au surplus d'estre pourveus et garniz de harnoiz et aultres armures et accoustremens servans à l'estat d'homme d'armes, pour servir à la guerre et aultrement, toutes et quantes fois qu'il leur sera ordonné et commandé; et seront aussi tenuz de eulx trouver, au premier jour de may prochain venant, chascun avec son chef d'office, monté, armé et en poinct, pour passer à monstres et reveues devant leursdicts chefs ou aultres qui seront à ce ordonnez de par nous : le tout à paine d'estre cassez et royez de leurs estatz et offices, si faulte y avoit.

Item, que d'ores en avant les officiers et serviteurs comptez par les escroes seront baillez et délivrez par extraict aux contrerolleur et huyssier de sale qui serviront, lesquelz seront tenuz de eux enquérir diligemment de ceulx desdicts serviteurs et officiers qui seront absens, pour les dénoncer au bureau, afin de les faire royer par les maistres d'hostel, ausquelz mandons et enjoingnons expressément ainsi le faire sans dissimulation. Et si lesdicts contrerolleur, huyssier de sale et maistres d'hostel, chascun en son endroict, estoyent négligens de en ce faire leur debvoir, l'on s'en prendra à eulx, et seront eux-mesmes royez d'aultant de temps que les absens auroyent esté comptez, eux estans absens.

Item deffendons à tous les sommeliers des offices et aultres, tant de panneterie, eschançonerie, fruiterie, cuisine, comme de la fourière, qu'ilz ne facent livrée ou don des choses dont ilz auront la charge à qui que ce soit, sans le commandement et ordonnance desdicts grand et premier maistres d'hostel, ou de celuy qui servira en leur absence.

Item ordonnons et deffendons aussi aux eschançon faisant la despence, sommelier et aultres officiers de l'eschançonerie prendre et mettre en cave aucuns vins, de quelque seigneur ou aultre personne que ce soit, pour nostre despence, ne aussi pour en faire les livrées ny aultrement.

Item, que d'ores en avant les maistres d'hostel ne pourront donner aucun vin extraordinaire à qui que ce soit, saulff le grand, le premier ou le maistre d'hostel servant, et nulz aultres, à paine de le recouvrer sur eulx.

Item, que lesdicts grand et premier maistres ne aultres maistres d'hostel et contrerolleur ne passent d'ores en avant aucun don de vin receu en garnison et conté par les escroes à qui que ce soit par aulmes [1], par queuwes [2] ne aultrement, quelque commendement que au contraire leur soit faict, lequel nous révocquons dèz maintenant par ceste.

Deffendons semblablement auxdicts grand et aultres maistres d'hostel et maistre de la chambre aux deniers de faire, conclure aulcuns marchez de vin, de cire, d'espices, de chair, de poisson ne aultres garnisons, ailleurs que au bureau, en la présence desdicts maistres d'hostel, maistre de la chambre et contrerolleur de ladicte despence.

Ordonnons en oultre audict maistre de la chambre aux deniers qu'il paye les parties de son office des deniers que luy sont et seront assignez et ordonnez pour la conduyte d'icelluy, du sceu et par l'advis des premier chambellan et grand et premier maistres d'hostel, et non aultrement.

Deffendons encores à l'escuyer de cuisine de non se trouver au marché de chair, de poisson, ne achapter quelques chose, sinon avec et en la présence dudict contrerolleur et du maistre keux de bouche, ainsi que l'on a faict le temps passé. Et sera ledict escuyer tenu de faire l'escroe en la présence desdicts contrerolleur et maistre keux, ou d'aultres qui recevront dudict escuyer les parties pour coucher audict escroe, ainsi que de toute ancienneté l'on a accoustumé de faire.

Item ordonnons aussi audict contrerolleur prendre garde que l'on ne compte non plus de chevaulx en l'escuyerie que l'on a accoustumé et qu'il sera ordonné au grand escuyer ou aultre servant en son absence, et que ceulx qui iront dehors soyent incontinent royez, pour arrière estre comptez à leur retour.

Deffendons en oultre au maistre de la chambre aux deniers de non payer aucuns chariaiges ou batellaiges que premièrement le contrerolleur n'aye compté avec les maronniers ou chartons, présent le chevaucheur faisant la despence, ainsi que l'on a accoustumé d'ancienneté. Et sera ledict maistre aussi tenu de appeller ledict contrerolleur, pour estre présent à compter avec les hostes ou hostesses où nous logerons, et ce en tant qu'il touche la belle chière, deffroy d'hostel et le vin des maisnies [3].

Item deffendons aussi à l'espicier qu'il ne face compter, en la fin du mois, aucunes espices

---

[1] *Aulmes*, aimes.
[2] *Queuwes*, queues.
[3] On trouve dans Roquefort : *maisnie*, famille, maison.

de chambre ne aultres drogueries pour les malades, quelz qu'ilz soient. Et s'il n'a ses parties signées du premier chambellan, elles luy seront royées.

Item deffendons aux maistres d'hostel qu'ilz ne comptent ailleurs que au bureau et ès lieux où nous serons logé, et que le contrerolleur s'y treuve pour prendre de chascun escroe le contrerolle, ainsi qu'il est de coustume.

Item ordonnons au clercq des offices lever chascun jour par lesdicts offices leurs parties, pour les conter le lendemain au bureau; et l'escroe compté et vérifié, comme il est accoustumé, et escript de sa main, sans le faire escripre par ses clercqz, le portera et baillera audict maistre de la chambre aux deniers ou à son clercq tenant le compte, pour, incontinent que lesdicts officiers vouldront avoir leur compte, le leur bailler, afin qu'ilz sachent ce qu'ilz auront à faire, sans attendre la fin du mois.

Item ordonnons audict contrerolleur non souffrir faire aucunes livrées de chair, de poisson, d'espices ne de cire aux maistres d'hotel ne aultres officiers, quelz qu'ilz soyent.

Deffendons en oultre auxdicts officiers, et mesmement à ceulx de la panneterie, eschançonerie et cuisine, qu'ilz ne reçoipvent en leurs offices nulz de leurs serviteurs, ains, s'ilz demandent quelque chose, demeurent à l'huys; et semblablement n'y souffrent entrer nulz estrangiers ne aultres, sinon ceulx de l'office et aultres qui y auront nécessairement à faire pour le service de nostre bouche. Et ne pourront lesdicts officiers mettre la table èsdicts offices pour quelque personne que ce soit, sinon pour eulx-mesmes qui sont dudict office, et non aultrement, à paine d'estre royez.

Item, que le fourier et huyssier du conseil sera tenu de se trouver au bureau et faire serment solennel ès mains du grand maistre d'hostel, et retourner au bureau toutes les foiz que besoing sera, pour nommer ceulx dudict conseil qui seront absens, tant des conseilliers, secrétaires que huyssiers, afin de les royer de leurs absences, à paine de privation de son office. Le chevaucheur faisant la despence sera tenu de faire le semblable pour ceulx de l'escuyerie, et le fourier des archiers pour lesdicts archiers, à la paine que dessus.

Item, que d'ores en avant nulles absences ne soyent comptées; et s'aulcunes absences y avoit, elles seront à nostre prouffict, sinon pour ceulx qui de toute ancienneté ont esté comptez, présens et absens, à sçavoir : le grand et second chambellans, grand et premier maistres d'hostel, grand escuyer d'escuyerie, l'audiencier, et nulz aultres. Et ne se pourront aussi compter nulles allées ou venues, ne donner aucuns congez à nul par qui que ce soit, sinon à charge que ceulx qui auront obtenu ledict congé soyent royez durant leurs absences : le tout à paine de le recouvrer sur ceulx qui les compteroyent et auroyent donné lesdicts congez.

Item, que ceulx qui seront comptez à trois chevaulx et n'en tiendront que deux, n'auront gaiges que pour deux, et semblablement des aultres à l'advenant.

Item, que quand aulcuns de l'hostel, quelz qu'ilz soient, auront esté royez par les escroes, aucune récompense ne s'en pourra ne debvra faire en la fin du mois, en quelque manière que ce soit.

Item, que quand aucuns de l'hostel iront dehors pour leurs affaires et aultrement, ilz seront tenuz le signifier au bureau, afin de les royer; et s'ainsi ne le font, ilz seront et demeureront royez trois ou quatre jours après leur retour.

Item, que nulz officiers, quelz qu'ilz soyent, ne pourront d'ores en avant loger en court, sinon le grand et premier chambellan ou le second, et en leur absence aultre servant en leur lieu, le premier sommelier de corps, le grand maistre d'hostel ou le premier en son absence, et le grand escuyer, quand il y aura lieu pour leur logis.

Les officiers servans nostre bouche et aultres cy-après déclairez, asscavoir panneterie, eschançonerie, fruicterie, garde-robbe, espicerie, garde de joyaulx ou son ayde, tapissier, fourier, le portier et garde-manger, et nulz aultres, auront aussi logis en cour; et ne pourront iceulx officiers ne aulcun d'eux avoir leurs femmes en cour, ne y tenir mesnage, sur paine d'estre royez arbitrairement.

Si donnons en mandement ausdicts seigneurs de nostre sang, chancellier, grand et premier chambellan, grand et premier maistres d'hostel et aultres noz maistres d'hostel, sommeliers de corps, aux chiefz et trésorier commis sur le faict de noz demaines et finances, aux gens de noz comptes, maistre de nostre chambre aux deniers et contrerolleur de la despence ordinaire de nostre hostel, et à tous noz aultres justiciers, officiers et serviteurs cui ce regarde, et à chascun d'eux en droict soy et si comme à luy appartiendra, que ce présent estat et ordonnance, et tous les poinctz et articles cy-dessus escriptz et déclairez, et chascun d'iceulx singulièrement, ilz gardent, observent et entretiennent, et facent garder, observer et entretenir selon leur forme et teneur, sans faire ou aller ne souffrir faire ou aller au contraire, en manière quelconque, procédant et faisant procéder, chascun en son endroict, contre les transgresseurs, deffaillans et désobéyssans, par les paines dessus déclairées, et aultrement arbitrairement, selon l'exigence des cas et que les matières y seront disposées, sans port, faveur ou dissimulation quelconque : car ainsi nous plaist-il et voulons estre faict. Et afin que ce soit chose ferme et estable à tousjours, nous avons faict mettre nostre seel à ces présentes, saulff en aultres choses nostre droict et l'aultruy en toutes.

Donné en nostre ville de Bruxelles, le xxve jour d'octobre, l'an de grâce mil cincq cens et quinze.

CHARLES.

Par monseigneur le Prince :

HANETON.

(Copie du XVIIe siècle, aux Archives du royaume, fonds de l'Audience : reg. *Maisons des souverains et des gouverneurs généraux*, t. II, fol. 7-19.)

II

États des officiers de la maison de Charles-Quint en 1517 et 1522 [1].

1517.

Mardi, premier jour de décembre, l'an mil cincq cens et dix-sept, le roy de Castille, de Léon, de Grenade, d'Arragon, etc., archiduc d'Austrice, duc de Bourgoingne, de Lotrich, de Luxembourg, conte de Flandres, d'Artois, de Haynau, de Hollande, de Zellande, de Namur, etc., tout le jour en sa ville de Valledoly : à livre de xl groz, monnoie de Flandres.

GAIGES.

Grande Chappelle.

Messire Anthoine de Berghes, xxx s.
Sire Nicolaes Liégois, xii s.
Sire Alardt Théodrici, xii s.
Guillamme Chevallier, xii s.
Henry Santman, xii s.
Philippe Paillette, xii s.
Johannes Willebroot, xii s.
Johannes Willebroot le filz, xii s.
Gilles Reingotz, xii s.
Johannes Bosquet, xii s.
Sire Pasquier Pastoris, xii s.
Sire Daniel Arents, xii s.
Thirion Burals, xii s.
Johannes de Man, xii s.

Sire Jehan Lommel, xii s.
Sire Damien de Florebèque, xii s.
Gilles du Fourmanoir, xii s.
Jehan Lois, xii s.
Johannes de Lillers, xii s.
Sire Hugues des Couleurs, xii s.
Sire Jehan Mauguelerre, xii s.
Sire Cornille de la Vère, xii s.
Pière Duret, ix s.
Jennin Mathieu, viii s.
Bauduwin, porteur d'orgues, vi s.
Johannes Boucault, iiii s.
Willekin Scoutet, iiii s.
Franskin du Breucq, iiii s.

---

[1] Des milliers d'états de la maison de Charles-Quint qu'il y avait autrefois dans les archives de la chambre des comptes de Lille, on n'y conserve plus aujourd'hui que les deux que nous publions, et un troisième, du 1er juin 1524, qui est fort endommagé. Tout le reste fut, en 1793 et 1794, envoyé aux arsenaux ou mis à la disposition du ministre de la marine, pour être converti en gargousses. Voir l'intéressante notice publiée tout récemment par M. l'abbé Dehaisnes sous le titre de *Les Archives départementales du Nord pendant la révolution*, in-8° de 144 pages.

Les deux documents que nous donnons ont été copiés par M. Losfeld, employé de cet établissement.

APPENDICES.

Petitte Chappelle.

L'abbé d'Aumont, xlviii s.
L'évesque de Badajoz, xxx s.
Messire Robbert Robins, xviii s.
Le doïen de D........., ix s.
Sire Guillaume de Vandenesse, ix s.
Maistre Jacques Le Roy, ix s.

Maistre Jehan de Helchudoz, ix s.
Messire Cornille de Grave, ix s.
Gilles Moreau, viii s.
Adolf de la Verde Rue, viii s.
Anthoine du Pont, viii s.

Chambellans a xlviii solz.

Le seigneur de Chièvres, viii l. iiii s. iiii d.
Le seigneur de Montigny, lxxii s.
Le seigneur de Beaurains, xlviii s.
Le gouverneur de Bresse, xlviii s.
Le seigneur de Sempy, xlviii s.
Le seigneur d'Auxi, xlviii s.
Le seigneur de Molembais, xlviii s.
Le conte de Poursiévant, xlviii s.
Le seigneur La Chaulx, xlviii s.
Le seigneur de Waury, xlviii s.
Don Pero Velis du Val de la Jarre, xlviii s.
Don George de Portugal, xlviii s.
Le seigneur de Ru, xlviii s.
Le seigneur de Scrovestain, xlviii s.
Don Jean de Çúñiga, xlviii s.
Don Pierre de Gévarre, xlviii s.
Pierre Franchois, xlviii s.
Le conte de Montfort, xlviii s.
Le conte de Gambere, xlviii s.
Le jeusne Brederode, xlviii s.
Don Diego Manuel, xlviii s.
Le seigneur de Norquermes, xlviii s.
Le seigneur de Beauffort, xlviii s.
Don Alver d'Aillale, xlviii s.

Diego Lopes de Çúñiga, xlviii s.
Vasque de Goesman, xlviii s.
Don Philippe Manuel, xlviii s.
Anthoine Moreno, xlviii s.
Le seigneur d'Incy, xlviii s.
Liénart de Berghes, xlviii s.
Alver Peres Ozorio, xlviii s.
Vasque d'Ancome, xlviii s.
Le prouvost de Mons, xlviii s.
Messire Jehan de Berchem, xlviii s.
Le seigneur de Montferrant, xlviii s.
Le seigneur de Mérode, xlviii s.
Messire Rodrigo de La Hoze, xlviii s.
Le seigneur de Glajon, xlviii s.
Le seigneur de Walhain, xlviii s.
Le séneschal de Haynau, xlviii s.
Michiel de Roère, xlviii s.
Le bastar de Nagera, xlviii s.
Don Alver Ozorio, xlviii s.
Estienne de Longvy, Sr de Choye, xlviii s.
Le seigneur de Vaulx, xlviii s.
Yñigo Lopes Coronel, xlviii s.
Don Pedro Vellis de Gévarre, xlviii s.

Maistres d'Ostel.

Le seigneur du Reux, cix s. vii d.
Don Dièghe de Gévarre, xlviii s.
Le seigneur de Mouscron, xlviii s.

Don Jan de la Coeve [1], xlviii s.
Rollers, xlviii s.
George Hackeney, xlviii s.

---

[1] De la Cueva.

APPENDICES.

PANNETIERS.

Loïs de Ravel, xxiiii s.
Le seigneur d'Oufalize, xxiiii s.
Thibault Verchamp, xxiii s.
Jehan vander Dalle, xxiiii s.
Philippe de Bessey, xxiiii s.
Le seigneur de Wandergnies, xxiiii s.
Claude Gernod, xxiiii s.
Robbert de Le Loye, xxiiii s.
Joachin de Rye, xxiiii s.
Claude de Cilli, xxiiii s.
Hernaem Peres de Biscaye, xxiiii s.
Philippe de Courteville, xxiiii s.
Guyot de Vauldrey, xxiiii s.

Franchois de Saint-Pol, xxiiii s.
Le seigneur du Pin, xxiiii s.
Le seigneur de Longastre, xxiiii s.
Anthoine de Varennes, xxiiii s.
Anthoine de Thouars, xxiiii s.
Francisque de Goesman, xxiiii s.
Rodrigo Henricus, xxiiii s.
Joris Wolmershaussen, xxiiii s.
Le jeusne Rey, xxiiii s.
Claude de la Baulme, xxiiii s.
Jehan de Marchenelles, xxiiii s.
Maximiliaen de Meerle, xxiiii s.

ESCHANSSONS.

Le seigneur de Corrières, xxiiii s.
Le filz de don Pedro Velis, xxiiii s.
Sinsseldorff, xxiiii s.
Le seigneur de Vauldrey, xxiiii s.
Alonce Navarrot, xxiiii s.
Armude, xxiiii s.
Cauweberghe, xxiiii s.
Anthoine le Sauvaige, xxiiii s.
Edelhans van Emershoffen, xxiiii s.
Longheval, xxiiii s.
Sigismond van Diven, xxiiii s.
Gillebert de Varras, xxiiii s.
Loïs de Gronod, xxiiii s.
Anthoine de Lattre, xxiiii s.

Fernande Medrano, xxiii s.
Franchois d'Elfault, xxiiii s.
Le nepveur du gouverneur de Béthune, xxiii s.
Le filz de mons^r de Blasvelt, xxiii s.
Rodrigo Nyno, xxiii s.
Fernande de Lermes, xxiii s.
Gonsalve de Coene, xxiii s.
Le jeusne Loquinghen, xxiii s.
Nicolas de Mandeville, xxiii s.
Le petit Roy, xxiii s.
Pierre de Boubais, xxiii s.
Le maisné filz de Mastain, xxiii s.
Garci Alvares de Cuellar, xxiiii s.

ESCUIERS TRENCHANS.

Guillaume Carondelet, xxiiii s.
Wynant, xxiiii s.
Le seigneur de la Muyre, xxiiii s.
Le seigneur de Poucques, xxiiii s.
Jehan de Locqueron, xxiiii s.
Jehan de Vauldrey, xxiiii s.
Jehan de Faltans, xxiiii s.

Pierre de Vere, xxiii s.
Le seigneur de Trélon, xxiiii s.
Pierre Chenu, xxiiii s.
Jacques de Marsilles, xxiiii s.
Gauvain de Grammont, xxiiii s.
Jehan de Playne, xxiiii s.
Estiembourgh, xxiiii s.

APPENDICES.

Charles d'Achey, xxiiii s.
Le seigneur de Boussu, xxiiii s.
Le frère Roland de Mol, xxiiii s.
Adolf vander Aa, xxiiii s.
Loys d'Yve, xxiiii s.
Phelippe Carondelet, xxiiii s.

Jehan Hinckart, xxiiii s.
Plancy, xxiiii s.
Pierre d'Anaya, xxiiii s.
Don Pierre d'Ancome, xxiiii s.
Phébus de la Tour, xxiiii s.
Diellebeke, xxiiii s.

Escuiers d'Escuierie.

Messire Charles de Lannoy, xxiiii s.
Le seigneur d'Audergnies, xxiiii s.
Henry le Begghe, xxiiii s.
Le bastard de Cortebrunne, xxiiii s.
Le jeusne Battembourgh, xxiiii s.
Francisque de Sapata, xxiiii s.
Adriaen d'Ecourt, xxiiii s.
Jehan d'Armerstorff, xxiiii s.
Ponthus du Roux, xxiiii s.
Bastiaen de Harro, xxiiii s.
Pierre Discordi, xxiiii s.
Daniel de Maelcaen, xxiiii s.
Jehan de Moncigno, xxiiii s.
Blase de Vadillo, xxiiii s.
Le fils Guillaume de Hèze, xxiiii s.

Hammes, xxiiii s.
Montfaulconniet, xxiiii s.
Grospain, xxiiii s.
Simon de Vauldrey, xxiiii s.
Gabriel Dispe, xxiiii s.
Franchois van Diest, xxiiii s.
Henry de Mol, xxiiii s.
Jehan Foucks, xxiiii s.
Legisamo, xxiiii s.
Cosme de Montesernes, xxiiii s.
Le seigneur de Watervliet, xxiiii s.
Mornaire d'Avilla, xxiiii s.
Verdonghe, xxiiii s.
Kathelin de Quingey, xxiiii s.

Varlets servans.

Gilles van Apfenauwe, dit l'Alemant, xii s.
Jehan Quarré, xii s.
Franskin de le Gracht, xii s.
Heulle, xii s.
Paule Hanneton, xii s.
Servaen Peres Coronnel, xii s.
Nycolaes de Crane, xii s.

Franchois de Villèghes, xii s.
Piericquitte, xii s.
Graenmetz, xii s.
Jehan van Meerle, xii s.
Gauthier de Gendt, xii s.
Tapia, xii s.

Coustilliers.

Joris Sanzeller, xii s.
Le bastard de Gommegnies, xii s.
Baltasar Presinghe, xii s.
Melchior Heydaffre, xii s.
Phelippe de Ghistelle, xii s.

Jehan de Chauffredon, xii s.
Phelippe de la Dispe, xii s.
Zommerghen, xii s.
Croysilles, xii.
Jehan de Blahain, xii.

Phelippe de Berselle, xii s.
Warniex de Farrette, xii s.
Jehan Perle, alemant, xii s.

Cappel, alemant, xii s.
Joris Neels, xii s.
Le nepveur de Courteville, xii s.

Paiges.

Anthoine de Myngoval, vi s.
Le filz de Loys de Vauldrey, vi s.
Guillaume de Courteville, vi s.
Jehan de Viry, vi s.
Anthoine de Champaigne, vi s.
Phelippe de Méricourt, vi s.
Bellegnies, vi s.
Assel de Dennemarcke, vi s.
Andelo, vi s.

Ryez, vi s.
Elsinghe, vi s.
Estrées, vi s.
Dormans, vi s.
Franchois de Monbel, vi s.
Le filz messire Hans Renner, vi s.
Ermude, vi s.
Andrieu de Lusseul le garde, vi s.
Tassinot, ayde, iiii s.

Panneterie.

Jehan Hannart, xii s.
Estienne de Steenbecque, xii s.
Joesse Fleuremans, x s.
Henderick Zeelmans, x s.
Jehan Machon, x s.

Gilles Scauwart, x s.
Guillaume Legrain, vii s. vi d.
Gheerardt du Sautoir, vii s. vi d.
Phelippe Carnyn, vii s. vi d.
Jehan Michault, vii s. vi d.

Eschansonnerie.

Deniset Baudequin, xii s.
Jéromme de Beaucamp, xii s.
Ypolitte Cauderlier, vii s. vi d.
Guillaume vanden Steene, vii s. vi d.

Jehan de Bregilles, vii s. vi d.
Loïs Cocquillet, vii s. vi d.
Thibault Cornu, iiii s.
Berthele, iiii s.

Cuisine et Sausserie.

Jaques Imbrechts, xiiii s.
Jaques de Champaigne, xiiii s.
Jehan Baceler, xii s.
Jehan du Fay, xii s.
Jehannin, pastissier, xii s.
Jehan le Vasseur, vii s. vi d.
Jennin Desroillie, vii s. vi d.

Jehan Meulenare, vii s. vi d.
Julliaen Servais, vii s. vi d.
George Alemant, vii s. vi d.
Hans Bommerssen, vii s. vi d.
Petit Jehan, vii s. vi d.
Jacques Motel, vii s. vi d.
Jehan de Bertigney, vii s. vi d.

APPENDICES.

Le cuisinier du grand chambellan, vii s. vi d.
Le cuisinier du grant maistre d'ostel, vii s. vi d.
Toussain Binet, vii s. vi d.
Nicolaes Pocke, vii s. vi d.
Loïs du Fay, vii s. vi d.

Maximiliaen de Brabant, vii s. vi d.
Charles du Buisson, iiii s.
Jehan Guignart, iiii s.
Colin Guignart, iiii s.

Fruyterie.

Druin Boisot, xii s.
Marck d'Ocoche, xii s.
Jehan Bobin, viii s.
Huguet Roserot, vii s. vi d.
Josse de Conflans, vii s. vi d.

Luc de Walle, iiii s.
Art Quitz, iiii s.
Morclet, iiii s.
François de Brouet, iiii s.

Escuierie.

Cornille de Zeellande, xii s.
Jehan de Morfalize, xii s.
Pierquin de Gand, xii s.
Macabeus Nacroix, xii s.
Estienne Dubois, xii s.
Innocent, xii s.
Sépulcre, xii s.
Ung maistre d'estable, ix s.
Rollant Masuret, ix s.
Guillemin d'Effelinghes, ix s.
Anthoine du Ploys, vii s. vi d.
Regnault Bourgois, vii s. vi d.
Jehan de Monceau, vi s.
Cornille de Vilvorde, vi s.
George Alain, vi s.
Jehan Belleman, vi s.
Jehan Decauffain, vi s.
Pieter vander Gotten, vi s.

Maistre Augustin, vi s.
Messire Nicolle Rousseau, vi s.
Jennin Bonnier, iiii s.
Le Baere, iiii s.
Colin de l'Aleue, iiii s.
Jaquet de Longchamp, iiii s.
Fernande de Saraina, iiii s.
Jehan Michiel, iiii s.
Martin de Mongières, iiii s.
George Obeufz, iiii s.
Martin Ortongue, iiii s.
Cason de Beaurains, iiii s.
Cason Paulus, iiii s.
Santicque, iiii s.
Jehan de Hoochstrate, iiii s.
Jehan Marche, iiii s.
Hubert Wamback, iiii s.

Fourrière.

Messire Jehan de Courteville, xlviii s.
Jehan de Tenremonde, xxxvi s.
Messire Paule d'Amersdorf, xxx s.
Messire Loïs de Marliady, xxx s.
Maistre Libéral Carnisin, xxx s.
Maistre Jehan de Hooghestrate, xxx s.

Loys de Wert, xxx s.
Gérard Paroche, xxx s.
A lui pour ses gens, xxvii s.
Pière Boisot, xxiiii s.
Andrieu de Douverin, xxiiii s.
Estienne de Chessey, xxiiii s.

Jacques de la Troulière, xxiiii s.
Jehan de Winnencourt, xxiiii s.
Nicolaes de Lettre, xxiiii s.
Le maistre des postes, xx.
Thoison d'or, xviii s.
Jaques Artus, xvi s.
Henry Karette, xvi s.
Henry Sterque, xvi s.
Andrieu Spirinck, xvi s.
Guillemin Fenin, xvi s.
Pière de Courteville, xiiii s.
Jehan van Roode, xiiii s.
Maximiliaen Pingeon, xii s.
Leurens Vital, xii s.
Loïs de Lembourg, xii s.
Alixandre Maugis, xii s.
Waulthier Reffet, xii s.
Jehan Canotz, xii s.
Jehan Carlier, xii s.
Le Borgne, xii s.
Robbert Picoult, xii s.
Geoffroy de Conteuse, xii s.
Huguenin Moreau, xii s.
Pière de Pedra, xii s.
Jehan Dagon, xii s.
Pière de Rudde, xii s.
Diego de Hongar, xii s.
Durangys, xii s.
Jennot Ternot, xii s.
Jehan Reffet de Saint-Claude, xii s.
Anthoine de Mirande, xii s.
Loïs de Mol, xii s.
Gracien Martines, xii s.
Maistre Jehan vander Moze, xii s.
Maistre Simon Gommier, xii s.
Jehan Mathieu, xii s.
Andrieu de Weselle, xii s.
Josse Nycullandt, xii s.
Jehan de Leuwe, xii s.
Jehan de Fontaines, xii s.
Charles mons^r, xii s.

Gillechon de Warenghien, xii s.
Henry le Fèvre, ix s.
Jaques Michiel, ix s.
Jehan de Courchelles, ix s.
Anthoine Warin, ix s.
Pière Seldegnot, ix s.
Jehan Mathieu, ix s.
Arkangele, ix s.
Toussain Lesueur, ix s.
Maistre Jehan vanden Perre, ix s.
Jehan de Roebroucke, ix s.
Jacques Fiesvet, ix s.
Aert Langele, ix s.
Franchois Kenberghe, viii s.
Frédéryck Heydorff, viii s.
Jaspar, viii s.
Gerris Huffz, viii s.
Joachin Tronslagher, viii s.
Le filz Joachin, viii s.
Inghelbert Pingon, vii s. vi d.
Petit-Jehan Courouwée, vii s. vi d.
Colin (Lajomier?) vii s. vi d.
Roelkin Varlet, vii s. vi d.
Simonnet Fourneau, vii s. vi d.
Noël Caron, vii s. vi d.
Jehan vander Burch, vii s. vi d.
Phelippe de Blaire, vii s. vi d.
Nicaise Ladam, vii s. vi d.
Hans Brouckman, vii s. vi d.
Jehan de Heynauw, vii s. vi d.
Colin, petit keux, vii s. vi d.
Anthoine de Lembèque, vii s. vi d.
Laureys vander Linde, vii s. vi d.
Hugues Hyenans et Jennin de Neufchastel, vii s. vi d.
Hans Roellins, vii s. vi d.
Jehan de Gand, vii s. vi d.
Jehan de Ghendt, vi s.
Maximiliaen Bacquelin, vi s.
Guillemette Enguéran, vi s.
Ysabeau du Puis, vi s.

APPENDICES.

Griette de Brabant, vi s.
Pelo d'Ath, iiii s.
Guillaume de Luxenne, iiii s.

Petit-Jehan, iiii s.
Marie Usiel, iiii s.
Piére Tartare, iiii s.

Grant Conseil.

Le doyen de Besançon, xlviii s.
Le prouvost de Cassel, xlviii s.
M⁰ Josse Laurens, xlviii s.
M⁰ Anthoine Sucquet, xlviii s.
M⁰ Claude de Chassey, xlviii s.
M⁰ Jehan Hannart, xxx s.

M⁰ Jehan de Grutere, xxiiii s.
M⁰ Henry de l'Espine, xxiiii s.
M⁰ Remy du Puys, xviii s.
Nicolaes Desmaretz, xii s.
Adolf Dalleman, xii s.
M⁰ Piére Barbier, vi s.

Cappitaine et Archiers de corps.

Maximiliaen de Lannoy, xlviii s.
Guillaume de Bonnevoye, xii s.
Jehan de Mol, xii s.
Henry de Monceau, xii s.
Anthoine le Clerc, xii s.
Hennon le Roy, xii s.
Pierchon Michiel, xii s.
Martin de la Marche, xii s.
Michiel Lecocq, xii s.
Jehan Carpentier, xii s.
Anthoine le Paige, xii s.
Couronne, xii s.
Jaques le More, xii s.
Massin Delille, xii s.
Jehan de Morienne, xii s.
Quentin Motte, xii s.
Jehan de la Chaulx, xii s.
Piére de Labye, xii s.
Gilles du Parcq, xii s.
Leurens Wynant, xii s.
Robbinet de Mailly, xii s.
Loïs de la Perrière, xii s.
Jehan Carette, xii s.
Claude du Mont, xii s.
Anthoine le Buck, xii s.

Le bastard de Manneville, xii s.
Jehan de Lattre, xii.
Charles de Rétis, xii s.
Le grant Anthoine, xii s.
Gillot Cardon, xii s.
Germain, xii s.
Adriaen de le Litz, xii s.
Jehan Bertin, xii s.
Josse le Brasseur, xii s.
Hugues Michiel, xii s.
Pierchon Cardin, xii s.
Le bastard de Sucre, xii s.
Martin de Longueville, xii s.
Armentières, xii s.
Thomas Louette, xii s.
Le bastart de Waury, xii s.
George le Tourier, xii s.
Jehan Rousseau, xii s.
Jehan le Viguier, xii s.
Jaques le Viguier, xii s.
Jehan Broyart, xii s.
Pierquin Gaget, xii s.
Colin Dennemarque, xii s.
Hans Hoen, xii s.
Mathieu Descrotières, xii s.

George Létrivière, xii s.
Jennette Stuvière, xii s.
Lecorach, xii s.
Alain de Longeval, xii s.
Piérot du Pont, xii s.
Simon du Roux, xii s.
Le bastard de Méricourt, xii s.
Le bastard de Bugnicourt, xii s.
Colinet de Praet, xii s.
Albert Danno, xii s.
Pière de la Tour, xii s.
Baudewyn de Halet, xii s.
Bonaventure, xii s.
Jorin Saillart, xii s.
Le bastart de Sortilar, xii s.
Jehan de Paillet, xii s.
Le bastart de Waregnies, xii s.
Alardon, xii s.
Martelot des Angeles, xii s.
Simon des Angeles, xii s.
Verbonnet, xii s.
Anthoine de Boeck, xii s.
Anthoine de Giboch, xii s.
Josse Draguel, xii s.
Le grant Gérard, xii s.
Franchois le Doien, xii s.
Jehan Lemaire, xii s.

Pierquin du Rieu, xii s.
Mathieu Lestat, xii s.
Petit-Jehan Flahault, xii s.
Christoffle le More, xii s.
Lambert Grigeau, xii s.
Adrien Legay, xii s.
Jaques Brault, xii s.
Diego de Henne, xii s.
Jacop de Corèze, xii s.
Enguéran le Fèvre, xii s.
Jehan van Brieck, xii s.
Jennet le Vasseur, xii s.
Gillot Cay, xii s.
Jaquet de Sainct-San, xii s.
Jehan de Ballay, xii s.
Noël, xii s.
Jacques, de mons^r de Fiennes, xii s.
Maximiliaen de Leuze, xii s.
La Tour, xii s.
Jehan Gryme, xii s.
Pière de Lisvelt, xii s.
Henry, xii s.
Jehan Sablot, xii s.
Estienne Doret, xii s.
Hanyn de Mons, xii s.
Sire Oudart Boudur, ix s.
L'artilleur, viii s.

Somme des gaiges dudit premier jour de décembre : iiiie iiii^{xx} viii l. iiii s. xi d.

APPENDICES.

1521.

Samedi, premier jour de juing, l'an quinze cens vingt-ung, l'Empereur, roy de Castille, de Léon, de Grenade, d'Arragon, de Navarre, etc., archiduc d'Austrice, duc de Bourgoingne, de Brabant, etc., conte de Flandres, d'Artois, de Namur, etc., tout le jour en la cité de Mayance : à livre de quarante groz, monnoye de Flandres.

GAIGES.

GRANDE CHAPPELLE.

Messire Anthoine de Berghes, xxx s.
Phelippe Paillette, xii s.
Sire Hugues des Couleurs, xii s.
Sire Pasquier Pastoris, xii s.
Johannes de Man, xii s.
Franskin de Cambray, xii s.
Sire Nicole Champion, xii s.
Sire Henry Santeman, xii s.
Sire Henry Bredeniers, xii s.
Sire Daniel Arents, xii s.
Anthoine de Dames, xii s.
Johannes de Lillers, xii s.
Sire Allart Théodricy, xii s.
Johannes Willebroot le père, xii s.
Johannes Willebroot le filz, xii s.

Maistre Chrestien de Louvain, xii s.
Maistre Jacques Champion, xii s.
Gilles de Formanoir, xii s.
Messire Victor Clita, xii s.
Messire Tristran de Menin, xii s.
Maistre Henry Bredeniers, xii s.
Maistre Damien de Florbecke, xii s.
Maistre Mahieu Bajomer, xii s.
Messire Robert Lestendu, xii s.
Maistre Jehan de Braye, ix s.
Jennin Mathieu, viii s.
Franskin du Brueck, viii s.
Jehan Bauduwin, vi s.
Henry Semette, iiii s.

PETITTE CHAPPELLE.

Messire Robbert Robins, xl s.
L'évesque de Palerme, xxx s.
Sire Guillaume de Vandenesse, xviii s.
Maistre Jehan Prévost, ix s.
Messire Cornille de Grave, ix s.

Messire Anthoine du Pont, ix s.
Messire Oudart Bersaques, ix s.
Jennin Morel, viii s.
Rogier vanden Berghe, viii s.

CHAMBELLANS A XLVIII S.

Le marquis d'Arschot, viii l. iiii s. iiii d.
Le conte de Hooghestrate, lxxii s.
Le seigneur de Noorkermes, xlviii s.

Don Jehan de Çúñiga, xlviii s.
Diego Lopes de Çúñiga, xlviii s.
Le seigneur de Verneul, xlviii s.

Le seigneur de Vaulx, xlviii s.
Don Bertran de Robles, xlviii s.
Le seigneur de Beaurains, xlviii s.
Le seigneur de Fourmanssan, xlviii s.
Le conte d'Eghemondt, xlviii s.
Lénardt de Berghes, xlviii s.
Le conte de Montfort Wolf, xlviii s.
Joseph de Montmorency, xlviii s.
Franchois Gonsale de Médine, xlviii s.
Vasque d'Ancoingne, xlviii s.

Le conte de Gambre, xlviii s.
Le seigneur de Scrovestain, xlviii s.
Messire Raphaël de Médecis, xlviii s.
Le seigneur de la Chaulx, xlviii s.
Le conte de Varras, xlviii s.
Le seigneur de Soye, xlviii s.
Le bastart de Waury, xlviii s.
Ferreri de la Mies, xlviii s.
Le gouverneur de Bresse, xlviii s.

Maistres d'Ostel.

Messire Ferry de Croy, cix s. vii d.
Anthoine de la Barre, xlviii s.
Guillaume de Rolle, xlviii s.

Don Alver Ozorio, xlviii s.
Jehan de Metteneye, xlviii s.
George de Hacqueneye, xlviii s.

Pannetiers.

Pierre de Weyrre, xxiiii s.
Franchois de Sainct-Pol, xxiiii s.
Le seigneur de Beaujeu, dit Rey, xxiiii s.
Joorys Wolmershaussen, xxiiii s.
Bertholomey de Campiègne, xxiiii s.
Guyot de Vauldrey, xxiiii s.
Claude de la Baulme, xxiiii s.
Le sire de Houffalize, xxiiii s.
Francisque de Vergas, xxiiii s.

Le commandador Joan Sappata, xxiiii s.
Robert de le Loye, xxiiii s.
Francisque de Goesman, xxiiii s.
Loupes de la Garde, xxiiii s.
Le Sr d'Ergnam, xxiiii s.
Claude de Gorrevod, xxiiii s.
Claude de Cilly, xxiiii s.
Vertschamps, xxiiii s.
Don Bertran de la Coeva, xxiiii s.

Eschanssons.

Le seigneur de Corrières, xxiiii s.
Ermude, xxiiii s.
Martin d'Ayelle, xxiiii s.
Anthoine de Lattre, xxiiii s.
Nicolas de Manneville, xxiiii s.
Marchon, xxiiii s.
Rodrigo Nyno, xxiiii s.
Mastain, xxiiii s.

Allonse Navarro, xxiiii s.
Fernande Medrano, xxiiii s.
Le jeusne Loquinghen, xxiiii s.
Phelippe de Bersele, xxiiii s.
Gonsalve de Coeva, xxiiii s.
Sigismond de Dure, xxiiii s.
Le seigneur de Beurre, xxiiii s.
Gracian de Rosinbois, xxiiii s.

APPENDICES.

Escuiers trenchans.

Wynant, xxiiii s.
Jehan de Faletans, xxiiii s.
Jehan de Playne, xxiiii s.
Gilles van Appenault, xxiiii s.
Loys d'Yve, xxiiii s.
Dielbecke, xxiiii s.
Cornille d'Espaigne, xxiiii s.

Francisque de Udiante, xxiiii s.
Le seigneur de Boussu, xxiiii s.
Nesingher, xxiiii s.
Le seigneur de Verton, xxiiii s.
Guillaume Carondelet, xxiiii s.
Gauvain de Grantmont, xxiiii s.

Escuiers d'Escuierie.

Messire Charles de Lannoy, xxiiii s.
Francisque de Sapata, xxiiii s.
Watembourg, xxiiii s.
Daniel de Marlian, xxiiii s.
Jehan de Monsicque, xxiiii s.
Hammes, xxiiii s.
Gabriel Dispe, xxiiii s.
Kathelin de Quingey, xxiiii s.
Monohierro d'Avilla, xxiiii s.
Henry de Wedergracht, xxiiii s.
Verdonghe, xxiiii s.

Le bastart de Nassou, xxiiii s.
Nicolas de la Thour, xxiiii s.
Legisamo, xxiiii s.
Jehan-Anthoine de Marlian, xxiiii s.
César Ferramensque, xxiiii s.
Aymé de Vallaix, xxiiii s.
Silvestrin, xxiiii s.
Bauduwin Bourlut, xxiiii s.
Le Sr de Watervliet, xxiiii s.
Montfalconnet, xxiiii s.

Varletz servans.

Heulle, xii s.
Pierricquitz, xii s.
Jehan de Lacken, xii s.
Grantmetz, xii s.
Jehan van Merle, xii s.

Gauthier de Gandt, xii s.
Tappia, xii s.
Franchois de Villèghes, xii s.
Don Iñigo de la Coeva, xii s.

Coustilliers.

Jorys Sanszeller, xii s.
Melcior Heydorffe, xii s.
Jehan de Chaffardon, xii s.
Phelippe de la Dispe, xii s.
Somerghem, xii s.
Jehan de Blahain, xii s.
Jorys Neels, xii s.
Jehan de Courcelles, xii s.

Albert Capple, xii s.
Bonnalo, xii s.
Champaigne, xii s.
Vauldrey, xii s.
Rottalle, xii s.
Baltazar Presinghe, xii s.
Jehan de Viry, xii s.

PAIGES.

Mingoval, vi s.
Andelo, vi s.
Ryes, vi s.
Dormans, vi s.
Bellegnye, vi s.
Franchois de Monbel, vi s.
Régnier, vi s.
Ermude, vi s.
Don Jehan, vi s.
Don Diego, vi s.
Olivier, vi s.
Jaspar de Hacquino, vi s.

Alarcon, vi s.
Jehan Seignorie, vi s.
Don Christofle de la Coeva, vi s.
Lusinghe, vi s.
Adelaïs, vi s.
Christofle d'Erscestem, vi s.
Bredeback, vi s.
Don Pedro de Mendoça, vi s.
Jaques Dimize, vi s.
Guillaume de Hane, vi s.
Jaques Bardin, iiii s.

PANNETERIE.

Jehan Hannart, xii s.
Jehan Machon, xii s.
Goesse Fleuremans, x s.
Henry Zeelmans, x s.

Jehan Michault, ix s.
Guillaume Legrain, vii s. vi d.
Gérardt du Saultoir, vii s. vi d.
Le bacere alleman, iiii s.

ESCHANÇONNERIE.

Guillaume vanden Steene, xii s.
Loys Coquillet, vii s. vi d.
Simonnet Villain, vii s. vi d.

Phelippot Voicture, iiii s.
Berthelt Scoope, iiii s.

CUISINE ET SAUSSERIE.

Jehan Remires, xiiii s.
Maistre Claes Boer, xiiii s.
Jennin Brouwart, xii s.
Josse Weert, xii s.
Charlot de l'Abeye, xii s.
Le cuisinier du grant chambellan, ix s.
Le cuisinier du grant maistre, ix s.
Julien Servais, vii s. vi d.
Jennin de Rollie, vii s. vi d.
Guyot Colo, vii s. vii d.
Petit-Jehan le Fort, vii s. vi d.

Hernan Roys, vii s. vi d.
Michault Trellecas, vii s. vi d.
Pierre de Navarre, vii s. vi d.
Josme, vii s. vi d.
Loys du Fay, vii s. vi d.
Colin Guignart, vii s. vi d.
Nicolas Pouckes, vii s. vi d.
Jehan de le Pierre, iiii s.
Guichart Gérart, iiii s.
Guillaume Vantballe, iiii s.

APPENDICES. 315

Fruicterie.

Marck d'Ococke, xii s.
Jehan Bobin, viii s.
Jehan Guégneau, vii s. vi d.
Luc de Wale, iiii s.

Artquietz, iiii s.
Morelet, iiii s.
Franchois du Brueck, iiii s.

Escuierie.

Jehan de Morfalize, xii s.
Pierquin de Gandt, xii s.
Macabeus Nacroix, xii s.
Estienne du Bois, xii s.
Innocent, xii s.
Sépulcre, xii s.
Anthoine de Scerperie, xii s.
Pierre de Septimo, xii s.
Jaques-Philippe de Castille, xii s.
Dominick Bancqs, xii s.
Bastien Bancqs, xii s.
Hambal, xii s.
Maistre Vincent, xii s.
Rollandt Masurel, ix s.
Jennin du Monceau, ix s.
Mahieu des Quatre-Vents, ix s.
Haynken Huguens, viii s.
George Alames, viii s.
Regnault Bourgeois, vii s. vi d.
Franchois Breyer, vi s.
Cornile Bommart, vi s.
Maistre Augustin, vi s.
Messire Nicole Rousseau, vi s.

Jaspar van Lathem, vi s.
Jennin Bonnier, iiii s.
Le baere, iiii s.
Jean de Ribaflesche, iiii s.
Lopès Gommès, iiii s.
Sanche d'Agriane, iiii s.
Simon Boedin, iiii s.
Colin de la Bruyère, iiii s.
Jehan Michiel, iiii s.
Martin de Mongiro, iiii s.
Georges Obuef, iiii s.
Martin de Rippe, iiii s.
Caso de Beaurains, iiii s.
Salemancque, iiii s.
Jehan de Hooghestraete, iiii s.
Caso Paulier, iiii s.
Ramirès, iiii s.
Jehan Amessaghe, iiii s.
Sanche, iiii s.
Vassalle, iiii s.
Petit-Jehan Couvoutte, iiii s.
Phelibert Bonnot, iiii s.
Bernardt Marche, iiii s.

Fourrière.

Claude de Bissy, xxxvi s.
Messire Paule d'Armesdorf, xxx s.
Mᵉ Libéral Carnisin, xxx s.
Mᵉ Baptiste Baldiron, xxx s.
Loys de Weert, xxx s.
Gérardt Paroiche, xxx s.

A luy pour ses gens, xxvii s.
Henry Stercke, xxiiii s.
Jehan de Wignacourt, xxiiii s.
Le seigneur de Vauldrey, xxiiii s.
Jaques de La Troullière, xxiiii s.
Baptiste de Taxis, xx s.

Messire Narcisque Verjunes, xx s.
Pierre Boisot le jeusne, xvi s.
Jehan Stercke, xvi s.
Andrieu Spierinck, xvi s.
Guillemin Fenin, xvi s.
Jehan van Rooden, xiiii s.
Vincent Boedins, xiiii s.
Pierre de Fortewille, xiiii s.
Noël Caron, xii s.
Loys de Lembourg, xii s.
Wauchier Reffect, xii s.
Jehan Canotz, xii s.
Jehan Carlier, xii s.
Le Borgne, xii s.
Huguenin Moreau, xii s.
Jehan Dagon, xii s.
Pierre de Radde, xii s.
Diego de Hongart, xii s.
Le docteur Pontbus, xii s.
Jehan Cornot, xii s.
Jehan Reffect, xii s.
M⁰ Lénart Keets, xii s.
M⁰ Pierre Mangin, xii s.
Diego de Canisar, xii s.
Gracian de Martines, xii s.
M⁰ Jehan vander Moezen, xii s.
Andrieu de Wezelle, xii s.
Charles monsʳ, xii s.
Broully, xii s.
M⁰ Jehan vanden Perre, xii s.
Hans Brouckman, xii s.
Gillechon de Warenghien, xii s.
Michiel Rope, xii s.
Henry Perchons, xii s.
Marck Herins, xii s.
Colin des Molins, xii s.
Duytslant, xii s.

Allonse Floris, xii s.
Anthoine de Mirande, xii s.
Jehan de Courcelles, ix s.
Pierre Sclinkette, ix s.
Amador de Valence, ix s.
Arkangele, ix s.
Toussain Le Sueur, ix s.
Anthoine Warin, ix s.
Jehan de Gendt, ix s.
Jehan du Bois, ix s.
Franchois de Kenberghe, viii s.
Frédrick Heydorff, viii s.
Pierre Valduys, viii s.
Jaspar, viii s.
Jorys Hafz, viii s.
Joachin, tromslagher, viii s.
Le filz de Joachin, viii s.
Nicolas Bajomer, vii s. vi d.
Arnoult Prévost, vii s. vi d.
Roellin Varlet, vii s. vi d.
Simonnet Forneau, vii s. vi d.
Phelippe de la Blarie, vii s. vi d.
Henry de Riddere, vii s. vi d.
Colin, petit keux, vii s. vi d.
Laurens vander Linde, vii s. vi d.
Hugues Heymans, vii s. vi d.
Baudechon Druon, vii s. vi d.
Gilles de Trupel, vii s. vi d.
Le Songeur [1], vii s. vi d.
Guillemette Enghéran, vi s.
Griette de Brabant, vi s.
Marie vander Hague, vi s.
Jehan de Brotonne, iiii s.
Pierquin Parent, iiii s.
Colin Carlier, iiii s.
Marie Hosiel, iiii s.
Jehan Myngin, iiii s.

[1] Nicaise Ladam, surnommé *le Songeur*.

APPENDICES.

Grant Conseil.

L'évesque de Palerme, xlviii s.
M⁰ Josse Laurens, xlviii s.
M⁰ Loys de Vaca, xlviii s.
Le prévost de Cassel, xlviii s.
Messire Claude de Chassey, xlviii s.
M⁰ Jehan Hannaert, xxx s.
Bertholomey de Gatinaire, xxviii s.

M⁰ Jehan de Grutere, xxiiii s.
M⁰ Henry de Lespinée, xxiiii s.
M⁰ Maximilian Transilvano, xxiiii s.
M⁰ Jehan Lalemand, xxiiii s.
Nicolas Desmaretz, xii s.
Adolf Dalman, xii s.
Messire Bernardt Gryna, vi s.

Cappitaine et Archiers de corps.

Le seigneur de Habbarc, xlviii s.
Adrien Loy, xii s.
Pierchon Cardon, xii s.
Hugues Michiel, xii s.
Gillot Cardon, xii s.
George le courier, xii s.
Colin Dennemarcke, xii s.
Charles de Retis, xii s.
Jennet de Resne, xii s.
Le Carrenas, xii s.
Le bastart de Méricourt, xii s.
Jehan de Paillette, xii s.
Claude de Lymon, xii s.
Claude Le Viguier, xii s.
Le bastart de Manneville, xii s.
Martelot des Angelz, xii s.
Simon des Angelz, xii s.
Le bastart de Wagnye, xii s.
Jehan le Viguier, xii s.
Jacques Branle, xii s.
Petit-Jehan Sablot, xii s.
Pierquet Gaget, xii s.
Loys de la Perrière, xii s.
Jacob de Thorage, xii s.
Enghéran Le Févre, xii s.
Piètre de Lyesvelt, xii s.
Lambert Grigeau, xii s.
Maximilian de Leuze, xii s.

Pierkin du Rieu, xii s.
Colinet Boulengier, xii s.
Pierquin de la Thour, xii s.
Anthoine Le Bouck, xii s.
Henry d'Anvers, xii s.
Lyon Lestimeur, xii s.
Armentières, xii s.
Jehan Pasquier, xii s.
Robin Haubory, xii s.
Gérardt Duprés, xii s.
Colin du Tilleur, xii s.
Le bastart de Waregnye, xii s.
Le grant Anthoine, xii s.
Diego de Heurec, xii s.
Allartson, xii s.
Anthoine Vertbonnet, xii s.
Christofle Le Moire, xii s.
Claude d'Ausque, xii s.
Jacquet Doulceau, xii s.
Jehan Blancquart, xii s.
Jehan Barbanze, xii s.
Jaques Bonmarché, xii s.
Gillotin de Croix, xii s.
Haubert Serrot, xii s.
Pierre le Maire, xii s.
Le bastart de Longchamps, xii s.
Nicolas Roussel, xii s.
Bauduwin de Wingne, xii s.

Francisque de Gatinaire, xii s.
Jéromme de Navarre, xii s.
Guillaume de Laitre, xii s.
Lambert Back, xii s.
Valérin de Monceau, xii s.
Colin Forneau, xii s.
Loys Obin, xii s.
Jehan Le Borgne, xii s.
Ambroise Wallecardt, xii s.
Guillaume Coffry, xii s.
Godefroy de Crohin, xii s.
Estienne du Mont, xii s.
Le bastart de Méricourt le jeusne, xii s.
Mando de Savoye, xii s.
Jehan du Mont, xii s.
Jehan Gobart, xii s.
Jaques d'Obenseur, xii s.
Jehan Carlier, xii s.
Mayor Ortault, xii s.
Regnault de Villame, xii s.

Martin du Va, xii s.
Jehan de Revelle, xii s.
Robbin du Jardin, xii s.
Anthoine du Ploix, xii s.
Henry de Montramer, xii s.
Grant-Jehan Moreau, xii s.
Jehan de Beauffort, xii s.
Anthoine de Melles, xii s.
Hubert Cuignet, xii s.
Franchois du Hem, xii s.
Alain de Longueval, xii s.
Albert Dasne, xii s.
Ranguely, xii s.
Jacques de Cincqcens, xii s.
Le Pommier, xii s.
Quentin de la Clatière, xii s.
Jehan de Balaix, xii s.
Rogier de la Verrière, xii s.
Messire Nicole de Cuin, ix.
Jehan Alixandre, artilleur, viii s.

Somme des gaiges dudit premier jour de juing : iiiᶜ lxix l. xviii s. i d.

APPENDICES.

III

État des dépenses faites par la ville de Louvain, à l'occasion de l'entrée et de l'inauguration de Charles-Quint en cette ville, le 23 janvier 1515[1].

Ter Blyder Incompst van hertoge Karle, coninck van Castillen, als hy d'lant Loevene ontfinck, des disendachs xxiii januarij a° xv° xiiii, stilo Brabantie.

Betaelt Gelden de Nausnyder, rentmeester der stadt van Loeven, die gesonden wert tot Antwerpen, omme aldaer te coopen drie silveren vergulden stoopen, om die te presenteren ende geschonken te werden onsen genedigen heere, tsynder Blyde Incompst, als hy d'lant ontfangen soude, die stoopen hy inder stat van Antwerpen gemaict niet gereet en vant, daer omme hy gevaceert heeft iiii dagen, te xxiiii stuvers sdaighs, per quitantiam suam. . . iiii l. xvi st.

Betaelt vanden iii stoopen die naderhant gevonden syn tot Loeven, daer af die twee silveren stoopen gecocht syn tegen de executeurs van den testamente wylen jouffrouwe Katherine Pynnox, weduwe wyle Joncker Lybrechts van Meldert, tsamen wegende xii marck, v oncen onverghult, ende den derden stoop gecocht tegen Lodewyck vanden Tymple, wegende v marck, vi ingelschen, is tsamen xviii merck, ii oncen, vi ingelschen, ten prise van xvi Peters de marck, en den Peter te xviii stuvers; blyckende by twee quitancien, deene van den voirsc. ii stoopen van heer Laureys Celen ende Willems Lombart, ende dander vanden eenen stoopen van Lodewyck vanden Tymple: tsamen de somme van ii^c lxiii l. vi st. ix den. b.

Betaelt van iiii oncen vii 1/2 ingelschen fyn gouts, gecocht tegen diverse persoenen, als aen Aert van Kets, aen Henrick de Costere ende aen Jorys Boba, d'onche te xvii rinsgulden, alst blyct by haren quitancien vanden date xxiii januarij xv° xiiii, stilo Brab.   lxxiii l. vii st. v d.

Betaelt Jorys Boba van die drie stoopen te verguldene metten voirsc. gecochten goude, voir synen arbeyt, soe dat aen hem verdingt was, by synder quitancie spreekende van meerdere somme, gedateert xxiii januarij a° xv° xiiii, stilo Brab. . . . . xii lib.

En syn die voirs. stoepen gethekent opt dexel boven opte stoopen metter wapenen van Loeven.

Betaelt van iiii swarte loevenen lakenen, van vier loyen, daeraf de twee lanck waren tsamen xlv 1/2 ellen, d'elle te xxii stuvers; item, noch twee vier loyen tsamen houdende xlvi 1/2 ellen, d'elle te xxi stuvers: valent tsamen, by quitancien van Ghelden de Nausnydere, gedateert xxv januarij a° xv° xiiii, stilo Brab. . . . . xcviii l. xvii st. vi d.

---

[1] Extrait du compte de la ville de Louvain du 20 juillet 1514 au 20 juillet 1515; communiqué par M. Ed. Van Even, archiviste de cette ville.

APPENDICES.

Item, betaelt van de voirsc. lakenen met zyden te besteken opte eynden ende in de middelt met schilden vander wapenen van Loeven, betaelt Jorys van Corbeke, in den Raemhof, ende voer synen loon . . . . xxiiii st. viii d.

Betaelt Ghelden de Nausnydere van twee stucken swerts lakens, van twee loyen, houdende tsamen xl ½ ellen, omme de alleye mede te behangen daer myn genedigen heere den eedt op dede, d'elle te xv stuvers, by quitancie vander date xxv januarij aº xvᵉ xiiii. xxx l. vii s. vi d.

Welke lakenen daer de voirsc. alleye mede behangen was, buyten en binnen, gehadt en aenveert hebben, als voir haer recht ende emolumenten, die fourriers, die huyschiers ende die ghene die de alleye verwaren.

Den selven Ghelden noch betaelt van eender blauwe lyste, xxv ellen lanck, swart gevarwet, ten prise van xi ½ d'elle, omme die alleye boven mede te behangen ende onder mede te beleggen, per quitanciam suam vander date xxiiii januarij aº xvᵉ xiiii, stilo Brab. xiiii l. vii s. vi d.

Betaelt Jehan de Lathouwere, heere van Beauregard, cappitain vanden archiers myns genedigen heeren, hem byder stat geont, als voir syn recht als officier, als myn genedich heere ontfangen wert, enz., per quitanciam suam vander date xxviii januarij aº xvᵉ xiiii, stilo Brab. x peters val. ix l. . . . . ix lib.

Betaelt den coek van mynen genedigen heere, ter voirsc. incompst, voere synen wyn, mits synder quitancie gedateert xxvi januarij aº xvᵉ xiiii, Jean van Sone . . . . xx st.

Item, betaelt Huge Rousset, fruyteur myns genedigen heeren, voer synen wyn als voere, ter voirsc. incompst, by synder quitancie gedateert xxiiii januarij aº xvᵉ xiiii, stilo Brab. . xx st.

Betaelt den archiers myns genedigen heere, ten selven tyde vander incompst, voir haren wyn, blyckende by quitancien van Jehan Winter ende Anthoine le Paige, vander date xxiiii januarij aº xvᵉ xiiii, stilo Brab. . . . . viii lib.

Betaelt den palfourniers en paigien myns genedigen heere, ten tyde vander incompste voirsc., voir haren wyn, mits quitancie van Gillotin le Chantere, gedateert xxv januarij aº xvᵉ xiiii, stilo Brab. . . . . ii lib. vi d.

Betaelt den pannetiers ende sommeliers myns genedigen heeren, voer haren wyn, ten selven tyde, per quitancie van Charle vander Meere, gedateert xxv januarij aº xvᵉ xiiii, stilo Brab. . . . . ii lib.

Betaelt den maerschalck ende hoefslagere myns genedigen heeren, ter selver incompst, voer haren wyn, by quitancie Augustyns de Beer, gedateert xxiiii januarij xvᵉ xiiii, stilo Brab. . . . . xxii st.

Betaelt den tapichiers ende fourriers tsamen, voir haren wyn, ter voirsc. incompst, by haren quitancien vanden date xxiiii januarij, te wetene van Peter van Aelst, tappichier, ende Jehan Marle, fourrier, de somme van . . . . iiii lib. x st.

Item, den portiers myns genedigen heeren betaelt, voir haren wyn, per quitancie van Jehan de Courssele, gedateert xxiiii januarij aº xvᵉ xiiii, stilo Brab. . . . . . xx st.

Betaelt den doerwerdere van myns genedigen heeren cappelle, voir synen wyn, by quitancie van Peter Duret, gedateert xxiiii januarij anno xvᵉ xiiii, stilo Brab. . . . xiiii st.

Betaelt den achte trompetten van mynen genedigen heeren, ter voirsc. blyde incompst, voer haren wyn, by quitancie van Johan Marfally vander date xxiiii januarij aº xvᵉ xiiii . iii lib.

APPENDICES.

Betaelt den xii ordinaris boden myns genedigen heeren, voir haren wyn, by quitancie Peters vander Moeyen, vander date xxiiii januarij xv^e xiiii. . . . . ii lib. ii st.

Betaelt xiii heraulten van mynen genedigen heeren, voir haren wyn, ten voers. tyde van der blyde incompst, by quitancie vanden herault Brabant, gedateert xxiiii januarij a° xv^e xiiii. . . . . iii lib.

Betaelt iiii boetloopern lacayers myns genedigen heeren, voer haren wyn ter incompst voers., per quitancie van Jorys au Beuf, gedateert xxiiii januarij a° xv^e xiiii . . . iiii lib.

Betaelt v doerwerders myns genedigen heeren, voer haren wyn, ten voirsc. tyde, by quitancie van Gielys de Cuypere, van den date xxiiii januarij, stilo Brab. . . . . . iii lib.

Betaelt Peteren vanden Berge, conchierge van der stathuys, voer costen by hem gedaen en verleeght voer die inbyten die hy gereet gemaect heeft voer die vanden staten 's lants van Brabant, inder dachvaert tot Loeven wesende, ten tyde vanden ontvange van mynen genedigen heeren hertoge Karle, daer af die partien, by den selven Peteren in geschrifte daer af synde, int particulier gespecificeert staen, en quitancie daer op dienende gedateert ultima januarij xv^e xiiii . . . . xi lib. x st.

Betaelt Barthelmeeus van Kessele, coster van Sinte Peeters te Loeven, voer dat hy die groote clocke geluydt heeft als myn genedigen heere syn entree tot Loeven tsynder blyde incompst, als hertoge des lants, dede, by synder quitancie vander date xxvi februarij a° xv^e xiiii, stilo Brab. . . . . xii st.

Betaelt Michiele van Mille, tappichier, van dat hy met synder tappisserie de camere behangen heeft, daer de staten vergadert waren ter dachvaert tot Loeven wesende, doen hertoge Karle dlant ontfonck, per quitanciam suam gedateert ultima januarij a° xv^e xiiii. xx st.

Diverse hamelen by de rentmeesteren gecocht, die te winnen werden mette abattementen met vierene ende anderssins, ende elken na synen prys, gelevert syn, boven den wyn daertoe geordineert ende gegeven, etc.

Item, betaelt Gheerde vanden Meertshoven van twee hamelen tegen hem gecocht, tstuck om xxviii stuvers, valent. . . . . ii lib. xvi st.

Betaelt Merck de Naen van iiii hamelen tegen hem gecocht als voere, tstuck om xxviii st., val . . . . v lib. xii st.

Den selven noch betaelt van ½ hamel . . . . xv st.

Betaelt Peteren van Vossem van iiii hamelen tegen hem gecocht, tstuck om xxix stuvers, val . . . . v lib. xvi st.

Betaelt Jaspar van Vossem van 1 ½ hamel . . . . i lib. v st.

Item, Thomas Hertshals van iii hamelen tegen hem gecocht, tstuck om xxix stuvers Brab. . . . . iiii lib. vii st.

Item, betaelt Pauwels Meerman, alias Baen van drye hamelen tegen hem gecocht, tstuck om xxx st.. . . . . iiii lib. x st.

Item, betaelt Janne Hertshals van iii hamelen tegen hem gecocht, tstuck om xxix st., valent . . . . iiii lib. vii st.

Allet blyckende byden quitancie des voirsc. Jans Hertshals, gedateert iii^a feb. a° xv^e xiiii, stilo Brab.

APPENDICES.

Item, betaelt der geselscap vander Pensee, die den hoochsten prys hadde in ghelde, want men der hamelen nyet genoch en hadde, voir elken hamel xxvııı st., by quitancie Jans van Liefkenrode, gedateert ıııª februarij aº xvᵉ xııı. . . . . v lib. xıı st.

Betaelt insgelycs den gesellen vander Rose, voir twee en ½ hamelen, voir elken xxvııı st. als boven, by quitancie Jans van Lyere, gedateert ıııª februarij aº xvᵉ xııı . . ııı lib. x st.

Item, betaelt van te dragen de voirsc. hamelen uten vleeschuyse op ten register, ıııª februarij aº xvᵉ xııı, stilo Brab. . . . . ı st. vı d.

Den voirsc. meester Goert Bubbelere (tymmerman) overbracht xxª januarij aº xvᵉ xııı, te hebben gewracht in 's dekens van Sinte Petershuys, in myns heeren van Chyevreshuys, in Standonexhuys, aen de stellinge voere der stathuys, etc. . . . . . . xx lib. xv s. vı d.

Den selven meester Goert Bubbelere overbracht xxvııª januarij aº xvᵉ xııı, gewracht int hof van myn vrouwe Margrieten hof, en int thof van hertoge Karle, en aent dressoir daer die xıı apostelen op stonden, met meer andere juweelen, etc. . . vııı lib. xıı st. ııı d.

Vander stat wegen gesonden, ııª januarij anno xvᵉ xııı, tot Bruessel Anthoenys Abseloons, borgermeester, meesteren Jan Stevens, pensionaris, ende Willem Borreman, rydenden bode van der selver stat, omme aldaer te aenhoeren tgene dat den staten van allen den landen van herwertsover opgedaen ende gethoont es geweest aengaende den goeden wille vander Coenincklycke Magesteyt, consenterende dat myn genedigen heere in synen landen voirsc. ontfangen en gehult soude werde, hebben daerom gevaceert de voirsc. borgermeester syn tweester vı dagen, die pensionaris syn tweester vı dagen, ende de voirsc. bode alleene vı dagen, te xıı stuvers 'sdaighs, val. . . . . xvııı lib.

Betaelt van te hebben gehat een copie van eenige stucken der materien van der voirsc. dachvaert aengaende . . . . ıııı st.

Vander stat wegen gesonden xııı januarij aº xvᵉ xııı Gheert van Thienen, rydenden bode, tot Bruessel, om aldaer te verwachten d'opsitten van onsen genedigen heere ende tydinge daeraf te brengen tot Loeven, daeromme gevaceert ı dach . . . . xıı st.

Vander stat wegen gesonden, xıııª januarij aº xvᵉ xııı, Jan Poel, bode te peerde der stat van Loeven, tot Bruessel, omme te vernemen den tyt wanneer myn genedigen heere de eertshertoge, die na Loeven commende was, wt Bruessel reisen soude, daeraf hy den borgermeester tydinge brachte, daerom wt geweest te peerde ı dach, val. . . . . xıı st.

Vander stat wegen gesonden, xıııª januarij aº xvᵉ xııı, meesteren Jan Stevens, pensionaris, tot Bruessel, met mijnen heere den meyer van Loeven, om te spreken mynen heere van Chyevres aengaende der compst van onsen genedigen heere, daerom gevaceert ı dach: val . xxıııı st.

Vander stat wegen gesonden, xıııª januarij aº xvᵉ xııı, Willem Borreman, bode te peerde, onderwegen Bruessel, tot drye reisen over en weder, omme te vernemen wanneer hertoge Karle, onse genedigen heere, commen soude om sin entree te doen, daerom wt geweest ı dach te peerde : val . . . . xıı st.

Vander stat wegen gesonden, xvıª januarij aº xvᵉ xııı, Willem Borreman, bode te peerde der selver stat, met twee besloten brieven, den eenen aen de stat van Thienen, en den anderen te Leeuwe, adverterende hen vander vergaderingen ende dachvaert vanden staten van Brabant, tot Loven vergadert synde, omme te spreken vander incompst ons genedigen heeren, hier om gevaceert te peerde ıı daghen, te xıı st. 's daigs, val. . . . . xxıııı st.

APPENDICES.

Van der stat van Loeven gesonden, ultima januarij a° xv° xiiii, tot Bruessel Anthoenys Abseloons, borgermeester, meester Jan Stevens, pensionaris, en Willem Borreman, rydenden bode der selver stat, om aldaer mynen heere van Chyevres, gouverneur myns heeren, te spreken aengaende der conclusie alhier genomen byden leden der voirse. stat, opte bede ende begheerte ons genedigen heeren voers., hebben daerom gevaceert de borgermeester syn tweester iii dagen, de pensionaris syn tweester iii dagen, de bode voirse. iii dagen, te xii stuvers sdaeghs, val. . . . . ix lib.

 Betaelt der weduwe wylen Peters Baelle van wyne by haer gelevert, den welken geschonken es den persoenen hier nae verclaert, xxiii januarij a° xv° xiiii, als hertoge Karle dlant alhier ontfinck : den greffier vander orden iiii stat stoopen; item, mynen heere van Berchssem iii stat stoopen; item, meesteren Jan vander Beken iiii stat stoopen; item, mynen heere den abt van Grimbergen iiii stat stoopen; item, mynen heere van Ysselstain viii stat stoopen; item, mynen heere van Ste-Michiel iiii stat stoopen; item, mynen heere van Helessem iiii stat stoopen; item, der stat van Bruessel iiii stat stoopen; item, meesteren Jan Jonglet iii stat stoopen; item, Willem Baek iiii stat stoopen; item, den sangers vander cappelle viii stat stoopen; item, der stat van Antwerpen iiii stat stoopen; item, Adolf vander Noot iiii stat stoopen; item, den grooten tresorier vi stat stoopen; item, mynen heere den president van Bourgonien iii stat stoopen; item, den greffier van der finantien iii stat stoopen; item, den dyeneren van mynder genediger vrouwe iiii stat stoopen : soe dat allet blyckt by cedel geteekent Caverson ende oick by der quitancie der voirse. weduwe vanden date prima martii a° xv° xiiii . . . . xxvii lib. xv st.

 Betaelt Gerardo de Thymo, secretaris van deser stat van dat hy bescreven heeft, wt bevele van den borgermeester, die articulen van der toecomender Blyde Incompst van hertoge Karle van Oostryck die iiii hooft steden van Brabant, hier wesende, by synder quitancie xvii^a januarij a° xv° xiiii. . . . . ii lib.

 Betaelt Arnde den carreman van twee reisen by hem gedaen omme twee stucken wyns te vueren die mynen genedigen heere ende vrouwe Margrieten geschonken waren xx^a januarij anno xv° xxiiii, stilo Brab. . . . . iiii st.

 Item, ten bevele van beyde den borgermeesteren betaelt den doerwerder van myne vrouwe Margriete, en dit van gratien. . . . . xii st.

 Betaelt Peter Gerart, rethorisien, van Bethuyne, ende synen geselle, van dat zy gespeelt hadden opte merct, wt haers selfs belieften, als hertoge Karle dlant alhier tot Loeven ontfonck, per quitanciam suam gedateert xxvi januarij anno xv° xiiii . . . . . . xxiiii st.

IV

Relation de la joyeuse entrée et de l'inauguration de l'archiduc Charles à Gand, les 3 et 4 mars 1515 [1].

In nomine individue Trinitatis, Patris, Filii et Spiritus Sancti, amen. Presentis publici instrumenti serie cunctis pateat evidenter et sit notum quod anno a nativitate ejusdem Domini millesimo quingentesimo decimo quinto, more romano, indictione tertia, die vero sabbati tertia mensis martii, pontificatus sanctissimi in Christo patris et domini nostri domini Leonis, divina providentia pape decimi, anno secundo, in nostra notariorum subscriptorum presentia ad hoc specialiter vocatorum, et ad omnia et singula acta, actitata, res et facta infra scripta, prout eadem dicta, gesta, posita et adimpleta sunt per illustrissimum et serenissimum principem et dominum dominum Karolum, principem Hispanie, archiducem Austrie, ducem Burgundie, necnon ad patrie, dominii et comitatus sui Flandrie possessionem, et in eadem receptione cum omnibus et singulis solemnitatibus et ceremoniis consuetis et requisitis intrandum et nanciscendum, et ad omnia et singula predicta in hac parte facta et fienda, proposita et proponenda, notandum, conscribendum, stipulandum, prothocolandum et, ad perpetuam rei memoriam, testimonium et firmitatem, instrumentum et instrumenta publicum seu publica, literasque auctenticas desuper conficiendum et in publicam et auctenticam formam redigendum, dandum, faciendum atque tradendum requisitorum, illustrissimus et serenissimus Karolus, princeps Hispanie, archidux Austrie, etc., constitutus mane hora octava vel eo circa prefate diei, descendens cum nonnullis nobilibus ex pago dicto Zwynaerde et ex castro ibidem fundato, in quo ipse illustrissimus princeps cum suis nobilibus pernoctaverat, iter arripiens versus opidum Gandense, precedentibus et subsequentibus utriusque sexus personis, necnon relegatis et bannitis in magno numero, petentibus et humiliter supplicantibus eis de gratia speciali eorum delicta et causas relegationis indulgeri, et ut pro jocunda patrie atque opidi receptione per ipsum Karolum illustrissimum principem et comitem Flandrie fienda, non obstante prescriptione et bannio, redire atque reverti possent intra dictam patriam Flandrie, opidum Gandense aliaque opida ex quibus exbanniti erant; petentes desuper secum dispensari de gratia auctoritate ipsius speciali: dantes banniti et prescripti seu relegati prefati, in manibus magnifici domini cancellarii ipsius Karoli, archiducis, literas, titulos, acta, causas seu occasiones sue bannitionis seu relegationis prescriptionum predictarum desuper per dictum dominum cancellarium ordinandum.

[1] Communiqué par M. Edm. de Busscher, membre de l'Académie, archiviste de la ville de Gand.
Le compte de 1514-1515 manque dans les Archives communales, et il n'existe pas non plus aux Archives du royaume : il aurait fourni plus d'une particularité intéressante sur l'inauguration de Charles-Quint.

APPENDICES.

Appropinquante prefato illustrissimo domino Karolo, principe Hispanie, archiduce Austrie, etc., portam opidi Gandensis dictam de *Pesellepoorte*, cum plurimis et diversis generosis et nobilibus viris et aliis utriusque sexus personis eques et pedes precedentibus et subsequentibus, cum diversis bannitis et relegatis et non relegatis, introitus opidi et porta prefata, juxta antiquissimam hactenus observatam consuetudinem, patebat; et sic opidum Gandense prefatus illustrissimus princeps, comes Flandrie, gloriose et seriose intravit. Ibidem ilico omni cum humilitate et reverentia et obedientia obvium habuit clerum opidi Gandensis, processionaliter et solempniter, cum signis sancte crucis et aliis reliquiis, in cappis aureis et sericeis, cum omni honore et reverentia atque ceremoniis, domino illustrissimo et comiti Flandrie humiliter, alacriter et cum gaudio accurrentem, atque eundem cum reverentia et honore recipientem; ubi inter cetera reverendus in Christo pater et dominus dominus Egidius[1], Dei et apostolice sedis gratia episcopus Rosensis, abbas insignis monasterii Sancti Bavonis juxta Gandavum, cum priore et conventu sui monasterii clericisque, pietatis omni cum humilitate, pontificali habitu necnon mitra et baculo pastorali ornatus, dictum illustrissimum principem Karolum, nobiles generososque viros predictos, eques et pedes precedentibus atque subsequentibus duobus majoribus decanis, burgimagistris, legislatoribus, scabinis utriusque banci, commissariis, secretariis, offitiariis aliisque decanis et juratis dicti opidi, vestibus eorum que toge dicuntur indutis, aliisque innumerabilibus personis introitum dicti Karoli principis Hispanie, archiducis Austrie et Flandrie comitis, omni cum honore, alacritate ac letitia expectantes et prestolantes, ibidem presentibus, astantibus et salutantibus, mentis letitiam etiam cum effectu, potenti et generoso principi Karolo comiti, prefato oblato dominice crucis osculo, exposuit, patefecit et reseravit.

Quibusquidem salutationibus et receptionibus sic ut premittitur factis, prefatus dominus princeps, via illa recta, clero prefato Gandensi sequente processione, decanis, scabinis, offitiariis et aliis juratis et populo predicto, usque ad locum qui dicitur *Ten Spriete*, ex quo loco, valefactione solempniter facta ad clerum seu alios ibidem presentes, sepedictus illustrissimus princeps, nobilium et offitiariorum semper comitatus multitudine, precedentibus semper et a principio heraldis indutis signis armorum illustrissimi principis nostri prefati, sic per plateam ascendentem accesserunt ad monasterium Sancti Petri in Blandinio monte; et antequam pervenerunt ad portam meridionalem et majorem ejusdem monasterii, occurrit eidem illustrissimo principi nostro Karolo reverendus in Christo pater et dominus dominus Johannes[2], abbas ejusdem monasterii, in habitu pontificali cum baculo pastorali atque mitra, associato sibi priore suo atque conventu processionaliter in cappis aureis pretiosis incedente: quo prevento dictus dominus princeps ex equo suo desiliens, coram ligno vivifice crucis et aliis multis atque pretiosis reliquiis quae ad eumdem locum per prefatos dominum abbatem et religiosos monasterii predicti, ordinis Sancti Benedicti, deferebantur, super quodam tapeto et cussinis illic positis ipse illustrissimus princeps Karolus sua flexit genua, quem humaniter salutavit abbas atque recepit, aqua benedicta aspersit, thurificavit, sancti Evangelii osculum

---

[1] Égide ou Gilles Boele, sacré abbé de Saint-Bavon le 24 juin 1507.
[2] Jean Cauwerburch, sacré abbé de Saint-Pierre le 24 mars 1497.

dedit, et deinde salutifere crucis Dominice osculum similiter exhibuit, hec proferens verba : *Hoc est verum lignum sanctissime crucis.*

Quibus peractis dictus reverendus in Christo pater dominus abbas atque prior ejusdem monasterii, precedente processione, et responsorium « Honor virtus » decantante, in monasterium Sancti Petri predictum illustrissimum principem nostrum Karolum introduxerunt, gradientes et per januam meridionalem introeuntes et per ambitum ante locum capitularem incedentes, ecclesiam ipsam atque chorum ejusdem ecclesie Sancti Petri intraverunt, precedente semper heraldo, armis Flandrie ejusdem principis nostri Karoli induto, cum aliis predictis. Et collocatus est predictus illustrissimus princeps Karolus in oratorio quod est ibidem, in parte meridionali chori ejusdem ecclesie sericeis vestibus atque aliis preciosis ornamentis perpulcre, prout decuit, ornato, stantibus heraldis predictis in medio chori, sedilibus ejusdem chori atque choro egregie et decenter ornatis. Quibus sic ingressis et collocatis maxima cum solempnitate atque devotione, incepta est decantari missa per dominum abbatem predictum solemnis et votiva pro ejusdem illustrissimi principis nostri Karoli, principis Hispanie, archiducis Austrie et comitis Flandrie prosperitate, felicitate et salute, de Spiritu Sancto, per suos cantores. Pervento autem ad offertorium ejusdem misse, idem dominus illustrissimus princeps noster Karolus, precedentibus heraldis et heraldo insigniis armorum Flandrie induto, ad offertorium accessit, patenam deosculando, et obtulit ibidem pannum aureum ex auro puro contextum et tres philippos aureos.

Et procedente domino domino abbate in sancto obsequio et servitio misse, data benedictione, ceterisque ceremoniis consuetis solempniter peractis, missa finita, accessit illustrissimus princeps noster Karolus ad majus altare in quo missa celebrata est, et ille ante illud genua sua flectens, prostrato etiam et genua sua flectente reverendo patre et domino abbate prefato, circumstantibus conventu et religiosis predictis, necnon magnifico domino magistro Johanni Saulvaige, archicancellario, et illustri domino Philippo de Ravestain, ipsius ducis consanguineo, et aliis diversis nobilibus, offitiariis deputatisque patrie predicte, idem dominus abbas humiliter legit atque oravit super eundem dominum et illustrissimum principem nostrum Karolum, archiducem Austrie et comitem Flandrie, preces, versus, collectas, obsecrationes, benedictiones et orationes sequentes: *Salvum fac servum tuum, Deus meus, sperantem in te. Mittat tibi Dominus auxilium de sancto et de Sion tueatur te. Sit tibi Dominus turris fortitudinis a facie inimici. Dominus vobiscum et cum spiritu tuo. Oremus Deus pater eterne glorie sit adjutor et protector tuus et omnipotens benedicat tibi, preces tuas in cunctis exaudiat et vitam tuam longitudine dierum impleat, dominium tuum firmet, et gentem populumque tuum in eternum conservet, et super te sanctificatio Christi floreat et premium eterne beatitudinis tibi conferat, qui vivit et regnat in secula seculorum. Amen.*

Quibus cum omni humilitate et devotione peroratis et perlectis, idem dominus abbas accinxit illustrissimum principem nostrum Karolum gladio cum omni honore et reverentia, dicens hec verba : *Accingere gladio tuo super femur tuum, potentissime, et attende quia sancti, non gladio sed per fidem, vicerunt regna.* Et deinde in eodem loco ante majus altare et in genuflexione permanens et manum suam dexteram ad textum sancti Evangelii exponens, solitum et consuetum juramentum, ecclesie Sancti Petri et monasterio predicto prestitit atque corporaliter exhibuit, sub ydiomate gallico et hac verborum forma subsequente :

« Nous, Charles, conte de Flandres, jurons à garder, comme bon et loyal gardien, sans
» moyen, bien et loyalement contre tous et vers tous, tous les priviléges, libertez, fran-
» chises, usaiges, coustumes, biens, possessions, personnes, subjects et familiers de ceste
» esglise de Sainct-Pierre au mont Blandin, fondée de noz prédécesseurs royz de France.
» Ainsy me veulle Dieu ayder, les sainctz dont les corpz reposent cyens [1] et tous les
» sainctz du paradis. Amen. »

Quo facto supradictus dominus illustrissimus princeps recessit et exivit chorum dicte ecclesie, conducente et concomitante eodem reverendo domino abbate et priore predictis. Et habita aliquali deceptatione et recusatione inter eosdem ut dominus abbas progrederetur cum eodem illustrissimo principe nostro, ad instantissimas preces ejusdem domini abbatis progressus est et introivit in domum abbatialem ejusdem monasterii, quo in loco sepedictus princeps noster invenit jentaculum paratum, atque ibidem jentatus est, et cum omni humanitate et hilaritate per eundem dominum abbatem receptus est et tractatus. Et post parvam moram in loco et jentaculo factam, equum suum denuo illustrissimus princeps noster Karolus ascendens, semper heraldis et heraldo insigniis armorum Flandrie induto predicto precedentibus, per plateam que vocatur *Nova Platea*, recto itinere descendens versus opidum et ecclesiam Sancti Johannis Gandensis, in cujus platee loco, ubi dicuntur esse limites ville sive dominii ecclesie Sancti Petri predicte, cum dominio opidi Gandensis, ad utramque partem platee stabant ordinati et expectantes inferior baillivus et scabini sive legislatores cum suis secretariis et offitiariis, ambo majores decani atque omnes et singuli decani, jurati et offitiarii opidi sepedicti in eisdem suis vestibus, prout steterant ad portam predictam, expectantes et prestolantes adventum prescripti illustrissimi domini principis nostri Karoli ex monasterio sepedicti Sancti Petri, ad deducendum et concomitandum, cum omni reverentia et honore, eundem principem nostrum ad ecclesiam predictam Sancti Johannis, quo in loco princeps patrie et comes Flandrie juramentum terre, patrie, comitatui, dominio et populo suo Flandrie prestare consuevit, expectante atque congregata in eadem ecclesia atque in plateis circumquaque magna populi multitudine.

Et cum pervenisset prefatus illustrissimus et serenissimus princeps noster Karolus, princeps Hispanie, archidux Austrie, dux Burgundie et comes Flandrie ad ecclesiam predictam, in medio ejusdem ecclesie, ante gradus chori, ascendit idem princeps noster locum quemdam eminentiorem sub campanulis ad hec egregie et pannis sericeis et pretiosis perornatum, ubi circumstantibus, videntibus, audientibus et adstantibus deputatis quatuor membrorum Flandrie atque opidorum et villarum territorii Gandensis et aliorum locorum, astantibus etiam circumquaque predictis scabinis, decanis, offitiariis, juratis ejusdem opidi Gandensis atque diversis nobilibus et plebis magna multitudine deportatis illic, ad hec textu sancti Evangelii et signo atque ligno sancte crucis, prefatus illustrissimus princeps Hispanie, comes Flandrie, flexis genibus, per Johannem Alaerdt nomine clerici causarum sanguinis et crimi-

---

[1] *Cyens*, céans.

nalium (prout consuetum est) adjuratus, juramentum prestitit et solempniter juravit sub modo, forma et verbis sequentibus :

« Dat zweerdi gherecht heere ende grave van Vlaenderen te zyne, ende datter toebe-
» hoort de heleghe kercke haer recht te houdene ende doen houdene, dlant van Vlaenderen
» in vrede, in recht ende in wette te houdene, ende te doen houdene, de vryheden, etc. »

Et deinde prefatus illustrissimus princeps noster Karolus, post hujusmodi juramenti per eum et in animam suam prestationem, cordam campane ejusdem ecclesie serico rubeo involutam traxit et campanam pulsavit, ceterasque alias ceremonias fecit per dominos principes et comites Flandrie in eorum receptione et intronisatione fieri consuetas.

Et post hec prelibatus illustrissimus princeps noster descendens et ecclesiam exiens progressus est ad magnum forum ejusdem opidi quod vocant forum *Diei Veneris*, ad domum hujusmodi actibus et conventionibus populi frequentare consuetam, dictam *t'Hoochhuus* : quam ascendens, presente magna parte scabinorum cum eodem principe nostro cum utroque ballivo, in solari superiore, reliqua parte eorumdem scabinorum cum decanis majoribus ac omnibus et singulis decanis, juratis et offitiariis atque magna multitudine populi ejusdem opidi inferius et ante domum predictam existentibus, et in foro predicto congregatis. Quibus indicto silentio, per organum Johannis Alaerdt fuit propositum ac omnibus et singulis significatum qualiter illustrissimus, magnificus et prepotentissimus dominus et princeps Carolus, archidux Austrie, dux Burgundie et comes Flandrie, ibidem presens, in fenestris dicte domus jacens et existens, tanquam princeps noster et naturalis comes Flandrie, pro se ipso possessionem patrie, comitatus, dominii Flandrie simul et opidi Gandensis, quantum ad se spectaret, acceperat juramentum, prout solitum est et consuetum, et pro se ipso prestiterat, ceteraque omnia et singula in possessione, receptione, intronisatione principis in dicta patria et comitatu per principes fieri solita et consueta realiter et cum effectu perfecerat et adimpleverat : quare admonebantur omnes et singuli supradicti, quatenus eisdem consideratis juxta antiquam consuetudinem desuper observatam, ut boni, fideles atque legales subditi atque subjecti eodem principi et domino nostro domino Karolo, archiduci Austrie, duci Burgundie, etc., et comiti Flandrie, debite subjectionis, fidelitatis atque legalitatis juramentum prestarent.

Et facto aliquali intervallo, indicto denuo silentio, per Johannem Alaerdt predictum, adjurati predicti scabini, legislatores, offitiarii, decani, jurati, populus et tota communitas predicta et eorum quilibet, ad hec extensa et elevata manu, illustrissimo domino Karolo principi Hispanie, archiduci Austrie et comiti Flandrie, principi nostro, debitum atque solitum subjectionis, obedientie et fidelitatis exhibuerunt et prestiterunt juramentum sub verbis, modo et forma sequentibus :

« Dat zweerdy uwen ghcrechten heere den prince van Spaengen, eertshertoghe van
» Oostenrycke, hertoghe van Bourgoingnen, als grave van Vlaenderen, die hier present ende
» voor ooghen es, goet ende ghetrauwe te zyne, zyne eerfachtichede, seignorien, heerlic-
» heden ende palen te houdene ende helpen houdene, ende al te doene dat goede onder-
» saten haren ghcrechten heere sculdich zyn van doene. Alzo moet u God helpen ende alle
» Gods heleghen. »

Quo juramento prestito et facto, populo Gandensi plaudente, in hujus rei testimonium, memoriam, gaudium et exultationem, pecunie ejusdem illustrissimi principis nostri Karoli, precepto et mandato ejusdem predicti domini, per unum ex heraldis predictis extra fenestras ad populum sparse sunt atque projecte. Et deinceps dominus Franciscus de Masteyn, dominus temporalis de Masseme, supremus ballivus, et Petrus de Hertoghe, inferior ballivus ejusdem opidi Gandensis, virgas suas ballivatus, quas uterque manu tenebant, illustrissimo atque magnificentissimo principi nostro Karolo, humillime, reverendissime, in obedientie debite signum, prestiterunt et obtulerunt. Qui illustrissimus princeps, easdem virgas ad manus recipiens, cum omni humanitate, in signum recepte et acceptate obedientie et subjectionis, reddidit atque eisdem ballivis restituit.

Et tandem convocatis et congregatis ejusdem opidi Gandensis, saltem majori et saniori parte, scabinis et legislatoribus, prefatus illustrissimus princeps dictos scabinos bene et humaniter admonuit, eosdem sub eodem juramento quod prius desuper prestiterant ad scabinatum, offitia sua statim atque administrationes auctorisavit, confirmavit, approbavit et continuavit. Et eo facto singuli ab eodem loco ad propria iverunt atque recesserunt.

Hoc ordine, modo, forma, verbis, propositionibus, solempnitatibus et ceremoniis, juramentorum prestatione ac intronisatione ipse serenissimus dominus comes Flandrie in possessionem et administrationem patrie, dominii et comitatus sui Flandrie, nec non opidi principalis et primi Gandensis ejusdem, prout communiter solitum fieri et consuetum est, prout etiam a pluribus affirmabatur et famabatur ac in libris et registris predicti monasterii sive ecclesie Sancti Petri notatum et conscriptum reperiebatur, intronisatus et cum omni letitia et solemnitate ac hilaritate receptus et assumptus fuit.

De et super quibus omnibus et singulis premissis, ad hujusmodi omnium et singulorum perpetuam memoriam, testimonium attestationemque, prefatus princeps Karolus petiit et cum instantia requisivit sibi fieri, confici atque tradi publicum instrumentum, seu publica instrumenta, unum vel plura, per nos notarios subscriptos.

Acta fuerunt hec Gandavi, partim extra opidum, partim in opido Gandensi, partim in monasterio et dominio ecclesie Sancti Petri juxta Gandavum, in ecclesia Sancti Johannis, in foro Gandensi, locis, plateis et vicis supra scriptis, anno, indictione, die, mense et pontificatu quibus supra, presentibus ibidem prestantissimis et generosis dominis virisque domino Philippo de Ravestain, domino Frederico comite palatino, magistro Johanne Saulvaige archicancellario, Anthonio Metteneye sedis apostolice prothonotario, Marbriano de Orto archicapellano illustrissimi principis, Andrea Spieryne, Eduardo Bartrois domino temporali de Cocci, testibus ad premissa assumptis specialiter et rogatis.

Et ego, Guillermus Bertrandi, presbiter, decretorum doctor, ecclesie collegiate Sancte Pharaildis opidi Gandensis, Tornacensis diocesis, prepositus, sacra apostolica auctorite vicecomes et notarius publicus juratus, quia prescriptis requisitioni, introitioni, conductioni, receptioni, missarum celebrationi, benedictioni, orationi, ensis cinctioni, juramentorum prestationi, exhibitioni, restitutioni, auctorisationi, continuationi, ceterisque premissis, dum ut supra scripta alterius fideli manu in aliis impeditus agerentur, dicerentur et fierent, una cum venerabili viro artium magistro domino Cornelio Vander Varent, canonico et curato ecclesie supradicte, etiam notario subscripto, et testibus prescriptis, presens interfui eaque omnia et singula sic fieri vidi et audivi. Id circo presentes literas seu presens publicum instrumentum sub forma codicis per nos desuper factas et in hanc publicam formam redactas, una cum sigilli nostre prepositure et in rubea cera appensione, sub numero sex foliorum, primum titulum continentem, et duobus foliis partim albis remanentibus ex dictis sex simul computatis, signo meo et manu propria signavi in fidem, robur et testimonium premissorum omnium et singulorum, vocatus pariter et rogatus.

Ondergheteekent BERTRANDI.

Et ego, Cornelius Vander Varent, artium magister, dive Pharaildis opidi Gandensis, Tornacensis diocesis, canonicus et curatus, presbiter Cameracensis diocesis, sacra et apostolica et imperiali auctoritatibus notarius publicus et juratus, quia premissis omnibus et singulis, dum ut supra scribuntur, etc. (*Ende volght van woorde te woorde ghelyck tvoorgaende.*)

Ondergheteekent CORNELIUS VANDER VARENT.

Ende aldus onderghescreven: Ce présent coyer, grand de six feuilletz, le premier contenant le tiltre, les quatre ensuyvans la copie de l'intronisation avecque la subscription des notaires et le dernier blancq, ensemble lyé en soye verde soubz mon seel, a esté collationné et accordé contre l'original estant à Riplemonde, par l'exprès commandement de nostre sire le roy de Castille, de Grenade, etc., archiduc d'Austrice, conte de Flandres, par moy, Guillaume de le Wale, chevalier, seigneur de Hansbeke et d'Axpoele, comme trésorier et garde des chartres de Flandres. Tesmoing mon signe manuel cy mis le deuxiesme jour de juing quinze cent et dix-huyt.

Ende gheteekent G. WALE.

Onder stont ghescreeven: Ceste copie a esté collationnée à samblable copie escripte en ung quayer de six feuilletz de parchemin, collationné et soubzigné par messire Guillame de le Wale, chevalier, seigneur de Hansbeke et d'Axpoele, comme trésorier et garde des chartres de Flandres, le second jour de juing, l'an trente-deux, et accordée par moy, Nicaise Claissone, commissaire principal, et maistre Andries Diericx, adjoinct.

Ende ondergheteekent N. CLAISSONE *ende* A. DIERICX.

(Archives de la ville de Gand, reg. *Nieuwen Geluwenboek* B, fol. 327 v°.)

APPENDICES.

V

État des dépenses faites par la ville de Bruges pour la joyeuse entrée et l'inauguration de l'archiduc Charles, au mois d'avril 1515[1].

Huutgheven ende betalinghe, ter causen vanden costen ghedaen ter eerster ende Blyder Incomste van onsen harden gheduchten heere ende prince den eerdshertoghe Kaerle, prince van Castillen, etc., ende grave van Vlaendren, dewelke ghesciede binnen deser stede, den .. dach vande maent van april xv° vichtiene, naer Paesschen.

Ende eerst, de betalynghe ter causen vanden elleven tooghen, ghedaen met diesser toebehoorde; ooc mede 't verchieren ende behanghen vande Cruuspoorte, de straten an beeden zyden van dezelve poorte, tot den hove ons gheduchs, met blaeuwen lakenen daerup ghevest de wapenen ons gheduchs heeren van Vlaenderen, vande stede, vande hooftmannen, vande zes zestendeelen ende ooc van allen anderen ambochten ende neeringhen derzelver stede; ende lancx duere an beeden zyden ghestelt tortsen van vier voeten te vier voeten; ooc mede alle de voornoemde tooghen met toortsen bestelt, ende tot elcke toortse eenen thenin platteel, also dat elken zien mochte; midsgaders ooc mede de XL hanghende croonen, hanghende boven den straten, tot den voornoemden hove, elc verchiert met XL toortsen.

Van Themmeraige.

Alvooren, Cornelis vanden Westhuuse, over Antheunis Pieters, als ghenomen hebbende de eerste bestedynghe, te wetene de stage vanden foreeste in 't incommen vande Peper-strate,

---

[1] Communiqué par M. Gilliodts-Van Severen, archiviste de la ville de Bruges.

Remy du Puys, indiciaire et historiographe de l'archiduc, écrivit, par ses ordres, une relation détaillée de sa joyeuse entrée à Bruges. Elle fut imprimée à Paris sous ce titre : *La tryumphante et solemnelle entrée faicte sur le nouvel et joyeux advénement de très-hault, très-puissant et très-excellent prince monsieur Charles, prince des Hespaignes, archiduc d'Austrice, duc de Bourgogne, conte de Flandres, en sa ville de Bruges, l'an mil V cens et XV, le XVIII jour d'apvril après Pasques.* Ce livre, devenu très-rare, a été réimprimé, en 1850, par la Société d'émulation de Bruges avec toutes les planches qu'il y a dans l'édition originale.

Le compte de la recette générale des finances, du 1er janvier au 31 décembre 1516, conservé aux Archives départementales du Nord, à Lille, contient, fol. 356, l'article suivant : « A maistre Remy Dupuys, indiciaire et secrétaire du roy, CL livres, en considération des bons et agréables services qu'il luy avoit fait et faisoit lors journellement (12 avril 1516) ou fait de ses cronicques, mesmement en récompense d'ung grand livre qu'il avoit fait, à son ordonnance, touchant le triomphe de sa ville de Bruges à sa joyeuse entrée. »

La ville de Bruges aussi voulut récompenser Remy du Puys de la peine qu'il avait prise : comme on le verra dans l'avant-dernier article de cet état de dépenses, elle lui alloua cinq livres de gros.

't portael van Sint-Donaes, byder Roo-strate ende 't seepenhuus, jeghens 't huus vande Maremine ende der kerke vande Jacoppynen, ende dat up de steken daerof ghemaect, ende dat omme de somme van xxvii ponden x schell. gr. ende v schell. grooten daerup ghewonnen van nederen, comt t'samen xxvii ponden xv schell. gr.

Item, denzelven meester Cornelis, van ghenomen t'hebbene de tweeste bestedynghe, te wetene de halle staende up de Muelen brugghe, de beerghen voor 't huus ten Hanckin, inde Hoochstrate, ende 't casteel, an't blochuus up den houc van Sint-Jans-strate, voor de somme van xxix ponden xix sch. gr., ende viii schellinghen iiii deniers gr. daerup ghewonnen van stelleghelde, comt t'samen xxx ponden vii sch. iiii den. gr.

Item, denzelven meester Cornelis, van ghenomen t'hebbene de derde bestedynghe, te wetene de remonstrance byde Croone, thenden der Waepmakers-strate, de brugghe up de plaetse ter Craene, omme de somme van xxiii ponden gr., ende viii schell. iiii deniers grooten daerup ghewonnen met stelleghelde, comt xxiii pond. viii sch. iiii deniers grooten.

Item, denzelven meester Cornelis, van ghenomen t'hebbene de vierde bestedynghe, te wetene de staige ten houcke vande Vlamync-strate, 't pauwelloen voor 't beerkin byden Bueterhuuse, ende de galerye ande poorte van ons gheduchs heeren hove, omme xviii ponden gr., ende xxv schell. grooten ghewonnen up dezelve bestedynghe, comt xix ponden v schell. gr.

Item, dezelven meester Cornelis, viii schell. iiii den. gr., ghewonnen met stelleghelde vander eerster bestedynghe.

Item, denzelven, van ghenomen t'hebbene te bethemmerene de Cruus-poorte, de Houde Halle, de baillen vande poorte an beede zyden vande strate tot den hove, daeraanne de lakenen ghehanghen waren ende de toortsen up ghestelt, midsgaders ooc xL hanghende croonen omme toortsen up te stellene, met den hanghene ende leverynghe van de reepen daertoe, omme de somme van xL ponden grooten.

Item, den voornoemden meester Cornelis, ter cause van zekere partien van overwercke by hem ghedaen, inde voornoemde bestedynghen ende anderssins, also dat blyct by de partien hier overgheleyt, beloopende in heessche ter somme van vichtich ponden grooten, ende es gheappointiert metter somme van xL ponden grooten.

Item, Baltin d'Hane ende Jan Busscop, van overwercke by hemlieden ghedaen in't maken vande tooghen vande brugghe ter Crane, den tooch ten houcke vander Vlamync-strate, ende de galerye ande poorte vanden hove, mids een ree vanden huuse vande Hoosterlinghen voor by Sint-Gillis-brugskin, tot de plaetse van de Spaingnaerden; waervooren zy hiesschen alsoo't blyct by hueren overghevene, xii ponden vi schell. gr.; ende es met hemlieden gheappointiert mids der somme van vi ponden grooten.

Item, Jan Busscop, van dat hy ghewonnen heift in't besteden vande drien laetste bestedinghen xvi schell. viii deniers gr.

Beloopende, al t'samen, de voornoemde betalynghe van themmeraige ter somme van . . . . cuii^{xx} viii p. viii d. gr.

APPENDICES.

Van Scilderien.

Jan Fabiaen, ende zyne medeghezellen, dewelke ghenomen hebben de eerste bestedynghe, te wetene 't foreest, 't portael van Sint-Donaes met al datter toe behouven zoude, naer uutwysen den patroone ende der declaracie hem overgheghevcn, omme de somme van ix p. gr.

Denzelven Jan Fabiaen, van ghenomen t'hebbene de tweeste bestedynghe, te wetene 't sceepenhuus gheconterfeyt ende de halle met al datter toebehoort, omme xxix ponden grooten.

Denzelven, xiii schell. viii deniers grooten, voor ghelycke somme by hem ghewonnen in 't besteden vande scilderye.

Denzelven, noch ter causen van zekeren overwercke, by hem ghedaen in 't maken vande zelve bestedynghen, vi p. gr.

Item, Lenaert van Cricki, ende zyn medeghezellen, over Dieric Claerbout, ghenomen hebbende de derde bestedynghe, te wetene de dunen of beerghen vande stage vande vleeschambochte ende vischcoopers, ende 't casteel staende byden blochuuse, naer inhouden van bewarpe daerof wesende, omme xix p. gr.

Denzelven, van ghenomen t'hebbene de vyfste bestedynghe met zynen toebehooren, te wetene de tabbernakelen ten houcke vander Vlamyne-strate, ende 't pavellon ten beerkene by Sint-Jacops-strate, omme viii p. gr.

Aernout Zoetaert ende zyne medeghezellen, van ghenomen t'hebbene de vierde bestedynghe, te wetene de ceborie by 't huus ter Croone, ende de brugghe up de plaetse ter Crane, omme xxiii p. gr.

Voort, omme 't maken van neghen wapenroex vande neghen leden, ii p. i sc. viii d. gr., ende xv schell. gr. by hemlieden ghewonnen in 't besteden vander scilderien.

Jan vander Strate ende zyne medeghezellen, van ghenomen t'hebbene de zeste bestedynghe, te wetene de galerye ande poorte vanden hove met datter toebehoorde, omme de somme van viii p. gr.

Item, Dieric Claerbout, scildre, van dat hy ghestoffeirt heift de veertich banghende croonen, v p. gr.

Item, voor elleven dozyne scilden vande wapenen van onsen gheduchten heere, te vi grooten 't stic, iii p. vi sc. grooten.

Item, voor xli dozyne wapenen van Vlaendren, van deser stede, ende ooc vande poortrie, te iiii groote vanden sticke, viii p. iiii sc. gr.

Item, voor xxx dozyne wapenen vande ambochten ende neerynghen deser stede, te iii gr. 't stic, iiii p. x sc. gr.

Item, voor eenen grooten scildt vander wapene van onsen gheduchten heere, ghehanghen voor de Cruuspoorte, vi sc. grooten; ende xxvi sc. viii d. gr., byden zelven Dieric ghewonnen, up diversche bestedynghen van scilderien.

Boven al welke partien, den voornoemden Dieric angaende, uut zekere consideracien vander cleender winnynghe die hy an dezelve wercken ghedaen heift, mids zeker overwerc by hem ooc ghedaen, zo es hem toegheleyt gheweist ii p. gr.

Item, Willem d'Hollandre, over zyn moyte van ghemaect t'hebbene de xi patroonen vande tooghen, xxv sc. gr.

Denzelven, vi schell. viii den. gr., by hem ghewonnen up de voornoemde bestedynghen.

Item, Heindric Zoeman, vii schell. iiii den. gr., ooc ter causen van ghelycker somme ghewonnen up de voornoemde bestedynghen.

Item, Jan Blandein, v sc. gr., ooc by hem ghewonnen up de voorseide bestedynghen.

Item, Dieric Cochuut, van ghemaect t'hebbene eenen grooten leeu en eenen kemele, die gheoorboort waren up de tooghen, ten houcke vande Vlamynestrate, xxv sc. grooten.

Item, Donaes Fabiaen, van dat hy de baillen an beeden zyden van der strate van der Cruuspoorte tot de hove, ghelue ghesildert heift, xii sc. vi den. gr.

Item, Jan vander Strate, xxv sc. iiii den. gr., ter causen van ghelycker somme, ghewonnen up de voornoemde bestedynghen.

Beloopende, al t'samen, de voornoemde partien, ter somme van . . cxxxv p. ix sc. x d. gr.

Van Waslichte.

Eerst Edewaert van Ghysegheem, over diverssche waslichtmakers, over 't maken ende leveren van xvii^c toortsen, te vii s. gr. 't stic, comt liii p. ii sc. vi den. gr.

Item, Anthuenis Rans, over de leverynghe van vi^c toortsen, vanden voornoemden pryse, xviii p. xv schell. gr.

Item, Adriaen van Likerke, over de leverynghe van hondert toortsen, van denzelven pryse, iii p. ii sc. vi d. gr.

Item, Jan de Smit, over de leverynghe van ii^m ii^c L toortsen, vanden vornoemden pryse, lxx p. vi sc. iii d. gr.

Denzelven voor lx pont tafelkeerssen, gheoorboort up de voornoemde elleven tooghen, te ix gr. 't pont, ii p. v sc. grooten.

Denzelven, over neghen groote toortsen, weghende xl pont, gheoorboort up den tooch vande brugghe ter Crane, te vii gr. 't pont, xxiii schell. iiii den. grooten.

Denzelven, over drie toortsen, weghende tien pont ende een alf, gheoorboort omme de toortsen te doen barnene, te vii gr. 't pont, vi sc. i d. v stuvers grooten.

Item, den voornoemde Edewaert, over Christoffels Oosterlync, voor de leverynghe van tien toortsen, weghende xxxiii pont, ooc gheoorboort omme 't ontsteken vande toortsen, lancx de straten, te vii gr. 't pont, xix sc. iii d. gr.

Denzelven Edewaert, over Jooris Cachoore, voor de leverynghe van tien toortsen, weghende xxx pont, gheoorboort omme 't ontsteken ende doen barnen vande toortsen, lancx den straten, te vii gr. 't pont, comt xvii sc. vi d. gr.

Item, Pieter Dufour, over 't maken van vichtich toortsen van drie colleuren, te wetene: wit, rood ende gheluwe, dewelke byde scermers ghedreghen waren, neffens den persoonen van onsen gheduchten heere, te iiii sc. grooten van elker toortse, comt x p. grooten.

Item, d'heer Stevin van Praet, ter causen van zes toortsen, die die vande wet hadden in 't ontfanghen van onsen gheduchten heere in 't hof, te xviii gr. 't stic, comt ix sc. grooten.

Beloopende, al t'samen, de voornoemde partien ter somme van . . clxi p. vi sc. v d. v st.

Van leverynghe van Canevetse

gheoorboort byden scilders, omme 't becleeden vande elleven tooghen, ende ooc omme 't maken van zekere habyten ende zaken dien angaende.

Symoen de Boot, over de leverynghe van iiii^m iiii^c lxxvii ellen canevets, te wetene xix^c iiii^{xx}xvii ellen vytrys, te xxi sc. vi d. grooten 't hondert, comt xxi p. ix sc. iiii d. gr., ende ii^m iiii^c ii $_{\text{i}}^{xx}$ ellen grouf canevets, te xviii sc. vi d. gr. 't hondert, comt xxii pont xviii sc. ix d. gr.

Beloopende t'samen . . . . xliiii p. viii sc. i d.

Vander huere vanden thenen Platteelen, mids den verliese.

Pieter vanden Rade, thenin potghietre, over de huere van iiii^m v^c thenen platteelen, gheoorboort al omme waer toortsen ghestelt waren, te xvi miten vanden sticke, comt xii p. ix sc. xi d. gr. xvi miten.

Item, voor 't verlies van xxxiii van denzelven platteelen, elc weghende twee pont, te vii s. gr. 't pont, ii p. i sc. iii den. grooten; ende van denzelven thenen platteelen te baelne ende wederomme t'huus te voerne, ii sc. vii d. gr.

Beloopende de voornoemde partien t'samen . . . . xiiii p. xiii sc. ix d. g. xvi m.

Vanden Lakenen ghehanghen ter Cruuspoorte, ende van danen an beeden zyden vande Strate tot den Hove.

Achtervolghende der begheerte ghedaen van deser stedenweghe, an die van Poperynghe, zo hebben de zelve van Poperynghe deser stede gheleent ciii^{xx} blauwe lakenen, op zekere condicien, hiervooren f^o [cxv] gedeclareirt; welke lakenen ghecost hebben, te wetene : eerst, zeven persoonen vande stede van Poperynghe, dewelke hierbinder ghevachiert hebben, elc xxxii daghen te ii sc. gr. elc 'sdaegs, omme de visitacie ende warandacie te doene van denzelven lakenen, volghende der belofte ghedaen, comt xxii p. viii sc. gr.

Diverssche vulders van deser stede, van cxlv lakenen by hemlieden ghestopt, voor elc lakene xx gr., comt xii p. i sc. viii d. gr.

Eeneghe vande voornoemde stede van Poperynghe, voor 't stoppen van xv vande zelve lakenen, xx sc. gr.

Item, diverssche raemscheerers, van clxix lakenen gherect, ghestryct, gheperst, ghevouden ende ghebeist t'hebbene, voor elc x gr., comt vii p. x den. grooten.

Item, voor loykins diemen daeranne ghedaen heift, xiiii grooten.

Beloopende, al t'samen, de voornoemde oncosten ter somme van . xlii p. xi sc. viii d. gr.

APPENDICES.

Vanden heure ende oncosten vanden Persoonen ende Persooneghen

die up de voornoemde elleven tooghen gheoorboort waren, ten tween reysen, in 't tooghen vande figuren; waerof 't last ende 't bezoorghen hadden den raden, clercken ende retorizienen hiernaer ghenoomt: welke costen zy elc zonderlinghe overgheven hebben onder haerlieder handteekenen.

Eerst, d'heer Claeis vanden Bussche, raet, Joos Scoudharync, clerc, ende Guydo vande Riviere, rhetorizien, als 't last ghehadt hebbende van diesser behouven zoude in drie tooghen, te wetene: 't foreest, 't portael van Sint-Donaes ende 't scepenhuus, vi p. ix sc. vi den. gr.

D'heer Joos Theure, raet, Jan de Witte, clerc van weesen, ende Cornelis van Wynghene als 't last ghehadt hebbende van tween tooghen, te wetene: vande halle ende vande vleeschauwers ende vischcoopers, iiii p. xiii sc. xi den. gr.

D'heer Jooris Janzuene, raet, Colaert Ghyselin, clerc, ende Jacop Kempe, retorizien, last ghehadt hebbende van tween tooghen, te wetene: 't casteel, ende de remonstrance, iii p. xvii sc. vi den. grooten.

D'heer Jacop de Hurtre, raet, Antheunis Bierman ende Andries de Smit, retorizien, last ghehadt hebbende van tween andre tooghen, te wetene: de brugghe ter Crane, ende de tooghen ten houcke, iiii p. xv sc. xi d. v st. gr.

D'heer Jacop Heyns, raet, Bossaert Paridaen, clerc, ende Jan de Scheerer, retorizien, last ghehadt hebbende vande tween laetste tooghen, te wetene: 't pauweloen voor 't beerkin, ende de galerie neffens der poorte vanden hove, iii p. xvi sc. ix den. gr.

Ende Olivier de Coc, voor zekere partien by hem verleyt, ghespecifiert in een pappier hier overgheleyt, daer inne begrepen de betalynghe vanden dienste die hy de voornoemde persoonen ghedaen heift, xix sc. iii d. gr.

Beloopende, al t'samen, de voornoemde partien ter somme van.   xxiiii p. xiii sc. x d. v st. gr.

Vanden Trompers

dewelke ghedient hebben den ix leden up haerlieder tooghen, ende elc let betaelt heift vande penninghen die zy gheconsenteirt hadden te ghevene.

Eerst, vande trompers vanden léde vande poortrie, betaelt by Loys Bollengier, hooftman, xiii sc. iiii d. gr.

Jacop de Muenic, over 't let vande vier neeringhen, iiii p. viii sc. gr.
Jan van Bassevelde, over 't let vanden vleeschambochte, ii p. x sc. gr.
Meester Cornelis de Bavelare, over 't let vande xvii neeringhen, iiii p. iiii sc. gr.
Franssoys van Ysendycke, over 't let vande smeden, xxiiii sc. gr.
Jan van Underbeerghe, over 't let vande cordewaniers, ii p. xii schell. grooten.
Adriaen van Lembeke, over 't let vande naelde, v p. xi sc. vi den. grooten.
Chaerles Fernier, over 't let vande backers, iii p. x sc. viii deniers.
Jacop vander Helft, over 't let vande makelaers, v p. xii schell. grooten.

Beloopende, al t'samen, de voornoemde partien ter somme van . . . xxxi p. v sc. vi d.

APPENDICES. 537

Vanden teercosten ghedaen byden Retorizienen ende andre

concipierende de materie vanden voornoemde elleven tooghen ende diesser naerghevolghet es; ooc mede in diverssche vergaderynghen van eeneghe vande wet, midsgaders de zeven persoonen last ghehadt [hebbende] de concepten ter executie te doen legghene ende vulcommene.

Eerst, ter causen van zekere costen ghedaen inden Blenden-Ezele, ten diversschen stonden, ende ooc elders, in 't concipieren vande matterie vande voornoemde tooghen, II p. VII sc. gr.

Item, ter voornoemde plaetse vanden Blenden-Ezele, byde clerken die de bestedinghen vande themmeraige ende scilderie ghescreven hadden, VI sc. VI deniers grooten.

Verteert by de ghezellen die de mate deden vande poorte tot den houc, omme de langhde te wetene, II sc. VI den. grooten.

Betaelt in de tresorie, 's maendaechs voor Vastenavont, alwaer myn heere den burchmeester van scepenen was, eeneghe van de wet, mids de ghecommitteirde up 't fait vande Incomste, dewelke bezich gheweist hadden omme de zake van derzelver Incomste, XIII schellinghen x deniers grooten.

Item, inde tresorie, den eersten maendach vanden Vastene, alwaer verghadert waren eeneghe vande wet, de ghecommitteirde up 't fait vande Incomste, ende ooc de retorizienen, vergadert gheweist hebbende up de voornoemde materie, doen verteert XI sc. V d. gr. XVIII myten.

Betaelt in Blanckenbeerghe, 's noens als onsen gheduchten 's avons incam, by de ghecommitteirde up 't fait vande Incomste, de retorizienen, cleercken ende andre last hebbende van zaken derzelver Incomste angaende, XI sc. grooten. Ter zelver plaetsen, 's anderdaechs 's noens naer de Incomste vanden voornoemden onsen gheduchten heere, byde retorizienen, scadebeletters, garsoenen ende andre, last ghehadt hebbende in dezelve Incomste, ende zonderlinghe omme 't recouvreren vander grooter menichte van thenen plattelen die onghereedt waren, XIII sc. grooten.

Betaelt in den Blenden-Ezele, ten tween stonden, van dat schepenen, raden ende ooc eeneghe clercken aldaer verteert hadden, 's daechs voor de Incomste, als bezich gheweist hebbende metter voornoemde Incomste, XIII sc. IIII den.

Comt, al t'samen, de voornoemde partien ter somme van. V p. XVIII sc. VII den. gr. XVIII m.

Van allerande andere zaken derzelver Incomste angaende.

Alvooren Pieter vander Muelne, over LXIII ellen rood bocraen, ghelevert Franssoys de Wyntre, scildre, omme 't maken van zekere habyten, XXVIII sc. gr.

Item, denzelven Pietre, voor II s. ellen roodt bocraen, dat denzelven Franssoys ghebrac, XI grooten.

Item, voor een stic gheluwe tole, V sc. VI den. grooten.

Item, voor een stic roode tole, IX sc. gr.; voor XIII ellen wit lynwaet, te V gr. d'helle, V sc. X den. gr. Van welker thole ende lynwade ghemaect waren de gordynen vanden pauwelloene staende voor t'beerkin.

Betaelt voor iiii^{xx} houten scuetelen, waerof de vergulden appelen ghemaect waren vande xl hanghende croonen, xv sc. gr.

Item, voor iii^m groote spellen omme de wapenen ande lakenen vast te maken, ii sc. vi d. gr.

Betaelt voor zekere menichte van scorthaken, daermede de wapenen ghehanghen waren, mids dat de spellen niet en hilden, iiii sc. vi deniers grooten.

Betaelt voor drie pont roeten keerssen, die ghebezicht waren in 't huus vanden woukere, ix grooten.

Item, de zes retorizienen, te wetene : heer Gillis Ruebs, Jan de Scheerere, Cornelis van Wynghene, Guydo vande Riviere, Andries de Smet ende Jacop Kempe, voor haerlieder moyte ende occupacie ghedaen in 't concipieren ende ordonneren vande voornoemde tooghen ende anderssins, xxxvi p. gr.

Item, Jan de Scheerere, by ordonnancie vande camere, van in dichte de Incomste ghestelt t'hebbene, ii p. gr.

Item, Colaert d'Ault ende Jooris Roelants, van dezelve Incomste ghetranslateirt t'hebbene vanden vlaemsche in waelsche, xx sc. grooten.

Item, Jacop de Brouckere, van dat hy ghescoten heift vichtich cameren up de voye vander Nieuwer Halle, mids de leveringhe vanden poudre, viii p. gr.

Meester Jan de Muelnare, over de vichtich ghezellen die de toortsen droughen neffens onsen gheduchten heere ende prince, elc ter hulpe vanden makene van eender rooder jorneye, iii schell. ii deniers grooten, zyn x p. viii schell. iiii den.

Item, Wulfaert Wulfaerts, voor zyn moyte van ghemaect t'hebbene de figure van Perseus, die men waende te tooghene, iii schell. iiii den. grooten.

Pieter Matruut, voor zyn moyte ende aerbeyt van ghcordonneirt t'hebbene dezelve figure, omme die te spelene, xx schell. grooten.

Item, Pieter de Brune, scildere van Ghendt, hier binnen der stede ghedaen commen omme 't spelen vande voornoemde figure, voor zyn verlet, ix schell. iiii d. gr.

Betaelt voor de huere van xx peerden, die in tien reysen by de clercken ende trompers ghebezicht hebben gheweist, in 't doen van diversschen gheboden achter stede, angaende derzelver Incomste, voor elc peert telker reyse, viii gr.; comt xiii sch. iiii den. grooten.

Item, de trompetters, die achter stede, metten clercken die de gheboden ende bevelen uutriepen, van xx reysen, elke reyse viii gr.; comt xiii sc. iiii den. grooten.

Item, Jan Moscron, ter causen vanden wapene van onsen gheduchten heere, die hy brochte van Ghendt, xii gr.

Item, Adriaen de Wyntre, clerc vanden themmerlieden, voor zyn moyte van ghedachvaert t'hebbene 't ghemeene vanden ambochte vande themmerlieden, omme 't besteden vande themmeraige, ende vanden steke gheholpen hebbende te makene vanden tooghen, ii sc. gr.

Item, diverssche aerbeyders, die alle de toortsen ghehaelt hebben, also wel ten huuse van Edewaert Ghysegheem, als tot den anderen waslichtmakers, ende ghebrocht in 't huus ten woukre, byde Jacoppynen, v sc. gr.

Meester Cornelis vanden Westhuuse, over xvii ghezellen themmerlieden, die ghenomen hadden de toortsen t'ontstekene die up de xl croonen stonden, iii ponden grooten.

APPENDICES. 539

Maertin de Rycke, schachtmakere, over de leverynghe van zeker langhe peertsen metten yserin daer thenden, gheoorboort omme 't ontsteken vande toortsen omme de xl hanghende croonen, xxii sc. vi den.

Betaelt van garse, dat gheleyt was up de voornoemde croonen, jeghens 't vier datter up hadde moghen vallen ende alsoo worden barnende, ii sc. iii den. grooten.

Anthuenis Vegghelman, over hem, ende zyne medeghezellen, lakendraghers, van 't hangen ende of doen vande lakenen vande poorte tot den hove, an beeden zyden vande strate, by voorwaerde, xxix schell. ii d. gr.

Item, diverssche aerbeyders, vande toortsen ende platteelen te stellene, vande poorte tot den hove; up de elleven tooghen, clauwieren te slane daer de lakenen an anghende waren; te wakene de voornoemde lakenen, welke bleven hanghende van 's woendaechs tot 's maendaechs daer naer; vande wapenen ende scilden vast te makene; de thenin platteelen ende toortsen al te vergaderne, ende ooc de persoonen, die acht dagen 't huus vanden wouckere, by daghe ende by nachte bewaerden, waerinne alle de toortsen, thinnen, lakenen ende andere zaken den Incomste angaende ghebrocht waren; beloopende te gadre, alsoo 't blyct by een billet daer alle de partien inne ghespecifiert staen, v p. v sc. iiii den. grooten.

Eenen themmerman, die de toortsen ter Cruuspoorte stelde ende dede barnen, iii schellinghen grooten.

Eenen themmerman, die de toortsen stelde voor d'Houde Halle up de maeret, iii sc. grooten.

Adriaen van Schoonackre ende Jan Vlamyne, die de toortsen stelden ende deden barnen up de halle ter Muelenbrugghe, ende de stagen vande vleeschauwers ende vischcoopers, iii schellinghen grooten.

Item, Donaes Vlamyne, over de huere van twaelf haernasschen, die ghehuert zyn gheweist by myn heere den burchmeester van scepenen ende Cornelis vanden Leene voor ii p. xii schellinghen grooten.

Adriaen Bosschaert, vanden rollen ghemaect t'hebbene, daerinne de scrifturen ghestelt voor de tooghen ghescreven waren, vii schellinghen grooten.

Joos Feytins, vanden zelven scrifturen ghescreven t'hebbene, by voorwaerde, xii sc. vi deniers grooten.

De weduwe van Jan van Hessen, over de leverync van een rieme pappiers vanden grooter voorme, waerof de voornoemde rollen ghemaect waren, vii schellinghen grooten.

Aernout de Vos ende Claeis, beede garsoenen, van dat zy zekeren langhen tyt gheoccupeirt waren in 't vergaderen vande persoonen gheordonneirt up 't fait vande voornoemde Incomste, ende aldaer alle daghen diverssche persoonen ghehaelt ende ghedachvaert derzelver zaken angaende, xvi schellinghen grooten.

Coppin Minne, ter causen vande coste ende moyte by hem ghedaen in 't becleeden van zyn persoon, zyn pert en al datter hem toe behoufde, voor al xxv schellinghen grooten.

Zeghin van Roden, wien de rekeninghe ghehouden heift van al dies voorseyt es, de inninghe ende ontfanc vande penninghen comende vande leden ghehadt, ende ooc de betalynghe daerof ghedaen; waervooren toegheleyt es de somme van vi ponden grooten.

Cornelis vanden Leene, Robert Hellin ende den voornoemden Zeghin, voor haerlieder aerbeyt ende moyte, te wetene : den voornoemde Cornelis ende Zeghin van Roden, vanden beghinsele gheordonneirt ende daghelycx bezich gheweist in't concipieren, metten retorizienen in wat manieren de Incomste best ghedaen zoude worden, wat tooghen dat men doen zoude, ende by wat middele ende maniere van doene; ende voort, alle t'samen, gheordonneirt vande zeven persoonen, last hebbende vande zake vander zelver Incomste. Waerinne zy hemlieden zo gheemployeert hebben als dat al datter gheconcipiert es gheweist t'eenen goeden hende ende effecte ghesorteirt es, ter grooter eeren van deser stede; waervooren hemlieden toegheleyt es de somme van vii p. x sc. gr.

Chaerle Snekant, clerc ende dienare van Zeghin van Roden, voor zyn moyte ende aerbeyt ghenomen in 't ontfanghen vande toortsen, thenin platteelen, scilden, van scilderien ende alle zaken die behouvende waren ter voornoemde Incomste, in't huus vande wouckere, byde Jacoppynen, ende wederomme uut te ghevene ende te distribuerne alomme, daer't behoufde, x schellinghen grooten.

Beloopende de voornoemde partien ter somme van. . . . . . iiii^{xx}xv p. xvi sc. v d. gr.

Andre oncosten ghedaen ter causen vander voornoemde Incomste.

Alvooren, zo es byden ghemeenen lande van Vlaenderen onsen voorseiden gheduchten heere ende prince, t'zynder eerster ende Blyder Incomste, van ontfanghe in Vlaenderen ghegheven ende ghepresenteirt gheweist xxiii^{m} guldenen van xl grooten den ghuldene, omme dezelve penninghen gheemploiert ende bekeert te wordene inde lossynghe vander stede van Nieneve ende 't land van Rootselaere met hueren toebehoorten; van welke voorseide xxiiii^{m} guldenen, de portie van deser stede beloopt vi^{c}xxviii p. x sc. gr., waerof datse graeie heift van v^{c}xxviii p. x sc. grooten. Dus hier de reste beloopende. . . c p. grooten.

Ghegheven den trompetten ons gheduchs heeren, in hoofscheeden ende gratuiteyt, ter causen vander voornoemde Blyder Incomste, naer costume . . . . xx sc.

De huissiers d'armes, also	xx sc.
De tapytsiers ende fouriers	xx sc.
De heraulden, also	xx sc.
Den thamburyn ons gheduchs heere	xii sc. vi d.
De spelieden metter duytschen fleyten, also	xii sc. vi d.
De chevauseurs vande escuirie, also.	vi sc.
Pieter Duret, huissier vande cappelle	iiii sc. ii d.
De archiers ons gheduchs heeren	xx sc.
De serganten van wapenen ons gheduchs heeren	xii sc. vi d.
De waghenaers palferniers van mynen gheduchten heere.	viii sc. iiii d.
Meester Lenaert, lutespeildre ons gheduchs heere	iiii sc. ii d. gr.
De paigen van onsen gheduchten heere	xx sc.
De lacquayen ons gheduchs heeren	xxv sc.
Die vander paentrye ons gheduchs heeren	iiii sc. ii d.

Die vande eschansonnerye ons voorseyden gheduchs heeren. . . . .   v sc.
Ostin Batault, huissier de sale ons gheduchs heeren . . . .   ii sc. i d.
De huyssiers vande cancelrye. . . . .   xii sc. vi d.
Item, eenen zot van onsen gheduchten heere. . . . .   iiii sc. ii d.
De portiers ons gheduchs heeren . . . .   vi sc.
De lacquayen van mer vrauwe van Savoye . . . .   xii sc. vi d.
De heraulden van onsen gheduchten heere, inden handen van Robert Hellin, by appointemente ter causen vanden steicspele alhier ghehouden .   iii p. ii sc. vi d.
De cocx van onsen gheduchten heeren . . . .   ix sc. iiii d.
Den maerchalc ons gheduchs heeren . . . .   iiii sc. viii d.
De cocx van mer vrauwe van Savoye . . . .   ix sc. iiii d.
De spelieden van mer gheduchte vrauwe . . . .   xii sc. vi d.
Die vander sauserie ons gheduchs heeren . . . .   iiii sc. ii d.
Betaelt voor de coppie vande namen ende toenamen [van] die gherekent byden escroen . . . .   viii sc. iiii d.
Den portier ende lacquayen van myn heere van Fiennes . . . . . .   viii sc. iiii d.
Den camerlync van myn heere den cancellier . . . .   viii sc. iiii d.
Michiel de la Chappelle. . . . .   viii sc. iiii d.

Edewaert van Ghysegheem, over den coop ende leveringhe van een stic raeu was weghende iiie lxiii p., te xviii croonen ende een alf 't hondert; comt xiii pont viii sc. vi den. gr.

Item, den weert in Ypre, over een stic rynsschen wyn, houdende xii zesters ende vier stoopen, te viii gr. den stoop; comt vi p. x sc. viii d. gr. Welken voornoemden wyn ende was ghepresenteirt was onsen gheduchten heere, naer costume, t'zynder Incomste: beloopende beide de voornoemde partien ter somme van . . . .   xix p. xix sc. ii d.

Myn heere den cancellier van Bourgoingnen, mer Jan Sauvaige, ruddre, heere van Escaubeke, de somme van iie phelippus guldenen, ter causen van ghelyker somme myn voornoemden heere gheordonneirt by der wet in hoofscheden ende gratuiteyt ghegheven te wordene, naer costume, t'zynen eersten ancommene in't officie van cancellierscepe van Bourgoingnen, makende de voornoemde iie phelippus guldenen . . .   xli p. xiii sc. iiii d.

Betaelt ter causen van eenen eerlicken banckette, gheghegeven by ordonnancie vande wet, up 't scepenhuus deser stede, den vi^{den} dach van meye, onsen harden gheduchten heere ende prince mer vrauwe douagiere van Savoye, zynder moye, de heeren vanden oordene, ende vele andre edelmannen ende vrauwen van zynen hove ende dienste. Ende coste 't voorseide bancket, alsoo't blyct byde partien ghespecifiert in een quoyer hier overgheleyt, daerinne begrepen 't verlies van eenen zelver croese, ter somme van . . . .   lx p. xvi sc. i den.

Jonckheere Jacop van Luexemburch, heere van Auxi, de somme van acht hondert phelippus guldenen, ende dat ter causen van ghelycker somme by de wet hem gheordonneirt ende toegheleyt, uut consideracien ende eensdeels in recompense vanden grooten coste by hem ende zyne aderenten ghedaen, in't berouppen vanden steicspele alhier gheschiet binder maent van meye laetsleden, ter eeren ende recreacie van onsen gheduchten heere ende prince, etc. Dus hier by acte vande camere, de voorseide van phelippus guldenen makende . . . . CLXVI p. XIII sc. IIII d. gr.

Jooris vander Done, over de leverynghe van xix hellen taffetaen van Jeneven bleau, daer mede vercleet was 't peron gherecht upde maeret, ghedurende den tyt vanden steiespele te III schell. gr. 't helle; comt II p. XVII sc. gr. Item, over de leverynghe van twee quartieren rood ghegreint fluweel, daermede de slotelen vande camere becleet zyn gheweist, VI sc. VI d. gr.; comt t'samen . . . . IIII p. III sc. VI den.

Noël vander Weerde, als de ghuene die 't last ende bestier vanden makene vande lysten ende bane vanden voornoemden steiespele, ende diesser behoufde ghehadt ende bezoorghet heift, de somme van III p. II sc. VI den. grooten, te wetene: de XXII sc. IIII d. gr. ter causen van ghelycker somme by hem verleyt in diverssche cleene partien, also dat blyct by zynen overghevene, ende de reste draghende II p. II d. gr., voor zyn moyte ende aerbeyt inde voornoemde zake ghenomen. Dus hier de voorseide . . . . III p. II sc. VI d.

Hendric Niculant, de somme van VIII p. VI sc. VIII d. gr., ende dat ter causen van ghelycker somme by submissie byder wet hem gheordonneirt ende toegheleyt, ter causen vanden ghebruucsamede van tween zynen huusen, upde maeret, te wetene: de Mane ende Cranenburch, den tyt vanden steiespele gheduerende. In welc huus ter Crane, onsen gheduchten heere ende prince midsgaders vrauwe Margriete, douagiere van Savoyen, laghen, ende inde Mane myn heeren vande wet, etc. Dus hier de voorseide . . VIII p. VI sc. VIII d.

Remy du Puys, historiographe van onsen gheduchten heere ende prince, de somme van V p. gr., hem byde wet gheordonneirt ende toegheleyt, uut causen vander moyte ende aerbeyde by hem ghenomen in 't stellen in walsche de triumphen vande Incomste van onsen gheduchten heere ende prince binnen deser stede. Dus hier de voorseide. V ponden.

Cornelis vanden Westhuuse, themmerman, ter causen van ghemaect t'hebbene de lyste vande steicbane ende andere zaken de steiespele angaende, also dat blyct byden partien ghespecifieert in een bladt pappier hier overgheleyt, beloopende in al ter somme van . . . . VII p. IX sc. XI den. gr.

(Compte de la ville de Bruges, du 2 septembre 1514 au 2 septembre 1515, 121-128.)

VI

États des dépenses faites par la ville de Mons, à l'occasion de l'entrée et de l'inauguration de l'archiduc Charles en cette ville, au mois de novembre 1515[1].

Compte de la despence soustenue et desboursée par Martin de Haulchin, conue massart de la ville de Mons, à l'ordonnance de messieurs eschevins et conseil de ladicte ville, pour cause de la joyeuse venue et réception de nostre très-redoubté et souverain seigneur Charles, prince d'Espaigne, archiduc d'Austrice, duc de Bourgoigne, conte de Haynnau, etc., en ceste sa ville de Mons, la veille Sainct-Martin, x^e de novembre, an XVe et quinze, pour faire hommaige et réception de cestuy son pays de Haynnau.

Touchant les Hours et Histoires.

Premiers. Quant au premier hourt sur les vers *Misericordia et veritas, custodine regem*, ordonnet faire en la rue de Havreth, entre l'église Sainct-Nicolas et la maison Jehan Ghodeffroid, fournier, il fut ordonné à la cherge des connestables des bouchiers, boulengiers et parmentiers.

Le second hourt, contenant l'histoire de Judas Macabeies, en III parties, il fut ordonnet faire contre la maison Jehan Pottier, emprès le Cappron, à la cherge des sayeteurs, viewariers, fèvres et carliers et leurs connesiables.

Le IIIe hourt, où estoient ystoriet St Vinchien et Ste Wauldru, avecq une dame au milieu, il fut ordonnet à la cherge des connestables des cambiers et craissiers, et mis entre l'hostel à le Clef et le Roelx d'or, emprès la Boucherie.

Le IIIIe hourt, ystoriet du jardin de Haynnau, ordonnet au-devant de la fontaine, sur le Marchiet, emprès l'Asne royet, à la cherge des connestables des taverniers, tasneurs, peskeurs, carpentiers et machons, et encores à supportz des connestables des drappiers, pelletiers et corduaniers.

Et le Ve hourt, ystoriet du roy Allixandre et d'aultres, mis sur le place au pied du chasteau, lequel fut fait et ordonnet à la cherge des connestables des telliers, cureurs, selliers, armoyeurs, kayereurs et couvreurs.

Quant à Jehan Ghossuin, maistre carpentier à ladicte ville, pour les premiers journées et sollaires de luy, ses gens et serviteurs, en avoir tendu et reployet la tente où Monseigneur fist hommaige et réception de son pays de Haynnau, aussy pour icelle avoir ayryet[2] et des-

---

[1] Communiqué par M. Lacroix, archiviste de la ville de Mons.
[2] *Ayryet*, arrangé, préparé.

pendu ; item, avoir mis le parcq allenthour de ladicte tente sur le Marchiet, y mis deux nouveaux esteaulx et vIII roilles; icelluy parcq deffait et remis en la grange de la ville, avecq aultres besongnemens pour la venue de Monseigneur : de ces parties et aultres contenues ès billets dudict Jean Ghossuin, la despence en est comptée sur les kayers de despenses du fait des joustes et du bancquet. Pour ce icy . . . . *Néant*.

A nostredict très-redoubté et souverain seigneur fu présenté et donnet, le xiii° de novembre, par mesdicts seigneurs eschevins, après que ce jour il eult fait hommaige et réception, etc., en enssuivant la conclusion du conseil de ladicte ville tenu le xix° de mars auparavant, une couppe d'argent à pied, à manière d'un chasteau, dorée dedens et dehors, armoyée des armes de Monseigneur et de sadicte ville, pesant ix marcs d'argent. S'en a esté payé à Jehan le Jouene, orphèvre, à Lx sols l'once d'argent, ii° xvi livres; item, pour la fachon d'icelle, comprins fachon de la dorrure, à xii livres du marcq, cviii livres; item, pour le vin du serviteur dudict Jean le Jouene, xxiiii sols; item, pour le vin payé en faisant marchiet d'icelle couppe, xxxiiii sols, et pour vingt-sept pièces d'or fin pesantes plus de leurs poix, telz que.....¹ nobles, ducas et aultres, à iiii livres pièce, cviii livres. Ensamble.   iiii° xxxiii l. xviii s.

Pour ii° philippus d'or, à L sols pièce, mises en ladicte couppe, présentées et ordonnées avec icelle couppe à Monseigneur. . . . . v° l. tournois.

A madame Aliénore d'Austrice, sœur de Monseigneur, fu aussy présenté et donnet lors une couppe d'argent, dorée dedens et dehors, achetée par mesdicts sieurs eschevins à madamoiselle la séneschale de Haynnau, au prix de c solz l'once, pesantes iiii markes iii onches vi esterlins, montant clxxvi l. xii sols; item, à Pierre Doremus, pour avoir fait et mis à ladicte couppe ung léonchean tenant les armes de la ville, et ung escuchon pesant deux onches v esterlins, de vi l. xix s. vi d.; et pour avoir remis à point ladicte couppe, ensamble pour la fachon dudict léoncheau et escuchon, xiii l. Portant . . . .   ciiii^xx xvi l. xi s. vi d.

A mons^{gr} de Chierve, premier chambellan de Monseigneur, afin qu'il euist la ville et mannans en bonne recommandation, fu présenté et donnet ung pot de demy-lot d'argent, à pied, ayant dessus le couverte ung léoncheau en ung escuchon des armes de la ville, pesant iiii marcks vi onches, acheté à Pierre Doremus, au pris de lxiiii solz l'onche, avecq xxiii solz payés pour le fachon dudit lyoncheau, icy et par conseil de la ville tenu le xxviii° de juillet xv° et quinze, portant. . . . . vi^{xx}ii l. xii s.

A Pierre Dufour, chirier, pour, à l'ordonnance de mesdicts sieurs eschevins, avoir fait et livret lxxvi flambeaux servans à la venue de Monseigneur, coulourez de chire rouge, blancq et gaune, au pris de xix sols pièce. . . . . lxxii l. iiii s.

A luy, pour ses paines de avoir assisté mesdicts sieurs eschevins, baillant aucunes advertences de faire pluisieurs belles choses pour la joyeuse venue de Monseigneur, etc., en quoy il séjourna certaine bonne espace de temps. . . . . vi l. xii s.

A Lx compaignons, honnest gens de la ville, lesquelz portèrent les Lx flambeaux que ladicte ville avoit ordonné porter au-devant de Monseigneur, à sadicte joyeuse venue et entrée, avoit esté donné, en advancheme
nt de leurs robbes rouges, bendées de blancq et gaune,

---

¹ En blanc dans le manuscrit.

à IIII l. chacun, par conseil de ladicte ville tenu le xxi₍e₎ jour d'aoust XV₍e₎ et quinze, montant . . . . II₍e₎ xL l.

A Daniel, tailleur d'imaiges, pour son sollaire de avoir tailliet en bois ung lyon pour moller aultres lyons dessus; pour bois et œuvre . . . . L s.

A Jérôme des Fossetz, pour avoir esté ès villes de Bruxelles, Malines et Louvaing, Anvers et Bruges, affin de savoir leur conduite ès dictes villes, à l'entrée de Monseigneur ès dicts lieux, où il employa v jours au darain jour de may XV₍e₎ et quinze, payé, compris aulcunes despenses par luy faictes en compaignant les historiens ès dictes villes, et meisme avoir histoires par escript. . . . . xv l.

A Jehan Seuwart, paintre, pour son sollaire de avoir fait de toille et papyer VIII léons painets et dorez, estoffez de rouge et de noire, chascun desdicts léons tenant une banière armoyée, sicomme les IIII à l'un des lez les armes de sadicte ville, et les aultres IIII des armes de ce pays, chascun desdicts léons tenant ung escut armoyez, les aucuns des armes de Monseigneur, les aultres des armes du pays et de sadicte ville; item, VI grans blazons qui furent mis sur la tente, les deux armoyez des armes de Monseigneur, aultres II des armes de son pays de Haynnau, et les deux aultres de sadicte ville; item, III₍m₎ XXXII petis blazons, la moictié armoyée des armes de Monseigneur, et l'aultre des armes de sadicte ville; item, pour avoir paint deux douzaines et demye de platteaux en rouge couleur, servans en la chambre Nostre-Dame de la maison de la paix; item, pour avoir paint XI estapleaux de bois servans à flambeaux et trois candelers pendans en couleur rouge; item, avoir faict le patron de la couppe présentée à Monseigneur; item, pour avoir paint en couleur rouge, blancq et gaune, les bailles du parcq où Monseigneur fist hommaige; item, avoir paint de rouge les nouvelles aisselles mises en la chambre du conseil où les lyons sont assis; item, mis et assis en ladicte chambre les armes et timbre des jousteurs et paint sur une lambourde au-desoubz la R. C.[1]. Ici, pour tout ensamble, par apoinctement de messieurs eschevins. . . . . IIII₍xx₎II l.

Au Thoison d'or, pour avoir faict composer et ordonner, par ung paintre de Bruxelles, ung patron du gardinet de Haynnau et comment les prélatz de l'Église, messieurs les nobles et les bonnes villes du pays de Haynnau debvoient estre assis et ordonnés, chascun selon son siége, a esté donné quatre aulnes de satin noir acheté à Andrieu Malapert, à IIII l. XVI s. l'aulne, XIX livres IIII s.; item, à Jehan Lecat, paintre audict Mons, pour avoir retenu la copie dudict patron, qui fu mis ès mains de messieurs eschevins, donné XXXVI s., et à ung messaigier envoyet de par Arnould Percheval, lequel avoit conduit ceste affaire, et qui porta ledict patron le XXVIII₍e₎ juillet XV₍e₎XV, L sols. Ensamble. XXIII l. x s.

Et au paintre dudit Bruxelles fu aussy lors envoyet. c s.

A ung messagier de la ville de Bruxelles, lequel apporta lettres escriptes de par Anthoine de Luzy, le XXVII₍e₎ d'aoust, contenant aucunement le jour de la venue de Monseigneur et aucuns articles pour le faict du bancquet . . . . XXIIII s.

A Gilles Richière, sergant à mesdicts sieurs eschevins, pour sa journée et de cheval, allant au Roelx, le x₍e₎ novembre, pour sçavoir l'heure que Monseigneur partiroit d'illecq pour faire son entrée en ceste ville . . . . xx s.

[1] Sic.

A mondict très-redoubté et souverain seigneur monseigneur le prince d'Espaigne, auquel, le jour de sadicte entrée en ceste ville de Mons, x⁰ novembre XV⁰ et XV, fu présenté et donnet III keuwes de vin, l'une de vin d'Aussay, l'aultre de vin de Biaune et la III⁰ en deux poinchons de vin de France clarot, vielz et nouveau : la keuwe de vin d'Aussay tenant III muy XI stiers, achetée en l'estaple au pris de XXII l. le muy, montant IIII^{xx}I l. III s.; item, à Loys de Boussut acheté, le XXV⁰ d'aoust darain passé, une keuwe de vin de Biaune tenant III muyz VI stiers, le pris de XXVI escus et demy le keuwe, montant la somme LXVI l. tourn.; item, à Adrien de Boussut, pour un poinchon de vin de France clarot vielz, à luy acheté, dès ledict jour XXV⁰ d'aoust oudict an, le pris de VII escus, ung grant tenant I muy VII stiers, montant XVIII l. XVIII s., et à Nicolas de Boussut, pour l'aultre poinchoin de vin de France nouveau, tenant I muy VI stiers, à luy acheté le IX⁰ novembre oudict an, au pris de VIII escus, montant XIX l. IIII s. Font ensemble . . . . CIIII^{xx}V l. V s.

Quant aux présens de vin en cercle fais à madame Aliesnore, madame de Savoye et monseigneur le chancellier, il en est compté sur le compte de massarderie de ceste année. *Néant.*

Pour avoir remply et noury ladicte keuwe de vin de Beaune, aussy le poinchon de vin de France vielz, cy-dessus déclaré, et meisme le poinchon de vin de France clarot vielz dont il est faict mention sur le koyer du bancquet, depuis le XXV⁰ jour d'aoust XV⁰ et XV, assavoir : ladicte keuwe de vin de Beaune et le poinchon de France jusques à l'entrée de Monseigneur et le poinchon de . . . . ¹ jusques le VII⁰ décembre ensuivant oudict an, etc., que lors le tout fu hors de la cherge de ce massart . . . . LI S.

Aux deschergeurs de vin, pour leurs paines et sollaires de avoir thiret hors des bonnes desdicts marchands, après qu'ils furent travcillez, la keuwe de vin de Beaune et le poinchon de vin de France vielz dont est ci-dessus fait mention, et iceulx ravallez en la bonne de la maison de la paix oudit mois d'aoust. . . . . XVIII S.

A Ronnet, cuvelier, pour son sollaire de avoir travailliet lesdictes keuwes et poinchons de vin . . . . VIII S.

A Jehan Bosquier, du Baril, pour avoir voyturet et amenet lesdictes III pièces de vielz vin atout son cheval et une esclide ², depuis les maisons desdicts marchands jusques en la bonne de ladicte maison de la paix . . . . XVI S.

Pour IIII pottekins d'estain à pied en quoy l'assay lesdictes IIII pièces de vin avoit esté porté, à XVI pièces. . . . . LXIIII S.

A Collart Painnot, pour IIII voires à pied ayans couvercles, servans à faire l'assay desdictes pièces de vin . . . . XX S.

Pour III⁰ et demy de grandes espingles de quoy l'on attacha les blazons mis aux flambeaux de la ville et des connestables . . . . XIII S.

Pour avoir destassez et mis hors de la grange de la ville pluisieurs cloyes servans tant aux hours comme pour le faict des joustes et aultrement, payé. . . . . XX S.

Pour la despense du disner de messieurs eschevins, le jour de l'entrée de Monseigneur,

---

¹ Omission dans le manuscrit.
² *Esclide*, traineau.

accompaignez, en la maison de la paix de ladicte ville, du mayeur, son lieutenant, pentionnaires, clercqs, sergants et de pluisieurs du conseil. . . . . xx l. xv s. vi d.

A Jehan de Louvain, dit Daulphin, Jehan Le Clercq, Collart Manfroit, Jehan Pardelot et Jehan Cauwesin, fosseurs, pour avoir assisté à deffaire, de nuyt, le hourt du gardinet de Haynnau estant au-devant de la fontaine, le x⁰ de novembre, ouquel lieu fu en ladicte nuytie mise la tente avec les bailles allenthours, pour Monseigneur y faire hommaige à lendemain du matin : ce qu'il ne fist, pour l'adviersité du temps fort piuvieux, jusques à lendemain, icy à v sols chascun . . . . xxv s.

Pour la despence du disner de mesdicts sieurs eschevins en ladicte maison de la paix, le xii⁰ de novembre, après que, ce jour, Monseigneur eult faict hommaige et réception de sondict pays de Haynnau, auquel disner mesdicts sieurs eschevins, accompaignés de grant nombre de messieurs du conseil de ladicte ville, aussy du mayeur, son lieutenant, des pensionnaires, clercqs et sergants, où fu frayet. . . . . xxxvii l. xii s. ix d.

A Jackx Boidin, pour son voyaige, allant au Roeulx la nuyte Sainct-Martin, pour sçavoir la vérité du partement de Monseigneur d'icelle ville, adfin de soy préparer . . . . vi s.

Aux trompettes de Monseigneur a esté donnet, à l'ordonnance de mesdicts sieurs eschevins . . . . iiii l.

Quant aux lacquaix de Monseigneur, dont l'on a accoustumet donner l sols, qui leur fut présenté, ils le refusèrent. Pour ce . . . . Néant.

Au roy et hérault d'armes a esté donné. . . . . iiii l. iiii s.

Aux chevaulcheurs de l'escuyerie de Monseigneur . . . . xlviii s.

Aux huyssiers d'armes de Monseigneur donnet . . . . lx s.

Aux huyssiers du conseil secret de Monseigneur . . . . l s.

Aux portiers de l'hostel de Monseigneur donnet . . . . xxviii s.

Quant aux varlez de chambre de Monseigneur accoustumet donner lxxii s., personne ne l'est venu demander . . . . Néant.

Aux massiers de Monseigneur donnet . . . . xlviii s.

Aux huissiers de salles donnet . . . . xlii s.

Quant aux cuiseniers de Monseigneur accoustumet donner xlviii s., ils le ont refuset. Néant.

Aux fouriers a esté donnet . . . . l s.

Aux somilliers de la cave, auxquels a esté présenté xl s., qu'ils ont refusé. . . . Néant.

Aux archiers de corps de Monseigneur donnet. . . . . lx s.

Aux lacquaix de madame Alliénorre donnet. . . . . l s.

Aux fouriers de madicte dame donnet. . . . . xxx s.

Aux huissiers de la chambre de madicte dame. . . . . l s.

A Jaequemin Boidin, pour avoec ses aydes, à l'ordonnance de mesdicts sieurs eschevins, avoir ramonnet et nettoyet, allenthour du pied du chasteau, les fiens et ordures . . . viii s.

Aux arbalestriers, archiers de Sainct-Sébastien, Saincte-Chrispienne et cannoniers de serment à ladicte ville, pour leurs ensongnemens[1] à cause de la venue et entrée de Monseigneur en ceste sadicte ville, à xl sols par chascun serment . . . . viii l.

---

[1] *Ensongnemens*, soins, occupations.

Aux personnes archiers de serment de ladicte ville, pour avoir esté emprès mesdicts sieurs eschevins l'espace de viii jours, depuis le xii° novembre jusque le xx° dudit mois, que lors Monseigneur party de ceste ville et thira à Binche, à iiii s. chascun par jour. . ix l. xii s.

Auxdicts compaignons archiers de serment à ladicte ville, pour avoir faict ghayt de nuyte en ladicte maison de la paix, oultre le ghayt ordinaire, la nuyte que Monseigneur fist son entrée en ceste sadicte ville, à iii sols chacun . . . . xxvii s.

Pour fraix et despences fais par M° Anthoine Becku, prebstre, et aultres compaignons eulx meslans de réthoricque, lesquels estoient commis à composer les dictiers des hours et histoires, à la venue de Monseigneur; icelle despence faicte en la maison Jean le Francqs. xliii s.

A Piérart de Lattre, Jehan Gillis, Collart Gaigeois et Jacquemin Boidin, Lucque Mahieu, Gillo Waultier et Colfart du Maisnil, pour, avec ceulx ci-devant déclarez, avoir assisté de nuyte à deffaire la tente et le parcq où Monseigneur fist hommaige . . . . xlii s.

Pour les paines et ensongnemens de ce massart, à cause de la venue de Monseigneur, comme l'on peult perchevoir par les parties contenues en ce coyet et en aultres parties que messieurs eschevins bien scèvent, est icy mis ottant que le précédent massart, Jehan Bricquaix, en eult pour la venue et réception du feu roy de Castille, père de Monseigneur, icy. xviii l.

Pour les parties contenues en ce koyer avoir recoeillet par escript, grossé et doublez, icy. . . . . lx s.

Pour despences faictes par messieurs eschevins et leurs clercqz, à la maison de ce massart, employez à visiter, recoeiller et calculer tout ce présent koyer de despences de la venue de Monseigneur, comme la despense des joustes et du bancquet, icy . . . . lx s.

Compte de la despence soustenue et desboursée pas Martin de Haulchin, comme massart de la ville de Mons, à l'ordonnance de messieurs eschevins d'icelle ville et par détermination du conseil de ladicte ville tenu le vii° jour de juillet de l'an XV°XV, et aultres conseils précédents, à cause des joustes faictes par-devant la personne de nostre très-redoubté et souverain seigneur monseigneur Charles, prince d'Espaigne, archiducq d'Austrice, duc de Bourgoigne, comte de Haynnau, etc., le xv° jour de novembre anno XV° et XV, sur le Marchiet de ladicte ville de Mons, que avoient entrepris mons' Anthoine, seigneur de Werchin et sénéchal de Haynnau, baron de Chisoing, per de Flandres, Charles de Bourgoigne, seigneur de Loverghem, etc., et Loys de Gavre, seigneur d'Inchy, etc., où se trouvèrent xv gentilzhommes jousteurs et dehors venant ès bailles selon la R. [1], desquelz les noms s'enssuivent : le filz mons' de Maingoval, seigneur d'Audregnies, Henry de Ligne, l'escuyer Errellin, le conte de Sorles, Adrien de Cours, le seigneur de Waury, l'escuyer Brezille, l'escuyer de Plangy, Maximilian de Lausnoy, seigneur du Gardin, l'escuyer le Roulx, l'escuyer Faltant, l'escuyer la Trouillier, l'escuyer d'Escornaix, Charles Dubois et mons' de Mencrenchy. Sy estoit nostredict très-redoubté seigneur en la chambre de

---

[1] Sic.

la paix de sadicte ville de Mons, accompaigné de madame Aliénorre, sa socur, de madame Marguerite d'Austrice, sa tante, doagière de Savoye, et de plusieurs de messeigneurs de son sang, avec plusieurs dames et damoiselles. Laquelle despence ledict massart faict par amendement, ainsi qu'il s'enssuit :

Premiers, à Piérart de Lattre, pour avoir deshautté les cailloux ou Marchiet de ladicte ville et avoir fosset en terre, accompaigné de ses aydes, pour asseoir les liches, qui avoient de longhesse n°xxvi pieds sur la haulteur de vi pieds, ung pièche descure l'aire et pavement du saublon, où il employa vii jours au iii° d'aoust oudit an, à vi sols par jour . . . . xlii s.
A Jean Ghillis et Collart Gajois, pour ottel avoir faict, à v sols chascun par jour . lxx s.
A Jean le Latteur, pour ottel avoir faict, à iiii s. par jour . . . . xxviii s.
A Henry de Harebecque, serrurier à ladicte ville, pour claux par luy délivrez et employez à cloer lesdictes liches. . . . . vi l.
A Jehan Gossuin, maistre carpentier à la ville, pour avoir faict, mis et assis lesdicts n°xxvi pieds de liches et le tout livret, garnies d'aisselles à deux lez, et icelles avoir deffaicts et rostez; item, avoir faict une fiolle de bois, y mis soelles croisies en terre, loyées de iiii loyens de rachines, y faict une platte-forme, viii esteaux, poye, ravestie d'aisselles; item, ung escaffaulx servans aux juges desdictes joustes, le fonsset d'aisselles, y mis deux huys et une moutée; item, deux bans et une poye, aussy une apoyelle pour apoyer les lanches, pour iiii montées de blan bois, pour les jousteurs remonter sur leur chevalx; item, une estacque servant à la quintaine; item, avoir mis une tente pour les entrepreneurs au-devant de la maison du Pourcelet, mis ung parcq allenthour de ladicte tente; item, avoir mis et livret viii°xxxviii pieds de bailles allenthour desdictes liches, estoffées d'esteaux de toille adjoinctes l'une à l'aultre, et desdictes bailles en avoir remis et rassis en la maison des Polies et de la petite tainture de la ville iii° xiii pieds, et le surplus de touttes les parties de bois cy-dessus repris à son proffit : de quoy il demandoit, pour l'œuvre, admenrissement de bois, journées d'ouvriers, n°xv l. vii s. Messieurs eschevins, tant pour ces parties comme pour les parties qu'il demandoit, contenues ès koyer faisant mention du bancquet que l'on entendoit lors faire, comme du koyer de la venue et réception de nostredict très-redoubté seigneur, ont convenu avec luy à la somme de ii°iiii°° l. : de quoy est icy compté à la somme de ciii°° l., et le remain esté compté sur le compte de la despence dudit bancquet. Pour ce icy lesdictes . . ciii°° l.

Audict Piérart de Lattre, fosseur, pour avoir deshauttet la terre du gardin de la maison de la paix qui estoit saublon, et icellui saublon avoir querquict iiii benneaux apartenant à Jehan du Quesne, qui fut menet allenthour desdictes liches, par iiii jours au xviii° aoust, à vi s. par jour . . . . xxiiii s.
A Jehan de Lattre et complices, ses aydes, pour ottels iiii jours, à iiii sols chascun. lxiiii s.
A Jehan du Quesne, beneleur, pour avoir benelet, par luy et son varlet, à deux chevaulx, et iiii benneaux, ladicte terre allenthour desdictes liches, par ottels iiii jours, à xxxvi s. par jour, selon le pris que en avoient faict mesdicts sieurs eschevins . . . . . vii l. iiii s.
Audict Jean du Quesne, pour lx benneaux chergiez de cailloux de cauchie venant, à cause desdictes liches, voyturés ou gardin de la maison de la paix, par luy avoecq benneaux de terre, pour remplir aultres traux allenthour desdictes liches, à xii deniers le beneau . . . lx s.

Audict Piérart de Lattre, pour avoir howet saublon oudit gardin, chergié lesdicts benneaux et icellui saublon espars sur ledict Marchiet par v jours, au xxv⁰ aoust oudit an, à vi sols par jour. . . . . xxx s.

A Jehan Ghillis et complices, pour ottel avoir faict, à v s. chascun par jour . . . L s.

A Jehan le Latteur et complices, pour ottel, à iiii s. chascun par jour . . . . iiii l.

Auxdicts Ghillis et complices, pour i journée par eulx employée, le jour Sainct-Betremelz, à nettoyer le grant grenier desseure la chambre Nostre-Dame, à v sols chascun . . . x s.

A deux beneleurs, pour, à iiii chevaulx et iiii hommes, avoir benelés et voyturés vi benneaux chergiés de saublon venant dudit gardin sur ledict Marchiet, pour ottels v jours au xxv⁰ d'aoust, à xviii s. pour homme et cheval par jour. . . . . xviii l.

Audict de Lattre, pour encorre avoir howet ledict saublon oudit lieu, chergiet les benneaux et espars sur ledict Marchiet par iiii jours, au pénultisme d'aoust, à vi sols par jour. xxiiii s.

Auxdicts Gillis et complices, pour ottel avoir faict, à v sols chascun par jour. . . xl s.

Audict de Lattre et complices, pour ottel, à iiii sols chascun par jour . . . . xlviiii s.

Auxdicts du Quesne et complices, pour atout iiii chevaulx et iiii hommes avoir benelet et voyturet ledict saublon à vi benneaux par ottel par jour, audict pris, à xviii s. pour homme et cheval chascun jour . . . . xiii l. viii s.

A ung tailleur d'imaiges, pour avoir faict tailler en bois ung sot pour jouster les paiges à le quintaine . . . . vi l. x s.

Audict de Lattre et complices, pour avoir relevet ledict saublon allenthour desdites liches par v jours, au xviii⁰ octobre, à vi s. par jour, et les aultres à v sols par jour chascun. cv s.

A Hanin Biétry et complices, pour avoir botté ladicte terre par ii jours, au xvi⁰ octobre, à iii s. chascun par jour. . . . . xxiiii s.

Auxdicts de Lattre et complices, pour avoir querquiet lesdicts botteurs et rassamblet ledict saublon contre lesdictes liches, à cause du temps fort pluvieux, où ils employèrent iiii jours, à vi s. par jour. . . . . iiii l. xvi s.

Audict de Lattre, pour avoir respars ledict saublon arrière desdictes liches par iii jours, au x⁰ novembre, à vi sols par jour . . . . xviii s.

Audict Ghilis, pour ottel avoir faict par lesdicts iii jours, à v s. chascun par jour . xlv s.

A Colart Manfroit et complices, pour ottel avoir faict èsdicts iii jours, à iiii s. chascun par jour . . . . vii l. iii s.

A luy, pour ii jours par luy en ce employez, à v sols chascun par jour . . . . . . x s.

A luy, pour ottel ii jours, à iiii sols chascun par jour . . . . xxxii s.

Au cryeur de la ville, pour avoir publié, par la ville et ès quarfours des benneleurs, que tous beneleurs venissent amener nouveau saublon à l'enthour desdictes liches, à cause que le vielz estoit si fort abruvet d'eauwe des pluyves que riens ne valloit, le xii⁰ novembre. ii s.

A pluiseurs beneleurs, pour grand nombre de benneaux de sablons livrés. vi^xx xv l. v s. vi d.

A ung drappier, pour avoir presté deux pièces de draps rouge, tenant xvi aulnes, qui furent mises et cloées à l'escaffault et à le fyolle soubz les armes des jousteurs . . . l s.

Pour vin, frommaiges, fruis et aultres parties portées sur l'escaffault pour boire et rechiner Thoison d'or, aussi les herraulx et aultres seigneurs illec estans ordonnés pour juges, le temps que lesdictes joustes se faisoient, etc. . . . . c s.

Pour le rechiner [1] mis et préparé pour la personne de nostredict très-redoublé et souverain seigneur et madame Alliénore, sa sœur, madame de Savoye, sa tante, et pluisieurs aultres seigneurs et grans maistres, dames et damoiselles regardant lesdictes joustes en chambre Nostre-Dame de ladicte maison de la paix, assavoir : xx lots de vin de diverses manières et à pluisieurs pris ; item, de fruys crus, pain, frommaiges et en drogheries : ensemble. xxxv l. ıı s.

Pour la despence du disner et soupper, le jour desdictes joustes, de messieurs eschevins, acompaignés des mayeur, son lieutenant, pentionnaires, clercqs et sergants de la ville et d'aulcuns de messieurs du conseil. . . . . xxıııı l. xııı s.

A monsʳ le séneschal de Haynnau, monsʳ de Louverghem et monsʳ d'Inchy, entrepreneurs desdictes joustes, et que par conseil avoit esté promis donner, la somme de . . ııᶜ l. tourn.

A Thoison d'or et les herraulx d'armes, lesquels disoient estre à leur droit et proffit les liches, l'escaffault et le fyolle où les armes estoient mises durant lesdictes joustes, enssamble l'accoutrement du drap rouge, leur a esté ordonnet et donnet, présens mesdicts sieurs eschevins, à leur ordonnance et que partant déleissèrent le tout à la ville . . xxı l. tourn.

A ung quidam, pour sa journée de clore et ouvrir les bailles durant le temps desdictes joustes. . . . . v s.

A ung quidam, pour vı journées par eulx empliez, avec aultres, à espandre le dernier saublon amenet au xvııᵉ novembre . . . . ııı l. xvı s.

A pluisieurs beneleurs, pour avoir menet et voyturet toutte la terre et saublon procédant desdictes joustes, estans allenthour des bailles sur les terrées . . . . . vıˣˣıııı l. xv s.

Pour les peines et besongnemens que ce massart avoit eu pour la conduyte et sollicitude de ordonner touttes choses servans auxdictes joustes, afin que tout fuist conduit à l'honneur et proffit de la ville, en quoy faisant il avoit eu grant labeure et sollicitude tart et tempre, comme messieurs scèvent et que l'on poelt perchevoir par les parties contenues en ce koyer. . . . . xxıııı l..

Pour le sollaire de ce présent koyer avoir minuet, grosset et doublet . . . . . LX s.

A ung serrurier, pour pluisʳˢ parties servantes auxdictes liches et aultrement. ıx l. xııı s. ıx d.

Compte de la despence soustenue et desboursée par Martin de Haulchin, comme massart de la ville de Mons, à l'ordonnance de messieurs eschevins d'icelle ville et par conclusion du conseil de ladicte ville tenu le xxıᵉ jour du mois d'aoust, l'an mil Vᶜ et XV, à cause du bancquet que l'on entendoit faire à nostre très-redoublé et souverain seigneur monseigneur Charles, prince d'Espaigne, archiducq d'Austrice, duc de Bourgoigne, comte de Haynnau, etc., à sa joyeuse venue et réception de ce pays de Haynnau, après les joustes, etc., et que on délaissa faire pour le temps dangereux et pestilentieux, etc.

Premiers, pour une karée de carbon fauldreu contenant vııı muyz, à xx s. le muy. vııı l.
Pour vı tonneaux de bon boire, à xxxvı sols le tonneau . . . . x l. xvı s.

---

[1] *Rechiner*, collation, manger entre le dîner et le souper, goûter.

Pour ung poinchon de vin de France clarot, contenant ii muyz v stiers, acheté vii escus et i quart, revenant icelluy à v s. lot, pour ce que riens bon . . . . *Néant.*

A ung cuvellier, pour avoir traveillé ledict poinchon de vin par deux fois . . . viii s.

Aux desquierqueurs de vin, pour avoir ii fois thiré hors ledict vin . . . . . . xvi s.

Pour iii karées de faghots contenant iiii^m., à xxviii sols le cent . . . . vi l. vi s.

A ung cuvellier, pour ii petittes plattes cuvellettes de bois servans à recoeiller les eauwes en le chambre Nostre-Dame, où ledict bancquet se entendoit faire . . . . viii s.

A ung quidam, pour avoir mis à point l'une des pièces de la tapisserie que madamoiselle la sénéchale avoit presté à ladicte ville pour tendre et parer ladicte chambre. . . xxxvi s.

Pour vii rasières soille servant à faire pain, pour faire trenchoirs, mouluc et preste à cuire, achetées en la halle . . . . xxviii s.

A Jehan du Pret, fils, pour avoir esté à Aimeryes par-devers mons^r d'Aymeries, afin de à luy recouvrer sa tapisserie pour tendre ladicte chambre Nostre-Dame, à quoy il s'escusa, et aussy pour recouvrer de la venoison, en quoy il se debvoit employer, etc., où il séjourna iii jours, à xl s. jour . . . . vi liv.

Au serviteur mons^r de Boussoit, pour estre l'un des maistres d'ostel dudict bancquet, pour son voyaige allant à Bruges, pour illecq retenir les volilles nécessaires audict bancquet. viii l.

A ung escrignier, pour avoir fait x estaches à mectre flambeaux, à viii sols pièce, iiii l., et pour iii chandelers de bois, tenant chascun viii à x platteaux à mectre chandelles, à xxiiii sols pièce, lxxii sols : ensamble . . . . vii l. xii s.

A ung quidam, pour avoir assisté et aydiet à tendre et mectre la tapisserie de madicte damoiselle la séneschale, figurant l'istoire du roy Assuerus, en ladicte chambre Nostre-Dame, et meisme à la aller quérir à l'ostel, à viii s. par jour . . . . xl s.

A ung quidam, pour avoir amenet et ramenet ladicte tapisserie . . . . xii s.

Au messager de ladicte ville, pour son voyaige portant lettres de messieurs à mons^r de Thou, le prévost de Bavay, mons^r de Ghomegnies, mademoiselle de Trélon, mons^r de Liessies et mons^r de Maroilles, afin de recouvrer venoison et aultres volilles pour ledict bancquet, enssamble pour avoir ausdicts sieurs reporté lettres de remerchiement, attendu que la venue de nostredict très-redoubté seigneur estoit retardée, èsquel voyaige emplié vii jours, à viii s. par jour . . . . lvi s.

A ung kayereur, pour trente platteaux servans à mettre chandeilles . . . . . xxii s.

Au messagier, pour avoir porté lettres de messieurs à mons^r de Fiennes, en Flandres, afin de à luy recouvrer venoison pour ledict bancquet, où employa vii jours, à viii s. par jour. lvi s.

A ung toillier, pour avoir presté xxvii aulnes de kanevach mis contre les veriers de ladicte chambre Nostre-Dame, au-devant de la susdicte tapisserie, afin de garder que le soleil et la lune n'y feissent aulcun admenrissement et sallure, payé, parmy une pièce dudict kanevach, contenant iii à iiii aulnes, qui a esté perdue . . . . xviii s.

A ung cordier, pour xx toises de petittes cordes servans à tendre le chiel de ladicte tapisserie . . . . v s.

Pour despences faictes par Anthoine de Liezy et Janin Henrotte, commis gouverneurs et maistres d'ostel dudit bancquet avec ce massart, où estoit mons^r de Boussoit et pluisieurs aultres . . . . xxxviii s.

Au maistre serrurier de la ville, pour pluisieurs havez et aultres parties servantes à attacher ladicte tapisserie . . . . VIII l. XIV s. IIII d.

Au maistre carpentier de ladicte ville, pour avoir, en la chambre Nostre-Dame, eslevet un planquier et pluisieurs aultres parties nécessaires pour icelle . . . . c l.

Pour les ensongnements et escriptures que avoit et a fait ce massart pour cause dudict bancquet, compris le sollaire d'avoir mis ces parties par escript . . . . VI l

A Adryen de Boussut et la vefve Jacques le Jouene, auxquels avoit esté, de par ladicte ville, retenu et choisy deux poinchons de vin de France clarot pour servir audict bancquet; néantmoins leur fu depuis dict qu'ilz en feissent leur proffit, et que de la parte la ville leur en seroit récompensé d'un escut d'or chascun poinchon, de . . . . . . IIII l. XVI s.

(Deux états joints aux lettres contenant le serment prêté à la ville de Mons par Charles, prince d'Espagne, et datées du 12 novembre 1515. — Archives communales de Mons.)

VII

Relation de l'inauguration de l'archiduc Charles, prince d'Espagne, comme comte de Namur : 22-24 novembre 1515 [1].

Le jeudy, XXII⁰ jour de novembre, l'an XV⁰ et XV, mon très-honnoré et doubté seigneur monseigneur de Berghes, etc., premier chambellain de nostre sire l'Empereur, chevalier de l'ordre, chambellain de nostre très-redoubté seigneur et prince monseigneur le prince d'Espagne, archiduc d'Austrice, duc de Bourgongne, de Brabant, etc., conte de Flandres, d'Artois, de Bourgongne, de Haynnau, de Namur, etc., gouverneur et souverain bailly du pays et conté dudict Namur, accompaigné de Jaques de Sainzelles, escuier, seigneur viconte d'Ablen, etc., son lieutenant, messire Jehan, seigneur de Spontin, chevalier, maire dudict Namur, se partirent de ladicte ville, accompaignez des seigneurs de Duy, de Fernelmont et pluisieurs autres nobles, gentilzhommes, officiers, président, gens de conseil, eschevins, jurez, esleux, pluisieurs bourgois, manans et habitans de ladicte ville, des villes de Bouvingnes, Flerus et autres dudict conté, en grant et bon nombre, de cheval, aussy accom-

---

[1] Quoique nous ayons publié cette relation dans les Bulletins de la Commission royale d'histoire (2ᵐᵉ série, t. VII, p. 84), nous avons pensé qu'on nous approuveroit de la reproduire ici.

paignez des arbalestriers de l'Estoille et autres en armes, de piet, bien et honnestement vestus de robes de parures, et allerrent, ainsy accompaingniez, au-devant de la très-noble et très-reboubtée personne leur prince et seigneur naturel, mondict seigneur le prince d'Espaigne, archiduc d'Austrice, etc., filz de feu le très-noble et illustre et souverain seigneur (que Dieu absoille) le roy de Castille; et le trouvèrent et rencontrèrent auprès de la forest-le-conte, auprès ledict Namur, acompaignié de pluiseurs princes et grans seigneurs et autres nobles personnes. Et, entre autres, y estoient monseigneur de Chierves, son premier chambellain, noble et illustre seigneur monseigneur le jeune marquis de Brandebourg, monseigneur le prince de Chimay, monseigneur de Ravestain, monseigneur le chancellier, chevalier, messire Jehan Sauvage, seigneur d'Escaubeque, monseigneur le gouverneur de Bresse, monseigneur de Mingoval, son grant escuyer, mess[rs] ses maistres d'ostel et autres chevaliers, escuiers et officiers, en grant et notable assemblée.

Et, à l'approcher, lesdicts gouverneur, sondict lieutenant, président, maire dudict Namur et aucuns gentilzhommes et officiers deschendirent de leurs chevaulx, eulx mettans à ung genoul devant la personne d'icelluy prince et seigneur. Icelluy président, par l'ordonnance dudict gouverneur dudict Namur, fist, ou nom de tous les nobles, bourgois, manans et habitans dudict pays et conté, audict seigneur prince une harengue et proposicion, luy présentant service de corps et de biens, et qu'il fust le très-bien venu en cestuy son pays. Lequel de sa très-noble bénivolence en fist remercier lesdicts lieutenant, maire, nobles, président, manans, bourgois, officiers, subgetz et habitans de ladicte ville, pays et conté, par la bouche de mondict seigneur son chancellier : offrant les traictier en bonne raison et justice, et ainsy que un bon et vertueulx prince et seigneur naturel estoit tenu de faire à ses bons, vrays et loyaulx subgetz, telz que estoient et qu'il tenoit estre ceulx dudict pays de Namur.

Et, ce fait, ledict seigneur et toute sa très-noble compaignie [ala] vers ledict Namur. Et en la grande Herbat [avoit] grant nombre de archiers, arbalestriers et autres compaignons, bourgois et grant peuple, crians à haulte voix qu'il feust le très-bien et joieusement venu : *Vive Austrice, Bourgongne !* aians leurs estandars et bannières. Et d'illecq le convoyèrent en ladicte ville par la porte Saint-Nicolay; illecq furent les bourgois, eschevins, gens de conseil, gentilzhommes, princes et seigneurs mis en ordre, et allant par la ruyelle de la Neufville, où estoient les prélaz, abbez, gens des trois églises, couvens et religieulx des Croisiez, frères de l'Observance de ladicte ville et grant nombre de gens d'Église, qui le révérendèrent honnorablement. Depuis laquelle porte Saint-Nicolay, au long de ladicte rue de la Neufville, des rues de Martin de Sormes, de devant l'hostel de la ville, thirant au long du Marchié par la rue de la Croix, et à Saint-Aulbain, et jusques au logis dudict seigneur, nommé *l'hostel de Croye* présentement, icelles rues estoient bien et honnorablement parées, d'un costé et d'autre, de tenteures, pavèsemens, ymages, histoires, fleurs, chanchons, verdures et lumières de torses et autres lumières estans aux fenestres des maisons et ailleurs en grant nombre. Et, que plus estoit, depuis ladicte porte Sainct-Nicolay jusques audict logis, estoient gens ordonnez des mestiers tenans torses en leurs mains, sans bouger de la place jusques qu'il fût passé par-devant eulx; et après siévoient ledict seigneur

APPENDICES.

en si grant nombre de torses, plus, sauf juste estimation, tant en bas que aux fenestres, de cincq mil et plus, sans autre lumière en grant habondance, jusques à sondict logis. Èsquelles rues que aux fenestres y avoit grant nombre de damoiselles, bourgois, habitans et enffans, crians : *Vive Austrice, Bourgongne !* etc.

Et au-devant d'icelluy seigneur estoient sondict grant escuier, portant son espée de justice, prévost des mareschaulx, héraulx, trompettes sonnans au long desdictes rues par grande mélodie. Et estoit chose très-grande, très-noble et très-joieuse à veoir, et tellement que tout le peuple, petit et grant, fut tout remply de joye et soulas de veoir sa très-noble personne leur prince et seigneur, et que il lui avoit pleu les venir veoir et visiter. Et après luy furent faiz les présens de ladicte ville.

Serment fait par ledict Seigneur a l'églize de Saint-Aulbain.

Le lendemain, xxiii° jour dudict mois, mondict seigneur le prince, accompaigné desdicts seigneurs et officiers et gentilzhommes, et en la présence desdicts lieutenant, président, conseilliers, gentilzhommes, maire, eschevins, jurez et plusieurs bourgois et habitans dudict Namur, estans auprès du grant autel de l'église Saint-Aulbain, en la présence des doien et chanoines de ladicte église, des saintes reliques et évangilles estans sur le grand autel, mist la main sur le missel et évangilles, et fist illecq le serment contenu en ung extrait, baillié par le clerc et greffier du bailliage de Namur, du registre dudict bailliage, ès mains de mondict seigneur le chancellier, tel que avoit fait feu ledict roy de Castille, son père, à luy leu par ledict chancellier; qui estoit et est de telle substance que s'ensuit :

« Je, Charles, par la grâce de Dieu, prince d'Espagne, archiduc d'Austrice, duc de
» Bourgongne, duc de Brabant, conte de Flandres, de Namur, etc., jure, devant les saintes
» reliques et par les saintes évangilles de Dieu, que je garderay les églises et suppostz
» d'icelles, nobles, féodaulx, opidains, communaultez, vefves et orphelins des ville, pays
» et conté de Namur en leurs drois, usages, loix et coustumes loables et anchiennes. »

Serment dudict Gouverneur et Souverain Bailly.

« Je, Jehan, seigneur de Berghes, etc., gouverneur et souverain bailly du conté de Namur,
» jure à vous, mon très-redoubté seigneur monseigneur le prince d'Espagne, archiduc
» d'Austrice, conte dudict Namur, que les nobles, féodaulx, opidains et communaultez
» d'icelluy conté et pays de Namur vous seront bons, vrays et loyaulx subgectz et serviteurs,
» comme ilz doivent et sont tenus estre à leur prince et seigneur. »

Serment fait ou Chastel de Namur.

Le xxiii° jour d'icelluy mois mondict très-redoubté seigneur monseigneur le prince d'Espagne alla ou chastel de Namur, accompaigné desdicts princes, seigneurs et officiers de son hostel, où illecq, en la présence des saintes reliques et évangilles estans sur la grosse pierre bénitte oudit chastel, fist, à la lecture de mondict seigneur le chancellier, sur pareil extrait dudict registre à luy baillié par ledict greffier, le serment tel et pareillement que dessus est déclairé, comme semblablement fist derechief ledict seigneur de Berghes, gouverneur et souverain bailly dudict Namur, en la présence desdicts Jaques de Sainzelles, son lieutenant, monseigneur de Spontin, chevalier, monseigneur de Marbais, messeigneurs de Duy, de Fernelmont, de Gesves, de Hodemont, de Gome, Artus de Gesves, chambellain héritable, Henry de Longchamp, Michiel du Chierf, Thiéry de Walènes et plusieurs gentilzhommes, président, gens de conseil, eschevins, jurez, esleux et autres bourgois et habitans desdicts ville et pays de Namur.

Serment des nobles Hommes, Maire, Eschevins, Bourgois et autres, pour les habitans dudict Namur.

Lesquelz gentilzhommes, nobles, maire, eschevins, bourgois et communaulté, illec estans, ou nom de la généralité des nobles, bourgois, manans, habitans et communaultez des ville, pays et conté de Namur, firent serment et tendirent les mains à Dieu et aux saints de paradis, en la présence desdictes saintes reliques et évangilles, que, en ensuivant le serment faict par mondict seigneur de Berghes, gouverneur et souverain bailly, tant en ladicte église Saint-Aulbain que oudict chastel, à mondict seigneur le prince, et en le acquictant et purgant d'icelluy, ilz luy seront, et audict gouverneur, bons, vrays et loyaulx subgetz et serviteurs, et comme ilz devoient et estoient tenus estre à leur prince et seigneur; et ainsi Dieu les voulsist aidier.

(Archives de l'État, à Namur : Registre des plaids du souverain bailliage, du 2 septembre 1511 au 6 avril 1520, fol. 126.)

VIII

Relation de l'entrée et de l'inauguration de l'archiduc Charles à Douai :
15-16 mai 1516[1].

Charles, nostre sire, roy de Castille, de Léon, d'Arraghon, de Grenade, de Navarre, de Napples et de toutes les Espaignes, archiduc d'Austrice, duc de Bourgongne, de Brabant, conte de Flandres, etc., filz de don Phelippes d'Austrice et de noble et inclitte dame Jehenne,

[1] Communiqué par M. l'abbé DEHAISNES, ancien archiviste de la ville de Douai, aujourd'hui archiviste du département du Nord.

APPENDICES.

fille de don Farnant, roy de toutes lesdictes Espaignes, fist sa très-joyeuse entrée en ceste sa ville de Douay le xvme jour de may, l'an mil V^c seize, par ung jeudy, le lendemain des festes de le Pentecouste.

Sy furent faictes en sa récepcion pluiseurs histoires, alumeries, présens, honneur et révérence, comme plus au long est contenu au livre du procureur couvert de cuir tané.

En faisant, par ledict Roy, nostre sire, sadicte très-excellente et joyeuse entrée, amena avecq luy les princesses et dames avecq les princes et seigneurs qui s'enssuivent :

Noble dame Marguerite d'Austrice, archiducesse de Bourgongne, etc., douagière, tante audict roy nostre sire;

Noble dame Aliennor d'Austrice, sœur audict roy;

Le seigneur de Ravestain;

Le prinche de Chimay;

Le duc de Clèves;

Le seigneur du Reult;

Le seigneur de Montigny, premier chambellan d'icelluy seigneur roy;

Le seigneur de Sempy;

Le seigneur de Berghes;

L'ambassadeur de Franche;

L'ambassadeur d'Espaigne;

L'évesque de Badajoz;

L'évesque de Cheté [1] de Napples;

Le grant bailly de Haynnau;

Le gouverneur de Béthune;

L'évesque d'Arras;

Le gouverneur d'Arras;

Don Jan Manuel d'Espaigne;

Le gouverneur de Bresse;

Le seigneur de Nassou;

Le seigneur de Lallain;

Le conte de Morvoer (?);

Le seigneur de Beaurains;

Le seigneur d'Auchy;

Le seigneur de la Chault;

Maistre Charles de la Verderue;

Le seigneur de Zevenberghe;

Le seigneur de Wallain;

Messire Jehan Prœudhomme, chevalier;

Le prévost de l'église Saint-Pierre en Douay;

Le seigneur de Buignicourt, chevalier;

[1] Chieti.

Le seigneur de Hordaing, chevalier;
Le seigneur de Wandomme;
Le seigneur de Noyelles-sur-l'Escault;
L'évesque de Salibry;
Le bailly d'Omont, vische-chancelier;
Mons' Pavye, confesseur;
Le trésorier général;
Le conte de Hornes;
Le seigneur de Tous (?);
Le seigneur de Vernœul;
Le seigneur de Maingoval,

Et pluiseurs aultres seigneurs, conseilliers et officiers d'icelluy seigneur Roy, à chascun desquelz a esté fait présent de vins plus au long contenu au registre à promotrics (*sic*).

Sy fut faict présent audict seigneur Roy d'une belle et riche couppe d'or.

Le lendemain, xvi° de may, ledict seigneur Roy, assisté desdictes princesses, princes et seigneurs dessusdis, vint en halle et fist le serment, et la commune de ceste ville à luy, selon la teneur des sermens qui s'enssieut :

Serment du Commun faict audict seigneur Roy.

« Nous jurons et promettons de vous estre bons et léaulx et obéissans subgctz, de garder
» vostre estat et personne, vos pays, drois, haulteurs et seigneuryes, et de vous servir
» envers et contre tous. »

Serment du Roy.

« Sire, vous jurez et promettez garder et tenir les previléges, franchises, usaiges et
» coustumes bonnes et louables de vostre ville de Douay, ainsy que voz prédécesseurs, contes
» et contesses de Flandres, ont fait de tout temps. »

A quoy nostredict seigneur Roy respondit :

« Ainsy le jure et prometz tenir. »

(Archives de la ville de Douai : AA. 85, cartulaire R. fol. 141 v°.)

APPENDICES.

IX

*Relation de l'entrée et de l'inauguration de Charles-Quint à Valenciennes :
13-14 octobre 1521* [1].

Au mois d'octobre de l'an 1521 l'Empereur se partit de Gand, espérant de venir visiter la ville de Vallenciennes et y faire sa première et joieuse entrée. Ce qu'entendans les seigneurs et les bourgeois de la ville, estans fort joieulx de ces nouvelles, se disposèrent de le recepvoir avecq toutte allégresse, selon leur possibilité; mais l'Empereur leur manda qu'il ne vouloit point qu'ilz feissent aucuns despens [2], tant en histoires qu'autrement. Et fut ceste entrée le XIII° jour dudict mois.

L'Empereur sortit ès jour hors de Mons en Haynaut; et n'y avoit encoire jusques à ce jour nulz bruicts qu'il y eût des François au pays de par dechà. Le jour de devant avoit esté commandé par le conseil de la ville que chascun fût prest au lendemain, tant bourgeois, marchans et aultres, d'aller au-devant de l'Empereur, et que l'on tendist devant sa maison ce que chascun avoit le plus honnestement qu'on pouvoit. Et se fut ordonné que de chascun mestier y auroit vingt hommes portans flambeaux, autres douze selon leur puissance, et chascun homme ung paleto rouge et jaulne et ung lyon d'or au millieu, qui sont les armes de la ville; et fut faict, depuis la porte Cambrisienne, venant jusques à la maison de Simon Annart, dit de l'Hermitaige, qui est l'entrée du Marchez, plusieurs pochers saillans sur rue, où il y avoit torses ardantes dessus, durant son entrée, environ le nombre de six cens torses; et depuis la maison dudict Simon Annart jusques au ruissot du poisson, du long le Marchez, estoient bailles faictes et acomodez, affin qu'il n'y eusse point de destourbe par les gens et

---

[1] Extrait des *Annales* de Simon Leboucq, MS. n° 530 de la Bibliothèque de Valenciennes, p. 277; communiqué par M. Caffiaux, archiviste de cette ville.

Les notes sont de M. Caffiaux.

[2] Cette défense s'explique par un effroyable incendie qui avait eu lieu l'année précédente dans les circonstances suivantes.

A la nouvelle de l'élection de Charles-Quint comme empereur d'Allemagne, les Valenciennois se livrèrent à toutes sortes de réjouissances : processions générales, illuminations, banquets dans les rues, danses, musique, etc., rien ne fut épargné. Malheureusement un falot, tombé du clocher de l'abbaye de Saint-Jean, mit le feu à un hangar couvert de paille qui se trouvait au bas. Un vent violent donne vite à l'incendie des proportions immenses; l'église et les fabriques s'abiment dans les flammes, et les cloches elles-mêmes tombent du clocher à demi fondues; les flammèches emportées au loin par le vent deviennent un danger pour toute la ville; une hôtellerie située au bord de l'Escaut, l'hôtellerie du Paon, fut ainsi réduite en cendres. Heureusement le feu n'alla pas plus loin. Quant à l'abbaye, elle perdit son église, ses dortoirs, réfectoire, chapitre, officines, outre ses objets précieux, comme reliquaires, calices, tables d'autel, etc. Ce qu'il faut regretter surtout, ce sont des « tableaux fort exquis faicts par maistre Simon Marmion. » Il fallut reconstruire tout à neuf, et les travaux durèrent de 1548 à 1552.

aussy affin que les gens de chevaulx puissent mieulx chevaucher; et de là jusques à son hostel estoient torses et fallotz ardans, et les rues fort richement tendues, tant de tapisseries qu'autrement. Et dedens le bolvert de la porte Cambrisienne avoit ung hourt que les sayeteurs de la ville avoient eu charge de faire : au-dessus estoit une pucelle représentant Vallenciennes, toutte rouge vestue, tenant de sa main ung brefvet qui disoit : *Egressa sum in occursum tuum, desiderans te videre et reperi*, et de l'autre main tenoit ung escu des armes de la ville.

L'aller au-devant fut tel : messeigneurs de la loy, les nobles et les gentilzhommes de la ville, accompaignez des bourgeois et marchans, et Franquevie devant, avecq sa robe d'armes, partirent du Marchez et sortirent la porte Cambrisienne, et allèrent jusques auprès du bois du Rolleux [1], où lors on trouva nostre sire Empereur, et s'en approchant mons' le prévost, les clercs pensionnaires de la ville, Franquevie, hérault de ladicte ville, se misrent à terre, où que Me Matthieu Le Clercq, l'ung des pensionnaires, dit et proféra ces paroles : « Le hault
» des haults de tous les princes, Empereur auguste, roy des Romains, vostre grâce soit que
» de vouloir prendre en gré le povre et petit recoeil de voz subjectz et humbles servans de
» vostre ville de Vallenciennes, et que vostre grâce soit d'avoir pour recommandé vostre-
» dicte ville de Vallenciennes. » Et ce faict, l'Empereur respondit luy-mesme, disant que la ville luy estoit du tout pour recommandé, et qu'il recepvoit le recoeil de gré tel qu'on luy feroit et le prenoit de bonne vueille. Puis partirent ensemble bourgeois et aultres devant, et Franquevie devant pour le premier [2] avecq les autres héraulx; et ainsy le conduirent jusques à son hostel.

Le lendemain, à l'heure de noef heures du matin, l'Empereur partit de son hostel de la Salle et vint en l'église de Saint-Jehan ouyr la messe; et devant tous estoit monseigneur le Grand, qui portoit l'espée toute nue. Et estant l'Empereur en son pavillon, qui estoit tout de drap d'or, son chappelain dist et célébra devant luy une basse messe. Et cependant monseigneur de Saint-Jehan chanta la grand'messe du Saint-Esprit, chantée en musicque par les

---

[1] Colline située au nord de Valenciennes. C'était autrefois l'endroit où l'on pendait les criminels. Le bois dont il est ici question a disparu depuis longtemps. Du Rolleux ou Roleur à la porte de Mons et de la porte de Mons à la salle-le-comte il n'y a que quelques centaines de mètres, et l'espace eût manqué pour une entrée triomphale : aussi fait-on faire un très-long détour à l'Empereur, qui, pénétrant en ville par la porte Cambrésienne, doit la traverser dans toute sa longueur, et du sud au nord.

[2] Les Valenciennois, grands amateurs de joutes et de tournois, avaient institué un ordre dit de *Franquevie* dont le héraut, qui portait le même nom, devint celui de la ville, et aussi celui des Damoiseaux. Franquevie paraît pour la première fois en 1336, aux fêtes qui eurent lieu quand Guillaume, comte d'Ostrevant, fut fait chevalier.

Valenciennes ayant alors la prétention, qu'elle eut du reste toujours, de ne pas faire partie du Hainaut, Franquevie fit seul, en cette occasion, l'office de maître des cérémonies et prit toujours la droite sur Ostrevant, héraut du Hainaut, avec l'intention de faire sentir que celui-ci n'était ni en Hainaut ni sur son propre terrain.

Voir, pour diverses particularités relatives à Franquevie, *Les commencements de la régence d'Aubert de Bavière*, p. 47. Voir encore le même opuscule, pages 47 et 57, pour les joutes et fêtes chevaleresques données à Valenciennes, en 1361, par l'ordre de Franquevie, ou plutôt par la ville de Valenciennes, qui en paya tous les frais.

chantres de l'Empereur. La messe finie, il monta à cheval et vint en la Salle-le-Conte, où lors estoit faict ung reposoir pour mieulx veoir l'Empereur, où fut faict le serment devant tout le peuple par ledict Empereur, tel que ses prédécesseurs ont accoustumé de faire, en telz droix et loix comme à présent on use et a usé anciennement. Et leva la main, présent chascun qui lors estoit là, puis baisa les saints. Et là fut faict largesse par ung grand personnaige.

SERMENT DE TRÈS-ILLUSTRE ET TRÈS-SACRÉ EMPEREUR CHARLES, NOSTRE SOUVERAIN ET NATUREL SEIGNEUR, FAIT A LA MONTÉE DE LA GRANDE SALLE, A L'HOSTEL D'ICELLUY SEIGNEUR EMPEREUR EN CESTE VILLE, LE XIII° JOUR D'OCTOBRE MIL CHINCQ CENT VINGT ET UNG.

« Très-sacrée Impérialle et Catholicque Majesté, vous jurez, se Dieu vous ayde et tous les
» saincts et sur les saincts évangiles, que vous asseurés ceste vostre ville de Vallenciennes et
» le promestez à garder léallement, ensemble les bourgeois et bourgeoises, masuyers et
» masuyères d'icelle ville, ainsi leurs corps et leurs avoirs, tant dedans ladicte ville comme
» dehors, et les menrez par loy, et avez enconvent à sauver, garantir et maintenir les fran-
» chises, loyx, usaiges et coustumes de ladicte ville, en la manière que voz très-nobles pré-
» décesseurs, contes de Hainaut et seigneurs de Vallenciennes, ont faict anciennement et
» que ladicte ville, bourgeois et bourgeoises, masuyers et masuyères en ont usé et accous-
» tumé; et ferez les ayuwes[1] qui ont cours en icelle ville tenir et accomplir si avant que la
» loy de ladicte ville l'enseigne; mesmement avez enconvent à tenir fermement les chartres
» et lettres que ceste ville a de vos très-nobles prédécesseurs, contes de Hainaut et seigneurs
» de Vallenciennes, sans de rien faire ou aller au contraire, si avant que ceux, de très-noble
» mémoire, nos très-redoubtez seigneurs les ducqs Philippes et Charles, les auroient
» octroyé, juré et promis. »

Lequel sairement fut faict par ladicte très-sacrée Majesté, au retour de la grant messe célébrée ledict jour en l'église de Saint-Jehan en ceste ville, sur les degrés de la grant salle, en la Salle-le-Conte, en la présence tant de messeigneurs le conte de Nassau, le gouverneur de Bresse, le marquis d'Arschot, le conte Félix, le grant escuyer et plusieurs autres nobles seigneurs, comme des prévost, jurés, eschevins et plusieurs bourgeois de cestedicte ville. Et après iceluy faict, icelle Majesté baisa la croix estant au missel, comme feit aussi, en signe de fidélité, Jacques de Vandegies, à ce jour prévost d'icelle ville ; meismes tous les bourgeois, manans et habitans de cestedicte ville y estans, en levant la main, feirent serment réciproque, en jurant et promettant estre bons et léaulx subjetz à icelle Majesté. Lesdicts sermens faicts, le hérault Thoison d'or jecta au peuple nombre de pièches d'or et d'argent.

(Archives de Valenciennes, AA, n° 8.)

[1] *Ayuwes*, priviléges.

X

Relation de la venue de Charles-Quint à Namur : 21 janvier 1531 [1].

Le xxiᵉ jour de janvier, l'an XV·XXXI, faict de Liége [2], la Majesté Impériale de très-hault, très-illustre, très-puissant et très-excellent prince Charles de Bourgongne, en retournant de son voiage d'Ytales, de Boulongne, où il avoit receu sa dernière corone impériale, de Ausbourgh et autres lieux d'Allemaigne, où il avoit séjourné et vacquié bonne espace de temps à la réformation et correction des abuz et erreurs quy grandement pulluloient et se commectoient, ès Allemaignes, Austriche et à l'enthour, par gens bours [3], luthérains et autres chiénailles [4] de la mauldite secte luthérane contre les saincts sacremens de l'Église et de nostre saincte foy katholicque, à la grande diminution, désolation et nullité apparante d'icelle (que n'aviengne!), si Dieu, nostre créateur, par sa puissance et bras divin, n'y provoit, et depuis de la ville d'Aisch [5], quy est impériale, où très-noble et très-puissant prince Ferdinande, roy de Hongrie, de Bohême et archiduc d'Austrice, duc de Bourgongne, là print et receut la coronne de roy des Romains le xiᵉ jour de ce mois, en venant sur batteau de la ville de Huy, où il avoit séjourné par deux jours, acompaignié du légat du saint-siége apostolicque de Rome et de pluisieurs autres grans princes, ducz, contes, seigneurs et maistres, et entre autres de noble, puissant et très-révérend prince et seigneur Érard de la Marck, cardinal de Sainct-Crisogone, duc de Buillon, conte de Loz, évesque de Liége, l'ayant acompaignié et tenu bonne fidélité en la pluspart des lieux susdicts, arriva et prinst port lez et joindant ceste ville de Namur, en lieu nommé *la Grande-Herbate*, où communément et ordinairement prend port et se débarecque la nef marchande quy maine de Namur à Huy.

Au-devant duquel seigneur Empereur allèrent les prélats du pays, proveuz de leurs bastons pastoraulx et aultres ornamens décens, les gens des trois églises collégiales et canoniales et de religion, en abitz ecclésiasticques, jusques à la porte Sainct-Nicolas, attendans illecq Sa Majesté. Et jusques à ladicte rivière le allarent révérencer, festoier et bienveignier monseigneur de Walhain, gouverneur dudict Namur, acompaignié des nobles et gentilzhommes du pays, des lieutenant-bailly, président et gens du conseil, maieur, eschevins, jurez, esleuz de ladicte ville, en bon et souffisant nombre, estat et abillement. Et à la deschente dudict bateau, aprèz la harenghue en latin faicte vers ladicte Majesté Impériale par maistre Thiéry

---

[1] Comme la relation nᵒ VII, celle-ci a déjà figuré dans les Bulletins de la Commission royale d'histoire (2ᵐᵉ série, t. V, p. 324).
[2] *Faict de Liége*, style de Liége.
[3] *Bours*, paysans, rustres, du flamand *boer*.
[4] *Chiénailles*, canailles.
[5] Aix-la-Chapelle.

l'Arbalestrier, licentié ès drois et loix, président dudict conseil de Namur, il y avoit, au delong de ladicte rivière, sur terre, entre ledict batteau et les murailles de ladicte ville, groz nombre d'homicides, banis et autres délinquans escquiez [1] du pays et conté de Namur, tenans chascun une blanche verge en sa main, cryans à haulte voix et supplians à ladicte Majesté grâce et miséricorde, en contemplacion de sa très-noble et joieuse venue et entrée en sadicte ville, pays et conté de Namur. Et furent tyrées pluisieurs pièces d'artillerye, tant du chasteau dudict Namur comme des thours et autres fors de la ville, de sorte et manière telle et toute autre que n'avoit ledict seigneur Empereur, ny sadicte compaignie, veu ny oy depuis leurdict partement des Ytales. Furent aussy à icelluy seigneur Empereur, à la deschente dudict batteau, présentées les clefz de ladicte ville par le mayeur d'icelle, en signe et signifficacion de ce que les manans et inhabitans d'icelle sa ville de Namur et du pays avoient tousjours estez, estoient et voloient estre ses très-humbles, petis, bons et léaulx subjectz, presrz et appareilliez à son très-noble plaisir et bon voloir.

Lequel seigneur Empereur, tout ce fait et ainsy acompaignié comme dessus, avironé de tous costez de très-belle, loable et plaisante lumière par tous les lieux de son chemyn, fut convoyé jusques à son hostel, emprès l'église Sainct-Aulbain, audict Namur, et estoit plus de cincq heures du soir. A laquelle église de Sainct-Aulbain, le lendemain, icelluy seigneur Empereur oyt la grande messe, quy fut célébrée en grosse solempnité; et ladicte messe célébrée, furent illecq, par icelluy seigneur Empereur, faiz et créez chevaliers : messire Jehan, seigneur de Marbais; messire Ghuys de Donglebert, seigneur de Fernelmont; messire Jehan, seigneur de Hosden, chastellain dudict chasteau de Namur; messire Franchois de Mérode, seigneur de Moréalmey; messire Guillaume de Berlo, seigneur de Brust, Fau, Berzée, etc.; messire Warnier de Daule, seigneur de Morlemont; messire Philippe de Sainzelle, seigneur d'Arlen; messire Jacques de Glymes, seigneur de Boneffe, bailly de Waségc; messire Jehan de Hollongne; messire Franchois de Hontoir, chastellain du chasteau de Montaigle, et messire Jehan de Warisoul. Et à l'après-disner dudict jour, quy estoit dimence, aprèz certain esbattement faict audict seigneur Empereur du jeu d'eschasse, pour le récréer en la chambre où il estoit sur le Grand-Marchié audict Namur, fut aussy par luy fait et créé chevalier messire Henry de Wilere, seigneur de Grand-Champ.

Laquelle réception, et tous les esbattemens dessusdicts, ledict seigneur Empereur prinst de bone part, de très-bon et joieux cœur; et le lendemain lundi, environ noef heures du matin, se partit de ladicte ville de Namur en bone disposition, et s'en alla Sa Majesté loger à Wavre, et d'illecq tyra en sa ville de Bruxelles en Brabant.

(Archives de l'État à Namur : Registre aux transports, reliefs de fiefs, etc., commençant au mois de février 1528, fol 34 v°.)

[1] *Escquiez*, fugitifs.

XI

*Documents sur la première venue de Charles-Quint à Tournai :
28 novembre 1531* [1].

Publications du Magistrat.

Du ixe jour de novembre l'an mil cincq cens trente et ung.

On vous fait assavoir que, pour ce que l'Empereur, nostre souverain seigneur, a escript et mandé, par ses lettres closes et aultrement, à messieurs les consaulx de ceste ville et cité, que Sa Majesté a conclud, au xxe et aultres jours ensuivans de ce présent mois, tenir chapitre général de son ordre du Thoison, mesdictes sieurs les consaulx, qui désirent, à son premier advénement et joyeuse entrée en ladicte ville comme conte de Flandres, estre receu et révérendé ainsy que à Sa Majesté appartient, ont conclud et ordonné que, pour aller de piet au-devant dudict seigneur Empereur le jour de son entrée, tous ceulx desdicts consaulx et aussy les notables et aisués [2] bourgois et citoyens de ladicte ville fachent faire chascun une robe de drap blancq; et quant à messieurs les doyens, soubs-doyens des mestiers d'icelle ville, ils ont conclud et délibéré estre vestus et accoustrez de robes rouges ayant bandes de velours noir. Sy commandent mesdicts sieurs les consaulx et néantmoins exortent et requièrent bien amiablement à tous lesdicts bourgois et citoyens notables de ladicte ville et cité que de temps et d'heure compétent ils soyent pourveus desdictes robes le plus honnourablement qu'ils poldront, et d'un flanbeau pour porter ardant en la main, pour aconpaignier la loy de ladicte ville par-devers ledict seigneur Empereur, et tant en faichent, en démonstrant la loyaulté de leurs coraiges, que on puist perchevoir par effect le bon volloir et amour que l'on a envers l'Empereur, nostredict seigneur.

Commandent mesdicts sieurs les consaulx à tous les arballestriers, archiers et canoniers de ladicte ville qu'ils se préparent de leurs parures, telles que à leur serment appertient, pour aller au-devant de l'Empereur, nostredict seigneur, s'il leur est commandé et ordonné ce faire;

Que les demorans en ladicte ville fachent préparer et ordonner leurs maisons et aultres lieux à eulx appertenants, pour recepvoir et loger gens et chevaulx, et que chascun obéisse pleinement à ce qu'il luy sera dict et commandé, tant par les fouriers dudict seigneur que de par la ville, sur dix karolus d'or, et qu'il ne soit personne aucune qui oste ou deffaice les marques et enseignes desdicts fouriers,

---

[1] Communiqué par M. Vandenbroeck, conservateur des Archives de l'Etat et archiviste de la ville, à Tournai.

[2] *Aisués*, pour *aisiés*, aisés.

Et que tous ceulx lesquels ont fallots appertenants et marquiés de l'enseigne de ladicte ville les rendent et portent en la maison des engiens d'icelle, sur autelle peine [1] et amende que dessus, et aultrement pugnis à la discrétion de messieurs prévostz et jurez, à l'exemple d'aultres.

Du xiiie jour de novembre l'an mil cincq cens trente et ung.

On vous fait assavoir que messieurs les consaulx de ceste ville et cité ont obtenu lettres de placcart de l'Empereur, nostre souverain seigneur, par lesquelles Sa Majesté mande et ordonne aux président et gens du conseil de Flandres, gouverneur, président et gens d'Arthois, grand bailly de Haynau, prévost-le-conte de Vallenchiennes et à tous officiers et gens de loy et aultres ses subgeetz qu'ils permectent et consentent aux bourgois et manans de cestedicte ville acheter et lever, ès mettes de leurs offices et jurisdicions, bleds, advaines et aultres grains et toutes manières de vivres et aultres choses requises pour l'advenue de l'Empereur, nostredict seigneur, en icelle ville et cité : lesquelles lettres mesdicts sieurs les consaulx feront prestement signiffier et insignuer, par certain huissier, tant aux dessusnommez officiers qu'aux eschevins et conseil de la ville de Douay. Pour quoy iceulx consaulx commandent et enjoindent à tous hosteleus, boullengiers, brasseurs, carbartiers et aultres s'entremectans tenir logis et vendre à boire et à mengier qu'ils fachent provision desdicts grains et vivres, chascun en son endroit, pour le furnissement et adresce de ladicte venue, tellement qu'il n'en y ait faulte et nécessité, sur peine d'estre pugnis grièvement, à la discrécion de messieurs prévosts et jurez d'icelle ville et cité;

Que les manans de ladicte ville ayans estables et granges enpeschiées de laignies [2] et aultres choses les faichent widier, nectoyer et souffissamment accoustrer en dedans demain le soir, toutes excusations cessantes, pour y logier chevaulx, sur peine et amende de dix karolus; et néantmoins, en leur defaulte, les maisons d'icelle ville seront visitées, ledict jour passé, par les commis et depputés de messieurs les consaulx, et lesdictes estables et granges widées et despeschées desdictes laignes et aultres choses à leurs despens, et condampnés en ladicte amende;

Que lesdicts manans qui logeront gentilshommes ou aultres auront le sallaire de chascune nuyt, por le leuwier [3] de chascun lyct, deux gros Flandres, et por chascun lyct de serviteur ung gros, monnoie dicte, et pour l'estable de trois chevaulx, pour jour et nuyct, deux sols d'icelle monnoie, et du plus ou du moins à l'advenant, et ce sans aulcune chose baillier ou livrer par lesdicts manans auxdicts gentilshommes, serviteurs ne aultres, mais seullement, comme dict est, chambres, licts et estables;

Que, pour éviter au péril de feu en ladicte ville, mesdicts sieurs prévosts et jurez commandent et enjoindent que chascun de temps et d'heure faice rammonner et nectoyer ses chemynées, affin que dangier et inconvénient n'en adviengne, sur trois karolus d'or;

Que, trois ou quatre jours paravant l'entrée de l'Empereur, nostredict seigneur, en ceste

---

[1] *Autelle peine*, semblable peine.
[2] *Laignies*, bois.
[3] *Leuwier*, loyer.

ville, que toutes personnes, de quelque estat et condicion qu'ils soyent, ayent en leurs maisons cuvier, tonnel plein d'eauwe, aussy chascun carton [1] une esclenne [2] et tonnel plein d'eauwe en sa maison et pourpris, prests pour les mener incontinent au feu, et les brasseurs, en leurs maisons et planchiers, cuviers, tonneaulx et tynnes [3] pleins d'eauwe, sur autelle peine que dessus;

Que tous les manans de ladicte ville et cité ayant intencion de faire faire et porter robes blanches pour la venue de l'Empereur, notre seigneur, ainsy que naguères leur a esté remonstré et requis en la halle du conseil de ceste ville et aultrement, le dénoncbent et signifient à l'ung des jurez ou eschevins de sa paroisse en dedens demain le soir, affin que mesdicts sieurs les consaulx cognoissent la bonne vollonté desdicts manans, et du surplus y pourvoyent comme ils verront au cas appertenir.

(Extraits du registre aux ordonnances et publications de 1550 à 1555.)

Dépenses faites par la Ville.

A Pières Senoncq, conchierge de la halle du conseil de la ville, pour certain disner fait en ladite halle par mess^rs les chiefz, conseilliers et aultres officiers, le xxviiie jour du mois de novembre, a esté payé . . . . vi l.

A Pières Lamant, pour xxiiii lots de vin qui, ledict jour, furent présentez à mons^r de Palerne, chancellier de Brabant, estant en ceste ville avecq l'Empereur, nostre seigneur, au pris de huyt gros le lot et six gros aux porteurs. Sont . . . . ix l. xviii s.

A Franche Duploich, pour xvi lots de vin qui, le xxixe jour dudit mois, furent présentez à mons^r l'audieneyer, audit pris, et iiii gros aux porteurs. Sont . . . . . vi l. xii s.

Audit Franche Duploich, pour xvi lots qui, le iiiie jour de décembre, furent présentez à mons^r des Marès, conseillier de l'Empereur, nostre seigneur, et aultres; xvi lots de vin à mons^r le procureur général de Flandres, audict pris de viii gros le lot, et viii gros aux porteurs. Sont . . . . xiii l. iiii s.

A maistre Michiel Clément, premier greffier de la ville, pour soy estre transporté en la ville de Brouxelles et, en ensuivant les lettres de l'Empereur, qui estoit délibéré tenir son chappitre du Thoison d'or et sa première venue en ceste ville, porté audict seigneur, ou nom de ladicte ville, lettres de remerchiment, et aultrement sçavoir comment l'on se debvoit régler sur ceste affaire : en quoy faisant, il a vacqué l'espace de cincq journées, au pris de lxviii s. pour lui et son serviteur. Sont xvii l. tourn. Item, pour soy estre derechief, depuis le partement dudict seigneur Empereur, transporté audict lieu de Brouxelles, pour poursiévyr l'expédition des requestes à lui présentées par ladicte ville et aultres affaires d'icelle : en quoy il a vacquié xiii journées, au dessusdict pris. Sont . . . . xliii l. iiii s.

---

[1] *Carton*, charretier.
[2] *Esclenne*, charrette.
[3] *Tynnes*, tines, vaisseaux de bois.

APPENDICES.

A Jehan Pourier, messagier de la ville, pour avoir esté à coure-le-cheval par-devers les gens de l'Empereur, nostre seigneur, pour sçavoir l'heure qu'il fera son entrée en ceste ville, adfin de aller au devant et le recevoir, ainsy qu'il estoit ordonné, payé xxv s. vi d.; et à Jacques de Hornoy, aussy messagier de ladicte ville, pour avoir fait l'assemblée tant ledict jour, par ung aultre costé que avoit fait ledict Pourier, que le lendemain, pour la venue de la Royne, payé li s. Sont ensemble . . . . LXXVI s. VI d.

Aux xvi sergens bastonniers de la ville, pour et en advancement des parures et enseignes qu'ilz ont fait faire et mectre sur les palletos dont ilz estoient vestus à la venue et entrée de l'Empereur, nostre seigneur, en ceste ville, a esté payé à chascun viii s. vi d., et à Jehan Desmarceler, dict Curé, pour semblable parure, aultres viii s. vi d. Sont ensemble vii l. iiii s. vi d.

Aux connestableries des rues Sainct-Martin, Paris et du circuyt du belfroy de ceste ville, qui sont trois connestableries ayans heu les plus belles allumeries de flambeaulx et lanternes et leurs maisons plus richement acoustrées de tappisseries et aultres paremens, à l'honneur et pour l'entrée de l'Empereur, nostre seigneur, a esté payé, en ensuyant la publication sur ce faicte aux bretesques de ladicte ville, à chascune connestablerie deux karolus d'or, vaillables. . . . . xii l.

A monsieur M⁰ Laurens du Blioul, seigneur du Sart, nagaires audiencier de l'Empereur, nostre seigneur, pour pluisieurs grans services par lui fais à cestedicte ville ès matières et affaires que ladicte ville a heues en l'année finie en febvrier xxxi¹, tant en expédition de lettres et mandemens comme de l'assistence et adresse qu'il a faite à la joyeuse entrée de l'Empereur, nostre seigneur, lui a esté donné et présenté, en rémunération desdicts services, la somme de xxxvi carolus d'or, vaillables . . . . LXXII l.

(Extraits du compte général de la ville commençant au 1ᵉʳ octobre 1531
et finissant au 30 septembre 1532, fol. 70 v°, 75, 76 v° et 77.)

XII

*Relation de l'entrée de Charles-Quint dans la ville de Messine :
20 octobre 1536 ².*

Le mercredi, qu'estoit le xxᵉ d'octobre, Sa Majesté passoit par le villaige de Saint-Alexins, distant de Messine xxiiii milles ; et de là jusques en la ville estoit une rue faicte de paysans bien accoustrés et armés d'acquebutes et halebardes sur leurs espaules ; et au semblable estoient avec eulx leurs femmes, le plus richement accoustrées, pour mieulx aorner ladicte rue:

¹ 1532, nouv. st.
² Communiqué par M. Messely, archiviste de la ville de Courtrai.

qu'estoit belle chose de veoir. Et le soir Sa Majesté vint loger à Saint-Placido, qu'est ung monastère des frères de l'ordre de Cisteaulx, près de Messine, à douze milles, où l'Empereur couchoit ceste nuyt. Et le lendemain, qu'estoit jeudi, ayant Sa Majesté ouy messe et desjuné, se sont venuz présenter à icelle quatre cens jeunes gentilshommes richement accoustrés avec colletz et corsetz de brocade et de velours et de damas cramoisi et d'aultres couleurs, lesquelz tous en belle ordre accompagnarent Sa Majesté; et la première et la dernière bende portoit acquebutes, et la bende du millieu, prochaine à l'enseigne, avoit des hallebardes, et estoient tous accoustrez de très-belles chaynes et médailles d'or. Et ainsy Sa Majesté chevauchoit et approchoit la cité par le chemin qu'on dit *Dromo* ou *Dormark*, auquel avoit, ung peu long l'ung de l'autre, trois arcs triumphaulx: le premier estoit de hedra [1], le second d'oliviers et le troizième de lauriers, faictz par mains de paysans en signe de concorde, paix et victoire.

Cependant la cité donnoit ordre à faire tout ce qu'il est possible à la réception d'ung tel grant seigneur. Le crieur ou trompette publicque alloit criant par les rues annunciant la venue de Sa Majesté, commandant que ung chascun se mist à cheval pour le venir accompaigner. L'arcevesque de la cité avec son accoustrement et mithre pontifical sortit de l'église cathédrale, accompaigné de douze chanoynes mittrés. Le archimandrita avec son abbe [2], orné et mittré, et tout le clergié alloit en bel ordre, et semblablement les religieulx, assavoir les prescheurs, frères mineurs, carmes, augustins et minimes. Le prothopape avec son clergié grec sortoit en longue procession, et tous les autres par la porte de Sainct-Anthoine, faisant ung circuit par la plaine de Saincte-Croix, actendoient Sa Majesté. Laquelle aprouchant la fontaine du Sainct-Esperit, l'artillerie, qu'estoit au lieu appellé Pignatari, tiroit ung grand nombre de cops; depuis tiroient cent petites pièces de champs qu'estoient mis sur la muraille de Saincte-Croix, et après tirarent xxxv canons qui estoient emprès le monastère de Sainct-Benoist. Ledict archevesque avec ses chanoynes et clergié estoit audict circuit, et ledict archimandrita aussi, tenant en ses mains la croix.

Et lors l'Empereur, avec grant joye et cry du peuple, vint avant et osta son chappeau, tirant vers ladicte croix, et la baisa en grant révérence. Depuis vueillant Sa Majesté remonter à cheval, luy fut présenté par six jeunes nobles hommes envoyez de par ladicte cité et accoustrez de satin blanc ung très-beau et bien choisi cheval gris potmuellé [3], sellé d'une selle riche, garnye de brocade et richamure [4] de perles, et le frain, estriers et tous les autres accoustremens estoient d'argent, et estoit couvert ledict cheval de toille d'argent; et icelle couverte ostée, l'Empereur monta dessus, et on luy mist à ses piedz une paire d'esperons d'or massif fort bien faitz. Les seigneurs jurez de la cité, accoustrez de robbes de velours cramoisi figuré avec sayons de satin cramoisi et pourpoints de brocade, estoient en bel ordre, tenant avec six bastons dorez un riche pail [5] de brocade doublé de satin cramoisi. Le conte de Condo-

---

[1] *Hedra*, lierre, de l'italien *edra*.
[2] *Abbe*, probablement *aube*.
[3] *Potmuellé*, pommelé.
[4] *Richamure*, broderie.
[5] *Pail*, poêle, dais.

rani, gouverneur de ladicte cité, vestu de brocade, richement ricamassé, avec ung sayon de toille d'argent, s'est mis avec l'ung desdicts jurez emprès les estriers de Sa Majesté, laquelle, conduicte dessoubz ledict pail, chevauchoit devers la porte de ladicte cité environ l'heure de nonne. La procession des prélatz cheminoit devant devers l'église cathédralle.

Emprès la muraille de la cité estoit faict ung très-riche et sumptueulx arc triumphal, lequel avoit neuff coulonnes d'une part et neuff de l'autre, avec le bas et le dessus faict d'or, couvert en partie de satin cramoisi, partie de satin jaulne et partie de satin blanc, selon l'emprinse ou divise de Sa Majesté et de ladicte cité. Ledict arc triumphal et tout le ciel sur les coulonnes estoit semblablement couvert de satin selon ladicte divise. Sur ledict arc triumphal estoient deux Victoires avec esles, lesquelles avec l'une des mains tenoient palmes, et de l'autre main ung triumphant escu avec ung aigle impérial et avec la divise du royaume, et sur ledict aigle une couronne impérialle. Sur les extrémitez du coing estoient deux escuz avec armes de ladicte cité tenues par deux enffans nudz ayant esles, et aux lisses estans sur lesdictes coulonnes estoit escript ceste prose d'ung cousté et d'autre en lettres d'or :

> Le sénat et peuple de Messine présente à l'empereur César Charles, victorieulx, auguste et conservateur de la chrestienté, pour l'Affricque dévaincue.

La procession alloit devers l'église cathédralle, et la suyvoit ung chariot triumphal avec certains bastons et signes triumpheaulx dorez : sur lequel chariot estoient les quatre Vertus cardinalles et deux roues qui tournoient mises droict, avec quatre petis enfans pour l'une des roues ; et en l'une estoit painct ung chariot d'or, et en l'autre ung dragon avec la grande ourse et la petite, d'or, sur lesquelz estoient quatre anges avec esles, et sur lesdicts anges estoit ung monde environné de sept petis enfans avec esles, lesquelz ensemble tournoient par grande industrie avec ledict monde, sur lequel estoit l'Empereur armé en blanc, avec manteau et couronne impérialle, tenant en sa main une Victoire. Ung autre petit chariot estoit porté de six Moires [1], et sur ledict chariot estoit ung petit autel triangulaire, et là-dessus y avoit des signes triumpheaulx, asçavoir : ung corset à l'anticque avec son ermet ou heaume, arc et escu. Au premier cartier dudict chariot estoient escriptz ces deux vers en lettres d'or :

> Par toy paix règne, la déesse Astrea visite les terres.
> O père du pays, mectes à Jupiter deux signes de victoire.

Et dessoubz lesdicts vers estoit painct une branche d'olivier et une espée, et au dernier front dudict chariot estoient escriptz ces deux vers en la mesme forme que les premiers :

> Rome la heureuse à extainct Cadenant, Byrsam ou Barbarie [2],
> Laquelle porte maintenant le gourreau [3] de César invincible.

Et dessoubz estoit painct une charrue près le bas triangulaire desdicts signes triumphaulx avec ceste prose :

> Le divin Charles empereur adresse le triumphe l'Affricque vaincue.

[1] *Moires*, Mores (?).
[2] Il faut probablement lire : « *Cadmeiam ou Byrsam en* Barbarie. » *Cadmeia* et *Byrsa* étaient des noms donnés à Carthage.
[3] *Gourreau, goriau*, collier des chevaux de trait.

Ce petit chariot et l'autre grant furent menez en la plaine de l'église cathédralle, où ilz se tindrent actendant Sa Majesté, laquelle avec l'ordre devant dict dressa son chemin vers la plaine de Sainct-Jehan, prioré dudict Messine, torpiant ¹ par ladicte cité. La belle et longue fontaine de marbre en ladicte plaine estoit toute plaine, et à l'extrémité d'icelle en ung coing estoit une sereyne ², et de l'autre ung dauphin avec ung Arion sur son dos qui sonnoit une violle ou lyre, et le dauphin gectoit eaue de son nez; et l'autre fontaine estoit pure de marbre, mais toute ronde, à la similitude de la place de Sainct-Pierre, et toute plaine d'eaue, ayant certains lyons qui gectoient eaue de leurs bouches. Et au sommet de ladicte fontaine estoit la cité de Messine, faicte en forme d'une dame qui tenoit l'escu avec les armes royales couronnées devant la poitrine. Et soubz ladicte dame se lisoient ces parolles gravées en marbre :

> Le sénat et le peuple romain, ayant dévaincu Hérione ³, m'ont faict chief de Cécille, et exaulsé de tiltre
> de noblesse et fait joyr de la puissance romaine.

L'Empereur estant en l'église cathédralle, le monde se fermoit et la roue du grant chariot tornoit, donnant signes de joye et esjoyssement; le petit chariot avec ses signes triumphaulx s'est mis emprès la porte de ladicte église, sur laquelle porte estoit apresté ung ciel artificiel avec certaines nuées et estoilles d'or, dont descendoient vingt-quatre anges avec esles et bien accoustrez, lesquelz estoient départis de quatre en quatre, et descendoient tant que le dernier quaternion vint emprès les signes triumphaulx, qui print. Et ce faict, tous lesdicts anges, emportant lesdicts signes triumphaulx par merveilleuse industrie et avec doulce mélodie de musicque, en la louange de Sa Majesté, retournoient au ciel. Et sur ce point l'Empereur entra en l'église jusques au grant autel, sur lequel estoit posé le sainct sacrement, et se mist à genoulx sur ung tapis ou contrepoincte où estoient deux coussins de toille d'argent, et fist son oraison, et icelle faicte, l'arcevesque luy donna la bénédiction, et s'en alla remonter à cheval tirant au mesme ordre vers le palais.

Mais il ne me fault oblier que, ès deux coustez de la porte de ladicte église, sur deux coulonnes, estoient deux très-anchiennes testes faictes de marbre, lesquelles pour anchienneté estoient en partie mengées; l'une estoit de Scipion l'Affricain et l'autre de Hanibal. Celle de Scipion avoit dessus luy deux vers disans :

> O Romains, faictes place et ma gloire le face aussi,
> Car le puissant capitaine de guerre domptera brief toutes fiertez.

Hanibal, faisant semblant soy esmerveiller, dit, en demandant, ces deux vers :

> Quelle puissance de capitaine et quelle tant subite pitié
> A oster les royaumes aux miens et donner à son plaisir ?

Devant l'entrée du palais avoit ung très-beau arc triumphal qui sembloit estre tout massiz

---

¹ *Torpiant.* Nous ne trouvons ce mot ni dans Roquefort ni dans Hécart, *Dictionnaire rouchi.* Le dernier donne *torpie*, toupie.

² *Sereyne*, sirène.

³ Probablement pour *Hiéron*, roi de Syracuse.

de marbre blanc, avec deux coulonnes de l'ung cousté et deux de l'autre; et au millieu relevé sur ledict arc estoient deux anges qui tenoient ung escripteau avec ceste prose :

> Au divin Charles, auguste vaincueur.

Sur ledict arc, en ung champ carré, estoit escript ceste prose en lettres anticques :

> Le sénat et le peuple de Messine présentent à l'empereur César Charles, vaincueur invincible, nepveur du divin Maximilian Auguste, père du pays, très-bon et très-fort prince, cest arc triumphal, pour avoir restitué et remis la paix et augmenté l'Empire, après avoir subjugué l'Affricque, et avec une merveilleuse célérité oppressé et mis en fuyte le Turcq.

Au bas, à la main droicte, estoient escriptz six vers en lettres d'or disans :

> Docteurs de Rome, faictes place, et vous, Grecs, aussi, car je ne sçay plus grant capitaine au monde. La proye et butin est aux autres, et le grant et ardue labeur croit en Charles : pour quoy l'Empereur César ne désire seulement vaincre pour soy, mais pour ses compaignons, il a démis capitaines et aussi mis d'autres. Et à grant peyne soubstient il cestuy-là et exaulse celluy-cy, et donne règnes, royaumes.

Au bas, à la main senestre, estoient escriptz aultres six vers en lettres d'or disans :

> Ce n'est moindre gloire de garder ces capitaines que vaincre roys, et vous, César, faictes les deux : vous vaincquez les vaincqueurs et laissez sourdre les vaincuz, et faictes plusieurs diverses gestes et euvres. En peu de temps vous avez vaincu les Turcqs, vous avez donné (*sic*) aux barbares les royaumes, et osté aux Céciliens et Italiens toute peur.

Au front dudict arc qui regardoit devers le palais estoit escript ceste prose :

> Au fondateur de repoz.

> Pour la mémoire des choses prospèrement faictes en Affricque par le divin Charles, vaincueur et empereur auguste, conservateur de la chose publicque de la chrestienneté, ceulx de Messine luy ont mis, aux frais publicques et communs, cest arc triumphal.

Au bas dudict front dudict arc, à la main droicte, estoient escriptz six vers de lettres d'or de la substance que s'ensuyt :

> Austant de noms de vaincueurs que la partie de la terre donne en soy, austant en donnera-t-elle à Charles. Lors la foy et la justice estoient absens, mais maintenant le sceptre de César les tient tous deux, et les a tousjours Sa Majesté à cueur. Les ennemis bastus, le cours des estoilles et tout le ciel luy donnent nom Affricain, car César Karolus est divin et Libien ou Affricien.

Au bas du cousté senestre estoient escriptz six vers en lettres d'or disans en substance :

> L'espoir du butin fait les autres aller à la guerre, mais la seulle amour de nostre religion vous y maine. Pour quoy persévérez en chemin encommancé, car vous tuerez les ennemis de Crist. Les autres villes où vous allez vous recepvront bien plus richement; mais il n'en aura nulle qui vous reçoipve plus joyeusement.

Et ayant passé Sa Majesté cedict arc triumphal, entra au palais, et le pail de brocade soubz lequel Sa Majesté estoit venue estoit sacagé.

Tous les officiers de ladicte cité estoient tant richement accoustrez que l'on ne le sçauroit exprimer, entre lesquelz celluy qui fait les crys et publications avoit ung manteau de brocade; les trompettes avoyent sayons de damas cramoisi; tous les citadins et bourgeois estoient richement accoustrez de velours, damas et satin, dès le grant jusques au petit.

Le dimenche ensuivant au matin, Sa Majesté alloit à la messe en l'église cathédralle, laquelle estoit richement aornée, et chantoit la messe l'arcevesque en son pontifical. En la nef de ladicte église estoit faict en l'air bien exquisement la cité de Constantinople, fort bien faicte, laquelle avoit au rocq ung estandard desployé avec les armes du Turcq. Et quant l'évangille estoit finy, vint ingénieusement et industriement, volant en l'air, ung aigle plain d'esclistres[1] et feuz artificielz sur ladicte cité, et geeta plusieurs feuz et grégois. Et cependant le feu artificiel et grégois que on avoit mis dedans ladicte cité faisoit aussi son debvoir; et au mesme temps que l'aigle faisoit la fin, y avoit si grande escarmouche et bruyt de feuz grégois qui tiroient bien deux mil cops, qui sembloit vrayement que ce fust une basterie, qui dura bonne pièce[2], pour ce que les feuz estoient bien tempérez, et chascun cop faisoit plus grant bruyt que une acquebute. Et estant près de la fin de ladicte basterie, l'estandart qu'estoit en la roche ou chasteau avec les armes du Turcq se inclinoit en bas et pendoit. Et au millieu de ladicte cité s'apparut une grande et haulte croix que n'avoit esté veue par avant, qu'estoit chose fort ingénieuse et belle à veoir.

Et au mesme jour la cité de Messine présentoit à Sa Majesté, dedans deulx platz, dix mil escuz d'or.

(Copie du temps, aux Archives de la ville de Courtrai.)

[1] *Esclistres*, *éclitres*, éclairs.
[2] *Bonne pièce*, bon espace de temps.

XIII

*Relation de l'entrée de Charles-Quint dans la ville de Naples :
25 novembre 1535* [1].

L'Entrée de l'Empereur en la Cité de Naples, avecques les Arcs triumphantz y faictz et leurs Escripteaulx.

Sur la porte de Capua par dehors estoient deux grandes statues : l'une estoit la sereyne Parténope, ayant la face d'une pucelle, et la reste estoit ung oyseaul et tenoit une lyre ou violle dont elle sonnoit ou disoit ce que s'ensuyt :

O nostre très-fidèle espoir, vostre venue est bien désirée.

L'autre statue est ung Sebeltho [2], dieu de fluves et rivières, lequel s'est incliné en signe de révérence, ayant l'une de ses mains sur unes armes, et avecques l'autre main tient-il lesdictes armes au millieu par dehors avec cest escript :

Maintenant me cédera et fera place par droict Jordanus, le Nil et l'Indien.

Sur la porte estoient sainctz Anellus et Januarius, patrons ou dieux protecteurs, qui recommandoient la cité à l'Empereur, avecques ung escript disant :

O béning César, très-bon Charles, nous vous requirons que ceste ville que nous protégons, totallement dédiée à Vostre Majesté, après avoir augmenté vostre empire, vueillez favorizer de vostre clémente ayde en grandeur et la gouverner en équité.

Puis sur lesdicts sainctz, ou millieu, estoient les armes de Sa Majesté, et de chascun costé les bastons avec les fuzis.

Dedans la ville, en la rue de Capua, estoient deux autres statues : l'une estoit Jupiter nud jusques au millieu du corps et vestu de la reste de sondict corps ; et estoit assis, ayant un aygle après de luy à ses pieds, et en l'une de ses mains ung sceptre, et en l'autre tenoit ung escliptre [3], avec lettres disans :

Il me souffit du ciel, et les esclistres soient à toy.

L'autre statue estoit une Minerve couronnée de branches d'oliviers et une salade à la teste

---

[1] Communiqué par M. Mussely, archiviste de la ville de Courtrai.
[2] Il faut probablement lire *Sebetos* ou *Sebetus*, nom d'un fleuve de la Campanie.
[3] *Escliptre* paraît être ici pour *esclistre*, éclair.

avec une lance en la main et ung escu devant la poictrine où estoit dépainct la teste de Méduse, et en l'autre main tenoit un livre avec lettres disans :

    Soit paix ou guerre que vous portés.

 Puis allant avant jusques devant l'église de Sainct-Laurent, se trouvoit une aultre statue, qu'est une Victoire, large et couronnée de branches de lauriers, tenant en la main une couronne de feuilles de chesnes pour les prisonniers réservez, et en l'autre main une palme avec lettres disans :

    Je promelz aux gens toutes choses dignes à tes commancemens.

 L'autre statue, pour ce qu'elle n'estoit parachevée, ne la descriptz, mais metteray seullement les lettres y estans, disans :

    Icy est ma certaine maison et m'est l'autel de Dieu seur.

 En la rue de la Montaigne estoient deux statues : l'une estoit Athlas, qui soustenoit le ciel, avec lettres disans :

    Les fardeaulx de voz louenges sont plus grans.

 L'autre statue estoit Hercules, couronné de feuilles de popelies [1], et tient les coulonnes sur ses espaulles, qu'est l'emprinse de César, avec lettres disans :

    Hors des voyes de l'an et du souleil.

 Emprès la rue Dundo estoit ung Mars nud, qui avoit osté ses armes et mis sur ung escu, lequel il présentoit à l'Empereur; auquel y avoit lectres disans :

    O Mars ! que puissez icy revenir chargé de butins d'Orient !

 De l'autre cousté estoit une Fâme avec des esles, toute plaine des yeulx, de langues et de oreilles et de bouches, ayant en sa main ung cornet à l'anticque, comme se elle vouloit mettre en sa bouche pour le sonner, avec lettres disans :

    Il n'y a riens plus oultre où il doit aller.

 En la place de la Sellaria estoient les géans qui avoient mis les mons de Péléon, Ossa et Olympo l'ung sur l'autre, pour monter ès cieulx et sacager Jupiter en son trosne, lesquelz sont esté fulminez et esclistrez quant Sa Majesté passa par ladicte rue; et y estoit escript en lettres :

    Ainsy puisse estre par vous ruiné la gent ennemie.

 Puis, à la rue de la Porte Neufve, estoit Janus avec deux visaiges, ayant en l'une des mains

---

[1] *Popelies*, peupliers (?).

APPENDICES.

des clefz, et en l'autre ung baston sur lequel il s'apuioit, et sa statue venoit jusques à la terre, ayant ung escripteau disant :

Et l'une et l'autre est en vos mains.

De l'autre cousté estoit une Fureur lyée avec des chaynes sur ung monceau d'armes, toute couronnée, escumant en la bouche, avec lettres disans :

A qui des hommes ayt esté permise si grande puissance ?

En la rue du port estoit Neptunus avec une ancre en sa main, et avec l'autre main tenoit une molle [1] de mer avec lettres :

Je ne seray nulle part absent, et vous mettrey tousjours seurement au port.

De l'autre cousté y avoit une Fortune avec esles taillées et ung serpent en forme de cercle et au millieu une coronne en une main, faisant semblant de la donner à Sa Majesté pour la seigneurie de tout le monde, et ladicte Fortune estoit sur deux pilliers où il avoit ung escripteau disant :

La Fortune ne pense pas estre cela assés.

L'arc triumphal qu'estoit ou Pin, à l'entrée de la porte de Capua, estoit mis par bel ordre, et estoit hault de cinequante paulmes, long de quatre-vingt et dix, large de cent paulmes; et ou cousté devers la porte estoient huit coulonnes sur quatre pilliers fuschez [2] en terre, asscavoir que chascun desdicts pilliers tenoit deux coulonnes.

En la première coulonne y avoit plusieurs instrumens dont l'on use sur la mer, qui furent bruslés, comme sont rimes [3], mastz, gouvernaulx [4] et ancres et aussi chasteaux de gallères, avecques lettres disans :

C'est de la ruine d'Affrique.

En la seconde coulonne estoit une Affricque vaincue, plaine de tristesse; et après estoit la fumée bragante [5] avec la corne rompue, sans couronne en teste; et monstroit par lettres sa tristesse, disans :

Le vaincueur a cecy pour soulas.

A la troisiesme estoient aucunes brebis et moutons blancs couronnés et chainets d'ung ruban au millieu de leurs corps, devant ung autel où estoient escripts ces motz :

Au revenu, aux ventz et à la fortune.

A la quatriesme coulonne estoient les armes d'Affrique, assavoir : arcs, tretz, estuys, qui furent tous bruslez; et y avoit des lettres en escript :

A ceste heure sourdra gent dorée au monde.

[1] *Une molle*, un môle.
[2] *Fuschez*, fichés.
[3] *Rimes*, rames.
[4] *Gouvernaulx*, gouvernails.
[5] *Sic*.

Sur le plat de ladicte couronne, au plus hault dudict arc triumphal, estoient quatre statues. L'une estoit Scipion l'Affricain avec lettres disans :

Affricque est le plus couvenable nom.

La seconde estoit Hanibal de Carthaige avec lettres disans :

Nul prince a esté plus grant au monde que vous.

La troisiesme estoit Alexandre le Grant de Macédoine avec lettres :

La montaigne d'Olympus passe les petites montaignes de la cincquiesme partie.

La quatriesme estoit Julius César avec lettres disans :

Vous estes le plus grant espoir de nostre Rome.

Puis après, à tous ces quatre en bas ensemble, estoit ung vers qui disoit :

Vous estes l'honneur et gloire de nostre monde.

Aux cincq cartiers qui estoient sur la porte dudict arc triumphal en carrure estoit l'emprinse de la Goulette, l'arrivée de Sa Majesté, son désembarcquer, camper en Affricque et la prinse de ladicte Goulette; et ès deux autres coings estoit la fuyte de Barberousse et la prinse de Thunes.

Au cartier qui estoit au millieu sur la porte dudict arc triumphal et estoit le plus grant, y avoit la dédication dudict arc triumphal avec ces parolles :

> A l'empereur César Charles, auguste, triumphant, très-prospère, après avoir mis en fuyte par mer et par terre le capitaine général du Turcq et avoir mis Affricque à tribut, et avoir délivré vingt mille prisonniers et nettoyé la mer de tous pirates, l'ordre et le peuple de Naples présentent cest arc triumphal.

De l'autre cousté de l'arc triumphal, regardant la cité, estoient semblablement huyt coulonnes.

Et au bas de la première y avoit lances, hallebardes, toutes enveloppées de feuilles de laurier avec lettres disans :

Toutes choses se doibvent resjoyr.

A la seconde coulonne estoit une teste de lion avec les yeulx ouvers, et tenoit ung escu avec lettres disans :

Qui craindra les Tartaires ou ceulx de Parthe.

En la troisiesme coulonne y avoit ung sacrifice que se faisoit à la montaigne de Vulcanus, avec lettres disans :

Ilz promectent plus grans chose que le passé.

En la quatriesme coulonne estoient plusieurs escripteaulx qui disoient :

En quelque lieu que l'on voudra.

Puis, sur le hault du mesme cousté qu'estoient les autres coulonnes, y avoit quatre statues des empereurs de la maison d'Austrice.

La première estoit Sigismond avec lettres disans :

> Le dernier espoir de nostre lignée.

La seconde estoit Albertus avec lettres disans :

> Il aura plus d'honneur que les plus grans.

La troisiesme estoit Frédérick avec lettres disans :

> Il exhausera noz nepveurs jusques aux estoilles.

La quatriesme estoit Maximiliaen avec lettres disans :

> Achille, vous vaincquez ainsi Pelea.

Puis après y avoit ung vers pour tous les quatre, qui disoit :

> Il est convenable que la fàme et renommée de l'Empire tiengne ceste maison.

És cincq cartiers qu'estoient sur la porte, au millieu, y avoit une fiolle, le Nil, ung cocodrillus et ung cheval fluvial avec certaines petites enfans et lettres disans :

> Ce sont œuvres de voz prédécesseurs.

Après avoit ung Thimoteus avec le nez dedans la mer, où entrarent citez et règnes, avec lettres disans :

> Tous règnes soient plus petis que voz mérites.

Au neufiesme y avoit ung aigle sur ung monde avec lettres disans :

> Vous ne povez départir le monde, mais vous le povez bien avoir seul.

Au dixiesme estoit le temple d'honneur, plain de lettres disans :

> Le premier vous çaindra la teste de palmes ydumédées.

Au unziesme et dernier cartier estoient deniers sparsez [1] par le monde entre lieux aspres, mauvais et où l'on ne povoit avoir accès, avec lettres disans :

> C'est le premier et le dernier du monde.

De l'autre cousté, au large dudict arc triumphal, au premier cartier estoit le capricorne célestial, plain d'estoilles, èsquelles estoient ces lettres :

> Vous tiendrez maintenant le tout de droit.

[1] *Sparsez*, epars.

Au deuxiesme estoit ung mouton tout doré avec plusieurs autres brebis, moutons et autres bestes qui pessoient en ung prel plusieurs sortes de fleurs, avec lettres disans :

Toute terre produit tout.

Au troiziesme estoit ung aigle lequel avec son pied fulminoit et esclistroit, et avec son autre pied tenoit deux autres esclistres, avec lettres disans :

Il frappe devant que l'on voit la flambe.

Au quatriesme estoit la nef de Argo plaine d'estoilles, avec lettres disans :

Vécy l'autre navire de Argo qui mènera les nobles.

Au cincquiesme avoit deux coulonnes : en l'une estoient nuées, et en l'autre feuz, avec lettres disans :

La mer et la terre luy sont partout ouvertes.

Au sixiesme estoit la bataille de l'aigle avec Raison, avec lettres disans :

Vous l'avez vaincu et le voyés, comme vaincu, vous tendre les mains.

Au septiesme estoient les livres de Luther qu'on brusloit sur ung autel, avec lettres disans :

Il a commandé abolir tous les munimens du mauvais homme.

Au huitiesme un cocodril et arbres d'Indes qui sont toujours croissans, avec lettres disans :

Vostre gloire n'a receu nul fin ou limites.

Au neufiesme ung parc, avec une lettre qui sortoit de une nuée, avec lettres disans :

Je luy ay donné empire et domination sans fin.

Au dixiesme estoient certaines couronnes aornées de jaspis, avec lettres disans :

Regardez combien de puissances obsistent.

En l'onziesme estoient plusieurs capitaines avec signes de victoire et lettres disans :

Les signes de victoire labeurent au plus hault.

Sur la grande porte du millieu, tant du cousté qu'elle regarde la porte de Capua que devers la cité, estoient certaines Victoires ayans esles, et aussy sur les autres deux petites portes du mesme cousté avoit desdictes Victoires, aussi bien d'ung cousté comme de l'autre. Et au large de ladicte porte estoit une Victoire avec deux couronnes en ses mains, et d'ung cousté elle tenoit Honneur, vestu d'armes à l'anticque, couronné de feulles de laurier, ayant une palme en la main, et de l'autre cousté de ladicte Victoire estoit l'ymaige de l'Empereur avec ung sceptre en l'une de ses mains et en l'autre main le monde; et l'une et l'autre furent couronnez de ladicte Victoire avec lesdictes couronnes, et y avoit lettres disans :

En mes affaires n'aura nulle gloire sans vous.

Au deuxiesme estoit la Immortalité sur certains monceaulx de livres ouvers et armes, et estoit assise et tenoit dessoubz les pieds le Temps, et avoit en la main une branche de laurier, avec lettres disans :

Nulle viellesse aprend labeur.

Au troiziesme cartier y avoit tout plain de couronnes anticques, avec lettres disans :

Qu'elles soient respandues de plusieurs; mais elles doibvent en vous habonder toutes ensemble.

Au quatriesme avoit aucuns cameaulx [1] chargez de fardeaulx de lauriers et de palmes et couronnes, avec lettres disans :

La quantiesme part est cecy du triumphe?

Au cincquiesme estoit la Paix couronnée, ayant en sa main une cornucopia [2], avec certaines autres nymphes qui alloient cuillant fleurs en ung prel.

Au sixiesme estoit une Joye couronnée de fleurs, avec plusieurs nymphes qui chantoient.

Au septiesme estoit la Clémence, qui avoit plusieurs capitaines entour elle, et avoient gecté les armes deffensives à leurs piedz, et estoient armés seullement d'armes anticques sans salades, lesquelles estoient gectées en la terre avec leurs autres armes.

Le huictiesme estoit la Humanité recevant le roy de Thunes et les siens, tous accoustrez à la morisque, ausquelz elle faisoit plusieurs dons.

Au neufiesme estoit la Libéralité, laquelle de l'une des mains donnoit aux souldars or et deniers qu'elle prenoit dedans ung panier et d'ung anchien tonneau, et de l'autre main faisoit semblant vouloir prendre une chayne d'or de son col, pour la donner ausdicts souldars.

Au dixiesme estoit la Gloire avec signes triumpheaulx en sa main, et de l'autre main tenoit une palme, et d'ung cousté et d'autre plusieurs bastons et anchiens signes de victoire.

A l'autre cousté de ladicte estaige, dedans la porte du premier cartier, estoit Quintus Fabius Maximus avec la teste d'une dame avec esles, et deux serpens estans ès cheveulx de la teste de ladicte dame, laquelle estoit emprès les piedz dudict Fabius et représentoit la Prudence.

Au second estoit pour Justice Seleocho Lucreuse, qui se laissa crever ung œil et ung à son filz.

Au troiziesme estoit Clelia pour Fortitude, laquelle naigoit par le Tibre.

Au quatriesme estoit Cathon avec ung tonneau d'or soubz ses piedz, représentant la Témpérance.

---

[1] *Cameaulx*, chameaux.
[2] *Cornucopia*, corne d'abondance.

Au cincquiesme estoit la cité de Sagonthe, qui se brusloit avec ses richesses, bagues et joyeaulx, représentant la Foy.

Au sixiesme ung tonneau de Pandora ayant le fondz rompu, dont, comme il sembloit, sortoit l'Espérance.

Au septiesme Paulus Musa, qui tenoit entour luy plusieurs dames avec diverses robes et accoustremens, pour les donner aux souldars et à personnes afflictes et povres, représentant la Charité.

Au huitiesme estoit l'empereur César entrant au temple d'Hercules et, véant la statue du grant Alexandre, se complaignoit, avec lettres disans :

S'il eust veu les œuvres de nostre César, que eust-il dit ou comment se fust-il plainct ?

Au neufiesme estoit Alexandre, qui tenoit une salade [1] plaine d'eaue, laquelle il regardoit seullement sans la boire.

Au dixiesme et dernier estoit l'empereur César, passant dès Brondusio en Duraso sur la barcque de Amilca.

L'Empereur entra en Naples à xxi heures, dessoubz ung pail de drap d'or brouché, fort riche et le fond violet d'or traict, lequel pail estoit porté par divers gentilzhommes à pied de rue en rue, et estoit Sa Majesté vestu d'ung séon [2] de velours violet, sur ung cheval gris pommelé accoustré et garny de semblables accoustremens.

Premièrement précédoient Sa Majesté tous les frères et prebstres avec leurs croix.

Depuis suivoient gentilzhommes, barons, contes, marcquiz, ducz et princes et les sept esleuz de la cité avec robbes de velours cramoisi.

Après eulx venoit le prince Stigliano à la main droicte, et à la main senestre le prince de Sulmone.

Depuis venoit le duc de Castrovillare, prothonotaire du royaulme, le grant admiral de la mer, le seigneur Ascanius, conestable, tous en habitz ducaulx, avec robbes d'escarlatte et les bonnetz fourez comme bonnetz ducaulx.

Après venoit le prince de Salerne, vestu de velours, en sayon, à cheval, portant l'estendart, ayant entour luy vingt-cinq massiers.

Depuis estoit le vice-roy à la main dextre et le duc de Montealto à la senestre avec robbes de velours noir, et au millieu d'eulx estoit Pierre-Loys, filz du pape, en sayon de velours noir et chappeau de soye noirre et une chayne d'or entour le chappeau.

Derrière luy venoit le marquis del Guasto avec l'espée nue, vestu et accoustré de robe et bonnet comme les autres trois dessus escriptz, comme grant chambellan du royaulme; et estoit ledict marquis le plus prochain dudict pail de Sa Majesté, et derrière laquelle estoient les conseilliers et les premiers officiers du royaulme.

[1] *Sic.*
[2] *Séon, sayon,* habit court.

Et au dernier venoit la garde de Sa Majesté à cheval, et celle de pied, qui povoit estre de deux cens, alloit d'ung cousté et d'autre de la rue, emprès et du cousté de Sa Majesté.

Tous les gentilzhommes de sa court estoient accoustrez en habitz et sayons à chevaucher avec leurs chappeaulx et houseaulx; et pour la pragmaticque et ordonnance faicte audict royaulme, il n'y avoit que troys sayons faietz de ricamare d'or, et ceulx qui les pourtoient estoient de sa court.

Il y avoit, ung peu devant Sa Majesté, deulx chevaulx avec leurs costes d'armes.

(Copie du temps, aux Archives de la ville de Courtrai.)

XIV

*Relation de l'entrée et du séjour de Charles-Quint à Valenciennes :
21-24 janvier 1540* [1].

L'Ordre tenu a l'Entrée Joïeuse de l'Empereur avec les deux Princes le Daulphin et Duc d'Orléans, enfans du Roy de France, en la ville de Vallenchiennes.

Pour cause que touts historiographes, orateurs rhétoriciens, anciens et modernes, ont acoustumez mettre par escript toute nouvelle advenue en leurs temps digne de louenge et mémoire, adfin d'animer et bailler courage à la postérité et successeurs de procéder ou cheminer de mieulx en mieulx et d'ensuivir les vestiges ou marches de leurs progéniteurs en tout bien, m'at semblé convenable de rédiger par escript cestui petit codicille, contenant la manière de la triumphante et magnifique et célèbre entrée de très-hault, très-illustre et très-sacrée Majesté Impérialle, toujours auguste, Charles, cinquiesme de ce nom, ayant passé par le royaulme de France, retourné en ces Pays-Bas, qu'il fit en sa ville de Vallenchiennes, accompaigné de très-haults et excellents seigneurs messieurs le daulphin et duc d'Orléans, enfants de très-hault aussi, très-excellent et très-puissant prince François, premier de ce nom, roy de France très-chrestien : laquelle entrée se fist à l'heure de cinq heures après mydie, le vingt et uniesme de janvier, anno 1539, comme il s'ensieult.

Premièrement, environ trois heures après disnée, sortirent d'icelle ville de Vallenchiennes

---

[1] Extrait des *Antiquités de la ville de Valenciennes*, par Louis de la Fontaine, dit Wicart, Sr de Salmonsart, MS. n° 529 de la Bibliothèque de Valenciennes, t. III, p. 235; communiqué par M. Caffiaux, a.iviste de cette ville.
Les notes sont de M. Caffiaux.

jusques environ le nombre de III cens hommes à cheval, bien montés et fort en ordre, eschippez fort pompeusement et acoustrés en sayes et habillemens blans, le plus de velours, de satin, de damas, bordez, tant de saye que habillemens, de velours noir d'une paulme de large, chacune desdictes bordures avec enrichissemens de boutons, esghillons ou chaine d'or; ayant chacun bonet de velour noir et plumes blanches, avec force trompettes revestus de mesme, et pour aller au-devant dudict seigneur Empereur et desdicts seigneurs daulphin et duc d'Orléans, lesquels trois illustres princes retournoient de Cambray, en laquelle ville avoient esté rechupt très-magnifiquement et festoyez comme à leur seigneurye appartenoit.

Après environ une bonne demie-heure, issirent de ladicte ville de III à v cent jeunes compaignons accoustrés aussi tous de blanc, les uns plus richement que les aultres, comme dessus, ayant aussi bonet noir et plumes blanches; et touts iceulx estoient à pied, réservez le prince de la jeunesse, leur capitaine, nommé Jean du Joncquoy, lequel estoit à cheval, bien en poinct, pareillement acoustrés d'un sayon de satin blanc déciqueté, et la toile d'or bouffant, et les taillades reliées de grosses liaces d'or de Cipre; son cheval haussét et enharnacet de blanc velour, bordé de grosse frince de soye blanche. Et marçoient lesdicts compaignons trois à trois, en belle ordonnance, chascun un baston blanc sans fer en son poinct, en signe d'humilité et amitié, avec phipfres et tamburins, désignant par ce toute occasion de guerre et division estre sopie et mise au bas.

Incontinent après issit de ladicte ville, ayant phipfres et tamburins, aultres compaignons de joueurs d'espée à deux mains [1], tous acoustrez de noir, leurs espées nues sur leurs espaulles et marchant en très-belle ordre, deux à deux. Et y avoit ès trois compaignies prédictes, tant d'hommes mariez que jeunes filz, plusieurs nobles et riches bourgeois de ladicte ville, lesquels cheminèrent environ une heure, tant qu'ils rencontrèrent la Majesté Impérialle, accompaignée de mesdicts seigneurs de France, et eulx abordez au-devant de ladicte Majesté et seigneurs de France, firent la révérence comme à tel cas appartenoit. Puis ceulx de cheval planèrent et se mirent au front devant pour retourner et précéder ladicte Majesté et seigneurs de France à entrer en ladicte ville, et lesdicts piétons avec phipfres et tamburins demourèrent derrière, accompaignez desdicts joueurs d'espées samblablement. Et ainsi se mirent en ordre pour retourner en ladicte ville, et eulx approchant la porte, furent tirez tant de coups d'artillerie grosse et menue [2] que l'on ne uist pas ouy Dieu tonner, pour l'astour-

---

[1] Ces *compagnons* s'appelaient, au XIV° siècle, *compagnons jouans de l'espée et dou boukeler*. Ils allèrent, en 1380, à Mons, à la requête du duc Aubert, pour paraître dans une fête que donnait ce prince, et ils y remportèrent le prix. A Valenciennes ils avaient l'habitude d'offrir, chaque année, le jour des Quaresmaux, une grande représentation d'escrime, où ils tenaient tête à tout venant. Nous les voyons ici porter le nom de *compagnons de l'épée à deux mains*, qu'ils quittent au XVII° siècle pour celui de *joueurs d'armes*. Au XVIII° siècle ils sont devenus *les gladiateurs* et forment un des serments de la ville. Ils étaient tout particulièrement chargés de *tenir salle* et d'*instruire la jeunesse*, pour me servir de la formule usitée dans les comptes de Valenciennes. La précaution n'était pas inutile, si l'on tient compte des querelles qui, dans une place de guerre, sont plus ou moins fréquentes entre la garnison et les bourgeois. (Voir *Commencements de la régence d'Aubert de Bavière*, par H. CAFFIAUX, p. 64.)

[2] La ville de Valenciennes eut, de bonne heure, une artillerie fort respectable et des équipages de guerre que, au dire de nos chroniqueurs, ses souverains ne dédaignèrent pas de lui emprunter à l'occasion. Ce qui

dissement d'icelle. Et entrèrent ces quatre à cinc centz hommes à cheval premiers en ladicte ville avec leur coronel et capitaine nommet Michel Harlin [1], lequel estoit bien richement vestu de toille d'argent et son cheval enharnachet de satin blanc, bordez de fines fringes de soye blanche et ses deux paiges du mesme, asçavoir de sayons de damas blanc bendé de velour noir et portants chacun ung petit penon de taftas blanc. Après suivoient plusieurs gentilshommes franchois et bourguignons acoustrez très-richement et gorgiasement de drapz et de velours, avec force passements d'or et gros bouttons, tellement que c'estoit plaisir de veoir leurs bravetez et gallantise et les richesses quy estoient authours d'eux.

Or est-il que quand Sadicte Majesté Impérialle approcha auprès de la banlieue avec mesdicts seigneurs les daulphin et duc d'Orléans, trouvèrent grand nombre de bannys [2], ausquels mondict seigneur le daulphin rendyt le pays, au nom de l'Empereur.

Après vindrent enssamble ladicte Majesté au millieu desdicts seigneurs le daulphin et le duc d'Orléans, jusques qu'ilz approcèrent assez près de la porte Cambrisienne, où trouvèrent messeigneurs le prévost, jurés et eschevins, conseillers et nobles bourgeois, accompaignez de leurs mayeur, pensionnaires, conseillers, greffiers, hirault nommé Francqueyye, ayant vestu la coste d'armes de ladicte ville, asçavoir de satin cramoisy, rouge, à ung lion de fin or, armet et lampaset d'azur, sergents bastonniers et aultres officiers et sergeantz ordinaires, avec plusieurs marchants et aultres de divers estatz, en très-bel ordre et gravité, estans

semble positif, c'est qu'elle eut des premières, si non la première, entre les villes du Nord, une artillerie de campagne, notamment dans l'expédition faite par ses bourgeois vers Enghien, en 1367, pour porter secours au duc Aubert dans sa guerre avec le comte de Liches. (Voir CAFFIAUX, *Nicole de Dury,* pp. 61 et 103.) Le *Veau noir,* MS. n° 535 de la Bibliothèque de Valenciennes, contient une pièce qui établit, d'une manière positive, à la date du 30 novembre 1382, l'organisation officielle d'une compagnie d'artilleurs proprement dits à Valenciennes (*Chartre accordée as compaignons jeueurs des trobus et des bombardes*), et les comptes de la ville prouvent qu'elle avait des canons et des canonniers avant cette époque. (Voir CAFFIAUX, *Abatis de maisons à Gommegnies, Crespin et Saint-Saulve*.)

[1] Michel Herlin joua plus tard un grand rôle à Valenciennes durant le siège qu'en fit de Noircarmes pendant la guerre des Gueux : il y commandait en chef. Tombé aux mains du vainqueur, il chercha à éviter l'échafaud en se frappant de six coups de couteau dont aucun ne fut mortel; condamné à avoir la tête tranchée, il fut porté dans un fauteuil sur l'échafaud, où le bourreau le décapita d'un seul coup. Son fils, qui avait fait partie du consistoire valenciennois, marcha au supplice en chantant les psaumes de Marot.

[2] L'asile que Valenciennes ouvrait aux fugitifs de tous les pays attirait dans ses murs une foule d'hommes sur lesquels il était bon d'avoir toujours l'œil et la main. Aussi, toutes les fois que les bourgeois en corps devaient sortir de leurs murailles, emmenaient-ils avec eux les bannis, dont la plupart étaient des homicides. C'est donc moins pour leur faire obtenir leur grâce que pour les mieux surveiller qu'on les amène ici aux limites de la banlieue. Voici un ban du magistrat qui révèle les motifs réels de cette mesure, qui fut prise à toutes les époques : « Encore est bans fais et dis par jugement que tout li homicide qui ont pris la franchise
« de ceste ville et tout austre qui se wardent en le ville, quel qu'il soient, s'il ne sont d'aucune banière de
« leur mestier, et généralement tout chil qui ne sont ordenet en aucune banière de mestier, ne soient tel ne
« si hardit qui demeurechent adonc en le ville, ainschois yront et leur enjoint-on que il voisent avecq et
« desous la banière dou roy des ribauds et ne s'en parchent, alant ne venant ; et c'est à tous les homecides
« et à tous chiaux qui se wardent en le ville sur les tiestes et à tous aultres, sur yestre contre le dict des jurés
« et amender en le boucke des jurés. Et c'est dit par jugement. » (Voir CAFFIAUX, *Abatis de maisons*, etc.)

semblablement partis de ladicte ville, pour aller au-devant de Sadicte Majesté et de mesdicts seigneurs daulphin et duc d'Orléans, lesdicts sergeantz ordinaires accoustrez et bigaretz des couleurs de Sadicte Majesté, avec bonetz rouges et plumes blanches. Et estoient lesdicts eschevins vestus de leurs robes des escevinaiges bien riches et aornées de grandes bendes de velours noir avec fringes blancs. Et ladicte Majesté avec mesdicts seigneurs de France, approçants ladicte porte, s'arrêtèrent pour ouïr (après les *révérences faictes*) une belle harenghe avec tel honneur et obéissance qu'il appartenoit, laquelle oraison estoit succincte et plaine des bons mots et sentences notables, contenant en effet le réjouissement qu'avoient mesdicts seigneurs de Vallenchiennes, ensemble tout le peuple y estant, de veoir Sadicte Majesté en prospérité et santé, accompaigné de si très-hault et très-illustres seigneurs, retournant en sesdicts pays d'embaz. Ceste oraison fut dicte par le lieutenant de la ville nommé M⁺ Pierre Le Liepvre, licentiez, hommes çavant et entendu. Les trompettes, qui estoient bien xıx ou xx, de ladicte Majesté, commencèrent à sonner fort mélodieusement et tellement qu'ilz provocquèrent tous les autres et le commun peuple de ladicte ville à grand joie.

Aprés marcèrent les hiraultz d'armes de Leursdictes Majestés pour venir vers la porte Cambrisienne.

Or y avoit, à l'entrée de la barrière, ung spectacle eslevé à l'antique, auquel y avoit trois filles très-belles et formoses à merveille, représentantes la Foi, l'Espérance et la Charité; et estoit Foy accoustrée de satin blanc, ayant sur son chef un voile de soye blanche, et estoit fort gorgiasse. Et quant ladicte Majesté approcha ledict spectacle, accompagniet de mesdicts seigneurs (comme dessus), ladicte fille fut avallée en une chaière couverte de velours cramoisy semée de lions d'or, par engin faict à propos, et vint avec une petite oraison de bonne grâce présenter à mondict seigneur le dauphin les clefz de ladicte ville de Vallenchiennes; lequel ne les vouloit recevoir, quoique la Majesté de l'Empereur le lui offresist et présentast de les prendre, disant que à Sadicte Majesté appartenoit les recevoir et non à lui, par quoy s'en excusoit. Touttesfois, après les grands honneurs faitz par mondict seigneur le daulphin à la Majesté de l'Empereur et auleuns propos honnestes dietz, mondict seigneur le daulphin dict à la fille : « Ma mye, gardez bien les clefz, il me suffit. » Touttesfois ladicte fille, représentante Foy, persistant en sa présentation, ladicte Majesté luy dict : « Ma mye, faictes ce qu'il vous
» commande. » Alors la fille retourna audict spectacle pour tenir geste avec les deux aultres filles, après avoir faict son debvoir que dessus à mondict seigneur le daulphin. Les aultres deux filles demourèrent sur ledict spectacle, tandis que Foy alla présenter les clefz à mondict seigneur le daulphin.

Et estoit la fille représentant Charité accoustrée de damas cramoisy, à la mode et manière italicque, et portoit en ses mains l'escuçon des armes de la ville de Vallenchiennes, qui est de gueulles, à ung lyon rampant d'or, armet et lampazet d'azur.

La III⁰ fille, en figure de Espérance, estoit vestue de damas bleu et avoit un bonnet de velour noir à la fachon d'Allemaigne, et tenoit en ses mains les armes du comte Guillaume de Bavière, IIII⁰ du nom, esquartelées de Hainaut.

Audict spectacle estoient posées les armes de l'Empereur au millieu, les armes du daulphin à dextre, et celles du duc d'Orléans à senestre.

Oultre plus estoit ledict spectacle ouvret à l'anticque, revestu de painctures et médalles, et y estoient escriptz en lettres rhomaines les vers qui s'ensuivent :

> Regia progenies, tuque, o clarissime Caesar,
> Tam sancta inter vos fœdera quando manent,
> Nos laeti Augustis jungemus Francica signis
> Lilia quae nostri simbola amoris erunt.

Et en langhe franchoise, au mesme tableau, auprès du latin, en lettres bastardes, la translation desdicts mètres :

> Très-hault Cesar et très-noble lignie,
> Puisque ainsi est que estes confederez,
> A droit joindrons les Lys que Dieu bénie
> Au signe Auguste; ainsy vous le voyrez.

Ce premier spectacle passé, vindrent entrer en ladicte ville environnez de leurs archiers et hallebardiers; et finablement lesdicts quatre cens compaignons de ladicte ville, avec le prince de jeunesse, rentrent les derniers, réservez les bannis, suivant avec le prévost des marescaux et criant à hault voix : *Miséricorde*.

Après entrèrent ladicte Majesté et mesdicts seigneurs : le daulphin, vestu d'un sayon de velour noir avec pourfilures d'or et bordé de passemens d'or avec gros boutons et esmaillures d'or; le duc d'Orléans ayant un sayon de fine escarlat, tout broudé par brancace de pourfilures d'or, avec esgillons d'or; et trouvèrent à l'entrée de ladicte ville les trois ordres des mendians; et lors fut présenté à ladicte Majesté un bien riche palle ou ciel, lequel estoit de damas blanc, furny de plusieurs lieux, par-dessous et à l'entour, des goutières à doubles bonnez, avec le collier de ladicte Majesté : [1] *Plus oultre*, richement eslevé de broderies de fil d'or et d'argent, qu'il refusa à son premier accès par sa humilité, mais finablement, à la très-singulière instance de mesdicts seigneurs de la ville, fut toléré, et par ladicte Majesté participet également auxdicts illustres princes mesdicts seigneurs le daulphin et le duc d'Orléans, si qu'il fut porté par-dessus lesdicts trois princes, depuis ladicte porte jusques au logis de l'Empereur nommé la Salle-le-Comte, par iiii honorables gentilshommes, revestus tous quatre de casaque de damas blanc et le reste de leurs habillemens suivant, avec grosse chaine d'or au col, qui estoient sire Jacques Le Poivre, ancien prévost de la ville, Gille de Quaroube, seigneur de Bonne-Acqueste, Jean Le Poivre, seigneur de le Rosel, Jean Baulduin, seigneur d'Arondeau, lesquels eslevèrent et soustinrent ladicte palle sur lesdicts trois princes jusques à leurs logis.

Quant Sadicte Majesté et lesdicts princes de France eurent passez les iii ordres des mendiantz, ils trouvèrent xviii prélas richement en ordre, avec leurs mittres, bastons pastouraulx, aussy les dignitez ecclesiasticques et aultres, les églises collégialles et paroichialles;

---

[1] Variante dans Simon Leboucq : — « Quand lors fut présenté à Sa Majesté un très-riche pasle de damas « blancq, furnys de plusieurs lieux, par-dessous et allentour des gouthières ou fimbry et ces mots : *Plus* « *oultre*, à doubles pilliers, avec le collier de Sa Majesté richement esleve, etc..... »

et lors l'abbet de Saint-Jehan en ladicte ville, curet de ladicte Majesté [1], donna à mesdicts princes à baiser la sainte vraye croix.

Item fait à entendre que, depuis le premier spectacle hors de la porte Cambrisienne jusques à la porte du logis de ladicte Majesté de l'Empereur, il y avoit, à double renc, de trois pieds en trois pieds, torses que tenoient les bourgeois et manantz dudict Vallenchiennes, sans les aultres torses, fallots et aultres luminaires lesquelz se boutoient hors les maisons, au plaisir des manantz de ladicte ville, et pouvoit estre le nombre desdictes torses III^m, enrichies de fallotz, tonneaulx de torque, etc. [2]. Oultre plus, depuis la porte où Sadicte Majesté entroit en la ville jusques à la porte de son logis, touttes les maisons estoient tapissées de beaulx tappyz et ornées de tableaux de paincture et de plusieurs armoiries et antiquitez, tant à l'honneur de la Majesté du roy très-chrestien, de la royne de France, de la royne de Honghereye, dudict seigneur daulphin et du duc d'Orléans, comme du duc d'Ar cot, du connestable de France, etc. Et estoient les fenestres des maisons bien parées et furnies de très-belles dames à la manière acoustumée, lesquelles prendoient plaisir et joye en regardant et advisant Sadicte Majesté associée et accompaignée de mesdicts seigneurs le daulphin et duc d'Orléans, ensamble tous les princes et nobles y estans.

Et passant oultre desdicts colliéges, trouvèrent le second spectacle, théâtre ou arc triumphal, revestu d'antiquitez, industrieusement ouvret, auquel arc ou spectacle estoient posées les armes de ladicte Majesté, de mesdicts seigneurs le daulphin et duc d'Orléans comme au premier spectacle. Et faict à sçavoir qu'il y avoit en figures deux colombes, lesquelles s'entre-baisoient et tenoient d'un pied un sceptre royal bien grand de fin or, et de l'aultre pied chacune d'elles reposoit sur la terre; et au dessoubz y avoit ces vers quy s'ensuivent :

    Torquatae volucres quae jungitis oribus ora,
     Quid geritis parvo grandia sceptra pede?
    Scilicet unanimes firmat concordia reges
     Inconcussa fide regnaque magna facit.

La translation desdicts vers estoit telle :

    Les becqz unyz, ramiers, ce royal sceptre
    Quel soing vous faict des piedz le soustenir?
    C'est pour monstrer qu'amitié non senestre
    Fait régner roys et concorde tenir.

---

[1] L'église Saint-Jean était la paroisse particulière du comte de Valenciennes, de par lettres de Marguerite, comtesse de Flandre et Hainaut (1246), et de Jean d'Avesnes (1287). L'abbé de Saint-Jean était le curé, le conseiller et le chapelain perpétuel du prince comte de Valenciennes. C'est dans la chapelle de cette abbaye que les prévôt, jurés et échevins prêtaient, à leur entrée en charge, le serment accoutumé.

[2] Variante de Simon Leboucq : « Jusques au nombre de III mille sans les tonneaux de tercq. » — On appelait *tonneau* un tonneau ordinaire posé debout sur une table ou des tréteaux et couvert de draperies blanches ornées de guirlandes de verdure et de fleurs. A la partie supérieure du tonneau un petit monticule de sable humide recevait sur ses flancs arrondis plusieurs rangées de chandelles allumées, au-dessus desquelles s'arrondissaient, en se croisant, des cercles de bois cachés sous des feuilles et des fleurs et formant une cou-

Dedens le quarret du piédestal estoit paincte l'histoire comment l'angèle s'apparut aux pastoureaux auprès de Bethléem, annoncheant la nativité du saulveur du monde Jésus-Christ, et disant : *Gloria in excelsis Deo et in terra pax hominibus bonae voluntatis*; et y avoit ches deux vers :

<blockquote>
In terra pax [est] [1] homini cui recta voluntas,
Principibus pax est, pax et ubique sonat.
</blockquote>

Et à l'aultre costé dudict piédestal y avoit une histoire, comment l'empereur Charles V[e] embraschoit Franchois, premier du nom, roy de France; et y avoit ces deux vers suivants :

<blockquote>
Convenere simul reges conveuit et ingens
Nobilitas, pax est, nobilitatis opus.
</blockquote>

Après estre eslongiet dudict spectacle une bonne rue et avoir passet l'église de Nostre-Dame de la Caulchye et chevaulchiet une espace, estoit artificiellement érigiet et basty ung moult bel arc triumphal à la corinthe, ayant deux faches et endroitz et deux ordres de colonnes, enthièrement dépainctes de blanches couleurs marbrines et les capitaux et basses richement dorrez. A chacun coing, asscavoir sur les canthons dudict arc, y avoit ung grand aigle noir, à deux chiefs, subtilement ouvret, ayant les esles estendues, quasy comme prest à voller. Sur l'élévation dudict arc y avoit en figure un grand tableau revestu d'anticque et médalles et avec che de grosses mollures, et en ycelluy y avoit painct ung arbre appelé oulme, soustenant une belle vigne chargée de raisins meurs; au-dessoubz estoit escript en beaux vers et mettres latins ce qui s'enssuyt :

<blockquote>
Aspicite ut charam vitis convestiat ulmum
Utque det haec meritae robur amicitiae :
Dum quod quaeque potest sociae largitur amatae,
Utraque stat longos conspicienda dies.
</blockquote>

Le franchois estoit en ung aultre tableau auprès :

<blockquote>
Considerez comme la belle vigne
Embrasche l'aulme et l'aulme la soutient :
Ainsy les lys décorent l'aigle insigne,
Et en amour l'aigle les lys maintient.
</blockquote>

Suivant cestuy, vindrent au Marchiet, duquel poulrent ouyr touttes les cloches de la ville sonner et batteller tant mélodieusement que c'estoit grand plaisir à les ouyr. D'aultre costé, les joueurs de haultventz ou clairons et ménestriers de ladicte ville estoient sur la bretesque, jouant de leurs instrumentz mélodieux, tandys qu'ilz passoient. Et estoit tout ledict Marchiet

---

ronne. Ces *tonneaux*, qui ne sont ici que pour l'ornement des rues, avaient en temps ordinaire une autre destination : les enfants des deux sexes, mais surtout les jeunes filles, dansaient aux chansons autour d'eux, en se donnant la main. C'était l'amusement des beaux soirs d'été les jours de fête, et tout particulièrement a la Saint-Jean. Cet usage a cessé à Valenciennes depuis trente-cinq à quarante ans.

[1] Mot oublié dans l'original.

clos de grosses cordes tenantes à grosses estaches plantées en terre, adfin que nul ne peuist approcher ne faire empeschement auxdicts princes, et pouoient veoir plusieurs armoiries, tant à la maison de la ville comme ès maisons des bourgeois d'icelle, mises et apposées de touts costez à leur honneur et louange. Après avoir traverset, et à l'entrée de la rue nommée de l'Ormerye, [estoit] un moult grand et somptueux arc triumphal, ayant trois entrées et yssues, ouvret et basti à la corinthe, richement estoffet, asscavoir les basses et capitaux d'or et le surplus de marbre jaspré; les pillers vestus partout d'anticque, comme les précédentes et parets des armoiryes desdicts trois princes. Et y avoit en hault en figure ung aigle noir coronné d'une coronne d'or impérialle, entre deux lys blancz, et ches mettres posetz en deux tableaux, tant latins que franchois :

> Candida odoratum diffundunt lilia rorem
> Floribus his ales gaudet adesse Jovis.
> Exultate animis, grates que rependite cœlo,
> Quod sacer heroum pectora jungit amor.

A l'aultre tableau estoient ches vers franchois :

> Vive eaue sourt du beau lys florissant
> Dont l'aigle gouste : ainsy font ces provinces.
> Resjouys-toi, peuple, Dieu bénissant,
> Qui tel amour pose ès cœurs de nos princes.

Au dedans de la grande arcure ou porte dudict théâtre y avoit deux histoires painctes de blanc et noir : celle du droict costé estoit de la confédération que fist David avec Jonathas, son bien-aymet, fils de Saül, roy de Judée; et y avoit ches deux verses :

> David Jonathas conjungitur; una duorum
> Est anima, et solido se complectuntur amore.
> I. Reg. 18.

Au costez senestre estoit l'histoire comment Miséricorde et Vérité rencontroient l'une l'aultre, et Justice et Paix baisoient l'une l'autre, et y avoit dessus ches trois mettres latins :

> Occurrere sibi Pietas, Virtusque, vocamen
> Quæ capit a vero, pax integra claraque in unum
> Justitia ardenti fixerunt oscula corde.
> Psal. 84.

Dessus la première petite arcure, au droict costé, estoient mys et appendus ches deux vers suyvants :

> Ingrediens benedictus eris, benedictus erisque
> Egrediens, Dominus prospera cuncta dabit.
> Deut. 25.

APPENDICES.

A celle du costez gauche estoient ces verses :

> Urbs summi praeclara Dei jucunda canuntur
> Ac de te passim cantica mille crepant.
>
> **Psal 86.**

Cest arc passet par iceulx princes, approchoit ung dieu Bacchus, posé sur une columne richement accoustrez à l'antique, lequel dieu Bacchus estoit assis sur un tonneau dont sortoit vin blanc et vermeille, et tenoit de sa main ung voir plein de vin vermeille, lequel il présentoit aux passans. Il y avoit aussi sur son chef un chapeau de feuilles de vigne, avec grappes de raisins. Il estoit assez industrieusement composé [1], car le vin montoit audict tonneau par deux buses et venoit par desoubz terre, et y avoit escript, contre ladicte columne, en ung grand tableau, ces vers tant latins que franchois :

> Sparge mero plateas et odoro tecta liquore,
> Cordaque deliciis perlue, Bacche potens ;
> Sic tibi perpetuo divini muneris unda
> Effluat et largo deprime praela pede :
> Hospes adest gratus, veteris nunc gaudia vitae
> Misce, si meritis aureus esse voles.

Voyez cy-après la translation :

> Puissant Bacchus, espandz par ces chemins
> L'odeur du vin, respandz ès cœurs delices ;
> Ainsi de toy fluent les dons divins
> [2] Que du pressoir les liqueurs ès calices.
> Sois à cest hoste aggréable avantage,
> Se veux avoir mérites du viel eaige.

Dudict lieu où estoit ceste statue dudict Bacchus cheminant Sadicte Majesté avec nosdicts seigneurs le daulphin et duc d'Orléans, passèrent une longhe rue et devant l'église Sainct-Géry, au portail de laquelle y avoit aultres joueurs de haultbois, mélodieusement jouantz et resjouissantz ladicte compaignie ; et estoit ledict portail acoustrez et revestu de verdz rameaux et enrichy de torses et falloz, et les cloches de ladicte église faisoient résonnances de canchons à merveilles. Bien prèz de là trouvèrent le ve arc triumphant, armoyet et vestu comme dessus, et y avoit trois grasses ou déesses, lesquelles entre-abrachoient ou accolloient l'une l'autre ; et les mettres de dessoubz estoient telz :

> Cernite tergeminas connectere brachia divas
> Ut triplici constet Gratia firma fide :
> Vos quoque, ut aeternos concordia duret in annos,
> Jungat trina charis, vinciat unus amor.

---

[1] Mot douteux.
[2] Que rend le vers inintelligible : il faut lire sans doute *et*.

Chy sieult l'interprétation desdicts quatre verses de latin :

> L'embraschement voyés de trois deesses,
> Afin qu'amour d'elles soit immortel.
> Facent, ô roy, les divines largesses
> Qu'ainsy demeure entre vous mutuel!

Cest arc passet, incontinent après se trouvèrent à la porte du logis de ladicte Majesté de l'Empereur (que l'on dit la Salle); et sur la porte, en hault, y avoit lesdictes armoiries desdicts princes et au dessoubz ces mettres :

> Unus amor quorum pia tam bene pectora jungit
> Urbs eadem jungat, jungat et una domus.

Le franchois estoit tel :

> Princes, ainsy que unitz estes ce jour,
> En ce logis [prenez][1] vostre séjour.

Et dès lors entrèrent les princes en leur logis, là où la Majesté de la royne de Honguerie, sœur de l'Empereur[2], accompaigniée de grand nombre de seigneurs, dames et damoiselles, les receupt très-humainement et les mena en hault en la grand salle, et de là en leur logis, lequel estoit très-richement accoustrez de tapisseries de drap d'or, cramoisy, broderies et aultres choses. Et le soir lesdicts princes souppèrent avec icelle, et estoit assys l'Empereur, ledict seigneur daulphin, ladicte dame royne, le duc d'Orléans, la ducesse douairière de Millan, le duc d'Arscot, le grand connestable de France et le cardinal de Castillon.

Le lendemain, qui fut le jocudy xxiiᵉ jour de janvier, jour dédict à saint Vinchant le martir, l'Empereur, avec mesdicts seigneurs le daulphin et duc d'Orléans, accompaigniez et suivys de moult noble sequelle, et accompaignié de moult grandz princes et barons, allèrent ouyr la messe en l'église de Nostre-Dame la grande en belle ordonnance, laquelle fut chantée par révérendissime prélat monsʳ George d'Egmont, évesque d'Utrecht, et dict l'évangile, faisant l'office de diacre, monsʳ l'abbé de Liessies, et soubdiacre monsʳ Jehan de Brae, abbet de Vicoigne; et vinrent disner en leur logis à la Salle. Les ménestriers de la ville sonnoient, estantz à la bretesque, leurs instruments fort mélodieusement, quand ledict Empereur avec sa compaignie passoit et repassoit. Pareillement sonnoient les heures à l'orloge[3] et bat-

---

[1] Mot qui semble oublié dans le texte.
[2] Simon Leboucq ajoute : « gouvernante des Pays-Bas. »
[3] Cette horloge était réputée une des plus belles, des plus rares et des plus anciennes de l'Europe. Elle avait été *renouvelée* en 1377. Outre deux jaquemarts qui y frappaient les heures, on y voyait un ange qui sonnait de la trompette et montrait le mois courant, puis le soleil dans chacun des douze signes et les diverses phases de la lune. Les heures étaient marquées le jour par un grand soleil d'or et la nuit par une planète noire. Les noms de chacun des jours de la semaine paraissaient ainsi successivement, et des tableaux mobiles représentaient les différents travaux de l'homme pendant chaque mois de l'année. Cette horloge fut restaurée en 1555; mais elle tombait déjà de vétusté. Ses deux jaquemarts de bronze doré furent vendus au poids à la révolution française, et il ne reste plus aujourd'hui de tout ce qu'on y admirait autrefois, que la grosse cloche fondue en 1386, sous la prévôté de Jean Partit. Elle pèse 6,609 livres de Hainaut et orne depuis peu le campanile qui surmonte l'hôtel de ville.

tella-on ce jour les appeaulx. Et fut commandé de messeigneurs de la loy de faire feste, jeux et esbastemens, et au soir fut ung grand feu allumé sur le Marchiet, en signe de joye. Sur l'arc triumphal dudict Marchiet y avoit aultres joueurs de haultbois, lesquelz il faisoit bon ouïr pour leurs chansons nouvelles.

Ce soir se tint un magnifique et somptueux banquet en la court de l'Empereur, voire tel et en si grand appareil de metz et entremetz de viandes très-délicieuses, que de plus riche ne plus triumphant fuist possible à homme, quel qu'il soit, d'y penser, et mesmes les dieux célestes et divines déesses l'eussent bien prins à gré, car en icelluy l'on voyoit choses incroiables et dignes de grande admiration, car cerfs, lyons, aigles, dragons, salle-mandres, poissons marins comme daulphins, seraines, balaines, estoient moult artificielle-ment et subtillement faictes, touttes de sucre ou gelée, cy et là, et moult enrichyz de belle dorure. Là voyoit-on toute sorte de fruictz et touttes fachons d'animaulx, sy très-vivement faicts et pourtraictz et tous de sucre, que personne ne s'en sçavoit assez esmerveiller. Les ungs regardoient les belles chasses de cherf au bois, composées entièrement de bure de touttes couleurs; aultres contemploient femmes à demy nues, bien proportionnées, de gelée, lesquelles sembloient avoir mouvement et bransler. Le musc, l'ambre, le cinamome et civette n'y furent de rien estimez[1], et toutte odoriférante odeur partout espars. Il sem-bloit proprement che lieu estre les Camps Éliziens, ceste viande estre nectar ou ambrosie, souverain manger des dieux.

Après que les tables furent ostées pour cause que la pluspart de la nuit estoit jà passée, on commencha les dansses selon l'usaige et manière de court, et les démenèrent en touttes manières de liesses et déduitz.

Le lendemain, jour de vendredy, furent les prisons de ladicte ville ouvertes et tous les prisonniers élargiés.

Ce jour furent lesdicts daulphin et duc d'Orléans, du sceu de la Majesté de l'Empereur, visiter et esbattre sur les terres d'icelle ville, pour veoir les ouvrages, artillerie et puissance d'icelle.

Messeigneurs de la ville de Vallenchiennes, cedict jour, firent de beaulx présents ausdicts deux princes franchois et de grand valleur, asscavoir de huitz grandes coulpes d'argent doret, les aulennes de la haulteur d'ung petit homme, et l'une d'icelle, pour le pied, estoit figurée une tortue bien au vifz; lesquels les receuprent très-bénignement.

Pareillement la Majesté de l'Empereur, de sa part, leur en fit aussi dont ils se tindrent bien contentz et les receuprent libérallement en signe de vraye paix, parfaite amour et confédération.

Sy n'est à oublier que par l'espasce que mesdicts seigneurs daulphin et duc d'Orléans [furent] avec leurs sequelles, toutz iceulx Franchois estans en Valenciennes alloient librement quérir tout che qu'il leur falloit, et estoient desfroietz du tout; et depuis la Majesté a paiet toutes les despenses advenues pour ceste cause et bien léallement satisfit aux Vallenchiennoys. Aussi fut deffendut en la bretesque de ladicte ville, de la part de messeigneurs de la justice,

---

[1] Variante de Simon Leboucq : « épargnez. »

que nul, de quelque estat qu'il fuist, fût sy hardy de dire mal, injure, ou opprobre aulx Franchois, et sur paine de la hart.

Le samedy, entre noefz et dix heures du matin, l'Empereur disna aveeq mesdicts seigneurs le daulphin et duc d'Orléans; puis prindrent congiez à la Majesté de la royne et des aultres dames et damoiselles, pour retourner en France; et partirent environ douze heures à midy. Ledict seigneur Empereur les convoya jusques un quart de lieue de ladicte ville; et quant ils vinrent en un plain camp, ledict seigneur daulphin saillit jus de son cheval, adfin que ledict seigneur Empereur n'alloit plus avant, et lors ledict Empereur descendit pareillement; le semblable fit le duc d'Orléans, le connestable et les aultres grands maistres de France. Et lors ledict seigneur daulphin fyt la révérence et print congiet de ladicte Majesté Impérialle, laquelle le reçupt entre ses bras, le chief descouvert, et se devisa assez bonne espasce à luy, en luy faisant aussi grand honneur et révérence. Che fait, fit le semblable le duc d'Orléans, et se vouloit mettre sur un genouil; mais l'Empereur, tousjours la teste descouverte et tousjours soubriant, le reçupt entre ses bras et se devisa longue espace à luy.

Après cestuy retiret, vint le grand connestable prendre congiet, et ensuivant les aultres nobles, lesquels l'Empereur reçupt tousjours entre ses bras le chiefz descouvert.

Puis après que tous eulrent prins congiet, ledict seigneur Empereur se rafubla et remonta sur son cheval et retourna en Vallenchiennes, mais premiers donna pour convoy ausdicts daulphin et duc d'Orléans les ducs d'Arschot et d'Alve et le seigneur de Praet, tous chevaliers de son ordre, lesquelz les conduirent jusques à ce que lesdicts seigneurs daulphin et duc d'Orléans prindrent la poste par delà Cambray.

APPENDICES.

XV

Documents concernant la venue de Charles-Quint à Tournai le 5 novembre 1540[1].

Délibérations du Magistrat.

Consaulx rassemblez le merquedi, IIIe jour de novembre XV^c et XL, pour adviser comment on se conduira pour la venue de l'Impériale Majesté, qui doit, le jour de demain, venir en ceste ville. Sur quoy a esté ordonné d'en communicquer et parler à mons^r le gouverneur par les chiefz et conseil, et demain au matin en faire rapport auxdits consaulx.

Consaulx rassemblez le IIIIe jour dudict mois de novembre XV^c XL, pour oyr le rapport des chiefz qui s'estoient, le jour d'hier, transportez par devers mons^r le gouverneur, pour savoir comment on se debvoit régler pour la venue de l'Impériale Majesté, qui debvoit estre, le jour de demain, en ceste ville et cité. Lesquelz consaulx sont d'assens de aller au-devant de ladicte Majesté à pied, honnourablement accoustrez, jusques au dehors de la porte Ste-Fontaine, et luy faire présent de six pièces de vin et du meilleur qu'on sçaura trouver;

A la royne régente, quatre pièces;
Au duc d'Arscot, une pièce;
Au prince d'Orenge, une pièce;
A mons^r le grand maistre, une pièce;
Au duc de Savoye, deux pièces;
A la ducesse de Millan[2], deux pièces;
A mons^r le somelier, une pièce;
Et aux aultres princes de l'ordre, à chascun XII kennes de vin.
Et sy est aussi ordonné de. . . . .[3] s'il fait brun.

(Registre des consaux commençant au 7 septembre 1535 et finissant au 13 juin 1541.)

---

[1] Communiqués par M. Vandenbroeck, conservateur des archives de l'État et archiviste de la ville, à Tournai.
[2] Christine de Danemark, nièce de l'Empereur, veuve du duc de Milan Francesco Maria Sforza.
[3] L'écriture est devenue illisible à cet endroit par suite de l'humidité qui a détérioré la partie inférieure des feuillets du registre.

Publication du Magistrat.

> Du IIIe jour de novembre XV^c XL.

On vous fait assavoir, de par messieurs les consaulx de ceste ville et cité, estans advertis que l'Empereur, nostre souverain et naturel seigneur, sera le jour de demain en ceste sa ville et cité, que chascuns manans d'icelle ramonnent et nectoient au-devant de leurs maisons, et que les banneleurs [1] qui ont accoustumez prendre et lever les fiens [2] et immundices au-devant desdictes maisons, les emportent et karyent [3] sur leurs banneaulx, à paine qui de tout ce seroit défaillant d'estre chascun d'eulx condempnez en une amende de ung carolus d'or au prouffit de la ville, et aultrement pugnis à le discrétion de messieurs prévostz et jurez.

> (Registre aux publications de 1530 à 1533.)

Relation de l'Entrée de l'Empereur.

Le venredy, v^e jour de novembre XV^c XL, la très-sacrée Majesté vint en ceste ville et cité, accompaignié de la royne, sa sœur, régente, et de pluiseurs prinches et gros seigneurs, tous habilliez en doeil. Et entra ladicte Majesté par la porte Sainte-Fontaine; et allèrent au-devant les consaulx de ladicte ville, honnourablement accoustrez, jusques à l'abbeye des Prez-Porchins, et illecq luy fut faicte, par Me Gilles Grenut, premier penctionnaire, une belle proposition, présentant à ladicte Majesté, en luy recommandant ladicte ville et les manans d'icelle, six pièches de vin : laquelle Majesté print ledict présent de bonne part, et déclara qu'il auroit ladicte ville et les manans en recommandation. Et tost après fut faicte une aultre proposition à ladicte royne, présentant à icelle, en luy recommandant icelle ville, quatre pièches de vin, qu'elle print de bonne part, disant qu'elle s'employeroit faire service à ladicte ville. Et ce fait, lesdicts consaulx retournèrent chascun en leurs maisons.

> (Registre de cuir noir, p. 227.)

Dépenses faites par la Ville.

A très-hault, très-noble et très-puissant prince Charles, empereur de Romme, etc., nostre souverain et naturel seigneur, pour six pièches de vins, au pris de xxx liv. chascune pièche, à luy présentées le ve jour de novembre derrenier, que lors il vint en ceste sadicte ville, par billet. . . . . CIIII^{xx} liv.

---

[1] *Banneleurs*, conducteurs de *banneaulx*, tombereaux.
[2] *Fiens*, ordure, boue.
[3] *Karyent*, charrient.

APPENDICES.

A très-haulte, très-puissante et très-illustre princesse la royne régente de par dechà, soer audict seigneur Empereur, pour iiii pièches de vin, au pris de xxxii liv. la pièche, à elles présentées ledict jour, que lors elle vint en cestedicte ville avecq sondict frère, par billet . . . . cxxviii liv.

A la ducesse de Melain, qui estoit venue en cestedicte ville avecq le régente, pour lxxii kennes de vin, à xiiii s. le kenne, à elle présentées ledict jour, par billet . . lii liv. iii s.

A monseigneur le ducq de Savoye, pour xlviii kennes de vin audict pris, à luy présentées le vi⁰ jour dudict mois, que lors il vint après ledict seigneur Empereur, par billet . . . . xxxiiii liv. xvi s.

A Jehan de Laoultre, espissier, pour avoir, au commandement de messieurs prévostz et jurez, livré, pour la venue de l'Impériale Majesté, aux consaulx de ladicte ville, xliii torsses, pensans que ladicte Impériale Majesté deuist venir tard, au pris de iii s. vi d. la livre. Sont, pour ii⁰ lx liv. et demye, parmy vi s. donnez à ung homme pour avoir porté lesdictes torsses ès maisons desdicts consaulx, par ordonnance . . . xlv liv. xvii s. vi d.

A Jacques Darre, pour la despence par luy soustenue par deux diverses fois que lors les prévostz et jurez et les chiefz des consaulx y estoient pour les affaires de ladicte ville et assemblez en la halle du conseil d'icelle ville, pour conclure adfin de aller en ordre au-devant de la Majesté Impérialle, par ordonnance . . . . xxiii liv. ii s.

(Compte de la ville de Tournai du 1ᵉʳ octobre 1540 au 30 septembre 1541, fol. 54 et 56 v°.)

XVI

Relation de l'entrée et du séjour de Charles-Quint à Valenciennes : novembre-décembre 1540[1].

L'an 1540, la Majesté Impérialle arriva à Vallenchiennes le 28e jour de novembre avecq grand nombre de noblesse, et le lendemain, qui estoit nuict de St-Andrieu, alla aux vespres à l'église des Jacopins, dit de St-Paul, avecq les chevaliers de l'ordre qui estoient lors avecq luy, en remémorant le Thoison que le duc Charles de Bourgoigne défunct y avoit faict. Où durant les vespres luy vint ung poste d'Allemaigne lui apporter lettres des électeurs de l'Empire, lequel les luy présenta après les vespres; et puis s'en retournèrent en fort bel ordre à la Salle-le-Comte.

Le lendemain, jour de St-Andrieu, la Majesté Impérialle se sentit malade, qui fut la cause qu'il n'alla nulle part à messe hors de son logis, où au disner on tint court ouverte à tous les survenans pour la solennitez du jour de St-Andrieu.

Ce pendant que l'Empereur estoit à Vallenchiennes, s'y tindrent les estatz du pays, et le tout faict à sa volonté, se partit de Vallenchiennes par ung samedy, 18e de décembre, et s'achemina vers les Allemaignes.

[1] Extrait des *Annales* de Simon Leboucq, communiqué par M. CAFFIAUX.

FIN DES APPENDICES.

TABLE DES MATIÈRES.

	Pages.
INTRODUCTION	I
TABLE DE L'INTRODUCTION	XXXV
ITINÉRAIRE DE CHARLES-QUINT DE 1506 A 1531.	1
JOURNAL DES VOYAGES DE CHARLES-QUINT	55
INDEX CHRONOLOGIQUE ET HISTORIQUE.	465

APPENDICES.

I. Ordonnance de Charles, prince d'Espagne, archiduc d'Autriche, duc de Bourgogne, etc., pour le gouvernement de sa maison. Bruxelles, 25 octobre 1515 . . . **491**

II. États des officiers de la maison de Charles-Quint en 1517 et en 1521 . . . . . **502**

III. État des dépenses faites par la ville de Louvain à l'occasion de l'entrée et de l'inauguration de Charles-Quint en cette ville, le 23 janvier 1515 . . . **519**

IV. Relation de la joyeuse entrée et de l'inauguration de l'archiduc Charles à Gand, les 3 et 4 mars 1515 . . . . **524**

V. État des dépenses faites par la ville de Bruges pour la joyeuse entrée et l'inauguration de l'archiduc Charles, au mois d'avril 1515. . . . . **531**

VI. État des dépenses faites par la ville de Mons à l'occasion de l'entrée et de l'inauguration de l'archiduc Charles en cette ville, au mois de novembre 1515 . . **545**

VII. Relation de l'inauguration de l'archiduc Charles, prince d'Espagne, comme comte de Namur : 22-24 novembre 1515. . . . . **555**

TABLE DES MATIÈRES.

                                                                                              Pages.

VIII. Relation de l'entrée et de l'inauguration de l'archiduc Charles à Douai : 15-16 mai 1516 556

IX. Relation de l'entrée et de l'inauguration de Charles-Quint à Valenciennes : 13-14 octobre 1521. 559

X. Relation de la venue de Charles-Quint à Namur : 21 janvier 1531 562

XI. Documents sur la première venue de Charles-Quint à Tournai : 28 novembre 1531 564

XII. Relation de l'entrée de Charles-Quint dans la ville de Messine : 20 octobre 1536. 567

XIII. Relation de l'entrée de Charles-Quint dans la ville de Naples : 25 novembre 1536. 573

XIV. Relation de l'entrée et du séjour de Charles-Quint à Valenciennes : 21-24 janvier 1540. 581

XV. Documents concernant la venue de Charles-Quint à Tournai le 5 novembre 1540 593

XVI. Relation de l'entrée de Charles-Quint à Valenciennes le 28 novembre 1540 . . 596

FIN DE LA TABLE.

CORRECTIONS, ADDITIONS, VARIANTES.

Page 84, ligne 7. « A Plaisance jusque le 24ᵉ. » — Ajoutez : *d'octobre.*
— 109, —   9. « Sa Majesté envoya en poste. » — Ajoutez : « *Don Louis d'Avilla.* »
— 116, —   7. « Duchesse de Parme. » — Lisez : *de Penne.*
— 133, —   1. « Les duchesses de Savoye. » — Lisez : *la duchesse de Savoye.*
— 169, —   4. « Vers l'aultel estoient tout droict les évesques d'Argento, de l'Aquila, d'Arras et de Alguer. » — Le MS. 8067 de Vienne porte : *Vers l'aultel estoyent tous les trois évesques d'Argento, d'Aquilée et d'Arras.*
— 178, —   5. « Le 6ᵉ jour de juing, jour de la Penthecouste. » — Lisez : *Le 5ᵉ jour de juing,* etc.
— 283, —   2. « Sadicte Majesté Impériale, joinctement lesdicts estatz, èsdictes chambres impériales, auroient advisé de faire visiter lesdictes chambres. » — MS. 8067 de Vienne : *Sadicte Majesté est délibérée, avec les estatz, incontinent de faire visiter les chambres et parlement impérial estant en ceste ville de Spires,* etc.
— 561, — 25. « Mais aussi gens expertz, et principalement aux affaires de la Germanye, cognoissans les usances et coustumes d'icelle et les droitz munitiaulx (?) de chascune province. » — MS. 8067 de Vienne : *Mais principallement expers en la practique et affaires d'Allemaigne, connoissans les usances et coustumes d'icelle, particulièrement de tous les quartiers.*
— 566, —   8. « Ceulx qui confessent la confession augustane. » — MS. 8067 de Vienne : *Ceulx de la confession augustane.*

CORRECTIONS, ADDITIONS, VARIANTES.

Page 368, ligne 9. « Contre les refusans de contribuer, ses contumaces, et que le tout viendra au prouffict, utilité et soulagement desdicts estatz. » — MS. 8067 de Vienne : *Contre les refusans de contribution desdicts entretènemens du cammerghericht : le tout au prouffict, utilité et soulagement desdicts estatz.*

— 371, — 26. « Se obligeants à l'entretènement de la chambre et traitement des gaiges à leurs fraiz. » — MS. 8067 de Vienne : *S'obligeons aussi à l'entier entretènement des gaiges desdicts conseilliers de la chambre et toute la reste des frais d'icelle.*

— 372, note 1. Le MS. 8067 de Vienne porte *cinq cent mille escus*, comme ceux de l'Arsenal et de Reims et le MS. 15869 de la Bibliothèque royale.

— 378, ligne 50. « Vendredi, premier de mars 1549, stil de Rome, Sa Majesté à Bruxelles; et encommença de prendre la diette du boys le 17ᵉ dudict mois jusques le ...... » — MS. 8067 de Vienne : *Vendredy, premier jour de mars, commença Sa Majesté de faire la diette du boys jusques au 28ᵉ dudict que arriva la duchesse de Lorraine.*

www.ingramcontent.com/pod-product-compliance
Lightning Source LLC
Chambersburg PA
CBHW071156230426
43668CB00009B/979